Aus Freude am Lesen

btb

Buch

Wenn im August des Jahres 1997 im Bayreuther Festspielhaus der letzte Applaus verklungen ist, werden über 120 Jahre Wagnerscher Bühnengeschichte an diesem Ort vergangen sein. Mehr als die Hälfte davon hat Wolfgang Wagner, der im August 1997 seinen 78. Geburtstag feiert, bewußt miterlebt, und seit mehr als vierzig Jahren haben die Geschicke Bayreuths auch in seinen Händen gelegen. Wie kein anderer kennt Wolfgang Wagner Licht und Schatten der Geschichte Bayreuths, die nicht immer nur Musikgeschichte war.

»Im Dickicht der nahezu unüberschaubaren Fülle von Literatur zu allen nur denkbaren Themen um Wagner und Bayreuth halten sich, insbesondere hinsichtlich des 20. Jahrhunderts, nach wie vor so zahlreiche Klischees, zählebige Vorurteile, Halbwahrheiten und schlichtweg infame Lügen, eskaliert immer noch vehement unkritisches Für wie ebenso unsachliches Wider, entladen sich heftige Emotionen der Liebe und des Hasses, erbarmungslos beide, daß oft genug ein hinlänglich nüchterner Blick verdunkelt oder doch zumindest eingetrübt wird. Mir scheint, es ist hohe Zeit, endlich die Legenden zu beerdigen und das Schwadronieren zu beenden. Meine Autobiographie soll im weitesten Sinne Zeugnis geben von erlebter Größe wie von erlittener Schmach, natürlich aus meiner ganz subjektiven Sicht, aber zugleich belegt durch Dokumentarisches und exakt Dokumentiertes, das bisher weitgehend unveröffentlicht blieb. Das Ungewöhnliche, Unerhörte, ja Sensationelle ist keine Ausgeburt meiner Phantasie, sondern liegt in den verbürgten Tatsachen selbst.«

Autor

Wolfgang Wagner, der Sohn Siegfried Wagners und Richard Wagners Enkel, wurde am 30. August 1919 in Bayreuth geboren. Zusammen mit seinem Bruder Wieland übernahm er 1951 die Leitung der Bayreuther Festspiele. Nach dem Tod des Bruders 1966 wurde er alleiniger Leiter der Festspiele. Seit 1953 hat er sich zunehmend und sehr erfolgreich als Regisseur der Bühnenwerke Richard Wagners in Bayreuth hervorgetan.

Wolfgang Wagner

Lebens-Akte

Autobiographie

btb

Die Originalausgabe entstand in Zusammenarbeit
mit Weidenfeld & Nicolson Ltd., London

Umwelthinweis:
Alle bedruckten Materialien dieses Taschenbuches
sind chlorfrei und umweltschonend.

btb Taschenbücher erscheinen im Goldmann Verlag,
einem Unternehmen der Verlagsgruppe Bertelsmann.

1. Auflage
Genehmigte und aktualisierte Taschenbuchausgabe Mai 1997

Umschlaggestaltung: Design Team München
Umschlagfoto: Guido Mangold
Satz: Filmsatz Schröter GmbH, München
RK · Herstellung: Augustin Wiesbeck
Made in Germany
ISBN 3-442-72085-0

Für Gudrun und Katharina

Inhalt

ANHANG

Vorbemerkung

Seit Jahren bekam ich immer wieder den Wunsch zu hören, ich solle doch unter allen Umständen das, was ich erlebte und erlebe, zu Papier bringen und der Mit-, vielleicht sogar Nachwelt zur Kenntnis geben. Lange Zeit lehnte ich es ab, nicht zuletzt mit dem Hinweis, daß ich einerseits viel zu wenig Muße dafür habe, denn die gegenwärtigen und zukünftigen Probleme gäben mir übergenug zu tun, und daß andererseits eine solch unüberschaubare Fülle von Literatur über Wagner und Bayreuth bereits existiere, die noch zu vergrößern mir gar nicht einfiele. Aber auch den besten Vorsätzen vermag man nicht stets ewig treu zu bleiben. Darum gab ich nach und folgte schließlich den mich überzeugenden Argumenten und Bitten meines Verlegers, Lord Weidenfeld.

Worauf ich mich damit einließ, wurde mir erst im Laufe der Arbeit vollkommen klar, da die Mußestunden in meiner Tätigkeit überaus spärlich gesät sind und ich von vornherein nicht beabsichtigte, ein buntes Kaleidoskop aus Anekdoten und Intimitäten zusammenzustellen, wie es manche Memoirenbände dem Leser in der probaten Mixtur von Sex & Crime unterhaltsam darbieten. Wenn dieses Buch überhaupt einen Sinn haben könne, so wußte ich, war eine unabdingbare Voraussetzung, daß es vor allem stichhaltig ist, ohne dabei ins Trockene abzugleiten. Aus diesem Grund recherchierte ich sehr gründlich. Es war der sprichwörtliche «Gang zu den Müttern» im weitesten Sinne. Das vorhandene Material schien von ungeheuren Dimensionen. Und natürlich unterlag ich der Notwendigkeit, eine Auswahl zu treffen, denn etwa Lückenlosigkeit anzustreben, wäre schlicht menschenunmöglich gewesen.

Die Gesichtspunkte, unter denen ich meine Wahl traf, sind subjektiver Natur, und mancher wird eventuell das eine oder andere bedauernd oder erfreut vermissen. Auschlaggebend konnten für mich letztlich nur der generelle Aspekt des Autobiographischen und der des gesichert Verbürgten im Detail sein. Wie jeder, der dieses Buch zur Hand nimmt, unschwer erkennen wird, waren Selbsterlebtes und Selbstgestaltetes frühzeitig eng verbunden mit der Existenz und Geschichte der Bayreuther Festspiele. Je älter ich wurde, desto weniger ist beides voneinander streng zu scheiden oder zu separieren, vielmehr emaniert bis zu einem gewissen Grade eines das andere. Was das Verbürgte betrifft, so hatte ich keine Ambition, jene nach wie vor lange Reihe von Klischeevorstellungen, Vorurteilen, halben Wahrheiten oder ganzen Lügen hinsichtlich meiner selbst und Bayreuths, von welchen es auch heute noch wimmelt, weder fortzusetzen und damit zu verlängern noch Punkt für Punkt zu widerlegen. Ich hielt mich einfach an die Tatsachen selbst.

Wenn bei der Lektüre neben der Vitalität meiner Persönlichkeit zusätzlich etwas von der enormen Lebendigkeit Bayreuths und davon, wie es immer aufs neue unternommen wird, sie zu erhalten, deutlich werden kann, hielte ich den Zweck meines Buches für erfüllt. Daß es so zustande kam, wie es vorliegt, daran haben nicht zuletzt auch zahlreiche Helfer und Mitstreiter ihren Anteil. Ihnen allen sage ich hier meinen herzlichen Dank.

I. Ad fontes

Als Enkel Richard Wagners und als dritter von vier, nach testamentarischen Bestimmungen gleichberechtigten Nacherben geboren, stand und stehe ich von vornherein in Beziehung zu einem außergewöhnlichen Vermächtnis. Seinen Wert und seinen Sinn in der Vergangenheit und in der Gegenwart gilt es für mich zu ergründen.

Die Zeit, in die hinein ich geboren wurde, war geprägt von Enttäuschung und Hoffnung, materiellen Einbußen und scharfen sozialen Diskrepanzen, aber auch von den Mühen, eine tragfähige Demokratie zu finden, in die viele große Erwartungen setzten, eine Epoche von Pazifismus und Revanchismus, von der Verachtung überkommener Werte und der Überschätzung des Eigenwertes, von Chauvinismus und dem Versuch eines Völkerbunds.

Das Erleben des Zweiten Weltkriegs, die bedingungslose Kapitulation und das beinahe zur Ruine ausgebombte Deutschland gaben mir Anlaß genug, über den eigenen Standort gründlich nachzudenken, darüber, ob ein tatkräftiger Einsatz für die Richard-Wagner-Festspiele, vielleicht sogar als Lebensaufgabe, überhaupt noch sinnvoll, notwendig und begründbar war.

Ausschlaggebend für meines Bruders und meine Entscheidung, die Bayreuther Festspiele neu zu beginnen, war die Überlegung, das Werk Richard Wagners von den Entstellungen seiner Aneignung und einer oft mißverstandenen Rezeption zu befreien und den Versuch zu wagen, die Werke so aufzuführen, als seien sie erst gestern geschaffen worden. Das bedeutete, die Werke unbefangen und vorbehaltlos einer kritischen Analyse zu unterziehen, sie in ihrer musikalischen, inhaltlichen und dramaturgischen Struktur dahingehend zu prüfen, ob und wie das Gesamtkunstwerk, das Richard Wagner vorgeschwebt hatte, in seiner geistigen Universalität zur Erscheinung zu bringen wäre. Und zwar in einer Weise, daß dem Menschen der Gegenwart die zeitenübergreifende Problematik dieser Werke und der in ihnen dargestellten Konflikte in ihrer Komplexität bewußt gemacht werden konnte. Die Aktualisierung verlangte unabdingbar den Rekurs «ad fontes», das Zurückgehen auf die Quellen, auf das Werk an sich, verlangte das Freilegen seines humanen Kerns. Das den «Meistersingern» entlehnte Zitat Richard Wagners «Hier gilt's der Kunst!» war 1951 im wahrsten Sinne des Wortes gemeint. Richard Wagner behandelte in seinen Werken die großen Menschheitsthemen wie Liebe, Macht, Verrat, Mitleid, Treue, Toleranz, Glaube. Zur Gestaltung dieses zeitlos Gültigen bediente er sich des Mythos. Er wandte sich ab von der Historie als dem bevorzugten Opernstoff seiner Zeit, da sie nur eine Folge von zufälligen Ereignissen ins Bild setzte, während der Mythos die Natur und den Menschen an sich zeigte. Mit dieser Entscheidung wollte er sein Werk dem Mißverständnis einseitig tagesaktueller oder tagespolitischer Bezüge entziehen. Seine kühne Vision war die eines verantwortlichen Bewußtseins und eines selbstbestimmten Handelns des Menschen, auf der Bühne vorgeführt als «farbiger Abglanz» des Lebens.

Der Kunstanspruch, den er damit an das Theater stellte, stand nicht nur konträr zur Opernkonvention seiner Zeit, sondern widersprach ihr total. Dies war der eigentliche Grund, weshalb er seine Festspielidee entwickelte, und für sie notwendigerweise auch eine besondere Theaterstätte benötigte. Die in seiner Epoche üblichen Theaterbauten mit ihrer «luxuriösen Prunksucht», mit ihren Rängen und Logen, die das Publikum nach Stand und Rang trennten, lehnte er ab. Sein Festspielhaus in Bayreuth orientierte sich am «demokratischen Rund» des griechischen Amphitheaters als einem Volkstheater. Ein architektonisches Zeichen für Demokratie, das dem Grundgehalt seiner Werke, der demokratischen Utopie, kongruent war. Werk und Theater bildeten eine Einheit, sie machten «Bayreuth» zum Gegenentwurf, zur Alternative zum Theater seiner Zeit.

Richard Wagner glaubte, er habe mit «Bayreuth» den Deutschen eine eigenständige nationale Kunst geschaffen. Die Umsetzung der Idee vom Gesamtkunstwerk in die Bühnenrealität seines

Festspielhauses – 1876 mit dem «Ring des Nibelungen» und 1882 mit «Parsifal» – stellte ihn keineswegs zufrieden, er hatte sein Ideal nicht erreicht. Seine Intentionen griffen weit über die damaligen Möglichkeiten der Theaterkunst hinaus. So sehr Cosimas Leistung für die Weiterführung der Festspiele und für den Aufbau des Festspielrepertoires noch heute anzuerkennen und zu bewundern ist, so verhängnisvoll wirkte ihre Entscheidung für den Historismus als einzigen Inszenierungsstil und ihre nationalistische Ideologisierung Bayreuths für dessen Zukunft. Obwohl sie mit Berufung auf den «Willen des Meisters» für sich die Authentizität in Anspruch nahm, handelte es sich um ein krasses Mißverständnis. Ihre Rückkehr zur Historie bedeutete eine Abkehr vom Mythos und lief damit Wagners zentralem Bestreben völlig zuwider. Die künstlerische Festspielidee bog sie um zur politischen Ideologie. Diese rigide Ideologisierung verfestigte sich, das Mißverständnis wurde zur geheiligten und tabuisierten Tradition, verbreitet von den Publizisten des sogenannten «Bayreuther Kreises».

«Die Begriffe ‹Bayreuth› und ‹Wahnfried› standen nicht mehr nur für die Festspiele und ihre künstlerischen Intentionen, sondern für eine beschränkte Ideologie des Deutschtums, nationalkonservativ und antidemokratisch.» (O. G. Bauer)

Auch die Zeit der Festspielleitung meines Vaters war belastet von dieser Tradition, zusätzlich aber auch überschattet von den politischen Ereignissen, besonders durch den Ersten Weltkrieg und die zehnjährige Schließung des Festspielhauses. Erst spät konnte er darangehen, eigene Neuinszenierungen dort herauszubringen. Die szenische Reform, die der Wunsch meines Vaters gewesen war, setzte meine Mutter von 1933 an in die Tat um. Die unheilvolle Tradition der Bayreuther Ideologie gipfelte im Dritten Reich in der Vereinnahmung und dem Mißbrauch für die propagandistischen Zwecke der Partei, obgleich meiner Mutter die künstlerische Freiheit als Festspielleiterin stets unantastbar blieb.

Als das im Zweiten Weltkrieg zerstörte Haus Wahnfried 1976 als Museum wieder eröffnet wurde, sagte ich in meiner Ansprache: «Ich glaube, die Bombe mußte fallen.» Natürlich meinte ich mit diesem seither vielzitierten Satz nicht das Wahnfried, das mein Elternhaus war, sondern jene Ideologie und Tradition, die sich mit diesem Begriff verbunden hatten. Mein Entschluß, mich am Wagnis eines Neuanfangs zu beteiligen, entstand aus der Einsicht, daß das Werk Richard Wagners größer ist als die, die es mißverstanden und mißbrauchten.

II. 1966

Seit ihrem Wiederbeginn nach dem Ende des Zweiten Weltkriegs, seit 1951, leiteten mein Bruder Wieland und ich gemeinsam und als gleichberechtigte Partner die Bayreuther Festspiele. Wie es nach wechselvollen Jahren dazu kam, werde ich eingehend und mit allem Pro und Contra, mit allen Ein- und Widersprüchen – und an teilweise selbst kuriosen Umständen herrschte wahrlich kein Mangel – an anderer Stelle berichten. Beide trugen wir die Gesamtverantwortung, planten und fällten Entscheidungen, die Inszenierungen und Bühnenbilder stammten ausschließlich von uns. Rechtsverbindliche Dokumente wurden erst als gültig anerkannt, wenn sie unser beider Unterschrift enthielten. Zwar hatten wir zu keiner Zeit je Ähnlichkeit mit den Dioskuren Kastor und Pollux, waren ja auch keine Zwillinge, aber es bestand zwischen uns eine umfassende und produktive Arbeitsgemeinschaft, die ungeachtet aller zweifellos vorhandenen individuellen Gegensätze und Temperamentsunterschiede tragfähig und dauerhaft war, den Attacken und Intrigen einer nicht selten mißgünstigen, gleichwohl heuchlerisch besorgten Umwelt zum Trotz. Immerhin war es uns gelungen, die Bayreuther Festspiele vor dem finanziellen und geistigen Ruin zu retten und im Laufe der Jahre wieder fest in der Kultur des Nachkriegsdeutschland, mehr aber noch in der weltweiten Kulturlandschaft zu integrieren. Von den Widerständen und Schwierigkeiten verschiedenster Art, mit denen wir hartnäckig dabei zu kämpfen hatten, wird noch die Rede sein, ebenso wie von jener Spezifik, die man seit spätestens Mitte der fünfziger Jahre Neu-Bayreuth zu nennen gewohnt ist.

Erstmals nach fünfzehn Jahren der Zusammenarbeit trat jetzt, im Juni 1966, eine gravierende Änderung ein, da mein Bruder ernstlich und schwer erkrankte und darum für die vorbereitende Probenarbeit nicht mehr zur Verfügung stand. Außerdem war abzusehen, daß ihn die Krankheit auch an einer unmittelbaren Teilnahme bei den Festspielen hindern würde. Ich ahnte bereits nichts Gutes, hoffte jedoch auf baldmögliche Besserung seines Gesundheitszustandes und weigerte mich, den Gedanken an eine noch schlimmere Wendung in mir zuzulassen. Die nun entstandene Situation war schwierig, denn nicht nur mußte zum ersten Male auf ihn als einen der beiden Festspielleiter, sondern insbesondere auch auf seine Präsenz als Regisseur verzichtet werden. Und auf dem Spielplan der Festspiele standen ausschließlich Inszenierungen von ihm: «Tristan und Isolde», «Parsifal», «Tannhäuser» und «Der Ring des Nibelungen». Der «Ring», sein zweiter Deutungsversuch der Tetralogie, hatte 1965 Premiere gehabt und befand sich nun vor der ersten Wiederholung.

In Bayreuth ist es im Unterschied zu vielen anderen Theatern nicht nur möglich, eher sogar üblich, die Erfahrungen aus dem ersten Aufführungsjahr einer Inszenierung in der Folgezeit einzubringen. Das heißt nicht nur sukzessive Vervollkommnung in Details, das kann auch einhergehen mit beträchtlichen Veränderungen in der Besetzung und im Szenischen. Die Interpretationen eines Werkes sind mit der Premiere nicht letztgültig fixiert, vielmehr unterliegen sie einer ständigen und kritischen Metamorphose, jede Inszenierung ist hier bis zu ihrer letzten Aufführung im besten und weitesten Sinne ein «work in progress», was freilich nicht heißt, daß wir anfangs hier irgend etwas auf die Bühne stellen und uns dann gemächlich ein paar Jahre Zeit lassen, die erkannten Fehler zu beseitigen oder Versäumtes nachzuholen. Bei einem so komplizierten und vielschichtigen Werk wie dem «Ring», der an vier Abenden aufgeführt wird, ist eine dauernde Weiterbeschäftigung und -arbeit regelrecht vorgegeben.

Ohne die wie bisher üblich permanente Anwesenheit meines Bruders konnte dies aber nur bedingt und verbunden mit Schwierigkeiten geschehen. Ein weiteres Problem gab es hinsichtlich seiner «Parsifal»-Inszenierung, die mannigfach gewandelt seit 1951 gespielt wurde und in diesem Jahr erstmals von Pierre Boulez dirigiert werden sollte, wobei Wieland deutlich eine gemeinschaftlich zu leistende evolutionäre Veränderungsarbeit im Sinne hatte und sich erwartete. Er hatte große Hoffnungen an das Zusammenwirken mit Boulez geknüpft.

Wie sollte nun also verfahren werden? Die beiden Assistenten meines Bruders aus dem Vorjahr, Nikolaus Lehnhoff und Wolfram Dehmel, hatten für ihn offensichtlich nicht jene unabdingbar notwendige Voraussetzung an Autorität, daß er ihnen zugetraut hätte, die diffizile und vielfältige Problematik eines zweiten «Ring»-Jahres erfolgreich und gemäß seinen Intentionen bewältigen zu können. Darum bestimmte Wieland nach reiflicher Überlegung Peter Lehmann zu dieser Arbeit, der darüber hinaus den «Parsifal» als Assistent betreute. Peter Lehmann war seit 1960 in Bayreuth tätig, verfügte also über mehrjährige einschlägige Erfahrungen und fiel vor allem durch seine fachliche Kompetenz und sein gutes Einfühlungsvermögen auf, das ihn befähigte, mit sehr verschiedenen Menschen in vernünftiger Weise umzugehen. Für seine Aufgabe wurde die Bezeichnung «szenische Einstudierung» gefunden, so stand es auch später auf den gedruckten Abendspielzetteln. Er rechtfertigte das in ihn gesetzte Vertrauen vollauf, obwohl er beim «Ring» ursprünglich nicht assistiert hatte. Durch die Entscheidung zugunsten Peter Lehmanns standen allerdings von vornherein Reibereien und Auseinandersetzungen zwischen ihm als dem verantwortlichen Assistenten und den genannten zwei anderen Assistenten zu erwarten, die immer wieder opponierten. Gleichzeitig bedeutete die Betrauung Lehmanns einen abermaligen Ausschluß der Frau meines Bruders, Gertrud Wagner, die Wieland schon bei der Neueinstudierung 1965 nicht hinzugezogen hatte. Es gibt keinen Hinweis darauf, daß er irgendwann in dieser Zeit überlegt oder erwogen habe, sie für die Weiterführung seiner Arbeit einzusetzen. In diesem Zusammenhang verdient Erwähnung, daß sein Sohn Wolf-Siegfried, damals Anfang zwanzig, 1966 beginnen sollte, den Betrieb eines Theaters, und zwar den der Bayreuther Festspiele, systematisch kennenzulernen. Es war vorgesehen, ihn als Hospitant im Bereich des Beleuchtungswesens zu beschäftigen. Als etwaiger Assistent kam er aufgrund völlig ermangelnder fachgerechter Ausbildung selbstverständlich noch nicht in Frage, woran sein Vater auch gar nicht gedacht hatte. Für die choreographischen Arbeiten im «Ring», insbesondere in den Szenen der Rheintöchter, war Renate Ebermann zuständig, die vor allem durch ihre Morgen-Gymnastik im Programm des Bayerischen Rundfunks Bekanntheit erlangte, in Bayreuth jedoch mit besonderem Talent und Geschick es verstand, sich so gut wie überall ziemlich unbeliebt zu machen. Peter Lehmann hatte es keineswegs leicht, da ihm aufgrund gekränkter Eitelkeiten immer wieder Rankünе entgegenschlug von denen, die sich zurückgesetzt und beleidigt fühlten.

Am 17. Juni verließ mein Bruder den Hügel und die Festspiele, um sich in ärztliche Behandlung zu begeben, doch niemand ahnte wohl zu diesem Zeitpunkt, daß es ein Abschied ohne Rückkehr war. Drei Tage später ging er zunächst ins Krankenhaus nach Kulmbach, ab dem 2. Juli nach München. Auf meinen Vorschlag hin fuhr die langjährige enge Mitarbeiterin Gabriele Taut mit ihm, sowohl nach Kulmbach als auch nach München, um durch ihre stete Anwesenheit eine unausgesetzte Verbindung zu Bayreuth und dem aktuellen Festspielgeschehen zu gewährleisten, an dem er nach wie vor großen Anteil nahm. Nach einigen Tagen des Krankenhaus-Aufenthalts meines Bruders führte ich eine allabendliche Konferenz ein, die jeweils nach der letzten Probe stattfand. Jeder Mitarbeiter hatte dabei Gelegenheit, seine Anliegen und Fragen, von denen er meinte, sie Wieland unbedingt mitteilen zu müssen, auf ein Tonband zu sprechen, das im Anschluß unverzüglich zu ihm gebracht wurde. Diese vielleicht etwas ungewöhnliche Vorkehrung mußte ich treffen, damit alle willkürlichen Belästigungen und unnötigen Aufregungen meines kranken und ruhebedürftigen Bruders, die obendrein zu jeder beliebigen Zeit erfolgten, künftig unterblieben. Vorher nämlich hatte ihn jedermann nach Lust und Laune angerufen, ihn gleichermaßen mit Wichtigem konfrontiert und Belanglosem behelligt, und einige nutzten die vermeintliche Gunst der Stunde offenbar ausgiebig zum Anspinnen diverser Kabalen. Das alles trug natürlich in keiner Weise zur Verbesserung seines Zustandes bei und ließ ihn wahrscheinlich sein Fehlen nur um so heftiger und schmerzvoller empfinden. Das Schicksal seiner Inszenierungen war ihm ja alles andere als gleichgültig, und das übereifrige, konturlose Geschwätz mancher besonders scheinheilig Besorgter mußte ihn zwangsläufig beunruhigen und ein fatales Gefühl ohnmächtiger Irritation heraufbeschwören. Zusätzlich erhielt er auf seinen Wunsch hin auch Mitschnitte von musikalischen Proben, die er auf diese Weise verfolgen und kontrollieren konnte. Gabriele Taut stellte sie ihm zu und übernahm dabei die Aufgabe, bestimmte Probleme und Mitteilungen in geeigneter Form und im richtigen Augenblick ihm nahezubringen.

Gabriele Taut war schon seit 1956 während der Festspielzeit im Betriebsbüro tätig, ab 1972 als dessen Leiterin. Ihr Vorgänger in dieser Position, Gerhard Hellwig, musikalischer Leiter der «Schöneberger Sängerknaben» in Berlin, hatte 1954 und 1955 die Edelknaben im «Tannhäuser» einstudiert und war von 1957 bis 1971 Persönlicher Referent und Leiter des Künstlerischen Betriebsbüros gewesen. Der Notwendigkeit Folge zu leisten, ganzjährig in Bayreuth zu arbeiten, vermochte er sich nicht zu entschließen. Seit dem 1. Januar 1974 versieht Gabriele Taut mit großer Wirksamkeit das ganze Jahr über die Aufgaben des Betriebsbüros.

Wie stark seine Belastung war, nämlich doppelt, da physisch und psychisch, zeigt nachdrücklich die Antwort auf ein Telegramm des Bayreuther Oberbürgermeisters, in dem dieser sich bei Wieland bezüglich der auf Wunsch von Pierre Boulez für die Öffentlichkeit gesperrten «Parsifal»-Generalprobe beschwert hatte: «Nach Information meiner behandelnden Ärzte bitte ich zunächst ergebenst, davon abzusehen, mir nach Beginn der in jeder Klinik üblichen Nachtruhe Telegramme unangenehmsten Inhalts zu übersenden und mir so die jedem Patienten zustehende Nachtruhe zu nehmen. Ich bin entsetzt über die absolute Verständnislosigkeit der Herren des Stadtrats Bayreuth und des Bayreuther Oberbürgermeisters für die besonders schwere Situation, unter der in diesem Jahr die Bayreuther Festspiele durchgeführt werden müssen, und erlaube mir darauf aufmerksam zu machen, daß abgesehen von dem durch den Tod Knappertsbuschs erzwungenen Wechsel der musikalischen Leitung nicht nur des Parsifal in diesem Jahr, durch die bekannten Beurlaubungsschwierigkeiten des Gesamtpersonals sowie durch gravierende finanzielle Sparmaßnahmen ein Probenminimum erreicht ist, das von keinem Theaterleiter der Welt mehr verantwortet werden kann.»

Trotz des Aufenthalts im Krankenhaus und der damit verbundenen Einschränkungen hielt Wielands reges Interesse an sämtlichen Festspielangelegenheiten an, und er entfaltete, so gut es unter seinen Umständen ging, beträchtliche Aktivitäten. Daher gelang es mir, mit ihm sämtliche Planungen für die nächste Zeit durchzusprechen und abzustimmen, und wir konnten noch zusammen fast alle Verträge für 1967 vorbereiten oder sogar zum Abschluß bringen. Die Besetzung der Solisten für die kommenden Festspiele wurde folglich gemeinsam von uns festgelegt und unter Dach und Fach gebracht.

Ende der Festspielzeit 1966 durfte er die Münchner Klinik vorübergehend verlassen und nach Bayreuth zurückkehren. Sofort entwickelte er wieder die altgewohnte Rastlosigkeit und schmiedete Zukunftspläne. Am letzten Tag, den er auf dem Hügel gearbeitet hatte, war von ihm das Projekt einer Aufzeichnung seiner «Tannhäuser»-Inszenierung durch das Fernsehen erörtert worden; dies nahm er jetzt unverzüglich wieder in seine Überlegungen auf. Intensiv widmete er sich dem Vorhaben eines Gastspiels der Bayreuther Festspiele in Japan und vertiefte sich in dessen detaillierte Planung. Daneben beschäftigten ihn die Vorbereitungen zu verschiedenen zukünftigen Gastspielangeboten, denen er gern Folge leisten wollte. Darunter befand sich eine Inszenierung des «Lohengrin», die sein Debüt an der New Yorker Met hätte werden sollen. Nach den ausgefüllten und betriebsamen Wochen mußte er sich am 14. Oktober erneut nach München zur Fortsetzung der stationären Behandlung begeben, nachdem er zuvor ambulant betreut worden war. Ich wußte, es stand nach wie vor bedenklich um seine Gesundheit, hoffte aber wie er auf baldige Wiedergenesung.

Am 15. und 16. Oktober, es war ein Wochenende, fuhr ich zu

ihm nach München, wo ich bei meiner Tochter wohnte. An beiden Tagen fanden noch ausgiebige Besprechungen zwischen meinem Bruder und mir an seinem Krankenbett statt. Gerhard Hellwig nahm daran teil. Was wir in Bayreuth nicht mehr hatten erledigen können, kam zur Sprache und wurde geklärt. Alles bezog sich auf aktuelle Verhandlungen und stand mit der Festspielarbeit in unmittelbarem Zusammenhang. Davon zeugt auch, daß Wieland noch am späten Abend des 16. Oktober das Engagement mit Birgit Cullberg für 1967 abschloß, deren Tätigkeit auf den «Parsifal» ausgedehnt wurde, nachdem sie bereits seit 1965 den «Tannhäuser» choreogaphisch gestaltet hatte.

Ich kehrte am gleichen Abend, natürlich voll Sorge um meinen Bruder, nach Bayreuth zurück.

Im Morgengrauen des 17. Oktober, fünf Minuten nach vier Uhr, starb Wieland Wagner, noch nicht fünfzigjährig, in der II. Chirurgischen Universitätsklinik in München.

Unmittelbar nach Erhalt dieser Nachricht fuhren sein Schulfreund und Hausarzt, Dr. Helmut Danzer, und ich zusammen zum Krankenhaus. Dort traf ich Wielands Frau Gertrud und Kinder meines Bruders an. Er selbst lag noch in seinem Krankenzimmer aufgebettet. So war es mir vergönnt, allein und in großer Stille von ihm Abschied zu nehmen.

Meinen Schmerz und meine Erschütterung, die in ein Empfinden sehr tiefer Trauer übergingen, zu beschreiben, zögere ich, da es wohl kaum jemals gelingt, das Gefühl eines Verlustes, wie ich ihn erlitten hatte, adäquat auszudrücken, und zwar ohne einerseits in das verlogene Pathos falscher Sentimentalität zu geraten oder andererseits in den Ton offizieller Nachrufe zu verfallen.

Im Anschluß an die bitteren und namenlos traurigen Minuten des endgültigen Abschiednehmens fuhr ich direkt nach Bayreuth zurück, um die Überführung des Leichnams dorthin und die Totenfeier, die im Festspielhaus stattfinden sollte, vorzubereiten. Wie nicht anders zu erwarten, gab es eine unerhörte Aufgabenfülle, die binnen weniger Tage bewältigt werden mußte, so daß kaum Gelegenheit oder auch nur Zeit war, in ausgiebigere Gedanken der Besinnung und Orientierung sich zu versenken, jedenfalls zunächst nicht. Die Familie meines Bruders kam ebenfalls ohne Verzögerung wieder nach Bayreuth und fand sich in ihrem Stammsitz, im Haus Wahnfried, ein. Gemeinsam und in wechselseitiger Abstimmung berieten wir noch am selben Tag über den Ablauf der für den 21. Oktober vorgesehenen Trauerfeier, über die einzuladenden Gäste und die Vielzahl der offenen Fragen in Verbindung mit dem düsteren Anlaß. Ein minutiöser Plan wurde aufgestellt, der sowohl den Zeitpunkt der Überführung am 18. Oktober enthielt als auch die öffentliche Aufbahrung auf der Bühne des Festspielhauses zwei Tage später, um Freunden und Bekannten und den Einwohnern der Stadt Bayreuth die Gelegenheit eines letzten Abschieds zu geben, sowie den genauen Verlauf der feierlichen Gedenkveranstaltung mit mehreren Rednern am 21. Oktober, der sich dann die eigentliche Beisetzung auf dem Stadtfriedhof im allerengsten Familien- und Freundeskreis anschloß. Unterdessen traf aus dem In- und Ausland eine wahre Flut von Beileidstelegrammen und Briefen aus allen Bereichen des öffentlichen Lebens und von privaten Persönlichkeiten ein, Nachrufe erschienen, Rundfunk und Fernsehen meldeten sich zur Berichterstattung von den Feierlichkeiten an. Die Anteilnahme allenthalben war aufrichtig, die Bestürzung über den tragischen Schicksalsschlag groß. Der Verlust, den das Theater durch Wielands Tod hinnehmen mußte, wurde allseits mit meist sehr bewegten und berührenden Worten beklagt.

Nachdem schon die Bevölkerung der Stadt und viele eigens angereiste Besucher dem Toten die letzte Ehre erwiesen hatten, versammelte sich am Vormittag des 21. Oktober auf der Bühne des Festspielhauses, die zu diesem Zweck entsprechend würdig hergerichtet worden war, eine gesondert eingeladene Trauergemeinde. Auf dem Haus wehte die sonst nur sommers sichtbare Festspielfahne mit dem nach Dürerschem Vorbild gestalteten roten W auf weißem Grund halbmast. Vor dem heruntergelassenen Eisernen Vorhang stand der schlichte Sarg, umgeben von einem Blumenmeer und schier unzähligen Kränzen, die zum Teil an einigen herabgefahrenen Zugstangen befestigt waren. Zur

Linken nahmen Mitglieder des Festspielorchesters und des Festspielchors, für den eigens eine Tribüne errichtet worden war, Platz, zur Rechten die Gäste. Eingangs erklang das Vorspiel zu «Parsifal» unter dem Dirigat von Pierre Boulez, der erst so das erste und einzige Mal Wieland auf dieser Bühne begegnen konnte, dem toten Wieland, der mit ihm neben dem «Parsifal» gewiß noch andere seiner Inszenierungen hatte erneuern wollen. Dann folgten die jeweils kurzen Ansprachen des Bayreuther Oberbürgermeisters Hans Walter Wild, des Präsidenten der «Gesellschaft der Freunde von Bayreuth», Konsul Dr. Franz Hilger, dem sich der Stuttgarter Generalintendant Professor Dr. Walter Erich Schäfer anschloß. Danach trat Ernst Bloch ans Rednerpult. Carl Orff sprach und Wolfgang Windgassen. Als Vertreter der Bundesrepublik war der Minister Hermann Höcherl gekommen. Der bayerische Ministerpräsident Alfons Goppel schloß die Reihe der Gedenkreden ab. Mit Johann Sebastian Bachs Schlußchor aus der Matthäus-Passion «Wir setzen uns mit Tränen nieder», den der Chordirektor der Festspiele, Wilhelm Pitz, dirigierte, ging die Trauerfeier zu Ende. Wieland übrigens war das erste Mitglied der Familie Wagner, für das eine solche Feier im Festspielhaus ausgerichtet wurde.

In den Reden artikulierte sich Fassungslosigkeit. «Mehr als erschüttert, entsetzt steht man vor diesem jähen Ende», sagte Ernst Bloch. Aus der Familie ergriff niemand das Wort, auch wir, unsere Mutter, seine Schwestern und ich, schwiegen, denn zu stark war unsere Trauer, zu heftig der Schmerz in diesen Stunden, so daß wir verstummten. Ich habe aus Anlaß der Eröffnung einer Gedenkausstellung zu Wielands 25. Todestag im Jahre 1991 dann doch eine kleine Ansprache gehalten, in der ich, natürlich aus dem inzwischen langen Abstand heraus, keine offizielle Würdigung, sondern ganz subjektive Einsichten und Gedanken zu unserem Zusammenwirken formulierte. Erst so viele Jahre später wagte ich offen auszusprechen, was über alle Verschiedenheit und über alle normalen Zwistigkeiten jener Zeit hinaus, auch entgegen den künstlichen Konstruktionen Dritter über vermeintlich unüberbrückbare Gegensätze – an solchen Versuchen hat es nie gemangelt – das geistige und emotionale Band war, welches ihn und mich verband: brüderliche Liebe.

Bald schon, nur wenige Tage nach der Bestattung Wielands, griff der Alltag wieder mit Macht nach mir, denn ich sah mich erheblichen und zumindest teilweise auch durchaus heiklen Problemen gegenüber. Es konnte nicht ausbleiben, daß hie und da Gerüchte aufflackerten über einen möglichen oder denkbaren Nachfolger meines Bruders in der Festspielleitung. Da ich im Unterschied zu ihm gegenüber unserer Mutter Winifred niemals so rigoros abweisend gewesen war, vielmehr zumeist auf einen versöhnenden Ausgleich zusteuerte oder doch wenigstens den ganz normalen menschlichen Umgang eines Sohnes mit seiner Mutter pflegte, wurde sogar gemunkelt und geargwöhnt, ich würde beabsichtigen, sie nun wieder stärker in das Festspielgeschehen einzubinden. Allerdings existierte dieser Gedanke zu keiner Zeit. Und nicht nur ich habe nie daran gedacht, in gleichem Maße wußte auch meine Mutter um die vollständige Unmöglichkeit. Daß sie durch den so frühzeitigen Verlust ihres ältesten Sohnes niedergedrückt und tief getroffen war und sich um den Fortgang der Festspiele sorgte, ist eine verständliche Reaktion. Aber sie war sich über die Konsequenzen, die Wielands Tod zur Folge hatte, durchaus und sehr nüchtern im klaren. «Bringen Sie meinem Sohn Wolfgang, der nunmehr allein die schwere Verantwortung für die weitere erfolgreiche Durchführung der Festspiele trägt, Ihr Vertrauen entgegen und helfen Sie ihm seine Aufgabe lösen!» schrieb sie am 24. Oktober in einem Brief an die Mitarbeiter auf dem Hügel. Aus eigener Erfahrung wußte sie, die ihren Mann, meinen Vater Siegfried Wagner, verloren hatte, als sie gerade 33 Jahre alt war, wie kompliziert eine Situation ist, in der es die Alleinverantwortung für ein Unternehmen wie das der Bayreuther Festspiele zu tragen gilt.

1949 betraute unsere Mutter meinen Bruder und mich mit der Leitung der Festspiele. Vorausgegangen waren jahrelange Schwierigkeiten, von denen ich noch ausführlich berichten werde. Im Bewußtsein dieser Erfahrungen und zusätzlich im Wissen um die bei einem Wechsel in der Festspielleitung bereits in früheren Jahren aufgetretenen Probleme, war es nach dem Mietvertrag vom 1. Mai 1950, den mein Bruder und ich mit meiner Mutter abschlossen, notwendig geworden, so rasch als möglich ein Übereinkommen zwischen Wieland und mir zu treffen, damit im Falle des Ausscheidens eines von uns beiden die Kontinuität dennoch gewährleistet bliebe und keine unnötige Gefährdung der Festspiele einträte. Unserem Rechts- und Wirtschaftsberater, Dr. Gottfried Breit, und mir gelang es, einen Gesellschaftervertrag zu entwerfen, der die Verhältnisse und Verbindlichkeiten regelte. Nach vorausgegangenen längeren Verhandlungen war jetzt eine Form gefunden worden, mit der auch mein Bruder sich einverstanden zeigte, die zu unterschreiben er willens war. Wieland und ich unterzeichneten den Vertrag am 30. April 1962, der daraufhin Rechtskraft erlangte. Unsere Mutter war in ihrer Eigenschaft als Eigentümerin des Festspielhauses einverstanden und erkannte den Vertrag ohne weiteres an. In dem Dokument wurde nochmals festgeschrieben, wie schon zuvor in der Abtretungserklärung meiner Mutter, daß beide Gesellschafter gleichberechtigt sind: (§ 5) «Zur Geschäftsführung und Vertretung der Gesellschaft sind beide Gesellschafter gemeinschaftlich berechtigt und verpflichtet.» Ein anderer sehr wesentlicher Paragraph, der in der augenblicklichen Situation volle Wirksamkeit erlangte, besagte, daß beim Tode eines Gesellschafters dessen Anteil auf den Überlebenden übergeht. In Paragraph 8 heißt es: «Eine Auseinandersetzung mit den Erben findet in diesem Falle (bei Übernahme) nicht statt.» Verankert worden war im Vertrag die Festlegung über eine angemessene Versorgungsrente für die Hinterbliebenen.

Veranlaßt durch gewisse Vorstellungen und aufgrund unterschiedlichster Forderungen nicht nur meiner Familie, die leider zu oft eine erhebliche Ferne zu den unumstößlichen Realitäten, wenngleich ein eigen-artiges Einbildungsvermögen erkennen ließen, konsultierte ich mehr oder minder laufend Dr. Breit. Am 10. November 1966 sprach ich vormittags wieder einmal aus gegebenem Grunde in seiner Münchner Anwaltskanzlei bei ihm vor und fuhr anschließend weiter nach Stuttgart zu dem vertrauten und langjährigen väterlichen Freund meines Bruders und mir,

Dr. Walter Erich Schäfer. Ich wollte bei ihm über einige theaterrechtliche Fragen Rat einholen. Fast nahtlos kamen wir in unserem Gespräch sehr bald zu einem ungewöhnlich persönlichen Gedankenaustausch über meinen verstorbenen Bruder, über den er später ein sympathisches und kluges Buch geschrieben hat.

Dr. Schäfer sagte mir, für ihn stelle sich als eine große Tragik im Leben Wielands dar, daß dieser insbesondere während der letzten Jahre der Notwendigkeit habe gehorchen müssen, aus finanziellen Gründen bei seinen Gastspielarbeiten an anderen Theatern immer und immer wieder gleichsam Aufgüsse seiner Bayreuther Inszenierungen herzustellen. Er habe darum kaum Zeit und Kraft mehr aufbringen können, um seinen künstlerischen Bemühungen zu Richard Wagners Werk neue und aussagekräftige Deutungen zu geben.

Dann kam die Rede auf Wolf-Siegfried, den Sohn Wielands, und auf die mißglückte Fürsorge für ihn, die dem Vater beträchtlichen Kummer bereitet hatte. Da der Dreiundzwanzigjährige keinerlei Anzeichen machte, sich einem ernsthaften Ausbildungsgang zu unterziehen, auch keinerlei dauerhafte Studien betrieb, erbot sich Dr. Schäfer, Wolf-Siegfried nach Stuttgart an die Oper zu holen, um ihm so Gelegenheit zu geben, das Theater in seiner ganzen Breite und Verästelung, aber auch in seiner keineswegs stets glanzvollen täglichen Realität gleichsam «von unten herauf» kennenzulernen und sich so allmählich in das Metier einzuarbeiten. Wolf-Siegfried glaubte jedoch, ohne irgendein zähes Studium oder eine vergleichbare Art der Ausbildung die Reife für Bayreuth allein dadurch erlangen zu können, indem er bei einigen berühmten Regisseuren Assistenzen erhalte. Das freundliche und wohlwollende Angebot lehnte er ab. Für Dr. Schäfer war es gewiß eine herbe Enttäuschung, machte er sich doch um diesen Wagner der nächsten Generation besondere Sorge. Wie er hielt auch Wieland es für unbedingt und dringend nötig, daß sein Sohn die gelegentliche praktische Mitarbeit vertiefe und vervollkommne durch den Erwerb des theoretischen Rüstzeugs. In einem Brief des Vaters an Wolf-Siegfried vom 29. September 1966, der als Kopie auch an die Finanzabteilung der Bayreuther Festspiele ging und mir auf diesem Wege zur Kenntnis gelangte, forderte Wieland seinen Sohn nachdrücklich zu einem systematischen Ausbildungsgang auf, da jener sich zum ersten Male nach verschiedenen diffusen Ansätzen in andere Richtungen definitiv für das Theater entschlossen hatte. Offensichtlich wollte er den Sohn nicht selbst ausbilden, da er von ihm verlangte, das Reinhardt-Seminar in Wien bis zur Abschlußprüfung kontinuierlich zu besuchen. Er erbot sich seinerseits, alle dazu erforderlichen Schritte und Formalitäten einzuleiten. Der Brief enthält daneben sehr deutliche Hinweise, daß Wieland sich gezwungen sah, seinen Kindern künftig generell wesentlich restriktivere Einschränkungen als bisher in finanzieller Hinsicht aufzuerlegen. Er präzisierte seine Möglichkeiten überaus exakt, da er wahrscheinlich infolge seiner anhaltenden Erkrankung sicher sein wollte, daß das bis dahin währende Durcheinander der Finanzen in seiner Familie nicht etwa in einem totalen Debakel kollabieren würde. Die Probleme in Geldsachen häuften sich damals bedrohlich an, nicht zuletzt aus dem Grunde, daß das ursprünglich vorgesehene Budget für das in Keitum auf der Insel Sylt gekaufte Haus unter anderem durch den unbezähmbaren und ziemlich exklusiven Drang Gertrud Wagners zur Neugestaltung um etwa 200 Prozent überschritten worden war.

Mein Bruder Wieland brauchte die Gastspiele, die ihm Nebeneinnahmen verschafften, höchst dringlich, um die wie ein Damoklesschwert fortwährend über ihm schwebende Katastrophe abzuwenden. In das Vorhaben, nach Japan zu gehen, setzte er – neben den zweifellos vorhandenen finanziellen – überhaupt große Erwartungen.

Ende Oktober 1966 meldete sich der mir seit 1950 bekannte Künstler-Agent Martin Taubmann bei mir, um Verbindung aufzunehmen und über die durch Wieland noch vereinbarten oder anvisierten Inszenierungen außerhalb Bayreuths und die noch zu findende Form ihrer Realisierung mit mir zu sprechen. Vor allen Dingen bedurfte der Plan mit Japan schnellster Klärung. Im Frühjahr 1967 sollten beim Festival in Osaka «Die Walküre» und «Tristan und Isolde» mit der Bayreuther Besetzung aufgeführt werden. Martin Taubmann hatte dieses Gastspiel vermittelt und drängte nun verständlicherweise darauf, organisatorisch und vertraglich zu einem endgültigen Abschluß zu gelangen. Wieland war Anfang des Monats in München noch mit der Direktorin des Festivals, Frau Murayama, zusammengetroffen und in direkte Verhandlungen eingetreten. Ich blieb allen Gesprächen fern und hielt mich aus den anlaufenden Vorbereitungen heraus, da ich die Ansprüche und Forderungen von seiten meines Bruders für überzogen und unvertretbar hoch hielt. Gerade im Hinblick auf die Festspiele, deren Finanzmittel zwar nicht desolat, doch aber immer zu knapp bemessen und auf die unmittelbaren Notwendigkeiten beschränkt waren, schien mir dieses ausufernde Verhalten gegenüber einem anderen Festival nicht gerechtfertigt, und ich reagierte entsprechend ablehnend.

Meine ursprüngliche Distanzierung rief nun die Witwe meines Bruders auf den Plan, die etwas kurzschlüssig und voreilig ihre Rechte und ihre Pflicht zur Auswertung des Gastspieles zugunsten ihrer und der sowohl persönlichen als auch materiellen Interessen ihrer Familie geltend machen wollte. Da auch hierbei durch Unkenntnis und leichtfertig-oberflächliche Mißinterpretationen im Grunde ebenso eindeutiger wie einfacher Sachlagen Verwirrung entstanden war, bat Frau Murayama mich zusammen mit Martin Taubmann nach Zürich, um Aufklärung zu schaffen und eine zweckmäßige und gültige Bereinigung aller Unstimmigkeiten herbeizuführen. Es war weder das erste noch das letzte Mal, daß ich mit solchen, doch auch noch anderen, weitaus problematischeren Verwicklungen konfrontiert wurde. Derartiges und Ähnliches anzurichten, liegt manchen Mitgliedern der Familie Wagner und ihren Verzweigungen offenbar im Blut. Geschichte und Gegenwart legen davon beredtes Zeugnis ab.

Unser Treffen mit Frau Murayama war für den 11. und 12. November 1966 vereinbart worden. Neben ihr, Martin Taubmann und mir nahmen noch Gerhard Hellwig und Gabriele Taut daran teil. Auch meine Schwägerin Gertrud reiste in diesen Tagen nach Zürich. Zufällig begegnete ich ihr auf der Hoteltreppe, die sie hinabschritt in Begleitung des vielseitig begabten Walter Legge, der mir aus zurückliegenden Jahren noch nachdrücklich in zwiespältiger Erinnerung geblieben war. Die Besprechungen allerdings wurden ohne ihre Anwesenheit geführt, zugegen war ihr damaliger Rechtsanwalt, Herr von Castelberg.

Frau Murayama war von der Voraussetzung ausgegangen, es handle sich bei dem bereits öffentlich angekündigten Gastspiel um eines der Bayreuther Festspiele. Sie gab zu verstehen, daß dem Vorhaben nur dann Erfolg beschieden sei, wenn die Festspielleitung dafür verantwortlich zeichne. An ein Ausfallen konnte unter keinen Umständen mehr gedacht werden, da sämtliche Vorbereitungen schon angelaufen und weit gediehen waren. Wir, das heißt also zum einen die Bayreuther Festspiele, zum anderen das Festival von Osaka und zum dritten Martin Taubmann, mußten eine praktikable Übereinkunft finden und die rechtlichen Möglichkeiten zur Durchführung eindeutig und unwiderlegbar fixieren.

Für die szenische Einstudierung bestimmte ich schließlich Peter Lehmann, der sich während der vorangegangenen Festspielzeit ausgezeichnet in dieser Aufgabe bewährt hatte. Eine eventuelle Berücksichtigung Gertrud Wagners schied aus, da sie weder beim «Tristan» noch bei der «Walküre» assistiert hatte. Entgegenkommenderweise und sehr großzügig wurde durch Frau Murayama das Vermächtnis, das die Witwe Wielands beanspruchte, mit einem «Ehrenhonorar» in Höhe von 75 Prozent des meinem Bruder zugestandenen Betrages abgegolten. Damit fiel allen Beteiligten nunmehr die Handlungsfreiheit zu, um die technische und sachliche Abwicklung des Osaka-Gastspiels detailliert in die richtigen Bahnen zu lenken.

Eine für den März 1967 geplante «Holländer»-Inszenierung in Wien erhielt Gertrud Wagner übertragen. Man beauftragte sie an der Stelle ihres verstorbenen Mannes und verpflichtete sie auf die postume Herstellung der Aufführung, getreu nach seinen Ideen und präzisen Angaben, nicht etwa zu einer eigenständigen Arbeit. Der Wiener Erfolg war aber nicht so, daß sie daraus ein Anrecht auf Bayreuth hätte ableiten können.

Im April 1967 konnten endlich alle anderen mit Wielands künstlerischer Hinterlassenschaft zusammenhängenden Projekte geregelt werden, soweit sie mit der Realisierung von ausstehenden

Inszenierungen zu tun hatten. Die am 19. April geschlossene Vereinbarung zwischen den Erben meines Bruders auf der einen und der Stadt Bayreuth, der «Gesellschaft der Freunde» und mir auf der anderen Seite war in jeder Hinsicht von Belang, denn neben einer großzügigen Regelung der überkommenen finanziellen Verbindlichkeiten meines Bruders, die ihm aus Darlehen und seinen Mehrentnahmen aus unserer gemeinsam verantworteten Gesellschaft bürgerlichen Rechts entstanden waren und auf deren Ausgleich in beträchtlicher Höhe durch seine Erben ich verzichtete, wie auch ihrerseits die «Gesellschaft der Freunde» alles unternahm, um die finanziell mehr als desolate Lage Wielands und seiner Erben in einer Art und Weise zu entkrampfen, die entgegenkommender nicht hätte sein können, neben dieser Regelung erkannten sämtliche Unterzeichner, also auch Wielands Witwe und ihre Kinder, an, daß das künstlerische Erbe Wieland Wagners in bezug auf die Interpretation der Werke seines Großvaters ausschließlich von den Bayreuther Festspielen verwaltet und genutzt wird. Ferner verpflichtete sich die Erbengemeinschaft zur Unterlassung aller Äußerungen, die die vertraglich fixierten Tatsachen etwa hätten in Frage stellen können; außerdem willigte die Familie Wielands ein, bis zum 30. April 1969 keine Werke Richard Wagners zu inszenieren.

Von Relevanz war der Vertrag in gleichem Maße für die dieses Jahr verpflichteten Mitwirkenden, welche zum größten Teil Verträge erhalten hatten, die von meinem Bruder und mir unterschrieben waren. Sie forderten nun sehr eindringlich eine Situation, die jeden Zweifel über Zuständigkeit und Verantwortung ausschloß und rechtlich eine eindeutige Lage schuf. Ein Teil der Künstler gab mir darüber hinaus außerdem zu verstehen, daß ihr eigener Verbleib und ihre Mitarbeit in Bayreuth ausgeschlossen würden, sofern ein Mitglied der Erbengemeinschaft Wieland Wagners mitredend und damit wahrscheinlich Öl ins Feuer gießend aufträte.

Das halbe Jahr zwischen dem Tod meines Bruders und dieser Vereinbarung war ausgefüllt mit intensiven Konsultationen und Besprechungen, die ich mit Vertretern der Öffentlichkeit, mit

Behörden, vor allem aber mit den Vorstands- und Kuratoriumsmitgliedern der «Gesellschaft der Freunde von Bayreuth» hatte. Dabei bestand nie auch nur der leiseste Zweifel daran, daß ich aufgrund des Gesellschaftervertrags von 1962 fortan die alleinige Festspielleitung ausübte, wohl aber erhoben sich Bedenken, daß durch die dezidierten, gleichwohl irrigen Vorstellungen und damit innig verbundenen Querelen der Erben Wielands eine Art «Schisma» in Bayreuth drohen könnte.

Ein alarmierendes Signal, um solche Befürchtungen noch zusätzlich zu verstärken, war das Interview, das Gertrud Wagner am 8. Dezember 1966 im Fernsehen des Norddeutschen Rundfunks Berndt W. Wessling gab. Wessling war ein Journalist, gegen dessen Publikationsformen nicht zuletzt auch unter anderen Wieland Protest erhoben hatte, mit dem er in Streit geraten war. Da die Spannungen und Divergenzen nunmehr durch die Medien in die Öffentlichkeit getragen worden waren, fand fünf Tage nach dem spektakulären Fernsehauftritt eine Unterredung statt, die zum Ziel hatte, künftig solch dubiose Publizität zu vermeiden und auf den Boden der Realitäten zurückzukommen. Ich kam mit Gertrud überein, daß sie ab sofort alle Äußerungen der Art wie in dem vorangegangenen Interview unterlassen werde, da sie, einmal abgesehen von persönlicher Verleumdung, den Festspielen nur Schaden zufügen konnten. Erst am 16. Dezember teilte mir meine Schwägerin schriftlich ihre eigentliche Motivation und die von ihr gesehene Notwendigkeit zu diesem Interview mit, in dem sie hauptsächlich die Leistungen meines Bruders bagatellisierte, um einer wohl gleichermaßen verblüfften wie ungläubigen Welt ihre eigenen unvergänglichen Verdienste um Neu-Bayreuth recht farbenprächtig ausgeschmückt kundzutun.

Wenn ich zunächst noch auf Einsicht und Gutwilligkeit baute, dann auf das Verständnis klarer Rechtstatsachen vertraute, so wurde mir doch in zahlreichen Gesprächen nach dem Tode Wielands mehr und mehr klar, daß weder seine Witwe noch die anderen «Erben» ernsthaft gewillt waren, ihnen mißliebige Sachverhalte und Entscheidungen zu akzeptieren, daß sie vielmehr einer beliebigen Willkür in der Auslegung und Anwendung der getroffenen Vereinbarungen anhingen. Vor allem schien es für sie außer Frage zu stehen, ja geradewegs eine Selbstverständlichkeit zu sein, erneut, und zwar führend, in den Festspielbetrieb integriert zu werden.

Daher konnte ich nicht umhin, neben anderen auch meiner Schwägerin gegenüber Stellungnahmen abzugeben, die von ihr als eine Demütigung ihrer Person, die sie durch mich erlitt, empfunden wurden. Nach einer Demütigung, die sie ihrer Ansicht nach bereits in reichem Maße durch ihren Mann erfahren hatte und die sie jetzt nicht mehr wahrhaben wollte. In dem erwähnten Brief an mich vom 16. Dezember 1966 schrieb sie: «Lieber Wolf, ich kann nicht umhin, Dir den akuten Grund ... kurz zu erklären: Deine und Mamas Äußerungen gegen mich nach Wielands Tod – Verächtlichmachung unserer letzten Gespräche und Weitergeben von Scheidungslügen mit dem Bemühen, mir auf irgendeine Art und Weise nach allem, was ich überstanden hatte, noch einen letzten Stoß zu versetzen.»

Diese Vorkommnisse zeugten sehr weitgehend davon, daß an eine übergeordnete Vernunft nicht zu denken war, eine Vernunft, die bitter notwendig gewesen wäre, um die Bayreuther Festspiele in einem realistischen Zusammenhang mit einem Teil der Familie zu einigen.

Hätten nicht die sicher unumgänglichen Klärungen stattgefunden, so wäre die «Nebenarbeit» – die laufenden Vorbereitungen der Festspiele des Jahres 1967, die ich fortan allein leisten mußte – in den «gewohnten Bahnen» verlaufen. Darüber hinaus stand in diesem Jahr für mich die Vorarbeit zu meiner Realisierung der Neuinszenierung des «Lohengrin» an. Ich mußte meine konzeptionellen und bühnenbildnerischen Ideen zu einem vor mir selbst zu rechtfertigenden Abschluß bringen. Und natürlich stand ich unter dem Druck, die Vorlagen und Entwürfe des Bühnenbildes fristgerecht in die Werkstätten zu geben. Die noch offenen Besetzungslücken mußten geschlossen werden. Inmitten der geschilderten Turbulenzen hatte ich das Vorsingen von Donald McIntyre am 8. November im Festspielhaus abzunehmen, den Rudolf Kempe, mein «Lohengrin»-Dirigent, von England her kannte, und den wir dann zusammen als Telramund besetzten, womit für diesen Künstler der Grundstein zu seiner nachmaligen steilen internationalen Karriere gelegt wurde.

Für eine wirklich dringend benötigte Phase ruhiger Selbstbesinnung, in der ich überlegen wollte, was nach dem Tode meines Bruders geschehen müsse, welche Veränderungen sich ergaben, standen mir lediglich Ende Oktober 1966 gerade einmal fünf Tage zur Verfügung. Mit meiner Frau zog ich mich an den Chiemsee nach Oberbayern zurück, war für keinen Menschen zu erreichen und ging in dieser kurzen Zeit mit mir selbst zu Rate. Es war ein Versuch, durch die äußere Distanz zu Bayreuth einmal Abstand zu gewinnen und mir die auf mich einstürmenden Fragen mit Bedacht vorzulegen.

III. Zu Zeit und Raum

Nach den ersten Festspielen 1876 zog Richard Wagner Bilanz: Seine Vorstellungen und Ziele hatte er nur in sehr eingeschränktem Maße erreicht, mit dem künstlerischen Ergebnis der Aufführungen war er alles andere als zufrieden. Doch hegte er die Hoffnung, im darauffolgenden Jahr alles ganz anders, alles neu machen zu können. Dem entgegen stand das ungeheure Defizit, das wie ein Damoklesschwert bedrohlich über den Festspielen hing und deren Fortbestehen existentiell gefährdete. Es bedurfte sehr großer Anstrengungen, vor allem seines persönlichen Einsatzes, den Fehlbetrag abzubauen und auszugleichen, beispielsweise durch eine Reihe von Konzerten, die er in London dirigierte.

Die vielfältigen Erfahrungen, die er während der ersten Festspiele mit dem neuen Theater, mit dem «Ring» und nicht zuletzt mit dem Publikum hatte machen können und müssen, flossen in die Komposition und die 1882 erfolgte Uraufführung seines «Weltabschiedswerkes», den «Parsifal», ein. Durch die damals insgesamt sechzehn Aufführungen sah er sich seinem Festspielideal ein gutes Stück nähergerückt.

Am 18. November 1882 äußerte er sich brieflich gegenüber König Ludwig II. zur Zukunft Bayreuths. In den Jahren 1883 und 1884 sollte ausschließlich der «Parsifal» in möglichst zahlreichen Vorstellungen gegeben werden. Dabei ging er von der Annahme aus, daß durch die Einnahmen aus den Eintrittsgeldern – entgegen seiner ursprünglichen Absicht, die Festspiele für die Zuschauer zum Nulltarif einzurichten, sah er sich gezwungen, die Karten verkaufen zu müssen – der «Grundstock eines möglichst hoch anzusammelnden Fonds vorhanden» wäre, der die materielle Grundlage bilden sollte, um sodann nach und nach alle seine Werke vom «Fliegenden Holländer» an «in unserem Bühnenfestspielhause in der Weise aufzuführen, daß diese Aufführungen als Muster der Korrektheit meiner nächsten Nachwelt überliefert werden können».

Was seine Nachfolge betreffe, so hoffe er, wie er im selben Brief an den König schrieb, sich noch etwa zehn rüstige Lebensjahre ausbedingen zu dürfen, in denen sein Sohn dann zum Alter der voller Mündigkeit gereift sei. Denn diesem allein traute er die «geistig-ethische Aufrechterhaltung» seines Werkes zu: «... während ich sonst niemand weiß, dem ich mein Amt übergeben könnte.» Der Wunschtraum ging nicht in Erfüllung, da er nur ein knappes Vierteljahr später, am 13. Februar 1883, am gleichen Ort starb, wo er ihn geträumt hatte – in Venedig.

Dieser unerwartete Abgang von seiner «Lebensbühne» war für das weitere Schicksal der Festspiele in jeder Hinsicht tragisch. Der «Parsifal» wurde von nun an als Requiem zelebriert und in allen Einzelheiten der Aufführung für sakrosankt erklärt.

Nachdem in den Jahren 1883 und 1884, wie es Richard Wagner vorgesehen hatte, nur der «Parsifal» gespielt worden war, übernahm 1886 seine Witwe Cosima offiziell die Leitung der Festspiele und brachte zugleich ihre erste eigene Inszenierung, «Tristan und Isolde», heraus. Schrittweise baute sie in den anschließenden rund zwei Jahrzehnten das gesamte Bayreuther Repertoire auf, was nach den Erstaufführungen der «Meistersinger» (1888), «Tannhäuser» (1891), «Lohengrin» (1894) und einer zweiten Gesamtaufführung des «Ring des Nibelungen» (1896) mit der Einstudierung des «Fliegenden Holländers» 1901 abgeschlossen wurde.

Diese beharrliche und zähe Aufbauarbeit, die einherging mit der Konsolidierung und Institutionalisierung der Bayreuther Festspiele, war ihr unbestritten größtes Verdienst. Vollkommen unwagnerisch dagegen war ihre Auffassung, die jeweiligen Inszenierungen unverändert zu konservieren und damit eine unantastbare, durch nichts und niemanden in Frage zu stellende Tradition aufzurichten. Das richtungweisend Neue zu schaffen, hielt sie nicht für ihre Aufgabe.

Ihr Arbeitsprinzip war, kurz umrissen, folgendes: Sie versuchte, jene Aufführungen, die zu Lebzeiten Richard Wagners und teilweise unter seiner direkten Mitwirkung entstanden waren und von denen er einige, wie die Münchner Uraufführungen von «Tristan und Isolde» 1865 und «Meistersinger» 1868, für damals mustergültig hielt, auf der Bayreuther Bühne zu rekonstruieren. Dabei verfuhr sie allerdings selektiv, indem sie das verwarf, was sie für seinerzeit mißlungen ansah, und es in ihrem Sinne richtigstellte. Darüber hinaus reicherte sie ihre Inszenierungen mit dem eigenen Wissen an. Bei der Herstellung dieser «Muster ohne Neuwert» zog sie eine Reihe von Spezialisten der Historie hinzu, zum Beispiel ihre Schwiegersöhne: den Kunsthistoriker Henry Thode und Houston Stewart Chamberlain, dessen ideologische Ausstrahlung und Einflußnahme allerdings weitaus gravierender als die künstlerische war.

Unter ihrer Ägide und Beeinflussung wurden die «Bayreuther Blätter», seit 1878 durch Hans von Wolzogen redigiert, mehr und mehr zu einem Sammelbecken und Hort des prononciert hervorgekehrten «Deutschtums». Richard Wagner hatte nach anfänglicher, sehr rasch verflogener Euphorie das Deutsche Kaiserreich von 1871 immer skeptischer und desillusioniert-nüchterner beurteilt, wie es etwa aus der Ludwig II. gegenüber am 10. Februar 1878 geäußerten Bemerkung hervorgeht, daß es wohl so schnell nur wenige sich dachten, «daß die Öde des preußischen Staatsgedankens uns als deutsche Reichsweisheit aufgedrängt werden solle!» Jetzt, nach seinem Tod, folgte man in Bayreuth rückhaltlos der staatstragenden Ideologie des Wilhelminischen Imperiums. Cosima Wagner, nicht selten abschätzig als «Ausländerin» diffamiert, bekannte sich in einer schwülstig-überzogenen Weise zum «Deutschen» und trug eine derart nationale Komponente in das Festspielwerk hinein, die von Richard Wagner so niemals gedacht oder gar beabsichtigt worden war, wovon sowohl seine publizistischen und brieflichen Aussagen im Kern genügend beredtes Zeugnis ablegen als auch vor allem seine Partituren. Vergessen oder ignoriert wurde in Bayreuth seine Forderung an die Kunst: «Umfaßte das griechische Kunstwerk den Geist einer schönen Nation, so soll das Kunstwerk der Zukunft den Geist der freien Menschheit über alle Schranken der Nationalitäten hinaus umfassen; das nationale Wesen in ihm darf nur ein Schmuck, ein Reiz individueller Mannigfaltigkeit, nicht eine hemmende Schranke sein.» Dieser Satz ist zum Leitgedanken von Neu-Bayreuth geworden.

Cosima verstand «Bayreuth» nicht mehr wie Richard Wagner als Alternative zum Theater seiner Gegenwart. Vielmehr war «Bayreuth» für sie das unübertreffliche, einzig gültige Muster an sich. Eine Beschäftigung, gar aufgeschlossene Auseinandersetzung mit den durchaus fruchtbaren Entwicklungen an anderen Theatern, Wagners Visionen zu verwirklichen, hielt sie für überflüssig und nahm nichts davon zur Kenntnis. Die Theorie der Wagner-Inszenierungen, die Adolphe Appia in kritischem Widerspruch zum Bayreuther Stil herausgebildet hatte und die von Gustav Mahler und Alfred Roller zu Beginn des Zwanzigsten Jahrhunderts an der Wiener Hofoper in exemplarischen Aufführungen umgesetzt wurde, kam für Bayreuth unter keinen Umständen in Frage. Kennzeichnend für ihren engstirnigen künstlerischen Horizont ist das hochmütige «Nornenwort», am 13. Mai 1896 an Chamberlain geschrieben: «Appia scheint nicht zu wissen, daß 76 der ‹Ring› hier aufgeführt wurde, folglich in bezug auf Dekorationen und Regie nichts mehr zu erfinden ist.» Ihre Autorität wurde allseits meist unwidersprochen anerkannt, sie war legitimiert durch die Lebensgemeinschaft mit Richard Wagner und durch dessen Mitteilungen an sie. Sie wurde als letzte Instanz angerufen und gehört, wenn man über Wagner etwas erfahren wollte. Sie verstand sich als Hohepriesterin des Wagner-Kults. Für sie schwebte wie die Gralstaube der Geist Richard Wagners über dem Festspielhaus. Für sie war es der Tempel.

Als ich im Herbst 1955 Albert Schweitzer in Günsbach besuchte, sagte er mir, das Werk Richard Wagners hätte sich zu der Zeit, als Cosima die Festspiele übernahm, bereits so gültig durchgesetzt, daß es keiner Verteidigung, erst recht keiner Rechtfertigung mehr bedurfte. Er habe das Feindbild nie begriffen, das sich Cosima künstlich selbst schuf und das in einer Form von Antisemitismus Artikulation fand, den sie durch das Pamphlet «Das Judentum in der Musik» begründet wähnte.

Richard Wagners Haltung zum Antisemitismus war uneindeutig und widersprüchlich. Neben einer Anzahl ausgesprochen peinigender und schlimmer verbaler Entgleisungen, die allseits bekannt sind, da sie wieder und wieder repetiert wurden und werden, gab es jedoch zugleich eine Vielzahl anderslautender, geklärterer Äußerungen, vor allem auch eine Fülle von lebenspraktischen Beispielen, die geradezu das Gegenteil eines etwa fanatischen Antisemitismus sind. Diese andere Seite aber unterschlug Cosima geflissentlich in ihrer Einseitigkeit. So auch die entsprechenden Gedanken Richard Wagners in ihren Tagebüchern, die sie mit akribischer Genauigkeit führte. Die Tagebücher waren bestimmt für den einzigen Sohn Siegfried, der sie nie zu Gesicht bekam. Einsichten wie die in Auswahl folgenden, die sich noch vermehren ließen, wurden ihm verschwiegen: «R. sagte gestern: Wenn ich noch einmal über die Juden schriebe, würde ich sagen, es sei nichts gegen sie einzuwenden, nur seien sie zu früh zu uns Deutschen getreten, wir seien nicht fest genug gewesen, um dieses Element in uns aufnehmen zu können.» (22. November 1878); «... sein Urteil über die Juden zusammenfassend, sagt er: ‹Wenigstens sind sie ein Menschenalter zu früh bei uns emanzipiert worden.›» (25. November 1878); «Persönlich habe er die besten Freunde unter den Juden gehabt, aber ihre Emanzipation und Gleichstellung, bevor wir Deutschen etwas waren, sei verderblich gewesen.» (27. Dezember 1878); «... dann kommt R. wieder auf das Thema der Juden als Schauspieler, daß er noch im Jahre 53 schreiben konnte, es gebe keine, und nun! Und wie sie mit der Sprache umgingen!» (17. September 1881).

Als mein Vater Siegfried Wagner 1908 aus den Händen seiner Mutter die Festspielleitung übernahm, konnte er leider nicht mehr durch seinen Vater, wie es dieser vorgehabt hatte, mit der Aufgabe vertraut gemacht und auf sie vorbereitet werden, sondern in erheblichem Maße nur durch die Schulung der Mutter. Ein bloß verblendeter oder gar blinder «Eingeweihter» Bayreuths ist er bestimmt nicht gewesen, denn zuerst hatte sein Hauptinteresse der Architektur gegolten, die er einige Semester studierte. Während einer Fernostreise 1892, die ihn bis nach China führte, entschied er sich aus freien Stücken dazu, seine musikalischen Neigungen und Talente systematisch auszubilden. Sein Lehrer war Engelbert Humperdinck. Die Bayreuther Dirigenten Hans Richter, Hermann Levi und Felix Mottl standen ihm mit freundschaftlichem Rat zur Seite. Als Mottl 1894 während einer «Lohengrin»-Aufführung in Bayreuth überraschend erkrankte und ein anderer der Festspieldirigenten nicht zur Verfügung stand, leitete er den Dritten Aufzug. Sein echtes und erfolgreiches Debüt bei den Festspielen aber konnte er 1896 in der «Neuauflage» des «Ring», die Cosima auf die Bühne brachte, neben so bewährten Dirigenten wie Richter oder Mottl geben.

Es war gewiß nicht einfach und unproblematisch, unter den Fittichen der dominierenden Regentin Cosima und deren ergebenem, willfährigem, für sich selbst im Trüben fischenden Hofstaat und obendrein in der «Obhut» von vier (Halb-)Schwestern als Jüngster und als einziger, vergötterter Sohn aufzuwachsen. Die für ihn vorgezeichnete Position des Erben von Bayreuth vermochte er nach meiner Ansicht überhaupt nur auszufüllen und jahrelang durchzustehen, weil er ein freundlich-kluger, in sich abgeschlossener Mensch war, der anderen gegenüber sehr viel Verständnis und Einfühlungsvermögen zeigte.

Seine ersten fünf selbständigen Festspieljahre vor Ausbruch des Ersten Weltkriegs, zwischen 1908 und 1914, waren großenteils ein Anknüpfen an Cosimas szenische Arbeit, wobei schon eine wesentliche Änderung in der Chorregie auffiel. Doch bereits in den Jahren seiner Assistenzzeit hatte er die Beleuchtungstechnik zu seinem Spezialgebiet entwickelt, schon weil seine Mutter infolge ihrer verminderten und noch weiter abnehmenden Sehkraft diese Seite der Theaterarbeit vernachlässigen mußte. Die entscheidende persönliche und künstlerische «Abnabelung», aus der von Pseudo-Traditionen und Erstarrung beherrschten Phase herauszukommen, gelang meinem Vater erst in der letzten Periode seines Bayreuther Wirkens, nach der Wiedereröffnung der Festspiele 1924.

Im Zusammenhang mit meinem Vater ist es nötig, von der besonderen Bayreuther Vermögensverwaltung zu sprechen. Durch die Berner Konvention aus dem Jahre 1886 zum Schutz von Werken der Kunst wurde die bis dahin unterschiedlich gehandhabte Frage der Zahlung von Tantiemen vereinheitlichend geregelt. Da Richard Wagner um die Jahrhundertwende einer der meistgespielten Komponisten auf den Bühnen des In- und Auslands war, sah sich die Familie aller materiellen Sorgen enthoben, die meinen Großvater so sehr gequält hatten.

König Ludwig II. besaß als Ausgleich für das Richard Wagner aus seiner Privatschatulle gewährte Gehalt die Rechte an den nach 1864 entstandenen Werken Wagners. Entsprechend zahlte auch das Münchner Hoftheater keine Tantiemen. Für den aus Geldmangel ins Stocken geratenen Bau des Festspielhauses gewährte der König am 20. Februar 1874 dem «Verwaltungsrat der Bühnenfestspiele» einen Kredit von 100000 Talern, der das Unternehmen vor dem sonst sicheren Ruin bewahrte. Wagner und seine Erben erstatteten die Bürgschaftssumme nach und nach aus dem Etat der Festspiele mit 216152,42 Mark zurück. Da das katastrophale Defizit von rund 148000 Mark nach den ersten Festspielen trotz aller Bemühungen zu Jahresbeginn 1878 immer noch fast 100000 Mark betrug und an eine Wiederholung der Festspiele vorläufig nicht zu denken war, also auch eine Bayreuther Uraufführung des damals entstehenden «Parsifal» in unbestimmbare Ferne rückte, wandte sich Cosima nach langen, ergebnislosen Verhandlungen mit einem leidenschaftlichen Appell an den König, der die gewünschte Wirkung des Entgegenkommens hatte. Adolf von Groß, der Vermögensverwalter des Hauses Wahnfried, schloß am 31. März 1878 die Vereinbarung im Auftrage Wagners ab. Es kam ein Vertrag zustande, der einen verzinsten Kredit beinhaltete und die Mitwirkung des Münchner Hoforchesters und sonstigen Personals bei der ersten Aufführung des «Parsifal» in Bayreuth zusicherte. Im Gegenzug sollte Richard Wagner den «Parsifal» an München ausliefern. Zwar standen ihm nun in München wie schon andernorts Tantiemen aus sämtlichen Aufführungen seiner Werke zu, doch wurden diese mit der Darlehensschuld bis zu ihrer Tilgung verrechnet. Der König verzichtete am 24. Oktober 1879 auf das erworbene Recht einer Münchner «Parsifal»-Uraufführung und erklärte sein Einverständnis, daß er «nur in Bayreuth gegeben werden soll».

Im Jahre 1901 war die Familie schuldenfrei. Leider versäumte man es leichtfertig und kurzsichtig in den folgenden Jahren, das als Provisorium ausgeführte Festspielhaus so auszubauen und zu sanieren, daß es der Dauerbenutzung standhalten konnte. Ebenso unterließ man im Festspielhaus die für die Aufführungen der allein schon bühnentechnisch so unerhört anspruchsvollen Werke dringend nötigen Innovationen. Finanzielle Anlagen und Investitionen wurden so «geschickt» bewerkstelligt, daß das beträchtlich angewachsene Familienvermögen nach dem Ersten Weltkrieg und der Inflation so gut wie zerronnen war. Für meinen Vater eine schwerwiegende Belastung, weil folglich die längst überfällige Erneuerung der Inszenierungen nun nicht mehr bezahlbar war. Bei der Wiedereröffnung im Jahre 1924, aber selbst noch 1925, mußten zum Teil die alten, inzwischen brüchig gewordenen Leinwanddekorationen notgedrungen genügen.

Er war zu sehr sparsamem Wirtschaften und zu Einsparungen gezwungen, einschließlich des schweren Herzens getroffenen Verzichts auf eine Neuinszenierung 1924, um den großen Erweiterungsbau hinter dem Hauptbühnenbereich, der für die «Felsenwagen», die plastischen Dekorationen der sukzessiven «Ring»-Erneuerung benötigt wurde, und den Ausbau neuer Räume für die Technik zu finanzieren. Für die Festspiele 1928 war es ihm gelungen, eine allen Anforderungen entsprechende neue Beleuchtungsanlage zur Verfügung zu haben, mit deren Hilfe und mit neuen dekorativen Aussagen er im Unterschied zu den Vorkriegsjahren alle Vorstellungen seiner «Lichtmalerei» verwirklichen konnte. Sein lange gehegter Wunsch einer Neuinszenierung des «Tannhäuser», der seit 1904 nicht mehr gespielt worden war, konnte erst realisiert werden, als auf Initiative meiner Mutter und von Freunden meines Vaters zu seinem 60. Geburtstag die sogenannte «Tannhäuser-Spende» organisiert wurde.

Winifred, seine um 28 Jahre jüngere, realitätsbezogen denkende und agierende Frau, machte meinen Vater auch auf die Merkwürdigkeit aufmerksam, daß er als erwachsener Mann nach wie vor unter der Vermögenskuratel des Adolf von Groß stand. 1913 hatte Cosima ihren Rechtsanteil von fünfzig Prozent an Haus Wahnfried mit Zubehör, Inhalt und Einrichtung (darunter das gesamte Wahnfried-Archiv) sowie am Bühnenfestspielhaus mit Nebengebäuden, Einrichtung und Betriebsfonds der Festspiele auf ihren Sohn übertragen. Weder meine Mutter damals noch ich selbst heute konnten verstehen, daß die Generalvollmacht für Adolf von Groß ungeachtet der Eigentumsübertragung bis in die zwanziger Jahre unverändert fortbestand. Erst auf das resolute Betreiben meiner Mutter hin wurde sie aufgehoben, was natürlich nicht ohne Widerstände ging.

Als meine Mutter im Alter von dreiunddreißig Jahren die Nachfolge meines Vaters antrat, übernahm sie gleichzeitig ein umfangreiches Sorgenpaket. Die Kartennachfrage war für 1933 infolge des Ausbleibens der ausländischen Besucher gering. Bereits am Ende der zwanziger Jahre hatte sie noch gemeinsam mit meinem Vater etwas entwickelt, was wir heute ein Marketing-Konzept nennen würden. Bestimmte Berufsgruppen, bevorzugt Ärzte und Juristen, wurden gezielt angeschrieben, um sie für einen Festspielbesuch zu gewinnen. Eine Adressenkartei wurde aufgebaut. Im Jahr 1929 veranlaßte man im Festspielhaus zwischen der rückwärtigen, unteren Logenreihe und der darüberliegenden Galerie den Einbau eines Balkons für die Presse. In der Art eines Pressedienstes gab es regelmäßige Mitteilungen an deren Vertreter. Ich erinnere mich, wie ich als Schulbub «zwangsverpflichtet» wurde, zu Hause die Adressettemaschine zu bedienen, und daß ich mir dabei die Finger mit Druckerschwärze schmutzig machte. Die unverwischbaren Spuren davon finden sich heute noch auf einem Möbelstück, das bei mir zu Hause steht.

Die fachliche Kompetenz der jungen Festspielleiterin zogen einige, darunter Wilhelm Furtwängler, zunächst sehr in Zweifel. Aber mein Vater hatte sie in dem gemeinschaftlichen Testament als für die Festspielleitung fähig befunden. Ihr erstes selbständiges und eigenverantwortliches Jahr in ihrer Eigenschaft als Festspielleiterin war 1931, das im Spielplan die Aufführungen des

Vorjahres «nur» wiederholte, und nicht, wie oft noch immer zu lesen ist, erst 1933.

Nach dem Besuch einer «Lohengrin»-Vorstellung 1929 in Berlin gab mein Vater seiner Frau den Hinweis, daß er im Falle seines etwaigen Ausfallens Tietjen und Preetorius zu ihrer Unterstützung für geeignet hielte. Nach seinem Tod verwirktlichte meine Mutter diesen Rat in der Weise, daß sie, da sie selbst keine Ambitionen zur Regie hatte, Heinz Tietjen, der zudem als ihr künstlerischer Berater wirkte, als Regisseur engagierte und Emil Preetorius für die Erneuerung des Bühnenbildes verpflichtete. Im Rahmen einer solchen Aufgabenteilung war sie, ihren eigentlichen Fähigkeiten entsprechend, als Organisatorin tätig. Und natürlich lag bei ihr die Gesamtverantwortung. Sie sorgte für einen gut funktionierenden Betrieb und versammelte in Bayreuth ein Ensemble von hohem künstlerischen Rang.

Die Reform des Bühnenbildes unterschied sich von dem landauf, landab üblichen «Staatsnaturalismus» (Dietrich Mack) durch ihren Kunstanspruch. Ein Bühnenbildner wie Benno von Arent, der spätere Reichs-Bühnenbildner, der die Festwiese in den «Meistersingern» zur Fahnenstraße der Reichsparteitage verhunzte, wäre für sie nicht in Frage gekommen. Ungeachtet des heftigen Einspruchs setzte sie es durch, daß die mittlerweile uralte «Parsifal»-Inszenierung von 1882, die zu einem Museumsstück geworden war, dorthin verschwand, wohin sie längst gehörte, in die «Versenkung». Siegfried Wagner hatte an ihr allerdings schon früher erhebliche Veränderungen vornehmen lassen, so z. B. 1911 am Blumengarten. In den Tagebuch-Aufzeichnungen des damaligen Volontärs und späteren Bühnenbildners Kurt Söhnlein heißt es dazu, daß ihm Siegfried Wagner am Ende der Festspiele 1924 für die Mitarbeit gedankt habe und ihn zugleich aufforderte, «mir für 1925 einen Entwurf für den ‹Klingsorturm› (Parsifal II) zu überlegen, der jetzige alte sei ‹die langweiligste Dekoration Bayreuths›». Gegen Winifreds «Freveltat» an den noch verbliebenen Zweitdritteln des «Parsifal» eskalierte jetzt der öffentliche Protest. Angeführt wurde er von ihren Schwägerinnen Daniela und Eva, unterstützt beispielsweise von Richard Strauss und Toscanini. Orthodoxe Wagnerianer aus der demokratischen Schweiz riefen den Staat ausgerechnet in der Person Adolf Hitlers um Hilfe an. Man forderte kategorisch, die Dekorationen, «auf denen das Auge des Meisters geruht» hatte, zu erhalten – wohl bis in alle Ewigkeit. Die Spielleitung für die letzten Aufführungen der alten Inszenierung 1933 übertrug meine Mutter der eifernden Daniela. Heute bin ich der Meinung, daß sie durch diesen Schachzug allen sicherlich die schlichte Unmöglichkeit vor Augen führen wollte, das einstige Original über Jahrzehnte ohne geringste Abweichungen konservieren zu können. Ein «ehrfurchtsvoller» Regieassistent machte sich einen Spaß daraus, Daniela minutiös sage und schreibe 64 «Fehler» hieb- und stichfest nachzuweisen. Aber die kluge Hintersinnigkeit meiner Mutter vermochte das einmal entfesselte Protestgeschrei nicht mehr zum Schweigen zu bringen. Es ist für mich eine Ironie der Geschichte und ihrer sonderbaren Fälle von Duplizität, daß sich dieser Vorgang in ähnlicher Weise wiederholte, als ich nach der Festspielzeit 1973 die Entscheidung treffen mußte, die «Parsifal»-Inszenierung meines Bruders nach zweiundzwanzigjähriger Laufzeit abzusetzen, und als ich mich gleichzeitig selbst der Aufgabe einer Neuinszenierung stellte. Allerdings konnten die Protestierenden in diesem Falle keinen autoritären Staat zum Schiedsrichter anrufen.

Der Konflikt um den «Parsifal» 1933/34 war überaus charakteristisch für die damalige Familienstimmung in und um Wahnfried, die seit dem Eintritt Winifreds nach ihrer Hochzeit kriselte. Die Schwägerinnen Eva und Daniela nahmen Anstoß daran, daß meine junge Mutter sich nicht an dem Kult und den Ritualen um die Altmeisterin Cosima beteiligte. Zu unkonventionell war sie ihnen. Sie warfen ihr vor, daß sie ihre Kinder – wie man heute sagen würde – antiautoritär erzog und daß sich meine Geschwister und ich in einer Aufführung des «Parsifal» in der Familienloge «unziemlich» und ohne erschauernden Respekt vor diesem Bayreuther Heiligtum benahmen.

Die einzige Gemeinsamkeit zwischen meiner Mutter und ihren beiden Schwägerinnen war die Mitgliedschaft in der NSDAP, alle drei waren Altparteigenossinnen. Winifred Wagner und Adolf

Hitler – das ist etwas von eigener Art. Ihre Adoptiveltern Klindworth hatten sie im deutsch-nationalen Geist und in der Ideologie des «Bayreuther Kreises» erzogen. Sie war achtzehn Jahre alt, als sie meinen Vater während des Ersten Weltkriegs heiratete und in Wahnfried einzog. Nach der Niederlage Deutschlands 1918, der Abdankung des Kaisers und der Ausrufung der Republik hatten viele national-konservativ Denkende Schwierigkeiten mit der neuen Demokratie Weimarer Prägung. Auch meine Mutter teilte diesen Standpunkt und hat ihn folgendermaßen formuliert: «Nach dem unglückseligen Kriegsausgang 1918, der Deutschland nach außen hin zerschlagen hatte und im Innern eine Revolutionswelle nach der anderen brachte, die Deutsche gegen Deutsche aufhetzte und noch unzählige Todesopfer forderte, der uns das ganze Elend der Arbeitslosigkeit und in deren Gefolge Hunger, Kälte und Krankheiten und schließlich die Nöte der Inflation brachte, empfand jeder deutschfühlende Mensch mit blutendem Herzen die Schmach und Schande, die über uns hereingebrochen war, und es bestand nur eine Sehnsucht, daß über Dutzende von Parteien hinweg alle Deutschen sich die Hände reichen sollten, um gemeinsam aus dem Chaos mit zukunftsgläubigen Herzen ein neues deutsches Reich erstehen zu lassen.»

Anfang der zwanziger Jahre war der etwas über dreißigjährige «Politiker» Adolf Hitler, kunstinteressiert und von Beruf nach seiner Angabe Schriftsteller, «hoffähig» geworden in den politisch-literarischen Salons des Münchner Bildungsbürgertums, zu dem die Kunstverleger Bruckmann und Hanfstaengl und der Klavierfabrikant Bechstein zusammen mit ihren Damen zählten. Meine Mutter hatte, wie sie es selbst ausdrückte, eine idealistische Auffassung von dem Glauben an eine «nationale Erneuerung», die Hitler propagierte. Am eigentlichen Parteileben dagegen nahm sie kaum Anteil, diese Art von Aktivität interessierte sie nicht.

Das erste Zusammentreffen zwischen Adolf Hitler und ihr kam bei seinem Besuch in Bayreuth am 1. Oktober 1923 in Wahnfried zustande. Meine Mutter machte nie ein Hehl daraus, daß sie sofort von seiner Persönlichkeit fasziniert war und daß dies der

Beginn einer lebenslangen Freundschaft gewesen ist. Ein erstes Zusammentreffen gab es auch mit dem Hausideologen Wahnfrieds, Houston Stewart Chamberlain, der seit 1908 mit meiner Tante Eva verheiratet war. Von ihm sagte Hitler später, er habe das geistige Schwert geschmiedet, mit dem sie (die Nationalsozialisten) heute fechteten. Wenige Tage nach dem Besuch schrieb Chamberlain tief beeindruckt an Hitler: «Daß Deutschland in der Stunde seiner höchsten Not sich einen Hitler gebiert, das bezeugt sein Lebendigsein.» Bis heute bleibt es mir unverständlich, wie meine sonst mit so untrüglichem Sinn für die Wirklichkeit denkende Mutter offenkundig einen derartigen Unsinn glauben konnte. In einem «Belobigungsschreiben», das Hitler am 5. Mai 1924 an meinen Vater sandte, bedankte er sich bei ihm und Winifred für die «Wahlhilfe».

In ihren schriftlichen Aussagen ging meine Mutter für diese Jahre stets von einer Gleichheit der Gesinnung zwischen ihrem Mann und sich selbst aus. Ich muß in diesem Falle ihre Bezeugungen einfach so stehenlassen, da ich damals natürlich als Kind dies gar nicht beurteilen konnte und meine Mutter sich in späteren Jahren dazu nie geäußert hat.

Mein Vater trat der NSDAP nicht bei. Er begründete das mit der Rücksichtnahme auf seine Position als Festspielleiter. Durch seinen Tod am 4. August 1930 blieb es ihm erspart, die Machtergreifung und den Umgang der Nationalsozialisten mit der Macht erleben zu müssen. Auch Chamberlain, der als «Seher des Dritten Reiches» apostrophierte, starb vor der Einsetzung seines arischen Messias.

Am ersten Tag des viertausendvierhundertundzweiundachtzigtägigen Reiches lag ich im Bett und kurierte eine meiner zahlreichen Kinderkrankheiten aus. Meine Mutter brachte mir ein transportables Radiogerät, das ungefähr die Größe einer Maschine besaß, mit der man heute die ganze Welt elektronisch gesteuert vernichten könnte. Ich sollte mir die Berichte und Reportagen über den soeben zum Reichskanzler ernannten Adolf Hitler anhören, bei uns in Wahnfried und besonders uns Kindern bekannter unter seinem Decknamen «Wolf». Ich erinnere mich noch genau an ihre Bemerkung, daß es ihm in diesem Amt vermutlich ebenso ergehen werde wie den anderen, nach jeweils kurzer Frist abgelösten Regierungschefs vor ihm, da er keine regierungsfähige Mehrheit besitze. Seltsam und paradox, daß meine Mutter, die als geborene Engländerin demokratisch dachte und in keiner Weise autoritätsgläubig war, einem Diktator aufsaß. Meiner Meinung nach machte das den zentralen Widerspruch in ihrer Persönlichkeit aus. Hitler – das war für sie in erster Linie und vor allem anderen die Privatperson, mit der sie sich gut verstand, der sie sich freundschaftlich verbunden fühlte und der sie immer und überall bis ans Ende die «Nibelungen-Treue» hielt.

Sie nutzte ihre enge Freundschaft, um die Unabhängigkeit der Festspiele und ihre eigene als Festspielleiterin auszubauen. Der Reichstheaterkammer trat sie niemals bei, die Festspiele wurden nie für reichswichtig oder gar zu Reichsfestspielen erklärt. Sie hatte den direkten Draht zur Spitze der Macht, sie hatte Rang und Stellung.

Aufgrund ihres von meinem Vater erlernten und übernommenen Selbstverständnisses fand sie sich zu keinerlei künstlerischen Konzessionen, etwa an den herrschenden Zeitgeschmack, bereit. Die Erneuerung Bayreuths in jenen Jahren und die Anerkennung, die sie dafür fand, verdankten sich allein ihrer persönlichen Leistung, hingen nicht mit ihrer Parteimitgliedschaft zusammen. Aber sie ließ es zu und duldete, daß die NS-Propaganda sich mit dem Renommee der Festspiele schmückte und sie gleichsam als Bühne für den eigenen Auftritt benutzte.

Die Freiheit der Kunst, innerhalb des Theaters so heftig verteidigt, wird damit als Prinzip fragwürdig. Die Propaganda mit und um Bayreuth funktionierte ja nur, weil aus der Universalität Richard Wagners das herausgesucht wurde, was den eigenen Zwecken und Zielen entsprach. Eine selektive Verfahrensweise – wie bei Cosima.

Adolf Hitlers Schwärmerei für Wagner diente ihm zur Legitimation der eigenen politischen Mission. Wagners Begriff einer nationalen Kunst machte er der eigenen Ideologie zunutze. Die deutsche Kunst war das, was die Nationalsozialisten dafür erklärten. Neben Wagner widerfuhr solche «Ehre» unter anderen auch Beethoven und dem ungarisch-österreichischen Komponisten mit französischer Lebensart, Franz Liszt. Ein Motiv aus seiner symphonischen Dichtung «Les Préludes» avancierte im Mißbrauch zur sieghaften Fanfare der Sondermeldungen im Zweiten Weltkrieg. Kalkulierte Menschenverachtung, aufopferungsvoller Sieg und heroischer Untergang fielen in eins. Mißt man die Leistungen von Wagner oder Beethoven an der als offiziell deklarierten Kunstproduktion des Dritten Reiches auf den Gebieten der Malerei, der Plastik, der Musik, Dramatik oder Architektur – samt und sonders Kunst aus zweiter Hand, schwankend zwischen Spießigkeit und Größenwahn –, dann wird erkennbar, wie weit Vereinnahmung und Mißbrauch gegangen sind.

Ich kann es nicht besser formulieren als Ernst Bloch, mit dem mein Bruder und ich freundschaftlich verbunden waren: «Die Musik der Nazis ist nicht das Vorspiel zu den ‹Meistersingern›, sondern das Horst-Wessel-Lied; andere Ehre haben sie nicht, andere kann und soll ihnen nicht gegeben werden.»

Meine Mutter habe ich als Sohn immer geachtet und geschätzt, auch nach dem Krieg, bei den Verhandlungen zur Übernahme der Festspiele, habe ich sie stets verteidigt und bin zu ihr gestanden. Sie hatte ihre vier Kinder im liberalen Geist und ohne den Druck einer übermächtigen Autorität, an die nicht zu glauben sie sie lehrte, aufwachsen lassen und jedem von uns die Freiheit gegeben, seine ganz besonderen individuellen Fähigkeiten zu entwickeln und auszubilden. Sie übte keinerlei Zwang auf uns aus, daß wir uns mit ihrer politischen Überzeugung identifizieren sollten. Ihr Standort war nicht der meine. Ich selbst bin der NSDAP nie beigetreten. Die politische Haltung meiner Mutter war und ist für mich eine verhängnisvolle geistige Hypothek, die ich mein Leben lang tragen muß, zumal sie in typisch walisischer Starrköpfigkeit niemals davon abgewichen ist. Daß ihr politisches Credo nicht meines war oder ist, habe ich durch meine jahrzehntelange Arbeit für die Bayreuther Festspiele, wie ich denke, zur Genüge bewiesen. Die Bewältigung der Vergangenheit leistete ich nicht durch öffentliche Auftritte in den Medien, sondern als Festspielleiter.

In Wahnfried liegen keine Leichen im Keller. Sämtliche Dokumente zur politischen und Ideologie-Geschichte der Festspiele sind heute entweder veröffentlicht oder doch zumindest jedem Interessierten ohne weiteres zugänglich. Ich trenne für mich die politische Überzeugung meiner Mutter von ihrem Verdienst, die Bayreuther Festspiele erneuert und konsolidiert und damit meinem Bruder und mir die Möglichkeit einer Fortführung und wiederum Erneuerung gegeben zu haben. Uns war immer bewußt: Über unser Wirken hier hinaus müsse eines der Ziele sein, gemeinsam mit ihr dafür zu sorgen, daß der Fortbestand der Festspiele klar und eindeutig geregelt und gesichert würde.

IV. Opus 3: Introduktion

Nachdem ich nun erste, für mein Leben wichtige und ausschlaggebende Überlegungen versucht habe zu umreißen, ist es an der Zeit, jenen meine Reverenz zu erweisen und sie hier in aufgelockerter, etwas unorthodoxer Weise Revue passieren zu lassen, die mir zum physischen Dasein überhaupt erst verholfen und letztlich meinen Erdenwandel nicht unerheblich mitbestimmt haben.

Den ideologischen Maßgaben des Dritten Reiches verdankte ja jeder Deutsche, der die «Ehre» hatte, darin zu leben, ausführliche und intensiv betriebene Ahnenstudien, um als «Arier» bestehen zu dürfen. Auch für meine Familie brachten diese Nachforschungen ebenso interessante wie zugleich kuriose Aufschlüsse.

Meine erlauchte und nicht-erlauchte Ahnenreihe vermag ich am besten als einen «Gen-Fleckerlteppich» zu bezeichnen. Denn sowohl väterlicher- als auch mütterlicherseits entstammten die Vorfahren nicht nur den verschiedensten «Gegenden und Zonen» des alten Europa, sondern waren auch von unterschiedlichster Profession.

Für meinen Vater Siegfried, der als Sonntagskind am 6. Juni 1869 im schweizerischen Tribschen geboren wurde, begann durch einen verständnisvollen Brief des legitimen Ehemannes Hans von Bülow an die Mutter Cosima vom 17. Juni 1869 die Möglichkeit Gestalt anzunehmen, daß er nach Scheidung seiner Mutter (erfolgt am 18. Juli 1870) und offizieller kirchlicher Trauung seiner leiblichen Eltern (geschehen am 25. August 1870 in Luzern) «den Namen seines Vaters» – wie Richard Wagner sich in einem Brief auszudrücken beliebte – «erben und seine Werke der Welt erhalten» könnte. Nach der Taufe meines Vaters am 4. September 1870 waren mithin die Namen «Helferich Siegfried Richard Wagner» berechtigt und legitim. An diesem Tage nämlich wurde er nach

Luzerner Brauch, nachdem der christliche Akt vollzogen war, in das Zivilstandsregister in Luzern als geboren eingetragen – eineinviertel Jahr nach der tatsächlichen Geburt.

Cosimas Mutter, Marie de Flavigny, Bankierstochter aus dem Hause Bethmann in Frankfurt am Main (arisch!), wurde von ihren Eltern mit dem um vieles älteren Conte d'Agoult verheiratet, mit dem sie in Paris lebte. Zur offensichtlich «glücklichen» Erfüllung ihrer Ehe nahm sie zwischen 1835 und 1844 mehrjährigen Urlaub von derselben und machte 1835, 1837 und 1839 den «Tastentiger» Franz Liszt zum Vater dreier Kinder. Mit ihrem späteren Schwiegersohn Richard Wagner hatte sie das Bedürfnis gemeinsam, buchstäblich auf die Barrikaden zu gehen. Er tat es 1849 in Dresden, sie 1870 in Paris. Im übrigen waren beide Schriftsteller unter Pseudonym, er als «K. Freigedank», sie als «Daniel Stern».

Der Geheime Rat Johann Wolfgang von Goethe, dessen zweiter Vorname mir verliehen wurde, auf daß er wie ein Über-Pate mich behüte und sich für mich verbürge, war in seiner Eigenschaft als Staatsminister des Großherzogs Carl August in Weimar einmal auch gehalten, sich mit meiner Urgroßmutter Johanna Rosine befassen zu müssen. Die Tochter des Bäckermeisters Pätz aus Weißenfels wurde, als sie während eines Manövers dem sächsischen General, Prinz Constantin, keinem Geringeren als dem jüngeren, lebenslustigen Bruder des Weimarer Großherzogs, die Frühstückssemmeln in sein Quartier brachte, von ihm mit Wohlgefallen betrachtet und für geeignet befunden, auf dem Leipziger Brühl bei einer Putzmacherin in die Lehre gegeben zu werden. Diese hochfürstliche Gunst der Vermittlung war aber dazu angetan, ihre Gunst dem adeligen Herrn gewähren zu lernen.

Da aus solcher «Gunstbezeugung» jedoch «keine Folgen» entstanden, traf der Geheime Rat eine Entscheidung, die die fürstliche Kasse schonte, denn es waren nach der Entlassung aus ihrer Mission keine Zahlungen an sie zu entrichten.

Der Polizeiaktuarius Carl Friedrich Wagner, der auf dem Brühl sein Comptoir besaß, fand offenkundig die «Pätzin» genauso begehrenswert, so daß sie ihm während der Ehe neun Kinder gebar, deren jüngstes Richard war. Sechs Monate nach der Geburt Richards starb der Vater. Johanna Rosine heiratete ein Dreivierteljahr später den Porträtmaler, Schauspieler und Dichter Ludwig Heinrich Christian Geyer. Aus praktischen Gründen erhielten dabei die noch unmündigen Wagner-Kinder den Namen ihres Stiefvaters, den Richard bis zu seiner Konfirmation beibehielt, was die Legende nährte, er sei in Wirklichkeit ein Kind Geyers.

Eine der vielen Aufmerksamkeiten Friedrich Nietzsches für meinen Großvater war die Erfindung der Kombination, daß ein «Geyer» ja beinahe schon ein «Adler» sei, was bei rassebesessenen und die Auffassung des Philosophen bevorzugenden Nazis die Hoffnung stärkte, den unliebsamen «Juden Geyer», der im übrigen nachweislich keiner war, so weit an Richard Wagner heranzurücken, daß der nicht länger in ihr programmatisch-apodiktisches «Kunstverständnis» paßte. Den der nationalsozialistischen Weltanschauung unbehaglichen Musikdramatiker als quasi «jüdisch versippt» auszuschalten, ist ebenso mißlungen wie das durch Houston Stewart Chamberlain und meine Stieftante Daniela weisgemachte und angehängte Herleiten einer Abstammung von der Heiligen Elisabeth, was ein Teil der Familie sicher gern zu einer Aufwertung genutzt haben würde.

Was im einzelnen all die dem mitteldeutschen Raum entstammenden Vorfahren, darunter Zolleinnehmer, Kirchendiener, Organisten, Schulmeister und mehr oder weniger begabte Musiker, anstellten, wurde mir nicht überliefert, so daß ich mich jetzt beruhigt den Vorfahren meiner Mutter zuwenden kann.

Auffallend ist, welche unterschiedlichen Berufe diese über Dänemark, Schweden, Deutschland, England und Wales verstreute Familie ausübte. Es gab Ziseleure, Schreiner, Schneider, Versicherungsvertreter, Pfarrer und Dichter – einer von ihnen war aktiver Sozialist.

Meine Großmutter mütterlicherseits, Emily Florence, geborene Karop, war Schauspielerin. Sie heiratete den zweiundzwanzig Jahre älteren John Williams, einen Schriftsteller und Journalisten. Beide starben innerhalb von eineinhalb Jahren nach der Geburt meiner Mutter Winifred Marjorie. Durch verwandtschaftliche Beziehungen zu der Frau von Karl Klindworth kam es, daß die Vollwaise ab 1907 bei diesem Ehepaar in Pflege genommen und später von ihm adoptiert wurde.

Der Liszt-Schüler Klindworth fertigte Klavierauszüge der Werke Richard Wagners an und war unter anderem auch als Dirigent bei den Berliner Philharmonikern tätig. Dadurch geriet meine Mutter nicht nur mit dem «Bayreuther Kreis» in Berührung, sondern empfing zugleich erste Eindrücke eines Kulturbetriebs. Am 18. März 1915 heiratete sie meinen Vater – sie war achtzehn, er sechsundvierzig Jahre alt.

Zum Erstaunen der Bayreuther kamen nacheinander 1917 Wieland, 1918 Friedelind, 1919 ich und 1920 Verena zur Welt – hinreichender Anlaß zu Klatsch und Tratsch. Und als sei es mit diesen sonderbaren «Verhältnissen» noch nicht genug, war meine Mutter obendrein später noch mit Adolf Hitler befreundet.

Die Erinnerungen an meine ersten sechs Lebensjahre sind geprägt von den Erzählungen anderer sowie von der nochmaligen Durchsicht des amerikanischen Fragebogens aus der Zeit nach 1945. So kann ich mich nicht erinnern, am 30. August 1919 als Steißgeburt auf die Welt gekommen zu sein. Deren mögliche Folgen kamen mir erst später zu Bewußtsein. Vieles mag vielleicht daraus erklärbar werden. Noch nicht vom Krankenhaus nach Hause gebracht, soll ich mir durch den Leichtsinn des Pflegepersonals eine Lungenentzündung zugezogen haben, die mir sehr bald meinen ersten Erholungsurlaub, einige Wochen in den Gefilden der Kieler Förde, verschaffte. Weil ich mit etwas mehr als vier Jahren leider noch nicht so aufgeschlossen war, um ein phantasievoller Reporter zu sein, weiß ich bis heute nicht authentisch zu berichten, worüber Adolf Hitler bei seinem ersten Besuch in Wahnfried am 1. Oktober 1923 mit meinen Eltern sprach. Vom Besuch Hitlers bei meinem angeheirateten Onkel Chamberlain, der schräg gegenüber von Wahnfried in einem ihm und meiner Tante Eva von Siegfried und Cosima Wagner geschenkten Hause wohnte, liegen dagegen vielseitig deut- und verwertbare Berichte vor.

Wie allgemein üblich, kam ich mit sechseinhalb Jahren, zu

Ostern 1926, in die Volksschule, die einem Lehrerseminar als Übungsschule angeschlossen war. Dem damaligen Lehrplan gemäß sollte auch ich jenen Grad von Diszipliniertheit anerzogen bekommen, die man bei einem Deutschen erwartete, wenn nicht gar für seine höchste Tugend hielt.

Vier Jahre darauf absolvierte ich meine Aufnahmeprüfung für das humanistische Gymnasium. Zu deren Bestehen gratulierte mir mein Vater mit den humorvollen Worten: «Das hätte ich dir gar nicht zugetraut.» Hingegen traute er mir von vornherein zu, ohne weiteres sofort den Lehrstuhl für Oberfränkisch an einer Universität übernehmen und voll ausfüllen zu können.

Über meine Schulzeit bis zum Verlassen des humanistischen Gymnasiums zu Ostern 1937 gibt es wenig zu berichten. Meine Interessen erstreckten sich auf so viele andere Dinge, daß die Schule damit zwangsläufig für mich eine «zwangsvolle Plage» wurde und kaum mehr als eine mit «Müh' ohne Zweck» beladene Nebentätigkeit darstellte. Da ich in dieser Zeit sehr oft mehr oder weniger schwer erkrankte und überhaupt kein Streber war, mußte ich eine Klasse wiederholen, so daß ich beim Abgang vom Gymnasium nach sieben Jahren eine sechsjährige Mittlere Reife erreicht hatte.

Während der Abwesenheit meiner Mutter paßte außer unserem Kindermädchen Emma die von 1931 bis zu ihrem Tode 1938 tätige Sekretärin Winifreds, Liselotte Schmidt, auf uns Kinder auf, besonders bei der Erledigung der Schulaufgaben und während des Klavierübens.

Die humanistische Bildung jener Jahre orientierte sich vor allem am Imperium Romanum und dessen militärischen Siegeszügen, und so unterwies auch der Geschichtsunterricht eigentlich nur in der Kenntnis einer Aneinanderreihung von Leistungen der Militanz. Allein schon aus diesem Grunde war es für mich eine horrible Vorstellung, weitere Jahre bis zum Abitur in der Schule verbringen zu müssen. Gerade aus den Absolventen des humanistischen Gymnasiums rekrutierten sich seit eh und je vielfach die Anwärter auf eine mehr oder minder bedeutende Offizierslaufbahn. Da ich zum Offizier nicht Anlagen noch Ambitionen in mir spürte, meinte ich, die womöglich drohenden drei zusätzlichen Schuljahre besser dazu nutzen zu können, meine staatlichen Zwangsverpflichtungen zum Arbeitsdienst und einer zweijährigen militärischen Dienstzeit hinter mich zu bringen.

Bei späterer Gelegenheit, als ich dann unter die feldgrau uniformiert Gewaffneten des Reiches gekommen war, brachte ich meine Einstellung zum Militär einmal auf den Punkt, indem ich die gutgemeinte Anfrage eines Generals, den ich zusammen mit einem Oberst, der ihm gesagt hatte, wer ich sei, auf dem Bayreuther Exerzierplatz fahren durfte, «Wagner, Sie wollen doch sicher auch Reserveoffizier werden?» prompt abschlägig beschied: «Nein, Herr General, es muß auch noch Zivilisten geben, die die Steuern aufbringen, damit die Wehrmacht davon leben kann.»

Sofern meine Eltern nicht auf Reisen oder in verschiedenen Tätigkeiten unterwegs sein mußten, widmeten sie uns Kindern in Bayreuth ihre Freizeit. Das gemeinsame Frühstück und Mittagessen sowie der zu einer kleinen Zeremonie gestaltete 4-Uhr-Tee gaben uns viele Möglichkeiten zu Fragen und Antworten. Zwischen uns Geschwistern existierte eine natürliche Einteilung in zwei große und zwei kleine Kinder. Das brachte es mit sich, daß Wieland und Friedelind weitaus mehr tun und miterleben durften als Verena und ich, zumindest solange mein Vater lebte. Im täglichen Zusammensein wirkte sich dies so aus, daß meine ältere Schwester beherrschend das große und mitunter schnodderige Wort führte, was meinen Vater zwar amüsierte, meine Mutter aber sehr oft dazu zwang, sie zurechtweisen zu müssen. Nun, Friedelind meinte nach meiner Ansicht, ihre Opposition und ihr Rebellentum aus Prinzip dürfe sie bis an ihren Tod als Lebensform beibehalten. Sie gebärdete sich stets auffallend und zog allein durch die Lautstärke ihres Sprechens die Aufmerksamkeit aller Umstehenden auf sich. Einmal schlug jemand vor, sie solle statt Friedelind besser «Krachlaute» heißen. Genannt wurde sie von allen «Maus».

Mein Bruder war – auch meinem Vater – wohl etwas zu verschlossen und eigenbrötlerisch und konnte sich dem allzu herausfordernden Gebaren seiner Schwester nicht so leicht anschließen. Für Verena gab es als Nesthäkchen keinerlei Probleme, innerhalb der Familie sich einzuordnen, während ich selbst damals in unbewußter Direktheit und Unkompliziertheit die Atmosphäre offenbar ziemlich auflockerte.

Durch meinen Vater lernten meine Geschwister und ich die nähere und weitere Umgebung Bayreuths kennen. Dabei gab er sein großes Wissen aus Kunst und Geschichte in einer ganz ihm eigenen, für uns Kinder unaufdringlichen und verständlichen Art an uns weiter. Gemeinsame Ausflüge und Reisen fanden ebenfalls statt. Mit ihm und durch ihn sah ich zum Beispiel Eisenach und die Wartburg, die Feengrotten in Saalfeld, Würzburg und bei unserer letzten größeren gemeinsamen Fahrt an Pfingsten 1930 Neuburg an der Donau, Lindau, Meersburg und den Bodensee. In besonders guter Erinnerung sind mir noch mehrfache Theaterbesuche in Chemnitz, bei denen wir verschiedene seiner Opern auf der Bühne sahen. Da er leider schon starb, als ich noch nicht ganz elf Jahre alt war, hatte ich noch nicht jenen Stand eines Grundwissens erreicht, um von ihm tatsächlich Substantielles und Grundlegendes über das Bayreuther und sein eigenes Werk erfahren zu können. Natürlich fragte ich in kindlich-neugieriger Art, was das eine oder andere auf der Bühne Dargestellte zu bedeuten habe oder warum der Sänger des Siegfried ein so großes Vieh wie den Fafner derart ungeschickt und blöd töten würde.

Unsere Jugendlichkeit und unsere schulischen Verpflichtungen ließen eine Anwesenheit bei Proben und Aufführungen im Festspielhaus nur beschränkt zu. Weil ich entweder nicht durfte oder nicht konnte, hatte ich daher lediglich sporadische Erlebnisse. Einer der Eindrücke, die mir unvergeßlich blieben, rührt von einer Endprobe zum «Götterdämmerungs»-Schluß im Jahre 1925 her, als infolge offensichtlich noch nicht ganz genau abgestimmter Koordination zwischen Musik und Technik eine der vollplastisch neu hergestellten Säulen der Gibichungenhalle in die damals noch nicht mit Projektionen, sondern mit applizierten Wolkenschleiern gestaltete Optik des Geschehens hineinfiel. Der unbeabsichtigte zusätzliche Effekt zeitigte eine ebenso unbeabsichtigte Wirkung – er war ein gewaltiger Lacherfolg bei allen Teilnehmern der Probe.

Vor dem zweifellos interessanten und spannenden Bühnengeschehen rangierten aber bei uns Kindern die vielen Erkundungs- und Versteckspiele im Festspielhaus, vor allem in den Magazinen. Zwischen den fast lebensgroßen, das Ende erwartenden Götter-Puppen herumzukriechen, war ein besonderes Vergnügen. Für meine Mutter jedoch bedeutete es meistens ein zeitraubendes Unternehmen, uns einzusammeln und nach Hause ins Bett zu bringen.

Im obersten Stockwerk Wahnfrieds lebte bis zu ihrem Tod am 1. April 1930 meine Großmutter Cosima, die im hohen Alter von über 92 Jahren starb. Ihre Räumlichkeiten lagen teils nach Süden, teils nach Osten. Der Balkon am Südzimmer bot die Möglichkeit, sie während ihrer letzten Jahre von einer Liege im Zimmer, auf der sie meist ruhte, mit Hilfe eines Rollstuhls in Sonnenlicht und frische Luft zu bringen. Ihr in sich geschlossener Lebensbereich wurde vervollständigt durch ein kleines Schlafzimmer und einen mit Bad und Kochmöglichkeit versehenen Raum für die Pflegerin. Wir Kinder und unsere Eltern schliefen in den Zimmern der Westseite des Hauses.

Meine beiden Tanten Daniela und Eva lösten einander immer ab, sich um ihre Mutter zu kümmern und sie zu unterhalten. Eine ihrer Hauptsorgen war, uns Kinder von der Großmutter fernzuhalten. Wenn wir denn schon einmal, zeitlich sehr beschränkt, überhaupt zu ihr eingelassen wurden, so wachten sie streng darüber, daß wir nicht allzu lebhaft auf ihrer überdimensional großen Liege herumtobten, daß meine Schwestern ihr nicht etwa zu grob die Haare bürsteten und kämmten und wir sie nicht zu sehr und derb an den Füßen kitzelten, womit wir das Reaktionsvermögen der alten Dame prüfen wollten. Vor allem aber waren meine Tanten darauf bedacht, durch ihre offenbar für nötig gehaltene Moderation die Unterhaltung so zu lenken, daß nur zur Sprache kam, was ihnen passend dünkte.

Wenn mein Vater in Bayreuth war und seine Mutter regelmäßig nach dem 4-Uhr-Tee aufsuchte, nahm er immer gern eines von uns Kindern mit. Cosima konnte insbesondere in ihren letzten Lebensjahren kaum noch sehen, und das Gespräch mit ihr wurde immer wieder von langen Pausen unterbrochen. In diesen Zwischenzeiten spielte ich zum Beispiel mit meinem Vater Schach, wobei er mich meistens gutmütig gewinnen ließ.

Die Feier des 60. Geburtstages meines Vaters war nicht nur dank der Umsicht und glänzenden Organisation meiner Mutter ein Festtag außergewöhnlicher Art für ihn, sondern speziell auch für mich. Das Festwiesen-Arrangement des Verlaufs sah nämlich für mich die Rolle des «Wärschtlamoas» vor. Die bis zu ihrer vollkommenen Genießbarkeit auf Kiefernzapfen gebratenen fränkischen Rostbratwürste holten sich nicht etwa nur zufriedene Gäste bei mir ab, sondern der größte und glücklichste Konsument war ich selbst. An diesem Tage brauchte meine Mutter mich in keiner Weise überwachend zu ermahnen, daß ich nicht – wie mitunter sonst, wenn solche Würste unaufwendig in der Küchenpfanne brutzelten, aber dann am Tisch vornehm serviert wurden – eine dieser Köstlichkeiten in meiner Hosentasche zum späteren Verzehr verschwinden ließ.

Während der Festspielzeit war nicht nur der vordere Teil des Grundstücks bis zum Haus Wahnfried der Öffentlichkeit zugänglich, sondern durch das Öffnen des Gitters rechts daneben auch der hintere Teil unseres Gartens bis zum Grab Richard Wagners. Da wir natürlich trotzdem ungehindert und ohne Hemmungen dort herumtollten, sprachen uns viele der Besucher mit meist salbungsvoll-ehrfürchtigen Worten an: «Ihr seid doch sicher die Enkel von Richard Wagner?» Unser bevorzugter Spielplatz war eine der großen Wiesen, und so erhielten sie die ganz gewiß unerwartete, sicher irritierende Antwort: «Nein, wir sind Kühe.»

Aufgrund angeblich gesünderer Ernährungstheorien, die meine Mutter beeindruckten, mußten wir unseren Nahrungsbedarf eine Zeitlang vegetarisch decken. Um heimlich und hinterrücks unsere Fleischgelüste mit Würsten, die wir uns meist auf dem Schulweg kauften, stillen zu können, waren wir genötigt, selbst Geld zu verdienen. Für den Gelderwerb bedienten wir uns unter anderem folgender Mittel: Aus Anlaß des Dürerjahres 1928 veranstalteten wir eine eigene Dürer-Ausstellung, indem wir Postkarten und Nachdrucke des Nürnberger Meisters an der Wand der söllerartigen Galerie, die man über die Haupttreppe unmittelbar hinter der Tür Wahnfrieds erreichen konnte, zur Besichtigung stellten. Die Mindesteintrittsgebühr für interessierte Besucher betrug 10 Pfennige. Da zu bestimmten Zeiten die unteren, historischen Räume Wahnfrieds besichtigt werden durften, konnten wir auch mit einem regen Zuspruch für unsere Ausstellung rechnen, denn jeder, der sie sich ansah, erhielt hierbei zusätzlich noch einen Einblick in einen üblicherweise nicht zugänglichen Bereich des Hauses Wahnfried.

Eine andere Einnahmequelle war für uns ein großer Leiterwagen des Gärtners, den wir aus dem Fundus des Gartens mit drei kleinen Bänken bestückten. Vom Tor Wahnfrieds bis zum Grab Wagners und zurück war Besuchern damit die Möglichkeit gegeben, als – zahlende – Grabpilger durch die leibhaftigen Enkel Richard Wagners transportiert zu werden. Das verlangte Entgelt betrug 10 Pfennige, man gab uns aber meist 20.

Öfters empfingen wir Kinder Besucher, welche nach ordnungsgemäßer Voranmeldung regelmäßig sonntags um 11 Uhr ihre Aufwartung machten, mit einem «Gespenst». Vor allem von uns besonders «geschätzte» Gäste wurden so begrüßt. An einem Flederwisch befestigten wir quer eine Stange und bekleideten dies mit einem Nachthemd. Eine lange Schnur verband unser «Gespenst» mit dem Geländer der Galerie, und wenn das Dienstmädchen dem Gast die Tür zur «Halle» öffnete, flog es ihm zu seinem konsternierten Erschrecken entgegen.

Mit unseren Tanten kamen wir natürlich nicht nur im Umgang mit unserer Großmutter in Berührung. Da sie insbesondere nach dem Tod meines Vaters in den Kontroversen mit meiner Mutter als neuer Leiterin der Festspiele eine über das normale Maß der Familienzugehörigkeit hinausgehende Bedeutung gewannen, muß ich hier etwas näher auf sie eingehen.

Wenn sie unsere Familie in Wahnfried besuchen kamen, bereiteten wir ihnen häufig einen besonders «großartigen» Empfang: Bei ihrer Ankunft erklang das Vorspiel zu «Orpheus in der Unterwelt», oder es dröhnte etwa der «Badenweiler Marsch» vom Grammophon, natürlich zu ihrem nicht geringen Ärger.

Die älteste meiner Tanten, Isolde, das erste gemeinsame Kind Richard Wagners und Cosima von Bülows, lernte ich nicht mehr kennen, sie war 1919 verstorben. Mit ihrem Sohn allerdings, dem später noch ausgiebig zu beschreibenden Vetter Franz, bekam ich es intensiv zu tun. Isolde erlangte eine gewisse Bekanntheit durch den sogenannten Beidlerprozeß von 1914, in dem sie auf Anerkennung als legitimer Wagner-Sprößling klagte, nachdem ihr die jährlich gezahlte Apanage gekürzt werden mußte, da nach Ablauf der damals dreißigjährigen Schutzfrist der Tantiemefluß aus Wagners Werken versiegte. – Sie verlor.

Das Studium all der Vorgänge, das ich im Rahmen der Positionierungen meiner Familie zueinander vor dem Entnazifizierungsverfahren meiner Mutter 1945/46 betrieb, führte mich freilich sehr bald zu der Erkenntnis, daß bereits in der Vergangenheit anstelle eines konstruktiven Miteinander das destruktive Gegeneinander dominierte.

Tante Blandine, neben Daniela ein echtes Bülow-Kind, war meine Taufpatin. Ihre Hochzeit mit dem sizilianischen Conte Biagio Gravina hatte mein Großvater am 25. August 1882 in Wahnfried noch miterleben können. Der älteste Sohn aus dieser Ehe, Manfred, war mein zweiter Taufpate. Von ihm erhielt ich vor meinem Rufnamen Wolfgang den ersten Vornamen Manfred. Mein dritter Vorname, nur der Vollständigkeit halber sei er erwähnt, ist Martin, in memoriam Martin Luther. Bei Tante Blandine erinnere ich neben ihrer liebevollen Freundlichkeit noch eine im Alter bei ihr auftretende große Vergeßlichkeit, die es einem Kind wie mir manchmal strapaziös machte, stets aufs neue dieselben Dinge anhören zu müssen.

Daniela besaß schon äußerlich einige seltsame Merkmale, die sie von anderen unterschieden: einen ungewöhnlich dunklen Teint, der ihr bei ihren Geschwistern den Spitznamen «Mohr» einbrachte, und zwei verschiedene Augen, ein graublaues und ein braunes. Nach ihrer Scheidung von Henry Thode lebte sie wieder in Wahnfried, bis kurz nach dem Einzug meiner Mutter, die von ihr ständig zurechtgewiesen wurde, wie man sich in solch «heiligen Hallen» zu verhalten habe. Hinzu kam die Tyrannei, daß sie meine Mutter unablässig zum vierhändigen Klavierspiel nötigte und sie damit in ihren verrannten Ehrgeiz einbezog, durch solche Unerbittlichkeit die pianistische Reife ihres Großvaters Franz Liszt zu erlangen. Mein Vater erkannte bald das Unzumutbare einer solchen Situation für seine junge Frau. Bevor sich aber der angebahnte Konflikt unerträglich zuspitzen konnte, zog Daniela, das Feld widerwillig räumend, aus und wohnte danach in unmittelbarer Nähe Wahnfrieds in der Lisztstraße zur Untermiete. Auch uns Kinder versuchte sie natürlich fortwährend zu belehren. Da wir durch die Erziehung unserer Eltern sehr freizügig aufwuchsen, ist es nur allzu verständlich, daß eine solch besserwisserisch-humorlose Tante von uns nicht gerade sehr ernst genommen wurde.

Meine Tante Eva hatte von ihren Geschwistern den alles besagenden Kosenamen «das Nadelkissen» erhalten. Wir, ihre Nichten und Neffen, konnten uns im Umgang mit ihr immer wieder überzeugen, wie zutreffend gewählt das Charakteristikum war. Nach dem Tode ihres Gemahls Chamberlain wurden wir vier Kinder einmal in der Woche reihum zum Mittagessen geladen, ich war also jede vierte Woche dran. Daniela nahm täglich bei ihr die Mittagsmahlzeit ein, und so kam, sofern kein anderer Gast noch zugegen war, ein Dreiecksgespräch zustande, welches seinen Inhalten nach vorrangig für das Heil unserer kindlichen Seelen Sorge tragen sollte, als daß es womöglich auf unsere doch ziemlich anders gelagerten Interessen eingegangen wäre.

Diese Essen fanden im Hause Wahnfriedstraße 1 statt, einem Gebäude mit eigentümlicher Geschichte. Es war zwischen 1908 und 1927 Wirkungsstätte und schließlich Sterbehaus Chamberlains, Gruft für die Tagebücher Cosima Wagners ab 1911 und Krematorium des Briefwechsels zwischen Richard und Cosima, es war ab August 1930 Hauptquartier für die Anstifter der Kampagnen gegen die Festspielleiterin Winifred Wagner und wurde es gegen den Festspielleiter Wolfgang Wagner nochmals, besonders im Jahre 1976. Die 1976 nach wie vor in einem Dienstverhältnis zu mir stehende Archivarin Gertrud Strobel war die Haupträdelsführerin, die Alleraktivste.

Die «Gruft» öffnete sich nur einmal kurz für Du Moulin-Eckart, um ihm durch den Einblick in die Tagebücher authentische Unterlagen für seine 1929 erschienene, von meinen Tanten beeinflußte und auf den «Mythos» Cosima zugeschnittene Biographie der «Hohen Frau» zukommen zu lassen.

1935 übergab Eva die Tagebücher der Stadt Bayreuth «als Geschenk für die Richard-Wagner-Gedenkstätte»; in ihrem Testament von 1939 verfügte sie, daß die Tagebücher für die Dauer von dreißig Jahren nach ihrem Tod ungeöffnet in einem Safe der Bayerischen Staatsbank München hinterlegt werden sollten. Eva Chamberlain starb 1942.

Infolge des Wiederaufbaus von Wahnfried ab 1975 verlagerte man das nicht in die Stiftung übergegangene, neben dem Archiv existierende Sammelgut in das seit dem Tode Evas der Stadt gehörende Haus.

Als ich von meinem «Tristan»-Gastspiel im April 1978 aus Mailand zurückkehrte, war zu meiner großen Verwunderung und Empörung diese Sammlung ohne mein Wissen aufgelöst und große Teile davon an mir noch heute unbekannte Orte verschleppt worden.

Nach diesem kurzen Vorgriff auf Späteres wieder zurück.

Unser Miniaturtheater zum Spielen mit den Wagnerschen Werken war allerdings nicht so oft im Einsatz wie das Kasperletheater.

Die Kostüme des «Ring» auf den bekannten Photographien, die uns zeigen, entstammten bereits der Jugendzeit meines Vaters und meiner Tanten. Diese Kostümierung kam eher dem kindlichen Verkleidungstrieb entgegen, als daß sie persönliche oder künstlerische Ambitionen auslöste. Jedenfalls hatten wir weitaus mehr Spaß daran, wenn mein Vater in übermütiger Laune mit einem Teewärmer als Tiara auf dem Kopf, irgendeiner Decke als Mantel und einem Spazierstock als Krummstab den «päpstlichen» Segen erteilte, wenn er also Papst und Papa gleichzeitig war. In solchen Momenten verwischte sich der große Altersunterschied von fünfzig Jahren zwischen ihm und mir, und es kam, wie auch bei anderen ähnlich ausgelassenen Szenen, oft zur Aufhebung der väterlichen Seriosität.

Siegfried Wagners so früher Tod veränderte vieles für uns. Außerdem wurden wir älter, und die Entwicklung unserer spezifischen Interessen, das Suchen nach Bezugspersonen bei jedem einzelnen ließ uns mehr und mehr eigene Wege gehen.

Zu den zahlreichen Hunden, die bei uns umhersprangen, gesellten sich durch den «Fußballer» Wieland bis zu zwei einander erbittert bekämpfende komplette Mannschaften, was die zweimalige Verwüstung der Wiese rechts der Allee zur Folge hatte, die vollständig zertrampelt worden war. Daraufhin verlegte meine Mutter das Spielfeld in den hinteren, südwestlichen Teil des Grundstücks, frei vor der Einsicht der Wahnfried-Besucher. Die ständige Unruhe durch Besucher in dem dem Hofgarten zugekehrten Teil unseres Gartens hielt meine Mutter nicht gerade für besonders glücklich, und so ermöglichte sie den Zugang zur Grabstelle Richard Wagners vom Hofgarten aus. Eine andere wesentliche Veränderung kam auch noch zustande, als sie aus von der Stadt erworbenem Sandstein der abgebrochenen Geismarktkaserne eine Mauer errichten ließ. Diese Mauer machte das Haus im Bayreuther Volksmund zur «Burg Wahnfried».

Die Bautätigkeit Winifreds auf dem Wahnfriedgrundstück läßt sich auch recht anschaulich machen in der Wirkung auf mich als Hühnerhalter. Nach dem Tod meines Onkels Chamberlain 1927 «erbte» ich dessen Hühnerstall mitsamt der Einzäunung, weil Tante Eva ihn nicht mehr länger unterhalten wollte. Bis zu zwanzig Hühner, um deren Fütterung und Versorgung ich mich kümmerte, legten Eier, die ich zum jeweils aktuellen Marktpreis an meine Mutter verkaufte. Friedelind übernahm dabei eine Zeitlang die weitaus weniger aufwendige Arbeit des Kassierens. Aus den Erträgen mußte ich das gesamte Körnerfutter bezahlen, das ich zusätzlich zu den Küchenabfällen, die ich aus Wahnfried zum Stall zu schleppen hatte, benötigte. Da ich eine konstante Beharrlichkeit in der Beschäftigung mit meinen Hühnern erkennen ließ, verlegte Winifred meine «Hühnerfarm» auf das 1928 von meinem Vater hinzuerworbene Gartenland hinter Wahnfried, wo mein Bruder auch seinen Sportplatz hatte, der später zu einem Tennisplatz umgestaltet wurde.

Nach dem Tod meines Vaters wurde sein großes Arbeitszimmer zu einem in sich abgeschlossenen Archivraum zur Aufnahme Wagnerscher Dokumente umgebildet.

Das im ersten Stock gelegene Privatappartement und einige Gästezimmer im Parterre stellte Winifred Wagner Toscanini und dessen Familie im zweiten und zugleich letzten Jahr seines Wirkens in Bayreuth zur Verfügung. Zwischen uns Kindern und Toscanini entwickelte sich ein besonders aufgeschlossenes Verhältnis, weil er sich nach dem Tod unseres Vaters 1930 uns gegenüber sehr liebenswürdig und verbunden zeigte und wir jederzeit bei ihm ein- und ausgehen durften.

Im Gegensatz zu der Leutseligkeit, mit der er uns Halbwaisen begegnete, stand Toscaninis Benehmen in seiner Arbeitsweise und im Umgang mit dem Orchester. Sein explosives Temperament drückte sich, wenn er in Rage geriet, in überdurchschnittlich häufigen, italienisch ausgestoßenen Verbalinjurien und zerknickten Taktstöcken aus. Seine Art brachte es zuwege, daß das Festspielorchester zum ersten und erfreulicherweise auch zum letzten Mal den Streik ausrief. Meiner Mutter gelang jedoch eine wechselseitige Beschwichtigung, so daß schließlich das erreichte musikalische Ergebnis die Divergenzen bei der Probenarbeit vergessen machte.

Wie so oft, gab es auch hierzu gleichsam ein Satyrspiel, das mit dem von allen Dirigenten geschätzten Orchesterdiener Georg Köhler, der von 1906 bis 1959 bei den Festspielen im Dienste stand, zusammenhing. Er – klein von Statur, bis ins hohe Alter blond, mit leicht nach oben gezwirbeltem Bart und vor allem von bäuerlicher oberfränkischer Herkunft, wohnhaft im benachbarten Bindlach – sammelte die demolierten Taktstöcke ein, um sie als Souvenir zu verkaufen. Doch nicht nur das: Da er gleichzeitig auch für fast alle Dirigenten nach deren Wünschen Taktstöcke besorgte, versetzte ihn das in die Lage, eigenhändig welche kaputt zu machen. So vermochte er seinen Umsatz erheblich zu steigern.

Vielleicht war es nicht ganz unberechtigt, wenn über Toscanini gesagt wurde, er sei am Pult ein Faschist gewesen. Manche gehen in ihren Behauptungen sogar so weit, zu sagen, daß er nur deshalb zum Antifaschisten geworden sei, weil Mussolini bedeutender als er war, was die Macht betraf.

Toscanini betreute 1930 neben der Neuinszenierung des «Tannhäuser» auch die seit ihrer Premiere 1927 nun im dritten Jahr gezeigte «Tristan»-Inszenierung meines Vaters. Da meine Mutter die Verpflichtung Karl Mucks, der seit 1901 als Dirigent des «Parsifal» gewirkt hatte, nach dem Tod meines Vaters für beendet erklärte, übernahm 1931 Toscanini die Leitung des «Parsifal», und Wilhelm Furtwängler konnte von ihr für den «Tristan» gewonnen werden.

Im Herbst 1930 kam Furtwängler mit seiner «berühmten» Sekretärin Bertha Geissmar wegen der Abschlußverhandlungen für das nächste Jahr nach Bayreuth. Frau Geissmars gedrungene Figur und ihr nußknackerähnliches Gesicht standen in einem solch komischen Kontrast zur hochgewachsenen, schlanken Gestalt Wilhelm Furtwänglers mit seinem langen Hals und dem charakteristischen Kopf, wozu noch eine erheblich andersartige verbale Ausdrucksweise der beiden kam, daß wir Kinder unser Lachen kaum unterdrücken konnten.

Die Gäste und Gesprächspartner lud meine Mutter bei uns daheim zum Essen ein. Damals gab es noch nicht die bekannten «Arbeitsessen» in einem Restaurant. Für uns Kinder war das natürlich ziemlich spannend, lernten wir doch in privater Atmosphäre schon frühzeitig viele interessante Persönlichkeiten kennen und bekamen gleichzeitig über die Festspiele einiges mit.

Daß es unserer Mutter gelang, die beiden dirigierenden Kontrahenten Toscanini und Furtwängler unter ein Dach zu bringen, zu gleicher Zeit im Festspielhaus wirken zu lassen, zeigte ihr Talent in der Kunst der Diplomatie. Und daß es sogar ein paar Photos gibt, auf denen die beiden Maestri unter anderen auch mit Heinz Tietjen und ihr zusammen zu sehen sind, ist schon als ein Wunder zu bezeichnen.

Bei einem Treffen meiner Mutter mit Toscanini in Berlin besuchte sie mit ihm die «Scala», nach dem Wintergarten das nächstgrößte Varieté, da der Meister sich dort gern vergnügte. Er konnte es sich nicht verkneifen, zu bemerken, daß der Varieté-

Dirigent Stenzel mehr Rhythmus und Ausdruck habe als Furtwängler. Leider ist mir von der Gegenseite eine ähnlich gehässige Äußerung nicht überliefert, aber allein diese Bemerkung zeugt von der «Harmonie» zwischen den Kollegen.

Das weitgespannte Aufgabengebiet meiner Mutter zeigte sich auch darin, daß sie nicht nur mit Toscanini ins Varieté, sondern auch mit Adolf Hitler ins Kino und mit dem päpstlichen Nuntius Pacelli, dem späteren Papst Pius XII., in die Oper ging.

Als Winifred Wagner 1932/33 das Refugium, das sich mein Vater 1894 an der Stelle eines ehemaligen Bedienstetenhauses errichtet hatte, um vor den Familienunruhen in Wahnfried geschützt zu sein, nach dem Abriß des alten Wagnerschen Gewächshauses zum Gästehaus zu erweitern begann, mußte ich mit meinem Hühnerstall das Grundstück räumen – auf dem Platz des Geheges entstand ein neues Gewächshaus. Mein spezieller Erwerbsbetrieb wurde auf einem ebenfalls der Familie gehörenden Stück Land am Festspielhügel angesiedelt. Als ich damals fast täglich zur Fütterung meiner Hühner und dem Abholen der Eier zum Hügel hinauffuhr, hätte ich nicht zu träumen gewagt, daß ich 1955 das Haus, das neben dem Gelände meiner neuen «Farm» mit Obstbäumen lag, von einem Sohn unseres ehemaligen Verwaltungsdirektors Schuler käuflich erwerben würde. Wie Friedrich der Große einst sein «Sans-Souci», besaß ich dann mein «Sans-Famille».

Das Gebäude, das heute allgemein Siegfried-Wagner-Haus genannt wird, ist seit der Erweiterung von 1931/32 mehrfach vergrößert und umgestaltet worden. Für mich war in meiner Kindheit und frühen Jugend dabei von größter Bedeutung, daß mir meine Mutter im Keller eine komplette Werkstatt einrichtete, in der ich nach Herzenslust schreinern und zimmern konnte. Aber ich verfügte auch über eine Schlosserei mit Drehbank und sogar über eine kleine Schmiede. Weil ich von früh an zu handwerklichen Tätigkeiten große Neigung zeigte, besaß ich schon vorher in einem Raum auf dem Dachboden Wahnfrieds eine Werkstatt, die jedoch viel bescheidener als meine neue ausgestattet war. Dort, auf dem Dachboden, nannten auch meine Schwestern eine ständige Puppenküche ihr eigen, die so hergerichtet war, daß sich in ihr Klein- und Schnellgerichte zubereiten ließen. Friedelind fand daran so gut wie überhaupt kein Interesse, und Verena war nie ein ausgeprägter Esser, so daß letztlich ich der Hauptbenutzer und größte Nutznießer der Küche gewesen bin. Diese Vorliebe für Küchengerät und das Kochen habe ich bis heute beibehalten und im Laufe der Zeit recht gut entwickelt.

Mit meinen Freunden Hermann und Emil bastelte und werkelte ich unermüdlich. Hin und wieder gesellte mir meine Mutter Facharbeiter aus dem Festspielhaus dazu, woraus dann folgte, daß ich diese meinerseits immer öfter an ihrem Arbeitsplatz aufsuchte und ihnen wißbegierig zusah. Ab 1932 wurde durch den neuen technischen Leiter Paul Eberhardt im Festspielhaus vieles in der Technik erneuert und verbessert, und so wurde bei mir das anhaltend große Interesse für technische Vorgänge bei der Verwirklichung künstlerischer Ideen geweckt.

Übrigens hatten mein Bruder und ich auch ein gemeinsames Photolabor. Es befand sich im vorgelagerten Treppenhausbereich Wahnfrieds, sozusagen auf halber Höhe, in einer ehemaligen Wäschekammer.

Nach der bekannten und sattsam kommentierten Absage Toscaninis von Ende Mai 1933 für die Mitwirkung 1933 und 1934, die er, entgegen seinen festen Versprechungen noch von Anfang April des Jahres, meiner Mutter drahten ließ, zog Richard Strauss mit Frau Pauline in das neue Gästehaus ein. Zeitweise wohnten dort auch sein Sohn Franz und die Schwiegertochter Alice zu Besuch. Aus alter langjähriger Verbundenheit hatte sich Richard Strauss sofort bereiterklärt, anstelle Toscaninis den «Parsifal» zu übernehmen. Er und seine Frau wirkten übrigens bereits 1894 gemeinsam in Bayreuth beim «Tannhäuser» mit: sie als Elisabeth, er als Dirigent.

Eine Reihe von Episoden und teils launige, teils nachdenkenswerte Äußerungen stellen sich in meiner Erinnerung ein.

Da sich Richard Strauss gern mit uns Kindern unterhielt, konnten wir ihn stets unangemeldet besuchen. Frau Pauline ließ, da sie anderes Schuhwerk für Boden und Teppiche offenbar für nicht schonend genug hielt, für uns Museumspantoffeln nach Bayreuth beordern, damit wir uns entsprechend zivilisiert betragen würden. Sie waren wohl auch in der Garmischer Zöppritzstraße damals üblich.

Als Sohn Franz, genannt Bubi, seinen Vater in Bayreuth zum ersten Mal besuchte, übersah er gedankenversunken einen etwa sechzig Zentimeter tiefen Zierteich mit einem Delphin als Wasserspeier, der ihn von seinem Vater trennte: Bubi fiel der Länge nach hinein.

Richard Strauss zeigte sich im Festspielhaus, bei der Arbeit selbst, sehr umgänglich und menschlich, was ihn beträchtlich von dem «tierischen Ernst» meiner bei «Parsifal» Regie führenden Tante Daniela unterschied. In ironischer Bosheit hatte meine Mutter, die das unablässige Geplänkel und sture Pochen auf «Tradition» satt hatte, ihr die Regiearbeit übertragen. Einmal korrigierte Richard Strauss den Ausdruck des Sängers, der den Gurnemanz gab, an der Stelle «He! Ho! Waldhüter ihr, – Schlafhüter mitsammen, – so wacht doch mindest am Morgen» mit den Worten: «Herr von Manowarda, sind Sie doch bitte so freundlich und singen Sie das nicht so pathetisch. Der Gurnemanz ist eine Art Oberförster, der zwei Lausbuben zurechtweist.» Daniela wußte sichtlich nicht, ob sie darüber erbost sein oder, was ihr gar nicht lag, humorvoll hinweggehen sollte. Großen Kummer bereiteten ihr natürlich auch die erheblich schnelleren Tempi, die Strauss dirigierte.

Bei meiner letzten Begegnung mit Richard Strauss, zusammen mit meinem Bruder an seinem 85. Geburtstag am 11. Juni 1949 in Garmisch, nahm er im Beisein des bayerischen Kultusministers Alois Hundhammer noch einmal Stellung zu den besagten Tempi: «Ja, Herr Minister, das ist so eine Sache mit der Tradition. Wie ich 1933 den ‹Parsifal› in Bayreuth dirigiert habe, haben alle Leute gesagt, das sei viel zu schnell. Wie ich dann gefragt habe, waren Sie denn bei der Uraufführung mit in Bayreuth, mußten sie natürlich nein sagen. Ich aber war dabei, denn mein Vater hat mich, weil das Münchner Hoforchester damals von König Ludwig Richard Wagner zur Verfügung gestellt wurde und er Mitglied war, mitgenommen. Der Wagner hat durch die bekannte Stelle im Orchesterdeckel immer zum Levi gesagt ‹Schleppen Sie doch nicht so›. Wissen Sie, Herr Minister, je länger man den ‹Parsifal› dort gespielt hat, desto länger wurde er auch.»

Da Richard Strauss immer gern kleine Ausflüge mit seinem großen Mercedes-Cabriolet in die Umgebung machte, hat er mich, wenn wir beide Zeit dazu hatten, geholt, damit «das Wolferl» ihm «was Schönes zeigen» sollte. Ich hatte die Gegend durch meinen Vater so gut kennengelernt, daß ich ihm seinen Wunsch leicht erfüllen konnte.

Er aß, wie bekannt, auch sehr gerne und viel, und er kam, wenn Pauline einmal abwesend war, zu uns nach Hause zum Mittagessen, von meiner Mutter eingeladen. Da ihm aber offensichtlich das Gebotene nicht ausreichte, speiste er vorher meist schon einmal sicherheitshalber im Restaurant Bürgerreuth.

Nachdem sich kein Musiker oder irgendein anderer Skatfreund mehr freiwillig bereit fand, mit ihm nach getaner Arbeit zu spielen, da der Maestro meistens gewann, erfand meine Mutter ein besonderes Arrangement, indem sie – neben der steten Bereitstellung von Bergen belegter Brote und in einem Waschzuber mit Eis gekühltem Bier – am nächsten Vormittag den jeweiligen Mitspielern den finanziellen Verlust ersetzte.

Während meiner Berliner Zeit kam Richard Strauss des öfteren zu Aufführungen seiner Werke. Eine dieser Gelegenheiten benutzte Heinz Tietjen dazu, ihn zu bitten, einmal selbst zu dirigieren. Bei der Probe zu einem seiner eigenen Werke blätterte er prüfend in der Partitur: Was er selber geschrieben hatte, stimmte mit dem, was er dirigierte, ganz und gar nicht überein. Dem Konzertmeister beliebte es, ihm höflich anzuzeigen, daß eine Diskrepanz zwischen ihm und dem Orchester entstanden sei. Seine lakonische Antwort darauf lautete: «Ja, hingeschrieben ist das schnell, aber dirigiert!»

Nach einer Aufführung in der Staatsoper räkelte sich Pauline in einem Sessel im Dienstzimmer des Generalintendanten. Richard Strauss stand hinter seiner Frau, Tietjen neben mir und ich ihr gegenüber. Durch Paulines bequeme Sitzweise bot sich uns eine überraschende Einsicht: Unter dem sehr engen Paillettenkleid trug sie, wie ich sah, ein Wolltrikot, das sie wahrscheinlich aus ihrer längst vergangenen Theaterzeit herübergerettet hatte. Richard Strauss stellte mein Schmunzeln fest und sagte zu mir: «Da staunst, Wolferl.»

Meine Mutter dürfte wohl meine spielerischen Neigungen für Basteleien, meine kleinlandwirtschaftliche Tätigkeit als Hühnerhalter und meine deutliche Liebe zur Natur und alles mit ihr Zusammenhängende bewußt gefördert haben, denn sie schenkte mir zu einem Geburtstag ein kleines Häuschen mitten auf einem Feld bei Neunkirchen, sieben Kilometer von Bayreuth entfernt. Das Material, woraus sie es errichten ließ, waren unter anderem überkommene Teile eines Glashauses, das sie 1931 auf dem Balkon des Siegfried-Wagner-Hauses für Toscanini hatte aufstellen lassen, um dem temperaturempfindlichen Maestro möglichst viel von der ihm gewohnten südlichen Wärme zu geben. Da mein Häuschen ein Pfahlbau war, konnten die Tummelbäume der alten Wandeldekoration aus der «Parsifal»-Inszenierung Richard Wagners, die ab 1934 nicht mehr gebraucht wurden, sehr gut und nützlich dabei Verwendung finden.

Arme Tante Daniela! So endeten Teile der gegenständlichen Bühnen-Hinterlassenschaft deines Stiefvaters. So fuhren Stücke der Weihe-Substanz als profane Pfosten ins Erdreich hinab. O tempora, o mores. Wohin war sie gekommen, deine in sich gekehrte Gebetshaltung am Sarkophag des frommen Helden Titurel nach dem Fallen des Vorhangs? Du hattest das Bahrtuch über das wächsern-greuliche Antlitz seines Bühnen-Leichnams gezogen und pflegtest nach einer Zeit andächtiger Besinnung, als du der Sprache wieder mächtig warst, den Mitwirkenden in tiefbewegten Worten zu sagen: «Ich danke Ihnen, meine Herrschaften.» – Als ich 1933 bei einer der fünf von ihr regielich betreuten «Parsifal»-Aufführungen, hinter einer wackelnden Leinwand-Säule des Gralstempels stehend, diese Szene beobachtete, hörte ich den Kommentar eines Berliner Chorsängers: «Ick globe, die olle Zieje hat Seefe jefressen.»

Meine Mutter und mein Bruder Wieland versuchten, bei Adolf Hitler dahin zu wirken, daß das gemeinschaftliche Testament meiner Eltern aus dem Jahre 1929 unter den neuen Bedingungen rechtlicher Umwertung eine Änderung erfahren könnte, womit das darin festgelegte Vor- und Nacherbenrecht korrigiert werden sollte, so daß mein Bruder analog zum Erbhofgesetz der alleinige Erbe des Festspielhauses würde. Hitler wehrte dieses Ansinnen jedoch ab, da er einen so gravierenden Eingriff bei einer international derart anerkannten Institution wie der der Bayreuther Festspiele offensichtlich nicht vornehmen wollte und um nicht der Mißachtung des Vertragsrechts geziehen zu werden. Wäre die Änderung zustande gekommen, hätte sich für mich eine annehmbare und sicher gute Existenz ergeben können, entweder als hochachtbarer Bauer im Dritten Reich, mit einem eventuellen Nachkommen als Erbhofeigentümer, oder als Bühnentechniker bei den Bayreuther Festspielen, der dann als Angestellter seines Bruders auf seine Weise auch für das Werk seines Großvaters gearbeitet haben würde.

Ein sehr wichtiger Wegbereiter, der unseren Wissensdurst nach unmittelbarer Deutung und persönlichen Erklärungen stillte, war ein Freund meines Vaters: Der Jugendstil-Künstler Franz Stassen. Er war der Taufpate Friedelinds und derjenige, welcher Wielands erste Malversuche freundschaftlich zu entwickeln und zu fördern verstand, unprätentiös und ohne egoistische Hintergedanken. Stassen kam zu allen Festspielen, an die ich mich erinnern kann, nach Bayreuth. Manchmal schien er wie ein zweiter Vater für uns zu sein, konnten wir ihn doch vor allem nach dem Tod Siegfried Wagners alles fragen, was wir über das Werk Richard Wagners, aber auch über die deutschen und ausländischen Klassiker erfahren und wissen wollten. In Berlin beheimatet, ist er für uns Kinder ein hervorragender Cicerone auf der Museumsinsel, in der Stadt Berlin, in Potsdam und der Mark Brandenburg gewesen. Wieland und ich fuhren mit ihm durch das nördlichere Deutschland, das wir durch ihn gut kennenlernten. Oft auch begleitete er uns in die Oper und ins Schauspiel, wenn wir ihn besuchten. Bei den Aufführungen von Werken meines Vaters war er immer zugegen, da er zu ihnen eine besondere Affinität besaß, ihre Inhalte und Aussagen mit seinen Zeichnungen und Illustrationen nachgestaltete. In meiner späteren Berliner Lehrzeit stand er mir stets mit Rat und Tat zur Seite, zumal seine Wohnung nicht sehr weit von der meinen entfernt lag.

Vor der Realisation seiner Bühnenbilder zum «Parsifal» 1934 kam Alfred Roller zu einer technischen Besprechung nach Bayreuth. Ich lag wieder einmal aufgrund einer meiner zahlreichen Kinderkrankheiten im Bett; so besuchte er mich. Er erzählte mir völlig unkompliziert und daher leicht verständlich vom Sinn, dem Zweck und der Umsetzung eines Bühnenbildes. Aufschlußreich war für mich damals seine Erklärung, daß bei einem Bühnenbild primär die Gestaltung der Dreidimensionalität zu berücksichtigen sei, die nicht identisch ist mit der Wirkung, die ein zweidimensionales Bild ergibt. Da er ursprünglich Maler war, wußte er wohl am besten, daß die Arbeit für die Bühne einer vollkommen anderen Gesetzlichkeit unterliegt. Schon mein Vater hatte mit Roller über seine eventuelle Mitwirkung in Bayreuth gesprochen, doch dieser hatte aus Bescheidenheit abgelehnt. Daß sich die Verpflichtung durch Winifred Wagner mit Hitlers Wunschvorstellung deckte, war gewiß ein Zufall. Denn als Hitler mit Roller sprechen konnte, stellte sich im Gespräch ungefähr folgendes heraus: Hitler habe seinerzeit von einem Bekannten eine schriftliche Empfehlung an Alfred Roller erhalten, damit dieser sich wohlwollend für den Bewerber zur Aufnahme in die Wiener Kunstakademie einsetze. Er – Hitler – habe aus Schüchternheit den Brief nicht an Roller übergeben. Die Frage, was geschehen wäre, wenn Hitler durch Rollers Fürsprache zu der erstrebten Ausbildung an der Wiener Akademie hätte gelangen können, bleibt spekulativ.

Bedauerlicherweise kam das, was man sich in Bayreuth von Roller künstlerisch erwartete, nicht mehr zum Tragen, da seine fortgeschrittene Erkrankung ihn hinderte, auch hier das zu sein, was er einst für die Bühne bedeutet hatte. Der gesunde Roller als langfristiger Mitgestalter Bayreuths – die Zwistigkeiten zwischen Wieland Wagner und Emil Preetorius würden unterblieben sein.

Allmählich leerte sich das Haus Wahnfried. Meine Schwester Friedelind war schon Ende August 1932 aus schulischen Gründen in das vorwiegend Adeligen vorbehaltene Stift Heiligengrabe bei Pritzwalk in der östlichen Prignitz gegeben worden, wo sie bis zum Frühjahr 1935 blieb, um sich dann, nach dem Erwerb der Mittleren Reife, außerhalb Bayreuths weiter auszubilden. Verena kam 1935 in die Internatsschule Luisenstift in Kötzschenbroda bei Dresden. Und Wieland, der 1936 das Abitur ablegte, absolvierte zunächst seinen Arbeits- und Militärdienst und siedelte danach nach München über, um sein privates Malereistudium bei Professor Staeger aufzunehmen.

Die Ereignisse aus meiner Kindheit zusammen mit den Geschwistern unterschieden sich im Alltag kaum von denen, die in anderen Familien geschehen. Nur die Festspielzeit war jeweils eine Ausnahmesituation. Bis zu meinem Einrücken beim Militär 1938 wurden Feiertage wie Ostern, Pfingsten und Weihnachten meistens als Familientage begangen; gemeinsam verbrachten wir auch winterliche Skiurlaube in Österreich und der Schweiz.

Durch meine Schwester Friedelind erfuhr die familiäre Gemeinsamkeit eine deutliche Zäsur. Meine Mutter finanzierte ihren Bildungsweg, der sie zunächst nach Sussex in England führte und den sie dann in Paris fortsetzte. Ihren Aufenthalt im Ausland nutzte sie dazu, Deutschland den Rücken zu kehren und auch nach Kriegsbeginn nicht mehr nach Bayreuth zurückzukommen. Was ihre Lebenserinnerungen unter dem Titel «Nacht über Bayreuth» anbelangt, so will ich nur bemerken, daß sie, nach mir vorliegenden Zeugnissen, in wesentlichen Dingen «irrt, wie dort, so hier», wie Hans Sachs über Beckmesser sagt, seien es im Buch beschriebene Sachverhalte oder auch später zum Beispiel öffentlich über mich gemachte unflätige Äußerungen. Von einzig wirklicher Bedeutung war für meine Mutter und mich ihr uneingeschränktes Jawort zur Errichtung der Stiftung, das sie durch die Unterschrift ihres Bevollmächtigten, Dr. Bernhard Servatius, am 2. Mai 1973 bekräftigen ließ. Wie ich in meiner Rede anläßlich ihres Todes im Jahr 1991 bereits sagte: Auch hier zeigte sich wieder «ein Meer von Widersprüchen», das ihr Leben war. Sie gab die Zustimmung zur Stiftung zusammen mit ihrer Mutter, jener Frau, die angeblich sie «ausrotten» lassen wollte, und mit mir, den sie unter anderem als «machtgierig und schwach» schmähte.

1935 war ein sogenanntes Pausejahr für die Festspiele, wodurch das Gästehaus während des Sommers nicht belegt wurde. Als sich Adolf Hitler 1934 nach dem von ihm besuchten Aufführungs-Zyklus von meiner Mutter verabschiedete, äußerte er bedauernd, er könne 1936 leider nicht zu den Festspielen kommen, da er hier keine Unterkunft mehr habe. Die Bayreuther Parteigenossen, insbesondere der Kreisleiter, hätten ihm zu verstehen gegeben, daß er sein bisheriges Quartier in einem Haus in der Parkstraße (es lag gegenüber von Wahnfried an der Südseite des Hofgartens) nicht mehr bewohnen dürfe, denn der Besitzer sei Freimaurer. Meine Mutter bot ihm daraufhin an, wenn er mit unserem Gästehaus zufrieden wäre, könnte er gern da einziehen, weil sie noch nicht anderweitig darüber verfügt habe.

So kam es, daß Adolf Hitler 1936, 1937, 1938 und 1939 dort wohnte – «Lohengrin», Zweiter Aufzug: «So zieht das Unheil in dies Haus!»

Die nunmehr jeweils während der Festspielzeit gegebene unmittelbare Anwesenheit Hitlers auf dem Wahnfried-Grundstück, in direkter Nachbarschaft also, führte dazu, daß er – zumal die sommerliche Urlaubszeit politisch relativ ruhig war (und immer noch ist) – seine bohemienähnliche Geselligkeit auf uns, meine Geschwister und mich, ausdehnte, indem er uns kommen ließ und einlud. Gegenüber meiner Mutter zeigte er stets tadellose Umgangsformen, benahm er sich wie ein Kavalier altösterreichischer Schule. Er küßte, sich verneigend, ihr die Hand und war reserviert zuvorkommend; in Gesprächen hörte er, keinen von uns unterbrechend, aufmerksam und aufgeschlossen zu. In unserer Gegenwart vermied er jedes unbeherrschte Aufbrausen, auch wurden durch ihn keine Teppiche durch Bisse entwertet. Man konnte und mußte den Eindruck gewinnen, daß er in unserem Kreise einen Ersatz für die ihm fehlende Harmonie, die man gemeinhin in der Familie erwartet, suchte, ja vielleicht sogar finden würde. Da wir Kinder bei ihm auch mit aller Offenheit und ohne Hemmungen uns äußern und ihn fragen konnten, war das Zusammensein unkompliziert und bar jener kultisch achtungsgebietenden Distanz, die ihn sonst und anderwärts als von Gott Gesandtem für Ehre und Größe der Deutschen von deren gemeinem Leben abschirmte.

Sein Haushaltsstab bestand in diesen Jahren aus einigen Adjutanten, seinem Leibarzt Dr. Brand und dessen Frau, Kammerdienern und dem Hausintendanten Kannenberg, der nicht nur für die Ordnung verantwortlich, sondern auch für das vegetarische leibliche Wohl seines Chefs zuständig war. Nebenbei spielte Kannenberg mitunter den Hofnarren an der «Quetschkommode». Soweit ich mich erinnere, weilten Joseph Goebbels und seine Frau Magda oft als mitgebrachte Gäste dabei. Die Schlafzimmer waren keine Luxusappartements, nach heute üblichen Normen wären sie eher bescheiden zu nennen und für einen Staatsgast völlig indiskutabel.

In Hitlers Gefolge, das gesondert wohnte, war meist auch sein Reichspressechef Dr. Otto Dietrich, der, und das fiel mir besonders auf, Hitler Tag und Nacht Nachrichten überbrachte, die extra auf einer speziellen Schreibmaschine in übergroßen Lettern geschrieben waren, da Hitler in Gegenwart Dritter nie seine Brille tragen wollte.

Auch Albert Speer hielt sich meistens in Bayreuth auf, und mitunter wurden durch ihn im Gartenzimmer des Gästehauses Zeichnungen und Modelle von Bauvorhaben vor Hitler demonstriert, Bauvorhaben, deren Zweck und Verwendung oft noch gar nicht feststanden. Zuweilen durften wir diese Modelle, meistens nur aus Fassaden bestehend, mitanschauen. Bei einer dieser Gelegenheiten kommentierte ich sie verwundert mit dem Wagnerschen Zitat: «Dies aber ist das Wesen des deutschen Geistes, daß er von innen baut.»

Die wohl obskurste aller Nebenfiguren um Hitler, Julius Streicher, kam nur ein einziges Mal, im Jahr 1933, zu den Festspielen. Meine Mutter hatte sich gegenüber Hitler sehr entschieden artikuliert, sie wolle einen solchen «Proleten» hier nicht sehen. Dies bewirkte, daß Typen wie Martin Bormann erst gar nicht in Erscheinung traten.

Von gelegentlichen Zusammenkünften mit Hitler, häufig morgens, seien hier ein paar erinnerte Gegenstände der Gespräche gestreift.

Meinen Bruder beschäftigte zum Beispiel sehr der Umgang mit der «Entarteten Kunst» anläßlich der großen «Schandausstellung» 1937 in München, zumal doch noch Goebbels wenige Jahre vorher dem Maler Edvard Munch eine große Ausstellung gewidmet hatte. Hitler antwortete ausweichend. Nach einer Phase der Selbstfindung werde auch solche Kunst wieder in Deutschland gezeigt werden können, denn sie sei ja nicht vernichtet, sondern durch Verkäufe ins Ausland erhalten worden. Aus den Erlösen habe man bedeutende Werke Alter Meister angekauft, mit denen die deutschen Museen bereichert würden.

Als wir ihn einmal fragten, warum er eigentlich immerzu so merkwürdig servile Figuren um sich habe und dulde, meinte er, es sei im Grunde an der Zeit, eine ‹Gegenpartei› zu gründen. Im gleichen Zuge räumte er ein, so wenige aufrichtige, ideenreiche Kontrahenten im eigenen Stab zu haben. Leider habe er es nur mit devoten Befehlsempfängern zu tun. Er beklagte auch, daß er nur zwei für ihn ideal selbständige Frauen kenne, unsere Mutter und Leni Riefenstahl. Seine «Reichsfrauenführerin» Gertrud Scholtz-Klink könne den beiden Genannten in ihrem Persönlichkeitswert nicht das Wasser reichen. Auf die uns unverständlichen Eitelkeiten Hermann Görings hingewiesen, antwortete er, so jemanden wolle und brauche das Volk.

Oft und gern sprach er über die Werke unseres Großvaters und über deren Deutungsmöglichkeiten. Manchmal erläuterte er auch seine eigenen Ideen dazu. Über die in vielen Parteikreisen bestehende hartnäckig ablehnende Haltung zu Richard Wagner, insbesondere über die des «Mythusschreibers» Alfred Rosenberg, brachte er zum Ausdruck, daß ein Verstehen Wagners und Verständnis dafür nur durch eine entsprechende Aufklärung und Hinführung zu gewinnen sei, die er, auf der «leichten Muse» aufbauend, nach und nach zu erreichen für möglich erachte.

Die Vorstellung, seinen «Volksgenossen» auch Kenntnis von anderen Ländern und Kulturkreisen zu vermitteln (bevor sie ausgeschickt würden, diese zu erobern), hoffte er mit «Kraft durch Freude» zu verwirklichen, einer Organisation, die der «Deutschen Arbeitsfront» unterstand. Das Flaggschiff «Wilhelm Gustloff» erwähnte er hierbei besonders. Im Zusammenhang mit «KdF» kamen Dr. Robert Ley, Chef der Deutschen Arbeitsfront, und mein späterer Schwager Bodo Lafferentz nach Bayreuth.

Wie schon in seinem Buch «Mein Kampf» redete er in einem etwas größeren Kreise davon, daß politisch große Ziele, die Ansehen und Macht brächten, nur mittels Gewalt durchsetzbar wären, wovon die Tötung Tausender von Sachsen durch Karl den Großen ein Beispiel abgebe. Wen kümmerten denn heute noch all die Greueltaten der unter dem Zeichen des Kreuzes verübten Völkermorde. Als Ideal konsolidierter Macht galten ihm das Papsttum und die katholische Kirche.

Unter anderem erzählte er uns einmal, daß 1932 der damalige Repräsentant der jüdischen Kultusgemeinde ihm erklärt habe: «Herr Hitler, öffnen Sie uns Juden die Partei, und Sie haben keinerlei Schwierigkeiten.» – Nachdem wir uns bei ihm über die Ungeheuerlichkeiten der «Reichskristallnacht» am 9. November 1938 ausließen, hörten wir von ihm, daß dies eine ihn selbst überraschende selbständige Aktion von Goebbels gewesen sei.

Zur germanisierenden Rassenzucht-Theorie wußte er nur zu sagen, daß er sich ihr nicht anschließen könne, da gerade durch die zentrale Lage Deutschlands auf dem Kontinent eine Völkermischung entstanden sei, die die eigentlichen Zeugnisse unserer Kultur hervorgebracht hätte. Um ein Gegenteil zu nennen, wies er auf die Norweger hin, die er deklassierte, sie lebten von Heringen, sähen aus wie Heringe und artikulierten sich wie Heringe. Lustig machte er sich über Hermann Görings Wildgehege in der Schorfheide: Der habe nicht nur Wisente und Bisons zur Nachzucht ausgesetzt, sondern auch einige menschliche Exemplare, germanische Urwesen, welche die gewünschte Germanenrasse wieder aufleben lassen würden.

Während seiner Aufenthalte in Bayreuth zwischen 1936 und 1939 wurden von ihm, der nicht rauchte und trank, die von allen gern besuchten Künstlerfeste ausgerichtet, bei denen es alles, einschließlich Alkohol, gab. Sie fanden entweder im Gästehaus oder – bei gutem Wetter – auch mit im Park statt. Dabei wurde auch keiner ausgeschlossen, der, wie etwa Max Lorenz, «jüdisch versippt» war oder damals nach § 175 des Bürgerlichen Gesetzbuches hätte verfolgt werden können.

Ein besonders grotesker Vorfall trug sich bei der Einladung Hitlers 1938 zu: Der Hausintendant hatte sich etwas besonders Sinnreiches einfallen lassen. Er brannte ein Feuerwerk ab, das in der Gartenrundung hinter Wahnfried und wenige Meter vom Grab Richard Wagners entfernt aufgebaut war, dessen 125. Geburtstages damit auf besondere Weise ehrend gedacht werden sollte. Zweierlei passierte: Zum einen stand die Zahl 2 in der 125 versehentlich auf dem Kopf, wodurch sie einer 7 ähnelte, so daß beim Abfeuern plötzlich eine 175 (siehe oben) erschien, zum anderen bliesen ein Wind und leichter Nieselregen den ganzen Rauch und Gestank den staunenden Gästen ins Gesicht und nebelten sie ein. Hitler fand das alles überhaupt nicht komisch und machte dem unglücklichen Inszenator gegenüber seinem Unmut Luft, daß er durch derartigen Blödsinn die Sänger der am nächsten Tag angesetzten Vorstellung gefährde.

Bei einer dieser Einladungen passierte auch folgendes: Hermann Göring war zusammen mit seiner Frau ausnahmsweise zur gleichen Zeit wie Hitler in Bayreuth – normalerweise reisten die beiden aus Sicherheitsgründen niemals gemeinsam. Ich wollte ein Photo vom Marschall machen, der sich dazu dekorativ in einem Ohrenbackensessel niederließ. Doch mir platzte der damals noch sehr große Vaku-Blitz, und sämtliche Splitter flogen ihm ins Gesicht. «Das sieht ja fast nach Attentat aus», schimpfte er, worauf ich ihm antwortete: «So ein bißchen Blitz wird Sie doch nicht gleich umschmeißen.» Als er nun aufstehen wollte, um die Splitter von seiner Kleidung abzuschütteln, kam er infolge seiner barock ausladenden Figur aus dem offensichtlich zu schmalen Sessel nicht mehr heraus. Er klebte am Sessel und der an ihm. So sah ich mich genötigt, ihm das Sitzmöbel von der hinteren Körperhälfte abzuziehen.

Im Herbst 1938 hielt Hitler eine außerordentlich aggressive Rede, obwohl er doch kurz zuvor durch das Münchner Abkommen einen außenpolitischen Erfolg zu verzeichnen gehabt hatte. Sie gab uns Veranlassung, ihn nach seinen Gründen dafür zu fragen. Er antwortete uns, daß er Unterlagen von einer geheimen Unterhaussitzung in England bekommen habe, aus denen hervorgehe, daß Churchill zum Ausdruck gebracht habe, wenn man Deutschland nicht bis spätestens 1940 kriegerisch zurechtwiese, würde er – Hitler – mit Europa treiben, was er wolle.

Obwohl ich ganz und gar nicht etwa menschenscheu und kontaktarm war, vermied ich es doch weitgehend – im Unterschied zu meinen Geschwistern –, bestimmte offizielle Verbindungen zu knüpfen oder zu pflegen, die sich durchaus auch für mich hätten ergeben können. Selbstverständlich brachte es die Situation der Festspiele unvermeidlich und unumgänglich mit sich, daß ich durch ihre Besuche in Berührung mit jenen Personen kam, die im Dritten Reich Einfluß und Macht besaßen, sowohl auf künstlerischem Gebiet wie in der Politik, doch ich habe nie bewußt und absichtsvoll deren Nähe gesucht, verharrte vielmehr in vorsichtigem Sicherheitsabstand zu all der schillernden Verführungskraft lockender Möglichkeiten und Offerten, denn auf den ebenso bequemen wie zugleich gefährlichen Wegen über «Beziehungen», seien sie nun auf freundschaftliche und dubiose Weise wirksam, wollte ich für mich nichts erreichen. Trotz stetig wiederholter Aufforderung, sie zu besuchen, ließ ich mich nie von Hitler oder Goebbels in Berlin einladen. Meine Mutter, in Sorge über meinen eventuellen Luftangriffstod in der Reichshauptstadt, hatte über Hitlers Leibarzt Dr. Brand, an den sie sich statt an den eigentlich zuständigen Herrn Bormann bei persönlichen Hilfsersuchen für bedrängte Personen wandte, erwirken wollen, daß ich in der Reichskanzlei einen sicheren Unterschlupf zum Schlafen erhielte. Ich lehnte diese Möglichkeit ab – und überlebte unter anderem darum. Weder besuchte ich, ungeachtet Hitlers Einladung, die Olympiade 1936 noch irgendein Künstlertreffen in Berlin oder München.

Durch einen Unglücksfall konnte ich im Januar 1934 nach nur dreimonatiger Dauer meine Mitgliedschaft in der Hitlerjugend beenden, zu meinem Glück, verlor ich doch nunmehr nicht länger

Zeit, die ich viel lieber der Pflege meiner ureigenen Interessen zuwenden wollte. Obschon ich dem mich befehligenden Scharführer gesagt hatte, daß ich nach meinem nachmittäglichen Herumtoben physisch nicht mehr in der Lage sei, seinem Befehl zu gehorchen, an den Ringen zu turnen, wurde ich von ihm und einigen «Kameraden» trotzdem an die Ringe gehoben und zugleich in Schwung gesetzt. Mich verließen die Kräfte, wie ich erwartete, und ich fiel etwa zweieinhalb Meter herunter, landete auf meinem rechten Arm, der brach. Da jeder von uns an die HJ einen Versicherungsbeitrag zahlte, verlangte ich entsprechend den Ersatz für die ärztlichen Reparaturen. Nun aber stellte sich heraus, daß das von uns erhobene Geld veruntreut worden war. Der Ausgang des damals angeblich eingeleiteten Disziplinarverfahrens gegen die Unterschlagenden ist mir bis heute nicht bekannt geworden. Auf alle Fälle trat ich mit Protest aus. Sämtliche Drohungen, selbst die mit dem «Reichsjugendführer» Baldur von Schirach, tat ich damit ab, daß ich sagte: «Wenn ihr Gauner etwa durch ihn gedeckt werden solltet, dann ist er ein genauso großer Gauner wie ihr.»

Daß mein Bruder in die NSDAP eintrat, hatte er Adolf Hitler zu «verdanken», hätte es aber beinahe trotz diesem nicht geschafft. Eines Vormittags fragte der «Führer» bei einer Unterhaltung im Gästehaus von Wahnfried Wieland, ob er eigentlich «Parteigenosse» sei. Ich stand dabei, witterte sofort nichts Gutes, als ich die Frage hörte, und machte mich schleunigst davon, um einer gleichartigen Frage an mich zu entgehen. Wieland erzählte mir später, was ihm geschehen war. Wohl oder übel mußte er sich zwecks Eintritt in die Partei beim Kreisleiter melden. Dabei wurde er gefragt, welche Bürgen er für seine Aufnahme benennen könne. Auf seine Antwort, Adolf Hitler selbst sei sein Bürge, reagierte die eiserne Bürokratenseele korrekt: «Einer genügt nicht.» – Friedelind und ich traten der Partei nie bei, Verena auch nicht. Da sie nach ihrem nachgeholten Abitur zu Ostern 1942 ein Medizinstudium aufnehmen wollte, mußte sie allerdings Mitglied des NS-Studentenbundes werden. Doch das Studium dauerte nicht allzulang, denn am 5. Juni 1944 schenkte sie ihrer ersten Tochter Amélie das Leben.

Im Unterschied zu Wieland und mir waren unseren Schwestern längere Bildungsurlaube im Ausland vergönnt, um vor allem Sprachen zu lernen und ihre Sprachkenntnisse zu vervollkommnen. Von Friedelind war bereits die Rede. Verena konnte sich von Januar bis zum Beginn der Festspielzeit 1939 in Rom aufhalten. Für meinen Bruder und mich ergab sich infolge schwieriger Krankheiten, die über längere Zeit auskuriert werden mußten, die einmalige Gelegenheit fast eines ganzen Genesungsjahres. Wieland hatte den staatlich verordneten Dienstpflichten schon genügt; ich wollte unmittelbar nach der Arbeitsdienstzeit, während der ich mir eine schwere Rippenfellentzündung zuzog, meinen Wehrdienst hinter mich bringen. Die Folgen der Erkrankung aber machten es notwendig, mein Einrücken zum Militär um ein Jahr auf den Herbst 1938 zu verschieben. Wir beschlossen, die uns wider Erwarten zugefallene freie Zeit für uns selbst in Anspruch zu nehmen, zur benötigten Erholung und zu unserer Bildung. Zunächst traten wir Anfang 1938 einen Aufenthalt in einem Kurhotel in Bordighera an.

Die Zeit und Muße, die wir hatten, ließen uns das Gefühl absoluter Freiheit empfinden. Wir nutzten sie unter anderem zu einer gemeinsamen Italienreise, dem klassischen Ziel aller Bildungsreisenden, von Mitte April bis Juni 1938. Sie führte uns bis Sizilien.

Unsere Mutter hatte in ihrer unübertroffenen Weise alles ausgezeichnet und vortrefflich organisiert, da sie das Land von zahlreichen Reisen mit ihrem Mann bestens kannte. Sie versorgte uns mit Benzin- und Hotelgutscheinen und hatte umsichtig Quartiere mit Halbpension ausgesucht. Dies war damals besonders wichtig, da wir aufgrund der geltenden Devisenbestimmungen nur über beschränkte finanzielle Möglichkeiten verfügten, die es natürlich in jeder Richtung am effektivsten auszuschöpfen galt.

Zum Verarbeiten all der vielgestaltigen Eindrücke und zu einem sie ordnenden Reflektieren konnten wir erst nach unserer Rückkehr gelangen. Aber das Mißgeschick einer Autopanne gewährte uns schon auf der Hinfahrt eine kleine Pause dafür. Das Stirnrad der Nockenwelle war verschlissen. Zum einen konnte es trotz der vorhandenen Ersatzteilliste nicht eindeutig identifiziert, zum anderen mußte es aus Deutschland angefordert werden. So zwang uns diese Ungunst der Umstände, den in unserer Planung auf dem Rückweg vorgesehenen Besuch von Rom jetzt vorwegzunehmen. Dort stand aber Hitler zum Staatsbesuch bei König und Duce ante portas. Unserer Mutter, die wir mit einem R-Gespräch, das unsere Reisekasse schonte, um Hilfe baten, gelang es dank der Beziehungen und ihres Organisationstalents, uns die erforderlichen Ersatzteile auf schnellstem Wege aus Untertürkheim zu beschaffen. Die fixen italienischen Fiat-Monteure brachten es fertig, die Reparatur an unserem Mercedes unverzüglich auszuführen. Die Firma «Mercedes» selbst hatte damals dort nur große Verkaufshallen. So kam es, daß wir die «Ewige Stadt» einen Tag vor Hitlers Ankunft noch rechtzeitig verlassen konnten. In der Nähe der Villa Borghese, im Hippodrom, erblickten wir den Aufbau einer gigantischen Dekoration für den Zweiten Akt des «Lohengrin», mit dessen Aufführung unter Mitwirkung von sechshundert Personen Mussolini seinem Gast einen besonderen Wagner-Genuß bereiten wollte.

Als Kuriosum blieb mir in Erinnerung eine Espresso-Stube für die höchsten Beamten des Vatikans, die Kurienkardinäle, direkt beim Hochaltar in der Peterskirche.

Nach dem Besuch der wichtigsten antiken und altrömischen Baudenkmäler und der päpstlichen Repräsentationsbauten fanden wir – auf kunstreisende Art – Rom, wie vor uns unser Vater, am schönsten vom Monte Pincio aus, beim Eisessen auf der Terrasse eines Cafés. Hätten wir erst nach dem Besuch von Paestum und dem des faszinierenden großgriechisch-normannisch-arabisch-spanischen Sizilien Rom absolviert, so würden wir es wahrscheinlich links liegengelassen haben.

In Palermo übernachteten wir im ehrwürdigen «Hôtel des Palmes», in dem Richard Wagner 1881 gewohnt hatte. Im Salon Riccardo Wagner stand auf einer Kommode die große gerahmte Photographie unseres Großvaters. Ihrer ansichtig werdend, sagte ich zu meinem Bruder: «Hoffentlich erkennen die uns hier nicht als Wagner-Enkel, sonst müssen wir womöglich noch irgendwelche Schulden des Alten begleichen.»

In den Tempelanlagen von Segesta hörten wir einen unsichtbaren Flötenspieler. Die ruhige Weite und die zarte Melodie versetzten uns in eine Stimmung, als wären wir in die Antike zurückversetzt. Wie aus der Versenkung aber tauchten da plötzlich lärmende Sachsen auf, die rumorten: «Woss die hier firr ä Weißbrod hamm! Woss sinn dor unsre Bemmn gudd.»

Am Strand vor Agrigent war es wunderbar ruhig, menschenleer und herrlich einsam, wir badeten lustvoll und ausgiebig im Meer. Am Abend priesen wir im Hotel dem Oberkellner gegenüber die Schönheit und Stille des Strandes. Der meinte, dies sei nicht weiter verwunderlich, denn dort sei ja auch die einzige Stelle in Sizilien, wo es Haifische gebe.

V. Eine Fiktion

Zu der vorgesehenen baulichen Aus- und Umgestaltung des Festspielhauses ist folgendes anzumerken, das einige Aufmerksamkeit verdient:

Im Juni 1939, schon während der Probenzeit, wurde durch ein sehr heftiges Unwetter – manche wollten sogar einen der seltenen Kugelblitze dabei erblickt haben – ein großer Teil des Daches über dem Bühnenhaus, das über die Mauern vorspringt und von einer den Giebel überragenden Palmette geschmückt wird, gefährlich aufgerissen. Das Haus erlitt beträchtlichen Schaden, die elektrischen Leitungen waren getroffen worden, der Orchestergraben stand unter Wasser. Daß die Proben zu den wenig später beginnenden Festspielen überhaupt stattfinden konnten, was zunächst wegen des Loches im Dach und des ziemlich in Mitleidenschaft gezogenen Schnürbodens fraglich schien, war vor allem dem beherzten und selbstlosen Einsatz des technischen Personals der Festspiele zu verdanken. Denn die Mitarbeiter versuchten noch während des Unwetters, den Schaden in Grenzen zu halten, und unmittelbar nach dem Abklingen gingen sie mit Eifer an die Behebung und Reparatur der Beschädigungen. Das Dach konnte damals nur bündig auf dem Mauerwerk verankert und die Palmette nicht ersetzt werden, so daß die charakteristischen Eigenarten der Originalansicht nicht wieder hergestellt wurden und vorerst zerstört bleiben mußten. Die originalgetreue Sanierung der Vorderfront mit dem typischen Vorsprung des Daches und seinem Aufbau war erst 1993 zur Festspielzeit möglich.

Der unglückselige Vorfall gab zu Überlegungen Anlaß, ob das von Richard Wagner als Provisorium ausgeführte Festspielhaus nicht endlich in eine beständige und «allmählich sich monumentalisierende» (Richard Wagner) Form überführt werden könnte. Wenn auch 1924/25 und 1931 bestimmte Gebäudeteile für die

Möglichkeit zur Einführung vollplastischer Dekorationen und für die Vervollkommnung der Proben- und Garderobenräume in einer zum Fachwerk der Urform vergleichsweise dauerhafteren Bauweise neben und hinter dem Bühnenhaus ergänzend angebaut wurden, so fehlte es doch nach wie vor an genügend Proberäumen, Werkstätten und hauptsächlich Magazinen, die für die künstlerische, technische und organisatorische Abwicklung eines modernen Festspielbetriebs notwendig geworden waren.

Mein Bruder und ich reagierten aufs höchste erstaunt und betroffen, als der Architekt Hans Reissinger, seit 1932 für unsere Mutter tätig, das Modell eines bei dem Dorfe Theta unweit von Bayreuth vorgesehenen neuen Festspielhaus-Komplexes Adolf Hitlers 1939 im Baubüro des «Gauforums» demonstrierte. Reissinger war inzwischen – obwohl ursprünglich kein Nazi – zum Planer des monumentalen Gauforums avanciert. Seine besondere Begabung hatte er 1933/34 in Bayreuth bereits unter Beweis gestellt mit der Errichtung des «Hauses der Erziehung», in dem es auch eine «Weihehalle» mit einem Denkmal für Mutter und Kind gab. Auftraggeber dafür war der damalige Gauleiter Hans Schemm, der «Reichswalter» des NS-Lehrerbundes. Nach Reissingers Entwurf entstand 1934 in Bayreuth das erste Denkmal für die Nationalsozialisten, ein liegendes Hakenkreuz. Bei seinem Festspielbesuch 1934 gab Hitler, als er auf der Fahrt zum Festspielhügel daran vorüberkam, die Weisung, dieses Denkmal unverzüglich wieder zu entfernen. Über seine allgemeine architektonische Erfahrung hinaus besaß Reissinger auch eine gewisse bezüglich des Festspielhauses. Er hatte 1933 den Auftrag, an Treppenhäusern und Wandelhallen zu arbeiten, da diese aus Gründen der Brandsicherheit zu verlegen waren. Seiner Aufgabe entledigte er sich leider ohne die nötige Sensibilität für die Besonderheiten des Hauses.

Nachdem mein Bruder und ich unsere Mutter über die Pläne des Architekten für Theta informiert hatten, kamen wir überein, auf Adolf Hitler in der Richtung einzuwirken, ob nicht statt dessen der von Richard Wagner noch erhoffte Ausbau des Hauses bei Erhaltung aller bewährten Charakteristika anzustreben wäre.

Albert Speer sorgte dann dafür, daß durch den allseits anerkannten Ministerialrat Professor Esterer ein Bauzustandsgutachten angefertigt wurde.

Am 31. August 1939, also einen Tag vor Kriegsausbruch, sandte Professor Esterer dieses Gutachten aus München ab. Darin schrieb er: «Ich kann nach eingehender Besichtigung des Bauwerks und nach Prüfung der bestehenden Betriebssicherheit und der verkehrstechnischen Bedürfnisse feststellen, daß die Behebung aller bestehenden Mängel und die Schaffung eines allen Forderungen eines modernen Theaterbaues entsprechenden und auch schönheitlich befriedigenden Festspielhauses nach Lage der Dinge möglich ist, ohne daß die wertvolle Kernanlage des Baues zerstört oder wesentlich verändert werden muß.»

Professor Esterer genoß als Experte auch im Dritten Reich großes Ansehen. Unter seiner Leitung war 1936 das Markgräfliche Opernhaus in Bayreuth restauriert worden. Nach dem Krieg rückte er zum Leiter der Bayerischen Schlösser- und Seenverwaltung auf und war maßgeblich beteiligt an Wiederaufbau- und Restaurierungsarbeiten, insbesondere zum Beispiel bei den berühmt-berüchtigten «Königsschlössern». Seine letzte Arbeit war die Gestaltung des Herkulessaales in der Münchner Residenz.

Das Gutachten Professor Esterers bildete die Grundlage für die Inangriffnahme der vorgesehenen Sanierung und den Ausbau des Festspielhauses. Mein Bruder und ich schlugen Albert Speer für die Planung den Kölner Architekten und Dombaumeister Emil Mewes vor, eine primär als Industriebau-Architekt auch international anerkannte Persönlichkeit. Unter anderem hatte er das Volkswagenwerk erbaut. Obwohl oder gerade weil er kein «Parteigenosse» war, wurde Mewes von uns vorgeschlagen, und als Bürgen für ihn akzeptierte man uns offensichtlich.

Nicht nur der Hang zur übermenschlichen Monumentalität in der NS-Zeit, auch die Auswirkungen der Naturkatastrophe sowie die neben der technischen Perfektionierung beabsichtigte zusätzliche Zweckgebung des Hauses führten in der Planung zu einem riesigen Monumentalbau, was keinesfalls nur durch die Umrisse damaliger Formgestaltungen bestimmt war. Neben der Stabilisierung und Erweiterung des Bühnenhauses, des Einbaus von Seiten-, Hinter- und Probebühnen, von Werkstätten, Magazinen, von Chor- und Orchesterprobenräumen sollten in einem westlich vorgezogenen Flügel unter anderem das Wahnfried-Archiv und die bei dieser Gelegenheit darin integrierte städtische Richard-Wagner-Gedenkstätte, die damals in Gründung begriffene Richard-Wagner-Forschungsstätte zusammen mit Tagungs- und Ausstellungsräumen untergebracht werden. Für den dazu entsprechend symmetrisch gestalteten Ostflügel war vorgesehen, neben einigen der Betriebsräume ein Restaurant einzurichten, das nicht nur zur Festspielzeit genutzt werden konnte, sondern für Gäste und Veranstaltungen auch während des ganzen Jahres zur Verfügung stünde. Für die Realisierung dieses Gesamtvorhabens hätte die Familie das Richard-Wagner-Archiv einbringen sollen. Schon damals wurde in diesen Zusammenhängen über die Rechtsform einer öffentlichen Stiftung nachgedacht, die – wie dann schließlich in der 1973 gegründeten Richard-Wagner-Stiftung festgelegt – dem, der oder den jeweils Befähigten aus der Wagner-Familie in der bis dahin überkommenen traditionellen Abfolge die Leitung der Festspiele übertragen würde.

Im Zuge der Neuplanung des Hofgartens und des Gauforums sollte das Wahnfried-Grundstück vergrößert werden und als Heimstätte der Familie dienen, wobei in den Bauplänen ein kleines Haus als Altenteil für Winifred Wagner vorgesehen war.

Die ausführliche Erwähnung ist deshalb notwendig, da bei Diskussionen um die Bau-Wahn-Dokumente des Dritten Reiches immer aufs neue die Sprache auf diese Planung kommt.

Am 15. Dezember 1940 lagen die Pläne von Mewes samt einem großen Modell vor. Die Wirklichkeit überholte und erledigte alle Planungen.

VI. «Wie fang' ich nach der Regel an?»

Unmittelbar im Anschuß an meine Entlassung aus dem Dienstverhältnis mit der deutschen Wehrmacht, dem endgültigen Abschied von meiner kurzen kriegerischen Karriere, konnte ich in Bayreuth als Hospitant, mithin als «Mädchen für alles», an den Proben und Aufführungen der Festspielzeit 1940, den ersten sogenannten «Kriegsfestspielen», teilnehmen und damit beginnen, mir erste Einsichten und Kenntnisse vom Theater zu erwerben. Im Unterschied zu dem kindlich und jugendlich begeisterten und interessierten, aber doch mehr oder minder spielerischen Herumschnuppern in früheren Jahren, das ganz zweifellos eine gar nicht unwichtige Vorstufe des Kennenlernens war, fing ich jetzt jedoch damit an, praktische Fertigkeiten gezielt zu entwickeln, indem ich aktiv mitwirkte. Natürlich geschah dies in noch sehr bescheidenem Maße, nichtsdestoweniger mit wißbegieriger Intensität und in dem Bemühen, die mir gestellten, durchaus verschiedenen Aufgaben zur Zufriedenheit zu lösen. Ohne Hochmut darf ich doch sagen, daß mir jede im Laufe meines Lebens zugewiesene oder anheimgefallene Tätigkeit wichtig gewesen ist und ich mich ihr nicht bloß stellte, sie also schlechthin wohl oder übel ausführte, sondern immer versuchte, sie so ernst zu nehmen, daß ich sie gut und sachgerecht machen wollte. Auf alle Fälle war ich mir nie zu schade gleichviel für was, und was meine Theaterlaufbahn betrifft, bin ich noch heute froh, gleichsam «von unten» angefangen zu haben. Denn die Breite und Vielfalt dessen, was ich dadurch kennenlernte, erfuhr und an gleichermaßen theoretischem wie praktischem Wissen erwarb, war mir stets ein solides Fundament, auf dem es sich ganz ordentlich weiterbauen ließ. Wie aber sollte es nach Beendigung der Festspiele weitergehen? Ich hatte mich für das Theater entschieden und bedurfte somit einer koordinierten und systematischen Ausbildung, da ich weder damals noch zu einem anderen Zeitpunkt jene fabelhafte Genialität und absolute Prädestination in mir verspürte, wie sie, verbunden mit einem verblüffenden Sendungsbewußtsein, manch anderen Mitgliedern der Wagner-Familie eignet, was scheinbar oder tatsächlich untergeordnete Beschäftigungen von vornherein ausschließt, dagegen häufig genug Spitzenpositionen voraussetzungslos, aber vehement einfordert.

Um für mich zu einer sinnvollen und möglichst produktiven Regelung zu kommen, beschlossen meine Mutter, Heinz Tietjen und ich gemeinsam einen Plan, der vorsah, daß ich meine Ausbildung in Berlin absolvieren sollte. Infolge des generell auf wenige Wochen beschränkten Spielbetriebs der Festspiele sowie aufgrund des durch den Krieg schon 1940 sehr reduzierten Programms – zwei «Ring»-Zyklen und vier «Holländer»-Aufführungen fanden statt – schied Bayreuth als Ort des Lernens ohnehin aus. Ein Hochschulstudium oder irgendeine andere akademische Bildungseinrichtung konnte ich nicht besuchen, da ich das Gymnasium mit der Mittleren Reife fluchtartig verlassen hatte. Zu Berlin, insbesondere zur Staatsoper Unter den Linden, bestanden jedoch seit langem ausgezeichnete Verbindungen, vor allem durch die Persönlichkeit Heinz Tietjens, den Generalintendanten der Preußischen Staatstheater, der ja zugleich die künstlerische Leitung der Bayreuther Festspiele innehatte und überdies mit meiner Familie in einem freundschaftlich-vertrauten Verhältnis stand. Meine Mutter hatte in seiner Berliner Wohnung zwei Zimmer zu ständiger Verfügung gemietet, und da die Wohnung geräumig genug war, konnte auch ich zunächst dort unterkommen. Von Besuchen aus früheren Jahren kannte ich einen Teil der Inszenierungen der Lindenoper; als ich kriegsverwundet in der Charité lag, es mir aber bereits wieder etwas besser ging und ich aufstehen durfte, begab ich mich oft in das Opernhaus, um bei den Proben dabeizusein. Mancherlei war mir also nicht ganz unbekannt. So schloß ich also mein erstes Engagement ab, stand ordentlich unter Vertrag und verdiente ein wenig Geld, wovon ich freilich kaum leben konnte. Am 1. Oktober 1940 begann ich in Berlin.

Die Situation der Staatsoper war im Gegensatz zu anderen, kleineren Theatern in der Provinz Anfang der vierziger Jahre gar nicht schlecht, genoß das Haus doch in mancher Hinsicht Ausnahmeregelungen und blieb dadurch von den Wirkungen des expandierenden Krieges vorerst einmal weitgehend verschont. Von der Belegschaft waren etwa fünf bis höchstens zehn Prozent eingezogen, viele waren «Unabkömmlich» (Uk) gestellt. Die Erhaltung der Spielfähigkeit war demnach vollständig gewährleistet. Im dritten Kriegsjahr begann man dann davon zu reden, eventuell bei der Kostümausstattung Einsparungen vorzunehmen.

Mein Ausbildungsplan ging fürs erste in zwei Richtungen. Zum einen sollte ich ein einwandfrei funktionierendes Theater mit einem breitgefächerten Repertoire unter dem, beziehungsweise aus dem Aspekt der Praxis kennenlernen. Ein bißchen wurde ich schon «ins kalte Wasser» geworfen, aber ich fürchte, es ist mir von Anfang an gleich zu gut bekommen, so daß ich zum nachmaligen Leidwesen mancher nicht darin untergegangen bin. Die Bezeichnung für das, was ich tat, lautete Hilfsinspizient, von dem ich zum Inspizienten aufrückte, das heißt, ich hatte Sorge zu tragen für den ordnungsgemäßen Ablauf der Proben und Vorstellungen. Natürlich war keineswegs alles wunderbar oder großartig oder etwa furchtbar bedeutend, weder im Tun noch im Erleben. Zum Teil gab es auf der Bühne ganz blödes Zeug zu sehen, ich denke da nur an die Inszenierung der «Zauberflöte» durch Gustaf Gründgens: ein geradezu schrecklicher «Schinken» mit ungeheurem Aufwand. Ich kannte sie von früher her aus dem Zuschauerraum und erinnere mich, wie ich einsehen mußte, daß die Perspektive des Geschehens von der Bühne her gesehen leider völlig anders ist.

Zum anderen hatte ich die Aufgabe, mich musiktheoretisch auszubilden. Durch meine schwere Verwundung mußte ich darauf verzichten, die Beherrschung des Klaviers zu perfektionieren, was ja an und für sich für einen Menschen, der im Musiktheater tätig sein möchte, dringend erforderlich, eigentlich unerläßlich ist. Ich fürchtete, mein zerschmetterter Arm würde steif bleiben. So taugte ich zum Beispiel nicht zur Dirigentenlaufbahn, ebensowenig zu einem anderen Musikerberuf, da ich allerdings auch keine Lust verspürte, künftig die Trompete zu blasen. Doch die Grundbegriffe der Musik – Harmonielehre, Kontrapunkt und die Analyse verschiedenartigster musikalischer Literatur – wollte und mußte ich mir aneignen. Darum vermittelte mir Heinz Tietjen einen seiner Korrepetitoren von der Staatsoper, Rolf Ehrenreich, der neben seiner Tätigkeit an der Oper auch komponierte. Unter seiner fachkundigen Anleitung habe ich mir die wichtigsten theoretischen Fachkenntnisse erarbeiten können. Dies geschah aber nicht etwa ausschließlich im abgeschiedenen stillen Kämmerlein, sondern beinhaltete durchaus den unmittelbar praktischen Bezug, indem ich Teilnehmer vieler Repetitionsproben, der sogenannten Zimmer- wie auch der Regieproben, war. Das Mit-Repetieren ist für mich das Wichtigste gewesen. Beispielsweise habe ich so die Einstudierung von Maria Cebotari als Salome – eine Wunsch- und Traumpartie der Sängerin – von der allerersten Leseprobe an mitgemacht, über die Regie-, Orchestersitz- und Hauptproben bis hin zur Generalprobe, der Premiere und sämtlichen Aufführungen, was mir unvergeßlich geblieben ist. Neben dem Dirigenten Clemens Krauss, der die «Salome» leitete, konnte ich zahlreiche andere Heroen des Taktstocks bei ihrer Tätigkeit in eigener Anschauung gründlich studieren, darunter auch den jungen Herbert von Karajan, und zwar sowohl in der Oper als auch in den Konzerten der Preußischen Staatskapelle, die er in den Kriegsjahren exklusiv dirigierte. Da Rolf Ehrenreich wie jeder andere Repetitor als musikalischer Assistent des jeweiligen Dirigenten bei den verschiedenen Neuinszenierungen mitwirkte und während der Orchesterproben Notizen für ihn machte, hatte ich ausführlichst Gelegenheit, den gesamten Umfang der musikalischen Arbeiten am Theater direkt mitzuerleben und in erheblichem Maße daraus für mich zu lernen. Aber nicht nur das: Der Lernprozeß erstreckte sich auch auf die Feststellung ersten Wahrnehmens, daß und wie große Kollegen – in diesem Falle Herbert von Karajan contra Wilhelm Furtwängler – einander und wechselseitig von ihrer Bedeutung in «dezenter» Form wissen lassen. Unschätzbare Erkenntnisse.

Neben diesem gewissermaßen offiziellen Gang der Ausbildung versuchte ich mit zähem Fleiß mir ein unbedingt dazugehöriges Selbststudium zu organisieren, indem ich die freien Stunden der Lektüre einschlägiger musikgeschichtlicher Werke widmete. Es war eine wirklich rundum ausgefüllte Zeit.

Mein ganz normaler Arbeitstag verlief damals etwa wie folgt: Ab 7.30 Uhr arbeitete ich, las oder studierte bestimmte Werke und bereitete mich auf die Proben des Tages vor, die meist um 10 Uhr begannen und bis 13 oder 13.30 Uhr dauerten. Mit der U-Bahn war ich 20 bis 25 Minuten unterwegs, was ich jedoch nicht als lästig empfand, da ich nie ohne Klavierauszug oder irgendeine Literatur fuhr. Sollte ich dagegen, was hin und wieder vorkam, auf dem Weg zur Oper bereits einen Kollegen oder Bekannten treffen, so war mir dieser eher lästig, da die Begegnung meine Konzentration störte und ich das meist zwangsläufig anhebende, aber belanglose Gespräch regelrecht als verlorene Zeit ansah. Mittags ging ich dann heimwärts. Nachdem ich den Tietjenschen Haushalt verlassen und eine eigene kleine Wohnung hatte beziehen können, erledigte ich nach der Rückfahrt meine in dieser Zeit allerdings äußerst kargen Einkäufe, wobei es einer zunehmenden Findigkeit bedurfte, da bedingt durch den Kriegsausbruch so ziemlich jeder Artikel des Alltags knapp geworden und ohnehin nur noch ein Einkauf auf Marken möglich war. Obwohl es ab und zu gelang, irgend etwas markenfrei zu bekommen, stand damals bei der Zubereitung des Essens die Phantasie in der Kochkunst an erster Stelle, denn das, was jeder in Topf und Pfanne bringen konnte, verdiente kaum noch, bescheiden genannt zu werden. Nun, da allgemein bekannt ist, daß ein voller Bauch nicht gern studiert, und da meiner oft eher leer blieb, studierte ich folglich um so eifriger am Nachmittag. Abends gab es dann entweder wiederum Proben, oder ich hatte Aufführungsdienst in der Oper. Nach der Vorstellung setzte ich mich daheim zumeist nochmals an die Arbeit, mitunter traf ich mich natürlich auch mit Freunden oder Bekannten.

In diesem Alter, den entsprechend «gefährlichen» Jahren für Mann und Frau, und durch die sich infolge der Kriegszeit besonders entwickelnden Gefühle der Sehnsucht nach einer übereinstimmenden Beziehung und Bindung fand ich, «was meinem Sinn gefiel» – meine Frau. Ellen Drexel war im Unterschied zu allen im Umkreis meiner Familie vorhandenen berührungs- und geltungsbedürftigen Damen sehr zurückhaltend und unaufdringlich. Ich hatte sie während meiner Tätigkeit an der Staatsoper kennengelernt, wo auch sie – als Tänzerin – ein Engagement hatte. Wir heirateten am 11. April 1943 im Siegfried-Wagner-Haus in Bayreuth. Die standesamtliche Zeremonie nahm der damalige Oberbürgermeister Dr. Kempfler vor, und meine anwesende Familie, mit Ausnahme meiner Mutter, versäumte es nicht, sich auch hierbei als geborene Wagners zu zeigen. Da für mich eine Feier ohne Schweinebraten mit Klößen halt keine Feier ist, gab es dieses Menü selbstverständlich auch bei meiner Hochzeit.

Der modus procedendi hinsichtlich meiner beruflichen Entwicklung und Entfaltung war stufenförmig angelegt. Nach dem «Grundkurs», einer Phase des vollkommenen Hineinwachsens in die Theaterarbeit, rückte ich am 1. September 1941 zum Hilfsregisseur mit der Verpflichtung zur Abendspielleitung und Inspizienz auf. Die einzelnen Funktionen waren im damaligen Theater noch nicht so streng voneinander getrennt, wie es heute der Fall ist. Ich habe assistiert, Vorstellungen geleitet und selbständig nachprobiert. Auf den Tag genau zwei Jahre später wurde ich gemäß der Fortschreibung meines Dienstvertrages als potentieller Regisseur engagiert. Das Ziel meines Werdegangs sollte von Anfang an sein, im Jahre 1944 erstmals eine eigene Inszenierung zu übernehmen, sofern in der Zeit zuvor durch die Ausbildung künstlerisch vertretbare und aussagekräftige Interpretationsansätze erkennbar werden würden. Als mein Debüt hatte man ein Werk Siegfried Wagners zu dessen 75. Geburtstag ausersehen. In den darauffolgenden Spielzeiten 1944/45 und 1945/46 sollten dann jeweils zwei nicht-wagnersche Werke in meiner Inszenierung folgen. Danach hätte ich mir den Status eines Jungregisseurs verdient, und aufgrund des Wegfallens anderer Tätigkeiten wie der der Inspizienz sollte ich parallel zu meinen Regiearbeiten bei den hehren Größen der Verwaltung der Preußischen Staatstheater in die Lehre gehen, um diese und die allgemein wirtschaftlichen Seiten eines komplizierten Theaterbetriebs ebenfalls noch zu studieren, womit ich schließlich mein Pensum abgerundet haben würde. Was anschließend aus mir geworden wäre, hätten all diese wohlerdachten und recht vernünftigen Pläne zur Vollendung reifen können, bleibt ein großes Fragezeichen. Ich erinnere mich einer Idee, mich als Intendant eines Kinder- und Jugendtheaters nach Tula zu schicken, einer Stadt, die ca. 130 km südlich von Moskau liegt. Ob dieser Einfall ernstgemeint oder nur eine der obskuren Phantasmagorien großdeutschen Wahns gewesen ist, kann ich nicht mehr sagen. Im Grunde hätte ich gar nicht unbedingt allzuviel dagegen einzuwenden gehabt, schon allein aus purer Neugier.

Die Premiere meiner ersten selbständigen Inszenierung fand am 7. Juni 1944 statt, und zugleich war dies die letzte Neuinszenierung an der Staatsoper Unter den Linden in Berlin vor der Schließung aller Theater ab dem 1. September des gleichen Jahres, mit der die abschließende Phase des am 18. Februar 1943 durch Joseph Goebbels im Sportpalast verkündeten «Totalen Krieges» begann. Daß dieser nun endgültig nicht mehr zu gewinnen war, mußte angesichts der Tatsache der Einbeziehung und Mobilisierung selbst aller Künstler jedem, wohl auch dem Verstocktesten einleuchten. Ich hatte mir für meine Erstlingsarbeit die Oper «Bruder Lustig» von meinem Vater ausgewählt, wobei wir im Regieteam und in Absprache mit der Leitung des Opernhauses übereinkamen, den Originaltitel zu verändern und das Werk in «Andreasnacht» umzubenennen, zum einen, um deutlich werden zu lassen, daß es sich in keiner Weise um eine komische Oper handle, zum anderen wohl auch, weil ein solch heiter-burschikoser Titel wie «Bruder Lustig» gewiß Assoziationen erweckt hätte, die im Frühsommer 1944 natürlich sehr wenig zur Zeitsituation passen konnten und eher wie Ignoranz oder purer Hohn wirken mußten. Eine erlesene und wirklich hervorragende Besetzung mit ersten Kräften des Hauses stand mir Anfänger zur Verfügung; Namen wie Maria Müller, Peter Anders, Margarete Klose, Willi Domgraf-Faßbaender, Joseph Greindl oder Eugen Fuchs sagen allein schon alles. Sehr klar kam mir in der Arbeit zu Bewußtsein, daß die Opern meines Vaters keinesfalls mit der erstbesten Besetzung aufzuführen sind, sondern nach der ersten, der besten verlangen. Die Ansprüche an die Solisten sind sehr hoch.

Maria Müller, die in meiner Inszenierung der «Andreasnacht» die weibliche Hauptrolle sang, kannte ich seit längerem von Bayreuth her. In irgendeinem unserer häufigen Gespräche, die sich in der täglichen Zusammenarbeit auf den Proben ergaben, fragte ich die Sängerin gelegentlich einmal nach ihren Eindrücken und Erfahrungen mit Arturo Toscanini, unter dessen Stabführung sie ja in Bayreuth 1930 die Elisabeth in der «Tannhäuser»-Neuinszenierung meines Vaters gesungen hatte. Es war für mich interessant und lehrreich, von ihr erzählt zu bekommen, wie der berühmte Maestro etwa musikalisch mit ihr gearbeitet hatte. Er war der deutschen Sprache kaum mächtig und besaß sicherlich insbesondere zu der spezifisch Wagnerschen keine nähere, verständnisvolle Beziehung. Daher forderte er von Maria Müller, die gesamte Partie, vor allem aber die sogenannte «Hallenarie» und das «Gebet» aus dem Dritten Aufzug, nach der von Richard Wagner autorisierten französischen Übersetzung von 1861 für Paris zu gestalten, das heißt, er orientierte sich am französischen Ausdruck und der dadurch selbstverständlich ganz anders gelagerten Phrasierung, zu der der deutsche Text, den die Sängerin benutzte, freilich in höchst eigenartigem und schiefem Verhältnis stand. Unvermeidlich kam es zu heftigen und völlig ungerechtfertigten Ausfällen Toscaninis gegen Maria Müller. Da er außerdem sowohl berühmt als auch dafür gefürchtet war, seine Tempi unerbittlich durchzuschlagen und überhaupt nicht auf die Individualität der jeweiligen Sänger einzugehen, sondern von ihnen bedingungslosen Gehorsam verlangte, kam es dahin, daß Maria Müller eines Tages weinend und verzweifelt zu meinem Vater lief. Ihm gelang es in seiner einfühlsamen und ausgleichenden Art, sie schließlich zu beruhigen, indem er ihr Selbstvertrauen wieder stärkte, da es ihr dank der Persönlichkeit und Gestaltungskraft auf der Bühne mit Gewißheit gelingen würde, das Problem von allein zu lösen.

Die Voraussetzungen und Bedingungen, unter denen meine Inszenierung vorbereitet wurde, waren denkbar ungünstig und schwierig, zuweilen auch nicht ungefährlich. Während das Ensemble und ich im Berliner Schloß probierten, geschah es, daß bei einem Tagesangriff alliierter Bomber am 24. Mai 1944 neben der Universität und der Staatsbibliothek auch der Dom am Lustgarten ausgebombt wurde. Ich mußte mit ansehen, wie die Kuppel in sich zusammensank, und werde diesen Anblick wie ähnlich entsetzliche, grauenvolle Eindrücke jener Zeit niemals vergessen, er ist unauslöschlich in meinem Gedächtnis eingegraben. Berlin wurde immer mehr Kriegsschauplatz der sogenannten «Heimatfront», und dies beschwor in der Oper zunehmend Situationen herauf, unter denen heutzutage, allein durch Vorschriften und bürokratische Regelungen aller Art verhindert, der Vorhang unter keinen Umständen auch bloß erst aufgehen würde. Damals war es anders. Wenn zum Beispiel nur drei feindliche Flugzeuge über der Stadt kreisten, gab es den «kleinen Alarm» und die laufende Aufführung wurde nicht unterbrochen. Im Zuschauerraum und auf der Bühne konnten die Sirenen nicht gehört werden, wohl aber im Garderobentrakt. Die sich dort aufhaltenden Sänger vernahmen sehr wohl die aufheulenden Signale, und als Abendregisseur mußte ich manchmal ungeheuer findig sein in meinen Kniffen und Mitteln, um das Ensemble überhaupt im Hause zu halten. Wer auf der Bühne einen mutigen und unbezwingbaren Heroen darstellte, war oft genug kaum davon abzuhalten, sich bei den allerersten Anzeichen einer möglichen Gefahr schleunigst in Richtung Luftschutzkeller, der außerhalb des Operngebäudes lag, aus dem Staube zu machen. Unabhängig vom eigentlichen Ernst der Lage trugen sich gleichwohl bisweilen komische, ja groteske Vorfälle zu. Ich entsinne mich einer Vorstellung der «Meistersinger», ich glaube am 30. Januar 1944, dem Tag, an dem Hitler elf Jahre zuvor an die Macht gelangt war. Bereits in der Ouvertüre wurde «Vollalarm» gegeben, ein unmißverständliches Zeichen zum sofortigen Abbruch jeder Kunst und zur schleunigen Räumung des Saales. Dem Publikum dienten die Wandelgänge des Opernhauses als eine Art Ersatzluftschutzkeller, da behauptet wurde, das Haus sei in seinen Grundmauern beim Neubau durch den Alten Fritzen so fest gefügt worden, daß es ohne weiteres standhielte und in jeder Hinsicht ausreichend sicheren Schutz böte. Die Mitglieder des Ensembles und das andere Personal trauten solcher abwiegelnden Beruhigung weniger, und die meisten begaben sich daher lieber eiligst in die Kellergewölbe des Stadtschlosses am Lustgarten. Der offenbar in Panik geratene Abenddirigent Wilhelm Furtwängler aber rannte, seine Langbeinigkeit ermöglichte ihm weitausgreifende Schritte, mit wehenden Frackschößen zum Bunker des Hotels Adlon in der Nähe des Brandenburger Tores, nicht viel weniger als einen Kilometer von der Oper entfernt, auf den Fersen dicht gefolgt von einer Schar Sänger in meistersingerlicher Kostümierung und Maske, da natürlich keiner an Umkleiden und Abschminken dachte. Bei aller begreiflichen Furcht war es dennoch ein köstliches Bild. Nach der Entwarnung trat in der Oper eine etwas fatale Situation ein, denn während das Publikum schon nach kurzer Zeit wieder auf seinen Plätzen saß, ließen die Adlon-Flüchtlinge beträchtlich auf sich warten. Nach der endlichen Rückkehr Wilhelm Furtwänglers gab es zwischen ihm und mir, der ich Abenddienst – die sogenannte «Stallwache» – hatte, einen kleinen Disput darüber, wo denn die Aufführung nun wieder beginnen sollte: ganz von vorn, an der Stelle des Unterbrechens oder gleich mit dem Öffnen des Vorhangs. Dies zu überlegen war für Furtwängler eine sicherlich sehr willkommene kleine Frist, um aus der Atemlosigkeit des Dauerlaufs, den er Hals über Kopf gemacht hatte, wieder in einen normalen körperlichen Zustand zu gelangen und damit den langen Atem für das Dirigat des bekanntermaßen nicht gerade kurzen Stückes zu finden.

In der Nacht zum 10. April 1941 war die Staatsoper Unter den Linden zum ersten Male einem Bombenangriff zum Opfer gefallen, wurde aber trotz der infolge des Krieges hinderlichen Umstände unmittelbar danach in einem geradezu unheimlichen Tempo wiedererrichtet, so daß sie bereits am 12. Dezember 1942 erneut ihren regelmäßigen Spielbetrieb aufnehmen konnte. Die zurückhaltende Langhanssche Innenausstattung war dabei entfernt worden, und unter der obersten Leitung Hermann Görings hatte man ein auf Knobelsdorff beruhendes, farblich genau aufeinander abgestimmtes Rokokotheater eingerichtet. Zur feierlichen Neueinweihung spielte man «Die Meistersinger», mit denen das Haus auch später nach dem Krieg wiederum seine Pforten öffnete. Die künstlerische Arbeit des Staatsopern-Ensembles allerdings erlitt unterdessen keine nennenswerte Einschränkung. In der sozusagen «heimatlosen» Zeit wurde zunächst vorübergehend einige Tage im Schauspielhaus am Gendarmenmarkt gespielt. Hier beispielsweise fand eine Premiere von «Così fan tutte» statt, bei der ich als Assistent von Wolf Völker mitwirkte. Vom Interim Schauspielhaus zogen wir dann um in die ehemalige Krolloper, die während der zwanziger Jahre großen Ruhm erlangt hatte. Nachdem am 27. Februar 1933 der Reichstag in Brand gesteckt worden war und das Gebäude nicht mehr genutzt werden konnte, aber auch keine Restaurierung und Renovierung geschah, verlegte man den Reichstag in die Krolloper. Dort, in einem Opernhaus also, hatte Hitler am 1. September 1939 den Krieg gegen Polen bekanntgegeben. Der allzeit treffende Berliner Volksmund bezeichnete die Versammlungen der ausschließlich aus Nationalsozialisten bestehenden Abgeordnetengruppen als den «teuersten Gesangverein der Welt». Man pflegte ausnahmslos die Einstimmigkeit, denn es fanden ja in diesem Hause nicht etwa demokratische Parlamentsdebatten statt, sondern von Zeit zu Zeit gab der Führer und Reichskanzler lediglich ihm wichtig dünkende Situationsberichte zur Kenntnis unter pflichtgemäß begeisterter Akklamation der Parteigenossen, unterlegt vom martialischen Absingen des Deutschlandliedes und der Parteihymne, des Horst-Wessel-Lieds. Mir liegen dazu die Worte aus den «Meistersingern» auf der Zunge: «Wer nennt das Gesang? – Ja, 's ward einem bang!» Und man dürfte getrost noch dazusetzen: «Eitel Ohrgeschinder! – Auch gar nichts dahinter!» Eine gewisse Ironie des Schicksals oder besser eine selten genug anzutreffende ausgleichende Gerechtigkeit lag darin, daß die Krolloper nun wieder zum Theater wurde, zu ihrer Bestimmung und Kenntlichkeit zurückfand und dem eigentlichen Gesang so endlich wieder zu seinem Recht in diesem Hause verholfen werden konnte.

Auf die Premiere des «Rienzi» am 29. Oktober 1941 bereitete ich mich besonders intensiv vor und verglich unter anderem die aus Karlsruhe kurzfristig entliehene Partitur der Fassung von Cosima Wagner und Felix Mottl mit dem damals überall verwendeten Material des Verlags Adolph Fürstner. Im Zuge dessen wurde mir einmal recht klar, warum mein Großvater ungeachtet des jugendlichen Schwungs und aller musikalischen Schönheiten, die bereits manche Kraft und Größe des späteren Genies aufblitzen lassen, den «Rienzi» dennoch nicht gleichrangig neben seinen folgenden Werken in Bayreuth aufgeführt wissen wollte. Die Oper weicht allein in ihrer dramaturgischen Konzipierung so erheblich von den nach ihr entstandenen Stücken ab, daß Wagner sie in den Zusammenhang seiner Festspielidee nicht einzuordnen vermochte.

Wenn in Berlin die sommerlichen Theaterferien begannen, fuhr ich nach Bayreuth, wo ich bei den Festspielen assistierte. Im Jahre 1943 ergab es sich so, daß Wieland und ich zum ersten Mal gleichzeitig und gemeinsam in Bayreuth mitwirkten. Er gestaltete damals die Bühnenbilder zu den «Meistersingern», die auch 1944 noch als einziges Werk aufgeführt wurden, in unterschiedlichen Besetzungen und alternierend dirigiert von Wilhelm Furtwängler und Hermann Abendroth.

Am 15. September 1940 hatte Wieland, wie eine Vereinbarung zwischen meiner Mutter und Kurt Overhoff belegt, seine systematische Beschäftigung mit dem Festspielwerk seines Großvaters begonnen. Offenbar war er nicht zuletzt durch das zwischen ihm und mir darüber geführte, eindringliche Gespräch vom August 1939 und in Anbetracht der unguten Entwicklung aller äußeren Umstände zu der Einsicht und Erkenntnis gelangt, seine bislang indifferente Haltung gegenüber einem Berufsziel aufgeben zu müssen, um so der ihm oktroyierten Vorstellung, *der* «Erbe von Bayreuth» zu sein, näherzukommen.

Wie ihm in den Jahren zuvor Gelegenheit gegeben wurde, seine Talente als Maler durch einen privaten Lehrer, Ferdinand Staeger in München, entfalten und im Handwerklich-Technischen solide vervollkommnen zu lassen, so schuf meine umsichtige Mutter nunmehr auch jetzt für den extremen Individualisten Wieland alle notwendigen Voraussetzungen, einschließlich der materiellen, um ihm die denkbar besten Möglichkeiten eines Privatunterrichts einzuräumen.

Kurt Overhoff, der mit dieser Aufgabe betraut werden sollte, war in unserer Familie längst kein Unbekannter mehr, sondern meiner Mutter seit etlicher Zeit schon während ihrer häufigen Reisen in die südwestliche Gegend Deutschlands, die der kontinuierlichen Information dienten, immer wieder als profunder Kenner des Wagnerschen Werkes und als Könner in musikalischen Belangen aufgefallen, ebenso wie Franz Konwitschny.

Winifred Wagner löste in Übereinstimmung mit dem ihr bekannten Heidelberger Oberbürgermeister Dr. Neinhaus zum 1. September 1940 das lebenslange Vertragsverhältnis Overhoffs am Heidelberger Theater auf und übernahm ihn zu den gleichen Konditionen, die er dort genossen hatte, nach Bayreuth. Dabei bewirkte sie ein Doppeltes: Einerseits gab sie ihrem Sohn Wieland einen seinen Wünschen und Vorstellungen entsprechenden privaten Ausbilder zur Seite, und andererseits half sie Overhoff in einer für ihn gesundheitlich sehr komplizierten Situation, aufgrund derer dieser kaum mehr in der Lage war, die Gesamtheit seiner Verpflichtungen im öffentlichen Dienst zu erfüllen.

Im Laufe des September 1940 begann Kurt Overhoff, fußend auf seiner gediegenen humanistischen Bildung und aus seinen reichen Erfahrungen als Dirigent und Komponist schöpfend, einen Ausbildungsplan aufzustellen, der vollständig der besonderen, eigenwilligen Persönlichkeit meines Bruders Rechnung trug und dessen Zielen entsprach.

Nicht unerwähnt möchte ich lassen, daß schon 1933, am 20. September, der in Bayreuth lebende Studienleiter Karl Kittel auf Veranlassung von Heinz Tietjen einen Plan zur Ausbildung vorgeschlagen hatte, welcher gemäß der testamentarischen Vorgaben für alle Kinder Siegfried Wagners, vor allem aber für den Erstgeborenen, den «Erben von Bayreuth», gedacht war, jedoch dann nicht zur Ausführung kam, weil er bei den damit Bedachten durchaus keine Akzeptanz fand.

Die ersten selbständigen künstlerischen Gehversuche für das Theater unternahm Wieland als Bühnenbildner, indem er 1936 in

Lübeck die Ausstattung zu «Der Bärenhäuter», dem sehr erfolgreichen Erstlingswerk unseres Vaters, entwarf. In gleicher Weise wirkte er 1937 beim «Parsifal» in Bayreuth mit, nachdem er bereits ein Jahr zuvor im Bühnenbild von Alfred Roller die «Karfreitagsaue» neugestaltet hatte. Danach folgten im gleichen Jahr die Bühnenbilder zu «Schwarzschwanenreich» in Antwerpen und 1938 in Köln die zum «Bärenhäuter» sowie in Düsseldorf die zu den «Sonnenflammen» – alles Stücke aus der Feder Siegfried Wagners. Nach den frühen Bayreuther Kostproben als Mitgestalter der «Parsifal»-Bühnenbilder, die über Wissen und Können Wielands Auskunft gaben, begann sein Doppelunterricht in Malerei und Musik. Ursprünglich war aber vorgesehen, daß er nach dem Erwerb zunächst theoretischer Kenntnisse, dem ein praktischer Unterricht gefolgt wäre, seine Fähigkeiten als Dirigent unter Beweis stellen sollte. Dazu allerdings kam es nicht, denn seine Entscheidung fiel eindeutig zugunsten der Gestaltung von Bühnenbildern und auch der Regie, die er erstmals im Juni 1943 bei der «Walküre» in Nürnberg eigenständig führte, zu der er ebenfalls die Bühnenbilder entwarf, nachdem er ein Jahr zuvor am selben Ort schon den «Fliegenden Holländer» ausgestattet hatte. Im Sommer 1943 begann in Altenburg die Zeit gemeinschaftlichen Arbeitens zwischen Wieland und Kurt Overhoff, der dort musikalischer Leiter geworden war und die Entwicklung meines Bruders weiterhin begleitete. In Altenburg erarbeitete Wieland als Bühnenbildner und Regisseur vor allen Dingen den gesamten «Ring»-Zyklus.

Die Lehr- und Lernzeit bei Overhoff dauerte über den Krieg hinaus mit Unterbrechungen bis ins Jahr 1951.

An der Art und Weise, wie der Werdegang einer Ausbildung mit der Verquickung und Wechselwirkung von Theorie und Praxis geplant und durchgeführt wurde, zeigt sich, was man sich damals *von* Bayreuth aus *für* Bayreuth in Gegenwart und Zukunft vorstellte.

Daß die Verwirklichung der jeweiligen Ausbildungspläne letztlich nur bis zu einem gewissen Grade glückte, «verdankten» mein Bruder und ich gemeinsam, obwohl an verschiedenen Orten und unter verschiedenen Bedingungen, dem Ausgang des Krieges. Ebenso, daß uns die nüchterne und sehr wenig ideale Realität mit Besatzungsmacht, Entnazifizierung unserer Mutter, Treuhänderschaft über das Festspielunternehmen damit sehr bald schon einholte und uns unerbittlich zu ganz neuen Überlegungen zwang.

Die Dokumente darüber sind zum Teil veröffentlicht worden. Für das Jubiläum der «100 Jahre Bayreuther Festspiele» 1976 kam eine großangelegte Publikationsreihe auf Anregung von Herbert Barth zustande, finanziert durch die Fritz-Thyssen-Stiftung. Die ersten Planungen dazu begannen schon 1967. Da es selbstverständlich von wesentlicher Bedeutung war, die Unterlagen des Wahnfried-Archivs zur Verwendung heranziehen zu können, gaben meine Mutter und ich unser prinzipielles Einverständnis zu deren Einsichtnahme, gleiches galt für andere, in diesem Zusammenhang stehende relevante Unterlagen.

Daß bei der Aufbereitung der dokumentarischen Materialien ohne Nachfragen bei meiner Mutter und mir durch die damalige Archivverwalterin Gertrud Strobel viele Briefe, Aktennotizen und weitere Urkunden, die über den Komplex der besonders komplizierten Jahre 1940 bis 1950 aussagten, sowie Papiere privatesten Inhaltes, darunter selbst mit dem ausdrücklichen Vermerk «nicht abgesandt» versehene Briefe, an die Öffentlichkeit gelangten, bezeugte klar, welch seltsames und eigentümlich gebeugtes Verständnis sie allein von Fairneß hatte. Es steht fest, daß Gertrud Strobel in angemaßter Eigenmächtigkeit verfuhr, teilweise sich sogar unrechtmäßig in den Besitz von Aktenstücken brachte, und auf alle Fälle den Schutz jedweden Urheber- und Persönlichkeitsrechts nicht etwa fahrlässig, vielmehr vorsätzlich mißachtete. Sie verstieß hier wie auch im Rahmen der Auseinandersetzungen um den «Ring» 1976 gegen jede elementare Grundregel eines Dienstverhältnisses. Ich persönlich erfuhr erst von all diesen merkwürdigen Vorkommnissen, als der Verfasser des Bandes «Studien zur Geschichte der Bayreuther Festspiele», Michael Karbaum, zu mir kam, um mir ohne Arg, sondern mit großer Offenheit in vollem Umfang Inhalt und Form, insbesondere aber die Auswertung der Quellen, die er zitierte, zur Kenntnis zu bringen. Mein Erstaunen war zwar beträchtlich, aber da ich mir nun nicht etwa den Ruf einhandeln wollte, zu den willkürlichen Verschleierern und Nebelwerfern zu zählen, wie sie in den Jahrzehnten vor 1930 in Bayreuth ihr Unwesen trieben, stimmte ich wohl oder übel der Veröffentlichung in der vorliegenden Weise zu. Es geschah einvernehmlich mit meiner Mutter, die schon früher als erste den Bann des schönfärbenden Byzantinismus in Bayreuth durchbrochen hatte.

Ich halte es für richtig und wichtig, ja für nötig, daß ich hier kurz Stellung nehme zu den durch Karbaum der Öffentlichkeit übergebenen Dokumenten und zu einigen seiner daraus abgeleiteten Interpretationen.

Die Familie Wagner, dies dürfte feststehen und allseits bekannt sein, ließ sich stets nur schwer, eigentlich überhaupt nie abtrennen von den Festspielen und völlig separat betrachten, gleichgültig, ob es nun Richard, Cosima, Siegfried oder die Nachfolger waren. Gerade auch in der Auswirkung der 1929 von Siegfried und Winifred gemeinsam unterschriebenen testamentarischen Verfügungen über das Vor- und Nacherbenrecht muß insbesondere die Familie Siegfried Wagners immer wieder in direkter Verbindung und Verzahnung mit den Festspielen gesehen werden.

Die Inhalte der publizierten Dokumente – zum überwiegenden Teil handelte es sich schlichtweg um irgendwelche Querelen innerhalb der Familie – hätten an sich für die Öffentlichkeit bestenfalls den Charakter einer mehr oder minder «sensationellen» Enthüllung gehabt und wären daher nicht weiter bedeutend gewesen, tauchte in ihnen nicht immer einmal wieder der Name Adolf Hitlers auf. Dazu trug auch Heinz Tietjen lebhaft bei. Auch die ziemlich parallel verlaufene Ausbildungszeit meines Bruders und mir streute aus mehreren Gründen und von verschiedenen Seiten her – infolge der Unterschiedlichkeit unserer charakterlichen Anlagen und daraus entstammender Vorstellungen, Ansprüche sowie der Versuche, diese zu verwirklichen – Sand in das Getriebe der Familie und damit der Festspiele.

Hinzu trat eine Wandlung in der Verhaltensweise meiner Mutter, verursacht durch die unübersehbaren Wirklichkeiten in der äußeren Situation. Der Kriegsausbruch, meine gleich zu Beginn erlittene Verwundung und die Anordnung von «Kriegsfestspielen», die ein ganz anderes Publikum als bisher nach Bayreuth brachten, womit meiner Ansicht nach Sinn und Bedeutung der Festspiele vollkommen verändert wurden, bewirkte eine erhebliche Distanzierung meiner Mutter zu Adolf Hitler. So ergab sich, daß sie nicht mehr direkt mit dem Führer sprach, sondern beispielsweise über Heinz Tietjen erfahren wollte, was bei den Festspielen des Jahres 1941 eventuell zu geschehen habe. Offensichtlich hatte man bei Hitlers letztem Besuch in Bayreuth nicht über das folgende Jahr gesprochen. Schon im Vorfeld des Krieges gab es jedoch eine Episode, die die spätere Entfremdung möglicherweise mitverursachte. Der englische Botschafter Henderson, den Hitler in offenem Affront nicht in die Loge der offiziellen Gäste hineinließ, so daß meine Mutter ihn in der Familienloge plazierte, hatte während seiner Anwesenheit in Bayreuth 1939 an meine Mutter die Bitte gerichtet, ein vielleicht allerletztes friedenserhaltendes Gespräch zwischen ihm und Adolf Hitler, der sich im Gästehaus von Wahnfried aufhielt, zu vermitteln. Bei diesem Versuch stieß Winifred Wagner auf eisige Zurückweisung, denn Hitler lehnte das Ansinnen brüsk ab. Danach besuchte der mittlerweile primär als Oberster Kriegsherr tätige Führer Bayreuth nur noch ein einziges Mal, meine Mutter sah ihn anschließend nie wieder. Es war 1940. Bei seinem Eintreffen wurden dem Führer, der am 10. Mai 1940 die Offensive gegen Frankreich begonnen und mit dem Waffenstillstand vom 22. Juni siegreich beendet hatte, auf dem Hügel Ovationen unvorstellbaren Ausmaßes bereitet. Ihm wurde als dem Besieger des «Erbfeindes» und dem Vertreiber der Engländer bei Dünkirchen gehuldigt. Der triumphale Empfang schien dem Oberbefehlshaber der Wehrmacht die Bestätigung der Rechte des Siegers über die Besiegten und zugleich eine Rechtfertigung aller vergangenen und zukünftig noch kommenden Opfer seines Volkes und der Zumutungen an dieses gebracht zu haben. Die gebrachten Opfer und erduldeten Zumutungen in Polen und Frankreich gingen unter im frenetischen Jubel, waren wie vergessen, und Adolf Hitler, der sich von der Vorsehung auserwählt und berufen glaubte, konnte einmal mehr seine Rassen- und Kriegspolitik bestätigt sehen und verheerend fortsetzen.

Zu Heinz Tietjen wäre zu sagen, daß er seit 1927 Generalintendant der Preußischen Staatstheater war und während der Zeit der Weltwirtschaftskrise vorübergehend auch die Städtische Oper Berlins leitete. Die Nebentätigkeit als künstlerischer Berater der Bayreuther Festspiele ab 1931 an der Seite meiner Mutter mußte er sich offiziell vom Preußischen Kultusminister genehmigen lassen. Als seine Verpflichtung für Bayreuth in die Öffentlichkeit drang, löste das eine Korrespondenz des damaligen Chefredakteurs des «Völkischen Beobachter», Alfred Rosenberg, mit meiner Mutter aus. Rosenberg, den an Wagner die Musik störte und der in seinem «Mythus des 20. Jahrhunderts» 1930 eingestand, daß er dem «Ring» nicht folgen könne, monierte jetzt den «Sozialdemokraten» Heinz Tietjen, der doch wohl für Bayreuth nicht tragbar sei. In ihrem Antwortschreiben vom 29. April 1931 verwies meine Mutter Rosenberg unmißverständlich in die Schranken: «Ich bin Ihnen zu außerordentlichem Dank verpflichtet, daß Sie mir die Angelegenheit Städtische Oper – Tietjen vorlegten. Sie dürfen mich bitte nicht mißverstehen. Wo die NSDAP Kritik an mir beziehungsweise Bayreuth zu üben müssen glaubt, soll und muß sie es tun. Ich halte es nur für einen Fehler, wenn man Tietjen angreifen wolle, *weil* er ein SPD-Mitglied sein soll. Da stellte sich ja unsere Partei auf den Standpunkt der anderen, die da sagen, zuerst das Parteibuch und dann kriegst Du ein Amt. Ich habe Tietjen natürlich nicht gewählt, weil er ein SPD-Mann ist, was ich übrigens immer noch nicht glaube, sondern weil er meiner Ansicht nach die menschlichen und künstlerischen Fähigkeiten besitzt, um mir in meinem Amt beizustehen.»

Um, wie oben angeführt, Klarheit über die Festspiele 1941 zu erlangen, bat meine Mutter Heinz Tietjen, zu Hitler zu gehen, der ja nach wie vor nicht nur Kriegs-, sondern zugleich auch Kultur-«Häuptling» war, und zu erfragen, was denn vorbereitet werden sollte. Tietjen glaubte, sich dieser Aufgabe am besten dadurch zu entledigen, daß er mir, dem Einundzwanzigjährigen, den Erkundungsgang übertrug. Für 1941 lagen drei verschiedene Vorschlagsvarianten bereit:

1. Ein sogenannter «großer Plan», der vorsah, den «Tannhäuser» neu zu inszenieren und «Parsifal» in der szenischen Ausstattung Wielands auf den Spielplan zu setzen;
2. Die Wiederholung des Programmes von 1940.
3. Verzicht auf die Festspiele, um statt dessen die bauliche Ausgestaltung – und damit Monumentalisierung – des von Richard Wagner provisorisch errichteten Festspielhauses in Angriff zu nehmen.

Die allgemeine Kriegslage und ihre weitere Entwicklung ließen den zweiten Vorschlag zur Ausführung kommen.

Trotz aller Unklarheiten bei der Gestaltung der Spielpläne, des Zeitplanes zum Umbau, der örtlich verschiedenen Ausbildungswege beider Brüder und dem gegenseitigen Dauerstreit zwischen Heinz Tietjen und Wieland war meine Mutter gezwungen, eine tragfähige Koordination bei den Festspielen zu schaffen. Sie konnte es 1943 dahin bringen, nicht zuletzt durch ein Appellieren an die Vernunft der beiden Kampfhähne, daß Wieland die Bühnenbilder der «Meistersinger» schuf. Sein größter Stein des Anstoßes, Emil Preetorius, den er als «Expressionisten» radikal ablehnte, war endgültig aus der Mitwirkung in Bayreuth verdrängt worden. Im dritten Jahr der Kriegsfestspiele war es auch notwendig geworden, nur noch ein Werk zur Aufführung zu bringen, die mit zwei Dirigenten und zwei Sängerensembles bestritten wurde. Die Dirigenten waren Wilhelm Furtwängler und Hermann Abendroth.

Zum ersten und letzten Mal ergab sich im Jahre 1943 die Dreierkonstellation: Heinz Tietjen (Regisseur), Wieland (Bühnenbildner) und Wolfgang Wagner (Assistenz) arbeiteten gemeinsam an den «Meistersingern». Ein Unikat.

Durch dieses Zusammentreffen zog auch für mich in Bayreuth eine Art «Burgfrieden» ein, von dem häufig die Rede gewesen ist. Der *Frieden* aber, der notwendig gewesen wäre, um die Pläne für den Um- und Ausbau des Festspielhauses zu realisieren, ließ unbestimmt auf sich warten.

Das Kriegsbeil zwischen Heinz Tietjen und meinem Bruder wurde endgültig begraben, als Tietjen von 1956 bis 1959 Intendant in Hamburg war. Er lud Wieland dorthin ein, um den «Lohengrin» zu inszenieren, der dann im Dezember 1957 Premiere hatte. Im Gegenzug wurde Tietjen durch beide Festspielleiter eingeladen, 1959 bei den Bayreuther Festspielen zwei Vorstellungen des «Lohengrin» in Wielands Inszenierung zu dirigieren.

Unerwähnt darf nicht bleiben, daß mein Bruder schon während der letzten Kriegsjahre zu einer für ihn wichtigen Erkenntnis gelangte, die nachmals dazu führte, besonders rührige Unruhestifter und Besserwisser aus dem Dunstkreis seiner Berater und Mitarbeiter peu à peu, doch unwiderruflich, zu entfernen. In einer Periode chaotischer Wirklichkeit, in der Wahrheiten und vor allem Halbwahrheiten heillos durcheinandergingen, spürte er wohl den auf ihn ausgeübten Druck, von dem er sich befreite. Dies betraf zum Beispiel Otto Strobel, dessen ehemalige Frau Gertrud Strobel, Kurt Overhoff, Programmheftautoren und schließlich nicht zuletzt seine eigene Frau, Gertrud Wagner.

VII. Vom Ende zum Anfang

Seit dem 18. November 1938 leistete ich notgedrungenermaßen, mithin ohne sonderliche patriotische Begeisterung, beim 42. Infanterie-Regiment als Schütze meine Wehrpflicht ab, um damit nach der Schule auch dieses lästige Übel hinter mich zu bringen. Während der Festspielzeit 1939 wurde ich vom Militärdienst freigestellt, um an den Festspielen teilnehmen zu können. Wie auch meine Geschwister war ich, gleich früheren Jahren, nicht die ganze Festspielzeit über in Bayreuth, sondern verbrachte einen Teil der mir zugefallenen Ferien im Sommerhaus meiner Mutter in Nussdorf am Bodensee. In diesem Haus, das meine Mutter kurz nach dem Tode meines Vaters gekauft hatte, machte ich im Sommer 1939 also einige Tage Urlaub, allerdings nicht ganz so unbeschwert wie sonst, denn etwas Besonderes lag förmlich in der Luft, schien greifbar nahe zu sein, eine gewaltige Veränderung, eine unheimliche Bedrohung. Selbst auf jener untersten Stufe der militärischen Hierarchie, die ich mit meinem geringen Dienstgrad einnahm, und darüber hinaus infolge zunehmender Anhäufung und Verdichtung noch nicht exakt definierbarer Zeichen, blieb mir nicht verborgen, daß demnächst mit größter Wahrscheinlichkeit ein Krieg ausbrechen würde. Ein Krieg, von dessen Ausmaßen und Wirkungen ich mir selbstverständlich damals noch keinen Begriff machte. Es war in mir mehr Intuition als Gewißheit einer schlimmen oder gar katastrophalen Entwicklung, obwohl nach außen hin offiziell gerade das Gegenteil wortreich beteuert wurde. In solch einer Atmosphäre kamen beinahe zwangsläufig Gespräche auf, deren Thematik neben Aspekten der persönlichen Zukunft auch die Auspizien der Festspiele bildeten. Für meinen Bruder Wieland war ein Sonderstatus vorgesehen. Obwohl allgemein eine zweijährige Wehrpflicht galt, hatte er nach dem Ableisten eines halben Jahres Arbeitsdienst nur ein Jahr beim Militär dienen brauchen und sollte nun vom aktiven Kriegsdienst vollkommen freigestellt werden. Damit zählte er neben 24 anderen jungen Männern zu jenen Auserkorenen, die Adolf Hitler auf keinen Fall dem möglichen Heldentod preisgeben wollte und daher persönlich von der Einberufung befreite. Sicher wurde Wieland diese Vergünstigung nur deshalb zuteil, damit er sich kontinuierlich das nötige Rüstzeug für Bayreuth erwerben könne, um der vorgesehenen Rolle als «Erbe» gerecht zu werden. Von seiten Hitlers und seiner Umgebung wurde gern in solch patriarchalischen, ja regelrecht archaischen Kategorien gedacht und geplant. Da Wieland bis zu diesem Zeitpunkt primär seiner Urneigung, der Malerei, gefrönt und hinsichtlich des Theaters sich vor allem dem Bühnenbild gewidmet hatte, war für mich durchaus nicht klar erkennbar, ob er gewillt sein würde, sich dazu nun noch die Kenntnisse aller anderen Bereiche und Zweige anzueignen, die unabdingbare Voraussetzung für die Übernahme einer Theaterleitung sind. Darum gab ich ihm zu verstehen, daß ich mir selbständig alles Grundlegende in dieser Richtung erarbeiten wolle, falls ich überhaupt aus der mehr als zweifelhaften Unternehmung des Krieges lebend und einigermaßen heil herauskommen würde, um dann möglicherweise oder nötigenfalls und eventuell an seiner Seite mit ihm gemeinsam für Bayreuth zur Verfügung stehen zu können.

Unmittelbar im Anschluß an meine Rückkehr nach Bayreuth wurde ich am 24. August 1939 in die Kaserne einbefohlen. Kriegsmäßig ausgerüstet setzte sich meine Kompanie am 25. und 26. August in Marsch, um im oberschlesischen Rosenberg ihre Ausgangsstellung für den Feldzug gegen Polen zu beziehen. Zwei Tage vor Ausbruch des Krieges konnte ich im Kreise einiger Kameraden meinen 20. Geburtstag feiern, wobei für die biertrinkenden Bajuwaren eine problematische Situation entstand, da die Vorräte des Gerstensaftes von ihren Kameraden bereits aufgebraucht worden waren, und zwar so vollständig, daß beinahe Ansätze zu einer Meuterei zu befürchten standen. Gesprächsweise gab ich sehr zur Verwunderung und zum Ärgernis meiner Kameraden meiner Ansicht Ausdruck, ich sei überzeugt, dieser

Krieg werde nicht nur sehr lange dauern, sondern auch die fatale Folge haben, daß Deutschland gar nicht in der Lage sei, ihn durchzustehen. Das Befremden über diese überraschende und pessimistische Meinung war allgemein, da ja so ziemlich jeder wußte, daß ich mit Adolf Hitler auf Duzfuß stand.

Über Lublinitz und den Wallfahrtsort der Schwarzen Madonna, Tschenstochau, gelangte ich mit der Truppe auf dem Vormarsch Richtung Weichselbogen noch bis kurz hinter Radom. Dort fand eine große Umfassungsschlacht statt, bei der 105 000 Gefangene gemacht wurden. Da polnische Truppen versuchten, aus dem Kessel auszubrechen, wurde in diesem Zuge einer unserer Vorposten gefangengenommen. Unseren Kompanieführer, Oberleutnant Greiner, veranlaßte die «Schande» der Gefangennahme deutscher Soldaten zu einer Suchaktion, die die Gefangenen aufspüren und befreien sollte. Ich wurde bewegt, mich «freiwillig» zur Teilnahme zu melden. Dabei stießen wir unvermutet auf schwerbewaffnete und gut verschanzte polnische Truppenteile, in die wir nichtsahnend und mangelhaft ausgerüstet plötzlich gerieten. Selbst das noch so starke Bewußtsein von der Überlegenheit der deutschen Waffen, das uns ja immer wieder eingeimpft worden war, half nichts, und der einzige Schutz gegen das heftige MG-Feuer waren lediglich die Kübelwagen, mit denen wir ankamen. Etliche meiner Kameraden fielen.

Da es völlig sinnlos gewesen wäre, in dieser Situation trotzig Widerstand zu leisten und so mit großer Wahrscheinlichkeit für Führer, Volk und Vaterland zu fallen, wozu ich nicht die geringste Anwandlung verspürte, hob ich beide Hände zum sogenannten Deutschen Gruß. Andere Kameraden neben mir folgten meinem unmißverständlichen Beispiel, und so gerieten wir in polnische Gefangenschaft. Im Verlaufe dieses Gefechtes erlitt ich schwere Verwundungen, da ich durch eine MG-Garbe getroffen wurde: einen Durchschuß an der Hand und dem Handgelenk und eine Fleischwunde am Oberschenkel, die in Anbetracht der starken Blutung sehr gefährlich aussah, sich aber glücklicherweise als nicht allzu schlimm herausstellte. Zusätzlich bekam ich einige Splitter von Handgranaten ab, die wir geworfen hatten und die wie ein Bumerang auf uns zurückgeschleudert wurden. Als relativ harmlos dagegen empfand ich, daß mir beide Achselstücke abgeschossen worden waren. Ich hatte Glück im Unglück, denn mein Überleben verdankte ich nur der mangelhaften Bewaffnung unserer Gegner, die mit einem alten deutschen, noch wassergekühlten Maschinengewehr aus dem Ersten Weltkrieg hantierten, das in relativ langsamem Rhythmus feuerte.

Es gab recht schwierige und sogar dramatische Situationen, bis schließlich die bei diesem Scharmützel Verwundeten, darunter ich, auf polnischen Panje-Wagen, zusammen mit schwer verwundeten Polen, unter weißen Fahnen auf die deutsche Seite zurückkehrten, wofür ein polnischer Militärarzt gesorgt hatte.

Zunächst wurden alle Blessierten in das Feldlazarett in Radom gebracht, ein paar Tage später flog man unter anderen mich nach Breslau aus, von wo ich in das Standortlazarett von Liegnitz gebracht wurde. Ein anderer, nicht zu meiner Kompanie gehöriger Soldat und ich waren dort die allerersten Kriegsverletzten und genossen daher noch besondere Aufmerksamkeit, da das Lazarett ansonsten nur mit Heimatkranken belegt war und überdies durch direkte Kriegseinwirkung Verwundete noch etwas Sensationelles bedeuteten. Die vielgepriesene deutsche Organisationsgabe, eine mir nach wie vor rätselhafte und unbegreifliche Fama und Legende, lernte ich im Zuge der ärztlichen Behandlung erneut kennen. Die Liegnitzer kriegsdienstverpflichteten, überwiegend von der Universität Breslau kommenden Mediziner waren nämlich keineswegs etwa alle in ihren Fachgebieten eingesetzt, sondern wurden vermutlich aufgrund höherer Ratschlüsse militärischer Weisheit verteilt, so daß es dazu kommen konnte, daß mein Fall, eindeutig chirurgischer Natur, von einem Zahnarzt behandelt wurde. Über derartige Bizarrerien hätte man kopfschüttelnd lachen können, wären die möglichen Folgen nicht so ernst gewesen.

Eine schon ältere Oberschwester war im übrigen sehr darum besorgt, daß ich Zwanzigjähriger nicht etwa von einer der hübschen jungen Schwestern betreut wurde bei einem Reinigungsbad, das ich infolge meines behinderten Zustandes nicht allein verrichten konnte. Sie selbst, die Oberschwester, half mir dabei, damit um Gottes willen Anstand und Zucht nicht verletzt würden und niemand etwa versucht werde.

Daß mir mein Arm, der durch die anderthalbtägige Gefangenschaft außergewöhnlich lange chirurgisch unversorgt geblieben war, erhalten wurde, verdankte ich einem reinen Zufall. Zum einen hatte weder in Radom noch in Liegnitz irgendein Arzt die Amputation veranlaßt, zum anderen hatte ich wirklich großes Glück insofern, als der Chef des Sanitätswesens, ein Generalarzt, in Liegnitz eine Inspektion abhielt und sich bei dieser Gelegenheit das Röntgenbild meines Armes ansah. Er äußerte, dies sei ein Fall für seinen Freund Ferdinand Sauerbruch in der Berliner Charité. So fuhr ich Ende Oktober 1939 in einem überbesetzten, verdunkelten, ganz normalen Reisezug nach Berlin. Die Fahrkarte hatte ich selbst bezahlen und lösen müssen. Daß ich in die Hände des berühmten Chirurgen kam und damit in hervorragende Behandlung, war keineswegs die Folge irgendeiner besonderen Erkennung als Wagner aus Bayreuth, sondern allein einem unberechenbaren günstigen Geschick zu danken.

Die durch den Krieg mir verursachte körperliche Schädigung bewirkte am 17. Juni 1940 meine offizielle Entlassung aus der Deutschen Wehrmacht. Deutschland mußte bei der geplanten Welteroberung fortan nun leider auf mich verzichten. Ich schied aus als Unteroffizier der Reserve, womit natürlich jede eventuelle Chance zu einer Karriere in der Politik auch vertan war, da bekanntlich im Deutschen Reich nur der Rang eines Gefreiten dazu prädestinierte. Schneller jedoch als ursprünglich erwartet, erhielt ich Gelegenheit, das zu tun, worüber ich mit meinem Bruder noch kurz vor Kriegsausbruch gesprochen hatte.

Adolf Hitler hatte den Ehrgeiz, trotz des immer heftiger und verlustreicher geführten Krieges, der sich auch mehr und mehr ausweitete, nahezu das gesamte Kulturleben, insbesondere das Theaterwesen, ohne wesentliche Einschränkungen durch kriegsbedingten Abzug des Personals aufrecht zu erhalten. Daher wurden weder die Salzburger noch die Bayreuther Festspiele geschlossen, wie es aufgrund der allgemeinen Zustände denkbar schien.

Den Einwendungen und Bedenken meiner Mutter hielt Adolf Hitler entgegen, daß eine Schließung der Bayreuther Festspiele nicht in Frage komme, da die Erfahrung der durch den Ersten Weltkrieg erzwungenen zehnjährigen Pause gezeigt und gelehrt habe, wie erheblich die künstlerische Kontinuität Bayreuths gefährdet, wie mühsam und kompliziert das Wiedererstehen gewesen sei. Das solle sich nicht wiederholen. Inwieweit propagandistische Ziele und Zwecke Hitlers Entscheidung beeinflußten, sei dahingestellt; mit Sicherheit dürften derlei Erwägungen insgeheim mit im Vordergrund gestanden haben. Meine Mutter glaubte, den Willen Hitlers respektieren zu müssen. Ihr Verweis auf den Publikumsmangel, auf fehlende internationale Besucher sowie beträchtliche Einschränkungen für das mögliche deutsche Publikum, auf hinzukommende personelle Schwierigkeiten durch den Kriegsdienst in den technischen Abteilungen der Festspiele entkräftet Adolf Hitler sogleich, indem zum einen das Publikum organisiert wurde, zum anderen gleichzeitig sämtliche eingezogenen festangestellten Mitarbeiter, einschließlich der für die Festspiele zusätzlich benötigten Leute, extra beurlaubt wurden, ganz gleich, an welchem Frontabschnitt sie sich gerade befanden. Die Liste umfaßte Metzger, Bäcker und gastronomisches Personal ebenso wie Verwaltungskräfte, so zum Beispiel auch den für die Verteilung der zusätzlichen Lebensmittelkarten Zuständigen.

Das Publikum bestand aus Kriegsverwundeten und Rüstungsarbeitern, die durch die Organisation «Kraft durch Freude» aus dem ganzen Reich nach Bayreuth gebracht wurden. Der «KdF», ansonsten auch mit der Truppenbetreuung in der Heimat und an der Front beauftragt, oblag die gesamte Abwicklung, die finanzielle eingeschlossen.

Bei den ersten Kriegsfestspielen, die nach dem erfolgreichen Frankreichfeldzug stattfanden, war Adolf Hitler 1940 am 23. Juli zum letzten Mal in Bayreuth zu Gast. Er sah eine Aufführung der «Götterdämmerung». Er und meine Mutter trafen damals zum letzten Mal zusammen.

Für mich hatten diese ersten Kriegsfestspiele eine besondere Bedeutung, konnte ich doch nach meiner Entlassung aus der Wehrmacht nun erstmals aktiv in Bayreuth mitwirken, bevor ich meine systematische und gezielte Ausbildung in Berlin begann.

Sämtliche Theater waren am 31. August 1944, also nur wenige Wochen nach dem mißglückten Attentat auf Hitler am 20. Juli, geschlossen worden. Mithin blieb ich nach den letzten Kriegsfestspielen, an denen ich wiederum mitarbeitete, und einem kurzen Urlaub ab dem 1. September endgültig in Bayreuth.

Vom 18. September bis zum Kriegsende im Jahr darauf wurde ich in Bayreuth kriegsdienstverpflichtet und nahm eine Tätigkeit als «Technische Hilfskraft» beim Städtischen Bauamt auf. Ich unterstand dem Leiter des Tiefbauamtes, Florian Rappl. Mein Aufgabengebiet umfaßte die Einrichtung und Bauüberwachung sogenannter «Behelfsheime» – das waren entweder vorgefertigte kleine Holzhäuschen oder Häuser, die aus altem Steinmaterial errichtet wurden. Ihre Bestimmung war die Aufnahme von Ausgebombten, Flüchtlingen oder von bevorzugten und privilegierten Fremdarbeitern wie beispielsweise Wissenschaftlern aus der Ukraine, die hier physikalisch arbeiteten und über eine umfangreiche Bibliothek verfügten, die sie aus ihrer Heimat mitgebracht hatten. Ein anderer Arbeitsbereich bestand für mich darin, Laufgräben und Luftschutzkeller im Stadtgebiet anzulegen. Ich wurde eingeteilt, die Arbeiter – u. a. ukrainische und englische Kriegsgefangene, die jeweils aus ihrem Sammellager an den Ort des Einsatzes gebracht wurden – bei der Erledigung ihrer Aufträge zu beaufsichtigen. Derlei Beschäftigung mit Laufgräben etc. war mir vom Arbeitsdienst her bereits bekannt, so daß es für mich keine Mühe bedeutete, mich zurechtzufinden.

Die Stadt hatte bisher den Krieg und seine Folgen nur indirekt zu spüren bekommen, lediglich im Jahre 1941 fielen überraschend ein paar Streubomben, die jedoch keine größeren Schäden anrichteten und inzwischen beinahe vergessen waren. Damals stellte dies mehr oder weniger eine Demonstration von Stärke und Überlegenheit der Alliierten dar, nämlich in der Lage zu sein, nicht etwa bloß die Metropolen, sondern auch tief im Innern

Deutschlands beliebig operieren und Angst und Schrecken unter der Zivilbevölkerung verbreiten zu können. Kurz vor dem ersten Luftangriff auf Bayreuth bei Tage, am 5. April 1945, geschah es, daß sich in der damaligen Bürgerreuther Straße, die heute durch den Ausbau der Tristanstraße ersetzt und im Areal des Festspielhauses aufgegangen ist, die dort arbeitenden Gefangenen unter den Bäumen (die noch jetzt die Zufahrt zur Kantine des Festspielhauses säumen) zum Schutz vor den nahenden Flugzeugen zu Boden warfen. Die Engländer, angeführt von einem ehemaligen Bordingenieur, der mit seinem Flugzeug über Deutschland abgeschossen worden war, wandten dabei ihren Mitgefangenen, Russen und Ukrainern, in unmißverständlicher Geste verächtlich die «Kehrseite» zu. Also selbst in einer für alle gleich prekären und möglicherweise lebensgefährlichen Situation sollte es noch deutliche Unterschiede geben.

Nach den ersten Bombenangriffen auf Bayreuth wurde das vollkommen überfüllte Gefängnis, das Zuchthaus St. Georgen, geöffnet, in dem seinerzeit so prominente Persönlichkeiten wie Eugen Gerstenmaier, der nachmalige Bundestagspräsident, oder der Theologe und Dichter Dietrich Bonhoeffer (nur wenige Tage darauf, am 9. April 1945, im KZ Flossenbürg hingerichtet) eingesperrt waren. In die für die Besucher der Kriegsfestspiele angelegten Laufgräben um das Festspielhaus hatten sich einige freigelassene Gefangene tschechischer Industriewerke zurückgezogen, um dort, an einem relativ sicheren Ort, ihre ferneren Daseinsmöglichkeiten zu überdenken. Ihrem ganzen Verhalten nach könnte man sie vom heutigen Standpunkt aus als Wirtschaftsmanager bezeichnen. Bei einem meiner letzten lokalen Informationsgänge am Grünen Hügel und im Festspielhaus vor Kriegsende gab ich ihnen gesprächsweise den Rat, den Einzug der Amerikaner, der offensichtlich kurz bevorstand, abzuwarten, anstatt sich auf gut Glück irgendwie in die Heimat durchzuschlagen, da auf dem Wege dorthin Gefahr an Leib und Leben durch Feldjäger und die berüchtigten SS-Auffangkommandos gedroht hätte.

Den ersten Luftangriff auf Bayreuth verfolgte ich vom damaligen Exerzierplatz aus, wo ich an einer Volkssturmübung teilnehmen mußte. Einer, der auch dabei war, fragte mich nach dem Setzen der Leuchtkugeln, der gefürchteten «Christbäume», mit fassungslosem Unverständnis «Was machen denn die da?», worauf ich ihm leider antworten mußte «Die haun unsa Städla zsamma!». Entrüstet fragte er zurück: «Derffen die denn das? – Des gibts doch gar net!» So unscheinbar, ja lächerlich dieser Wortwechsel heute anmutet, so bezeichnend war er doch damals für die Mehrzahl der Bayreuther Einwohner, die bis dahin keinen größeren Angriff erlebt hatten und felsenfest der Überzeugung waren, ihrer Heimatstadt würde dieses furchtbare Schicksal erspart bleiben.

Danach kamen die Bombenwellen, und Bayreuth mußte zum ersten Mal ein Inferno erdulden, wie es zahlreichen deutschen Städten schon lange zuvor und immer aufs neue widerfuhr.

Daß ausgerechnet Bayreuth verschont werden sollte, hatte ich nie ganz geglaubt. Durch meine Berliner Erlebnisse war ich mit den Schrecken und Auswirkungen von Bombenangriffen einigermaßen erfahren und drängte zuvor schon energisch darauf, Bilder, Büsten und das Archiv mit den unschätzbaren Manuskripten und Partituren aus Wahnfried zu entfernen. Auf meine Veranlassung wurden all diese Dinge in das «Winifred-Wagner-Heim», damals ein Lazarett des Roten Kreuzes, heute das Krankenhaus Hohe Warte, gebracht, einem hinlänglich sicheren Ort. Die Bibliothek Richard Wagners aus seinem Haus hatte ich, exakt nach der originalen Aufstellung in eigens dazu angefertigten Kisten verstaut, nach Burg Wiesentfels ausgelagert. Ohne diese Vorkehrungen wären sämtliche Unikate zusammen mit dem Haus Wahnfried an diesem Tage den Bomben zum Opfer gefallen.

Ungefähr ein Jahr zuvor war auf mein Anraten unser Luftschutzkeller unter das Siegfried-Wagner-Haus verlegt worden, da er in Wahnfried über das Bodenniveau herausragte, wobei eine mögliche Druckwelle dessen Wände hätte zerstören können. Die Sprengbombe, die das Haus zerstörte, fiel genau in das Kellergeschoß, dabei das Dach und die Zwischendecke zum Saal durchschlagend. Wäre die Verlegung des Luftschutzraumes nicht erfolgt, wären ohne jeden Zweifel alle damals in Wahnfried Wohnenden, darunter meine Mutter und meine erste Frau, ums Leben gekommen. So traf es glücklicherweise nur die Vorräte im Keller.

Nach der Entwarnung eilte ich vom Exerzierplatz unverzüglich in die Stadt, nach Wahnfried, voller Sorge und Unruhe. Dort angekommen, mußte ich bestätigt finden, was ich von außerhalb gesehen und befürchtet hatte: Haus und Umgebung waren erheblich getroffen worden. Mein Bruder und mein Schwager, Bodo Lafferentz, fanden sich ebenfalls bald nach mir ein. Daß das ganze Gebäude, flüchtig besehen, einen unzerstörten Eindruck machte, da die Vorderfront nicht beschädigt war, ließ die beiden zuerst ganz beruhigt und fast vergnügt sein, obwohl sie auf ihrem Weg durch die Stadt das Ausmaß der schweren Schäden bereits gesehen hatten. Sie kamen von ihrer damaligen Arbeitsstätte, der Neuen Baumwollspinnerei. Neben einer Vielzahl anderer Geschäfte «managte» mein Schwager auch diesen Betrieb, in dem zu jener Zeit verschiedenen militärischen Forschungsprojekten nachgegangen wurde, über die ich freilich keinerlei nähere Kenntnisse hatte. Ich wußte nur, daß man dort unterschiedliche und geheimnisvolle, den Endsieg verheißende Dinge erklügelte, wie etwa die Zielbombe. Für meinen Bruder war solche Tätigkeit natürlich lediglich eine Art Alibi in der kriegstotalisierten Situation. Übrigens arbeitete mein Schwager praktisch Wand an Wand mit Ludwig Erhard, der in den Räumen der Neuen Baumwollspinnerei ein Institut zur Wirtschaftsforschung unterhielt. Nicht zu beweisen vermag ich allerdings, ob der «Vater des Wirtschaftswunders» gar schon in Bayreuth die Idee der sozialen Marktwirtschaft zeugte.

Meine Mutter und meine kurz vor der Entbindung stehende Frau wurden nach Oberwarmensteinach geschickt, da dort nicht allzuviel Schreckliches zu befürchten stand. Einen Tag nach dem Angriff, am 6. April, fuhren Wieland und Bodo Lafferentz mit einem Holzvergaser-Automobil nach Berlin, um den Versuch zu unternehmen, die Wagner-Partituren, die Adolf Hitler vom Hauptverband der deutschen Industriellen zum 50. Geburtstag geschenkt bekommen hatte, nach Bayreuth zu holen, damit sie vor der eventuellen Vernichtung im schwerumkämpften Berlin bewahrt würden. Der Verband hatte die Partituren vom Wittelsbacher Ausgleichsfonds seinerzeit angekauft, und nun lagerten sie im Bunker der Reichskanzlei. Bis zu Hitler, der drei Wochen später Selbstmord begehen sollte, konnten die beiden nicht mehr vordringen, nur bis zu seinem Adjutanten gelangten sie, der ihnen kundtat, die Partituren lägen nirgends sicherer als in diesem Bunker. Also mußten die Herren unverrichteter Dinge einen Tag später wieder abfahren. Unterwegs wurden sie auf der Autobahn in der Nähe Leipzigs durch amerikanisches Sperrfeuer zu einem Ausweichmanöver nach Osten hin und zu einigen Umwegen gezwungen. Es konnte sicherlich nun nicht mehr lange dauern, bis die Truppen unter General Patton auch nach Bayreuth vorstießen.

Am Tage des zweiten Luftangriffs auf Bayreuth, am 8. April 1945, begaben sich mein Bruder und mein Schwager zurück zu ihren Familien nach Nussdorf, zu meiner Schwägerin Gertrud und meiner Schwester Verena. Bereits im Februar hatte ich Gertrud und meine Schwester mit ihren Kindern an den Bodensee gebracht. Dort, in Überlingen, zog der Schwager Bodo ähnlich gelagerte Betriebe wie in Bayreuth auf, die geheimnisumwitterte, schlachtenwendende Dinge entwickeln sollten. Wieland und Bodo wollten unbedingt auch meine Mutter mit sich nehmen, aber sie lehnte dieses Ansinnen kategorisch ab. Nach ihrer Meinung konnten für sie ausschließlich ihre stete Präsenz und ihre Bereitschaft, sich dem Kommenden zu stellen, Gewähr sein, in dieser Zeit des allumfassenden Wahnsinns das ihr durch Richard Wagners Sohn übergebene und anvertraute Wagner-Werk und -Erbe vor schlimmer Wendung zu behüten und möglicherweise etwas im Hinblick auf eine hoffentlich bessere Zukunft zu tun. An mich wurde die Frage des Ausweichens Richtung Süden gar nicht erst gestellt, da für mich ohnehin an ein Weggehen aus Bayreuth nicht zu denken war.

Bevor Wieland und Bodo die Reise an den Bodensee antraten, entnahmen sie dem Archiv einige wertvolle Handschriften Richard Wagners, und zwar nicht nur etwa aus Sicherheits- oder allgemeinen Erhaltungsgründen, sondern mehr im Hinblick auf deren materiellen Wert, den sie unter Umständen zur Aufrechterhaltung der Existenz des täglichen Lebens oder eventuell bei der Gewinnung einer neuen Existenzgrundlage haben könnten. In der Annahme, diese ehrwürdigen Dokumente seien Ausweis genug, versuchten die beiden, sich nebst ihren Familien am 27. April über den Bodensee in die sichere Schweiz abzusetzen. Das Bemühen scheiterte indessen, da sie kein Asyl fanden und wieder zurückkehren mußten an die Gestade des Sees, von denen sie aufgebrochen waren.

Nachdem meine Mutter und meine Frau nach Oberwarmensteinach, Bruder und Schwager zu ihren Familien gefahren waren, blieb ich in Bayreuth ganz allein auf mich gestellt.

Am 9. April sollten das Festspielhaus und seine Nebengebäude für Wehrmachtszwecke regelrecht requiriert werden. Etliche bereits vorher geplante militärische Zweckentfremdungen des Hauses als Luftwaffenlager, Fliegerbeobachtungsstelle und zuletzt als Hauptnachrichtenzentrale des Reichsrundfunks, worauf Goebbels und der berüchtigte Hans Fritzsche verfielen, waren noch durch Winifreds entschiedenes Intervenieren vereitelt worden. Jetzt also erschienen zwei Herren eines Beschlagnahmekommandos bei mir und stellten ihre Forderungen. Ich hielt es für richtig und aufgrund der Lage für angebracht, mit ihnen gemeinsam den Gauleiter Fritz Wächtler, zugleich Reichsverteidigungskommissar, in seinem Amtssitz aufzusuchen, natürlich in der Absicht, das irrwitzige Vorhaben möglichst schon im Ansatz zu verhindern. Überraschenderweise fand ich bei ihm sofort Unterstützung, worüber ich dann doch positiv erstaunte, denn damit war ja zumindest eine gewisse zage Hoffnung verbunden, daß der bislang nicht von Bomben getroffene Komplex des Festspiel-Areals nunmehr auch nicht durch die geforderte Preisgabe an das Militär beschädigt oder gar am Ende noch kriegsbedingt vernichtet würde. Das Kommando plante, im Festspielhaus und in seinen Nebengebäuden ein Auffanglager für verstreute und versprengte Soldaten einzurichten. Wächtler gab seiner ungewöhnlich defätistischen Meinung Ausdruck, selbst durch die Beschlagnahme des

Festspielhauses werde der Krieg nicht mehr zu wenden, geschweige denn zu gewinnen sein. Vielmehr sei es doch eher angeraten, der ausgebombten Bayreuther Bevölkerung die Gelegenheit zu geben, ihr letztes Hab und Gut darin unterzubringen.

Nachdem ich mit Hilfe Wächtlers die Herren der Wehrmacht glücklicherweise abgeschüttelt hatte, richtete ich die Bitte an ihn, mir Benzin zu verschaffen, damit ich das einzige noch am Festspielhaus stehende Auto mit rotem Winkel wieder fahrtüchtig machen könne. Ich sagte ihm meine Absicht, das Wahnfried-Archiv aus dem Lazarett an der Hohen Warte holen zu wollen und außerhalb Bayreuths zu lagern, um es so vor den voraussichtlichen Wirren des bevorstehenden Kriegsendes, insbesondere vor eventueller Plünderung zu bewahren. Wächtler gab mir einen Gutschein über 30 Liter Benzin, die ich aus den Beständen eines während der ganzen Kriegsdauer arbeitenden Bayreuther Industriebetriebs erhalten sollte. Tags darauf begann ich mit der Verlagerung des Archives nach Oberwarmensteinach.

Am 11. April fuhr ich wieder nach Bayreuth zurück. Es war der Tag des dritten Luftangriffs auf die Stadt, die dabei in zwei Bomberwellen noch mehr zerstört wurde, so daß am Ende nach den drei Angriffen 36,8 Prozent der Wohnungen und von 83 Industriegebäuden 43, was ungefähr 52 Prozent entsprach, mehr oder weniger in Trümmern lagen. Ich verlud die restlichen Teile des Archivs und wartete auf den Einbruch der Dunkelheit, um unbehelligt von Tieffliegern erneut ins Fichtelgebirge zu gelangen. Als es finster geworden war, brach ich auf. Plötzlich stoppte mich eine Wehrmachts-SS-Streife, die das Auto und vielleicht auch obendrein mich gleich noch mit beschlagnahmen wollte. Ein glücklicher Zufall fügte es, daß sich bei diesem Kommando ein SS-Führer aus Bayreuth befand, der mich erkannte und nach meiner Erklärung der eigentümlichen Ladung, die ich mit mir nahm, offensichtlich ein Einsehen hatte. Ich durfte schließlich ungeschoren passieren, und das Archiv war damit fürs erste gerettet.

Als ich mich am 13. April von Oberwarmensteinach nochmals mit dem Wagen zurück nach Bayreuth begab, wurde bereits Panzeralarm ausgelöst. Unter Bäumen getarnt, stellte ich das

Auto bei Feustels Anwesen in Friedrichsthal ab und erreichte zu Fuß das Festspielhaus, dabei des Wegs akkompagniert von amerikanischem MG-Feuer und Tieffliegern. Am gleichen Tag trat ich noch einmal in Verbindung zum Bayreuther Oberbürgermeister, Dr. Kempfler, den ich im Befehlsstand des Luftschutzreviers 3 in St. Georgen fand. Ein auf Nahrungsmittelsuche Ausgesandter kam ganz aufgeregt in den Befehlsstand und meldete, er sei hinter Thurnau in die amerikanische Panzervorhut geraten und habe sich fluchtartig umgewandt, um dem Oberbürgermeister sofort den Stand der Dinge mitzuteilen. Jetzt konnte es bis zum Einmarsch der Amerikaner kaum noch lange dauern. Die eindeutige Situation ließ es mir geraten erscheinen, mich schleunigst abzusetzen und mit dem östlich von der Stadt geparkten Auto wieder nach Oberwarmensteinach zu fahren. Hier in Bayreuth konnte ich nichts mehr ausrichten. Noch einmal begab ich mich kurz auf den Festspielhügel und zeigte den in der Polizeiwache westlich des Festspielhauses untergebrachten Polizisten und Stadtwächtern, wie man demonstrativ mit Hilfe weißer Tücher und auf der Straße zu Pyramiden aufgestellte Gewehre seine Bereitschaft zur Kapitulation, ohne jede Form einer Gegenwehr, am vorteilhaftesten zum Ausdruck bringt, ohne dabei womöglich noch Gefahr zu laufen, von einem durchhaltewütigen Kriegs-Irren als Deserteur und Verräter erschossen zu werden. Ich selbst hatte in den vorangegangenen Wochen als Stadtwächter Dienst getan, hauptsächlich, um jede Ausschreitung inbesondere während der Dunkelheit zu verhindern.

Seit der Nacht vom 13. zum 14. April blieb ich dann in Oberwarmensteinach. Am 14. wurde Bayreuth besetzt. Es gab keinen albernen Heroismus, keine heldenhafte Verteidigung oder dergleichen martialischen Unfug. Was im einzelnen geschah, ist heute etwas umstritten. Meine Eindrücke und Erinnerungen an die Begebenheiten jener wirren Tage weichen vielleicht ein wenig von denen anderer ab, die darüber verschiedentlich schrieben und veröffentlichten.

Am 14. April kam meine Tochter Eva bei flackerndem Kerzenlicht zur Welt. Die Geburt war für meine Frau nicht gerade einfach, sondern gestaltete sich recht mühsam, gewiß auch aufgrund der unmittelbar vorausgegangenen Erlebnisse, wie die Bombardierung Wahnfrieds. Geburtshelfer war ein slowenisch-deutscher Flüchtlingsarzt, der es offenbar für unumgänglich und notwendig hielt, ausführlich und in stoischer Gemütsruhe darauf hinzuweisen, den Gerüchten nach seien die Amerikaner in ihrem Verhalten gegenüber der Zivilbevölkerung noch schlimmer als die Russen. Der Eindruck, den diese Worte in uns hinterließen, ist im eigentlichen Sinne unbeschreibbar. Mehr oder minder beklommen harrten wir nun der Dinge, die da kommen sollten.

Wir konnten vom Fenster des am Hang liegenden Hauses am 19. April beobachten, wie die Amerikaner in offener Formation das Mausbachtal heraufkamen, gerade so, wie ich es einst auf dem Exerzierplatz gelernt hatte. Da immer noch hie und da Spezialkommandos des im Volksmund sogenannten «Heldenklau» auftauchten und sich möglicherweise in den Wäldern um uns herumtrieben, auf der Suche nach versprengten Soldaten, die sie als ein allerletztes Aufgebot zu sammeln versuchten, um sie erneut zum Waffendienst zu zwingen, war bis zum tatsächlichen Einmarsch der Amerikaner höchste Aufmerksamkeit geboten, um den eindeutigen Friedenswillen mit den als weiße Fahnen benutzten Bettüchern im richtigen Augenblick anzuzeigen, nicht aber etwa zu früh als Zeichen der vorbehaltlosen Aufgabe und Waffenlosigkeit zu hissen. Noch immer bewundernswert ist für mich das damals furchtlose und ganz aufs Praktische gerichtete Verhalten der Frauen, die die Straßensperren aus gefällten Bäumen – von allzu kampfeswilligen oder dazu gezwungenen Männern errichtet – ohne viel Federlesens beseitigten. Als gute Mittelgebirgler kannten sie sich mit Zugsägen und deren Handhabung natürlich aus. Ihre Arbeit zeugte aber nicht nur von Friedenswillen, sondern hatte den überaus nützlichen Nebeneffekt, daß damit eine Menge brauchbares Heizmaterial gewonnen wurde.

Die amerikanischen Kampftruppen besetzten den Ort, und ihr Verhalten gegenüber der Zivilbevölkerung war ausgesprochen menschlich und tadellos korrekt. Es kam zu keinerlei Übergriffen, und uns alle überkam Erleichterung. Auch das Haus und

Grundstück meiner Mutter wurde durch ein kleines Soldatenkommando durchsucht, ohne Zwischenfall.

Kurz vor dem Eintreffen der Amerikaner wurde meine Mutter von Panik ergriffen und glaubte, eine größere Sicherheit im umliegenden Wald zu finden, wohin sie mit dem fünf Tage alten Säugling entweichen wollte. Dies war eine Situation, in der ich wahrscheinlich erstmals gegenüber meiner Mutter sehr laut und aggressiv geworden bin, um sie an der Ausführung ihrer verrückten Idee einer «Kindesentführung» zu hindern.

Am 3. Mai 1945 erhielt meine Mutter Besuch von Klaus Mann und Curt Rieß, die beide damals als Kriegsberichterstatter für die Alliierten, insbesondere für die Zeitschrift «Stars & Stripes», arbeiteten. Ich war bei dem Gespräch zugegen und entsinne mich noch genau, wie meine Mutter den Sohn von Thomas Mann mit den Worten empfing: «Eine Frage, Herr Mann, brauchen Sie gar nicht erst an mich zu richten – ich habe nicht mit Adolf Hitler geschlafen.» Über die Begegnung mit Winifred Wagner berichtete Klaus Mann damals, indem er mit einer gewissen Beeindruckung, ja sogar Achtung notierte, er habe den ersten Menschen, der seine Zugehörigkeit zur NSDAP unumwunden zugab, 55 km vor der Stadt Eger getroffen: Es war eine Frau, und außerdem eine geborene Engländerin.

Durch die bedingungslose Kapitulation des Deutschen Reiches war am 8. Mai 1945 der Zweite Weltkrieg offiziell beendet. Nun wurde es endlich wieder hell, und zwar keineswegs nur in einem metaphorischen Sinne, sondern buchstäblich, da die seit 1939 befohlene allabendliche Verdunkelung in allen Häusern aufgehoben worden war. Mit dem feierlichen Geläut der Kirchenglocken begann die Periode der Besatzungsmächte, während der das deutsche Volk gründlich umerzogen werden sollte.

Die Grundversorgung der Bevölkerung mit Nahrungsmitteln und Strom funktionierte höchst unterschiedlich, mehr schlecht als recht, und ohne die alltägliche Phantasie, ohne die Besinnung auf elementare Fähigkeiten und Fertigkeiten wäre alles noch schlimmer gewesen. Schlesische Flüchtlinge zeichneten sich beispielsweise durch die Herstellung selbstgebrannten Kartoffelschnapses aus, dessen Hochprozentigkeit allerdings einem im Konsum solcher Getränke Ungeübten wie mir, der nur gelegentlich mittrank, um nicht unsolidarisch zu erscheinen, leicht Gleichgewichtsstörungen verursachte.

Nachdem die Dampflok der Lokalbahn zwischen Bayreuth und Warmensteinach, die infolge der Tieffliegerangriffe schwer beschädigt ausfiel, wieder repariert worden war und der Zugverkehr in Gang kam, fuhr ich ab dem 27. Juni 1945 täglich in der Frühe nach Bayreuth, um dort bei der Beseitigung der verheerenden Schäden mitzuhelfen. Die Schuttmassen mußten beseitigt, das Verbliebene gesichert und schließlich der Wiederaufbau in Angriff genommen werden. Ein an allen Stellen angeschlagener und überall in dem amerikanischen Besatzungsgebiet verbreiteter Aufruf des Generals Dwight D. Eisenhower gab allerseits, und so auch mir, das beruhigende Gefühl, daß nach einer bestimmten Zeit verschiedener Klärungsprozesse, einer Zeit des allmählichen Übergangs von den Nachwehen des Krieges in eine friedliche Epoche, die allgemeinen Zustände und Wirren konsolidiert würden. Dies ließ hoffen, sicherlich zu einem – vorläufig noch in weiter, unabsehbarer Ferne liegenden – Zeitpunkt über das Vermächtnis Richard Wagners, dessen übernationale Aspekte vor allem, als rechtmäßige Erben sprechen zu können.

An derlei aber war im Augenblick ganz und gar nicht zu denken. Vielmehr hatte ich im wahrsten Sinne des Wortes alle Hände voll zu tun. Zunächst half ich bei Aufräumungsarbeiten auf dem erheblich zerstörten Bahnhofsgelände. Jedoch nach einigen Tagen schon wurde mir durch meinen Vorgesetzten die Möglichkeit eingeräumt, das Chaos des Trümmerhaufens jenes Hauses zumindest einigermaßen zu ordnen, welches sich mein Großvater im Wähnen endgültigen Friedens hier in Bayreuth errichtet hatte. Ziel der Arbeiten war hauptsächlich, den Grad der Zerstörung festzustellen, eventuelle Überreste des Inventars zu bergen und durch die Sondierung der Trümmer einen Überblick über wiederverwendbare Teile zu erhalten. Es ging also darum, die noch vorhandenen Reste Wahnfrieds abzusichern und gleichzeitig dabei zu erkennen, ob und wie das Haus möglicherweise wieder aufgebaut werden könnte. Manche Gegenstände fanden sich unter Geröll und Steinbrocken, so zum Beispiel einige Brillen Richard Wagners, Teile der originalen Möblierung, der völlig zerstörte große Leuchter, aber auch allerlei Papiere, darunter Hitler-Briefe an meine Mutter, deren Inhalt allerdings keinesfalls sensationelle Enthüllungen über die Beziehungen beider brachte, sondern für jedwede Auswertung ungeeignet erscheinen mußte, da er rein privat und unbedeutend war. Später wurde ausdrücklich bestätigt, diese Briefe seien politisch «nicht kompromittierend».

Bevor ich meine Tätigkeit als «Trümmermann» aufnahm, hatte ich mich in Oberwarmensteinach schon als Zimmermann und Ziegenmelker, ebenso als Landwirt versucht. Dort nämlich erbaute ich eigenhändig einen Holzschuppen mit einem Stall und einem kleinen Heustadl. Wohlgesonnene und gutmütige Nachbarn, die ich seit Jahren kannte, überließen mir ein eigentlich verrottetes Feld an einem nördlich gelegenen Steilhang, das ich in diesen Notzeiten seiner agrarischen Nutzung wieder zuführen wollte. Und es gelang mir auch. Unser «Hausmeister», ein Mann, der sich um das Anwesen meiner Mutter kümmerte, führte die ausgeliehene Kuh, die nebenbei auch noch Milch gab, ich selber einen Pflug, und so gewannen wir schließlich dem kargen Boden einiges zu unserem Lebensunterhalt ab, wenngleich auch nur in dürftigem Maße. Ein Bekannter hatte uns eine Ziege geschenkt, die ich wie einen Hund an der Leine zum Fressen am Wegrand und im Wald spazierenführte. Ich konnte die Ziege nicht frei weiden lassen, da sie ohne Zweifel sofort gestohlen worden wäre. Zu unserem weiteren Glück besaßen wir sogar eine eigene Quelle. Und das Wasser war meistens sehr gut.

Schon bevor ich mich wieder regelmäßig in Bayreuth aufhielt, wurden sowohl meine Mutter als auch ich des öfteren von den amerikanischen Behörden im Jeep zu getrennten Verhören beim CIC (Counter Intelligence Corps) oder der Militärregierung abgeholt. Die Verhöre fanden entweder im Hotel Anker oder im Gebäude der Reichsbank statt. Wie gut meine Mutter dazu gerüstet war, wie nüchtern sie die gesamte Situation beurteilte, bewies ihre Vorbereitung für ein Verhör am 31. August 1945. Damals hinterließ sie für mich genaue schriftliche Anweisungen, was ich notwendigerweise an ihrer Stelle zu tun hätte, falls sie eventuell inhaftiert würde. Sie wollte nicht überrascht werden durch den Lauf der Dinge, nichts dem Zufall überlassen, sondern für alle Möglichkeiten und Ereignisse gewappnet sein und entsprechende Vorkehrungen treffen. Bei diesen Verhören bestand ein merkwürdiges Hauptinteresse darin, uns immer wieder danach zu befragen, ob wir wüßten, wo Hitler sich noch versteckt halten könnte. Ich kann mich erinnern, auf diese wiederkehrenden und beharrlichen Fragen geantwortet zu haben: «Was Sie wissen wollen, das kann ich Ihnen leider nicht sagen; und was ich Ihnen sagen kann, das wollen Sie nicht wissen.» Ich hatte den Eindruck, daß der hervorragend Deutsch sprechende Chef der CIC, Leutnant Lichtblau, den tieferen Sinn dieses Satzes, die umkehrende Ironie nicht verstand, da er ungerührt im üblichen Sinne weiterfragte.

Daß die amerikanische Besatzungsmacht und die von ihr eingesetzte deutsche Exekutive, also all diejenigen, die ermächtigt waren, Weichen für das Künftige zu stellen, es sehr ernsthaft meinten in ihren Bemühungen, bewiesen sie nicht zuletzt durch ihr besonderes, ganz offen bekundetes Interesse, und zwar vom ersten Tage an, an den Hinterlassenschaften Richard Wagners und seiner Familie. Eine meiner ersten Amtshandlungen bezüglich des Nachlasses war, im Beisein von Leutnant Lichtblau den Zustand und die Vollständigkeit der ins Krankenhaus Hohe Warte, das ebenfalls von Amerikanern besetzt war, ausgelagerten Archiv-, Büsten- und Bildbestände zu überprüfen, das heißt, ich sollte nachsehen, ob all das, was ich nicht vorher weggebracht hatte, noch an seinem Platze lagerte. Sämtliche Stahlschränke waren inzwischen aufgebrochen und ihres Inhalts teilweise beraubt worden. Auch einige Bilder fehlten, so etwa das Gelegenheitsgemälde «Die Heilige Familie» des russischen Malers und «Parsifal»-Bühnenbildners Paul von Joukovsky und das Wagner-Porträt Hubert von Herkomers, geschaffen in London 1877. Dies war der zweifellos schlimmste Verlust. Sämtliche damals verschwundenen Bilder sind bis heute noch nicht wieder aufgetaucht, wie auch jene im Berliner Führerbunker liegenden Partituren seither verschollen blieben. Während unserer Inspektion konnte ich mich des Eindrucks immer weniger erwehren, daß seitens Leutnant Lichtblaus der Plan bestand, das Archiv und die anderen Gegenstände nach den Vereinigten Staaten als Kriegsbeute abzutransportieren. Dies durfte unter keinen Umständen geschehen, und argwöhnisch achtete ich fortan auf alle Vorgänge oder Anzeichen, die in eine solche Richtung wiesen.

Das Festspielhaus war wie die Reste des Archivs ein Opfer von Plünderungen geworden, jedoch nur für sehr kurze Zeit, denn alsbald wurde das Schild «Off Limits» daran angebracht, so daß die Schleusen des für manche vermeintlichen «Freihafens Festspielhaus» strikt geschlossen blieben. Größtes Interesse beim Plündern galt selbstverständlich dem Kostümfundus, der vielen Fremdarbeitern zur Aufbesserung ihrer oft schäbigen und abgenutzten Garderobe diente, darüber hinaus aber ebenso manch einer selbsternannten Marketenderin zu jenen reizvollen Hüllen verhalf, die der schon immer überwältigenden Anziehungskraft des «Ewig-Weiblichen» einen zusätzlichen Triumph wenigstens zu verheißen schien, mehr aber noch unmittelbar zu bringen versprach.

Ab dem 31. Mai 1945 fanden im beschlagnahmten Festspielhaus schon die ersten Vorstellungen und Gottesdienste im Rahmen der Truppenbetreuung durch den «Special Service» der US-Armee für die Amerikaner statt. Bereits am 24. Mai gründete sich aus vertriebenen oder aus den deutschen Ostgebieten geflohenen Musikern ein «Bayreuther Symphonie-Orchester», geleitet von Erich Bohner, einem ehemaligen Solorepetitor-Kollegen von Rolf Ehrenreich in Berlin, den es zufällig hierher verschlagen hatte. Nur einen Monat danach, am 24. Juni, gab man das erste Konzert. Seit dem 26. September kam es dann wieder im Festspielhaus zu Veranstaltungen, die gemeinsam von Deutschen und Amerikanern ausgeführt wie auch besucht werden konnten.

Das vollkommen unzerstört gebliebene Siegfried-Wagner-Haus, das nach dem Tode meines Vaters zum Gästehaus erweitert und ausgebaut worden war und zwischen 1936 und 1939 Adolf

Hitler bei seinen Besuchen der Festspiele als Unterkunft diente, weshalb man es gemeinhin mit dem hochtrabenden Namen «Führerbau» bezeichnete, wurde durch die Amerikaner beschlagnahmt und in den folgenden Jahren für unterschiedlichste Zwecke benutzt. Der CIC hielt sich darin auf, es war Verhörraum, sogar Bordell usw. Ab 1946 diente es als Offiziersclub, der erst Ende Mai 1954, mithin kurz vor Beginn der vierten Nachkriegsfestspiele, geräumt worden ist. Damit war es wieder für die Familie freigegeben und stand zum Bezug zur Verfügung. Meine Mutter, deren Gesundheitszustand einen weiteren Verbleib in Oberwarmensteinach ab 1956 nicht ratsam erscheinen ließ, zog am 23. Juni 1957 ein. Sie fühlte sich in Oberwarmensteinach die ganze Zeit über wie in einer Art Exil und hatte die Hoffnung auf eine Heimkehr nie aufgegeben. Im benachbarten Wahnfried wohnte seit dem 21. April 1949, zurückgekehrt vom Bodensee, mein Bruder Wieland samt seiner Familie. Mit Hilfe eines Baudarlehens waren die Reste des Hauses für ihn wieder hergerichtet und bewohnbar gemacht worden. Schon 1956, als für gesichert galt, daß Winifred in das Siegfried-Haus einziehen würde, grenzten Wieland und Familie sich und ihren Wohnsitz durch eine auf der alten Außenmauer Wahnfrieds errichteten Mauer brüsk gegen die Mutter ab. Diese Mauer, als deutliches Symbol der Trennung gedacht, entstand somit fünf Jahre vor der Berliner Mauer. Sie wurde erst 1976 beim Wiederaufbau Wahnfrieds abgerissen.
Nach einem solchen kurzen Vorgriff wieder zurück in die Nachkriegszeit. Ich hauste nach wie vor in Oberwarmensteinach und arbeitete in Bayreuth. Früh um 5 Uhr mußte ich zum Zug losgehen, bis zum Bahnhof eine Dreiviertelstunde Fußweg hinter mich bringen; abends kehrte ich nicht selten erst gegen halb elf Uhr heim. Der Zug benötigte von Bayreuth aus noch mehr Zeit als in der Gegenrichtung, da die Lokomotive meistens zu niedrigen Dampfdruck hatte und die Steigungen daher nur mühsam bewältigte. Das tägliche Hin- und Herfahren und der immense Zeitaufwand wurden mir mehr und mehr beschwerlich, ja lästig, zumal in den Wintermonaten. Ich suchte nach einer Möglichkeit, in Bayreuth zu wohnen, nicht zuletzt auch deshalb, weil eine

dauernde Präsenz von mir in der Stadt wünschenswert und sehr geraten schien, um die Interessen der Familie wahrzunehmen. Ich war politisch und im Hinblick auf die NS-Zeit völlig unbelastet und damit ein juristisch uneingeschränkter Nacherbe. Im Frühjahr 1946 bezog ich mit Frau und Tochter vier kleine Zimmer, mit einer Fläche von insgesamt ca. 42 m^2, im Obergeschoß des Gärtnerhauses von Wahnfried, die früher den Dienstmädchen als Wohnung gedient hatten. Ein Sohn kam mit der Geburt Gottfrieds am 13. April 1947 auch noch mit in unsere Behausung. Meine offizielle polizeiliche Anmeldung jedoch erledigte ich erst am 3. September 1948, da mir die Nichtanmeldung einen Status gewisser Unkontrollierbarkeit, damit mehr Bewegungsspielraum verlieh. Gegebenenfalls entschlüpfen zu können, gleichgültig welchem Zugriff, hielt ich in jener Zeit und unter den durchaus besonderen Existenzbedingungen für sehr nützlich.

Mit Ausnahme des relativ kleinen Markgräflichen Opernhauses waren in Bayreuth fast alle Lokalitäten, die einst kulturellen Zwecken gedient hatten, zerstört. So schien es meiner Familie und mir ohne Zetern ganz selbstverständlich, daß das Festspielhaus für entsprechende Veranstaltungen zur Verfügung stand, und zwar ganz unabhängig von der Beschlagnahme durch die Amerikaner, deren offiziellen Requirierungsbescheid meine Mutter als Eigentümerin erst am 8. September 1945 zugestellt bekam. Den jeweiligen Ansinnen gegenüber gab es unsererseits kein Zieren oder Klagen. Die große Debatte von gewissen hyperempfindlichen Wagnerianern, die zum Beispiel bei der Veranstaltung eines Strawinsky-Konzerts im Festspielhaus ihr übliches Entweihungs-Lamento anstimmten, fand weder bei meiner Mutter noch bei mir irgendein verständnisvolles oder gar zustimmendes Echo.

Da die Respräsentanten der amerikanischen Militärregierung im Unterschied zu zahlreichen Deutschen, damals wie auch noch heute, keinerlei Ressentiments gegen Richard Wagner und sein Werk hatten, kamen zwischen dem 9. und dem 15. Juni 1945 erste konstruktive Verhandlungen zwischen dem von dem Bayreuther Militärgouverneur, Captain Miller, eingesetzten Subvisor Lutz, meiner Mutter, mir und dem Wirtschaftsprüfer Wilhelm Hieber zustande. In Hiebers Bericht vom 26. November 1945 an das Finanzamt Bayreuth hieß es: «Mr. Lutz brachte die Forderungen der Vereinigten Staaten vor, das Haus Wahnfried ohne jede Rücksicht auf die entstehenden Kosten in seinem ursprünglichen Zustand wieder aufzubauen; USA legt größten Wert darauf, daß die Festspiele ihre weltumfassende kulturelle Aufgabe so schnell wie möglich wieder aufnehmen müssen, daß aber das Haus Wahnfried als Wirkungsstätte des Genius Richard Wagner das Herz der Festspiele ist und ohne dieses an eine Wiederaufnahme der Festspiele in dem früheren internationalen Ausmaß nicht mehr zu denken sei. – Die Festspiele in Bayreuth aber, so führte Mr. Lutz weiter aus, sind aber gegenwärtig und auf lange Zeit hinaus *allein* in der Lage, zwischen den Vereinten Nationen und Deutschland die Brücke des Vertrauens zu schlagen und den Weg zu einer gegenseitigen Verständigung zu schaffen, die es ermöglichen, Deutschland wieder als Volk anzuerkennen.»

Alle an den Gesprächen Beteiligten unterschrieben abschließend eine notwendige Erklärung, die den verpflichtenden Zusatz enthielt, «daß der Wiederaufbau des Hauses Wahnfried sofort eingeleitet wird. Die Forderung des Mr. Lutz wurde in dieser Erklärung sanktioniert, daß alle Kosten des Wiederaufbaus aus den Mitteln der Festspielverwaltung und dem Privatbesitz der Frau Winifred Wagner aufgebracht werden.»

Da meine Mutter und ich diesen Plan angesichts der zerstörten Stadt und ihrer Überbevölkerung mit rund 8000 Flüchtlingen und Evakuierten, die fast alle in überbelegten Wohnräumen kaum provisorisch untergebracht waren, im Grunde von vornherein als gar nicht vertretbar und darum auch als eigentlich unausführbar betrachtet hatten, konnten wir ohne Skrupel diese an sich positive und edle Regung der Siegermacht getrost unterzeichnen.

Dies war nun aber nicht etwa die einzige Seifenblase, die während der Nachkriegsjahre geplatzt ist.

Nicht nur Außenstehende oder im Ausland lebende kulturinteressierte Persönlichkeiten entwickelten Aktivitäten und Pläne für die in der ganzen Welt bekannte Richard-Wagner-Stadt Bayreuth und insbesondere für die in ihr heimischen Festspiele, sondern es gab gleichermaßen Impulse aus der Stadt selbst. So unternahm der damalige Oberbürgermeister Oskar Meyer den Versuch, mit meiner Schwester Friedelind, die seit 1939 in der Emigration lebte, Kontakte anzubahnen, um sie zur Rückkehr in ihre Geburtsstadt und zur Fortführung des «Bayreuther Gedankens» zu bewegen.

Weiterhin bemühte er sich lebhaft seit dem 28. August 1946 um die Herstellung von Beziehungen zu Franz Wilhelm Beidler, einem Enkel Richard und Cosima Wagners, Sohn ihrer ersten gemeinsamen Tochter Isolde, mit anderen Worten mein Vetter ersten Grades. Dieser, ein Schweizer Staatsbürger, war in jeder Hinsicht unverdächtig und konnte in keiner Weise einer Beziehung, der Nähe oder gar etwa der «Liebe» zu Adolf Hitler bezichtigt werden. Zwischen Meyer und Beidler entspann sich in der Folgezeit ein Gedankenaustausch über die Zukunft der Bayreuther Festspiele, der primär von der mißbrauchten Wagnerschen Idee ausging und in einem großzügigen internationalen Stiftungsvorschlag mündete, dessen Grundlagen die künstlerisch-theatralischen Kerngedanken Richard Wagners in falscher Tradition bildeten, die freilich ganz erheblich erweitert werden sollten. Am 23. Dezember 1946 traf Beidler, aus der Schweiz kommend, in Bayreuth ein und stellte mit dem Datum «31. Dezember» seine «Richtlinien für eine Neugestaltung der Bayreuther Festspiele» vor, die er für Oberbürgermeister Meyer entworfen hatte und die ganz und gar nicht als Silvesterknaller gedacht waren (wenngleich die Angelegenheit auch wie ein solcher verpuffte). Beispielsweise sollte ein Stiftungsrat bestellt werden, dem unter anderen folgende mehr oder minder illustre Persönlichkeiten hätten angehören sollen: Thomas Mann als Ehrenpräsident, der Oberbürgermeister Bayreuths als Präsident, ein nicht näher genannter Vizepräsident, den der Stiftungsrat wählen sollte, Franz Beidler als 1. Sekretär, Anneliese Landau als 2. Sekretär. Hinzu waren offizielle Vertreter verschiedener gesellschaftlicher Gruppen bestimmt worden, und natürlich fehlten auch nicht, wie immer in solchen Fällen, die jeweiligen Experten, auf deren Meinung und Rat man nicht verzichten wollte.

Gleich zu Beginn des neuen Jahres, am 3. Januar 1947 um 15 Uhr, wurden Dr. Otto Strobel, der Archivar des Richard-Wagner-Archives, und ich zu einer Aussprache ins Amtszimmer des Oberbürgermeisters Oskar Meyer im Alten Rathaus gebeten. Ich nahm an, es gehe dabei um die hochfliegenden Pläne Beidlers und um Chancen, sie zu verwirklichen. Zu meiner Überraschung jedoch sprach Vetter Franz mit mir keineswegs über seine Vorstellungen von der Zukunftsmusik der Bayreuther Festspiele, sondern über seinen Wunsch, der allerdings durch die gleichsam amtliche Form der Diskussion und die unterstützende Anwesenheit des Oberbürgermeisters mehr den Charakter einer Forderung erhielt, zu einer Einsichtnahme in die Bestände des Wahnfried-Archivs für sein seit Jahren geplantes Buch über Cosima Wagner, unser beider Großmutter. Insbesondere verlangte es ihn nach einer Einsicht in die Tagebücher Cosimas, über deren Geschick er von Dr. Strobel im Laufe der Besprechung unterrichtet wurde. Strobel berichtete ihm ebenfalls von den unerhörten Archiv-Manipulationen und speziellen testamentarischen Verfügungen unserer Tante Eva. Bei dieser Gelegenheit erfuhr nun auch der Oberbürgermeister Meyer von ihrer Verfügung, daß die Stadt Bayreuth die Tagebücher Cosimas nach Ablauf einer Sperrfrist von 30 Jahren, gerechnet ab Evas Tod, für die Richard-Wagner-Gedenkstätte erhalten solle, aber nur dann, wenn unter anderem die Voraussetzung erfüllt wäre, daß Dr. Otto Strobel nie die Leitung dieser Gedenkstätte übernähme. Vetter Franz äußerte im gleichen Gespräch, daß er die Veröffentlichung des Briefwechsels zwischen König Ludwig II. und Richard Wagner und vor allem dessen Kommentierung durch Dr. Strobel wissenschaftlich überaus zu schätzen wisse. Ganz ohne Zweifel sei es ein unbestreitbares Verdienst von Winifred Wagner, diese Publikation in ihrer hervorragenden Authentizität herausgegeben zu haben. Dagegen hatten zum Beispiel Adolf Hitler und meine Tanten kein Verständnis für diese Veröffentlichung und lehnten sie folglich ab.

Da der Militärregierung, die im übrigen das Kommen und die Betriebsamkeit Beidlers sehr wohlwollend unterstützt hatte, bekannt war, daß ich über die Archivbestände sehr genau Bescheid wußte, nicht zuletzt durch Informationen seitens des Leutnants Lichtblau, hatte man mich überhaupt zu dieser Zusammenkunft zugezogen. Man wollte mich unter einen gewissen moralischen, ja sogar unter juristischen Druck setzen, indem man mir vorhielt, daß meine Familie durch ihr Verhalten im Dritten Reich jeden ferneren Anspruch auf das Archiv verwirkt habe. Und man argumentierte damit, daß die Überführung des Archivs an die Verwaltung der Treuhandstelle mit Wirkung vom 7. November 1946 infolge der Anwendung des Gesetzes 52 der amerikanischen Militärregierung über «Blocking and Control of Property» mittlerweile in Kraft getreten sei. Dazu hatte ich am 9. November bereits an meinen Bruder geschrieben: «Die Einflußnahme des Oberbürgermeisters auf die Treuhandstelle ist jedenfalls nicht mehr wie jüngst, er kann jetzt nur noch in seiner Eigenschaft als Stadtoberhaupt entsprechend Interessen geltend machen – und manche Ambitionen und Kompetenzangelegenheit wird sich allein daraus verschieben.» Vor dem Inkrafttreten des Gesetzes 52 war der Oberbürgermeister gleichzeitig Treuhänder gewesen, das heißt, er hatte sich nach der Freigabe des Festspielhauses durch die amerikanischen Truppen am 11. Februar 1946 selbst dazu eingesetzt, obwohl er behauptete, von Gouverneur Reilly bestellt worden zu sein.

Der anwesenden Runde, die meiner Antwort harrte, inbesondere Vetter Franz gab ich deutlich und mit Nachdruck zu verstehen, daß die gewünschte Bereitstellung irgendwelcher Dokumente mir gegenwärtig und auf absehbare Zeit nicht möglich sein würde, da mich die Erfahrungen der Kriegszeit genötigt hätten, die Bestände aus Sicherheitsgründen zu verlagern. Dies sei, teilte ich mit, in Gebiete aller vier Zonen erfolgt und durch von mir bestimmte Vertrauensleute besorgt worden, von denen ich zum Teil keinerlei Nachricht besäße oder zu denen ich zumindest keine unmittelbare Verbindung aufnehmen könne, da etliche interniert seien. Offen gestanden, so schloß ich, hätte ich selbst nie mit einer derart strengen Zoneneinteilung gerechnet, wie sie nun de facto eingetreten sei. Die Unterredung ging also – glücklicherweise – wie das Hornberger Schießen aus, und wir trennten uns unverrichteter Dinge friedlich.

Mit Beidler und dessen Tochter traf ich mich im Januar 1947 noch mehrere Male, am 11., 14., 16. und 22. Die relative Häufigkeit hing mit seinen großangelegten Festspielplänen zusammen, von denen ich zwischenzeitlich nicht nur schlechthin erfahren hatte, sondern die mir durch Personen, die sich mit der Angelegenheit ernsthaft befaßten, ganz selbstverständlich zur Kenntnis gebracht wurden. Offenbar hielten sie meine Unterrichtung hierbei im Gegensatz zu Vetter Franz für normal und notwendig. So gewann ich über alles exakte Informationen, bekam auch die Photokopien der letzten Fassung des Entwurfs. Ohne die mir zugefallenen Trümpfe etwa billig auszuspielen, nutzte ich doch in unseren Treffen mein Wissen, indem ich Beidler dringend riet, er möge doch unbedingt die Rechtslage berücksichtigen, welche sich aus dem gemeinsamen und niemals angefochtenen Testament meines Vaters und meiner Mutter ergebe. Vor allen Dingen müsse er wohl oder übel ein rechtskräftig gültiges Urteil der Spruchkammer über meine Mutter, die ja nun einmal Vorerbin sei, abwarten. Ich gab ihm zu verstehen, ich könne mir nicht vorstellen, man werde etwa in der amerikanischen Zone in Bayreuther Angelegenheiten im Sinne einer willkürlichen und unjuristischen Volksjustiz à la NS-Zeit verfahren, wie es wohl manche hie und da gerüchteweise geäußert haben sollen. Zusätzlich noch drückte ich dem Vetter gegenüber meine Hoffnung aus, daß er seine Überlegungen all denen, die darin eine Rolle spielen oder vielleicht einmal spielen sollten, klargelegt habe oder dies allernächstens sicher tun werde. Von den Reaktionen der Betroffenen weiß ich im einzelnen nichts, nur Thomas Mann berichtete in seiner «Entstehung des Doktor Faustus» mit unverhohlener Verwunderung, ja mit Unbehagen davon: «... aus hundert Gründen, geistigen, politischen, materiellen, mußte die ganze Idee mir utopisch, lebensfremd und gefährlich, teils als verfrüht, teils als obsolet, von Zeit und Geschichte überholt erscheinen; ich war nicht imstande, sie ernst zu nehmen.» Dies summiert treffend das vorherrschende Gefühl.

Bis zum Termin der ersten Spruchkammerverhandlung gegen meine Mutter, die vom 25. bis zum 28. Juni 1947 stattfand, war die Zeit ausgefüllt mit weiteren Geschäftigkeiten, Vorschlägen und allerlei großspurigen Plänen, die den Aktivitäten Beidlers ähnlich sahen. Es ging um die Verteilung des Bärenfells, obwohl keiner den Bären gefangen oder etwa erlegt hatte.

Am 1. April 1947 wurde die Treuhänderschaft der öffentlichen Hand für die Festspiele von einer Einzeltreuhänderschaft abgelöst. Dies hatte insofern gewisse Bedeutung, als daß man damit dem Drängen meiner Mutter und meinem eigenen nachgab und und dem Umstand Rechnung trug, daß das betreute Objekt Privateigentum war und erst eine Enteignung rechtlich ausgesprochen werden müsse, um Gegenstand öffentlicher Behandlung werden zu können. Ob die zum Treuhänder ernannte Persönlichkeit für ihre Aufgabe geeignet gewesen ist, bleibe dahingestellt. Es handelte sich um Edgar Richter, einen Sohn des mit Richard Wagner eng befreundeten ersten Bayreuther «Ring»-Dirigenten Hans Richter. Auf alle Fälle zeigte er sich klug genug, mit meiner Mutter und mir jenen Grad von Verbindung zu halten und zu pflegen, um möglicherweise in der damaligen Zeit stets situationsgerecht zu reagieren und Übles abzuwenden. Ansonsten verließ er, der von juristischen und finanziellen Sachverhalten wenig Ahnung hatte, sich weitgehend auf die Wirksamkeit des Treuhandbüros Hieber.

Im April und Mai 1947 tauchte in Bayreuth ein gewisser Herr Theodor Kiendl auf, der sich anheischig machte, angeblich durch das lebhafte Interesse der amerikanischen Militärregierung in Berlin veranlaßt und durch sie unterstützt, im Jahre 1948 den «Parsifal» im Festspielhaus aufzuführen und damit die Festspiele wieder in Gang zu setzen. Doch Bayreuth, so der Gigantomane, sollte künftig nichts Geringeres werden als ein «Welturaufführungstheater» für die besten Opernneuschöpfungen des Erdkreises. Nicht genug damit, prophezeite er für das Markgräfliche Opernhaus die Aufgabe einer «einzigartigen Mozart-Renaissance». Gleich zog er auch einige wirkungsmächtige und die Unternehmung würzende Namen für ein Kuratorium aus der

Tasche, so etwa Ernst Legal, den Intendanten der Berliner Staatsoper, oder Hanns Heinz Stuckenschmidt, den bekannten Musikwissenschaftler und Journalisten. Herr Kiendl fühlte sich, gleich etlichen anderen, sichtlich berufen und verursachte eine Zeitlang zumindest erhebliches Gerede, was bis nach München drang und durch den Staatssekretär Dr. Sattler nicht nur angetan respondiert wurde, sondern obendrein noch neue Nahrung erhielt. Obwohl die Stadt zur Aufnahme und Unterbringung von Festspielgästen damals überhaupt nicht in der Lage gewesen wäre – die Zahl der Flüchtlinge und Evakuierten war mittlerweile auf 16000 angewachsen. Aus diesem Grunde sollte das Krankenhaus an der Hohen Warte zu einem «internationalen Großhotel» mit einer Kapazität von 1800 Betten ausgebaut werden.

Trotz des abzusehenden Scheiterns des Beidlerschen Stiftungsplans blieben er und der Oberbürgermeister nach der Abreise meines Vetters noch immer in reger Korrespondenz. Am 15. Mai 1947 schrieb Beidler an Meyer, daß Thomas Mann nach anfänglichem Zögern nun doch noch zugesagt habe und die angetragene Position anzunehmen gewillt sei. Die Militärregierung billige im Prinzip all seine Pläne und stehe ihnen mit Sympathie gegenüber, aber sie wolle doch gern, daß zu ihrer Realisierung letztlich alles von der Stadt Bayreuth selbst ausgehe und in die Wege geleitet werde. Die Zustimmung der Militärregierung bei allen in dieser Richtung unternommenen Schritten sei gesichert.

Fünf Tage darauf veröffentlichte eine örtliche Zeitung ein Interview mit meiner Schwester Friedelind. Der Zeitpunkt war absichtlich gewählt, denn zum einen gab es eine Vielzahl unterschiedlicher Projekte, zum anderen erwartete man allenthalben die Eröffnung des Spruchkammerverfahrens gegen meine Mutter; sie hatte die Klageschrift vom 14. Mai am 17. Mai 1947 erhalten.

Friedelind meldete sich deshalb zu Wort, da sie offensichtlich ihr Buch «Heritage of Fire» (in der deutschen Übersetzung erschien es als «Nacht über Bayreuth»), das meine Mutter und ich durch den amerikanischen Oberst Fiori in der Originalfassung am 31. Oktober des Vorjahres erhalten hatten, als eine Gefahr für ihre eigenen Festspiel-Ambitionen ansah. Sie befürchtete wohl negative Auswirkungen für sich in Anbetracht der Situation, daß wir vier Geschwister – Wieland, Friedelind, Verena und ich – im Testament unserer Eltern als gemeinsame Nacherben eingesetzt waren. Friedelind hätte also niemals allein etwas entscheiden können. Darum äußerte sie sich nun auch dementsprechend vorsichtig und zurückhaltend. In jenem Interview bestätigte sie, von Oberbürgermeister Meyer schon Ende 1945 aufgefordert worden zu sein, die Festspiele wieder zu eröffnen. Nach ihrer Ansicht bestünde nicht vor zehn Jahren dazu die Möglichkeit. Außerdem sei sie zur Zeit damit beschäftigt, in den USA eine Operngesellschaft zu gründen, um Wagner-Tourneen zu veranstalten.

Am 25. Juni 1947 wurde im schönen Jugendstilsaal, der zur Weltausstellung 1904 in St. Louis gezeigt worden war, des Gebäudes der Regierung von Oberfranken die Spruchkammerverhandlung meiner Mutter eröffnet. Den seinerzeit bekannten Schriftsteller und Filmdrehbuchautor Erich Ebermayer, berühmt durch ein indiskretes Buch über ein Mädchenpensionat, eine Art Schlüssellochroman, hatte meine Mutter als Verteidiger vorgesehen. Er wohnte auf seinem Schlößchen Kaibitz in der Oberpfalz und war neben seiner schriftstellerischen Tätigkeit auch noch Jurist. Mir und meinen Geschwistern erschien er als Anwalt meiner Mutter ganz und gar nicht geeignet. Ein glücklicher Zufall wollte es, daß der seit Jahren als unser Hausjurist tätige Dr. Fritz Meyer I (ein in Bayreuth stehender Begriff) in letzter Minute gewonnen werden konnte, zumal dessen eigenes Entnazifizierungsverfahren kurz zuvor positiv ausgegangen war.

Ursprünglich sollte das Buch Friedelinds als Hauptbelastungsmaterial in der Verhandlung herangezogen werden. Vor allem war es eine Bemerkung Friedelinds, die als besonders gravierend ins Gewicht fiel. Sie schrieb dort, ihre Mutter habe sie in der Schweiz aufgesucht, um sie zur Rückkehr nach Deutschland zu veranlassen. Als sie dieses Ansinnen ablehnte, sei ihrer Mutter die ungeheuerliche Drohung über die Lippen gekommen: «Und wenn du nicht hören willst, wird der Befehl erteilt, daß du bei der ersten Gelegenheit vertilgt und ausgerottet wirst.» Meine

Mutter verwahrte sich empört und entsetzt gegen eine derart absurde Fiktion; einen solchen beinahe alttestamentarischen Fluch hatte sie niemals ausgestoßen. Die Bemühungen meinerseits und die von Dr. Fritz Meyer I liefen darauf hinaus, daß wir versuchten, dem Gericht vorab überzeugend klarzumachen, daß ein so subjektives und phantasievoll-fabulierfreudiges Werk wie das meiner Schwester keinesfalls den Wert authentischer Erinnerung besitze und daher nicht als Beleg oder als Beweismittel für oder gegen meine Mutter angewendet werden könne. Es war dann aber der öffentliche Kläger, der, nicht zuletzt auch auf das Betreiben meiner Schwester selbst, das Buch als Beweismaterial endgültig zurückzog und folglich entkräftete. Trotzdem wurden viele Zitate daraus in der Verhandlungsführung allein dadurch wirksam, daß sie in dem Gutachten des Vorsitzenden der «Kommission für Kulturschaffende beim bayerischen Minister für Unterricht und Kultus», Dr. Albert Stenzel, mit den abwegigen Belastungsvermutungen, zum Beispiel über den widerrechtlichen Bezug von Diplomaten-Lebensmittelkarten, vermengt und nahtlos eingeflochten waren. Ziemlich grotesk mutete in diesem Gutachten auch an, ohne Winifred Wagner durch Franz Beidler «aus dem braunen Zirkus des Festspielhauses wieder einen wahren Tempel Wagnerscher Kunst» machen zu wollen.

Obwohl meine Mutter eine ausführliche Denkschrift in deutscher und englischer Sprache eingereicht hatte, in der sie ohne Umschweife oder absichtliche Bagatellisierung ihr Verhalten im Dritten Reich zugab und beschrieb, was auch anerkannt und bestätigt wurde, und obwohl beglaubigtes Entlastungsmaterial für meine Mutter vorlag, das ihr Verteidiger in der Argumentation und im Plädoyer überzeugend anführte, erging schließlich folgendes Urteil:

«Die Betroffene ist nach Art. 4/2 des Gesetzes in die Gruppe II der Belasteten (Aktivisten) eingereiht worden.
Es werden ihr folgende Sühnemaßnahmen auferlegt:
1) Sie ist zu Sonderarbeiten für die Allgemeinheit für die Dauer von 450 Tagen heranzuziehen.

2) 60% ihres Vermögens sind als Beitrag zur Wiedergutmachung einzuziehen.
3) Sie ist dauernd unfähig, ein öffentl. Amt einschließlich des Notariats und der Anwaltschaft zu bekleiden.
4) Sie verliert ihre Rechtsansprüche auf eine aus öffentl. Mitteln zahlbare Pension oder Rente.
5) Sie verliert das Wahlrecht, die Wählbarkeit und das Recht, sich irgendwie politisch zu betätigen und einer politischen Partei als Mitglied anzugehören;
6) Sie darf weder Mitglied einer Gewerkschaft noch einer wirtschaftlichen oder beruflichen Vereinigung sein.
7) Es ist ihr auf die Dauer von 5 Jahren untersagt:
   a) in einem freien Beruf oder selbständig in einem Unternehmen oder gewerblichen Betrieb jeglicher Art tätig zu sein, sich daran zu beteiligen oder die Aufsicht oder Kontrolle hierüber auszuüben;
   b) in nicht selbständiger Stellung anders als in gewöhnlicher Arbeit beschäftigt zu sein;
   c) als Lehrerin, Predigerin, Redakteurin, Schriftstellerin oder Rundfunkkommentarin tätig zu sein;
8) Sie unterliegt Wohnungs- und Aufenthaltsbeschränkungen;
9) Sie verliert alle ihr erteilten Approbationen, Konzessionen und Berechtigungen sowie das Recht, einen Kraftwagen zu halten.

Außerdem hat die Betroffene die Kosten des Verfahrens zu tragen. Der Streitwert wird auf RM 228 694 festgesetzt.»

Nach diesem Urteil stand nun aber das weitere Geschick der Bayreuther Festspiele nicht etwa fest, sondern blieb unverändert offen und vage. Darum beantragte meine Mutter die Berufung, aber auch der öffentliche Kläger tat dies, wie nicht anders zu erwarten unzufrieden mit dem Resultat der Verhandlung. All die ringsum Lauernden, den Wert der in Aussicht stehenden Beute sinnend erwägend, mußten abwarten.

Bei sämtlichen Verhandlungen, die damals im Zusammenhang mit dem Erbe Richard Wagners mehr oder weniger sinnvoll und kompetent geführt wurden, konnte ich immer aufs neue feststellen, daß die amerikanische Besatzungsmacht, die sich gegenüber den Festspielen ohne alle Voreingenommenheit verhielt, jede Art interner Einmischung ablehnte und nachdrücklich darauf bestand, daß das zukünftige Schicksal Bayreuths von den Deutschen selbst zu verantworten und zu gestalten sei. Eine Studie von Sabine Döhring zum Thema hat meine seinerzeitige Erkenntnis inzwischen bestätigt.

Nach geraumer Zeit erst, am 8. Dezember 1948, wurde in der Berufungsverhandlung das Urteil der Spruchkammer gegen meine Mutter gefällt. Es enthielt in den wesentlichen Punkten nachstehend aufgeführte entscheidenden Änderungen:

«I. Die Berufung des öffentlichen Klägers wird zurückgewiesen.
II. Der Spruch der Kammer II Bayreuth-Stadt vom 2.7.47 wird auf die Berufung der Betroffenen hin aufgehoben.
III. Die Betroffene wird als Minderbelastete eingestuft.
IV. Die Dauer der Bewährungsfrist wird auf 2½ Jahre festgesetzt.
[...]
VI. Ist die Minderbelastete zur Zeit der Einreihung in die Bewährungsgruppe an einem Unternehmen als Inhaber oder Gesellschafter beteiligt, so wird ihre Beteiligung an dem Unternehmen für die Dauer der Bewährung gesperrt...
[...]
VIII. Als einmaliger Sonderbeitrag zum Wiedergutmachungsfonds werden DM 6000 (sechstausend) angeordnet. Im Falle der Nichtzahlung tritt an die Stelle von je DM 35 ein Tag Arbeitsleistung. [...]»

Aufgrund der genauen Kenntnis des gemeinschaftlichen Testaments von Siegfried und Winifred Wagner nahmen meine Mutter und ich den Standpunkt ein, es müsse auf alle Fälle dahin gewirkt werden, daß sie infolge ihres Vorerbenrechtes frei bestimmen könne, um dann meinen Bruder und mich mit der Leitung der Festspiele zu beauftragen. Wäre durch ein entsprechendes Urteil ihr das Vorerbenrecht eventuell abgesprochen worden, so hätte dies das Eintreten der Nacherbschaft zur Folge gehabt. Jedes ihrer vier Kinder würde demnach den Status eines gleichberechtigten Nacherben eingenommen haben. Nach meiner damaligen wie auch noch heutigen Ansicht wäre dies dem Ende des durch Mitglieder der Familie geführten Unternehmens regelrecht zwangsläufig gleichbedeutend gewesen, beschleunigt zweifellos noch durch die enorme materielle Belastung, zum Beispiel der auch damals zu zahlenden Erbschaftssteuer, die wir vier Geschwister hätten entrichten müssen, und natürlich durch die höchst unterschiedlichen, ja gewiß extrem divergenten Ambitionen und Vorstellungen von der Führung der Festspiele, für deren kompetente Leitung zu diesem Zeitpunkt noch keiner von uns einen befriedigenden Nachweis seiner Befähigung erbracht hatte. Mit an Sicherheit grenzender Wahrscheinlichkeit würde über kurz oder lang jener Passus des immer wieder zitierten Testaments vom 8. März 1929 in Kraft getreten sein, der bei einem Ausfall der Nacherben die Übernahme der Festspiele durch die Stadt Bayreuth regelte. Dahin sollte es selbstverständlich nicht kommen. Folglich wurde alles dazu getan, daß die Abtretungserklärung meiner Mutter rechtswirksame Verbindlichkeit bekäme, um somit die Einsetzung meines Bruders und mir vollziehen zu können. Es bedurfte allerdings keiner geringen Mühen und langer suggestiver Überzeugungskunst, meine Mutter zu einem gültigen Verzicht zu unseren Gunsten zu bewegen. Das Urteil des Berufungsverfahrens der Spruchkammer machte dafür den Weg frei. Am 21. Januar 1949 gab Winifred Wagner in Oberwarmensteinach die folgende schriftliche Erklärung ab: «Ich verpflichte mich hiermit feierlich, mich jedweder Mitwirkung an der Organisation, Verwaltung und Leitung der Bayreuther Bühnenfestspiele zu enthalten. Einer schon lange gehegten Absicht entsprechend, werde ich meine Söhne Wieland und Wolfgang Wagner mit den bezeichneten Aufgaben betrauen und ihnen die entsprechenden Vollmachten erteilen.»

Mit der Wahl von Hans Rollwagen zum Bayreuther Oberbürgermeister, der sein Amt am 1. Juli 1948 angetreten hatte, sowie durch das Wirken des seit Juni desselben Jahres tätigen Kulturreferenten der Stadt, Dr. Karl Würzburger, kam endlich die notwendige, bisher nur leider meist vermißte Sachlichkeit in die Debatte um die Zukunft der Festspiele. Dr. Würzburger entstammte einer angesehenen, in Bayreuth alteingesessenen jüdischen Familie und war während der NS-Zeit in die Schweiz emigriert. Heimgekehrt machte er sich in seinem Arbeitsgebiet auch recht bald mit der Lage und den Aussichten der Festspiele vertraut und nahm dabei vor allem Kenntnis von dem Testament meiner Eltern. Hatte er vielleicht vorher noch Zweifel oder Vorbehalte gegenüber einer Weiterführung der Festspiele gehabt, so änderte sich dies nunmehr sofort, was er folgendermaßen charakterisierte: «Von diesem Moment an stand ich vor einer völlig neuen Situation. Das Testament ist so eindeutig, daß ich nicht verstehe, wie Dr. Meyer überhaupt an den Festspielen herumdilettieren konnte... Ob die Nacherben der Frau Winifred (die selber keinerlei Ambitionen auf Übernahme der Festspiele zu haben scheint) das Erbe antreten (wovon mindestens Wolfgang durch kein rechtlich gestütztes Mittel zurückzuhalten sein dürfte, ...) oder ob die Stadt Bayreuth in das Erbe eintritt, was rebus sic stantibus angeschlossen erscheint, *immer* wird der Stand der Dinge so sein, daß im Festspielhaus in Erfüllung des Testaments Richard Wagners Werke und sonst nichts gespielt werden, weil nach dem Testament nichts anderes gespielt werden darf!» Diese grundlegende Anerkenntnis und sachliche Ernüchterung setzte allem Geschwätz über die Festspiele und über ihre Umstülpung recht bald und wirksam ein Ende, wovon auch die Stiftungsgedanken Vetter Franzens betroffen waren. Sie verflüchtigten sich rasch und für immer.

Ganz und gar unabhängig vom Ausgang der ersten Spruchkammerverhandlung und lange vor der zweiten fragte der amerikanische Musikoffizier für Bayern, Mr. Mosseley, am 22. Juli 1948 in München in Gegenwart von Dr. Sattler meine Mutter und mich im Auftrage General Clays, ob die Festspiele schon 1949 stattfinden könnten. Zahlreich geltend gemachte Bedenken und Einwände, unter anderem das unlösbare Problem der Unterbringungsmöglichkeiten für Mitwirkende und Publikum, die viel zu knappe Zeit für Engagements und künstlerische sowie organisatorische Vorbereitungen und nicht zuletzt die noch nicht notierte neue D-Mark, ließen unsererseits ein klares Nein erkennen. Solange die D-Mark an den Börsen nicht gehandelt wurde und keinen internationalen Wechselkurs besaß, hätten im Grunde keine ausländischen Besucher nach Bayreuth kommen können. Aber Festspiele ohne die Teilnahme von Ausländern, und zwar als Mitwirkende wie als Publikum, waren insbesondere nach dem fürchterlichen Krieg ganz undenkbar. Meine Antwort lautete, es seien frühestens 1950 Festspiele durchführbar. Dr. Sattler konnte es sich bei dieser Gelegenheit nicht versagen, den Vorschlag zu machen, notwendigerweise uns unerfahrenen Enkeln Richard Wagners einen erprobten Theatermann wie Heinz Tietjen zur Seite stellen zu wollen, da ja das unerläßliche und erforderliche Ansehen der beiden möglichen neuen Leiter in keiner Weise existiere.

Bevor jedoch auch nur im entferntesten an die Aufnahme der konkreten Arbeiten zu einem Wiederbeginn der Festspiele herangegangen werden konnte, mußte die in der Urteilsbegründung der zweiten Spruchkammerverhandlung durch den Vorsitzenden, Otto Glück, angegebene Möglichkeit einer Freigabe des Festspielhauses in die Tat umgesetzt werden. Voraussetzung dafür war die Bereitschaft meiner Mutter, freiwillig auf die Festspielleitung zu verzichten, dies in eine juristische Form zu gießen und unwiderruflich werden zu lassen. Danach, so drückte Glück es aus, wäre der Weg für Winifred Wagner geebnet, über Artikel 54 die vorzeitige Beendigung ihrer Bewährungsfrist zu erlangen, denn es würde damit nicht nur ihre Bekundung zur Bewährung, sondern darüber hinaus der unwiderlegliche Beweis vorliegen. Die formelle Unterschrift meiner Mutter unter ihre bereits zitierte Verzichtserklärung vom 21. Januar 1949 gewährleistete dann in der Folge für meinen Bruder und mich den benötigten Handlungsspielraum. Die Bahn war endlich vom Eis befreit. Bereits am

25. Januar erklärte der Ältestenausschuß des Bayreuther Stadtrats seine uneingeschränkte Solidarität mit dem Hause Wagner, erkannte die Trägerschaft der Festspiele durch die Familie an und beschloß, alles zu unternehmen, um 1950 eine Wiederaufnahme der Festspiele zu ermöglichen.

Daß es weder Wieland noch mir um irgendeine eitle Selbstprofilierung ging, dürfte auf der Hand liegen, vielmehr dominierte für uns bei allen Bemühungen die *Sache* der Festspiele. Ein anderer, ein alternativer Weg zu ihrem Neubeginn und ihrer Fortführung stand uns sinnvoll und ohne Inkaufnahme beträchtlicher Schädigungen unter den beschriebenen objektiven Zwängen nicht offen. Nachdem wir rechtmäßig mit der Leitung der Festspiele betraut waren, hatten wir nun die Bewegungsfreiheit und die Möglichkeit, mit den Behörden von Stadt und Land offiziell zu verhandeln.

Der Oberbürgermeister Hans Rollwagen und Dr. Würzburger erklärten sich mit den neuen Leitern, Wieland im zweiunddreißigsten, ich in meinem dreißigsten Lebensjahr, einverstanden, und beide hoben die freundschaftliche Übereinstimmung mit uns ausdrücklich hervor. Schon am 13. Dezember 1948 hatte Dr. Würzburger in einer Bürgerversammlung der Stadt Bayreuth uns beide herzlich willkommen geheißen: «Wir begrüßen auch die Enkel Richard Wagners als die künftigen Träger des Bayreuther Werkes, und wir tun es um so freudiger, als wir nicht nur hoffen, sondern gewiß wissen, daß sie, die einer nüchternen Generation angehören, entschlossen sind, nicht irgendeinem Kult, sondern allein dem Werk Richard Wagners zu dienen.»

Obwohl es auch in der auf diese Ereignisse folgenden Zeit immer noch Bedenken und zusätzliche, bewußt verursachte Schwierigkeiten aus der Landeshauptstadt München gab, erfolgte dank der unzweifelhaft eindeutigen und festen Haltung der Stadt und ihrer Repräsentanten die formale Übergabe des Festspielhauses durch die Treuhandstelle an Wieland und mich am 28. Februar 1949. Wie einstmals bei der Gründung und Initiierung der ersten Festspiele im Jahre 1876 die weitblickende und zukunftsorientierte Gesinnung der Stadtväter Bayreuths die dauerhafte Grundlage schuf, auf der Richard Wagners Ideen und Konzeptionen sich trotz aller eintretenden, zum Teil bedrohlichen Krisen entfalteten und konsolidierten, so war die jetzige Form des vorbehaltlosen Bekenntnisses der Stadt zu *ihren* Festspielen von ausschlaggebender Bedeutung für deren erfolgreiches Wiedererstehen und Neugründung.

Aktionen und Reaktionen meiner Mutter und meine eigenen habe ich versucht anhand markanter Geschehnisse und wichtiger Daten in ihrer tendentiellen Richtung darzustellen. Für meine Mutter hoffte ich und war eigentlich sogar davon überzeugt, daß sie genügend innere Stärke haben würde, die Schwierigkeiten der Zeit und die damit einhergehenden großen Veränderungen nicht nur zu überstehen, sondern für sich ganz persönlich zu meistern. Was aber brüteten und taten unterdessen die anderen Teile der Familie? Die, welche ungefähr 400 km von Bayreuth entfernt am Bodensee lebten? Und meine Schwester Friedelind in ihren transozeanischen Gefilden?

In der französischen Besatzungszone, zu der Nussdorf gehörte, herrschten nach dem Zweiten Weltkrieg noch schlechtere Lebensverhältnisse im Alltag als in der amerikanischen. Also mußte sich mein Bruder ebenso wie ich gärtnerisch und bis zu einem gewissen Grade landwirtschaftlich betätigen. Das Arbeiten an der frischen Luft und besonders das agrarische Tun fördern unbestritten die Denkfähigkeit und das konzentrierte Überlegen. Mithin dürfte ihm wie mir einige Muße vergönnt gewesen sein, um über die zwischen uns vor Jahren besprochene, durch den Krieg und seine Folgen dann zunächst unterbrochene Vorbereitung auf eine Übernahme der Festspielleitung eingehend nachzudenken. Es war bei uns beiden zwangsweise eine Pause eingetreten, die wir in verschiedener Art zu jenen Überlegungen und Planungen nutzten, welche man heute gemeinhin mit dem Begriff Vergangenheitsbewältigung bezeichnet. Mein Bruder nicht und ich ebensowenig hatten zum Glück Veranlassung, in Sack und Asche zu gehen und uns reuevoll an die Brust zu schlagen, dafür war unsere Vergangenheit zu kurz und zu wenig bedeutend. Auch hatten wir uns nichts Verbrecherisches zuschulden kommen lassen und mußten nach keiner Rechtfertigung für Getanes oder Unterlassenes suchen. Vielmehr sannen wir darauf, wie wir produktiv und eigenschöpferisch wirksam werden könnten. Unsere Vergangenheitsbewältigung waren die Bayreuther Festspiele, wie sie sich seit 1951 bis auf den heutigen Tag alljährlich neu und lebendig in Kontinuität und Wandlung der Weltöffentlichkeit kundgeben. Damals aber stand sowohl für mich wie für meinen Bruder die Aneignung und Ausformung jener Fähigkeiten und Talente im Mittelpunkt unserer Besinnung und eigenständigen Auseinandersetzung, die eine wachsame und erbarmungslos kritische Außenwelt mit Sicherheit und zu Recht von uns erwarten und verlangen würde. So unterschiedlich wir in Charakter und Temperament waren, so verschieden verliefen unsere jeweiligen Bahnen zu Bayreuth und dem Grünen Hügel. Bei Wieland herrschte im Gegensatz zu mir, der ich mich stets wieder um Juristisches und Finanzielles zu kümmern hatte, das rein Künstlerische und Intellektuelle absolut vor, etwas anderes existierte nur sehr beschränkt für ihn. So war er wohl ziemlich froh, vorerst weit weg vom Brennpunkt des Geschehens in Bayreuth sein zu können, da ihm dies ungehindert Gelegenheit verschaffte, der Malerei, den ausgiebigen und intensiven Studien der Werke seines Großvaters, der Lektüre und seinen Entwürfen zu frönen. Meine Briefe informierten ihn außerdem ständig über die aktuellen Begebenheiten und Ereignisse, welche die Familie und die Festspiele betrafen.

Um die Zukunft Bayreuths brauchte sich meine Schwester Friedelind als Emigrantin und Antifaschistin von uns allen am wenigsten Kopfzerbrechen zu machen, zumal sie offenkundig, wie ihr Buch besagte, im Vollbesitz sämtlicher nur denkbarer Voraussetzungen für die Übernahme der Festspielleitung war. Daß es sich so zu verhalten schien, war ihr faktisch durch die entsprechend deutliche Einladung von Oberbürgermeister Meyer aus dem Jahre 1945 zusätzlich bestätigt worden.

Wie geradezu ungeheuer prädestiniert sie von Kindesbeinen an war, enthüllte sie in ihren Erinnerungen einer staunenden, teilweise ehrfürchtig-beeindruckten Öffentlichkeit und ihrer völlig verblüfften Familie, die bis dahin nicht einmal geahnt hatte, welch außerordentlich geniale Persönlichkeit in ihr aufgewachsen war. «Ich war alt genug, um Vaters Träume zu verstehen und zu teilen», schrieb sie beispielsweise über eine Zeit, in der sie ganze sechs Jahre zählte. Anders als andere Kinder, einschließlich ihrer Geschwister, war sie also mit unerhörten Gaben ausgestattet, die ihr zweifellos unverzüglich eine Ausnahmestellung hätten einräumen müssen. Verschiedentlich beschrieb sie in ihrem Buch «Nacht über Bayreuth» auch, an welchen Stellen und in welchen Tätigkeiten sie bei den Festspielen wirksam geworden sei, bevor sie Deutschland verließ. Ich konnte mich beim besten Willen ebensowenig wie andere daran erinnern, und mir erschien das Ganze mehr und mehr fragwürdig, was seinen Wahrheitsgehalt und seinen Wirklichkeitssinn betraf. Wessen Gedächtnis trog? – Angesichts der schier überquellenden Leistungsbeweise Friedelinds für Bayreuth, vor denen ich mich nur hätte schamhaft verbergen müssen, erübrigte sich selbstverständlich für jedermann, der über keine genaueren Kenntnisse verfügte, die Frage nach ihrer tatsächlichen Eignung und einer erworbenen fachgerechten Ausbildung. Wie schäbig und lächerlich gering erschien jeder Zweifel, jedes Bedenken vor diesem in Buchform vorliegenden großartigen Ausweis höchster Befähigung zur Leitung der Bayreuther Festspiele.

Am Bodensee hatten die dort verweilenden Familienmitglieder den mißglückten Fluchtgedanken für die Schweiz keineswegs etwa aufgegeben. Man wollte unter allen Umständen eine Art Gentlemens'-Agreement erwirken, das darauf hinauslaufen sollte, ein neu zu gründendes Familienunternehmen zu etablieren, welches im Ausland auf der Grundlage eines eigenen, dem Bayreuther System ähnlichen Finanz- und Wirtschaftswesens Richard-Wagner-Festspiele veranstaltete. Im Falle eines Zustandekommens der Übernahme Bayreuths durch die Familie oder einzelner ihrer Mitglieder sollte das neue Unternehmen in Einklang mit den Bayreuther Interessen gebracht werden. Ohne lange zu zögern, wurden eingehende Überlegungen angestellt, wie die jeweiligen Arbeits- und Funktionsbereiche der Beteiligten voneinander am zweckmäßigsten abzugrenzen und wie das notwendige Einverständnis aller Familienmitglieder herbeizuführen wäre. Unabhängig von der Aufgabenverteilung sollten die einzelnen Familienmitglieder zu je gleichen Teilen an der Neugründung partizipieren und in sie einbezogen werden. Wieland und meine Schwester Verena versuchten, baldmöglichst den Kontakt mit Friedelind herzustellen. Nach meiner Kenntnis gelang das, und neben Erwägungen zu diesem reichlich sonderbaren Plan standen hauptsächlich mehrere lebenserhaltende Zuwendungen in Form von Care-Paketen aus Amerika im Mittelpunkt der Aufmerksamkeit jener Verbindung. Denn die Vision des «Auslands-Bayreuth» hätte mit oder über meine Schwester Friedelind gar nicht realisiert werden können, da sie durchaus eigenwillige Vorstellungen an den Tag legte, wie allein ein Artikel im «Aufbau», New York, 25. April 1947, aus ihrer Feder bezeugte. Darin entwickelte sie die bizarre Idee, mit sage und schreibe 100 Aufführungen des «Tristan», je nach Bedarf englisch oder deutsch gesungen, durch die Lande der Vereinigten Staaten zu touren. Wie so oft, früher und auch später noch, zeigte sich hierbei leider wieder einmal ihr Unvermögen, zwischen einer Utopie und den realen Möglichkeiten exakt unterscheiden zu können oder gar beides miteinander ins rechte Verhältnis zu setzen. Das kühne Projekt scheiterte bereits vor dem eigentlichen Beginn.

Da die Kommunikationsbedingungen in der damaligen Zeit mehr als kläglich zu nennen waren und ich nicht durchweg alles und jedes in meinen Briefen mitteilen wollte oder konnte, hatte es schon eine gewisse Bedeutung, daß ich erstmals am 22. März 1946 in Nussdorf persönlich auftauchte, nachdem ich unter abenteuerlichen Begleitumständen via Stuttgart dorthin gelangte. Nunmehr war es mir möglich, unumwunden und detailliert in aller Ausführlichkeit über all das zu berichten, was sich seit dem Kriegsende in Bayreuth zugetragen hatte. Mein Bruder, der seither nicht mehr nach Bayreuth gekommen war und demzufolge nur bruchstückhafte und spärliche Nachrichten besaß, erfuhr von der Übergabe des beschlagnahmten Festspielhauses durch Gouverneur Reilly in die Treuhänderschaft der Stadt ebenso wie von der jüngst, im

Februar, begonnenen genüßlich-empörten Ausschlachtung des Buches unserer Schwester in der Presse und der damit zu erwartenden Schlammschlachten, die voraussichtlich gegen unsere Mutter und uns geführt würden. Über den tatsächlichen Inhalt des Buches vermochten wir damals nur zu spekulieren, da wir es noch gar nicht in Händen halten konnten. Ein wichtiger Gegenstand unserer Gespräche war das am 5. März 1946 erlassene Gesetz zur Befreiung von Nationalsozialismus und Militarismus, seine für unsere Familie etwa bestehende Relevanz und die dadurch vorstellbaren Folgen sowie unsere daraus resultierenden Überlegungen einer taktisch geschickten Verfahrensweise in Zukunft. Vieles mehr kam noch zur Sprache, und schon am 3. April fuhr ich erneut nach Nussdorf, um weiteres zu berichten. Am 2. Juni dann besuchte meine Mutter erstmals ihre Kinder in Nussdorf. Bei all diesen beschwerlichen und umständlichen Reisen waren wohl weniger brüderliche oder mütterliche Sehnsucht und Sorge der vorrangige Anlaß, eher die akuten Ereignisse und Probleme hinsichtlich der Festspiele und der sonstigen Wagnerschen Hinterlassenschaft, um deren Rettung und Bewahrung es uns vor allen Dingen ging. Was wäre etwa aus allem geworden, hätten wir tatenlos abgewartet und fatalistisch die Hände in den Schoß gelegt?

Um ferner meine Reisen, nach Nussdorf oder anderswohin, abzukürzen und um überhaupt wieder mobiler sein zu können, beantragte ich einen Führerschein, den ich zwar schon seit Jahren besaß, der jedoch in der amerikanischen Zone, anders als zum Beispiel in der englischen, für ungültig erklärt worden war. Wollte ich in den Besitz des begehrten Papiers gelangen, mußte ich, noch bevor dies jeder erwachsene Bewohner der amerikanischen Zone zu tun hatte, einen so umfassenden und minutiös erklügelten Fragebogen der Militärregierung vollständig ausfüllen, wie ich es nie wieder erlebt habe. 131 Fragen waren präzis und erschöpfend zu beantworten. Am 24. April 1946 gab ich die Formulare ab und erhielt von der Stadt Bayreuth schon am 14. August den neuen Führerschein ausgefertigt. An und für sich wäre diese Episode keiner Erwähnung wert, doch konnte ich neben der Bewilligung zum Führen eines Fahrzeuges gleichzeitig hinreichend beruhigt und mit einer gewissen Erleichterung zur Kenntnis nehmen, daß mir trotz meines höchst anrüchigen und verdächtigen Namens Wagner, und obendrein noch der Sippe jenes Richard Wagner in Bayreuth entstammend, durch die gewissenhafte Überprüfung und schließlich positive Resümierung all meiner Angaben meine politische Jungfräulichkeit bestätigt wurde. So hatte ich damit gleichsam die Aufnahmeprüfung in die Demokratie erfolgreich bestanden.

Das kurz erwähnte Gesetz über die Befreiung vom Nationalsozialismus und Militarismus vom 5. März 1946 hatte unter anderen auch mich veranlaßt, möglichst viel authentisches Material und – soweit erreichbar – eidlich beurkundete Unterlagen zu beschaffen, die bei der Verteidigung meiner Mutter vor der Spruchkammer hilfreich wären. Zu diesem Zweck besuchte ich vor einer weiteren Reise an den Bodensee wichtige und aussagekräftige Persönlichkeiten im Südwesten Deutschlands, die über meine Mutter und ihr Verhalten im Dritten Reich genau Bescheid wußten.

Von vielen ehemals durch die Nazis Verfolgten, denen meine Mutter in ihrer geradlinigen und gerechten Art geholfen hatte, bekam sie spontan die Bereitschaft zugesichert, bei einer eventuellen Anklage entlastend zu wirken. Darunter zählten sowohl Personen aus allen möglichen Teilen Deutschlands als auch aus dem Ausland.

Die gemeinschaftlichen Erörterungen mit meinem Bruder am Bodensee waren zu diesem Zeitpunkt auch deshalb besonders opportun, weil sich just damals die Geschäftigkeiten von Oberbürgermeister Meyer in bezug auf die Festspiele und das Festspielhaus unheilvoll verdichteten und zuzuspitzen begannen. Sein Ausgangspunkt war nicht etwa der rechtlich sanktionierte Status, vielmehr entsprang er seinem intensiven Wunschdenken und seiner Imaginationskraft. In absichtsvoller Verkennung der Sachlage und sicherlich in der Hoffnung auf manch unüberschaubare Wirren der unmittelbaren Nachkriegszeit ließ er nichts unversucht, allen die bevorstehende Enteignung der Familie Wagner zu suggerieren, ja bisweilen sogar so zu tun, als hätte sie bereits stattgefunden. Und selbstverständlich tat er alles nur in seinen Möglichkeiten stehende, um seinen unholden Wahn in die Realität umzusetzen. Es wäre wohl seine allergrößte Genugtuung gewesen, als überlebensgroßer Reformator und ruhmvoller Neubegründer der bisher auf familiärer Tradition basierenden Bayreuther Festspiele in die deutsche Kulturgeschichte einzugehen. Erst im November 1946 erlitten diese sonderbaren Träume und Sehnsüchte eine empfindliche Schlappe, als sie nämlich dadurch zunichte wurden, daß dic Treuhandstelle anstatt des Oberbürgermeisters künftig die Vermögensverwaltung des Wagnerschen Erbes bis zu einer weiteren Klärung übernahm. Diese Verlagerung der Kompetenzen bedeutete einen überaus prägnanten, nicht zu unterschätzenden Wendepunkt für das Schicksal der Festspiele. Und wie so häufig in Deutschland geschah auch das im November – ein wahrlich vertrackter Monat. Anschließend, als die äußeren Verhältnisse notdürftig geordnet erschienen, begann jene tragikomische «Beidleriade», ein verqueres Schelmenstück, wie es zu Bayreuth und den Festspielen geradewegs paßte.

Da permanent wieder und wieder unerfreuliche Aufregungen und Unruhen um das Archiv entstanden, nach dessen Aneignung so manch einer wie nach dem Nibelungenhort trachtete, entschloß ich mich, einen Teil der Materialien und Dokumente aus den Verstecken in Oberwarmensteinach nach Nussdorf zu transferieren. Die Dinge hatte ich geschickt verteilt: auf dem Dachboden des Pfarrhauses lagerte einiges, anderes im Haus meiner Mutter, in einer sogenannten Abseite und hinter der Bettstatt unseres einstigen Kindermädchens, der guten Emma. Es ist im nachhinein verwunderlich, daß nichts verschwunden war, da dieses Haus seinerzeit von achtzehn Leuten bewohnt wurde, obwohl es maximal für die Aufnahme von acht konstruiert war.

Beim Abtransport kam es in Bayreuth zu einer besonders grotesken Situation. Als ich mit zwei großen und prall gefüllten Rucksäcken, die Autographen meines Großvaters enthielten, auf einem Fahrradanhänger mit Eisenrädern gerade zum Bahnhof aufbrechen wollte, liefen mir unverhofft und natürlich sehr unerwünscht Oberbürgermeister Meyer und ein amerikanischer Besatzungsoffizier auf der Wahnfriedallee entgegen. Seelenruhig, gleichwohl doch aufmerksam spazierten sie auf das Grundstück, und nicht genug damit, mußten sie mich ausgerechnet in diesem Augenblick nach dem Verbleib der Archivalien fragen. Mit meinem eilfertigen und ob der Verzögerung ärgerlich-besorgten Hinweis, ich hätte im Moment leider so gar keine Zeit für ein Gespräch, da ich verreisen müsse, gelang es mir, meinen «Zweiräder» mitsamt den darauf verstauten Partituren an den beiden Herren vorbeizuführen und ihnen unbehelligt zu entschwinden, wenngleich nicht zu Schiff nach Frankreich, so doch als «Sandwichman» per Bahn am 11. März nach Nussdorf. Daß ich ihnen quasi vor der Nase einen Teil der Objekte ihrer Begierde entführt hatte, freute mich diebisch.

Die Eindrücke meines Besuchs am Bodensee empfand ich als sehr zwiespältig. Mein Bruder und mein Schwager waren dabei, einen Familienrat zu planen und zu konstruieren, der die zeitweilige Verlagerung der Festspiele ins Ausland in die Wege leiten sollte. Von dort aus wollte man dann Bayreuth zurückerobern. Erschien mir diese Idee kurios und weltfremd, so erst recht die Annahme völlig absurd, das neue Unternehmen könne aus eigenen Mitteln finanziert werden. Durch den Verkauf einer oder mehrerer Wagnerscher Originalpartituren sollten diese ominösen Festspiele ihre finanzielle Grundlage erhalten, überdies verhieß der erwogene Handel angeblich so viel Geld, daß die ganze Familie sorgenfrei und ausreichend davon zu leben habe. Derart wildwüchsiger Phantastik und noch anderem, das ich am Bodensee sah und hörte, setzte ich entgegen, was mir sehr deutlich und klar im Bewußtsein war, daß nämlich die politische Vergangenheit, die der Familie zur Last gelegt wurde (und sogar noch immer angelastet wird), zunächst einmal bereinigt werden müßte, bevor überhaupt an einen Wiederbeginn der Festspiele durch und mit uns zu denken wäre. Außerdem waren wir eben noch nicht die perfekten Theaterleute, wie ich meinte, sondern sollten besser noch eine Zeitlang für unsere möglichen Aufgaben reifen. Mit meinem Widerspruch und meinem Zweifel am Sinn und der

Durchführbarkeit jener Planungen stieß ich auf taube Ohren, da man sich am Bodensee die Realitäten entweder nicht richtig vorstellen konnte oder wollte und sich obendrein über vermeintliche Trivialitäten erhaben dünkte. Von der allgemeinen öffentlichen Stimmung und Voreingenommenheit gegen unsere Familie, die durch Friedelinds Buch zusätzlich entfesselt worden war, machte sich auch keiner einen rechten Begriff. Nicht unerwähnt sollte bleiben, daß meine Mutter damals in einem euphorischen Hochgefühl zu der Auffassung neigte, einerseits werde die eigene und die Bayreuther Vergangenheit in Kürze nicht mehr zählen, andererseits könnte nach diesem katastrophalen Zusammenbruch, den man ja zum Glück leidlich gut überstanden hatte, aus eigener Kraft ein autarkes Unternehmen «Bayreuther Festspiele» wieder erstehen wie ein Phönix aus der Asche. Sie liebäugelte und sympathisierte zeitweilig auch mit jenem «Ausweich-Bayreuth» im Ausland, das, ganz naiv gedacht, in keiner Hinsicht belastet sein würde durch Tradition und Geschichte. Die Vorwürfe Friedelinds seien gegenstandslos geworden. Kaum ein Mitglied der Familie bedachte, auf welch tönernen Füßen solches Denken und Planen stand, wie sehr es an der ziemlich trostlosen Wirklichkeit vorbeizielte.

Wahnfried war erheblich zerstört und das Festspielhaus, obschon nicht zerbombt, substantiell in einer dennoch so desolaten Verfassung, die eine Bespielbarkeit nur sehr bedingt gestattete. Ich erwirkte bei der Treuhand aus Sicherheitsbedenken eine Beschränkung auf Konzertaufführungen. Untersagte man seitens der Behörden, was durchaus im Bereich des Möglichen hätte liegen können, die Öffnung des Festspielhauses aus Gründen der Sicherheit, so wäre jeder Zukunftsplan schon im Ansatz zum Scheitern verurteilt gewesen.

Am 5. April 1947 gab ich in einem Brief meiner resignativen Einstellung zur Gesamtbeurteilung der Lage Ausdruck: «Ich hoffe sehr, daß Ihr in irgendeiner Form weitergekommen seid. Auf jeden Fall ist mir bei meinem Aufenthalt am Bodensee sehr klargeworden, daß unsere Familie von sich aus nicht mehr in der Lage ist, die Festspiele durchzuführen ... Mir persönlich ist das jetzt auch völlig gleichgültig, in welches Verhältnis unsere Familie dann zu dem Haus da oben dadurch etwa zu stehen kommt, da ich... unsere Familie für diese Aufgabe unfähig halte...» Dieser Brief störte meinen Bruder offensichtlich auf und veranlaßte ihn, mit mir ein Treffen zu vereinbaren, an einem neutralen Ort und fern aller Familie. Wir trafen uns in Garmisch, im Hause von Richard Strauss. Bei ihm wollten wir uns über all die leidigen und unangenehmen Dinge, die uns bewegten und betrafen, aussprechen. Das damalige Verhalten Wielands erscheint mir, von heute aus gesehen, ungewöhnlich ambivalent. Zum einen ging es ihm selbstverständlich sehr dringend um Bayreuth, was ja das Thema unserer Begegnung war, zum anderen bezeigte er jedoch auffallend lebhaftes Interesse für unsere Schwester Friedelind und war gerade dabei, für deren geplante Amerika-Tournee Bühnenbilder und Kostüme zu entwerfen. Die Situation ließ an einer gewissen Absurdität nichts zu wünschen übrig. Ich wußte nicht, was und wohin er wollte. Die unvermittelten Sympathien für Friedelind, die forcierte Teilnahme an ihrer Arbeit mochten zwar rein vom Existentiellen her einleuchtend sein, jedoch nicht verständlich im Zusammenhang mit ihrem Verhalten gegenüber der Familie, den in Europa verbliebenen Nichtemigranten, die sie aus Leibeskräften schmähte. Sich ihr so anzudienen, bedeutete letztlich, uns andere, die wir Bayreuth irgendwie zu retten versuchten, erst recht «in die Pfanne zu hauen».

Durch eine die Kunstwelt endgültig aufklärende und fraglos unerhört beglückende Wagner-Tournee durch die USA, von ihr kraft der eigenen Persönlichkeit und des Namens Wagner zu organisieren und mit Hilfe von Sponsorengeldern, wie in den Vereinigten Staaten üblich, durchzuführen, wollte sie, von Wieland unterstützt, von außen her Bayreuth als ihre «Welt» gewinnen. Sollte das nicht etwa gar eine Einlösung von Wotans Gedanken aus dem «Rheingold» sein? «... mir Gotte mußt du schon gönnen, daß, in der Burg gefangen, ich mir von außen gewinne die Welt...» Durch das Mißlingen fiel der sich selbst von außen her mit einplanende und einsetzende geheime Rückeroberer Wieland aus den wolkigen Höhen herab und mußte ohne Friedelinds

Schützenhilfe auskommen. Gezwungenermaßen war er fortan darauf angewiesen, im Schulterschluß mit mir, seinem Bruder, auf Gedeih und Verderb den abgründigen Boden der Bayreuther Tatsachen zu betreten.

Unmittelbar nach der Urteilsverkündung der Spruchkammer gegen meine Mutter am 2. Juli 1947 bemühte ich mich erneut um einen Interzonenpaß nach Nussdorf. Am 25. Juli endlich kam ich dort an, um einen detaillierten Bericht über die Verhandlung zu geben und gemeinsam eventuelle Folgen für unser weiteres Erdendasein zu ventilieren, vielleicht sogar zu der Einsicht gelangen zu müssen, in Anbetracht der Situation nur noch rufen zu können: «Ade dann Kunst und Meistertön'.»

Mit Hilfe von Lady Dunn, einer etwas mysteriösen, doch überaus kunstbegeisterten englischen Dame, die bei den offiziellen amerikanischen Stellen des öfteren zugunsten Bayreuths intervenierte und vermittelte, glückte es mir, in das damals für uns Deutsche absolut unerreichbare Österreich zu gelangen. Von Berchtesgaden aus fuhr ich in einem Omnibus, der im Pendelverkehr mit Salzburg eingesetzt war, gut getarnt, «amerikanisch sein wollend», als vorgeblicher US-Bürger. Für drei Tage quartierte ich mich bei Gottfried von Einem ein. Meine Fahrt hatte diesmal mehr den Charakter einer angenehmen Kunstreise als einen bestimmten Zweck. So konnte ich in Salzburg eine der Aufführungen seiner dort uraufgeführten Oper «Dantons Tod» erleben. In jenen Tagen war es auch, daß ich den ebenfalls auf verschlungenen Pfaden nach Salzburg gelangten Carl Orff traf. Gottfried von Einem hatte es dank seiner guten Beziehungen zum CIC und mit dessen direkter Hilfe fertiggebracht, Orff ein- und wieder ausschmuggeln zu lassen. Der Zweck jener Nacht-und-Nebel-Aktion war, daß der Komponist in Gegenwart einiger Mitglieder der Direktion der Salzburger Festspiele, darunter Helene Thimig, seine Oper «Antigonae», die zwei Jahre darauf in Salzburg uraufgeführt wurde, am Piano selbst vorstellte. Ich konnte dieser Vorführung auch beiwohnen. Mit Orff zusammen übernachtete ich auf dem Fußboden in der Wohnung Gottfried von Einems, aber wir steckten natürlich nicht unter einer Decke.

Im Verlaufe des Herbstes richtete ich meine Behausung im 1. Stock des Gärtnerhauses von Wahnfried etwas wohnlicher her und verbesserte auch die bis dahin bescheidene Ausstattung der sanitären Anlagen. Meine Wohnung entwickelte sich in dieser Zeit mehr und mehr zu einem Anlaufpunkt für alle, die mit den Festspielen in irgendeiner Weise befaßt waren, und sie wurde zugleich so etwas wie ein «Widerstandsbüro» der Familie Wagner.

Etwa zur selben Zeit kam auch der erste Brief meiner Schwester aus den USA für mich an. Sie schien die unangenehmen Folgen ihres Buches für die Familie und sich selbst zu erkennen.

Die Möglichkeiten wechselseitigen Austausches von Informationen waren in den Jahren unmittelbar nach dem Krieg nur sehr geringfügig vorhanden, selbst der Briefverkehr verband sich stets mit unsäglichen Schwierigkeiten und Problemen. Im August 1947 erhielten die Nussdorfer ein Telephon, was die Verbindung miteinander wenigstens um einiges erleichterte. Da mein Schwager Bodo Lafferentz in Überlingen eine Firma betrieb, deren Produkte die französische Besatzungsmacht offensichtlich sehr interessierten, und mit einem gleichartigen Unternehmen in der Schweiz ständig Kontakt hielt, bewilligte ihm die Militärregierung eine Leitung. Dagegen wurde ein Antrag meiner Mutter auf die Zuteilung eines Telephons rundweg abgelehnt. Die Begründung ihres Wunsches, sie sei «ein Mensch des 20. Jahrhunderts» und habe darum Anspruch auf ein Telephon, fand keine Anerkennung. Wollte sie oder ich also telephonieren, mußten wir die Post aufsuchen, uns dort in lange Warteschlangen geduldig einreihen, um eine, wie das damals hieß, «Verbindung mit personenbegünstigtem Anschluß» herstellen zu lassen.

Mein Bruder kam das erste Mal nach dem Krieg vom 13. November bis zum 2. Dezember 1947 nach Bayreuth, mehr als vier Monate nach der ersten Verhandlung gegen unsere Mutter vor der Spruchkammer. Unverzüglich trat er in Beziehung zu dem Personenkreis, der ihm in jener Zeit besonders nahestand und sachlich kompetent erschien, das heißt, er besprach sich mit Leuten wie Otto und Gertrud Strobel, Christian Ebersberger, dem Onkel seiner Frau, dem Architekten Hans Reissinger und anderen.

Am 24., 26. und 27. November trafen wir im Kreise der Familie zusammen. Wir zogen ein Fazit aus der entfernteren und näheren Vergangenheit und der unmittelbaren Gegenwart. Wir stellten uns Fragen, wie es zur derzeitigen Situation kommen konnte, welche Schlüsse wir daraus zu ziehen hätten. Und wir versuchten abzuwägen, welche Chancen wohl bestanden, um für die Festspiele aktiv zu werden, oder was besser zu unterbleiben habe. Wir überlegten, worin unsere Möglichkeiten und Unmöglichkeiten bestünden. Natürlich bildete die Zukunft, so ungesichert sie auch aussah, den Dreh- und Angelpunkt unserer Gespräche. Die Resultate unserer Besprechungen hielten wir schriftlich fest. In einem der Dokumente wurde erstmals fixiert, «daß Wieland und Wolf den Wiederaufbau der Festspiele übernehmen. Aufgrund der gegebenen Tatsachen verzichtet Winifred auf die Leitung der Bühnenfestspiele.» In einem Zusatz wurde vermerkt: «Winifred Wagner und Wieland bestätigen Wolf, daß von seiner Seite alles getan wurde, was nach den Gegebenheiten zur Erhaltung des Besitzes geschehen konnte. Wieland erneuert diesbezüglich Wolfs Vollmachten in Entscheidungen während seiner Abwesenheit.» Ein dritter Abschnitt umfaßte Überlegungen zur Finanzierung, wobei zum Beispiel wieder der Gedanke aufkam, die Tristanpartitur zu veräußern, und die Folgen einer eventuellen zusätzlichen Staatsangehörigkeit meiner Mutter für Bayreuth. Die britische Besatzungsmacht hatte den in Deutschland lebenden Engländern angeboten, ihre alte Staatsbürgerschaft wieder zu erwerben. Der vierte Punkt machte auf «die Gefahren, die sich aus dem Dualismus der künftigen Leitung ergeben können» aufmerksam.

In den Tagen von Wielands Anwesenheit in Bayreuth kamen alle möglichen Hoffnungen, Wünsche und Erfordernisse zur Sprache, die einer Realisierung harrten, vorläufig aber – dies sahen wir alle wohl oder übel ein – in «Utopia» lagen und sicherlich noch eine Weile liegen mußten. So etwa der teilweise Wiederaufbau Wahnfrieds und die damit verbundene Wohngelegenheit im alten

Stammsitz der Familie. Da die Militärregierung Lizenzen für Veranstalter kultureller Darbietungen vergab, überlegten wir, ob nicht für meinen Bruder und mich oder besser noch für mich allein, da ich völlig unbelastet war, eine entsprechende Lizenz erlangt werden könnte, um zu verhindern, daß sie irgendeinem Fremden zufalle.

Am 19. Januar 1948 unterschrieben meine Mutter, Wieland, meine Schwester Verena und ich eine Vereinbarung, die meinen Bruder und mich eindeutig zur selbständigen Handlung bevollmächtigte. Wir wurden befugt, «im Namen der Familie zu sprechen und zu handeln». Nur im Falle unserer Uneinigkeit sollte ein «Familienrat» entscheiden, und wenn der zu keinem Resultat kommen sollte, die «Stimme Mamas».

Verschiedene weitere Aufenthalte Wielands in Bayreuth vor seiner endgültigen Rückübersiedlung und die Dauerverhandlungen mit allen Stellen, die sich für maßgeblich und kompetent hielten, ließen bereits vor der endgültigen Freigabe des Festspielvermögens erkennen, daß man allseits angestrengt daran arbeitete, Lösungen für die anstehenden Probleme zu finden, welche der Bedeutung der Festspiele über die Stadt und Region hinaus dienlich und angemessen waren. Dies kam im Wahlkampf der SPD um die Besetzung des Stadtrates am 6./7. Mai 1948 zum Tragen, fand aber auch seinen Ausdruck in der Rede des bayerischen Kultusministers, Dr. Hundhammer, zum 135. Geburtstag Richard Wagners am 22. Mai im Festspielhaus.

Die Währungsreform am 20. Juni 1948 führte auf allen Seiten zu einer schockartigen totalen Ernüchterung und ließ so manches extravagante Gedankengebäude wie ein Kartenhaus einstürzen.

Das im Festspielhaus betriebene Kulturleben, welches überwiegend aus dem beschlagnahmten Festspielvermögen bezahlt wurde, verlor über Nacht seine materielle Basis und kam zum Erliegen. Weder die Stadt Bayreuth noch das Land Bayern waren imstande, eine finanzielle Möglichkeit anzubieten, um die Bayreuther Festspiele – ganz gleich, durch wen und in welcher Form veranstaltet – zu unterstützen. Die interessantesten Entwürfe waren urplötzlich nur noch Altpapier, das, was ein X oder Y an lukrativen Verlockungen und internationalem Ruhm ebenso aussichtsreich wie egoistisch offeriert hatten, verschwand wie eine Fata Morgana. Die Illusionisten aller Couleur wurden unsanft auf den Boden der Tatsachen gestoßen. Gleich einer Seifenblase war samt und sonders alles geplatzt. Das bisherige Gegeneinander wich nun alsbald einem notgedrungenen, unvermeidlichen Miteinander. Innerhalb meiner Familie war man schon früher ein wenig dichter zusammengerückt, als nämlich die Einfälle Vetter Franzens ruchbar geworden waren.

Eine von mir veranlaßte und insbesondere für die Mitglieder der Familie bestimmte Aktennotiz vom 7. Oktober 1948 über eine Unterredung im «Government Bayreuth» war ein nüchterner und offener Situationsbericht zu jenem Zeitpunkt, in dem ich die anstehenden Problempunkte verzeichnete.

Das Urteil gegen meine Mutter in der Berufungsverhandlung der Spruchkammer bildete einen Schlußakkord zu den vorausgegangenen Dissonanzen, der die kontroversen Debatten weitgehend zum Verstummen brachte. Am 10. Dezember 1948, zwei Tage nach dem mit Erleichterung aufgenommenen Urteil meiner Mutter, erhielt mein Bruder seinen Sühnebescheid der Entnazifizierungskommission, in dem er als Mitläufer eingestuft wurde. Damit war er legitimiert, wieder aktiv mitwirken zu können in bezug auf die Festspiele, das heißt, er bekam den Status der uneingeschränkten Berufsausübung zugesprochen, den ich von Anfang an innegehabt hatte.

Unser vordringlichstes Bemühen richtete sich nunmehr darauf, das Festspielvermögen – die Liegenschaften, Wertanlagen und Geldmittel – für meinen Bruder und mich freizubekommen. Nach einer Entschließung des Bayerischen Staatsministeriums für Sonderaufgaben vom 28. Februar 1949, abgezeichnet von Staatsminister Dr. Hagenauer, «wird in Anwendung des Art. 53 des Befreiungs-Gesetzes die in Ziff. VI des Spruches der Berufungskammer Bayreuth vom 8. 12. 1948 angeordnete Sperre des Vermögens, insbesondere des dem Unternehmen der Bayreuther Festspiele gewidmeten Vermögens und die Einsetzung eines

Treuhänders aufgehoben.» Daß es so rasch zu dieser Entscheidung kam, verdankten wir einer Intervention beim bayerischen Ministerpräsidenten, Dr. Hans Ehard, durch den Oberbürgermeister Rollwagen, die Abgeordneten Pitroff und Haussleiter und vor allem den 2. Bürgermeister der Stadt Bayreuth, Senator Dr. Pöhner, der seit 1932 Baumeister meiner Mutter war. Sie hatte ihm bei Schwierigkeiten in der Zeit des Dritten Reiches helfen können, und seit Kriegsende ließ er nunmehr uns seine Hilfe unermüdlich und uneigennützig zukommen.

Dr. Pöhner hatte in dem Zusammentreffen mit dem Ministerpräsidenten darauf gedrängt, man möge doch alle im Entnazifizierungsgesetz verankerten Möglichkeiten überprüfen, die dazu dienen könnten, das Vermögen vorzeitig freizugeben. Zunächst stieß das auf Widerstand beim Ministerpräsidenten, der aber schließlich doch der versammelten Runde sein Placet gab, den Versuch zur Vermögensfreigabe zu unternehmen, «unter Vermeidung dieser (der vorgezogenen Aufhebung der Sperre) politisch wirkenden Entscheidung». Staatssekretär Camille Sachs erhielt daraufhin alle erforderlichen Unterlagen, vor allem die Verzichtserklärung Winifreds. Im Frühjahr 1949 erfolgte dann die endgültige Freigabe der Festspiele aus der Treuhänderschaft. Nachdem sie rechtskräftig geworden war, konnten mein Bruder und ich endlich auch ganz offiziell deren Wiederaufnahme in Angriff nehmen.

Am 21. April 1949 zog Wieland nach Bayreuth und nahm zuerst provisorisch Quartier in einem kleinen, von meiner Mutter ihm früher erbauten kleinen Atelier über dem Gewächshaus. Die Provisorien herrschten damals allenthalben im Alltag vor, und mein Bruder war gezwungen, vorläufig damit vorliebzunehmen, sämtliche Verrichtungen der Körperpflege in meiner sanitär besser eingerichteten Behausung zu erledigen.

Ihren ersten Besuch nach dem Kriegsende in Bayreuth machten meine Schwester Verena und ihr Mann Bodo Lafferentz, aus Nussdorf kommend, zwischen dem 3. und 6. März 1948. Während dieser Tage zerbrachen wir uns die Köpfe, wie praktisch aus dem Nichts ein funktionsfähiges und tüchtiges Etwas wiederer-

1 Wolfgang Wagner, einjährig, auf der Wiese neben der Allee vor Haus Wahnfried.

2 Siegfried und Winifred Wagner mit ihren Kindern Friedelind, Verena, Wieland und Wolfgang, 1924.

3 Schulferien an der Ostsee in Baabe auf Rügen, 1927.
Wieland, Friedelind, Verena und Wolfgang Wagner.

4 Wilhelm Furtwängler besucht im Herbst 1930 erstmals Winifred Wagner in Wahnfried.
Wolfgang Wagner, Winifred Wagner und Wilhelm Furtwängler.

5 Die vier Wagner-Enkel in ihrem Aufenthalts- und Spielraum im Haus Wahnfried, in dem auch die vier Pulte zur Erledigung der Schulaufgaben standen, 1932.
Friedelind, Wieland, Wolfgang, Verena.

6 Arturo Toscanini mit den vier Wagner-Enkeln, aufgenommen kurz nach dem Tod ihres Vaters Siegfried Wagner, 1930. Friedelind, Arturo Toscanini, Verena, Wieland, Wolfgang.

7 Winifred Wagner bei einer Besprechung im kleinen Garten vor ihrem Büro im Festspielhaus, 1931. Wilhelm Furtwängler, Heinz Tietjen, Winifred Wagner, Arturo Toscanini.

8 Adolf Hitler, der Führer und Reichskanzler des Deutschen Reiches, wird von der Leiterin der Bayreuther Festspiele, zusammen mit ihren Söhnen, in das Gästehaus von Wahnfried geleitet (Beginn der Festspiele 1936).
Im Hintergrund Wolfgang Wagner.

9 Modell für einen Ausbau bzw. eine «Monumentalisierung» des Festspielhauses (1940). Architekt: Emil-Rudolf Mewes. (*Mitte*)

10 Erste Aufräumungsarbeiten an dem durch den Luftangriff vom 5. 4. 1945 zu fast zwei Drittel zerstörten Haus Wahnfried, Anfang Juni 1945. (*Unten*)

11 Winifred Wagner verläßt mit ihren Söhnen und Schwiegertöchtern das Justizgebäude Bayreuth nach der Urteilsverkündung der Berufungsverhandlung am 8. 2. 1948. Ellen, Wolfgang, Winifred, Wieland und Gertrud Wagner.

12 Wieland und Wolfgang Wagner vor dem Plakat der Bayreuther Festspiele 1951, dem Jahr des Wiederbeginns nach dem Zweiten Weltkrieg.

13 Letztes offiziell herausgegebenes Foto von Wieland und Wolfgang Wagner bei einer gemeinsamen internen Arbeitsbesprechung im Festspielhaus, 1965.

14 Oberbürgermeister Hans Rollwagen gratuliert Wieland und Wolfgang Wagner zum Auftakt des Neubeginns der Bayreuther Festspiele 1951.

15 Wieland und Wolfgang Wagner mit Hans Knappertsbusch vor Wahnfried, 1951.

16 Unterredung mit Herbert von Karajan vor der «Tristan»-Premiere (23. 7. 1952) auf der Terrasse von Wahnfried über die von ihm veränderte Aufstellung der Musiker im Orchesterraum. Links: Wolfgang Wagner.

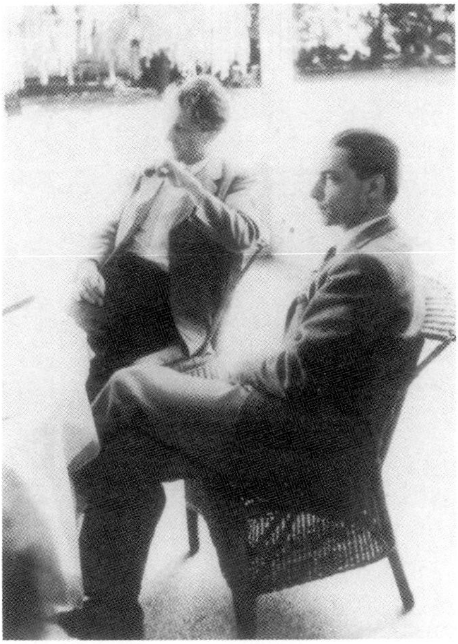

17 Wilhelm Furtwängler dirigierte als Auftakt zur Wiedereröffnung der Bayreuther Festspiele am 29. 7. 1951 Beethovens IX. Symphonie. Die Aufnahme zeigt ihn bei einem nochmaligen Konzert 1954 im Festspielhaus beim Schlußapplaus. Im Vordergrund der Bassist Ludwig Weber mit Wolfgang Wagner.

18 Paul Hindemith nach einer Probe der IX. Symphonie im Bayreuther Festspielhaus für die Aufführung am 11. August 1953. Von *links:* 2. Wolfgang Wagner; 3. Horst Stein, der spätere Festspieldirigent, damals noch Musikalischer Assistent; 5. Walter Born, Musikalischer Assistent; 6. Paul Hindemith.

19 Wolfgang Wagner vor dem Vorhang nach der Premiere seiner ersten Bayreuther Inszenierung «Lohengrin» am 23. 7. 1953. Zusammen mit Joseph Keilberth (Musikalische Leitung), Eleanor Steber (Elsa), Wilhelm Pitz (Chöre), Astrid Varnay (Ortrud), Hermann Uhde (Telramund), Wolfgang Windgassen (Lohengrin).

stehen könnte zu erneutem Ruhme der Kunst – und der Familie: «... in der Götter neuem Glanze sonnt euch selig fortan.»

Zu diesem Zweck war ein Fachgremium zusammengekommen, bestehend aus Dr. Meyer I, dem Wirtschaftsprüfer Hieber, dem Finanzfachmann Sesselmann, meinem Schwager und mir selbst. Bevor andere Familienmitglieder hinzugezogen würden, wollten wir vorbereitend tagen, um uns über die unmittelbaren Erforderlichkeiten in den organisatorischen und finanziellen Belangen zu verständigen. Zuvor waren ja meist nur blumige Reden geschwungen und gigantische Pläne skizziert worden, vor allem auch innerhalb der Familie, die nun einmal umgesetzt werden mußten, um nach der Einrichtung solider Grundlagen die Verwirklichung des künstlerisch Optimalen einzuleiten. Das Reden und Planen ins Blaue hinein bewegte für sich noch gar nichts, und daher sollten jetzt an deren Stelle nüchtern kalkulierte Taten treten. Unsere Überlegungen zeitigten einen Aufgabenkatalog, der folgende Punkte umfaßte:

Die Schaffung

1. der finanziellen Voraussetzungen für die Festspiele;
2. der künstlerischen Voraussetzungen;
3. der Basis, mit der Stadt Bayreuth das altbewährte System der Zusammenarbeit zu gewährleisten und tragfähig weiterzuführen;
4. der Voraussetzungen zur Lösung der Quartierfrage für Mitwirkende und Publikum, was angesichts der herrschenden katastrophalen Wohnungsnot ein nicht zu unterschätzendes psychologisches Problem bedeutete;
5. der Voraussetzungen für eine der jetzigen Situation angemessene Öffentlichkeitsarbeit;
6. der Voraussetzungen für einen zu gewinnenden Mitarbeiterstab, was auf Personen abzielte, die bereit sein würden, in den Zeiten des sich langsam abzeichnenden Wirtschaftswunders an der Aufbauarbeit eines Hungerleiderunternehmens mitzuwirken;
7. der Voraussetzungen zur Sanierung des Festspielhauses und

seiner Nebengebäude, so daß die ungehinderte und uneingeschränkte Bespielbarkeit, die durch die Aufsichtsbehörde genehmigt werden mußte, erreicht werden könnte.

Im Künstlerischen kam es logischerweise darauf an, der Welt vor Augen und Ohren zu führen, daß wir uns entschieden von jeder Form des Historismus und Nationalismus abkehrten, auf das altgewohnt in Bayreuth Tradierte bewußt verzichteten, um uns auf die einzig echte Tradition zu besinnen, die auf dem Festspielhaus und den Festspielwerken beruhte.

Vor allen Dingen mußte unzweifelbar mit aller Deutlichkeit in der Öffentlichkeit klargestellt werden, daß mein Bruder und ich allein – nicht etwa aber die Familie Wagner – die verantwortlichen Veranstalter der Festspiele waren.

Für ausnahmslos sämtliche angeführten Punkte galt es, adäquate Strukturen *in* der und *für* die Wirklichkeit zu finden.

Wie sollten wir es bewerkstelligen, überhaupt an Geld zu kommen? Eine dankenswerte Sammlung Bayreuther Bürger verhalf uns immerhin zu etwas, so daß wir wenigstens unseren Lebensunterhalt fristen und für die Festspiele zu arbeiten beginnen konnten.

Zum Beispiel wurde mit Vertretern der ehemaligen oder bereits wieder intakten Richard-Wagner-Verbände eingehend überlegt, ob möglicherweise die vorhandenen Mittel der Richard-Wagner-Stipendienstiftung für die Anschubfinanzierung der Festspiele eingesetzt werden könnten, obwohl diese sich durch die Währungsreform natürlich auch erheblich vermindert hatten.

Der noch immer im Raum stehende und in unserer Zwangslage nun erneut lebhaft diskutierte Vorschlag des Verkaufs einer oder mehrerer originaler Partituren Wagners scheiterte daran, daß mit einem Einverständnis meiner Schwester Friedelind keinesfalls gerechnet werden konnte. Ob es generell sinnvoll gewesen wäre, die Archivalien und Manuskripte anzutasten, und ob eine Veräußerung den von der Familie erwarteten Erfolg vollkommener Unabhängigkeit und Autarkie der Festspiele wirklich gehabt hätte, wage ich noch heute heftig in Frage zu stellen. Friedelind mochte Gründe genug haben, Nein zu sagen, hatte sie doch eine Wiedereröffnung der Bayreuther Festspiele für eine weitaus spätere Zeit proklamiert. Außerdem mußte sie sich doch wohl in ihren eigenen Plänen durch unsere Aktivitäten empfindlich gestört sehen und konnte mithin kein besonderes Interesse daran haben, die Festspiele möglicherweise so frühzeitig und ohne ihre direkte Teilnahme auferstehen zu lassen.

Durch das Paradoxon, daß bei zwei «Hauptschuldigen» einer dem anderen im Sinne des Entnazifizierungsgesetzes einen sogenannten «Persilschein» ausstellte, der zumindest bei diesem Kreis von Angeklagten eidesstattlich erklärt sein mußte, wurde eine alte, zwischenzeitlich fast verschüttete Verbindung wieder hergestellt und sehr belebt. Eine Verbindung, die ihren bisherigen Höhepunkt anläßlich des 60. Geburtstages meines Vaters am 6. Juni 1929 in Bayreuth gefunden hatte. Gerhard Roßbachs Jugendgruppe, die «Spielschar Ekkehard der Schilljugend», durfte sich als große Überraschung für meinen Vater in Wahnfried produzieren. Meine Mutter, die den Auftritt vermittelte, wußte, daß ihr Mann sich an einer künstlerisch aktiven und vitalen Jugendgruppe erfreuen würde. Gerhard Roßbach kam nach entsprechenden Alarmsignalen Winifreds am 11. Mai 1949 zum ersten Mal wieder nach Bayreuth, um uns seine Hilfe für aussichtsreiche Finanzierungsbemühungen anzubieten. Er brachte sechs unterschiedliche Vorschläge mit, die er uns zur Überlegung stellte. Ich weiß noch, daß es der fünfte war, der nach unser aller Auffassung die besten Aussichten auf eine erfolgversprechende Verwirklichung hatte. «Roßbach schlägt eine Industrieumlage mit DM 100,– pro Unternehmen vor und glaubt, durch die Industrie- und Handelskammern und durch persönliche Beziehungen an die Leute heranzukommen. – Es sei unwahrscheinlich, daß jemand mehr als 100 DM geben würde – aber er behauptet, daß dieser Betrag leicht gezahlt würde.» Er sollte recht behalten, denn es gelang ihm in reger Betriebsamkeit, ja geradezu faszinierender Umtriebigkeit, die ihm durch und durch zu eigen war, bei so vielen amtlichen Stellen, Persönlichkeiten und Firmen vorstellig zu werden und sie letztlich zu überzeugen, daß in kürzester

Zeit tatsächlich optimale Verhältnisse für uns und für Bayreuth geschaffen werden konnten. Selbstverständlich hielt er währenddessen ständig Kontakt mit uns, auch stimmten sich Winifred Wagner und er in ihren Aktionen wechselseitig ab, um das Bestmögliche zu erreichen.

Am 22. September 1949 gründete sich der für das neue Bayreuth so bedeutende Mäzenatenverein «Gesellschaft der Freunde von Bayreuth e. V.». Die Gründungsversammlung führte neben Wieland und mir unseren in Aussicht genommenen Verwaltungsleiter Heinrich Sesselmann, Lotte Albrecht-Potonié, die Vorsitzende des Richard-Wagner-Verbandes, Dr. Hans Bahlsen aus Hannover, Konsul Dr. Franz Hilger nebst Sohn Ewald aus Düsseldorf, Dr. Moritz Klönne aus Dortmund, Dr. C. A. Schleussner aus Frankfurt am Main, Martin Schwab aus Stuttgart von der Firma Telefunken, Joachim Vielmetter aus München von Knorrbremse, den Landrat aus Usingen und Freund unserer Familie Dr. August Roesener und den Rechtsanwalt und Notar aus Frankfurt am Main Dr. Hugo Eckert zusammen. Dr. Konrad Pöhner, der zweite Bürgermeister der Stadt Bayreuth und bayerisches Senatsmitglied, Berthold Beitz, damals in Hamburg (später dann in Essen), und Dr. Otto Springorum aus Essen sandten ihre Vertreter.

Am Vorabend des Gründungstages fand mit dem Gastgeber Dr. Schleussner eine Vorbesprechung im kleinsten Kreise in einem Nebenzimmer von «Schumanns Sälen» gegenüber dem Frankfurter Hauptbahnhof, einer damals noch ziemlich bombenzerstörten Gegend, statt. Fast wäre es im letzten Moment, wo doch alles gut vorgeklärt war, zu einer Katastrophe gekommen, die eine hitzige Debatte zwischen meinem Bruder und Dr. Schleussner heraufbeschwor, da Wieland dem Jargon und der Sprachspezifik der Wirtschaft ziemlich ahnungslos gegenüberstand und sich zum Beispiel von Begriffsinhalten wie Hypotheken, Sicherheiten, kurz- und langfristigen Darlehen etc. kaum eine Vorstellung machen konnte. Einen Eklat konnten wir anderen zum Glück verhindern, aber die durch Herrn Sesselmann und mich recht gut vorbereiteten Finanzplanungen und -anforderungen wurden am Sitzungstag dann nicht, wie erst vorgesehen, von meinem Bruder, sondern von mir vorgetragen. Wieland beschränkte sich in seinen Ausführungen ganz auf Äußerungen zu künstlerischem Wollen und die damit verbundenen Belange.

Bei der Rückgabe des Festspielhauses durch den Treuhänder, so berichtete ich unter anderem, mußte unsererseits eine Schuldenlast von 17000 DM mitübernommen werden. Ein greifbares und flüssiges Vermögen, auch zu deren Deckung sei jedoch nicht vorhanden; weitere Vermögenswerte bestünden aus totem Kapital. Eine eventuelle Hilfe seitens des bayerischen Staates sei auf keinen Fall zu erwarten, da mein Bruder und ich den durch Bayerns Ministerpräsidenten für uns vorgesehenen «Kontroll-Intendanten», der uns beaufsichtigend vor die Nase gesetzt werden sollte, kategorisch abgelehnt hatten. Auf die reichlich verworrene Geschichte des in Betracht gezogenen Notverkaufs von Partituren und Autographen ging ich auch an dieser Stelle nochmals ausführlich ein. Der erschreckenden Zustände nicht genug, habe sich nun auch eine weitere Hoffnung gründlich zerschlagen, indem sich die UNESCO, auf die wir als Bürgen gegenüber einer Bank setzten, zurückgezogen hatte. Darum akzeptierten wir dankbar Gerhard Roßbachs weitreichende Hilfe, die nach unserer Auffassung Gewähr bieten könnte, zu einer ausreichend gesicherten Grundlage der Gesamtfinanzierung und Liquidität zu gelangen. Aufgrund der vorgelegten und von allen Beteiligten diskutierten Kalkulation wurden als Startkapital 400000 DM angenommen, die aus Mitteln der Festspiele durch den Kartenverkauf usw. auf die notwendigen 700000 DM aufgestockt werden sollten. Eindringlich führte ich der Versammlung vor Augen, daß die Wiedereröffnung der Bayreuther Festspiele unter Wielands und meiner Leitung, ohne den Einfluß der Münchner Regierung, ausschließlich von dieser finanziellen Basis abhänge, und zwar sowohl für mich als den wirtschaftlich Verantwortlichen als auch für uns beide in künstlerischer Hinsicht. Denn Engagements konnten erst dann vorbereitet und vertraglich abgeschlossen werden, wenn vollkommen abgesichert erschien, daß alles am Ende auch bezahlbar war.

Die Gründung der «Gesellschaft der Freunde» und ihre ersten erfolgreichen Bestrebungen stellten gleichsam die Initialzündung für die nun folgenden weiteren Finanzierungsbemühungen dar. Mit ihrem Rückhalt konnten wir nun darangehen, Verhandlungen mit anderen «Geldquellenbesitzern» anzuknüpfen. Dabei kamen vorrangig die Rundfunkanstalten in Frage, aber ebenfalls eine Zuschußgewährung durch den bayerischen Staat, allerdings nur unter der unverrückbaren conditio sine qua non, daß er keinerlei Einfluß auf die künstlerischen Belange ausübe. Den Rundfunkanstalten vermochten wir für ihre Unterstützung ja eine echte und interessante Gegenleistung anzubieten, die Rechte der Übertragungen aus dem Festspielhaus; für einen staatlichen Zuschuß freilich hatten wir kein entsprechendes Äquivalent.

So wurde staatlicherseits eine Art Kommission aus Sachverständigen und Gutachtern, wie Intendanten verschiedener Theater und dem Deutschen Bühnenverein, eingesetzt, da ja das Unternehmen Wieland & Wolfgang Wagner noch keine genügende künstlerische Legitimation vorzuweisen hatte und demzufolge auf Zweifel und Mißtrauen stieß. Freilich geschah das insgeheim in der anscheinend unbesiegbaren Hoffnung, mittels einer «Durchleuchtung» durch offizielle Stellen vermutete Mängel oder Unfähigkeiten bei uns herauszufinden, wodurch die Möglichkeit gegeben wäre, die teils offen eingeräumte, teils unterschwellige Konträr-Position zu einem weitgehend unabhängigen, mündigen Bayreuth letzten Endes doch noch in eine unmittelbare «Oberaufsicht» umzuwandeln. Kurz nachdem als Resultat eines unendlichen Verhandlungsmarathons ein staatlicher Zuschuß in Höhe von 50000 DM für 1950 und 1951 in Aussicht gestellt worden war, spielte man in München als letzten Trumpf aus, eine Zuweisung der Gelder könne nur erfolgen, wenn dem Unternehmen der in allem unerfahrenen Gebrüder Wagner ein «Fachmann», im Klartext ein Aufpasser, beistehe, besser wohl noch vorstehe. Hierbei wurde wieder einmal Heinz Tietjen ins Gespräch gebracht. Wieland und ich verwahrten uns dagegen und schlugen dieses erneute Ansinnen einer Überwachung kurzweg ab, wobei wir argumentierten, daß nach dem totalen Ausscheiden unserer

Mutter auch nicht ihr einst engster und hauptsächlicher Mitarbeiter quasi durch eine Hintertür wieder in Bayreuth mit gewisser Verantwortung eintreten und tätig werden dürfe. Gleichzeitig verwiesen wir, nicht ohne einen gewissen Stolz, darauf, daß schließlich so gediegene und versierte Fachleute, die im Theater unangefochtene Geltung besaßen, wie Hans Knappertsbusch, Herbert von Karajan und Rudolf Hartmann uns ihre Mitarbeit fest zugesichert hatten, und zwar getragen von einem großen Vertrauen und Zutrauen zu uns beiden. Wie gar nicht selten, gab endlich eine vergleichsweise geringfügige Begebenheit den entscheidenden Ausschlag. Die Mitarbeiterin und Sekretärin der damals noch bestehenden Generalintendanz der Bayerischen Staatstheater, Bertha Buchenberger, bemerkte nach Vorlage und Diskussion unseres Kostenvoranschlags und der vorgesehenen Abwicklung der Festspiele, besonders auch der Proben und Aufführungen, gegenüber dem Leiter dieser Institution, Dr. Diess, daß die Planung durchaus sachgerecht aussehe und man ihr nur zustimmen könne. Und lapidar fügte sie hinzu, die Herren Wagner trügen schließlich ohnehin das gesamte Risiko, also: «Lassen Sie sie doch machen.» Das genügte offenbar dann, um den unsererseits dringend erhofften Zuschußbetrag zu genehmigen. Viele jedoch, die für den staatlichen Beitrag mitverantwortlich waren, begleiteten die Gewährung mit dem innigen Wunsch, wir möchten bösen Schiffbruch erleiden und alles in den Sand setzen.

Die nicht minder nervenaufreibenden Querelen mit dem Intendanten des Bayerischen Rundfunks, Dr. Scholtz, endeten damit, daß wir am 18. September 1950 einen Zuschuß von 50000 DM aus dem Fonds der Kulturhilfe verbindlich zugesagt bekamen. Besonders der Gewerkschaftsvertreter im Rundfunkrat, Max Wönner, hatte durch sein massives Eintreten für Bayreuth dabei außerordentlich mitgeholfen, den anfänglichen Widerstand des Intendanten zu brechen.

Zur Beruhigung mancher Besorgter, die der Meinung waren, wir würden wie der Direktor eines Wanderzirkus unser Geld womöglich in der Hosentasche umhertragen und es beliebig nach Lust und Laune klingeln lassen, und um unsere Seriosität bei der ordnungsgemäßen Verwendung der uns zufließenden Finanzmittel zu überprüfen, schickte uns Berthold Beitz im Auftrag der «Gesellschaft der Freunde» den Vermögensverwalter der Iduna-Germania-Versicherung nach Bayreuth. In weit weniger als der ursprünglich veranschlagten Zeit konnte sich dieser sehr befähigte und gewitzte Experte vollständig davon überzeugen, daß durch unsere dafür zuständigen Mitarbeiter alles Nötige in korrekter und sachgemäßer Weise getan wurde, um jedermann die Garantie seriösen Finanzgebarens zu bieten.

Gemäß einer getroffenen Vereinbarung wurden die Originalpartitur des «Lohengrin» und diverse andere Autographen Richard Wagners der Karl Schmidt Bank in Bayreuth als Sicherheit übergeben. Nach den Rechtsnormen der damaligen Zeit kam diese Art von Geschäften nur noch Privatbanken zu, so daß die Bayreuther Festspiele ihre zuvor gepflegten alten Bankverbindungen dafür nicht mehr nutzen konnten. Um uns in den Besitz verfügbarer Mittel zu setzen, gewährte die Iduna dem Bankhaus Schmidt dazu eine Liquiditätshilfe.

Der dann endgültig festgelegte Zeitpunkt der Wiedereröffnung der Bayreuther Festspiele im Jahre 1951, der zunächst vorgesehene Spielplan und dessen spätere Erweiterung spiegeln exakt die zeit- und umständebedingten Möglichkeiten und Behinderungen. Nicht allein subjektivem Wollen und Wünschen folgten wir, vielmehr objektiven Gegebenheiten.

Vor September 1949 bestand ein Plan, der optimistisch vorsah, die Festspiele bereits 1950 zu eröffnen und auf das Programm neben einigen «Parsifal»-Aufführungen vier Symphoniekonzerte zu setzen. Da 1950 für den Vatikan das alle 25 Jahre wiederkehrende «Heilige Jahr» fällig war und überdies in Deutschland die Oberammergauer Passionsspiele wieder stattfinden sollten, rechnete man dort allgemein mit einem starken Zustrom ausländischer Besucher, auch aus Übersee. Für sie hätte die Veranstaltung Bayreuther Festspiele ein weiterer Anreiz zu einer Reise sein können.

Anläßlich der Gründung der «Gesellschaft der Freunde» kamen Überlegungen zur Sprache, die von zwei Werken meines

Großvaters auf dem Spielplan ausgingen. «Parsifal» stand fest, dazu sollten entweder «Tristan» oder «Die Meistersinger» treten. Bei gleicher Gelegenheit wurde die Dirigentenfrage erörtert. Mit Hans Knappertsbusch waren wir in fast vollständiger Abrede, und sobald die pekuniäre Situation als einigermaßen ausreichend gesichert angesehen werden durfte, sollte mit Victor de Sabata und Bruno Walter Verbindung aufgenommen werden. Weil nun Wilhelm Furtwängler 1950 infolge seiner Salzburger Verpflichtungen sich keinesfalls für Bayreuth zur Verfügung halten konnte, fiel der Name Herbert von Karajans. Als sich jedoch nur wenig später aus vielerlei Gründen herausstellte, daß die Festspiele erst 1951 wieder erstehen würden, erstellten wir am 22. März 1950 einen völlig neugefaßten Finanzplan auf der Grundlage unserer mittlerweile veränderten und erweiterten Programmvorstellungen. Es sollten nach einem Eröffnungskonzert mit Beethovens IX. Symphonie, erinnernd an die Feier der Grundsteinlegung des Hauses auf dem Grünen Hügel am 22. März 1872, jeweils fünf Aufführungen des «Parsifal» und der «Meistersinger» sowie zwei komplette «Ring»-Zyklen stattfinden. Das veranschlagte finanzielle Gesamtvolumen belief sich auf 1 483 157,50 DM.

Für das Eröffnungskonzert gelang es, Wilhelm Furtwängler zu gewinnen, der schon 1949, zu einer Zeit also, da der Neubeginn noch nicht endgültig fixiert war und demnach auch keine weiterreichenden Entscheidungen getroffen werden konnten, seine Mitwirkung für 1951 verlangte. Ihm eine solche Zusage festverbindlich zu geben, war uns begreiflicherweise ganz unmöglich. Ich glaube, in meiner Annahme nicht fehlzugehen, daß dies sicherlich auch der Anlaß zu gewissen Manipulationen mit und um Salzburg war, die Herbert von Karajan als intimer Kenner der «GOLDberg-Variationen» im «Neidspiel» an gleicher Stelle zu nutzen nicht versäumte.

Die Realisation dieses erweiterten, großen Planes bedeutete für mich – wie selbstverständlich auch für meinen Bruder – einen wesentlich intensiveren Einsatz in allen Bereichen unserer Arbeit, für mich zusätzlich jedoch, daß ich die Regie der «Meistersinger», die auf mich zugekommen wäre, nicht übernehmen konnte.

In einem Interview vom 10. Mai 1950 wurde unser Wollen und Tun zum ersten Mal öffentlich kommentiert.

Am 27. Mai fand erneut eine Sitzung der «Gesellschaft der Freunde» statt, bei der wir in einem Situationsbericht unter anderem in der Lage waren, vor allem die künstlerisch interessierten Mitgestalter der kommenden Festspiele schon zu benennen. Da sich Wilhelm Furtwängler aufgrund seiner Salzburger Verpflichtungen außerstande sah, Aufführungen zu dirigieren, einigten wir uns auf ihn als Dirigenten des Eröffnungskonzerts. Hans Knappertsbusch stand für den «Parsifal» fest. Eine andere bedeutungsvolle Verpflichtung waren wir mit Herbert von Karajan eingegangen, der sämtliche «Meistersinger»-Aufführungen und die musikalische Einstudierung des «Ring» übernehmen und, alternierend mit Knappertsbusch, den zweiten «Ring»-Zyklus auch dirigieren sollte. Furtwänglers Präsenz zur Eröffnung war letztlich davon bestimmt, daß er glaubte, Herbert von Karajan entgegentreten zu müssen, um Bayreuth vor der totalen Vereinnahmung durch ihn zu bewahren. Im Sitzungsprotokoll der «Gesellschaft der Freunde» ist in einer Aussage Dr. Pöhners über die Verhandlungen mit Furtwängler folgendes festgehalten worden: «Wieland hat jetzt wieder mit Furtwängler verhandelt, der dreimal ‹ja› und fünfmal ‹nein› und jetzt endgültig ‹ja› gesagt hat unter der Voraussetzung, daß aus 1951 kein Bayreuth des Herrn von Karajan, sondern ein Bayreuth Richard Wagners würde ...»

Bereits für 1951 hatte ich auch mit Joseph Keilberth in Hamburg verhandelt, dessen Mitwirkung in Bayreuth sich aber in Anbetracht anderweitig fixierter Verpflichtungen erst 1952 verwirklichen ließ.

Mit der Inszenierung der «Meistersinger» wurde Rudolf Hartmann betraut. Die Gestaltung der Bühnenbilder hierzu überantwortete mein Bruder dem Onkel seiner Frau Gertrud, dem Architekten Hans Reissinger. Infolge der finanziellen Kalamitäten mußten die Kostüme aus Nürnberg entliehen werden. Die in dieser Sitzung der «Gesellschaft der Freunde» geltend gemachten

Bedenken, daß man beim Neubeginn die Szene nicht nur avantgardistisch ausdeuten möge, wurden durch das Team der «Meistersinger» gewiß voll und ganz erfüllt.

Neben den Dirigenten galt es, die notwendigen Sänger neu zu gewinnen. Damals schon bestand in besonderer Weise die bis auf den heutigen Tag immer wieder geäußerte Meinung, es gebe keine Wagnersänger mehr, nicht zuletzt bedingt durch den Krieg und die sechsjährige Zwangspause nach den letzten Kriegsfestspielen.

Bei der Suche nach möglichen neuen Kräften, die den Anforderungen ihrer Partien gerecht würden, schenkte man verständlicherweise der Überlegung Aufmerksamkeit, ob man nicht auf einige Arrivierte der früheren Jahre zurückgreifen sollte.

Am 1. August erlebte ich in Salzburg ein Konzert mit Edwin Fischer, dem Schweizer Pianisten, den ich zuletzt während der Kriegszeit in Berlin gehört hatte. Am selben Tag traf ich Wilhelm Furtwängler und besprach mit ihm die Möglichkeit eines Konzerts in Bayreuth. Am 2. August ging es in einer Unterredung mit dem Vorstand der Wiener Philharmoniker um das gleiche Projekt. – Mein Bruder und ich wollten uns immer bei besonderen Gelegenheiten oder Anlässen durch solche Veranstaltungen im Festspielhaus bemerkbar machen. Am 22. Mai 1949, dem einhundertsechsunddreißigsten Geburtstag Richard Wagners, dirigierte Hans Knappertsbusch zum Beispiel ein Konzert der Münchner Philharmoniker, nach dem Tod von Richard Strauss fand am 9. September 1949 ein Gedenkkonzert der Dresdner Staatskapelle unter der Leitung von Joseph Keilberth statt.

Tags darauf, am 3. August, konnte ich mit Kirsten Flagstad sprechen, die an diesem Abend die Leonore im «Fidelio» sang. Beim Zusammentreffen mit ihr fragte ich sie, ob wir auf ihre Mitwirkung bei der Wiedereröffnung der Festspiele zählen dürften. Sie aber wehrte ab und meinte, sie halte es bei einem solch bedeutenden Einschnitt und Neuanfang in Bayreuth für richtiger, mit ganz neuen und jungen Sängern zu beginnen. Auf meine Frage, ob sie mir also dann eine geeignete Sängerin ihres Fachs nennen könne, riet sie mir zu Astrid Varnay, die an der Met zu einer unerwarteten und einmalig schnellen Karriere gekommen war. Ihr Einspringen am 6. Dezember 1941 verdient besonders hervorgehoben zu werden, als sie nämlich, da keine der Größen ihres Fachs verfügbar waren, mit zweiundzwanzig Jahren als Sieglinde und genau eine Woche später sogar als Brünnhilde auf der Bühne gestanden hatte. Beide Partien bewältigte sie ohne Proben. Eine Sensation! – Astrid Varnay verpflichteten wir ungehört, das heißt ohne Vorsingen, für 1951. Mit ihr und Martha Mödl hatten wir ein hochdramatisches Schwesternpaar, das die Frage, ob es in diesem schwierigen Fach denn noch Wagnersänger gebe oder nicht, vergessen ließ.

Martha Mödls Vorsingen in Bayreuth am 10. September 1950 ging folgendes voraus: Da eine vorgesehene belgische Sängerin ausschied, – sie hatte die von meinem Bruder in sie gesetzten Erwartungen als Kundry nicht erfüllt – fuhr Wieland nach Hamburg, um sich Martha Mödl anzuhören. Infolge ihrer starken Indisposition an diesem Abend – trotzdem sang sie die Venus im «Tannhäuser» – konnte er sich kein abschließendes Urteil bilden. Noch bevor sie zum Vorsingen nach Bayreuth kam, hatte auch ich sie unterdessen gehört und war von ihr sehr angetan. Daraufhin wurde sie engagiert; ihr Erfolg gab uns recht.

Eine Episode im Zusammenhang mit der Gewinnung von Sängern möchte ich nicht aussparen: Mein Bruder und ich besuchten im Münchner Prinzregententheater eine Aufführung der «Meistersinger». Für den erkrankten Tenor August Seider sprang ein junger Sänger namens Wolfgang Windgassen ein, damals eigentlich nur bekannt als Sohn seines Vaters Fritz. Hans Knappertsbusch, der die Vorstellung dirigierte, sagte, als wir ihn hinterher in seiner Garderobe besuchten: «Meine Herren, ich hoffe, daß es Euch nicht einfällt, etwa diesen Krawattltenor nach Bayreuth zu engagieren.» Mein Bruder schaute mich sehr betreten an, da wir dem jungen Mann für den Parsifal, den ja Knappertsbusch leiten sollte, bereits im Wort standen. Wir zogen es vor, uns für diesmal schweigend zu verabschieden.

Leo Blech, der 1937 seine leitende musikalische Position an der Berliner Staatsoper hatte aufgeben müssen, schrieb in niemals aufgegebener Verbundenheit zu meiner Mutter schon am 22. Oktober 1948 an sie, daß er auf eine junge Sängerin aufmerksam machen möchte, da ihre Söhne ja ein neues Ensemble aufbauen wollten und müßten. Die Empfohlene war Birgit Nilsson. Im selben Brief riet er auch zu Sigurd Björling, den dann Knappertsbusch ebenso wie Birgit Nilsson bei einem Gastspiel in Stockholm kennenlernte.

Das Engagement von Sigurd Björling als Wotan 1951 kam zustande, während unser Angebot an Birgit Nilsson, die zweimal Sieglinde singen sollte, vorerst scheiterte, da sie bereits vorher eine Verpflichtung in Glyndebourne eingegangen war. Persönlich lernte ich sie bei einem konzertant aufgeführten Ersten Aufzug der «Walküre» im Titania-Palast in Berlin unter dem Dirigat Leo Blechs kennen. Hans Beirer sang dort zum ersten Male den Siegmund und Joseph Greindl, der 1943 in Bayreuth als Pogner in den «Meistersingern», aber auch in meiner allerersten Inszenierung 1944 an der Berliner Staatsoper mitgewirkt hatte, den Hunding.

Die Wiederbegegnung nach dreizehn Jahren mit Leo Blech war für mich ein besonderes Erlebnis, weil er trotz seiner Emigration, zu der er als Jude gezwungen worden war, keinerlei Ressentiments gegenüber Bayreuth hatte und für ihn das Werk meines Großvaters durch den damit getriebenen Mißbrauch nicht etwa den Charakter eines Manipulationswerkzeugs angenommen hatte, sondern unverändert für sich sprach.

Neuverhandlungen mit Birgit Nilsson führten zu keinem besseren Resultat, und erst 1953 betrat die Sängerin die Bayreuther Bühne, indem sie in der IX. Symphonie mitwirkte, die damals Paul Hindemith dirigierte. Ihn hatten wir als Zeichen unserer Reverenz vor dem im Dritten Reich als «entartet» geltenden Komponisten gebeten, die dritten Nachkriegsfestspiele zu eröffnen.

Eine für mich besonders beglückende Fügung ergab, daß ich 1954, im zweiten Jahr meiner ersten Bayreuther Inszenierung, dem «Lohengrin», Birgit Nilsson als Elsa besetzen konnte, nachdem mein Bruder sich bei seiner Neuinszenierung des «Tannhäuser» für Gré Brouwenstijn als Elisabeth entschlossen hatte. Als «Zugabe» sang Birgit Nilsson die Kurzpartie der Ortlinde in der

«Walküre» meines Bruders, eine Partie, die man im Vorkriegs-Bayreuth auch Kirsten Flagstad neben der Gutrune, der dritten Norn und 1934 noch der Sieglinde sängerisch zugetraut hatte. 1955 und 1956 kehrte Birgit Nilsson Bayreuth den Rücken, da ich meinen Bruder nicht dazu zu bewegen vermochte, ihr neben der Senta in meiner Neuinszenierung des «Fliegenden Holländer» (der aus Planungsgründen eine Doppelbesetzung der Senta erforderlich machte, neben Birgit Nilsson war Astrid Varnay besetzt) die von ihr erhoffte Sieglinde zuzugestehen. 1957 kam sie zurück, als Isolde in meiner neuen Inszenierung des «Tristan». Mein Bruder vertraute ihr auch noch die dritte Norn an. In den Wiederholungsjahren des «Tristan» 1958 und 1959 holte ich mir zur unverhohlenen Opposition der etablierten Dirigenten den damaligen Musikdirektor in Aachen, Wolfgang Sawallisch.

Daß Birgit Nilsson und Wolfgang Windgassen in der Arbeitsgemeinschaft Karl Böhm und Wieland ab 1962 zum Traum-Titel-Paar im «Tristan» avancierten, war bereits einige Jahre zuvor durch mich angelegt worden, und ich durfte mich nun freuen, diesen beiden großen Künstlern die «niederen Weihen» schon erteilt zu haben. In meiner ersten Bayreuther «Ring»-Inszenierung 1960 sang sie alle drei Brünnhilden, ein Jahr später nur die «Siegfried»- und «Götterdämmerung»-Brünnhilde – es kam erstmals zu einer Aufteilung der Drei-Tage-Partie. Astrid Varnay übernahm, wie immer, wenn es um Außergewöhnliches ging, mit ihrer uneingeschränkten Einsatzbereitschaft und der ihr eigenen Unkompliziertheit die «Walküre»-Brünnhilde. Da nun Herr Dr. Böhm für die eben genannte Neuinszenierung des «Tristan» unbedingt Frau Nilsson als Isolde haben wollte, stimmte ich dem zu erwartenden Erfolg des Teams gern zu. 1962 sang sie nochmals die Brünnhilde in «Siegfried» und «Götterdämmerung» im ersten «Ring»-Zyklus, neben allen «Walküre»-Brünnhilden übernahm Astrid Varnay dann auch im zweiten die Partie in den anderen beiden Werken.

Wenn der «Ring» zusammen mit «Tristan» auf dem Spielplan steht, ergibt sich immer wieder die verständliche Situation, daß eine Sängerin lieber mit dem *Liebestod* in den Himmel der unsterblichen Gesangskünstlerinnen eingeht, als mit dem *Feuertod* im Schlußgesang der «Götterdämmerung», dem außerdem noch zwei Werke, «Walküre» und «Siegfried», vorausgehen.

Diese wenigen Beispiele zeigen und die weitere Zusammenarbeit bestätigte es, daß mit solchen Damen, die auf die Besonderheiten der Bayreuther Arbeit total eingingen, Persönlichkeiten gefunden waren, mit denen wir wirkliche Fest-Spiele veranstalten konnten. Spätere Überlegungen Wielands, Maria Callas für Bayreuth gewinnen zu wollen, hätten den genauen Gegensatz bedeutet und wären sicherlich nicht im Sinne der kontinuierlichen Aufbau- und auf den Ensemblegeist gestützten Werkstatt-Arbeit gewesen.

Die stets als leidig – vor allem für Bayreuth – zu bezeichnende Tenorfrage wurde für 1951 mit Bernd Aldenhoff, Hans Hopf und dem schließlich auch von Hans Knappertsbusch akzeptierten Wolfgang Windgassen gelöst.

Wie schon seinerzeit gilt noch heute, daß der Gewinn von Mitarbeitern, im speziellen Falle vor allem der von Sängern, auf folgenden Wegen zustande kommt: 1. durch Empfehlungen von Dirigenten, «Zunftkollegen», Gesangslehrern und aus dem Publikum, 2. durch eigene Bewerbungen zum Vorsingen, 3. durch Vorschläge von Agenten und Managern von Schallplattenfirmen, 4. durch das Lesen der einschlägigen Fachpresse und 5. nicht zuletzt durch Informationsreisen, wie sie auch Richard Wagner für die Vorbereitung seiner Festspiele unternahm. Heute tritt allerdings die audiovisuelle Möglichkeit zur Vororientierung hinzu, wobei die moderne Aufnahmetechnik für unsere Zwecke den geringsten Informationswert besitzt, da ihre Resultate oft genug das Ergebnis allerlei raffinierter Manipulationen sind und sich zumindest die Möglichkeit solcher Manipulationen nie ausschließen läßt. Unter Berücksichtigung all dieser Gesichtspunkte, nach zahlreichen Reisen und unmittelbar in Bayreuth stattgefundenen Vorsingen war es meinem Bruder und mir gelungen, ein Sängerensemble auf die Bühne zu bringen, das die Wiederaufnahme der Festspiele gerade in dieser Hinsicht, allen Unkenrufen zum Trotz, durch Publikum und Kritik gerechtfertigt erscheinen ließ. Wie die späteren Jahre erwiesen, waren zunächst in den «kleinen Partien» auch Mitwirkende verpflichtet, welche anschließend die von uns in sie gesetzten Hoffnungen einer Entwicklung bestätigten. Beispielsweise waren unter den Sängern, die etwa Rollen wie jene der sogenannten «kleinen Meister» in den «Meistersingern» gestalteten, Gerhard Stolze, Werner Faulhaber und Theo Adam, der sich dann vom Edlen im «Lohengrin» zum Wotan im «Ring» und zum Hans Sachs entwickelte.

Im Zuge den Beweis anzutreten, daß es doch noch sängerischen Nachwuchs gibt, fügte es sich, daß wir auf die vierundzwanzig Jahre junge Anfängerin Leonie Rysanek stießen. Nachdem endgültig feststand, daß wir mit Birgit Nilsson als Sieglinde nicht rechnen durften, und nachdem die Wienerin aus Saarbrücken bei ihrem Vorsingen am 25. April 1951 auf uns einen überzeugenden Eindruck gemacht hatte, gesellten wir dem bereits überall – vor Bayreuth – bewährten Siegmund, Günther Treptow, eine noch keineswegs bewährte Zwillingsschwester zu. Leonie Rysanek hatte mit ihrem Bayreuth-Debüt einen geradezu sensationellen Erfolg – und wir zugleich großes Glück, da sich unser Optimismus, was die Sänger angeht, bestätigte. Mein Bruder bot ihr für 1952 die Brangräne an; da sie diese Partie nach dem Erfolg des ihr im ersten Jahr zugedachten Fachs für nicht überzeugend genug erachtete, gelangte sie zu der Auffassung, daß dies wohl nicht der richtige Weg sein könne, ihre internationale Karriere auszubauen. Das hatte zur Folge, daß sie zwar immer wieder nach Bayreuth kam, jedoch zu einer kontinuierlichen und konstanten Weiterarbeit im Prozeß der künstlerischen Stabilisierung von Neu-Bayreuth nicht beitrug, und damit nicht zu dem, was wir wollten oder erhofften.

Es ist, denke ich, nicht uninteressant, die Sängerinnen der Sieglinde-Partie einmal aufzuführen, die bis zur Rückkehr Leonie Rysaneks 1958 die Rolle übernahmen: 1952 – Inge Borkh, 1953 – Regine Resnik, 1954 und 1955 – Martha Mödl und Astrid Varnay, 1956 – Gré Brouwenstijn, 1957 – Birgit Nilsson. In der Neuinszenierung des «Fliegenden Holländer» durch Wieland 1959 sang Leonie Rysanek die Senta. Im Unterschied zu ihrem Anfangsjahr in Bayreuth betrat sie diesmal bei den Proben die Bühne körperlich und in der Kleidung gestylt, in engen Stretchhosen und Pullovern, die an Marilyn Monroe erinnerten. Mein Bruder erkannte sie nicht sogleich wieder. Da er sie bei der Probe also zunächst vermißte und sie von 1951 her als eine der nicht gerade Pünktlichsten in Erinnerung hatte, entfuhr ihm der «klassische» Ausspruch: «Die Schlampe Rysanek ist wieder unpünktlich!» Mit einigem Erstaunen und Erschrecken klang es aus dem Munde einer jungen Frau, die wie ein Pin-up-girl aussah: «Hier ist die Schlampe, Herr Wagner.»

Es wurde bald erkennbar, daß Herbert von Karajan seine Besetzungsvorschläge und seine sonstigen Wünsche und Vorstellungen unbedingt durchsetzen wollte, und zwar nicht zuletzt mit Hilfe von Walter Legge. Beide hatten im Jahre 1946 in Wien zueinandergefunden. Und wie Alberich den Ring und den Tarnhelm gewann, fügten sie fortan Kunst und Kommerz gleichsam «welterbend» zusammen, allerdings ohne dabei «der Minne Macht» etwa entsagen zu müssen. Sie hofften darauf, im Schutze des glitzernden Tarnhelms die Weltbesten ihres Fachs in Bayreuth vor den eigenen Karren spannen zu können.

In der Phase des Wiederbeginns war natürlich die durchaus richtige Überlegung zu berücksichtigen, ob über die Produktion von Schallplatten und deren weltweite Distribution zum einen die neu zu erwerbende Publizität für Bayreuth erreicht, zum anderen vielleicht bestimmte Künstler dadurch zur Mitwirkung angezogen und obendrein zusätzliche finanzielle Mittel für die fernere Durchführung der Festspiele erlangt werden könnten.

Mein Bruder und ich wollten von vornherein aber deutlich machen, daß für uns eine Monopolisierung der Aufnahmen durch eine einzige Schallplattengesellschaft nicht in Frage käme. Deshalb hatten wir sowohl mit der «Columbia» des Herrn Legge als auch mit der «Teldec», die unter dem früheren Namen «Telefunken» seit den dreißiger Jahren Platten aus Bayreuth veröffentlichte, vertragliche Abschlüsse in Aussicht genommen. Der Vertrieb hing dabei ausschließlich von der Qualität der schwarzen Scheiben ab. Die Live-Mitschnitte der Orchester- und Generalproben sowie fast aller Aufführungen mußten durch minutiös präzises Zusammenschneiden der hergestellten Bänder eine Veröffentlichung als verantwortbar möglich erscheinen lassen. Besonders galt das zum Beispiel für die «Prügelszene» und den «Wach auf»-Chor in den «Meistersingern», bei deren Aufnahmen es immer wieder Unstimmigkeiten und Differenzen in der Präzision gab. Bei alldem sollten Legges Vertrags-Künstler, insbesondere Elisabeth Schwarzkopf, die Vorreiter dafür sein, Besetzungen weitgehend nach den Vorstellungen des Plattenproduzenten zu bestimmen.

Rudolf Hartmann und mein Bruder hielten es ganz besonders für Bayreuth-unangemessen und -unwürdig, daß sich die Sänger, bedingt durch die damals recht geringen technischen Leistungsmöglichkeiten der Mikrophone, auf der Bühne stets aufnahmegerecht zu verhalten hatten, so daß sie Legges Vorstellungen entsprachen. Herbert von Karajan, der ja den Sängern keine Einsätze zu geben pflegte, wollte seinerseits die entsprechend nötige Bühnenpräzision durch einen Subdirigenten vom Souffleurkasten aus erlangen.

Eine andere Manipulation Legges, den «Ring» durch eine exklusive Bindung sieben Jahre lang für Bayreuth entweder schallplattenmöglich oder -unmöglich zu machen, bestand darin, daß er meinem Bruder eine der wohl merkwürdigsten Zusagen abringen konnte. Nämlich die, nur den Dritten Aufzug der «Walküre» aus dem zweiten «Ring»-Zyklus, den Herbert von Karajan dirigierte, auf Schallplatte herauszubringen. Den ersten Zyklus dirigierte Hans Knappertsbusch. Der Kuhhandel geschah, ohne daß ich als gesetzlich gleichberechtigter Geschäftspartner hinzugezogen worden wäre. Da es mir nicht gelungen war, dieser in ihrem ganzen verhängnisvollen Ausmaß der Folgen von Wieland nicht erkannten Zusage schon im Vorfeld bei ihrer Anbahnung entgegenzutreten, und da ich meinen Bruder nicht desavouieren wollte, indem ich ihm jetzt in den Rücken fiel, mußte ich wohl oder übel nach Überwindung vielen Zögerns diesem «schlimmen Handel» zustimmen und «ließ es denn so sein».

Mehrfach ist in vertraulichen Unterredungen am «stillen Herd» Wahnfrieds, bei denen er offensichtlich glaubte, meiner Präsenz und eventueller Einwendungen entraten zu dürfen, um so zu besseren Ergebnissen kommen zu können, manches geschehen, was für gewisse Differenzen zwischen Wieland und mir ein auslösendes Moment war, woraus andere jedoch in wohlgezielter Absicht vermeintlich unüberbrückbare Gegensätze konstruierten. Bei solchen Unterredungen wurden oftmals Fakten und Tatbestände geschaffen, die aus subjektiven, rein persönlichen Motivationen zustande kamen und nicht immer mit den objektiven Gesamtinteressen des Betriebs im Einklang standen.

Es war kein Zufall, daß meine Mutter den Mietvertrag zwischen ihr und uns beiden Brüdern erst unterschrieb, als die Forderung meines Bruders, der primus inter pares zu sein, vom Tisch war. Ihre Abtretungserklärung versetzte meine Mutter in die Lage, frei darüber zu verfügen, meinen Bruder und mich gleichrangig mit der Leitung der Festspiele zu betrauen. Aufgrund ihrer Ansicht, daß Wieland mit den finanziellen Angelegenheiten nicht gut umgehen könne, vertrat sie den Standpunkt, sämtliche Entscheidungen seien durch uns, auch bei den erforderlichen Unterschriften, gleichberechtigt zu treffen und damit alles einseitig Autoritäre durch brüderliches Einvernehmen und Ausgewogenheit zu ersetzen, um die anstehenden Probleme gemeinsam zu lösen. Sie vertraute auf unsere Vernunft und Einsicht, daß im Sinne der Bedeutung der von uns übernommenen Aufgabe immer ein Einverständnis zu erreichen sei.

Durch die wohldurchdachte Konstruktion, das Eigentum und die Durchführung der Festspiele voneinander zu trennen – was von Richard Wagner 1876 bis zur Beendigung der Ära meiner Mutter identisch gewesen war –, wurde das Risiko der Veranstaltung von Festspielen erstmals getrennt von der Haftung des Gesamtvermögens, das die Liegenschaften und das Richard-Wagner-Archiv umfaßte. Das Risiko der «Gesellschaft des bürgerlichen Rechts» traf weder die Vor- noch die Nacherben, und somit war die einem Familienrat zugedachte Dominanz ausgeschlossen, die angesichts der Strukturierung innerhalb meiner Familie wohl nur Querelen und vorausprogrammierbare Schwierigkeiten gezeitigt hätte.

Diese neuartige Konstruktion entstand insbesondere durch die spezifische Situation, die ich bereits schilderte und die schließlich von dem ernüchterten Denken bestimmt wurde, daß die Chance zu einer Fortführung der Festspiele durch Angehörige der Familie Wagner auch auf längere Sicht nur dann gewährleistet werden könnte, wenn diejenigen die Aufgabe übernähmen, die sich dafür die besten Voraussetzungen geschaffen hatten und die erwarten ließen, daß sie dieselben mit «großem Fleiß und Emsigkeit» bewältigen würden.

Die bei mir aufgekommene Skepsis gegenüber der seit ihrer Hochzeit am 12. September 1941 zur Ehefrau meines Bruders avancierten Gertrud Reissinger hatte sich mittlerweile mehr und mehr verstärkt. Entstanden war sie in den zahlreichen und teilweise leidigen Diskussionen, die zwischen 1940 und 1945 zwischen uns Brüdern stattfanden, sie gipfelten damals vorläufig in einem Telephongespräch 1941, als ich meinen Bruder von Berlin aus anrief und sie mitten in unserer Wechselrede den Telephonhörer und damit das Gespräch an sich riß. Also hieß das, daß ich meinen Bruder bereits zu dieser Zeit nicht mehr für autonom halten konnte. – Jetzt nun bestätigte sich dies zunehmend.

Ich mußte darauf achtgeben, rechtzeitig einer Entwicklung vorzubeugen, die meiner Schwägerin eine bestimmende Präpotenz bei der Gestaltung der Festspiele ermöglicht hätte. Es galt, von vornherein auszuschließen, daß sie in einer solchen Richtung wirksam würde. Da sowohl meine Mutter als auch ihre beiden Töchter einschließlich des Ehemannes von Verena, die selbst niemals Ambitionen zu aktiver Einmischung in die Festspielangelegenheiten besaß, aufgrund der Rechtslage keinen unmittelbaren Einfluß auf die Festspiele hatten, wäre es nunmehr wahrlich absurd gewesen, meine Frau oder die Wielands in irgendeiner Form im Betrieb tätig werden zu lassen. Mein Bruder und ich vereinbarten dies leider nur mündlich. 1951 hielt Wieland dieses «Agreement» ein, doch ab 1952 erschien der Name seiner Frau als Choreographin ausgedruckt auf den Spielzetteln.

Was immer wieder, auch von ihr, behauptet worden ist und behauptet wird, daß Gertrud Wagner eine unentbehrliche und die Regie meines Bruders mitbestimmende Rolle gespielt habe, stimmt so nicht. Bei Wielands zweiter «Ring»-Inszenierung ab 1965 in Bayreuth wurde sie nicht mehr hinzugezogen, und bereits vorher hatte mein Bruder namhafte andere internationale Choreographen engagiert, für den «Tannhäuser» zum Beispiel 1961 und 1962 Maurice Béjart, 1965 bis 1967 Birgit Cullberg. Die Anerkennung der Mitarbeit meiner Schwägerin erfolgte meinerseits dadurch, daß ich sie freiwillig dafür finanziell entschädigte. Dies war eine rein persönliche Hilfeleistung von mir aus, um so die von Wieland schon damals gestellten finanziellen Forderungen in Soll und Haben austarieren zu können.

Gertrud Wagners choreographische Gestaltung des Venusberges im «Tannhäuser» 1954 wurde intern bei den Mitwirkenden – mit Ausnahme von Frau Ebermann – ebenso wie extern beim Publikum als eine ästhetisch nur schwerlich zu akzeptierende «rhythmisch-gymnastische» Darstellung des Sexuellen empfunden. Die Anregung dazu entstammte aus dem Jahr 1931, aus ihrem ersten persönlichen «Tannhäuser»-Erlebnis, den sie damals zuerst in der Inszenierung meines Vaters mit der Choreographie von Rudolf Laban gesehen hatte. Daraus entwickelte sich ein für sie wie zugleich für Wieland gültiger Jugendtraum, selbst einmal den «Tannhäuser» auf der Bühne zu realisieren. Dreiundzwanzig Jahre später konnte sie zusammen mit meinem Bruder den sie beide nach wie vor gemeinsam beschäftigenden Traum vom Venusberg endlich nach eigenen «Wahn»-Vorstellungen verwirklichen.

Daß die spätere Entfremdung zwischen Gertrud und Wieland Wagner fast parallel mit der Bindung meines Bruders zu Anja Silja einherging, dürfte nicht bloß in Zusammenhang mit einer gewissen Abnutzung der Ehe gestanden haben. Jeder wußte, daß Wieland zwar kein Heiliger war, daß aber die Zuneigung für Anja Silja ursprünglich durch ihren künstlerischen Instinkt für sein Wollen entstanden war und letztlich von diesem getragen wurde.

Meine Mutter äußerte trotz ihres in gewisser Weise dynastischen Denkens in der ihr eigenen direkten und unverblümten Art, daß Gertrud ihren Mann künstlerisch nie verstanden habe, während Anja Silja seine Vorstellungen von theatralischer Gestaltung instinktsicher sofort vollkommen habe umsetzen können.

Anja Silja war nach Bayreuth gekommen, da Leonie Rysanek aufgrund überhöhter und in Bayreuth nicht bezahlbarer Gagenforderungen für das Wiederholungsjahr des «Holländer» 1960 nicht mehr engagiert werden konnte. Wir durften keinen Präzedenzfall schaffen. Also mußte eine andere Senta gefunden werden. – Immer aufs neue, damals wie heute, stellt sich in der Theaterpraxis die Problematik der Besetzung gerade dieser Partie. – Nach verschiedenen Gesprächen warf ich in die Diskussion, ob nicht die sehr junge, neunzehn Jahre alte «Vorsängerin» Anja Silja dafür geeignet sei. Denn ich war der Meinung, lieber eine neue, junge und unbekannte Sängerin zu engagieren als eine arrivierte, die auf jeden Fall in eine negative Relation zu Leonie Rysanek gesetzt werden würde. Mein Bruder stand diesem Vorschlag mehr als mißtrauisch gegenüber, da er nicht wußte, was er mit «dem jungen Ding» auf der Bühne anfangen sollte. Wolfgang Sawallisch, der «Holländer»-Dirigent, war zu jener Zeit Generalmusikdirektor in Wiesbaden, und so konnte er die in Frankfurt im 3. Fach Singende zu sich bestellen, um mit ihr die Partie zu erarbeiten, damit möglichst bald eine Entscheidung herbeigeführt würde. Schließlich entschlossen sich Sawallisch und mein Bruder zu dieser neuen Senta, und, wie man weiß, war ihr Erfolg keine Fehlspekulation.

Daß es Jahre später, 1964, bei einer der Vorarbeiten in Köln für Wielands «Ring» 1965 wegen Frau Silja zu Zerwürfnissen zwischen dem Dirigenten Sawallisch und dem Szeniker Wieland kam, die dazu führten, daß Sawallisch das Angebot ausschlug, die «Meistersinger» in Bayreuth zu dirigieren, wenn sie die Eva singen würde, war dann allerdings ein Kuriosum.

Wolfgang Sawallisch hatte ich als musikalischen Leiter meiner «Ring»-Inszenierung 1960 vorgesehen und war mit ihm übereingekommen. Plötzlich stand er mir nicht mehr zur Verfügung, was auch eines jener Resultate von den ohne gegenseitige Absprache geführten Gesprächen am «stillen Herd» hinter Wahnfrieds Mauern war, die mich vor vollendete Tatsachen stellten. Mein Bruder teilte mir zu meinem nicht geringen Erstaunen überraschend mit, daß er Wolfgang Sawallisch als «Holländer»-Dirigenten auch 1960 haben wolle. Es stellte sich heraus, daß Sawallisch bei einer Zusammenkunft am 2. August 1959 dahin gelenkt worden war, mir zwei Tage später den zwischen uns fest vereinbarten «Ring» zurückzugeben. Dies bedeutete für mich nicht nur eine Enttäuschung, sondern wirkte sich gravierend aus, da wir zusammen schon während der Proben- und Festspielzeit 1959 mit einem Teil der Sänger musikalisch gearbeitet und uns miteinander in Konzeptionsgesprächen koordiniert hatten. Freilich hatte ich schon am 3. August 1959, noch bevor Sawallisch mir seine Hiobsbotschaft überbrachte, erfahren, was auf mich zukam, worauf ich den Primus unter meinen musikalischen Assistenten, Paul Zelter, zu mir kommen ließ. Ihn bat ich, nach vielerlei Überlegungen – auch mit Wilhelm Pitz –, unverzüglich Erkundigungen über eine Verfügbarkeit des Dirigenten Rudolf Kempe einzuholen. Bereits am 8. August 1959 konnte Dr. Karl Andreas Wirtz als mein Beauftragter mich benachrichtigen, Kempe sei gewonnen und sein Engagement perfekt, um mit mir den neuen «Ring» zu schmieden.

Die «Holländer»-Arbeit 1959 stellte sich für Sawallisch jedoch schwieriger dar, als er wahrscheinlich anfangs geglaubt hatte. Während der Probenzeit kam er einmal zu mir, um seinem Ärger Luft zu machen, daß ihm vor allem durch meine Schwägerin viel zu schnelle Tempi abgefordert würden, damit sie ihre choreographischen Phantasien ohne Rücksicht umsetzen könnte, Tempi, die für ihn auf keinen Fall verantwortbar seien. Meine Antwort darauf war: «Ich habe nicht gewußt, daß meine Schwägerin auch Dirigentin ist. Lassen Sie sich doch bitte nicht von der Choreographin Gertrud Wagner bestimmen.»

Von Beginn des Jahres 1950 bis zur Wiedereröffnung der Festspiele, als deren markanteste Zeit die der Proben angesehen werden muß, war es gelungen, zu dem geringen, von meiner Mutter übernommenen Stab künstlerischer und verwaltungstechnischer Mitarbeiter auch diejenigen hinzuzuverpflichten, die sich mit Bühnenbild, Kostüm und Maske und deren Neugestaltung praktisch beschäftigen mußten. Da mein Bruder Paul Eberhardt mehr als Beleuchter und Techniker schätzte denn als Ausstattungsleiter, wurde eine Teilung der Aufgabenbereiche vorgenommen. Nach Wielands Ansicht führte Eberhardt die Bühnenbilder viel zu sehr in technischer Weise aus und ließ nicht genug Künstlerisches dabei erkennen. Den Bau und die Theatermalerarbeiten des «Ring» übernahmen Walter Bornemann und seine Assistentin, während der für das Dekorationswesen zuständige Otto Wissner, der bis zu seinem Ausscheiden 1957 auch den gesamten Modellbau für meinen Bruder und mich sowie alle Projektionsmalereien ausführte, sich um die anderen Stücke kümmerte, das heißt, die Ausstattung für «Parsifal» und «Meistersinger» besorgte.

Die Gestaltung der bereits bei Wielands Aufenthalt in Bayreuth 1948 begonnenen «Parsifal»-Modelle hatte schon zu Beginn ihrer bühnenmäßigen Ausführung erhebliche Veränderungen erfahren, ja selbst noch während der endgültigen Herstellung fanden entscheidende Modifikationen statt. Das dem Publikum schließlich gezeigte Ergebnis war dann jene Inszenierung, die im Eröffnungsjahr als einzige erkennen ließ, wie mein Bruder die Werke seines Großvaters gewillt war zu interpretieren, was bekanntlich bei Publikum und Kritik zunächst etliche Turbulenzen auslöste. Nachträglich betrachtet, kann und muß ich sagen, daß weder die «Meistersinger» noch aber auch der «Ring» 1951 eine ähnlich vorausweisende Aussage aufwiesen und ausstrahlten. Professor Walter Erich Schäfer schrieb mit Bezug auf den «Ring», hierbei habe erkennbar der Jessner aus den zwanziger Jahren Pate gestanden. Die «Meistersinger» hingegen erfreuten das Publikum deshalb unbeschreiblich, weil in ihnen nichts enthalten war, was die Gemüter etwa hätte erhitzen können.

Schwierig zu lösen war das Problem der Beschaffung von Schleiern für die Bühne, denn der berühmte sechzehn Meter breite Webstuhl in Luckenwalde war von russischen Soldaten bei der Besetzung zerschlagen worden. In Deutschland gab es damals nur Ware aus dem Ausland, und so mußten wir versuchen, das

Material bei einem Frankfurter Importeur zu kaufen. Dieser Herr belieferte all die von den Amerikanern besuchten Lokale, für die im heutigen Frankfurt in einer begrifflichen Umschreibung «Kaiserstraße und Umgebung» stehen. In einem bestimmten Geschäft erhielten die in solchen Lokalen vornehmlich beschäftigten Damen alle Utensilien, die sie zur Ausübung ihres Gewerbes nötig hatten, darunter auch – für die «künstlerisch anspruchsvolleren» – Schleierstoffe, und zwar aus dem gleichen Material, das ich in Frankfurt endlich als Muster zur Beurteilung auf seine Brauchbarkeit hin prüfen konnte. Ich stellte fest, daß es für unsere Zwecke hervorragend geeignet war. Der Haken an der Sache bestand lediglich darin, daß der Stoff nur drei Meter breit und aus Belgien zu beziehen war. Da er jedoch, wie ich sah, keine der sonst üblichen Nähte an den seitlichen Rändern hatte, ersuchte ich darum, zu erkundigen, ob das Material und in welcher Breite geliefert werden könnte. Die Antwort auf die Rückfrage lautete sehr erfreulich, die eigentliche Webbreite sei zwölf Meter, die anschließend auf 3-Meter-Bahnen zugeschnitten würde. Für jene Damen mochte es beinahe schon zu breit sein, für unsere Zwecke reichte es aber nicht. Ich vereinbarte die Sendung in der Originalbreite, die dann durchaus reichte, um die Schleier zusammennähen zu können, ohne daß die Nähte sofort allzusehr ins Auge fielen.

Die von meinem Bruder in ihrem Stellenwert so hoch veranschlagte Ausführung der Dekorationen im «Ring» wurde zwar auf der dem Publikum zugewandten Seite optisch zur Zufriedenheit gelöst, aber die unsichtbaren «Innereien» waren mit ungehobelten, einfach zusammengefügten Latten ausgeführt, so daß naturgemäß Schwierigkeiten auftraten, da bei jedem Transport vom Magazin zur Bühne sich das Ganze in sich bewegte. Nägel und Latten wollten sich den Theatertransporteuren nicht anpassen. So wurden stabilisierende Reparaturen ständig erforderlich. Diese besondere, den Künsten und Regeln herkömmlicher Theatertechnik zuwiderlaufende Art des Dekorationsbaus entstand dadurch, daß Wieland nicht nur eine unübliche, sondern auch schnellere und damit kostensparende Fertigung erwartete, womit er zu beweisen trachtete, daß die altüberlieferte Herstellungsweise ebenfalls überholt sei.

Bei den Proben mit den Darstellern und bei der Erarbeitung der Beleuchtung ergab es sich zum Beispiel beim «Rheingold», daß die noch von 1896 vorhandenen Schwimmapparate für die Rheintöchter wieder Verwendung finden sollten, was bei meinem Bruder Unbehagen und Unzufriedenheit auslöste. Nach einigen Proben mußten diese alten Vorrichtungen denn auch außer Dienst gestellt werden, wodurch es galt, eine völlig andere szenische Lösung zu finden, die wiederum eine ebensostarke Veränderung des Bühnenbildes nach sich zog. In ganz ähnlicher Form erging es dann auch den bereits fertiggestellten weiteren Bildern des «Rheingold». Schließlich war es notwendig geworden, noch während der Proben ein ganz neues Bühnenbild zu bauen.

Da Wieland sehr bald erkannte, daß sein «Ring» 1951 bei der Umsetzung auf der Bühne szenisch nicht das erreichte, was er sich von der Idee her vorgestellt hatte und was ihm im «Parsifal» gelang, sperrte er später alle Photos zur Veröffentlichung. Erst in einem historischen Überblick wie dem Band von Dietrich Mack «Der Bayreuther Inszenierungsstil», das in der Reihe «100 Jahre Bayreuther Festspiele» erschien, oder in dem Buch Walter Erich Schäfers konnten sie als Dokumente der tatsächlich stufenweisen Bühnenbildentwicklung meines Bruders zugänglich gemacht werden.

Eine vollkommen neue und seinen Erfahrungen und Erkenntnissen von 1951 entsprechende, angemessen avantgardistische Inszenierung des «Ring» stand natürlich weder finanziell noch aus Gründen der daraufhin sicher eintretenden weiteren Irritation des Publikums zur Debatte. So reifte in ihm die Überlegung, 1952 neben dem «Ring» und dem «Parsifal» zusätzlich ein drittes Werk, den «Tristan», in seiner Gestaltung auf den Spielplan zu setzen. Der «Tristan» wurde, mit Ausnahme der Schwierigkeit, für die Titelpartien Protagonisten zu finden, stets als technisch leicht und kostengünstig eingestuft. Daher bin ich erneut einmal von dem Resultat eines der abseits an Wahnfrieds «stillem Herd» ausgedachten Pläne überrascht worden, als mir Wieland unzweideutig zu verstehen gab, daß er 1952 mit Herbert von Karajan am Pult eine Neuinszenierung des «Tristan» aus der Taufe heben werde.

Obwohl bei allen Vorüberlegungen davon ausgegangen werden durfte, daß nach meinem Verzicht auf eine eigene Inszenierung im Jahr 1951 die nächstfolgende mir zumindest zufallen könnte, stimmte ich seinem Vorhaben trotzdem zu, da ich es für erforderlich hielt, ihn sich durch eine weitere Arbeit aus seiner Hand besser artikulieren zu lassen, als es das 1951 von ihm noch nicht Erreichte vermochte. Allerdings verhehlte ich die folgenden Bedenken nicht.

Das erneute Dirigat Karajans bei einer Neuinszenierung würde die vorgesehene Einbeziehung Wilhelm Furtwänglers beträchtlich komplizieren. Auf der anderen Seite war ich von einem unausbleiblichen Bruch Karajans mit Bayreuth überzeugt. Der nun aber würde besser nicht in der Zusammenarbeit mit mir – ich erstrebte sie auch nie – erfolgen, denn man hätte automatisch mir die Schuld zugewiesen, sondern im Rahmen des dann schon «bewährten» Teams Wieland/Karajan. Das Dirigat des zweiten «Ring»-Zyklus durch Karajan 1951 hatte ja nur ein beschränktes Zusammenwirken beider gebracht. Der befürchtete Bruch schien mir unabwendbar, weil zum einen weder Karajan noch Walter Legge die Konzessionen der primären Macht bei Sänger-Besetzungen zugestanden werden könnten, und zum anderen Karajan in Bayreuth durch die besondere Struktur der Festspiele keineswegs – wie etwa später in Salzburg – insgeheim die Beherrschung des Direktoriums erlangen würde. Meine Annahme, daß er genau dies vorhatte, wurde gestützt durch handfeste Belege. Da wir aufgrund unserer finanziellen Möglichkeiten den führenden Mitarbeitern keine eigene Sekretärin geben konnten, wurde beispielsweise Herbert von Karajan von meinem Sekretariat mitbetreut. Bei seiner Korrespondenz verwendete er dabei den Briefbogen der Bayreuther Festspiele und ließ in der Kopfzeile «Leitung» hineinschreiben. Nach dem Ende der Festspiele machte ich diese bemerkenswerte Entdeckung: Er hatte alle Kopien liegenlassen.

Die Erfahrungen mit den Dirigenten von 1951 und die Vorgabe des bereits Karajan zugesagten «Tristan»-Dirigats ergaben im zweiten Festspieljahr einige Veränderungen. Trotz der unmittelbar nach der ersten Festspielzeit am 30. August 1951 schriftlich mitgeteilten Absage konnte Hans Knappertsbusch von dem szenischen Gralsgebietsschänder Wieland Anfang Dezember 1951 wieder gewonnen werden, und zwar sowohl für die Betreuung des «Parsifal» 1952 als auch, wie zum Trost, für die Übernahme der «Meistersinger». Karajan leitete sie nicht mehr und hatte schon die letzte Aufführung 1951 nicht dirigiert, obwohl sie mit ihm vertraglich festgesetzt war. Er behauptete, zu einem Konzert bei den Festwochen in Luzern reisen zu müssen. Merkwürdig nur, daß ihm das plötzlich und so spät erst eingefallen war. Dann jedoch erzählte man, daß er zu dieser Zeit nicht einmal in Luzern geweilt habe.

Bei jener letzten Vorstellung handelte es sich um eine Aufführung für die Gewerkschaft, die 1951 eine, ab 1952 – bis heute – jeweils zwei geschlossene Aufführungen zugesprochen bekam, ein Gedanke übrigens, der schon bei den Überlegungen zur Wiedereröffnung der Festspiele, zum Beispiel bei der Gründungsversammlung der «Gesellschaft der Freunde», eine wichtige Rolle gespielt hatte und in unseren Planungen verankert wurde. Neben den Stipendiaten der noch von Richard Wagner mitbegründeten Stipendienstiftung sollte damit auch anderen, breiteren Bevölkerungsschichten die Möglichkeit des Festspielbesuchs gegeben und so ein Teil der Festspiel-Uridee verwirklicht werden.

Die erwähnten Probleme mit der Herstellung einer publikationsreifen Aufnahme der «Meistersinger» führten bei Knappertsbusch, der dann die letzte Aufführung dieses Werks 1951 leitete und dem bekannt geworden war, daß es besonders beim «Wach auf»-Chor zwischen Bühne und Orchester Kommunikationsschwierigkeiten gegeben hatte, zu dem Vorschlag: «Legge kann ja nun, was ihm bisher nicht möglich war, den Mitschnitt meiner Aufführung in der Karajan-Platte mitverwenden.»

Knappertsbusch und Karajan. Zwischen beiden trug sich 1951 folgendes zu, das, so bizarr es scheinen mag, den bissigen Humor und den Sarkasmus von «Kna» sehr gut charakterisiert: Herbert von Karajan und Maximilian Kojetinsky saßen im Orchestergraben und spielten vierhändig bei einer «Ring»-Probe. Hans Knappertsbusch stand am Pult. Eine an sich schon etwas außergewöhnliche Situation, da er nur sehr ungern probierte. Die Probe war beendet, und der Maestro stieg herab auf das dritte Podest unseres stufenartig nach unten führenden Orchesterraums. Karajan, eine Hand am Klavier, stand da, den wesentlich Größeren von unten nach oben anblickend in der Erwartung, dieser werde zu den beiden Herren am Klavier irgend etwas sagen. Knappertsbusch klopfte seinem «Ring»-Dirigenten-Kollegen anerkennend auf die Schulter mit den Worten: «Wenn irgendwo eine Stelle als Repetitor vakant ist, werde ich Sie empfehlen.»

Ein Mitarbeiter bemerkte gegenüber Knappertsbusch, Herr von Karajan dirigiere auswendig. Das reizte diesen zu der knurrigen Replik: «Ich kann Noten lesen.»

Die Würde eines leitenden Mitarbeiters ist erst dann vollendet bestätigt, wenn ihm eine eigene Toilette beschieden wird. So ergab es sich geradezu zwangsläufig, daß Herbert von Karajan selbstverständlich ein solches Örtchen für sich begehrte. Eine meiner damaligen Zuständigkeiten war es, für die Mitwirkenden die jeweiligen Räume zu bestimmen. Zu dieser Zeit existierte jedoch nur für *einen* Dirigenten die Möglichkeit eines Aufenthaltsraums mit separater Toilette. Mein Bruder, bei dem Karajan aus diesem Grunde mehrfach vorstellig geworden war und ihm damit in den Ohren gelegen hatte, drängte mich intensiv zu einer entsprechenden Lösung; schließlich mußte ich nachgeben und mir eine Variante überlegen, die Herrn von Karajans Bedeutung über das Künstlerische hinaus auch durch die Auszeichnung mit einer eigenen Toilette, ihm Erleichterung in ungestörter Einsamkeit verheißend, angemessen zu unterstreichen. Sein Wunsch war nur zu erfüllen, indem ich ihm eine der wenigen Toiletten reservierte, die unmittelbar neben dem Orchesterstimmzimmer im ersten Stock, also direkt über unserem Büro, lagen. Ich veranlaßte, seinen Namen an der Tür anzubringen, und übergab ihm den einzigen Schlüssel für das extra neu eingebaute Schloß. Knappertsbusch, der bei seiner scheinbaren Zurückhaltung trotzdem stets über alles Bescheid wußte, hielt es eines Tages für nötig, mit seinem Troß nicht wie sonst das Festspielhaus durch das Gartentürchen zu betreten, sondern sein ebenerdig gelegenes Zimmer über einen Umweg zu erreichen, der ihn über den Portier, eine Treppe hoch, durch das Orchesterstimmzimmer und an jenen Toiletten vorbeiführte. Dort hielt er kurz inne, besann sich und kommentierte dann solch interne «WC-Politik» der Festspielleitung. «Aha, das hier ist also die Toilette für Herbert von Karajan.» Auf die anderen Toiletten weisend, fügte er hinzu: «Und die sind für die anderen Arschlöcher.»

Zu einem der Assistenten meines Bruders, der durch ein leuchtend kariertes Flanellhemd auffiel, das er unentwegt und offenkundig viel zu lange hintereinander trug, so daß es auch Knappertsbusch nicht verborgen bleiben konnte, meinte er: «Hager, wer trägt Ihre sauberen Hemden?» –

Die Teilung des «Ring» unter zwei Dirigenten wirkte sich nicht besonders vorteilhaft auf die Aufführungen aus, hauptsächlich auf die Sänger – obwohl damals das Bonmot die Runde machte, die besten Ergebnisse in den Vorstellungen würden erzielt, wenn Karajan probiere und Knappertsbusch am Abend dirigiere. So mußte also ein Dirigent für den «Ring» gefunden werden, und es gelang uns, 1952 Joseph Keilberth zu gewinnen.

Auf Astrid Varnays Empfehlung, die durch ihre künstlerische Arbeit hier unser volles Vertrauen gewonnen hatte, kam Ramon Vinay, von ihr im vollen Bewußtsein ihrer damit übernommenen Verantwortung als Tristan empfohlen. Außerdem stießen Hans Hotter und Gustav Neidlinger als Kurwenal zu unserer Sängergemeinschaft. Zwei gleichwertige Hochdramatische, Astrid Varnay und Martha Mödl, sehr unterschiedlich in ihren Persönlichkeiten, hatten wir als Isolde zur Verfügung. Und da Frau Rysanek die ihr durch Wieland angebotene Brangäne abgelehnt hatte, trat eine bereits 1951 auf der Bayreuther Bühne bewährte Sängerin an ihre Stelle, Ira Malaniuk. Zu diesen Künstlern gesellte sich noch Ludwig Weber als König Marke, der im Eröffnungsjahr schon Hagen, Gurnemanz und Fasolt gesungen hatte.

Bei der Probenarbeit zum «Tristan» ergaben sich mancherlei Mißstimmungen, insbesondere zwischen Herbert von Karajan und Ramon Vinay aufgrund von Karajans Probentechnik. Sein später unbändiger Hang, auch Szenenproben mit Tonbändern durchzuführen, setzte damals schon in geradezu absurder Weise ein. Um den Sänger bei Soloproben zu kontrollieren und ihm eine seinen Vorstellungen gemäße musikalische Aussage beizubringen, unterbrach Karajan nicht etwa am Ende einer Phrase, sondern schon im zweiten oder dritten Takt. Dies strapazierte Vinay derart, daß er uns dringend bat, auf Karajan einzuwirken und ihn zu ersuchen, diese Art von Proben zu unterlassen. Bei einer der Bühnen-Orchester-Proben kam es sogar so weit, daß infolge ähnlich «spezieller» Praxis Vinay die Bühne fluchtartig verließ, durch das Fenster und über den Zaun das Weite suchte, um aus dem Bannkreis Karajans zu entschwinden. Erst nach langem und aufreibendem Hin und Her gelang es, Vinay und Karajan für die Bayreuther Aufführung zumindest in eine erträgliche Relation zueinander zu bringen, so daß die Premiere in dieser Besetzung gewährleistet war.

Unsere Weisung, es zu unterlassen, in der praktizierten Form beim sängerischen Studium mit Tonband zu arbeiten, und die Einsicht, daß die anvisierte Omnipotenz hier nicht zu erreichen sei, trugen sicherlich mit dazu bei, daß der Maestro Bayreuth auf Nimmerwiedersehen den Rücken kehrte.

Die tiefste Kränkung und offensichtlichste Niederlage erlitt Karajan, der Unfehlbare, in Bayreuth jedoch im Orchestergraben. Er hatte das Orchester von der langjährig erprobten und durch Richard Wagner aus der Praxis bestimmten Sitzweise entfernt und nach seinen Wünschen umgesetzt, mußte aber zur Premiere dies korrigieren, das heißt zurücknehmen. Wie oft in anderen Opernhäusern – mit offenem Graben – und bei Konzerten üblich, verteilte er alle Streicher auf die rechte, alle Bläser auf die linke Seite. Dies ergab ein fürchterliches Zerrbild des sonst gerühmten Bayreuther Klanges, aber er wollte es zunächst einfach nicht wahrhaben. Noch die Generalprobe fand in dieser Formierung statt.

Eine Unterredung am Vormittag der Premiere in Wahnfried, diesmal, wohl weil es Kastanien aus dem Feuer zu holen galt, in meiner Anwesenheit und mit meiner Teilnahme, sollte klären, wie bis zum Nachmittag ein Umschwenken zu erreichen wäre, um das drohende Debakel zu verhindern. Mein Bruder erwartete von mir, was mir an sich gar nicht gegeben war, nämlich das salomonische Urteil in der prekären Lage, das Karajan umstimmen würde, doch nicht durch sein Bestehen auf das Experiment die gesamte Aufführung «kaputtzumachen». Wenngleich meine Argumente nicht sofort auf fruchtbaren Boden fielen und etwa das Bekenntnis eines entscheidenden Fehlers hervorriefen, so konnten wir doch dann mit Beruhigung feststellen, daß die Orchesterdiener eineinhalb Stunden vor Aufführungsbeginn die Notenpulte wieder an die Stelle rückten, wo sie auch bei Wilhelm Furtwängler oder Victor de Sabata gestanden hatten. Und Karajan hatte für dieses Mal seinen Irrtum eingestehen müssen.

Nach seiner letzten «Tristan»-Vorstellung 1952 hatte uns Herbert von Karajan seine Zusage für 1953 gegeben. Ich mißtraute dem scheinbaren Frieden und mußte damit recht behalten, denn schon am 26. August 1952, einen Tag nach dem «Tristan», verwandelte sich die Zusage in eine Absage, die aus München eintraf. Wahrscheinlich hatte er inzwischen seinen Prestige- und Finanzmanager Legge konsultiert.

Etwas Wesentliches aber wurde mit «Tristan» erreicht. Nämlich das Erhoffte, daß mein Bruder sich in seinem Wollen einer Neugestaltung Bayreuths damit zu artikulieren vermochte, seinen Intentionen auf der Bühne sichtbaren Sinn verlieh und sie festigte, besser als zuvor im «Ring».

Diese Inszenierung aber erreichte Zug um Zug ihren eigentlichen Wirkungsgrad, nachdem nötige Veränderungen auch auf einer materiell tragbaren Grundlage ausgeführt werden konnten. Die beiden «Ring»-Gastspiele im März 1952 und April 1953 in Neapel gewährten in ausgezeichneter Weise eine zusätzliche Möglichkeit des variierten Ausprobierens neuer Lösungen im Dekorativen, aus deren Erfahrungen und Erkenntnissen Wieland dann ein Jahr später die für ihn gültige bühnenbildnerische Interpretationsform in Bayreuth fand. Ab 1954 wurde dann voll und ganz sichtbar, was in der Auffassung der Öffentlichkeit nachmalig als Wieland Wagners «Ring»-Deutung fixiert worden ist.

Unmittelbar nach Beendigung des Gastspiels mit «Siegfried» und «Götterdämmerung» in Neapel schrieb Hans Knappertsbusch am 13. April 1953 an Wieland, daß er seine gegebene Zusage für das Dirigat der beiden «Ring»-Zyklen und des «Parsifal» 1953 zurückziehe, was offenbar durch die sich von Traditionalismen immer weiter entfernende Weiterarbeit am «Ring» und die ihm nach wie vor unzugängliche szenische Deutung des «Parsifal» bedingt war. Mein Bruder versuchte, ihn doch noch zu überreden und als Dirigenten zurückgewinnen zu können, erhielt aber am 1. Mai 1953 folgendes Telegramm: «Lieber Wieland, ich möchte unserer hoffentlich vorübergehenden Trennung jede Schärfe nehmen und bitte Sie herzlichst, meinen Schritt anzuerkennen. Sobald der Geist Richard Wagners wieder ins Festspielhaus eingezogen ist, bin ich der Erste, der wieder da ist.»

Das Jahr 1953 sah unter den Dirigenten des Vorjahres nur noch Joseph Keilberth am Pult. Karajan wurde durch Eugen Jochum als «Tristan»-Dirigent ersetzt. Joseph Keilberth machte mit mir zusammen meine erste Bayreuther Neuinszenierung, den «Lohengrin», und übernahm als bewährter «Ring»-Dirigent den ersten Zyklus der Tetralogie. Mein Bruder verpflichtete für «Parsifal» und den zweiten «Ring»-Zyklus Clemens Krauss, den er in der Zeit seiner Münchner Mal- und Musikstudien während des Krieges dort erlebt und gehört hatte und der ihm würdig genug erschien, Knappertsbusch zu ersetzen. Allerdings war seine Mitwirkung in Bayreuth nur einmalig, da einer dauerhafteren potentiellen Arbeit in Bayreuth sein früher Tod am 16. Mai 1954 in Mexiko-City ein vorzeitiges Ende setzte. Freilich ließ sein Gebaren schon in diesem einen Jahr unverkennbar werden, daß sein dem Karajanschen nicht unähnlicher Anspruch auf Allmächtigkeit sicherlich Schwierigkeiten in der Zusammenarbeit mit meinem Bruder heraufbeschworen hätte.

Für die Neuinszenierung des «Tannhäuser» 1954 hatte Wieland Igor Markevitch eingeladen. Daß sein Name zwar auf dem Ankündigungsprospekt der Festspiele erschien, im Verzeichnis aller Mitwirkenden innerhalb der Programmhefte jedoch dann nicht mehr auftauchte, hatte nachstehenden Grund. Bei den bekanntermaßen überaus schwierigen Pilgerchören und vor allem beim Einzug der Gäste auf der Wartburg stellten sich infolge der Postierungen des Chores durch Regie und Choreographie Komplikationen ein, die ein reibungsloses Zusammenspiel zwischen Bühne und Orchester nicht nur erschwerten, sondern unmöglich werden ließen. Bei einer Klavierprobe zum Beispiel – durch den Chordirektor und seine Assistenten auf der Bühne leichter zu steuern als eine Orchesterprobe –, die von nachmittags 15 Uhr bis nachts 2 Uhr dauerte, wurde vor allem mit dem Chor musikalisch-szenisch gearbeitet, nur zweimal unterbrochen von je einstündigen Pausen. Am Vormittag hatte bereits eine über zwei Stunden dauernde musikalische Alleinprobe mit dem Chor stattgefunden. Die Tempi der Bewegungen, wie sie sich mein Bruder vorstellte, und die Tempi der Musik, wie sie Markevitch als Musiker vertrat, kamen nicht zusammen. Markevitch mahnte meinen Bruder mit dem auch später oft und gern wieder zitierten Ausspruch: «Wieland, Räspääkt, Räspääkt!» Da es 1954 gelungen war, den im Prinzip der gleichen «räspääkt»vollen Einstellung anhängenden Knappertsbusch wieder ans Pult zu bringen, schien es ausgesprochen grotesk, daß ein wegen seiner Präzision in der Umsetzung schwierigster moderner Musik geschätzter und gerühmter Mann wie Markevitch nun gerade hier mit der ihm übertragenen Aufgabe nicht zurechtkommen konnte.

Im Verlauf der «Tannhäuser»-Orchesterprobe am 16. Juli 1954 stellte es sich endgültig heraus, daß die Probleme zwischen Bühne und Orchester nicht korrigierbar waren. Ausnahmslos alle Beteiligten, Markevitch, mein Bruder, die Solisten und vor allem der für die besonders schwierigen Chöre des «Tannhäuser» verantwortliche Wilhelm Pitz, verfielen in immer abgrundtiefere, ja vollkommen fatalistische Stimmung. Es mußte etwas passieren. Schließlich schien es uns opportun, mit der verständnisvollen Hilfe von Markevitchs Frau ein allen Seiten und der Öffentlichkeit einleuchtendes und damit ehrenhaftes Ausscheiden des scheiternden Dirigenten zu inszenieren. Ein unvermittelter Bandscheiben-Vorfall war plausibel genug, um als Erklärung dienen zu können. So löste sich der Konflikt verständlich und verträglich.

Offen blieb aber die Frage, wer denn den «Tannhäuser» nun dirigieren solle. Bis zu der für den 22. Juli 1954 festgelegten Premiere war nur mehr wenig Zeit. An der Regie, an Bühnenbild und Kostümen konnte natürlich nichts mehr geändert werden. Wer sprang jetzt in eine an sich «fertige» Inszenierung ein? Es mußte umgehend geschehen. Nach Lage der Dinge standen im Grunde nur Joseph Keilberth oder Eugen Jochum zur Verfügung. Denn Knappertsbusch, eben erst für den «Parsifal» wiedergewonnen, und der mit dem Dirigat einer neuerlichen Aufführung der IX. Symphonie von Beethoven für eine echte, also längerfristige Bayreuther Mitarbeit geköderte Wilhelm Furtwängler (dem der Weggang Karajans Hoffnungen verhieß) schieden für den «Tannhäuser» aus. Wieland wollte unbedingt Keilberth als Dirigenten haben. Dies in die Wege zu leiten, mußte geschehen, ohne dabei Jochum eine zurücksetzende Kränkung zuzufügen. Die Verhandlung zwischen uns vieren – Wieland, Keilberth, Jochum und mir – drehte sich zuerst im Kreise, da alles immer wieder in den Refrain der beiden Dirigenten mündete: «Machen Sie es doch, Herr Kollege», womit die Herren einander hartnäckig komplimentierten. Wie öfter in derart merkwürdigen Situationen, stellte mein Bruder mit einem Mal bedauernd fest, daß er nicht länger noch einer Probe fernbleiben könne, und empfahl sich. Also fiel es mir zu, das Ergebnis auszuhandeln. Erfreulicherweise gelang am Ende, es zugunsten von Wielands Wunsch ausfallen zu lassen.

Eine Viertelstunde nachdem wir uns voneinander verabschiedet hatten, kehrte Joseph Keilberth zu mir zurück und erklärte, daß er die letzte «Tannhäuser»-Aufführung in Anbetracht einer ganz unumstößlichen Verpflichtung in Luzern nicht dirigieren könne, wobei er wohl insgeheim hoffte, aus diesem Grunde aus der weder ihn noch Eugen Jochum besonders beglückenden Übernahme ganz herauszukommen – aber dieser letzte Versuch gelang ihm nun «leider faul». Ich bat ihn, es bei unserer Abmachung zu belassen bis kurz vor der letzten Aufführung, für die sich in einer solchen Notlage gewiß ein Dirigent als deus ex machina finden würde – dieser «deus» war dann Eugen Jochum.

Nach der Schilderung der Turbulenzen um die musikalischen Leiter soll hier noch Erwähnung finden, daß im Jahre 1955 für den «Tannhäuser» neben Joseph Keilberth André Cluytens als Dirigent gewonnen wurde, um ihn damit für sein Dirigat der geplanten Neuinszenierung der «Meistersinger» 1956 vorzubereiten, indem er sich ein Jahr zuvor mit den eigenwilligen akustischen Gegebenheiten des Hauses vertraut machte.

Die Aufteilung der sechs Aufführungen meiner «Holländer»-Neuinszenierung 1955 zwischen Knappertsbusch und Keilberth hatte ein kurioses Vorspiel: In der Festspielzeit 1954 klopfte es eines Tages an meine Bürotür, und nacheinander trat ein merkwürdiges Duo herein. Vornweg der große Knappertsbusch mit seinem ebenfalls großen, für ihn charakteristischen Kalabreser auf dem Kopf, hinter ihm folgte der wesentlich kleinere untersetzte Keilberth. Da im Hause die Fama kursierte, ich würde für den «Holländer» einen jungen, ganz neuen Dirigenten engagieren, der durch all die Verschiebungen der Stücke zwischen den Dirigenten keinerlei Belastungen erlitten hatte oder befürchten müßte, fühlte sich Knappertsbusch veranlaßt, mich sehr entschieden von folgendem in Kenntnis zu setzen: «Ich dirigiere Ihnen im nächsten Jahr den ‹Holländer›. Keilberth macht alle musikalischen Proben und die letzten drei Vorstellungen, während ich die Generalprobe und die ersten drei übernehme. Auf Wiedersehen, Herr Wagner!» Und draußen waren die beiden.

Das gemeinschaftliche Auftreten war um so bemerkenswerter, als sich beide eigentlich nicht leiden mochten. Knappertsbusch sprach zum Beispiel unbeirrbar, wohl als ein Zeichen seiner besonders «liebenswürdigen» Wertschätzung, von Herrn «Keilberg». Nach den Abendproben mußte ich manch nächtliche Stunde Keilberth widmen, um ihm den «Knappertsbusch-Krampf» zu lösen. Als ich ihm einmal nach sieben tröstenden Bocksbeuteln – insgesamt also fast fünf Liter Wein – die Autoschlüssel abnehmen wollte, da er zu einem beschließenden Nachttrunk noch in das Künstlerlokal «Die Eule» fahren wollte, und mir dieser Versuch nicht gelang, rief ich die Polizei an, die nun nicht etwa die Schlüssel per Amtsgewalt konfiszierte, vielmehr den VW Keilberths mit ihm am Steuer zwischen zwei Dienstwagen mit Blaulicht nahm, um ihn, mit solchen Positionslichtern seitwärts versehen, sicher und gut zum damals noch bestehenden Parkplatz auf dem Bayreuther Markt zu geleiten. Wehmütig gedenkt man heute solch städtischer Serviceleistungen, in der die Promille nicht sogleich den strafenden Arm des Gesetzes beschworen, sondern dessen verständig-bedachtsam helfende Hand. Die «Eulen»-Wirtin war offensichtlich geschickter als ich und nahm seinen Autoschlüssel in Gewahrsam, wovon ich bei meiner Erkundigung erfuhr.

Daß Hans Knappertsbusch ungeachtet seiner anfangs harten und rigoros ablehnenden Äußerungen gegen Wieland, mit Ausnahme von 1953, dann doch jedes Jahr wieder nach Bayreuth kam, beruhte letztlich auf seiner großen Verehrung für das Wagnersche Gesamtkunstwerk. Sein letztes Dirigat hier war 1964, danach mußte er aus gesundheitlichen Gründen auf eine Mitwirkung verzichten. Er starb im Oktober 1965.

Seine Wiedergewinnung als «Parsifal»-Dirigent für Bayreuth 1954 war für uns nicht ganz leicht. Es forderte als das mindeste an Entgegenkommen unsererseits, daß Wieland am Schluß des Werkes die von Richard Wagner vorgesehene Taube zeigen müsse, die über den Gral herabschwebt. Mein Bruder war zunächst sehr unschlüssig, ob er diesem Ansinnen, das ihm sehr gegen den Strich ging, nachkommen oder auf Knappertsbusch verzichten sollte. Schließlich verfielen wir nach reiflichem Abwägen auf eine «raffinierte» Lösung des ornithologischen Problems. Die Taube wurde aus dem Schnürboden so weit heruntergelassen, daß Knappertsbusch sie zwar vom Pult aus gerade noch sehen konnte, sie für das Publikum im Zuschauerraum aber unsichtbar blieb. Nun, die Taube schwebte – der Glaube lebte ... Nach der Aufführung feierte Knappertsbusch mit seiner Frau und einigen Freunden das Ereignis seiner Wiederkehr nach Bayreuth. Dabei stellte er mit versöhnter Befriedigung fest: «Endlich hat der Wieland wieder die Taube gezeigt.» Seine Frau, die bei seinen Dirigaten immer in der ersten Reihe saß, stutzte und erwiderte dann: «Hans, *ich* habe keine Taube gesehen.» Prompt kam die knurrige Antwort: «Ihr blöden Weiber seht ja sowieso nichts!» Doch ein wenig irritiert und argwöhnisch mußte der Meister doch geworden sein, denn er holte sich nähere Informationen ein, die ihm die Täuschung, der er erlegen war, bestätigten. Und so wurde die schon geflügelte Wendung «Wieland, der Halunke» erneut zum festen Begriff in seiner Umgangssprache.

Für 1954 stand vorerst aber einzig Joseph Keilberth als konstante Größe in unseren Planungen fest. Nun galt es, ihn von sich aus – trotz des Spannungsverhältnisses zwischen ihm und Knappertsbusch – zu der Einsicht gelangen zu lassen, daß dieser wieder für Bayreuth benötigt würde. Der überraschende Tod von Clemens Krauss im Mai ließ uns keine ausgiebige Dispositionszeit mehr. Eine umgehend arrangierte Zusammenkunft sollte dahin führen, daß Keilberth das Thema selbst zur Erörterung bringe und angesichts der Lage, so prophezeite ich es kurz vor dem Treffen wörtlich meinem Bruder, sagen müßte: «Meine Herren, da bleibt Ihnen nichts anderes übrig, als Knappertsbusch wieder zu holen». – Am 24. Mai 1954 kam Keilberth nach Bayreuth. Nachdem Wieland und ich unter vier Augen zuvor besprochen hatten, wie wir es am besten anstellen könnten, mit Keilberth möglichst rasch ein Ergebnis pro Knappertsbusch zu erzielen, sagte er schon nach wenigen Minuten unserer offenbar geschickten und eindrucksvollen Verhandlungsführung: «Meine Herren, da bleibt Ihnen nichts anderes übrig, als Knappertsbusch wieder zu holen.» Ich verkniff mir für den Augenblick die Freude des Propheten, dessen Vorhersage in Erfüllung gegangen war, und schlug vor, es wäre das einfachste, sogleich bei Knappertsbusch anzurufen. Die Verbindung kam umgehend zustande, als ob da einer schon gewartet hätte. Aber zunächst war seine Frau Marion am Apparat. Als ich mich meldete, gewahrte ich mit dem Ohr, daß der Herr Professor unmittelbar neben ihr am Telephon stehen mußte, denn ich hörte ihn barsch raunzen, mit Bayreuth wolle er nichts mehr zu tun haben, besonders nicht mit Wieland. Seine Frau versuchte zu vermitteln und betonte immer wieder, daß nicht Wieland, sondern Wolfgang Wagner am Apparat sei und es sich doch immerhin schließlich um das Bayreuth Richard Wagners handle. Nach einigem Geknurr übernahm er schließlich den Hörer doch noch. Mit dem Ergebnis, daß er uns seine Bereitschaft für ein sofortiges Treffen am selben Abend bei Walterspiel in den «Vier Jahreszeiten» in München anbot. Dieses Treffen war durch und durch geprägt von der einzigartigen, unnachahmlichen Knappertsbusch'schen Originalität.

Ich fuhr vorsichtshalber ohne meinen Bruder nach München. Als wir uns in der für ihn eigens reservierten Ecke begrüßten, stellte er mir einen ehemaligen Jugendfreund in der Weise vor, daß der zwar nie etwas Anständiges gelernt habe, dafür aber heute als Generalvertreter von General Motors für New York-Stadt und -Land Millionär sei.

Seine Frau bemühte sich, ihn immer etwas zu dämpfen, wenn er auf Wieland zu sprechen kam. Dessen Tun und Lassen um Richard Wagner mißfiel ihm in jeder Hinsicht, und der Höhepunkt seiner hervorgestoßenen Invektiven war, das Engagement des «Erz-Nazis Clemens Krauss durch den Halunken Wieland Wagner» lautstark zu brandmarken. Seinem Schulfreund, Frau Marion und mir gelang es durch begütigende und ausgleichende Worte, ihn zu der Zusage seines weiteren Mitwirkens in Bayreuth zu bewegen, aber immer wieder brach es aus ihm heraus, ob er denn wirklich so charakterlos sein und zurückgehen dürfe.

Da er Champagner und Kaviar als Gaumenfreuden besonders schätzte, wollte er zu guter Letzt ein deutliches Zeichen persönlicher Geneigtheit setzen und bestellte zu dem schon am Tisch bereitstehenden Getränk eine große Portion Kaviar für mich. Ich wollte dies für mich auf eine halbe Portion einschränken, aber er duldete keine Widerrede, sondern rief mit Stentorstimme dem Ober nach: «Bitte eine ganze Portion, denn die ganzen Portionen sind bei Walterspiel sowieso nur halbe.» Jeder Gast im Restaurant mußte es hören. Leider konnte ich dem Champagner der Spitzenklasse nicht so zusprechen, wie ich es gern getan hätte, denn noch am späten Abend wollte und mußte ich mit dem Auto nach Bayreuth zurück.

Knappertsbusch dirigierte ohne eine weitere Unterbrechung dann bis 1964 in Bayreuth, mit Ausnahme des Jahres 1957 den «Parsifal» durchgehend. Da er mitunter auch «Ring»-Zyklen leitete, gab er 1957 einige Aufführungen des «Parsifal» an André Cluytens ab. Cluytens wurde von allen wegen seiner freundlichen Aufgeschlossenheit sehr geschätzt, und Knappertsbusch bereitete es sichtlich Vergnügen und Freude, durch ihn gebeten worden zu sein, ihn in den «Parsifal» einzuführen. Das Ergebnis war ein «Parsifal», der unter Cluytens noch etwas länger dauerte als unter Knappertsbusch.

Die reibungslose Zusammenarbeit zwischen Wieland und Cluytens brachte es mit sich, daß diesem die Leitung der Neuinszenierung des «Lohengrin» 1958 in der berühmt gewordenen blauen Fassung mit dem Mataré-Schwan anvertraut wurde. Persönliche Gründe gaben den Ausschlag, daß André Cluytens danach Bayreuth verließ und nur noch einmal 1965 für «Parsifal» und «Tannhäuser» hierher zurückkam.

Der häufige Wechsel der Dirigenten bei meinem Bruder hatte wohl darin seinen Grund, daß er stets aufs neue *den* kontinuierlichen und seinen szenischen Vorstellungen adäquaten Dirigenten zu finden hoffte. So übergab er 1959 Erich Leinsdorf die «Meistersinger» und Lovro von Matačić den «Lohengrin». Ein Jahr später alternierten im «Lohengrin»-Dirigat Ferdinand Leitner und Lorin Maazel, wodurch Wielands Motivation erneut belegt wird. 1961 übernahm Josef Krips dann die «Meistersinger».

Von den Festspieldirigenten zum Festspielchor. Bei der Besetzung der so bedeutenden Position des Leiters der Festspiel-Chöre war zunächst Hermann Lüddecke aus Berlin im Gespräch. Ein Abschluß mit ihm kam jedoch nicht zustande. Im Rahmen einer Arbeitsbesprechung mit Herbert von Karajan ergab es sich, daß uns dieser Wilhelm Pitz als geeignet empfahl, mit dem er während seiner siebenjährigen Tätigkeit in Aachen eng zusammengearbeitet hatte. Auf unseren Wunsch sandte Karajan am 30. Januar 1950 ein Telegramm an Wilhelm Pitz, um ihm, noch bevor wir selber in direkte Verbindung mit ihm traten, unser Vorhaben anzudeuten. Am gleichen Tag schrieb ich, auch im Namen meines

Bruders, an Wilhelm Pitz einen Brief mit der Frage, ob er bereit wäre, die Leitung des Festspielchores zu übernehmen. Bereits am 4. Februar kam Wilhelm Pitz zu uns nach Bayreuth. Das gegenseitig spontane Verstehen führte umgehend zu einem Vertragsabschluß. Durch den zeitlichen Abstand zu den letzten Festspielen und infolge der Kriegswirren, die die deutsche Bevölkerung ziemlich durcheinandergewürfelt hatten, konnte nicht ohne weiteres von einem Reservoir probater und bekannter Chorsänger ausgegangen werden. Unser neuer Chorleiter sollte und mußte daher eine Vorauswahl der zu verpflichtenden Damen und Herren Choristen treffen, um dann mit uns gemeinsam die Endauswahl festzulegen.

Erna und Wilhelm Pitz hörten sich 900 Sänger und 40 Bühnen Ost- und Westdeutschlands an, wobei sie 9000 Kilometer Bahnfahrt hinter sich brachten – auf jeden zehnten Kilometer kam demnach ein Chorsänger!

Einhundert der Bewerber gehörten schließlich zu den endgültig Auserwählten, mit denen wir Verträge schlossen. Unser neuer Chorleiter führte sie zu einer Leistung, welche die Legende vom Bayreuther Festspielchor begründete. Da für die Festwiesenszene in den «Meistersingern» und für den Mannenchor in der «Götterdämmerung» sowie die Aufführung der IX. Symphonie Beethovens die Hundertschaft auf allgemeinen Wunsch erweitert werden sollte, kamen Wilhelm Pitz und seine Frau am 3. und 4. März 1951 nach Bayreuth, um im Saal des Gemeindehauses ein gigantisches Vorsingen abzuhalten. 458 Damen und Herren wurden dabei gehört, von Wilhelm Pitz selbst am Klavier begleitet. Das war die Antwort auf unseren Aufruf an die sangesfreudigen Bayreuther vom 24. Februar, und es drückte sich darin ein höchst erfreuliches Interesse unter der einheimischen Bevölkerung an der Wiedereröffnung der Festspiele aus. Die vorgesehenen und erforderlichen Besetzungen der einzelnen Chöre konnten durch den enormen Zulauf sogar selektiv erreicht werden.

Bei der ersten Zusammenkunft des Festspielchors in der gerade noch vor dem Einsturz geretteten Holzhalle mit dem Namen «Rüdelheim» – so genannt nach dem allseits berühmten Chormeister Hugo Rüdel, der von 1906 bis 1934 in Bayreuth wirkte – konnten wir bei der Begrüßung feststellen, daß uns etwa zehn Prozent der Anwesenden noch von früher bekannt waren. Mit Freude registrierten wir auch bei den ersten Bühnenproben, daß die erhofften optischen und darstellerischen Voraussetzungen bei den Chormitgliedern ausgeprägt vorhanden schienen.

Diese damals exemplarische Art und Weise der Chorzusammenstellung ist, was die Information durch Reisen betrifft, auch heute noch geübter Brauch. Natürlich ist es etwas einfacher, da auf einem vorhandenen Fundament weitergebaut werden kann und nicht mehr, wie 1951, beim Nullpunkt begonnen werden muß.

Unmittelbar im Anschluß an das Eröffnungskonzert 1951 erhielt Wilhelm Pitz schon durch Furtwängler höchstes Lob gezollt für die Leistungen des Chors. Furtwängler meinte, ein so hochqualifizierter Klangkörper müsse eigentlich ganzjährig wirksam sein. Eine freilich utopische Hoffnung. Hans Knappertsbusch redete Wilhelm Pitz immer mit «Hugo» an, was seine besondere Anerkennung ausdrückte, denn für ihn war Hugo Rüdel der Größte seines Fachs gewesen.

Nachdem die Wiedereröffnung der Festspiele Gestalt anzunehmen begann, meldeten sich neben vielen an einer Mitwirkung Interessierten auch 519 Orchestermusiker. Durch die außergewöhnlichen Zeitumstände war auch beim Orchester die frühere Kontinuität der Zusammenstellung verlorengegangen. Im Zuge der Arbeitsteilung zwischen meinem Bruder und mir fiel mir unter anderem auch die Aufgabe zu, das Festspielorchester zusammenzustellen. Da ich den größten Teil der Neubewerber überhaupt nicht kannte, mußte ich einen Modus finden, der das Problem löste. Also zog ich durch befreundete oder mir bekannte Dirigenten und Musiker Erkundigungen ein. Ich bat sie, mich über bestimmte Bewerber näher zu informieren oder ihrerseits Vorschläge für Instrumentalisten zu machen, die als für Bayreuth geeignete Kandidaten in Frage kämen. Die schließlich 61 Musiker aus früheren Festspieljahren waren verhältnismäßig leicht zu bestimmen, während ich die restlichen 90 durch Bernhard Hübner suchen ließ. Hübner besaß Erfahrungen in dieser Art Tätigkeit, denn er hatte das RIAS-Unterhaltungsorchester zusammengestellt. Professor Jakobs, Posaunist und Baßtrompeter, hatte mir Bernhard Hübner als Orchesterdirektor empfohlen. Sein Rat war mir von vornherein vertrauenswürdig, da ich während meiner Ausbildungszeit in Berlin und vor allem in der Phase meiner Wißbegier über den Wirkungsplatz der Musiker in Bayreuth öfter neben ihm, bewaffnet mit der Partitur, im «mystischen Abgrund» gestanden hatte und so das Tun und Treiben des Orchesters zu verstehen lernte. Sein Können als Bläser und seine aufgeschlossen-persönliche Art, mir ohne schulmeisterlichen Zeigefinger auch wichtige Hinweise und Erfahrungen zu übermitteln, bedeuteten für mich genügend Gewähr, seiner Empfehlung zu folgen und Bernhard Hübner zu engagieren. Wie ich sehr bald erkannte, zeichnete sich Hübner durch jene geschickte Mentalität und Agilität aus, um das Festspielorchester nach und nach zusammenstellen zu können. Ohne Bedenken durfte ich ihm immer mehr der erforderlichen Erkundigungen über die Qualifikation einzelner Musiker und die Beurteilung der von den Dirigenten zur Mitwirkung Vorgeschlagenen anvertrauen. Es gelang ihm, organisatorisch zeitgerecht sämtliche Verpflichtungen bekanntzugeben und uns vorzulegen, so daß dann die endgültigen individuellen Verträge mit jedem Musiker von meinem Bruder und mir unterschrieben werden konnten. Damit war das Bayreuther Festspielorchester in seiner Spezifik freiwillig einsatzbereiter Instrumentalisten wiedererstanden.

Furtwängler war, wie schon mit dem Chor, auch mit dem Orchester und seiner Qualität sehr zufrieden. Und Knappertsbusch sprach mit großem Ernst von einem «Wunder», das sich hier ereignet habe. Bei den Abschlußbesprechungen am Ende der ersten Festspiele über Erreichtes und künftig zu Verbesserndes machte er die aufschlußreich-anerkennende Bemerkung: «Alle engagierten Musiker waren hervorragend; diejenigen, die ich Ihnen empfohlen hatte, lassen Sie bitte im nächsten Jahr besser weg.» Karajan dagegen vermied augenscheinlich explizite Äußerungen, da er ja noch nicht wußte, ob es richtig oder falsch wäre, wenn er als «kommender Chef» des ganzen Unternehmens jetzt schon dessen Besonderheit oder Einzigartigkeit hervorheben würde. Daß ihm solche Zurückhaltung sonst weniger eigen war, bezeugt ein Wort, das er gern postulierte: «Wenn wir den Leuten nicht sagen, wie gut wir sind, wer soll's ihnen denn sonst sagen?»

Diese Betrachtungen und Berichte abschließend, möchte ich der «Mitwirkung» der Stadt Bayreuth zumindest ein paar Worte widmen.

Die Integration der drei westlichen Besatzungszonen, aus denen sich 1949 die Bundesrepublik konstituierte, und die damals negative Entwicklung der Ost-West-Beziehungen, die in den «Kalten Krieg» mündete, zog im Gefolge des Marshall-Plans die Entstehung des sogenannten Wirtschaftswunders nach sich, und, nach meiner Ansicht, verdankten wir paradoxerweise unser mitunter allzu gesättigtes Dasein dem Kommunismus.

Die Stadt Bayreuth stand vor Beginn der Festspiele vor der Notwendigkeit einer Lösung sehr schwieriger Probleme: Über ein Drittel der Wohn- und Arbeitsstätten waren kriegszerstört, neben den Einwohnern waren auch noch bis zu 16000 Flüchtlinge und Heimatvertriebene unterzubringen. Nur dank des Aufbauwillens der Bevölkerung, dem damit verbundenen allmählichen Aufschwung sowie der nach der Währungsreform mehr und mehr eintretenden wirtschaftlichen Stabilisierung war es möglich, daß Bayreuth als Festspielstadt imstande gewesen ist, Mitwirkende und Besucher in ihren Mauern aufzunehmen. Mein Bruder und ich konnten uns bei einer privaten und vertraulichen Umfrage mit Freude davon überzeugen, daß die Bürger wie eh und je aufgeschlossen waren und «ihre» Festspielgäste bei sich beherbergen wollten. Die Stadt und ihre Bürger gewährten uns einen Vertrauensvorschuß, der durchaus mit dem vergleichbar war, den Richard Wagner im Bayreuth der siebziger Jahre des vergangenen Jahrhunderts hier empfangen durfte. Die Lösung der Quartierfrage verband sich mit heute kaum noch vorstellbaren immensen Komplikationen, die nur durch das wechselseitig abgestimmte und grundsätzlich positive Zusammenwirken von Festspielleitung und Stadt bewältigt werden konnten. Selbst die Bewohner der Restaurant- und Chorbaracken (als Flüchtlings- und Durchgangslager beschlagnahmt) sind anderwärts untergebracht worden, womit es erst möglich wurde, die Räumlichkeiten wieder ihrem ursprünglichen Zweck zuzuführen. Ohne die Nachkriegsprobleme hintanzustellen, gelang es der Stadt und uns, vieles zu schaffen, was dazu diente, die Festspielgäste hier wieder heimisch werden zu lassen.

Im Bewußtsein unserer vollen Verantwortung erwarteten wir die Bestätigung durch ein internationales Publikum, welches von vornherein jeden Verdacht ad absurdum führte, Bayreuth könne erneut als ein nationaler «Hort», im Sinne Alberichs, etabliert werden.

VIII. Zweimal die Tetralogie

Im Jahre 1958 war es noch möglich, die Detailplanungen für das kommende Festspieljahr während der laufenden Saison festzulegen. Diesmal geschah ein – zumindest von mir nicht erwartetes – Novum, denn mein Bruder hielt seine gestalterische Weiterarbeit am «Ring» für erschöpft, und es erschien ihm nicht möglich, Veränderungen im Sängerensemble, sowohl wünschenswert als auch beabsichtigt, vorzunehmen. So sollte ich das gesamte Werk 1959 faktisch «aus dem Boden stampfen».

Im Rahmen unserer künstlerischen Bayreuther Arbeit sah ein Übereinkommen zwischen uns vor, daß jeder von uns beiden sich durch eine zweimalige Neuerarbeitung der Werke unseres Großvaters gegenüber der Öffentlichkeit artikulieren sollte, bevor durch uns eventuell auch andere Szeniker herangezogen würden.

Eine derartig überraschend schnelle Konfrontation mit dem «Ring» in Bayreuth mußte mich aber wie aus heiterem Himmel treffen, ich hatte nicht damit gerechnet. Die materiell-organisatorischen Anforderungen für die Werke und vor allen Dingen die Aufstellung eines neuen Sängerensembles innerhalb von knapp zehn Monaten zu bewältigen, erschien mir unmöglich, nicht zu reden von der Erarbeitung einer inhaltlich, szenisch, bühnenbildnerisch und künstlerisch anders gearteten werkimmanenten Deutung, die von mir erwartet wurde. Begreiflicherweise forderte ich weitere zwölf Monate Zeit für meine Vorbereitungen. Wieland hatte ja immerhin seit seiner Studien- und Lehrzeit sowie der Präparationsphase von 1951 an und dann durch seine erheblich verändernde Gestaltungsarbeit innerhalb der letzten acht Jahre, auch außerhalb Bayreuths, dem Publikum etwas verständlich machen können, was von vornherein als Maßstab galt.

Wir einigten uns auf ein Pausejahr für den «Ring». Wieland würde 1959 mit «Parsifal», den «Meistersingern», «Lohengrin» und einer Neuinszenierung des «Holländers» vertreten sein, ich mit meinem «Tristan», der damit den Rhythmus eines bis dahin eingehaltenen zweijährigen Turnus durch Wiederholung im dritten Jahr durchbrechen würde, was aufgrund des Publikumsinteresses möglich war. Wielands «Meistersinger» aus dem Jahre 1956, die wiederaufgenommen wurden, hatten dieses Durchbrechen schon eingeleitet.

Auch meine Erfahrungen von 1957 bei einer Gastinszenierung des «Ring» unter völlig anderen Voraussetzungen in La Fenice in Venedig konnten für mich keinerlei Grund sein, etwa die zunächst genannte kurze Frist zu akzeptieren, denn das Fenice ist kein «Ring»-Theater im Wagnerschen Sinne, und somit waren dort ganz andere Gesetzmäßigkeiten wirksam und zu berücksichtigen, die mit den idealen Vorstellungen und realen Möglichkeiten der szenischen Wiedergabe der Werke, wie Wagner sie in Bayreuth anstrebte, nichts zu tun hatten. Für die Inszenierung in Bayreuth erhoffte ich mir auch andere Bedingungen der Realisation, die sich von den sehr beschränkten venezianischen unterscheiden würden. Die materiellen, bühnentechnischen und allgemein künstlerischen Vorgaben des Fenice waren in keiner Weise etwa dazu angetan gewesen, womöglich gar an Bayreuth zu erinnern oder Ambitionen zu wecken, die etwas Bayreuth-Ähnliches vorgegaukelt hätten. Infolge der Terminierung in Venedig war es überhaupt nicht möglich, bei diesem «Ring»-Unternehmen Sänger auszuprobieren. Dennoch: Unter Führung des damaligen Sopraintendente Virgilio Mortare und in Zusammenarbeit mit dem Dirigenten Franz Konwitschny sowie mit Hilfe einiger bewährter, in der Materie erfahrener technischer Mitarbeiter, die ich aus Bayreuth für eine intensive und reibungslose Abwicklung mitbringen konnte, gelang es mir mit einem durchaus erfreulichen Sängerensemble, auf dessen Besetzung ich keinen Einfluß hatte, den «Ring» für das so aufgeschlossene Publikum Venedigs auf die Bühne zu bringen. Daneben waren – außerhalb der touristischen Saison – die Lagunenstadt mit ihren Kanälen und Palästen und ihre Einwohner ein großartiges bleibendes Erlebnis.

Die Kulturgeschichte des Abendlandes kennt seit der attischen

Tragödie kein dramatisches Werk, das in seinen Dimensionen dem «Ring des Nibelungen» vergleichbar wäre. Drama türmt sich auf Drama zu einer auf drei Ebenen der Schöpfung in unausweichlicher Schicksalverstrickung sich vollziehenden Welttragödie. Ich habe in Bayreuth versucht, unter Zuhilfenahme der modernen Technik, vor allem des Lichts, das Symbolische konkret faßbar zu machen und damit in die Nähe menschlicher Wirklichkeit zu rücken.

Die symbolische Urform der Bayreuther Interpretation meines «Ring» 1960 war die konkave Scheibe als Entsprechung der noch in sich ruhenden heilen Welt, als Abbild der göttlichen Sphäre, der die konvexe, abstoßende Form der Welt Alberichs gegenüberstand.

Diese zunächst abstrakten Überlegungen halfen mir, zur Gestaltung des Bühnenbildes zu kommen. Von einem Drechsler ließ ich mir eine fast schon den späteren Proportionen entsprechende konkav-konvexe Scheibe mit den erforderlichen Bauhöhen der Stahlkonstruktion im Maßstab 1 : 50 anfertigen, die ich dann in drei Sektoren und zwei Segmente zerschnitt. So konnte ich versuchsweise die Kombinationsmöglichkeiten aller Nahtstellen, indem ich die Kreisform beibehielt, in unendlich viele Positionen zu- beziehungsweise gegeneinander bringen, wobei gemäß der Handlung durch die jeweiligen Neigungs- und Höhenunterschiede Aktionsräume geschaffen wurden. Durch einen fahrbaren Stempel unter dem Kreismittelpunkt, der den Einbau einer Spezialhebevorrichtung in der Unterbühne erforderlich machte, ergaben sich zusätzlich weitere Möglichkeiten einer veränderten Kombination der fünf Teile, die, zusammengefügt, das Bild einer auf schwarzem Urgrund frei schwebenden Weltscheibe zeigten. Ihre Unterteilungen setzte ich durch unterschiedliche Aufgliederungen in eine dem fortschreitenden Geschehen jeweils analoge Formation. Bruchstellen markierten die Felsbilder, senkrecht aufgerichtete architektonische Elemente begrenzten den Raum, zum Beispiel in Hundings Hütte, Mimes Höhle und in der Szene zwischen dem Wanderer und Siegfried. Am Ende der «Götterdämmerung» schloß sich die Weltscheibe wieder zu ihrer anfangs angedeuteten Unverletztheit. Meine Absicht, während der allerletzten Takte der «Götterdämmerung» ein nacktes junges Paar auf dieser Scheibe zu zeigen, war zu kühn für die Zeit und mußte daher Absicht bleiben.

Der tektonischen Gliederung der Fläche entsprach die Lichtregie. Bereits in meinen bisherigen Bayreuther Inszenierungen – «Lohengrin», «Holländer» und «Tristan» – hatte ich die Entwicklung und die Einsatzmöglichkeiten von Großraumapparaten forciert und die farbig intensiven Schattenprojektionen Zug um Zug ausprobiert. Sie erlaubten mir, im «Ring» den Rundhorizont und die Lichtregie für die Interpretation so zu nutzen, daß beispielsweise beim «falschen Gunther» und beim «Speereid» in der «Götterdämmerung» die Projektion einer schwarz zersplitterten Struktur vor schwefelgelbem Hintergrund die äußerste Dramatik und Brutalität dieser Szenen visuell ausdrückte.

Die Lichtkonsistenz der Xenonlampe war damals dem Sonnenlichtspektrum am ähnlichsten, und beim Herunterregeln wurde sie nicht, wie Halogen- oder Glühlampen, warm im Licht, sondern fahl – wobei sie die Farbwerte beibehielt. – Leider sind auch heute noch die letzten zehn Prozent nur mechanisch regelbar. – Durch diese Möglichkeiten trat auch eine völlig andere Aussage bei den Farben für Kostüm und Maske auf.

Die Kostüme, von Kurt Palm in enger Zusammenarbeit mit mir entworfen, folgten, wie die Grundfläche und die Lichtgestaltung, meinem Konzept einer stark konturierten Geometrie im Raum. Die Figuren waren bis in die Maske und die plastischen Perücken, gestaltet von Willi Klose, als Beleuchtungsträger durchgeformt. Auch ihre Farbdramaturgie entsprach ihrer Bedeutung im Gesamtgeschehen: Siegfried und Brünnhilde waren das hellste Paar. Die bisher vielerorts oft und bis zum Übermaß praktizierte Gassenbeleuchtung konnte ich bei meiner Gestaltung der Spielfläche nicht verwenden und wollte dies auch nicht wegen ihrer nach meiner Ansicht plastisch-indifferenten Ausleuchtung der agierenden Sänger.

Im Maßstab doppelt so große Modelle ließen es zu, immer mehr Details der Absichten und Notwendigkeiten erkennen zu lassen, so daß im Herbst 1959 die theaterüblichen Bauproben beginnen konnten. – Sie dienen dazu, mittels einer Markierung der einzelnen Dekorationsteile jene Erkenntnisse zu zeitigen, die bei der anschließenden Ausführung der Dekorationen in den Werkstätten möglichst alle Änderungen ausschließen sollten, da diese die üblichen unerfreulichen Mehrkosten verursachen würden.

Das vorgesehene Bühnenbild konnte nur als Stahlkonstruktion hergestellt werden. Da wir damals im Festspielhaus dazu weder die notwendigen Werkstatträume und Maschinen noch die entsprechenden Handwerker zur Verfügung hatten, beauftragten wir eine im neuen Industriegebiet von Bayreuth angesiedelte Stahlbaufirma damit. Sie war in der Lage, unter Berücksichtigung aller statischen Anforderungen die Konstruktion in Profilstahl zusammenzuschweißen. Leider maß unser damaliger für alles Technische Verantwortliche, Paul Eberhardt, offensichtlich meinen Wünschen und den zu realisierenden Anforderungen zu wenig Bedeutung bei, so daß es dann bei der technischen Einrichtung zu Feststellung gravierender Schwierigkeiten kam, die er nicht vorausbedacht hatte. Besonders waren die mir zugesagten Bewegungsmöglichkeiten auf der Bühne und die Benutzung des Konstrukts für Proben mehr als unzulänglich, ja geradezu – wie Paul Eberhardt bei einer Probe einsah – gefährlich.

Wie so oft bei unvorhergesehenen Ereignissen half ein Zufall. Durch einen Autohändler, der von meinem Dilemma gehört hatte, erfuhr ich beim Tanken von dem Karussellbauer Völker in Fronlach bei Coburg, der mit seinen Hydrauliken allgemeines Aufsehen erregende Produkte für Schausteller herstellte. Umgehend wandte ich mich an ihn, und es gelang ihm, die vorgesehene Beweglichkeit, die Veränderungsmöglichkeiten der Scheibe und deren Transport in mich beruhigender und zufriedenstellender Form zu lösen, und zwar in außergewöhnlich kurzer Zeit, trotz der zum Beispiel schwierigen Beschaffung erforderlicher Spezialhydrauliken. In den letzten drei der Premiere vorausgehenden Wochen übernahm er bei jeder Art der Scheiben-Bewegung das Oberkommando, das er dann auch bei allen Aufführungen innehatte. So also wurde endlich das von manchen Mitarbeitern des

Festspielhauses als «Spinnerei» bezeichnete Projekt Bühnenrealität.

Meine Ideen und Vorplanungen konnte ich Anfang Mai 1960 bei der Sitzung der «Gesellschaft der Freunde von Bayreuth» in Geislingen anhand von Skizzen und Modellphotos erläutern. Gerade in diesem Kreis mußte ich mit erheblicher Skepsis gegenüber meiner Arbeit rechnen, nicht zuletzt infolge der zu erwartenden Umbesetzung mancher den Mitgliedern inzwischen liebgewordener, ja sogar freundschaftlich verbundener Künstler.

Da elf Sänger, die Sawallisch und ich 1960 in unserem «Ring» einzusetzen für möglich hielten und die nicht während der letzten Jahre im «Ring» meines Bruders besetzt, jedoch in anderen Partien in Bayreuth tätig waren, zur Verfügung standen, konnten wir mit einigen schon im Jahr 1959 musikalisch vorprobieren. Soweit ich zugegen war, diskutierte ich mit ihnen Inhalte und konzeptionell Gedachtes – bis zum 4. August 1959, jenem Tag, an dem der Hauptverantwortliche für das musikalische Studium einem nächstjährigen Dirigat des allemal leichter zu erarbeitenden «Holländer» gegenüber der Schwerstarbeit an der Tetralogie den Vorzug gab.

Während der Periode einer fünfjährigen Laufzeit meiner «Ring»-Inszenierung konnte ich mit tatkräftiger Unterstützung des Karussellbauers Völker manche technischen Verbesserungen vornehmen und dadurch vertiefte künstlerische Aussagen erreichen. Auch die neue Beleuchtungstechnik wurde weiter vervollkommnet.

Die langjährige stetige Konfrontation und Auseinandersetzung mit dem «Ring» machte mir zunehmend und immer klarer bewußt, was Richard Wagner mit diesem «Welten-Mythos» ausdrücken wollte, vor allem aber auch, was er als «Mythograph» oder «Mythopoet» bei seinem Publikum Bleibendes über die transitorische Kunst Theater erreichen wollte. Sinn und Inhalt seiner Festspiele vermittelten sich nicht zuletzt gerade durch das, was er mit der besonderen Struktur der Bauweise des Festspielhauses anstrebte. Bewußt wies er die Funktion des altgriechischen Chors, der im Kreisrund der Orchestra aufgestellt war, den

Ausführenden des symphonischen Musizierens zu, das heißt, all das, was im weitesten Sinne der Ergänzung der Protagonisten auf der «Skené» diente, wurde in den Orchestergraben verlegt. Dabei ging er noch einen wichtigen und entscheidenden Schritt weiter, da er die optische Dimension der Musizierenden nicht als Bestandteil seines Begriffs vom Gesamtkunstwerk verstand, sondern dafür allein die Bühnenvision in ihrer Aussage anerkannte. Das Orchester bedeutete den «technischen Herd» des Dramas, weshalb er den meist im Frack agierenden «Hohepriester der Musik» den Blicken des Publikums entzog, wodurch dieser die Aura des unsichtbar wirkenden Demiurgen erlangte. Er erhielt gleichsam die Gabe verliehen, die aus dem Urlaut des «Rheingold»-Es entwickelten Elemente, durch die Komposition des Gesamtwerkes zu differenziertesten Harmonien gefügt, in einer rezipierbaren Ordnung zu einen, aus der das für Richard Wagner so wichtige Gefühlsverständnis entspringen konnte.

Der zu Unrecht verlachte Text des «Ring» ist in seiner sprachlichen Durchformung untrennbarer Teil der Tetralogie, deren gewissermaßen an den Intellekt appellierende Seite. Die so häufig geringschätzig belächelte alliterierende Struktur war keine Marotte eines Exzentrikers, sondern bewußt verwandtes künstlerisches Mittel, wodurch der Charakter bisher – selbst noch bei Richard Wagner – üblicher Operntexte oder Libretti in den Rang einer Dichtung (in des Begriffes ureigentlichem Sinn) gelangte, von aller Realistik auf eine Ebene gehoben, die neuen mythischen Sinn stiftete. Dichtung und Musik ergaben in ihrem Zusammenwirken das Wagnersche Drama des «Ring», der keine bloße Aufeinanderfolge von vier Werken ist. Dieses Drama aber besaß von Anfang an bei seiner Wiedergabe eine besondere Eigengesetzlichkeit, der Rechnung zu tragen, mehr noch, der gerecht zu werden, Auftrag der Interpreten war und ist.

Die Zusammenführung des Publikums im Amphitheater, die jede hierarchische Unterscheidung aufhob, wie sie mir bei meinem Besuch des großartigen antiken Theaters in Epidauros 1958 so sinnfällig deutlich wurde, und die besondere, für Bayreuth entwickelte architektonische Lösung, die mittels mehrerer gestaffelter Proszenien, im Zuschauerraum durch sogenannte Scherwände gleichsam fortgesetzt, alle Aufmerksamkeit und Konzentration zur Bühne hin fokussiert, setzt den Zuschauer und das Bühnengeschehen, nicht zuletzt durch das tiefgelegte, verdeckte Orchester, in eine unmittelbare Wechselbeziehung, die nach meiner Ansicht weder einer Kultstätte eignet noch mit der Wirkung in anderen herkömmlichen Theatern zu vergleichen ist. Nicht nur die innere Formung des Festspielhauses, sondern auch der Festspielhügel an sich läßt Bayreuth nach wie vor zu einer besonderen, ja vielleicht sogar einzigartigen Stätte der Begegnung werden.

Gegenüber den Abgesandten des Bayreuther Patronats zog Richard Wagner am 15. September 1877, also etwa ein Jahr nach den ersten Festspielen, ein Resümee, das noch heute Gültigkeit beanspruchen kann: «Wir haben aller Welt unsren festen Willen gezeigt, wir haben gezeigt, worum es sich für uns handelt, warum unser Theater ein Haus von der Bauart sei mußte wie dieses, warum alles so eingerichtet sein mußte, wie es hier der Fall war, warum der Ort unsres Wirkens kein Zentrum des modernen Kunstluxus sein durfte. Alle diese Vorteile, wenn er sie auch mit Beschwerden erkämpfen mußte, hat jeder hier empfunden. Wir haben hier Freiheit zu atmen und zu uns selber zu kommen.»

Das so lange Ringen Richard Wagners um die Verwirklichung seiner Festspielidee in dem von ihm seinen Vorstellungen gemäß erwählten und bestimmten Bayreuth gründet sich meines Erachtens von Anbeginn mit darauf, daß schon allein die Aussagen des «Ring», der die Präsenz des Publikums an einem Vorabend und drei folgenden Tagen erfordert, eine freiwillige Erlebnisbereitschaft eben dieses Publikums voraussetzen. Die zeitliche Abfolge der vier Theaterabende bestimmte den Rhythmus der Anwesenheit wie des Erlebens, der aus eigenem freien Willen angenommen wurde. Noch heute wirken die von Richard Wagner geschaffenen Bedingungen gleichartig und lassen das Spezifikum Bayreuth entstehen. Das Bayreuth-Erlebnis ist kein Zwang, weder hängt es vom Prestige des einzelnen ab, noch bringt es materiellen Nutzen. Und dies dürfte jenes Etwas sein, was man gemeinhin unter Bayreuther Atmosphäre versteht. Wenn man sich dazu an Orten und in Räumen befindet, welche die durch ihn selbst realisierten, zur Tat gewordenen Ideen eines Künstlers sind, begegnet man gerade eben dadurch dem Phänomen Bayreuth.

Meine Aufgabe war und ist es, Bayreuth lebendig zu erhalten. Dies gab ich immer wieder zu verstehen. Und selbstverständlich umgreift diese Aufgabe auch Überlegungen und das Nachdenken über den so oft als Monomanen bezeichneten Begründer.

Die einmalige und absolute Ausrichtung seines Handelns und Schaffens ließ sich nach dem konventionellen «Rienzi» und dessen Erfolg nicht nur durch die Loslösung von dieser Form der Oper nachweisen, sondern vor allem durch seine nach und nach immer persönlicher werdende Prägung der Werke. Die reichen Erfahrungen, die er in Würzburg, Magdeburg, Riga, Königsberg und bei dem Umweg über das Theater-Mekka Paris sammelte, bis ihn sein Weg nach Dresden führte, aus dem er nach der Teilnahme am Maiaufstand 1849 ins Schweizer Exil floh, wo er die lästigen und lähmenden Theaterverpflichtungen abschütteln mußte und konnte, diese Zeiten der künstlerischen Besinnung und Reflexion prägten seine ureigenen Gedanken und Visionen zu Sinn und Bedeutung musiktheatralischer Aussagen. Bereits im Oktober 1851 gelangte Richard Wagner zu der vierteiligen Konzeption der «Ring»-Dichtung, die er am 15. Dezember 1852 zum Abschluß brachte. Die Inangriffnahme eines so umfangreichen Werkes war von dem Theaterpraktiker nicht etwa so gedacht, daß es in fernen Äonen dereinst als verstaubter Archivgegenstand und geheimes Lebenswerk entdeckt würde, sondern von Anfang an bestimmte ihn der Vorsatz, es im Sinne seiner Ideen von «theatralischer Sendung» einem Publikum darzustellen. Da er gleichzeitig um die Unmöglichkeit wußte, dieses vierzehneinhalbstündige Werk (wobei die Zeiten der Aufführungsdauer in den jeweiligen Interpretationen zwischen 13 Stunden 39 Minuten bei Boulez und 15 Stunden 20 Minuten bei Knappertsbusch differierten), angelegt zur Aufführung an vier Abenden, unter den bestehenden Theaterverhältnissen auf die Bühne zu bringen, ließ das sehr bald «seinen» Festspielgedanken aufkommen. Daß er diesen Weg allein gehen mußte, war bedingt durch seinen immer entschiedeneren Bruch mit der üblichen Theaterkonventionalität und der Ablehnung des allgemein-beliebigen Operngebarens.

Zwar eröffnete ihm die Berufung durch König Ludwig II. nach München die Chance zur Vollendung der Tetralogie und zu einer intentionsgerechten Aufführung seiner Werke, doch trug nach meiner Ansicht die – bei aller außergewöhnlichen Freundschaft – fast absolutistische Haltung des Königs, wie sie sich zum Beispiel in der gegen Wagners Willen geschehenen Durchsetzung der Uraufführungen von «Rheingold» am 22. September 1869 und «Walküre» am 26. Juni 1870 spiegelte, erheblich dazu bei, daß die Pläne zu einem Münchner Festspielhaus, von Gottfried Semper in engstem Einvernehmen mit Wagner entworfen, unausgeführt blieben. Die zahlreichen Intrigen der Hofkamarilla und ein gewisses Eigenverschulden Richard Wagners, dessen unbürgerliches Leben genügend Angriffsflächen bot, taten obendrein das Ihrige dazu.

Neben den Uraufführungen von «Tristan und Isolde» am 10. Juni 1865 und den «Meistersingern» am 21. Juni 1868 kamen in München noch folgende Aufführungen zustande: «Holländer» 1864, «Lohengrin» und «Tannhäuser» 1867. Richard Wagner kam angesichts der Dekorationen und Kostüme, die die Vorstellungen dominierten, zu der Erkenntnis, daß er andere künstlerische Mittel benötigen würde, um seinen Ideen optisch adäquaten Ausdruck zu verleihen. Ludwig II. kultivierte die durch Wagner gestaltete Mythen- und Sagenwelt auf seine Weise vor allem in seinen Schlössern und anderen vom Tourismus seitdem so sehr frequentierten Bauten. Diese, wie ich meine, die Grenze des Kitsches erreichenden oder vielleicht sogar überschreitenden «Interpretationen» verstellen noch heute das Wagner-Bild.

Vermutlich auch aufgrund der Resultate der Münchner Aufführungen wollte Wagner in Bayreuth «Musteraufführungen» seiner Werke ab dem «Holländer» erarbeiten, was Cosima später dahingehend auslegte, daß sie die Münchner Inszenierungen als «Muster» verwendete. Wie harmonisch es bei der «Lohengrin»-Aufführung 1867 zuging, beschrieb Oswald G. Bauer wie folgt:

«Der König reiste ab! Tichatschek (der den Lohengrin sang) reiste ab! Wagner reiste ab!»

Beim «Ring», jenem ganz besonderen Werk, wollte Wagner sich nun aber den Freiraum bewahren, den er nur in voller Freizügigkeit zu erreichen vermochte. Dies konnte erst später in Bayreuth gelingen. Aus den Erfahrungen des ersten Festspieljahres 1876 bestimmte er seinen «Parsifal» zur ausschließlichen Aufführung in Bayreuth. Letztlich bestätigte dieser verständliche Wunsch sein Hoffen und Wollen für das Theater.

Wie so oft, wenn sich durch Tradition und zeitbedingte Wertungen der eigentliche Sinn einer Aussage entfernt, folgt daraus die Notwendigkeit, die Wurzeln wieder freizulegen, um Zeitloses in der Gegenwart durch eine künstlerische Überhöhung der Realität zum klingenden und visuellen Erlebnis neu zu wecken. So auch bei mir.

Bei einer Erarbeitung des «Ring» darf auch heute noch keinerlei bloß theatralische Routine mit im Spiel sein, da dieses Werk in seinen Inhalten und Botschaften zeitlich oder historisch nicht fixiert und deshalb nicht fixierbar ist. Es geht vielmehr darum, denke ich, das Überzeitliche darin zeitverständlich in der Darstellung auszudrücken. Einem Maler oder Bildhauer ist es gegeben, die Imagination eines Augenblicks festzuhalten, während die Dreidimensionalität des Bühnenraums und die zusätzliche Dimension des Klanges nach dem dramatischen, verbal-gesanglich geprägten und im Zeitlauf vorgeschriebenen Bewegungsspiel verlangt.

Die von dem Gründer der Festspiele geschaffene Eigengesetzlichkeit des Bayreuther Hauses bietet per se neben den individuellen Interpretationsmöglichkeiten, der spezifischen Form der Probengestaltung – die auch ein Er-Proben mit einschließt – und dem begrenzten Spielplan die Chance, auch Bühnendekorationen und außerdem spezielle technische Hilfsmittel und Materialien bis zu ihrer optimalen und dem Aussagewillen adäquaten Wirksamkeit zu vervollkommnen sowie die für die Verwirklichung am besten geeigneten Mitarbeiter einzusetzen. Die Resultate versammeln nach wie vor ein erlebnisbereites und aufgeschlossenes Publikum aus aller Welt. Auch das ist etwas von dem, was ich unter Lebendigkeit verstehe, daß nämlich in Bayreuth keine nach erprobten, von Managern und Geldgebern aufgestellten «DIN»-Normen produzierten Theaterabende «abgeliefert» werden.

Mit Protektion des Wiener Reichsstatthalters Baldur von Schirach hoffte mein Bruder, zusammen mit Karl Böhm, im Jahr 1945 an der Wiener Staatsoper als Vorarbeit für Bayreuth einen «Ring» in Szene zu setzen. Zwanzig Jahre später, 1965, kam diese Zusammenarbeit erst zustande, nachdem Karl Böhm zuvor seit 1962 nur den «Tristan» in Bayreuth betreut hatte. Infolge Wielands Krankheit und nach seinem Tod ergab sich die Frage, ob der Dirigent überhaupt willens und imstande wäre, den «Ring» noch vier weitere Jahre lang neben seinen anderen internationalen Verpflichtungen leiten zu wollen und zu können, und ob musikalisch jene kontinuierliche und konzentrierte Durchgestaltung von ihm durchzuhalten wäre, wie es künstlerisch am besten verantwortbar war. Aus einem Schreiben Wielands vom 14. Juli 1966, aus dem Krankenhaus, geht hervor, daß eine Wiederaufnahme des «Tristan» und ein «Tannhäuser»-Film, verbunden mit einer Schallplattenaufzeichnung, mit Karl Böhm geplant war, der außerdem – wenn er wollte – die «Meistersinger» oder zumindest einige Aufführungen dieses Werkes dirigieren sollte.

Für Wieland war es besonders deprimierend, daß der Sänger George London als Wotan in Bayreuth nicht mehr tätig werden konnte. Er hatte mit ihm bei seinem Kölner «Ring» 1962 und 1963 zusammengearbeitet, den er als eine Vorstudie zu seinem nächsten in Bayreuth ansah. George London sang seit 1951 in Bayreuth, zuerst den Amfortas, später auch den Holländer, und er hatte Maßstäbe gesetzt. Der Partie des Wotan war er jetzt aus gesundheitlichen Gründen nicht gewachsen, vermochte sie nicht durchzustehen. Mein allzu kühner Bruder hielt zunächst die großzügigen Striche, wie er sie in Köln für George London eingerichtet hatte, auch in Bayreuth für durchführbar, mußte sich jedoch dann wohl oder übel dem Einwand Karl Böhms beugen, der meinte, daß dergleichen bei den Festspielen ein Ding der Unmöglichkeit sei. Dennoch wurde trotz allem im ersten Jahr des neuen «Ring» 1965 ein Strich gemacht, der von Regisseur und Dirigent zusammen entschieden worden war. Nach Ende der Trauermusik im dritten Aufzug der «Götterdämmerung» entfiel die Gutrune-Szene und, mit einem Paukenwirbel überbrückt, trat Hagen sofort auf.

Nach der ersten Orchesterprobe zum zweiten Aufzug der «Walküre» am 30. Juni 1965 stand fest, daß George London ersetzt werden mußte. Im Anschluß an einen ausgefüllten Probentag fuhr ich nächtens nach München zu London, der im Hotel «Vier Jahreszeiten» wohnte. Er ließ sich zu der Zeit ambulant von einem bekannten Starnberger Hals-Nasen-Ohren-Arzt behandeln, um nach erhoffter Genesung wieder mitwirken zu können. Gemeinsam fanden wir eine menschlich anständige und für ihn unschädliche Absprache, wie sein Ausscheiden gegenüber Dritten erklärt werden sollte.

Aufgrund von George Londons Befinden war für den Wotan ohnehin ein Cover vorgesehen, und so übernahm Theo Adam nach Londons letzter Probe am 30. Juni die Partie schon am 4. Juli 1965, allerdings mit der Einschränkung, daß er keinen Anspruch darauf geltend machen könne, wenn George London wiederkäme. Da von Anfang an erwogen worden war, für die Partie des Wanderers in «Siegfried» einen anderen Sänger zu besetzen, sang diese dann Joseph Greindl.

Durch die Erfahrungen mit meinem «Ring» zwischen 1960 und 1964 und die erkenntnisreichen Beobachtungen, die ich aus der Inszenierung meines Bruders 1965 ziehen konnte, geläutert, machte ich mich an die Arbeit für meinen zweiten «Ring» im Jahre 1970. Sie geschah in dem Bewußtsein, daß die Periode unserer Interpretationen der Tetralogie damit zugleich einen Abschluß erhalten würde, der nach der Laufzeit dieser Inszenierung einen neuen Ausgangspunkt mit einer völlig anders gearteten Neudeutung bedingen müßte.

Mit Horst Stein als Dirigenten, der bereits 1969 den «Parsifal» betreut hatte und zwischen 1952 und 1954 als Assistent in Bayreuth tätig gewesen war, fand ich einen produktiven Mitgestalter für diesen «Ring». Durch Hans Knappertsbusch und Clemens

Krauss besaß er Kenntnis des Werkes und war auch mit den Gegebenheiten des Hauses vertraut. Außerdem stand er mir vor allem für die stete Weiterarbeit in den sechs Jahren, die mein zweiter «Ring» lief, zur Verfügung. 1975 gestaltete er musikalisch dann mit mir meine Neuinszenierung des «Parsifal». 1973 beschloß ich, den «Parsifal» meines Bruders, der ihn ab 1966 ja mit Pierre Boulez hatte neu erarbeiten wollen, nachdem er in sich modifiziert seit 1951 ununterbrochen auf dem Spielplan stand, abzusetzen. Damit wollte ich einer sich anbahnenden neuen und sterilen «Kult-Tradition» rechtzeitig vorbeugen.

Das in meinem ersten «Ring» meines Erachtens noch nicht oder nicht vollständig Erreichte der Umsetzung konzeptioneller Ideen in entsprechende Darstellung versuchte ich jetzt durch entscheidende Umgestaltungen, insbesondere im Szenischen zu verändern, nicht zuletzt indem ich all die Vorteile der zwischen den Festspielzeiten 1964/65 erheblich verbesserten bühnentechnischen Einrichtungen nützte. In dieser Periode scheinbarer «Ruhepause» hatte ich einen neuen Schnürboden mit Punktzügen einrichten lassen, die Nutzfläche der Bühne von bisher 20,5 mal 20,5 Metern wurde bei der Sanierung des Bühnenhauses auf 20,5 mal 27 Meter vergrößert, das heißt, ich gewann seitlich jeweils nahezu 3,5 Meter hinzu. Zusammen mit einem akustisch außerordentlich günstigen Sperrholz-Horizont, der im Ganzen verschoben oder in einzelnen Teilen zu Gassen eingeschwenkt werden konnte, brachte die Erweiterung auch wesentlich verbesserte Beleuchtungsbedingungen. Die einzusetzenden, nicht mehr halbkreis-, sondern korbbogenförmigen Horizonte erlaubten andere und optisch bessere künstlerische Aussagen. Der damalige Chef der Beleuchtung, Kurt Winter, hatte hier in Bayreuth Beleuchtungsgeräte vorgebildet und im Modellversuch erprobt, die ich ab dem dritten Jahr meines «Ring» verwendete, diese Neuentwicklungen wurden dann durch die Wiener Firma Pani perfektioniert und in Serie gebaut. Die HMI-Lampe (Halogen-Metall-Dampflampe) ermöglichte mit ihrer Lichtidentität und durch entsprechende optische Systeme Großprojektionen, die in ihrer Farbintensität zuvor noch nicht erreicht worden waren. Da bei uns im Hause auf

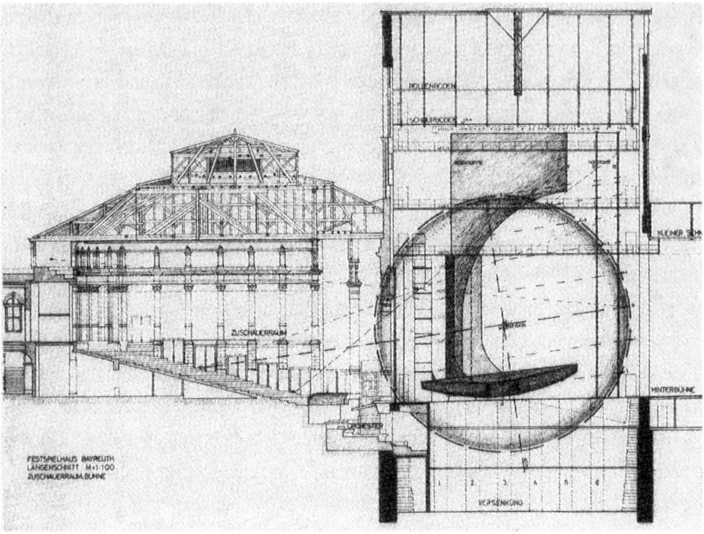

Einblicke in die Entstehung der «Ring»-Inszenierung Wolfgang Wagners 1970–1975.

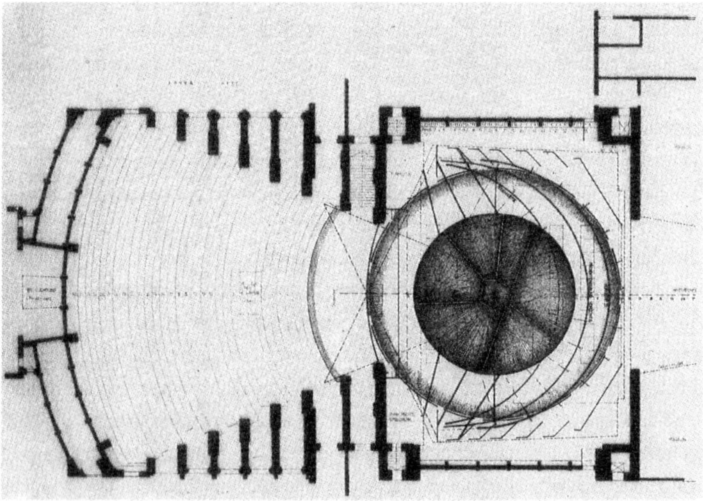

Zuschauerraum – Orchester – Bühne: Komponenten und deren beabsichtigte szenische Realisation.

allen Positionen, auch bei Rücklicht aus dem Schnürboden, genügend Platz vorhanden war, konnte selbst neben dem an sich schon großen Apparat auch die für ihn erforderliche mechanische Verdunklungsvorrichtung mit aufgestellt werden. Die HMI-Lampe besitzt keinerlei Regelbarkeit und muß auch heute noch mit einem langgezogenen «Grau-Keil» verdunkelt werden.

Die Rückprojektionen aus dem Schnürboden ergaben ein sehr verändertes Beleuchtungsprinzip: eine Flächenbeleuchtung, die in ihrer Wirkung nahezu an die Kraft der farbintensiven Bilder von Emil Nolde heranreichte. Mit den Verfolgern konnten aus entsprechendem Einfallswinkel die Darsteller so ausgeleuchtet werden, daß sie sich unabhängig von dem gesättigten Farbgrund abhoben. Für die siebengliedrige Grundfläche ließ ich Xenon-Profilscheinwerfer konstruieren, die in den ersten drei Jahren allein und in den letzten drei Jahren meiner «Ring»-Inszenierung in Verbindung mit den Pani-Projektoren besondere Lichtstimmungen zuließen.

Mit Walter Huneke, der 1966 die Position des technischen Leiters antrat, stand mir für interessante, nicht alltägliche Aufgaben und Lösungen ein erfindungsreicher, aktiver Mitstreiter zur Seite. Bei dem Gelingen meiner Neuinszenierung der «Ring»-Tetralogie neben der Wiederaufnahme meiner «Meistersinger»-Inszenierung konnte ich mich auf Steffen Tiggeler stützen, nicht nur als Regieassistent, sondern auch bei allen meinen anderen Aufgaben. Zwanzig Jahre war er bei den Festspielen tätig.

Erneut verwendete ich eine Scheibe, kreisrund; um ein ungleichschenkeliges fünfeckiges Mittelteil teilte sie sich in sechs Sektoren, die in Form und Ausmaß unterschiedlich waren und alle, auf Wagen aufgebaut, durch hydraulische Antriebe in verschiedenste Höhen und Neigungen verstellt und zusammengesetzt werden konnten. So vermochte ich die sinn-schwankende Fläche immer wieder zum Kreis zu schließen oder zu spalten in vielfachere und aussagestärkere Brüche, als es mir in meinem ersten «Ring» möglich war. Das Fünfeck, in allen Kulturkreisen besonders symbolträchtig, ergab in den jeweiligen Stellungen der Außenflächen einen Mittelpunkt der Scheibe, auf dem sich das konzeptionell Wesentliche einer Szene oder eines Aufzugs abspielte. Angeregt durch die Staffelung der Proszenien ließ ich eine Spezialblende konstruieren, die, künstlerisch betrachtet, den sonst üblichen Deckvorhang ersetzen sollte und funktional eine Rundblende nach unten und oben war. In der unteren Nullstellung ermöglichte sie das Schweben der Scheibe im Schwarzen, bei einem gleichzeitigen Fahren des oberen und unteren Teils eine besondere Art von Ein- und Ausblenden der Bühne. Beispielsweise nutzte ich sie im Schlußgesang der Brünnhilde in der «Götterdämmerung», indem ich sie beim «Einsturz» der Gibichungenhalle so weit zusammenfahren ließ, daß man die plastischen Teile der Dekoration, für den Zuschauer nicht wahrnehmbar, verschwinden lassen konnte und im Spalt zwischen der oberen und unteren Blende nur noch das Element Feuer zu sehen war. Danach öffnete sie sich wieder total und zeigte neben dem Wasser, den Rheintöchtern mit dem wiedergewonnenen Ring und dem ertrinkenden Hagen die sich beim Untergang Walhalls schließende Scheibe, damit den Neubeginn einer hoffentlich besseren Weltära verheißend.

Der «Ring» ist weder in seiner Entstehungs- noch in seiner Wirkungsgeschichte eindeutig. Dies ist die Schwierigkeit, aber auch die Chance und der Anreiz für alle Versuche, das Werk über ein fraglos mythisches Geschehen hinaus zu deuten. Bereits im «Rheingold» ist das Schicksal der Götter entschieden. Es handelt sich nur noch um den Zeitpunkt und das Ausmaß der Katastrophe. Der Quell des Unheils ist nicht der Raub des Rheingolds durch Alberich, schuld ist Wotans Urfrevel an der Natur. – Ob man Wotan als «Summe der Intelligenz» der Gegenwart, als tragischen Helden, als Modell repressiven Verhaltens oder als müden Provinzanwalt interpretiert – ein erhabener Gott ist er keineswegs. Wotan ist Repräsentant einer verwalteten Welt, die von seiner eigenen, in sich morbiden Ideologie geprägt ist. Die Musik widerspricht dem nicht. Wotan befindet sich von Anfang an in der Defensive, und seine Resignation ist bedingt durch die von ihm selbst geschaffenen Verhältnisse. Die Erkenntnis seiner Lage vollzieht sich in drei Stufen, zunächst in der Auseinandersetzung mit Fricka, dann im Abschied von Brünnhilde, bei dem er auf Machtansprüche verzichtet und dafür auf eine neue Menschlichkeit Hoffnung setzt, und schließlich in seiner Proklamation als Wanderer. Am Ende versucht Wotan noch einmal, die Welt mit einem Speer zu sperren. Zugleich weiß er, daß dieser Speer, den er nicht mit der Spitze gegen Siegfried kehrt, zerschlagen werden muß. Das Symbol eines abgewirtschafteten Systems darf nicht als Erbe weitergegeben werden. Einen kontinuierlichen Übergang von einer Generation zur anderen gibt es nicht. Es gibt nur einen radikalen Bruch und den Neubeginn bei der Uridee.

Leider wurden auch bei uns innerhalb der Festspiele Deutungen der Interpretation immer mehr üblich. Vor allem sei hier der wohl richtungweisende, in unserem Werbeheft für 1966 veröffentlichte Aufsatz von Hans Mayer genannt, betitelt «Der Ring als bürgerliches Parabelspiel», da er spätere Aufführungen auch andernorts nicht unerheblich beeinflußte. So mußte auch ich entgegen meiner Einstellung in der allseits, vor allem von der Presse so begehrten Form verbal zum Ausdruck bringen, was die Gestaltung auf der Bühne in Bild und Darstellung nonverbal sichtbar machte.

Das gemeinsame Bemühen meines Bruders und mir, nach 1958 zusätzliche neue Interpreten für Bayreuth zu gewinnen, ließ nach einigen Jahren kaum noch Besetzungsschwierigkeiten aufkommen, und insbesondere beim «Ring» waren alle Voraussetzungen gegeben, um Sänger an neue Partien heranzuführen, obwohl die steten Versuche, nach spezifischer Eignung ausgewählte Interpreten zu finden – worin ein besonderer Vorzug Bayreuths liegt –, bisweilen unter einem Diktat der Zeit nicht immer so aufgingen, wie wir es uns erträumten. Trotzdem hatten wir im großen und ganzen doch Glück, so daß uns immer wieder einige Verpflichtungen gelangen, die unser Ensemble ergänzten und den bewährten Sängern an die Seite gestellt werden konnten. Zu einer bewußten Stabilisierung der «Ring»-Besetzungen kam es erst ab 1976. Zum Beispiel sollte das Team Boulez/Chéreau/Peduzzi/Schmidt so mit Sängern arbeiten können, daß diese möglichst exklusiv und dadurch ständig für die Gestalter zur Verfügung standen, womit sie ihrer Aufgabe konzentriert gerecht werden konnten und keinem stilistischen Durcheinander ausgesetzt waren. Die kontinuierliche Weiterarbeit bei einem so anspruchsvollen Werk wie dem «Ring» läßt sich bis maximal zum fünften Jahr der Wiedergabe leicht durchführen. Bei dem genannten Team stand dies von Anfang an fest und schloß eine verantwortliche Betreuung durch Assistenten aus.

Bereits im fünften Jahr meines zweiten «Rings» hatte ich in den Besetzungen sehr viele Varianten vorgenommen, um für 1976 in Frage kommende Sänger zu erproben. Um für das große Jahrhundertereignis möglichst ausgiebige Vorbereitungen treffen zu können, fügte ich meinem «Ring» eine sechste Spielzeit hinzu. Dem kommenden Gestalterteam konnte ich daher sowohl einige Sänger und deren Ausdrucksfähigkeit auf der Bühne als auch die Möglichkeiten der Bühne selbst demonstrieren. Und so hoffte ich, Anregungen zu ihren Vorstellungen einer «Ring»-Realisation fördernd wachzurufen.

Hier wäre jetzt wohl zu erwarten, daß ich auf die Besetzungen meiner beiden «Ring»-Inszenierungen näher eingehe. Zweifellos würde es jedoch ungerechtfertigt sein, dabei den Namen auch nur eines Mitwirkenden nicht zu nennen, während andere besonders hervorgehoben erschienen. Verständlich dürfte aber sein, daß der Rahmen primär autobiographischer Aufzeichnungen aus nahezu fünfundsiebzig Lebensjahren bei derartiger Vollzähligkeit gesprengt werden müßte, denn zwar hatte ich als Regisseur nur mit einer bestimmten Anzahl von Sängern zu tun, als auch der für andere «Ring»-Inszenierungen mitverantwortliche Festspielleiter allerdings mit deren Gesamtheit. Eine solch wünschenswerte Lückenlosigkeit, die bestimmte Entwicklungslinien erkennen läßt und eine sehr diffizil kommentierte Statistik beinhalten sollte, könnte gewiß nur in einer umfassenden Festspielgeschichte, die auch eine Geschichte des Bayreuther Ensembles wäre, geleistet werden. So entschloß ich mich, in einem Anhang sämtliche Besetzungen, nach Jahren und Partien geordnet, nicht nur meiner «Ring»-Inszenierungen, sondern außerdem aller seit 1953 in Bayreuth von mir erarbeiteten Werke zusammenzufassen. Es sei mir

20 Pressekonferenz 1955:
Wieland Wagner, André Cluytens (Dirigier-Debüt mit «Tannhäuser»), Wilhelm Pitz (Chöre), Wolfgang Wagner, Max Kuttenfelder (Schulreferent der Stadt Bayreuth und Verbindungsmann für Festspielfragen).

21 Hundert Jahre «Parsifal», 1982. Pressekonferenz.
Norbert Balatsch (Chöre), Peter Hofmann (Parsifal), Hans Sotin (Gurnemanz), Simon Estes (Amfortas), Leonie Rysanek (Kundry), Wolfgang Wagner (hier Moderator), Oberbürgermeister Hans Walter Wild (für Fragen, die die Stadt Bayreuth betreffen), Götz Friedrich (Inszenierung), James Levine (Musikalische Leitung), Andreas Reinhardt (Bühnenbild und Kostüme), Oswald Georg Bauer (Presse).

22 Wolfgang Wagner im Gespräch mit Karl Böhm auf der Bühne des Festspielhauses, 1963.

23 Wolfgang Wagner stellt den Dirigenten Daniel Barenboim, der 1981 zum ersten Mal am Bayreuther Pult steht, dem Orchester vor.

24 1981 übernimmt Peter Schneider das Dirigat des «Fliegenden Holländer». Wolfgang Wagner stellt den Bayreuth-Debütanten dem Orchester vor.

25 Pierre Boulez, Wolfgang Wagner und Patrice Chéreau geben Auskunft zur Neuinszenierung des «Ring» anläßlich des 100jährigen Jubiläums 1976.

26 Das Team der «Ring»-Neuinszenierung 1983: Peter Hall (Inszenierung), Georg Solti (Musikalische Leitung), William Dudley (Bühnenbild und Kostüme) am Regiepult, Wolfgang Wagner.

27 Das Team der «Ring»-Neuinszenierung 1988: Harry Kupfer (Inszenierung), Daniel Barenboim (Musikalische Leitung), Wolfgang Wagner, Hans Schavernoch (Bühnenbild), Reinhard Heinrich (Kostüme).

28 Feiern wird nicht vergessen! 1963 – Der 55. Geburtstag von Gottlob Frick. G. Frick (Hunding und Hagen) stößt ins Horn, Hans Hopf (Siegfried), Astrid Varnay (Brünnhilde) hält den Blumenstrauß eines Verehrers in der Hand, Wolfgang Wagner schenkt nach.

29 20.8.1977: Wolfgang Wagner gratuliert Gwyneth Jones zu ihrem 100. Auftritt. Patrice Chéreau («Ersatz»-Siegfried) und «Der Wanderer» Donald McIntyre freuen sich darüber.

30 Letzte gemeinsame Aufnahme von Winifred Wagner mit ihren Kindern, Mai 1979, bei der Bundestagung des Richard-Wagner-Verbandes in Saarbrücken. *1. Reihe:* Friedelind, Winifred, Verena. *2. Reihe:* Wolfgang und seine Frau Gudrun.

31 Gudrun und Wolfgang Wagner mit Tochter Katharina als Zuschauer bei dem Fußballspiel 1. FC Walhall gegen Stadt Bayreuth am 20. 8. 1984, mit dem Ersatzspieler Manfred Jung (Siegfried).

32 «Tannhäuser»-Gastspiel in Tokyo 1989: Katharina, Gudrun und Wolfgang Wagner beim Verlassen des Bunkamura nach einer «Tannhäuser»-Aufführung.

33 Chorprobe «Holländer» 1955.

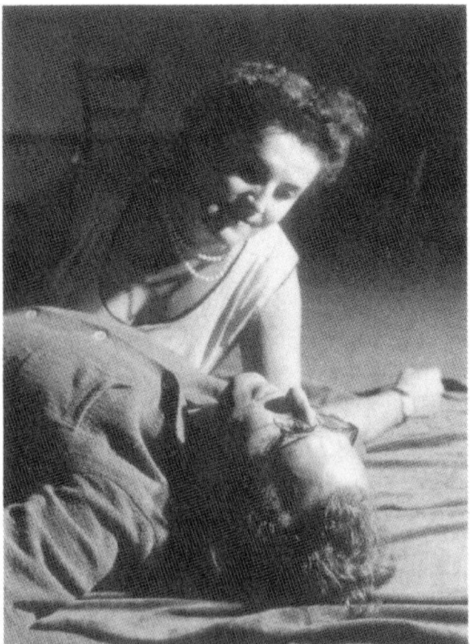

34 Probe 1957 mit Birgit Nilsson als Isolde und Regisseur Wolfgang Wagner als Tristan.

35 «Ring»-Proben 1960–1964: Wolfgang Wagner mit dem Dirigenten Rudolf Kempe.

36 Wotan entreißt Alberich den Ring («Rheingold»): Otakar Kraus (Alberich), Jerôme Hines (Wotan) und Wolfgang Wagner.

37 «Lohengrin»-Neuinszenierung 1967: Donald McIntyre (Telramund), Grace Hoffman (Ortrud) bei einer Probe des Zweiten Aufzugs mit Wolfgang Wagner.

38 «Meistersinger»-Neuinszenierung 1968:
Wolfgang Wagner zeigt Magdalene, wie sie das Rendezvous zwischen Eva und Junker Walther scheinbar zu verhindern versucht. Erster Aufzug: Hannelore Bode (Eva), Anna Reynolds (Magdalene), René Kollo (Walther von Stolzing).

39 In-Szene-Setzen der Schluß-Turbulenzen des Ersten Aufzugs der «Meistersinger».

erlaubt, hier einmal einige wenige, doch grundsätzliche Bemerkungen zu den Besetzungen der Bayreuther Festspiele zu machen. Wenn meine tabellarische Zusammenstellung, wie eingeschränkt sie auch sein mag, einen Überblick darüber gewährt, welche Sänger in meinen Werkdeutungen auf der Bühne des Festspielhauses standen, so wird daran doch zugleich noch etwas anderes sichtbar: Kontinuitäten und Diskontinuitäten in den Besetzungen werden aufgezeigt.

Engagements von Sängern nach Bayreuth sind nicht allein durch die Anforderungen der jeweils aufgeführten Werke vorgegeben, sondern werden vor allem mitbestimmt durch deren mögliche Reihenfolge im Spielplan der Festspielzeit, die wiederum eng zusammenhängt mit den Möglichkeiten zur Beanspruchung des Orchesters und des Chors, mit der jeweiligen technischen Abwicklung und Schwierigkeit, was analog auch für die vorausgehende Probenzeit gilt. Beim Gestalten des Spielplans und der Häufigkeit von Werk-Ansetzungen versuchen wir, auch noch Publikumswünsche zu berücksichtigen. Und naturgemäß steht das Ganze unter dem Druck einer realisierbaren Finanzierung.

Die in Bayreuth aufgeführten Wagnerschen Werke verlangen beispielsweise nahezu jeden Tag eine Hochdramatische und einen Heldentenor. Da unser Spielplan keine Stücke enthält, die nach ihrer Struktur Wagner-Stimmen etwa nicht erfordern und darum nicht aufgelockert werden kann, ist eine sinnvolle und optimale Besetzung nur dann zu finden, wenn eine gegenseitig verständnisvolle Abstimmung der verschiedenen Wünsche und Erfordernisse stattfindet.

Nach dem Tod meines Bruders ergab sich durch das Hinzuziehen eines oder mehrerer Regieteams, jedes mit sehr unterschiedlichem Aussagewillen und verschiedenartiger Stilistik, die von mir beabsichtigte Vielfalt der Interpretationsweisen in Bayreuth. Das hatte zur Folge, die jeweils verpflichteten Künstler so individuell angepaßt einzusetzen, daß die Einheitlichkeit in der Darstellung gesichert war. Um dies zu erreichen, mußte die Anzahl der bei den Festspielen beschäftigten Sänger nicht unerheblich vergrößert werden.

Nach meiner Ansicht versuchte ich erfolgreich, zusätzlich zu den aus dem Gesichtspunkt der Regie resultierenden Überlegungen, vor Beginn der Regiearbeit den mit einer Partie betrauten Sänger durch den vorgesehenen Dirigenten sehr intensiv an sie heranführen zu lassen, womit eine echte und dauerhafte Kongruenz zwischen Bühne und Orchester zu gewinnen war. Im Unterschied zu früheren Jahren, die durch einen häufigen Wechsel der Dirigenten gekennzeichnet waren, erstrebte ich eine Kontinuität der musikalischen Leiter. Denn die Maxime von Goethes Theaterdirektor «Wer vieles bringt, wird manchem etwas bringen» kann, wie ich meine, gerade für Bayreuth nicht gelten.

Natürlich geschah es auch, daß ein Sänger aus den mannigfaltigsten Gründen den langen Weg zu der Erarbeitung einer Partie nicht hinter sich bringen konnte, seltener aber nicht hinter sich bringen wollte. Künstlerische oder persönliche Gründe führten mithin zu einer zwar stets bedauerlichen, in der Theaterpraxis wohl aber unvermeidlichen teilweisen Diskontinuität.

Wenn in Verbindung mit meinem Namen der Begriff der «Gesamtverantwortung» genannt wird, so ist das wortwörtlich zu verstehen und gilt ausnahmslos wie für die Besetzungen auch für sämtliche Bayreuther Inszenierungen. Das heißt, meine eigenen Werkwiedergaben genießen nicht etwa absolute Priorität, sondern ordnen sich in den gesamten Kontext dessen ein, was die Bayreuther Festspiele sind.

Ich habe immer Mitarbeiter gewinnen können, die bei der wechselseitig abgestimmten Planung volles Verständnis für den Aspekt der Gesamtdisposition entwickelten – die wenigen, die auf dem Egoismus beharrten, ihre Arbeit beanspruche unumschränkt vorrangige Geltung, schieden meist aus, bevor noch ihre eigentliche Wirksamkeit in Bayreuth begann.

Die spezifischen Arbeitsmöglichkeiten während der Probenzeit, ohne den Druck allabendlicher Repertoirevorstellungen, das Angebot, neben der Hauptbühne drei dieser in den Ausmaßen entsprechende Probebühnen nutzen zu können, vor allen Dingen aber die allseits deutlich spürbare Bereitschaft, freiwillig ein beträchtliches Pensum des Lernens und Arbeitens auf sich zu nehmen, lassen – darin abweichend von anderen Theatern – sehr viel Erreichbares zu, mehr und konzentrierter als vielleicht anderswo. Wenn einer die Voraussetzungen und Gegebenheiten nicht akzeptieren kann oder will, so ergibt sich das zumeist entweder aus geltungsbedürftiger Ichsucht oder bis zu einem gewissen Grade manchmal aus einer Unsicherheit bezüglich der Werkkenntnis, die manche Interpreten sich leider erst im Zuge der Erarbeitung aneignen müssen. Neben der unerläßlichen Vorkenntnis der Werke ist es notwendig zu wissen, was man letztlich damit aussagen will – sollte jedoch die intendierte Wirkung nicht auf der Stelle erzielt werden, so ermöglicht ja die «Werkstatt Bayreuth» in den Wiederholungsjahren eine Vervollkommnung, sofern man die Inszenierung selbst betreut.

Bei dieser Gelegenheit möchte ich einmal unmißverständlich sagen, daß ich nur Gestalter – seien es Regisseure, Dirigenten, Bühnen- und Kostümbildner oder Choreographen – berufe, bei denen ich hoffen und annehmen darf, daß sie wirklich Neues, Interessantes, Eigenständiges, Unerhörtes und festspielgemäß Werkimmanentes zeitverständlich zu schaffen in der Lage sind. Daß ich sie meinerseits gern aufgrund meiner langjährigen Erfahrungen in und mit Bayreuth helfend berate und daß ihnen ein Stab von Mitarbeitern der Festspiele auch gegebenenfalls zur Seite steht, ist nicht etwa zu verwechseln mit «Zensur» oder anderweitig regulierend-bestimmender Beeinflussung der künstlerischen Freiheit.

IX. Ausstrahlungen

Die Geschichte um die «Presse» der Bayreuther Festspiele wäre eine eigene Abhandlung aus meiner Sicht wert. Ende der zwanziger Jahre wurde es aufgrund der erheblich veränderten Zeitumstände nach dem Ersten Weltkrieg erforderlich, eine dieser Situation angemessene Einladung und Betreuung der Kritiker in Bayreuth einzurichten.

Bis 1908 war Bayreuth durch die Institutionalisierung Cosima Wagners ein in sich ruhendes und völlig autarkes Unternehmen, das einer großen internationalen Wagner-Gemeinde das Werk des Meisters in einer erstarrten Form vermittelte, die so weder historisch begründet war noch auf einer bestimmten Traditionslinie beruhte, sondern sie erst künstlich installierte. Bekanntlich war die Unzufriedenheit Richard Wagners über das bei den ersten Festspielen szenisch-künstlerisch Erreichte groß. Nur gestattete ihm das Defizit von rund 150000 Mark nicht, den «Ring» nach einer Überarbeitung selbst noch einmal im Festspielhaus aufzuführen, und seine Hoffnung «Im nächsten Jahr machen wir alles anders» ließ sich nicht in die Tat umsetzen.

Bereits *vor* der Wiedereröffnung der Festspiele nach dem Zweiten Weltkrieg an die Öffentlichkeit zu treten, war ebensowohl notwendig wie ohne Schwierigkeiten möglich, da Persönlichkeiten der Publizistik das allgemeine Interesse daran von sich aus an uns herantrugen. Für die Bayreuther Festspiele überhaupt und insbesondere für das Geschehen in der Festspielzeit benötigten wir einen Mann, der die Kenntnis mitbrachte, wie mit Kritikern bei der Zuteilung von Pressekarten umzugehen war, und der wußte, wie diese bei ihrer Anwesenheit angemessen behandelt werden müßten. Bei aller gebotenen Distanz durfte die besondere individuelle Atmosphäre nicht unberücksichtigt bleiben.

Wir hofften, in dem jungen Walter Eichner den Geeigneten

gefunden zu haben. Von 1951 bis 1959 war er bei uns tätig und arbeitete zu unserer vollen Zufriedenheit. Im Auftrag der «Gesellschaft der Freunde von Bayreuth» bearbeitete er die umfangreiche Broschüre «Weltdiskussion um Bayreuth», die einen umfassenden Überblick bot, wie das neue Bayreuth reflektiert wurde, und zwar durch eine sehr wirksame Bebilderung einerseits, andererseits aber vor allem durch den Abdruck zahlreicher unterschiedlicher Gedanken und Ansichten arrivierter und anerkannter Größen des Theaters. Eingeschlossen war auch ein sehr persönlicher Brief Albert Schweitzers, der allerdings über die Veröffentlichung – die gegen meinen Willen geschah – wegen des so persönlichen Inhalts nicht gerade glücklich war. Eichners geschicktes Verhalten gegenüber der von ihm betreuten Kritikerschar bewirkte Positives, denn neben deren subjektiv kritischer Einstellung zu den Ergebnissen der Festspielarbeit sprach sich insgesamt eine überwiegend aufgeschlossene und objektivierte Haltung zu den Festspielen generell aus.

Die bis 1939 gepflegte Form der Herausgabe eines «offiziellen» Bayreuther Festspielführers, ediert von der Bayreuther Verlagsbuchhandlung Niehrenheim, wurde in den Jahren 1951 und 1952, in denen ein «Festspielbuch» erschien, modifiziert beibehalten.

Eine wirkliche Neuerung jedoch waren die erstmals veröffentlichten Programmhefte zu jedem der aufgeführten Werke, die es in Bayreuth bis dahin nie gegeben hatte. Ihre Notwendigkeit resultierte zunächst aus materiellen Erwägungen, da uns zahlreiche kunstfördernde Firmen durch die Einschaltung von Inseraten helfen konnten. Die Aufsätze und Dokumentationen dieser Hefte erlaubten es, über die Festspiel-Historie, die Werke und deren interpretatorisch relevanten Inhalte zu informieren und über sie zu reflektieren. In den Anfangsjahren kam zum Teil dabei noch die «Alte Garde» zu Wort, die sich bereits vor dem Zweiten Weltkrieg mit Wagners Werk publizistisch auseinandergesetzt hatte, wie zum Beispiel Zdenko von Kraft, Gertrud und Otto Strobel, Hans Grunsky, Curt von Westernhagen oder Kurt Overhoff. Doch zugleich konnten schon in dieser Zeit jüngere Musikwissenschaftler wie Walter Panofsky, Karl Schumann und Kurt

Honolka gewonnen werden. Rückblickend muß ich festhalten, daß damals das, was wir heute für interpretations-möglich im Werk Richard Wagners halten, noch weitgehend von früherem Gedankengut und ehemaligen Deutungsmustern bestimmt war. Der Inhalt der Programmhefte wurde bis zum Tode meines Bruders fast immer von ihm oder von mir für die jeweils eigenen Inszenierungen ausgewählt. Später war ich der alleinverantwortliche Herausgeber.

Die dann mehr und mehr erkannte und bewußt verfolgte Notwendigkeit eines Aussagewandels, der sich in den einzelnen Beiträgen manifestieren sollte, verlangte zunehmend einen Kreis von Autoren, die a priori durch kritische Distanz jede «Betriebs-» oder «Wagner-Blindheit» ausschlossen.

Herbert Barth war uns kein Unbekannter. Als er 1946 aus der Kriegsgefangenschaft heimkehrte, widmete er sich intensiv den von seiner Frau Hanna in dem von ihnen zum Teil bewohnten Schloß Colmdorf betriebenen kulturellen Veranstaltungen. Schon in früheren Jahren hatte er insbesondere bei Jugendlichen kulturelle Förderarbeit geleistet, jetzt war er neben anderen Mitbegründer der deutschen Sektion der «Jeunesse Musicale». Sein ausgeprägtes Organisationstalent führte dazu, daß der in solchen Belangen ganz und gar unbedarfte Lizenzträger Edgar Richter, seinerzeit Treuhänder des Festspielhauses, ihn zu seinem Mitarbeiter für die Organisation von Konzerten bestimmte. Zum Beispiel fanden mit Herbert Barths Hilfe 1948 ein Konzert der Bamberger Symphoniker mit Hans Knappertsbusch und 1949 eines mit der Dresdener Staatskapelle unter Joseph Keilberth statt. Seine Tätigkeit unter dem Treuhänder und andere von ihm betreute Veranstaltungen brachten uns näher, so daß noch weitere Konzerte im Festspielhaus zustande kamen, die im Sinne unserer damit verbundenen Intentionen lagen. Das besondere Eintreten Herbert Barths für die Moderne führte durch seine Vermittlung zu Begegnungen mit Wolfgang Fortner und Hans Rosbaud. Sein 1950 aus dem Nichts geschaffenes und begründetes «Institut für Neue Musik und Musikerziehung» entwickelte sich später zum «Internationalen Jugendfestspieltreffen», im Jahre 1982 konnte er das von ihm initiierte «Internationale Jugendkulturzentrum» in Bayreuth eröffnen.

Für die Konsolidierung der Festspiele war das Jahr 1952 problematisch nicht nur wegen der Schuldenbelastung von exakt 96131,76 DM aus 1951, sondern auch aufgrund des von vielen Besuchern nicht akzeptierten «Parsifal», des noch nicht ausgereiften «Ring» und der angekündigten Neuinszenierung des bis dahin vom Publikum kaum begehrten «Tristan», der zudem weder unter Wilhelm Furtwänglers noch Victor de Sabatas Leitung, sondern unter der Herbert von Karajans stehen sollte. Diese Startschwierigkeiten für 1952 hatten zur Folge, daß insbesondere die «Tristan»-Aufführungen nicht ausverkauft waren. Die mithin im Einnahmesoll klaffenden Lücken sowie die Verbindlichkeiten des Vorjahres erforderten gute Nerven und ein starkes Durchhaltevermögen bei uns, den Veranstaltern. Befreundete Firmenchefs aus Bayreuth und Umgebung erwarben im Rahmen ihrer Möglichkeiten einen Teil der Restkarten und erfreuten dadurch manchen so Beschenkten. Doch darüber hinaus ging es auch darum, die immer noch verbliebenen, stimmungstötenden «Löcher» leerbleibender Sitze im Zuschauerraum zu füllen. Die damals von Herbert Barth für Bayreuth mobilisierten Jugendlichen, die eingeladen wurden, jene Plätze zu «besitzen», trugen zwar nicht zum Benefiz der Festspielkasse bei, wohl aber handelte es sich um ein Publikum, dem der Besuch des Festspielhauses zu jenem utopischen Nulltarif vergönnt war, den Richard Wagner so gern gesehen hätte.

Die Schwierigkeiten jener Festspielzeit veranlaßten Herbert Barth, uns Mitte Juni vorzuschlagen, das zweifelsfrei für Wagner und Bayreuth bestehende Interesse durch eine zielgerichtete und organisierte Werbung zu fördern und in einen Besuch der Festspiele einmünden zu lassen. Wir kamen überein, daß er ab September 1952 als freier Mitarbeiter für uns tätig werden solle. Sein Aufgabengebiet wurde mit «Verlag und Werbung» umrissen. Wenn man die heutigen Entschädigungsforderungen einschlägiger «Public-Relation»- oder «Marketing»-Firmen betrachtet, so waren – selbst ohne Berücksichtigung der inzwischen stattgehabten Geldentwertung – die 300 DM, die er monatlich für seine Mühe verlangte, fast ein Witz. – Nach Walter Eichners Ausscheiden übernahm Herbert Barth 1959 auch die Leitung des Pressebüros, die er bis 1976 innehatte.

Herbert Barth war es, der eine neue Generation von Musik- und Geisteswissenschaftlern Ende der fünfziger und in den sechziger Jahren als Autoren in Bayreuth mit einführte. So erschienen seit 1957 Theodor W. Adorno, seit 1960 Ernst Bloch und seit 1962 Hans Mayer in den Programmheften, 1968 konnte Carl Dahlhaus gewonnen werden, 1970 folgte Walter Jens. Die siebziger Jahre ließen eine junge Generation von Theater- und Musikwissenschaftlern zu Wort kommen, unter ihnen Dietrich Mack, Egon Voss, Theo Hirsbrunner, Gernot Gruber und Oswald Georg Bauer. Auch später anerkannte Wagner-Forscher schrieben erste Beiträge für die Bayreuther Programmhefte: Martin Gregor-Dellin, Dieter Borchmeyer, Peter Wapnewski. Renommierte katholische Theologen wie Hans Küng und Norbert Greinacher publizierten in Bayreuth ebenso wie Claude Levi-Strauß – jeder aus dem Blickwinkel seines Fachgebiets. Nicht vergessen seien Pierre Boulez und Patrice Chéreau, die ihre Gedanken zum sogenannten Jahrhundert-«Ring», den sie als Team betreuten, auch im Druck darlegten. Neben meinem Bruder und mir hat auch Götz Friedrich als Regisseur grundsätzliche Überlegungen zu seinen Inszenierungen dort veröffentlicht.

Die ersten ausländischen Autoren stellten bezeichnenderweise Franzosen. Schon 1951 schrieb Marcel Doisy für Bayreuth, ihm folgten Guy Ferchault, Jacques Feschotte, Antoine Goléa, Jean Mistler, Marcel Beaufils und Paul André Gaillard. Später kam der Engländer Viviar dazu. Heute arbeitet ein breites Spektrum von Autoren aus England, den USA, Österreich, Italien, Polen, Ungarn, Japan und Israel für die Programmhefte. Im Laufe von über vier Jahrzehnten haben sie sich zu einem führenden Publikationsorgan der Wagner-Forschung entwickelt.

Nachdem bekannt geworden war, daß bei der Fritz-Thyssen-Stiftung ein Forschungsvorhaben zum 19. Jahrhundert in Gang gesetzt wurde, einigten Herbert Barth und ich uns, dort vorstellig zu werden mit der Anregung, ob nicht aus Anlaß der einhundertjährigen Wiederkehr der Grundsteinlegung des Festspielhauses 1972 und dem nur einige Jahre später folgenden, ebenfalls einhundertjährigen Jubiläum der ersten Bayreuther Festspiele 1976 ein Projekt ausgeführt werden sollte, das die Phänomene des Wagnerschen Werkes und seiner Verwirklichung in Bayreuth möglichst bis hin zur Gegenwart abhandelte.

Kurz nach dem Tode meines Bruders angeregt, wurde bald darauf begonnen, die Absicht in die Tat umzusetzen. Unterstützend wirkte dabei, daß die Beziehungen meiner Mutter zu Thyssen nach wie vor bestanden, und die unmittelbare Verbundenheit von Generaldirektor Hans Sohl, der dem Kuratorium der «Gesellschaft der Freunde» angehörte, mit Bayreuth, tat das ihre zum Gelingen unseres Gedankens.

Die unter der Leitung von Carl Dahlhaus, Heinz Becker und Ernst Coenen vereinigte Arbeitsgemeinschaft junger Wissenschaftler erhielt die verschiedenen Themenkreise über die Bayreuther Festspiele zur Bearbeitung. Die ursprüngliche Zielsetzung sollte sein, bis zum Jubiläum der Grundsteinlegung des Festspielhauses den «Sachverhalt Bayreuth» in 13 Bänden vorzulegen, doch konnte dieser Plan nicht fristgerecht verwirklicht werden. Wie immer bei Unternehmungen solcher Art hatten sich die Arbeiten der einzelnen Autoren unerhört verselbständigt. Aus heutigem zeitlichen Abstand und objektiv beurteilt, wäre es meiner Ansicht nach eigentlich geboten, eine wissenschaftlich überarbeitete, revidierte Zweitauflage herauszubringen.

Die Bereitstellung und Erschließung der Quellen führte zu mehr oder weniger grotesken Situationen; insbesondere war es teilweise den Bearbeitern nicht gegeben, Fachbegriffe des Finanzwesens und innerhalb des Theaters allgemein gebräuchliche Bezeichnungen sachgemäß und richtig zu gebrauchen. Außerdem wurden Fakten auch unsystematisch, das heißt pseudowissenschaftlich, dargestellt und sind daher in ihrer häufig wertenden Beurteilung anzuzweifeln.

Wie so manches andere hat aber auch dieses Unternehmen letztlich Bayreuth und den Festspielen nichts anhaben können, denn ausschlaggebend war und ist – wie bei jeder Wiedergabe eines Werks auf dem Theater – die unmittelbare und lebendige Erlebnisbereitschaft des Publikums, nicht das Ansetzen eines Seziermessers an einer nichtvorhandenen Leiche.

Aus der Besetzung einer so bedeutenden Position wie der des Pressechefs der Bayreuther Festspiele mit Herbert Barth und seiner Schaffung des Internationalen Jugendfestspieltreffens ergaben sich koordinierte Aktivitäten, den politisch damals so restriktiv geschlossenen «Eisernen Vorhang» wenigstens partiell zu öffnen und für Kritiker, Wissenschaftler, vor allem aber für Jugendliche die Bayreuther Festspiele zugänglich zu machen und gemeinsam ost-westliche kulturelle Veranstaltungen ins Leben zu rufen.

Nach 1960 hatte sich die Abteilung Presse, Verlag und Werbung dahin entwickelt, daß sie die ihr gestellten Aufgaben nur noch in ganzjähriger Vollbeschäftigung lösen konnte. Bei der Auswahl auch der dort tätigen Mitarbeiterinnen hatten wir insofern fast immer Glück, als wir welche fanden, die die Gabe besaßen, mit den Mitwirkenden und der Presse, mit Kritikern und Autoren und den immer mehr Wichtigkeit beizumessenden, interviewbegehrenden Vertretern der Medien Rundfunk und Fernsehen umgehen zu können. Sie verfügten über die nötigen Sprachkenntnisse und das besondere Einfühlungsvermögen, das diese Tätigkeit verlangte.

Im Zuge eines Wechsels gerade an dieser Stelle wurde 1965 bei strengen Auswahlkriterien vom Presse- und Personalchef Fräulein Gudrun Armann ausgewählt. Da mein Bruder, wie des öfteren außerhalb der Proben- und Festspielzeit, nicht in Bayreuth anwesend war, mußte ich die formale Einstellung allein vornehmen. – Wer hätte damals voraussagen können, was in zehn Jahren geschehen sollte? «Ja, bis dahin hat's noch gute Ruh'!»

Während der Proben- und Festspielzeit lernte die junge Dame auch meinen Bruder in der Arbeit näher kennen, der ungeachtet aller Wertschätzung beispielsweise Herbert Barths jene Dauerpräsenz erwartete, die er bei einer Abteilung, die auch den Begriff «Presse» trug, für ganz normal hielt. Um 7 Uhr morgens forderte

Wieland Wagner, wenn es ihm gerade paßte, die noch druckfeuchten Presseberichte, und es war für ihn eine fast absolute Selbstverständlichkeit, daß die Mitarbeiterin die bis auf den letzten Moment hinausgezögerte Abnahme der Korrekturen von Bild und Schrift für die Programmhefte bereitzuhalten hatte oder ebenso die für die Presse zur Veröffentlichung freigegebenen, damals in unserem Auftrag hauptsächlich durch Siegfried Lauterwasser exklusiv angefertigten Photos von Darstellern und Szenen bis weit nach Mitternacht auf Anforderung zur Vorlage und Abzeichnung. Von anderen Abteilungen, wie etwa der Technik, erwartete Wieland übrigens ein ähnliches oder gleiches Engagement.

Herbert Barth mußte im Jahr 1965 eine längere Krankheit auskurieren und war außerdem durch sein Jugendfestspieltreffen belastet, weshalb Gudrun Armann in der Folge mit der Erledigung vieler wichtiger Arbeiten, die ihr als im Theater unerfahren völlig neu waren, zusätzlich konfrontiert wurde. Ihre Unverdrossenheit und Bereitwilligkeit, selbst die absurdesten zeitlichen Forderungen in Kauf zu nehmen, ergaben für Wieland jedoch eine befriedigende Mitarbeit. Das von seinem Bürochef Gerhard Hellwig entwickelte Ritual um ihn als einen Chef ließ in jeder Beziehung eine zeitraubende Abwicklung entstehen, die nun durch ein aktiv «respektloses» Verhalten der jungen Dame durchbrochen und abgebaut wurde. Wieland war die in ihren Augen unvermeidlich notwendigen gegensätzlichen Meinungsäußerungen nicht gewohnt, doch gerade darum kam es zu einer konstruktiven Zusammenarbeit zwischen den beiden.

Zum Beispiel verwahrte sie sich über sein Sekretariat gegen seine vielen Aktennotizen mit dem Bemerken, ein Anruf von ihm wäre schneller und effektiver – eine Meinung, die ich bei der Neigung meines Bruders zu spontanen und allzuviel überflüssigen «Memoranden» auch gern einmal von einer unvorbelasteten neuen Mitarbeiterin hörte und begrüßte. Eine andere hübsche Episode in diesem Zusammenhang trug sich zwischen Wieland und Gudrun Armann während der Premierenzeit 1965 zu. Bei der allmorgendlichen Zeitungsvorlage warf er ihr vor, ein Münchner

Boulevard-Blatt fehle in der täglichen Pressesammlung. Diese Zeitung war zwar in München am Vorabend um 23 Uhr ausgeliefert worden, lag am frühen Morgen des nächsten Tages aber im Bahnhofskiosk von Bayreuth noch nicht vor. Da Gudrun Armann aber durch einen Tratsch kurz vor der Vorlage erfuhr, daß einer von Wielands Assistenten die inkriminierte Zeitung am späten Abend noch in München gekauft und ihm gegeben hatte, wehrte sie sich gegen den provozierenden Vorwurf mit den Worten, sie gehöre nicht zu den «Radfahrern», die nach oben buckeln und nach unten treten. Dies wiederum veranlaßte Wieland, ihr nahezulegen, den Job zu kündigen, worauf sie meinte, sie wolle sich das überlegen, nicht zuletzt, weil sie ja von seinem Bruder engagiert worden sei und den nun in der hektischen Zeit nicht sitzenlassen möge. – Wieland amüsierte das Geplänkel, und am folgenden Tag verlief die Arbeit mit der Presseabteilung beiderseits in schmunzelnd einverständiger Harmonie.

Solche Erlebnisse konnten nur bei Verschiedenartigkeit unserer beider Arbeitsweisen geschehen. In meinem «Referat» war jede Art von Ritualen unbekannt.

Gudrun Armanns Wissen und Können brachten es mit sich, daß junge Wissenschaftler wie Dietrich Mack sich gern von ihr in die Aufgaben einführen ließen, die ich ihnen gestellt hatte. Später, 1974, machte sie Oswald Georg Bauer mit der Bayreuther Praxis vertraut, so daß ich ihn zwei Jahre darauf mit der wichtigen Position des Leiters der Pressestelle betrauen konnte.

Gudrun Armann und Oswald Bauer als Mitarbeiter im Hause zu haben, erlaubte mir, mit ihrer Unterstützung und ihren internen wie auch externen Kenntnissen die Zeiten besonderer Turbulenzen, wie die des «Jahrhundert-Ring» und der folgenden Jahre, in den von mir gedachten programmatischen Inhalten konzessionslos und lebend zu überstehen. In den zehn Jahren zwischen dem Tod meines Bruders und dem Jahrhundert-Jubiläum war die Öffentlichkeitsarbeit so vorbereitet, daß sie 1976 ihre Früchte tragen konnte.

Als meine langjährige, slawische wie romanische Sprachen und Englisch sprechende, für mich unentbehrliche Mitarbeiterin und

Sekretärin Elisabeth Suchanek, die als Flüchtling aus Karlsbad nach Bayreuth gekommen war, ausschied, übernahm ich Gudrun Mack – so hieß Gudrun Armann inzwischen – in mein Büro, in der Überzeugung, daß gerade sie für dieses außerordentliche Jahr 1976 die besten Voraussetzungen des Wissens um Werk und Festspielpraxis besaß.

Es glich schon beinahe einem dramatischen Wagnerschen Höhepunkt, daß ich in der Zeit des Ringens um die endgültige Gestalt der neuen «Ring»-Inszenierung des Teams Boulez/Chéreau/Peduzzi/Schmidt, also mitten in der angespannten Probenzeit, die von meiner ersten Frau eingereichte Scheidung vollzog. Es galt, für dieses Jahr eine verbindliche Form des «Ring» zu finden und die erhoffte, wenn auch, wie zu erwarten, widersprüchliche Akzeptanz bei den Premieren zu erreichen, und neben diesen «kleinen Problemen» ging es mir darum, einen Status der persönlichen Verhältnisse zwischen Gudrun und mir auch nach außen hin deutlich zu machen, damit nicht zuletzt jeder Art widersinnigster Spekulationen bei der Presse, in Theaterkreisen und vor allem bei meiner mir nicht immer wohlgesinnten Familie der Nährboden entzogen würde. Fortan, doch nicht deshalb, gab es Wolfgang und Gudrun *Wagner*. –

In wechselseitigem freundschaftlichem Einvernehmen schied Ende 1985 Oswald Bauer aus seiner Bayreuther Tätigkeit aus und übernahm die Position des Generalsekretärs der Bayerischen Akademie der Schönen Künste in München, womit er ein Arbeitsgebiet erhielt, das ebenfalls seinem Wissen und Können wie seinen theatralischen Neigungen entsprach. Seine wissenschaftlichen und schriftstellerischen Fähigkeiten stehen uns jedoch aufgrund eines langen gemeinsamen und interessanten Weges erfreulicherweise auch heute noch zur Verfügung. Seine Erfahrungen der Theaterpraxis hier im Festspielhaus macht sich die Universität München pädagogisch zunutze. Überdies ist er vielerorts ein begehrter Gast, insbesondere bei den Richard-Wagner-Verbänden im In- und Ausland, dank seiner kenntnisreichen, konzisen und verständlichen Vorträge.

Sein Weggang aus Bayreuth ließ zwischen 1985 und 1989 eine

Art Interregnum entstehen, womit diese Zeit am besten charakterisiert sein dürfte, da der «Regent» das Ideal des Erreichens seiner Selbstverwirklichung über das für Bayreuth Notwendige stellte.

Zum Abschluß des Wiedereröffnungsjahres der Dresdner Staatsoper, der Semperoper, konnte ich dort als erster westlicher Opernregisseur «Die Meistersinger von Nürnberg» inszenieren, für die ich auch das Bühnenbild entwarf. Am 19. Dezember 1985 fand die Premiere statt. Wunschgemäß schuf ich für Dresden eine Adaption meiner Bayreuther Inszenierung. Im Jahre 1988, also etwa ein Jahr vor der sogenannten Wende, war ich erneut in Dresden tätig und setzte den «Fliegenden Holländer» in neuen, von mir entworfenen Bühnenbildern in Szene. Bei diesen Arbeiten lernte ich neben schon längere Zeit in der Praxis verankerten sowie vielen jüngeren Theaterleuten Peter Emmerich als einen meiner Assistenten kennen und schätzen. Meine Dresdner Tätigkeit wirkte dahin, daß es infolge der Bemühungen des damaligen Intendanten Gerd Schönfelder gelang, nach zwanzigjähriger Unterbrechung wieder Musiker, Inspizienten, Assistenten und Chorsänger aus der DDR durch mich nach Bayreuth zu verpflichten. Für prominente Sänger und Regisseure bestand bereits vorher schon, ein einziges Jahr ausgenommen, so gut wie keine totale Ausreisesperre.

Für Peter Emmerich konnten wir im Frühjahr 1989 das Unikum erreichen, daß er für drei Jahre durch die hierfür zuständigen staatlichen Stellen der DDR von der Staatsoper Dresden beurlaubt wurde, um jenseits der Grenze, im seinerzeit «kapitalistischen Ausland», an einer so wichtigen Stelle wie der des Bayreuther Pressebüros arbeiten zu können. Über dessen Sinn, Aufgaben und Praxis hatten meine in Dresden als Regieassistentin mitwirkende Frau, die ja schon manchen «Presseneuling» mit den Bayreuther Grundregeln vertraut gemacht hatte, und ich selbst mit ihm viele Gespräche und Diskussionen geführt, wobei wir beide feststellen konnten, daß mit ihm diese Position ganz im erhofften Sinne besetzt sein würde. Daß die veränderten politischen Verhältnisse es nach dem 9. November 1989 mit sich brachten, sein verlängertes Bleiben in Bayreuth nicht eines Tages zur

«Republikflucht» werden zu lassen, stand damals noch nicht einmal in den Sternen zu lesen.

Fast synchron mit der Wende in Deutschland entstand in Europa eine Situation, die auch hier in Bayreuth gewisse Diskussionen überholt erscheinen ließ und neue, dieser Situation angepaßte und angemessene Gespräche eröffnete.

Der Vorschlag des Bundespräsidenten Richard von Weizsäkker, als höchstrangigen Beitrag im Bereich des Musiktheaters der deutschen Präsentation auf der Weltausstellung 1992 in Sevilla eine Aufführung des Bayreuther «Parsifal» zu zeigen, ließ sich aber «dank» eines dreiviertel Tages mangelnder Zeit infolge der Beiseitestellung österreichischer Instrumente aus Wien im Teatro de la Maestranza nicht realisieren. Es wurde eine «deutsch-deutsche» Lösung gefunden, indem man meine Dresdner «Holländer»-Inszenierung von 1988 zum Abschluß der Musiktheater-Serie erkor, womit ein kultureller Erfolg erzielt werden konnte, der allseits sehr aufmerksam und positiv beachtet worden ist. Bei der Vorbereitung und Durchführung dieser Aufführungen stand mir wieder mein Dresdner Assistent und Bayreuther Pressechef zur Seite.

Zugleich repräsentativ und aufklärend wirksam waren auch stets die Ausstellungen der Bayreuther Festspiele. In wohlbedachter Anpassung an die jeweiligen «Gegenden und Zonen» der verschiedenen Ausstellungsorte fanden Interessen der Besucher und Sinn und Zweck der Expositionen übereinstimmende Berücksichtigung. Immer war bedacht, Begegnungen zwischen Festspielrepräsentanten und Besuchern zu ermöglichen, ob es sich nun um interessierte Kulturträger, Studenten oder Jugendliche handelte. Erfreuliches, aber auch Merkwürdiges konnte dabei erlebt werden, wenn Vertreter der deutschen Diplomatie oder deutscher Kulturinstitute die universale Bedeutung Richard Wagners ganz selbstverständlich als Ausdruck der Aufgeschlossenheit von und für Deutschland würdigten oder auch von Amts wegen würdigen mußten. Die Erinnerung daran war noch nicht verblaßt, daß es wesentlich das positive Echo der ausländischen Besucher war, welches dazu beitrug, die Bayreuther Festspiele nicht – wie manche in Deutschland hofften – in ihrer Existenz abzuwürgen.

Die erste große Ausstellung, die Richard Wagner und Bayreuth nach dem Kriege darstellen sollte, ging auf die Initiative eines ausländischen Historikers und Schriftstellers zurück, der uns am 2. September 1949 in Bayreuth besuchte. Mein Bruder empfing ihn bei der ersten Begegnung mit den Worten: «Sie kommen zu uns? Wo nicht einmal ein Hund ein Stück Brot von uns nimmt!» 1950 stellten wir ihm im Festspielhaus ein Arbeitszimmer zur Verfügung, da wir schon bei der ersten Zusammenkunft eine Wanderausstellung unter dem Thema «Wagner in der Welt» zur Vorbereitung und Veranstaltung in Aussicht genommen hatten. Sie sollte in großen Theatern und Opernhäusern Europas und möglichst auch in Übersee gezeigt werden. Am 23. April 1951 konnte sie an prominentem Ort, in der Grand Opéra in Paris, mit Unterstützung des französischen Hohen Kommissars François Ponçet und des Auswärtigen Amtes in Bonn eröffnet werden. Aufgrund des großen Erfolges wechselte sie anschließend noch in die Bibliothèque Nationale. Neben meiner Frau und mir war auch meine Cousine Blandine Ollivier-de Prévaux zu dem feierlichen Auftakt gekommen.

Von Paris ging die Ausstellung auf Einladung des amerikanischen Hochkommissars ins Amerika-Haus nach München, zur Festspielzeit 1951 war sie dann in Bayreuth zu sehen. Bis 1961 wurde sie in Barcelona, Madrid, Bilbao, Florenz, Venedig, Zürich und Rom präsentiert. Während der vielbesuchten und intensiv diskutierten Ausstellungen fanden zugleich zahlreiche Symposien statt über den Einfluß Richard Wagners auf Kultur und Kunst der jeweiligen Länder und deren Einflüsse auf das Schaffen des Komponisten.

Die durch die Ausstellung in Barcelona geknüpften Kontakte führten dort zum Vertragsabschluß für das Bayreuther Gastspiel mit neun Aufführungen im Jahr 1955 im Gran Teatro Liceo. Der spanische Erfolg wirkte weiter, und so fuhren wir nach Buenos Aires zu Verhandlungen über ein Gastspiel im Teatro Colon, wo beabsichtigt war, zwischen dem 24. April und dem 23. Mai 1957 vier «Ring»-Zyklen unter unserer Leitung aufzuführen. Neben den inzwischen in der Bundesrepublik erlassenen Gesetzen zum Schutz des deutschen Kulturguts, die Leihgaben – auch aus Privatbesitz – ins Ausland nur ausnahmsweise gestatteten, verhinderte auch eine kleine, dort gerade ausgebrochene Revolution den Abschluß des Vertrags.

Seit 1973 veranstaltet in Bayreuth die Bayerische Vereinsbank in Verbindung mit den Festspielen alljährlich Ausstellungen. Das Zustandekommen dieser fruchtbaren Zusammenarbeit verdankt sich der Initiative und aufgeschlossenen Bereitschaft des ehemaligen Finanzministers und späteren Vorstandsmitgliedes der Vereinsbank, Rudolf Eberhardt, der als früherer Landrat im Oberfränkischen Bezirkstag saß und so bereits lange mit Bayreuth befaßt und vertraut war, sowie dem aktiven Einsatz der damaligen Leiterin der Kulturabteilung der Bank, Elfi Haller. Diese Ausstellungen beziehen sich in ihrer Thematik entweder auf Neuinszenierungen der Festspiele, wie 1974 «Tristan», 1985 «Tannhäuser», 1990 «Holländer», 1982 zur hundertjährigen Wiederkehr der Uraufführung «Parsifal», oder sie sind Persönlichkeiten gewidmet, die in Verbindung mit den Festspielen standen und sie mitprägten: zum Beispiel Richard Strauss (1973), Hans Knappertsbusch (1977), Siegfried Wagner (1980), Max Lorenz (1981), Franz Liszt (1986), Cosima Wagner (1987), Friedrich Feustel (1993), Wieland Wagner (1991).

Eine Besonderheit waren die Ausstellung 1988 über das Festspielorchester und 1976 die zur Säkularfeier Bayreuths «1876 Bayreuth 1976», die am 21. Mai in Verbindung mit der Uraufführung der BBC-Dokumentation zum Festspieljubiläum in der Royal Festival Hall in London eröffnet und während der Festspielzeit in Bayreuth gezeigt wurde. Danach war sie in München zu sehen, in Zürich, an der Mailänder Scala, in Wiesbaden, Frankfurt, Düsseldorf, in der Pariser Oper, in Ludwigshafen, in der Oper von Sydney, in Tokyo und Osaka, in Seoul und schließlich in Sao Paulo. Insgesamt hatte gerade diese Ausstellung einen Zustrom von etwa 1,2 Millionen Besuchern.

Die Wieland-Wagner-Ausstellung 1991 war die erste umfassende theaterhistorische Analyse und Würdigung seines Werks 25 Jahre nach seinem Tod.

Am 18. August 1931 erlebte ich als noch nicht ganz Zwölfjähriger ein besonderes Ereignis: Zum ersten Male fand eine direkte Rundfunkübertragung von «Tristan und Isolde» aus dem Bayreuther Festspielhaus statt, die weltweit per Kabel gesendet wurde.

Die musikalische Leitung hatte Wilhelm Furtwängler, in den Titelpartien dieser sensationellen Funk-Premiere sangen Lauritz Melchior und Nanny Larsén-Todsen.

Diese Übertragung konnte ich im Ferienhaus meiner Mutter am Bodensee hören.

Die Entwicklung der elektronischen Übertragungsmöglichkeiten insbesondere zur Televisionstechnik ließ 1968 wiederum eine allerdings ganz anders geartete Welt-Sendung zustande kommen. Von London aus gesteuert, wurden in jeweils wenigen Minuten Geschehnisse von allen Kontinenten im Verlauf einiger Stunden gezeigt. Nachdem anfangs von deutscher Seite dazu eine Schnadahüpferl-Gruppe vorgeschlagen worden war, wirkte man in London dahingehend, daß Deutschland doch wohl besser mit Bayreuth repräsentiert wäre. Ausgewählt wurde ein Probenausschnitt aus dem Zweiten Akt der Neuinszenierung des «Lohengrin».

Die erste Weltübertragung durch den Rundfunk 1931 war der Auftakt zu einer seither ununterbrochenen Kette von Ausstrahlungen Bayreuther Aufführungen. Gerade der bleibende Eindruck jener ersten Übertragung bewirkte im Jahr 1951 bei den Intendanten der ARD, daß entgegen der ablehnenden Haltung des Intendanten des Bayerischen Rundfunks daran wieder angeknüpft wurde. Die moderne Aufnahmetechnik macht es möglich, basierend auf vertraglichen Abmachungen, daß bei nichtkommerziellen Gesellschaften eine zeitversetzte Wiedergabe aufgezeichneter Aufführungen bis zum 31. Dezember eines jeden Jahres neben der ebenfalls zeitversetzten Live-Übertragung der Premiere mit Hilfe des Programmaustausches ausgestrahlt werden kann. Das Interesse für diese Sendungen ist nach wie vor groß und attestiert damit dem Geschehen auf dem Festspielhügel immer wieder die Lebendigkeit. Zu den Sendungen der Werke treten in den Pausen meist Kommentare zur Aktualität des Wagnerschen Werks und Interviews mit der Festspielleitung und Mitwirkenden.

Der Vollständigkeit halber sei noch erwähnt, daß interessierte Fernsehanstalten auf der ganzen Welt in jedem Jahr insbesondere von den Premieren mehr oder weniger ausführlich berichten.

Zwei noch in Schwarz-Weiß hergestellte Fernsehaufzeichnungen – der Erste Aufzug der «Meistersinger» 1959 und die Hans-Sachs-Stube aus dem Dritten Aufzug im Jahr 1963 – wurden von dem Regisseur und Bühnenbildner Wieland Wagner für nicht gut befunden, da die Umsetzung durch den Fernsehregisseur in einer ihn überhaupt nicht zufriedenstellenden Weise erfolgt war.

Bis zur ersten vollständigen Aufzeichnung eines Werkes im Festspielhaus vergingen viele Jahre – erst 1978 kam sie zustande. Seither gelang es, regelmäßig, je nach den künstlerischen, organisatorischen und finanziellen Möglichkeiten Fernseh-Aufzeichnungen herzustellen. Die erste geschah in Koproduktion des Ersten und Zweiten Deutschen Fernsehens mit der UNITEL, ab 1979 arbeitete ausschließlich die UNITEL, ohne einen Koproduzenten, mit uns zusammen. Inzwischen gibt es sogar eine komplette Wagner-Edition, die sämtliche Festspielwerke in audiovisuellen Live-Aufnahmen aus dem Festspielhaus enthält. Die künstlerische Qualität und der bei den Aufnahmen jeweils verwendete beste technische Standard ermöglichten einen weltweit erfolgreichen Vertrieb. Allerdings gibt es im Audiobereich auch heute noch manchen Ärger, da ungeachtet aller Gesetze und des rechtlichen Schutzes immer wieder «Schwarzpressungen» auf den Markt gelangen.

X. «Alles ist nach seiner Art ...»

Nach dem Tod meines Bruders Wieland sah ich mich der Notwendigkeit gegenüber, für die fernere Gestaltung der Bayreuther Festspiele neue Lösungen und Wege finden zu müssen, denn daß ich, schon rein physisch gesehen, nicht in der Lage sein würde, zu der fortan allein auf mir ruhenden Gesamtverantwortung auch etwa sämtliche Neuinszenierungen zu übernehmen, lag auf der Hand. Außerdem wäre dies ohnehin sinnlos gewesen, da sich Bayreuth zwangsläufig zu einer Art Ein-Mann-Bühne minimalisiert hätte. Mag dergleichen vielleicht an einem normalen Repertoiretheater angehen, welches unter der ausschließlichen künstlerischen Präsenz nur einer Persönlichkeit steht, die dann aber aus einem wesentlich breiteren Spielplan auswählen kann – in der durch die Eingrenzung auf zehn Festspielwerke gegebenen Beschränkung müßte selbst der Schöpferischste sich irgendwann buchstäblich erschöpfen.

Wie bereits kurz angedeutet, erwogen mein Bruder und ich schon in früheren Jahren den Gedanken, gegebenenfalls andere Regisseure in die Arbeit bei den Festspielen einzubeziehen, wenn wir unsere Werkdeutungen je zweimal auf die Bühne gebracht hatten. Seinerzeit eine mehr oder weniger vage Überlegung, war es jetzt für mich ein unerläßliches Muß.

Der von uns immer wieder programmatisch betonte Charakter der Festspiele im Sinne der «Werkstatt Bayreuth», wie sie sich in sechzehnjährigem gemeinsamem Wirken entwickelt hatte, durfte jedoch – darüber war ich mir im klaren – nicht ausgehöhlt werden oder gar verlorengehen, sondern sollte konsequent als Arbeitsprinzip weitergeführt und ausgedehnt werden, indem anderen, neuen Teams die Möglichkeiten gegeben wurden, die die spezifischen Bedingungen der Festspiele boten oder einräumten.

Guter Rat war in dieser Situation keinesfalls etwa teuer, denn es hätte sich wohl auf der Stelle ein Dutzend sogenannter großer Namen finden lassen, mit denen sich die Festspiele würden schmücken können. Darauf aber konnte es mir ebensowenig ankommen wie etwa auf die Befriedigung des Ehrgeizes des einen oder anderen, sich selbst durch die Festspiele und nicht zuletzt auf deren Kosten zu verwirklichen oder zu profilieren. Vielmehr galt es für mich, solche Gestalter zu finden, die hoffen ließen, werkimmanente und zeitverständlich-aussagestarke Interpretationen formen zu können und die bereit wären, sich selbst mit ihrer Tätigkeit in jene Linie der Kontinuität zu stellen, die seit 1951 in den Bayreuther Auseinandersetzungen mit dem Werk Richard Wagners durch eben den Werkstattgedanken immer mehr verkörpert worden war, und die ihrerseits zu einer kontinuierlichen Zusammenarbeit mit mir willens und fähig sein würden. Ich suchte nicht die rasche Abfolge von Sensationen, nicht den fragwürdigen Glanz der Stars und Prominenten; ausschlaggebend in den Beweggründen, jemanden zu verpflichten – oder auch nicht –, waren und blieben für mich die soeben genannten Kriterien, die nicht einen quantitativen Erfolg, sondern eine qualitative Wirkung zum Ziel haben. Denn nach meinem Verständnis bedeutet Richard Wagners Aufforderung «Kinder, schafft Neues!» keine Generalvollmacht für jeden, nur irgend etwas um jeden Preis «Neues» zu tun, was sich oft allzu schnell ins Beliebige der Äußerlichkeiten verflüchtigt und nicht selten bloß das gewendete «Alte» ist. Die Bayreuther Festspiele sind kein Wallfahrtsort und kein Tempel irgendeines kultischen Götzendienstes, aber andererseits auch keine «Spielwiese» für gewisse Egoismen und kein Selbstbedienungsladen auf dem Jahrmarkt der Eitelkeiten.

Wenn ich im nachfolgenden von der Gewinnung und der Arbeit der Regieteams berichte, die ab 1969 hier in Bayreuth tätig wurden, so werden diese einleitenden Bemerkungen sicherlich durch die geschilderten Ereignisse nachvollziehbar und bedürfen keines weiteren Kommentars. Bleibt nur noch vorauszuschicken, daß auch hierbei die Ernsthaftigkeit durch etwas gleichsam Satyrhaftes kompensiert wird, indem nämlich mir von der Öffentlichkeit gern die Schuld gegeben wurde, wenn etwas mißlang – gelang jedoch etwas sehr gut, sollte ich keinen Anteil daran haben.

Schon in den Jahren 1951/1952 hatte es einen externen Regisseur in Bayreuth gegeben: Rudolf Hartmann, der die «Meistersinger» inszenierte. Doch war dies eine Ausnahme geblieben, der seither keine Fortsetzung gefolgt war.

Nachdem ich 1967 den «Lohengrin» und ein Jahr später die «Meistersinger» in eigenen Neuinszenierungen vorgestellt hatte, war es meine Aufgabe, für die 1969 vorgesehene Neuinszenierung des «Fliegenden Holländers» neben dem Dirigenten, Bühnen- und Kostümbildner einen Regisseur zu verpflichten. Der «Holländer» hatte in der Gestaltung meines Bruders aus dem Jahre 1959 zum letzten Mal 1965 auf dem Spielplan gestanden, und so ergab sich nunmehr die Forderung, dieses Werk in neuer Formung auf die Bühne zu bringen. Meine Wahl fiel auf August Everding, der, seit 1963 Regisseur und Intendant an den Münchner Kammerspielen, an der Staatsoper München 1965 sein Operndebüt mit «La Traviata» gegeben hatte. Als früherer Assistent von Hans Schweikart und Fritz Kortner besaß er gute Meister. Im Juni 1968 kamen wir schnell zu einem bindenden Abschluß des Vertrags und besprachen umgehend die Frage des Dirigenten und die der Besetzung für den «Holländer», der seine vierte Opernregie und seine zweite eines Wagnerschen Werks werden sollte. Am 28. August 1969 gab Silvio Varviso seine Zusage als Dirigent; am 19. November des gleichen Jahres wurde der Vertrag mit dem Bühnenbildner Josef Svoboda unterzeichnet. Jörg Zimmermann als Kostümbildner vervollständigte das Team. Aufgrund des insgesamt unproblematischen Verlaufs der vorbereitenden Verhandlungen konnten in dem Prospekt der Bayreuther Festspiele, der wie üblich Anfang Oktober zum Versand gelangte, diese Namen offiziell bekanntgegeben werden.

Die Besetzung des Premierenjahres setzte sich wie folgt zusammen: In der Partie der Senta waren Leonie Rysanek und Gwyneth Jones doppelbesetzt, in der des Holländers alternierten Donald McIntyre und Theo Adam, den Daland sang Martti Talvela, den

Erik Jean Cox, der 1965 schon den Steuermann gegeben hatte, die Mary wurde von Unni Rugtvedt gesungen und in der Partie des Steuermanns gab René Kollo sein Bayreuth-Debüt.

Bei dieser Inszenierung kam die von Richard Wagner ursprünglich komponierte und intendierte Fassung ohne Pausen wieder zu Ehren. Zunächst hatte der Untertitel nämlich gelautet: «Romantische Oper in einem Akt und drei Aufzügen». Der Einspruch der Berliner Intendanz, an die Wagner sein Werk zunächst gesandt hatte, veranlaßte den Komponisten jedoch noch vor der dann in Dresden erfolgten Uraufführung zu der offenbar erforderlichen Konzession, die einzelnen Aufzüge durch eindeutige Schlüsse beziehungsweise Einleitungen deutlich voneinander abzuheben, so daß seit der Premiere am 2. Januar 1843 die Oper mit Pausen zwischen den Aufzügen aufgeführt wurde. Erst Cosima griff anläßlich der Bayreuther Erstaufführung 1901 wieder auf die Urgestalt des Werks zurück. Bis zur Inszenierung meines Bruders 1959 folgte man in Bayreuth der durchgängigen einaktigen Fassung. Wieland hatte eine längere Pause sowie eine kurze Licht-Pause, in der das Publikum im Zuschauerraum verblieb, einschalten müssen, da die Technik dies unumgänglich machte. Josef Svoboda war es nun aber gelungen, trotz der Dimensionen des sehr imposanten Holländer-Schiffs mit seiner außerordentlich überzeugenden Erscheinung, technisch alles so einzurichten, daß im Wagnerschen Sinne balladenartig durchgespielt werden konnte.

1969 wurde die Fassung des sogenannten Erlösungsschlusses gespielt, die sowohl dem Ende der Ouvertüre als auch dem des dritten Aufzuges einen verklärenden, nahezu apotheotischen Charakter verleiht, nicht zuletzt durch das Hinzutreten von zwei Harfen. Richard Wagner hatte diese Bearbeitung im Januar 1860 eigens für einige Konzerte mit Bruchstücken aus seinen Werken in Paris hergestellt. Die vergleichsweise «harte», weitaus weniger versöhnliche und schmucklose Dresdner Urfassung war in Wielands Inszenierung benutzt worden.

Die in sich geschlossene, wohldurchdachte, in der Personenregie ausgewogene und technisch-künstlerisch mit interessanter

Lichtregie gestaltete Aufführung von 1969, deren musikalische Qualität auch allseits sehr beachtet wurde, war ein guter Ausgangspunkt zu weiteren Überlegungen für Künftiges.

1970 folgte meine zweite «Ring»-Inszenierung, und 1971 kam es nach vier Jahren mit Neuinszenierungen zu einer Spielzeit, die ausschließlich Wiederholungen bot.

Der nächste externe Regisseur bei den Festspielen kam 1972 zum Zuge, als Götz Friedrich den «Tannhäuser» neu in Szene setzte. Der Dirigent war Erich Leinsdorf, eine der insgesamt sieben Aufführungen, die sechste, leitete Horst Stein. Als Bühnen- und Kostümbildner wurde Jürgen Rose verpflichtet, die Choreographie des «Venusberges» übernahm John Neumeier. Besondere Bedeutung erlangte diese Festspielzeit auch dadurch, daß Norbert Balatsch als neuer Chordirektor die Nachfolge des damals schon legendären Wilhelm Pitz antrat, der aus gesundheitlichen Gründen nicht mehr mitwirken konnte. Norbert Balatsch war Chordirektor der Wiener Staatsoper, und Horst Stein, der ihn von seiner dortigen Tätigkeit her sehr gut kannte, empfahl ihn für Bayreuth, da er überzeugt war, daß Norbert Balatsch der anspruchsvollen Aufgabe, die ihn hier erwartete, in vollem Umfang gerecht werden und damit nahtlos an die langjährige Arbeit seines Vorgängers anknüpfen würde.

Im Jahr der Premiere stand im «Tannhäuser» auf der Bühne: In Doppelbesetzung Hugh Beresford und Hermin Esser als Tannhäuser; erstmals in Bayreuth gestaltete *eine* Sängerin die Partien der Venus und Elisabeth, Gwyneth Jones; den Landgraf sang Hans Sotin, als Wolfram von Eschenbach wechselten Bernd Weikl, der damit in Bayreuth debütierte, und Ingvar Wixell. Harald Ek sang den Walther von der Vogelweide, Franz Mazura den Biterolf, Heribert Steinbach war als Heinrich der Schreiber zu hören und Heinz Feldhoff als Reinmar von Zweter.

Schon das Zustandekommen dieser Neuinszenierung war von dramatischen Umständen begleitet. Eine Zusage Götz Friedrichs für die Übernahme der «Tannhäuser»-Regie lag mir am 1. Juli 1971 vor. Jedoch erwies sich der Vertragsabschluß zunächst als außerordentlich schwierig. Friedrichs künstlerische Heimat war damals die Komische Oper in Ost-Berlin, die sein Lehrer Walter Felsenstein leitete. In jenen Jahren erschwerten die Machthaber der DDR mit Ausnahme ganz weniger, arrivierter und sehr prominenter Künstler das Gastieren in Bayreuth. Erfreulicherweise tolerierte man, daß Götz Friedrich mehrfach in den «Westen» und nach Bayreuth kam, um alle erforderlichen Absprachen und Vorbereitungen zu treffen. So fand die erste Begegnung zwischen Dirigent und Regisseur am 24. August 1971 in Bayreuth statt. Unser Ankündigungsprospekt mußte jedoch noch ohne die Nennung des neuen Teams verschickt werden, da trotz der Fürsprache selbst Walter Felsensteins beim damaligen DDR-Kulturminister Gysi erst am 19. Dezember 1971 der Vertrag mit Götz Friedrich unter Dach und Fach gebracht werden konnte.

Für Friedrich war Bayreuth Neuland. Zuvor hatte er noch kein Wagnersches Werk inszeniert. Nach seinen eigenen Worten kam er hierher, weder «Bayreuth-geschädigt» noch «Bayreuth-geweiht», und nichts weniger wollte er sein als ein «Bayreuth-Stürmer».

Neu für Bayreuth war, daß Regisseur und Bühnenbildner eine freitragende Rampe aus dem Proszenium über das Orchester hinausragen ließen. Sie war ausschließlich für Tannhäuser und den Hirtenknaben bestimmt. Wie diese Rampe bestand auch die große siebeneckige Hauptspielfläche aus Holzbrettern. Im zweiten Akt wurde ein Teil der vorderen Spielfläche weggenommen, der verbliebene Teil mittels Hydraulik über dreieinhalb Meter nach oben gefahren und mit einer in der Form angepaßten Treppe versehen, die für das Spiel der Sänger, insbesondere für den «Einzug der Gäste», hervorragende Postierungen ermöglichte. Die in ihren Ausmaßen erheblich reduzierte Spielfläche hatte zur Folge, daß zwar der Damenchor, aber nur eine beschränkte Zahl des wesentlich größeren Herrenchors singen und agieren konnte. Nach Abgang der Damen befriedigte das mit dem verringerten Herrenchor erzielte klangliche Ergebnis unseren neuen Chordirektor verständlicherweise nicht. So kam man überein, die restlichen Chorherren von hinten unauffällig auf die Szene zu bringen. Da jedoch für diese insgesamt 24 Mitglieder des Herrenchors Kostüme weder geplant noch gar vorhanden waren, mußten sie schnellstens angefertigt werden.

Für Neueinkäufe von Materialien konnte keinesfalls noch Geld bereitgestellt werden. Doch ein glücklicher Umstand – der sich später freilich als recht unglücklich herausstellen sollte – ergab, daß von dem Material eines Lederimitats zuviel gekauft worden und noch genügend vorhanden war, um daraus die benötigten Kostüme herzustellen.

Um die akustischen Schwierigkeiten, die bei diesem Bild eintraten, auszugleichen, wurde, für die Zuschauer nicht sichtbar, ein Plafond aus Sperrholz über die Spielfläche gehängt, mit dessen Hilfe das Bayreuther Klangbild der Szene einigermaßen erreicht werden konnte.

Das Publikum reagierte auf die plötzlich so dominierende Überzahl von lederbemantelten Figuren auf der Bühne mit starkem Unbehagen, da dies offenbar Assoziationen an Gestapo- und Sicherheitsdienst-Leute hervorrief, woran unsererseits keiner im entferntesten gedacht hatte.

Doch damit war es noch nicht genug der unbeabsichtigten Provokation.

Für den Schluß hatte Götz Friedrich vorgesehen, daß nur Tannhäuser und Wolfram auf der Bühne sein, der ganze Schlußchor aber unsichtbar hinter der Szene singen sollte. Diese Position des Chors nun rief eine derart große Klangminderung hervor, daß Norbert Balatsch um den Erfolg seines Bayreuther Debüts ernstlich bangte. Es gelang ihm, den Regisseur von seinen Bedenken zu überzeugen, und man kam gemeinschaftlich überein, den Chor im Dunkeln auftreten zu lassen, um ihn erst bei seinem Einsatz als ein stehendes Bild in Licht zu tauchen.

Nachdem der erste Akt im großen und ganzen wohlwollende Aufnahme gefunden hatte, führte der zweite Akt bereits zu gewissen Turbulenzen im Zuschauerraum, die sich nach dem dritten noch heftiger entluden. Grund war, daß viele glaubten gesehen zu haben, die stilisierten graublauen Netzkutten des

Chors hätten die berühmt-berüchtigte rote Farbe erkennen lassen. Einige meinten, statt der «Gnade Heil» sei «Brüder, zur Sonne, zur Freiheit» gesungen worden, aber dem widersprachen andere, die glaubten, die «Internationale» gehört zu haben. Manche behaupteten felsenfest, die geballte erhobene Faust als Geste des Arbeiter- und Bauernstaats sei zu erkennen gewesen, wozu dann das «Hoch über aller Welt ist Gott, und sein Erbarmen ist kein Spott» die reine Blasphemie gewesen sei.

Ein inzwischen verblichener Politiker verließ protestierend den Zuschauerraum und stellte wenige Tage später in einem geharnischten Leserbrief an eine große Sonntagszeitung die entscheidende Frage: «Quo vadis?» Bei ihm rief der Schlußchor «zwangsläufig die Vorstellung hervor, daß er trotz seiner hervorragenden gesanglichen Leistung den Betriebskampf-Gruppenchor des volkseigenen Betriebes ‹Rote Lokomotive› in Leipzig darstellen sollte».

Heftig und lautstark war das Rauschen besonders im deutschen Blätter-Wald. Von gerechter Würdigung über den Verriß bis hin zu Äußerungen gehässigster Niedertracht reichte das Spektrum im Pro und Contra. Doch harmlos war es gegen den Orkan wütender Mißbilligung, dessen Stärke in dem an Buh und Pfiffe gewohnten Haus auch eine Art Premiere bedeutete. Daß sich ausgerechnet Norbert Balatsch als erster Smokingträger vor dem Vorhang dem Publikum zeigte, hatte für ihn leider zur Folge, daß er dessen geballtes Mißfallen entgegengeschleudert bekam, da es ihn in seiner blinden Raserei mit dem Regisseur, den hier ja wohl auch nur sehr wenige kannten, verwechselte.

Seit Mitte der fünfziger Jahre schloß sich der Eröffnungspremiere aller Festspiele ein Empfang des Bayerischen Ministerpräsidenten an (der erste fand am 21. Juli 1954 statt), so auch 1972. Diesmal allerdings begleitete den Einzug der Gäste, vor allem als man des so unbarmherzig geschmähten Götz Friedrich ansichtig wurde, eine eigenartig beklommene Stimmung. Es war, als ob die Gäste unmittelbar zuvor dem Abgesang auf die zivilisierte Welt, ja einer Art Untergang des Abendlandes hatten beiwohnen müssen. Eine furchtbar gedrückte Atmosphäre herrschte – zwischen

Peinlichkeit und Empörung über die kulturelle Barbarei auf dem Grünen Hügel. An einem Tisch wurde getuschelt, wenn der Wolfgang Wagner einen solchen Erzbolschewiken wie den Friedrich in Bayreuth wirksam werden lasse, müsse man ihm eigentlich die Zuschüsse der öffentlichen Hand kürzen, am besten gleich entziehen.

Hatte ich mich noch im Festspielhaus vor dem Vorhang coram publico mit dem «Tannhäuser»-Team solidarisiert, so tat ich jetzt etwas, was ganz und gar gegen meine Gewohnheiten lief. Zusammen mit dem «Schänder» Götz Friedrich machte ich eine Runde durch diverse Lokale der Stadt, von denen mir bekannt war, daß sie überwiegend von Festspielbesuchern frequentiert wurden. Dieses demonstrative Auftreten sollte die Wogen der Aufregung etwas glätten helfen. Es war gewissermaßen eine Kneip-Tour mit der beabsichtigten Wirkung einer Kneipp-Kur für die kochenden Zuschauergemüter.

Am Vormittag des folgenden Tages fand die internationale Pressekonferenz der Festspiele statt, in der ich mich unter anderem zu dem Gerücht einer Zuschußkürzung oder -streichung äußerte. Dezidiert verlangte ich für Bayreuth die künstlerische Freiheit und drückte mein Unverständnis darüber aus, daß ein Mitglied der bayerischen Staatsregierung gedroht habe, finanzielle Mittel zu kappen, wenn sich Inszenierungen wie die des «Tannhäuser» wiederholten. Ich sagte, wenn die Bundesrepublik ein demokratischer Staat sein wolle, dann sei eine solche Drohung indiskutabel.

Götz Friedrich betonte, er habe keineswegs eine politisch-tendenziöse Inszenierung machen wollen. Aus dem Kreise der Solisten wurde geäußert, die Publikumsreaktion wäre wohl eine andere gewesen, wenn Friedrich nicht aus der DDR käme. Ich wandte mich vehement dagegen, aus der Inszenierung ein Politikum zu konstruieren.

Schon tags darauf dementierte der bayerische Ministerpräsident die Erwägung eines Zuschußstopps und sicherte die Weiterführung der Subventionen zu. Ein Oppositionspolitiker gab bekannt, mich unterstützen zu wollen, denn wer von Entzug der

Mittel spreche, wenn ihm eine Theaterinszenierung nicht gefalle, bediene sich der Methoden, die er zu bekämpfen vorgebe.

Von der dritten Aufführung an entfiel dann zunächst der provozierende Schlußchor auf der Bühne und wurde unsichtbar aus dem Off gesungen, was auf der einen Seite beifällige Zustimmung fand, auf der anderen jedoch den Verdacht weckte, der Regisseur habe «kalte Füße» bekommen. Der Irrtum beider Seiten war evident, denn Friedrich zog, ohne die grundlegende Konzeption anzutasten, 1972 und in den Folgejahren Konsequenzen aus Mißverständnissen und arbeitete beharrlich an seiner Interpretation weiter, indem er korrigierte, vertiefte und präzisierte.

Der «Tannhäuser» wurde als erste Bayreuther Aufführung 1978 in voller Länge für das Fernsehen aufgezeichnet – *mit* dem nun wieder in einem Schlaglicht auf der Bühne stehenden Schlußchor. Auf der ganzen Welt ist man erfreut, diese Inszenierung auf solche Weise nach wie vor zur Verfügung zu haben.

Damals ein Skandal – heute ein Meilenstein.

Im Zuge der Bemühungen auch um die Gewinnung neuer Dirigenten, deren interpretatorische Aussagen innerhalb der Festspiele neue Akzente setzen sollten, hatte ich seit Ende November 1967 Kontakt mit Leonard Bernstein. Schon zwei Jahre zuvor traf mein Bruder ihn einmal kurz in Wien, um – noch unverbindlich – mit ihm über eine eventuelle Mitwirkung in Bayreuth zu sprechen. Im Laufe der Zeit sprachen Bernstein und ich unter anderem auch über das eventuelle Dirigat einer «Tristan»-Neuinszenierung. Leider konnten unsere wechselseitigen Wünsche und Vorstellungen nie in eine solche Kongruenz gebracht werden, daß daraus eine tragfähige Grundlage zur Zusammenarbeit erwachsen wäre. Leonard Bernstein wünschte in Begleitung seiner eigentlichen Erarbeitung des Werks zur Bayreuther Aufführung Schallplatten- und Fernsehaufnahmen sowie Aufzeichnungen aus der Arbeit selbst. Dergleichen aber ist gerade im ersten Jahr einer Neuinszenierung, die aufwendige und konzentrierte Proben benötigt, und im Hinblick auf die Erfordernisse der anderen auf dem Spielplan stehenden Werke allein zeitlich undurchführbar. Zieht man ferner in Betracht, daß das Premierenjahr erste Ergebnisse präsentiert, die in den Wiederholungsjahren durchaus häufig Entwicklungen und Veränderungen unterliegen, so würde bei einer parallelen Fixierung auf Ton- und Bildträger die Erarbeitung bereits den Charakter einer endgültigen, perfekten Lösung erhalten. Bernsteins und meine Standpunkte konnten daher nicht miteinander vereinbart werden, und so endete der Kontakt am 19. November 1970.

Von seiner letzten Fernseh-Aufzeichnung in Waldsassen kommend, besuchte Leonard Bernstein, schon vom Tode gezeichnet, am 6. April 1990 Bayreuth, um in Begleitung meiner Schwester Friedelind neben dem Nationalarchiv und dem Richard-Wagner-Museum in Wahnfried auch das Festspielhaus kennenzulernen. Unglücklicherweise hielt ich mich an diesem Tage nicht in Bayreuth auf, sondern befand mich auf einer lange vorher terminierten Reise, so daß zu meinem Bedauern ein letztes Zusammentreffen, das gewiß den persönlichen Ausgleich geschaffen haben würde, nicht stattfinden konnte. Mir ist berichtet worden, Bernstein habe insbesondere der Orchesterraum des Festspielhauses interessiert. Längere Zeit verweilte er am Dirigentenpult...

In lockerer Form und mit zwischenzeitlichen Abständen wurden seit dem Sommer 1953 Verhandlungen mit Georg Solti geführt. Intensiviert wurden sie mit Bezug auf den «Tristan» zwischen Januar 1971 und Anfang August 1972. Doch ebenso wie bei Bernstein waren sie vorerst zum Scheitern verurteilt, da eine vernünftige Abstimmung zwischen den Vorstellungen des Dirigenten hinsichtlich der Proben sowie der Reihenfolge der Aufführungen einerseits und seinen für diese Zeit angemeldeten Urlaubswünschen andererseits nicht zu finden war.

Während der Phase der Proben zu den Festspielen 1971 meldete sich Carlos Kleiber bei mir mit folgender brieflicher Bitte: «Es wird mir eine Ehre und eine Freude sein, wenn ich bei Proben in Bayreuth ‹kiebitzen› darf, auch vielleicht mal im Orchester sitzen (bin auf *still*sitzen vom Vater dressiert worden!) und so für einen eines Tages sich furchterregend materialisierenden Auftritt etwas bereiter zu sein.»

Zwischendurch hatte ich noch einen Strauß mit Karl Böhm auszufechten. Als von der aus dem Jahre 1962 stammenden «Tristan»-Inszenierung meines Bruders 1970 Abschied genommen werden mußte, war für 1974 eine Neuinszenierung vorgesehen, über die schon 1971 während seiner kurzen Anwesenheit in Bayreuth für einen Schallplatten-Live-Mitschnitt des «Fliegenden Holländer» gesprochen wurde. Er brachte nun in Erfahrung, daß er als Dirigent für die Neuinszenierung nicht vorgesehen sei, und machte mir gegenüber seinen Anspruch geltend, daß ihm jedoch das Dirigat zustehe. Eine insgesamt unerfreuliche Kontroverse, die ich durch ein Schreiben vom 3. November 1971 beendete, in dem ich dem Juristen Dr. Karl Böhm unter anderem aus einem Brief meines Bruders an ihn vom 29. Juli 1965 die nachstehende Passage ins Gedächtnis zurückrief. Wieland schrieb damals: «Ich habe mich meinerseits für die Bayreuther Festspiele verpflichtet, Ihnen alle Werke, die... von mir neu inszeniert werden oder weiterhin als von mir inszenierte Werke auf dem Programm stehen, anzubieten.... Ebenso wird ‹unser Tristan› immer, wenn wir ihn spielen können, unter Ihrer musikalischen Leitung bleiben. Die Entscheidungsfreiheit meines Bruders Wolfgang... wird durch unsere Vereinbarung nicht berührt. Wiederaufnahme oder eventuelle Neuinszenierungen der ‹Meistersinger›, des ‹Fliegenden Holländer› und des ‹Tannhäuser› mit mir als Regisseur werde ich zuerst Ihnen anbieten.» Ungeachtet solcher Eindeutigkeit unterließen es jedoch Karl Böhms Frau Thea und insbesondere sein Sohn Karlheinz nicht, mich sowohl unter der Hand als auch öffentlich als wortbrüchig zu diffamieren.

Um so mehr freute es mich, daß trotz dieser Auseindersetzungen Karl Böhm zur Jubiläumsfeier beim Festakt am 23. Juli 1976 im Festspielhaus das «Meistersinger»-Vorspiel und die Festwiesen-Szene dirigierte. Geduldig wie alle Anwesenden hörte er die teilweise leider zu lang ausgefallenen Reden an, bis er endlich den Taktstock ergreifen konnte.

Der Bayerische Rundfunk, der diesen Festakt in zahlreiche Länder der Erde direkt übertrug, geriet in beträchtliche Schwierigkeiten, da die im voraus angemeldete Redezeit überzogen wurde, nicht zuletzt auch von Bundespräsident Walter Scheel und dem bayerischen Ministerpräsidenten Dr. Alfons Goppel. Von Ansprache zu Ansprache wurde mir die prekäre Situation bewußter. Da ich glücklicherweise zum Abschluß sprechen sollte, gelang es mir, das Sendezeit-Problem aufzufangen: durch das Nicht-Halten meiner vorbereiteten Rede. Dem geladenen Publikum gegenüber brachte ich kurz zum Ausdruck, daß es genug der Worte sei. Ich sagte: «Genug der Wort'! Lassen wir jetzt Richard Wagner sprechen!»

Am 2. August 1972 bekundete ich Georg Solti telegrafisch mein Bedauern, daß sein Dirigat des «Tristan» 1974 nicht zustande komme, worauf ich dann unmittelbar die Verbindung zu Carlos Kleiber aufnehmen konnte, der ja sein tiefes Interesse für Bayreuth lebhaft geäußert hatte. Mit Freude erhielt ich die Nachricht, daß er zur Mitwirkung sofort bereit sei. Am 26. August 1973 übersandte ich ihm nach einer langen Reihe vorausgegangener Klärungen einzelner Fragen und seiner Wünsche hinsichtlich der Arbeit mit dem Orchester die Vertragsunterlagen mit dem wechselseitig zwischen uns abgestimmten und festgelegten Proben- und Spielplan. Zwei Tage später erhielten August Everding und Josef Svoboda ebenfalls ihre Verträge. Nach vielerlei gemeinschaftlichen Überlegungen entschloß man sich, Reinhard Heinrich zum Kostümbildner zu bestimmen. Über seinen Lehrmeister Kurt Palm und seine bisherige Mitarbeit kannte Reinhard Heinrich die Besonderheiten dieses Aufgabengebietes hier bereits sehr genau.

Im Unterschied zu Leonard Bernstein und Georg Solti bereitete es ausgerechnet bei dem als schwierigster Dirigent geltenden Carlos Kleiber keine Probleme, seine Wünsche und die betrieblichen Erfordernisse und Bedingungen in Übereinstimmung zu bringen. Die drei Jahre seines Dirigats in Bayreuth, 1974 bis 1976, verliefen so gut wie reibungslos und lösten vor allen Dingen künstlerisch große Begeisterung bei Mitwirkenden und Publikum aus. Leider stand er aus persönlichen Gründen im letzten Jahr dieser «Tristan»-Inszenierung, 1977, nicht mehr zur Verfügung. Horst Stein, der schon 1976 wegen einer Verletzung des Handgelenks Carlos Kleibers die letzten drei der insgesamt sechs Aufführungen dirigiert hatte, übernahm die musikalische Leitung.

Ein sehr freundschaftliches Verhältnis zwischen Carlos Kleiber und mir ließ uns immer wieder gegenseitig Verbindung aufnehmen. Daß es zu keiner weiteren Zusammenarbeit hier in Bayreuth kam, akzeptierten wir beide mit Bedauern, aber auch mit Verständnis. Erwähnung verdient noch, daß mir Carlos Kleiber sehr originell, persönlich und souverän am 16. und 17. Mai 1977 schrieb, daß seine Absage für 1977 mißbräuchlich und in vollkommen absurder Weise mit den nach außen hin so falsch dargestellten und über Gebühr hochgespielten Querelen innerhalb des Orchesters 1976 um den neuen «Ring» in Zusammenhang gebracht werde. Er fühle sich mit Boulez und Chéreau verbunden.

Die Premierenbesetzung des «Tristan» 1974 war folgende: Den Tristan sang Helge Brilioth, den König Marke Kurt Moll, die Isolde Catarina Ligendza, den Kurwenal Donald McIntyre, die Brangäne Yvonne Minton, den Melot Heribert Steinbach, den Jungen Seemann und den Hirten Heinz Zednik, den Steuermann Heinz Feldhoff.

Josef Svoboda setzte hier als wesentliches stilbildendes Element den schon vorher von ihm erfolgreich benutzten Schnüre-Horizont ein. Die dabei verwendeten 3,5 Millimeter starken Synthetik-Flechtschnüre hatten eine Gesamtlänge von 122 Kilometern. Sie bildeten einen Hintergrund für die jeweils unterschiedliche plastische Bodengestaltung und boten, in einer Länge von 15 bis 18 Metern gestaffelt aufgehängt, zugleich eine interessante, vielfältige Möglichkeit für Projektionen, deren Wirkung von diffuser Plastizität war. Ich erinnere mich noch gut, wie Svoboda in eine Unzahl mitgebrachter Verpackungskisten griff, aus denen er die unterschiedlichsten Projektionsplatten herauszog, um die geeigneten für die beabsichtigten Effekte zu finden.

Im Unterschied zu den bisherigen Deutungen seit 1952 wurde diese Inszenierung durch gewisse realistische Gestaltungsmomente auf der Spielfläche geprägt, die zu den gleichsam irrealen Stimmungen des Hintergrunds einen reizvollen Kontrast ergaben. Den Hintergrund kennzeichneten insbesondere die farbig wechselnden Nuancen, vom Pointillistischen des Zweiten Aufzugs bis hin zum Schluß, der nicht etwa ins Dunkle glitt, sondern sich während des «Liebestodes» bis zu einer weißen, gleißenden Helle universalen Verglühens steigerte. Knapp und bestimmt war die Personenführung, deren erkennbar immer wiederkehrendes Motiv die einander suchenden Hände der beiden Protagonisten.

Infolge dieser Neuinszenierung verlor ich die für mich als Regisseur des «Ring» so ideale Besetzung der Partien Brünnhilde/Siegfried mit Catarina Ligendza und Jean Cox – als Festspielleiter jedoch gewann ich eine ideale Isolde.

Die entstandene Vakanz in der Brünnhilden-Partie 1974 nutzte ich, kontinuierlich vorausplanend, um drei verschiedene Brünnhilden (das heißt, für «Walküre», «Siegfried» und «Götterdämmerung» jeweils eine andere Sängerin) im Hinblick auf den neuen «Ring» von 1976 auf der Bühne zu erproben. 1975 gab ich Gwyneth Jones die Chance, alle drei Brünnhilden im Bayreuther Rhythmus der zyklischen Darbietung zu singen. Mit dieser Aufgabe wurde sie dann auch im folgenden Jahr betraut.

Der «Ring» des Jahres 1976 hat seit seiner Premiere eine solche Fülle, eine wahre Flut von Veröffentlichungen der unterschiedlichsten Art hervorgerufen und ist dadurch mit allem Für und Wider so ausführlich dokumentiert, daß es hieße, Eulen nach Athen zu tragen, wollte ich an dieser Stelle nochmals des langen und breiten wiederholen und kommentieren – zustimmend oder bezweifelnd –, was in Artikeln, Broschüren und Büchern an Sinn und Unsinn darüber geschrieben wurde. Überdies war dieser «Ring» der erste, der in Bayreuth komplett aufgezeichnet wurde und auf Ton- und Bildträgern vorliegt und bis auf den heutigen Tag immer aufs neue von Fernsehanstalten ausgestrahlt wird. Jeder Interessent kann seine Neugier und seinen Wissensdurst darum auf die bequemste Weise für sich stillen.

Wenn ich hier an einige Aspekte aus dem Vorfeld, der Umsetzung und der Wirkung dieser seinerzeit so spektakulär empfundenen Inszenierung in Umrissen erinnere, so geschieht das aus einem fast zwanzigjährigen Abstand, währenddessen die damaligen Ereignisse ganz natürlich eine Metamorphose durchliefen, sowohl in der Öffentlichkeit als auch in meinem Gedächtnis. Manch einstiger Saulus wandelte sich seither zum Paulus, und es wäre schlechthin kleinlich, ja töricht, würde ich en detail Irrtümer, Querelen, Konflikte, Mißverständnisse usw. usf. ausgiebig rekonstruieren. All das besaß ohnehin den fatalen Hang zur Publizität und dürfte vermutlich tonnenweise Papier verunreinigt haben. Mein Standpunkt findet sich ebensowenig auf der Plattform der Niedertracht wie auf der eines «Richters», der das letzte Wort hat, der nun etwa das Gewesene abschließend resümiert und mit dem Anspruch auf End-Gültigkeit beurteilt.

Artikulierte sich seinerzeit lautstark, wenn auch nicht ausschließlich, das Verdikt «Verflucht sei dieser Ring!», so ist es im Lauf der Jahre ins genaue Gegenteil umgeschlagen und die Inszenierung in den Olymp verklärt geschauter Klassizität entrückt worden. Damals verhaßt und verdammt, ist sie bis heute, nicht weniger grotesk, zum anbetungswürdigen, kultisch verehrten Objekt bestimmter Wagnerianer mutiert. Eins ist so albern wie das andere. Und Patrice Chéreau, dem die «Welt am Sonntag» vom 1. August 1976 den Ausspruch «Ich wollte Wagner vom Podest holen» zuschrieb, wurde nachmalig von einer Aura des Wunderkindes umgeben und geradezu selbst auf ein Podest gestellt.

Ein Blick zurück auf die Anfänge dürfte nicht uninteressant sein. Pierre Boulez, der von 1966 bis 1968 und dann noch einmal 1970 den «Parsifal» in der Inszenierung meines Bruders dirigierte, bat mich 1970, ihn von dieser Aufgabe zu entbinden. Wir gingen auseinander mit dem gegenseitigen Wunsch und der Hoffnung einer künftigen weiteren Zusammenarbeit. Sollte sich bei den Festspielen eine für ihn interessante neue und große Aufgabe abzeichnen, so würde ich mit ihm in Verbindung treten. Nachdem ich einen Mitarbeiter von mir, Dr. Mack, zur Vorklärung mit Boulez nach Straßburg geschickt hatte, trug ich ihm brieflich am 6. Juni 1972 das «Ring»-Dirigat für 1976 an.

Im Zuge der Überlegungen und der Suche nach einem dem Werk angemessenen Regisseur kam zuerst Ingmar Bergman ins Gespräch, der jedoch die unzweifelhaft schwierige Aufgabe nicht übernehmen wollte und ablehnte. Dann traten wir in Verhandlungen mit Peter Stein. Ein erster Brief zur Fühlungnahme datierte vom 14. Juni 1973, die erste persönliche Unterredung kam am 7. November 1973 in Berlin zustande, worüber ich Pierre Boulez am 20. November unterrichtete. Die Zeit der Besprechungen, Zusammenkünfte und Ortstermine zog sich in die Länge, und immer zunehmender wurde bei mir der Eindruck von Aussichtslosigkeit, mit Stein noch zu einer vernünftigen und gemeinschaftlich tragbaren Übereinkunft zu gelangen, die als Basis einer produktiven Zusammenarbeit unabdingbar ist. Stein schnürte seine kruden Ideen und Vorschläge zu einem monströsen Paket, dessen mühsam geknüpfte Knoten schließlich von ihm selbst zerhauen wurden. Indirekt zitierend, ließe sich sagen: Er sann und erwog der Beute Wert, von der er einerseits offensichtlich das Gefühl hatte, sie fiele ihm tatsächlich als eine Art Raub- oder Beutegut anheim, von der er andererseits jedoch keinen rechten Gebrauch zu machen wußte. So schlug er allen Ernstes vor, den «Ring», diesen ihm wohl erratisch dünkenden Block des Musiktheaters, umzuarbeiten und auf die Dauer von zwei Abenden zu kürzen. Was das Ungefüge gleichsam «handy» machen sollte, hätte das Gesamtwerk selbstverständlich nicht etwa bloß verstümmelt, sondern regelrecht kastriert. Ein anderer Vorschlag lautete dahingehend, für vier Abende vier Regisseure einzusetzen, da er mit *einem* Stück der Tetralogie vollauf zu tun habe. Des weiteren wollte er mit einer von ihm auserkorenen Schar gesinnungsgleicher Spießgesellen durch allerlei Rahmenveranstaltungen den Ablauf des Festspielgeschehens lenken, wahrscheinlich, um dann wenigstens etwas zerreden zu können, wenn des Bühnenspieles Dürftigkeit schon nicht genügte. Außerdem sollten Bühne und Zuschauerraum nach seinen Vorstellungen verändert und umgebaut werden.

Unter solchen Prämissen war ein Scheitern unvermeidlich. Denn weder Boulez noch insbesondere ich hätten nach unserer Kenntnis und unserem Verständnis von Werk und Festspielidee, die das eigens dafür konzipierte Haus einschließt, jemals zustimmen können.

Am 6. September 1974 zog sich Peter Stein endgültig aus dem «Ring»-Projekt zurück. In seinem zunächst nur an Boulez gesandten, mir später in Kopie übermittelten Absagebrief hielt er es, dadurch seinen Rückzug mit dem gehörigen Theaterdonner dekkend, für offensichtlich nötig, mich aus «geifernder Lust» herzhaft zu beschimpfen. Pierre Boulez allerdings hielt ungeachtet dessen verwegen zu dem mit Epitheta wie albern, läppisch, anmaßend, verbohrt, reaktionär, knickerig und intrigant Beworfenen, zu dem «Deppen» des Richard-Wagner-Theaters in Bayreuth, Wolfgang Wagner.

Gemäß einer Absprache hatte Boulez sich seit dem 27. Januar 1974 in Paris mit Patrice Chéreau in Verbindung gesetzt, da eine plausible Übereinkunft mit Peter Stein immer unwahrscheinlicher zu werden drohte und nicht länger kostbare Zeit mehr ungenutzt verstreichen durfte. Am 31. Januar schickte ich Chéreau Informationsmaterial über Bayreuth und Unterlagen für die vielleicht ihm zugedachte Aufgabe. Gemeinsam besuchten Boulez und Chéreau mich am 22. März in Bayreuth, wodurch wir einander kennenlernen und allererste Sondierungen anstellen konnten. Schon am 29. Mai erhielt ich von Chéreau ein Exposé, das auf mich einen höchst überzeugenden Eindruck machte und eine erstaunliche Kenntnis der dem «Ring» zugrundeliegenden Quellen und Stoffe verriet. Verschiedene Umstände brachten es mit sich, daß ich nach Peter Steins Absage einvernehmlich mit Boulez erst am 4. November 1974 die Verhandlungen mit Chéreau wieder aufnehmen und dann auch erfolgreich fortführen konnte. Am 8. Dezember war es dann endlich möglich, davon zu sprechen, das Team für den Zentenar-«Ring» sei gefunden. Im wesentlichen wurden Chéreaus unmittelbare Mitarbeiter bestimmt und ein in jeder Beziehung realistischer modus procedendi für die weitere Arbeit erörtert. Als Bühnenbildner war Richard Peduzzi, als Kostümbildner Jacques Schmidt gewonnen worden. Das Team besuchte 1975 den ersten «Ring»-Zyklus, wodurch Besetzungsvorstellungen verdichtet werden konnten. Die anschließend notwendige übliche Klärung der vertraglichen Abschlüsse, eines verbindlichen Zeitplans für den gesamten dekorativen, technischen und kostümlichen Arbeitsprozeß sowie für die Besetzung der Partien, der Verpflichtung der musikalischen Mitarbeiter und einer Vielzahl anderer Fragen wurde terminlich so gelöst, daß die Proben wie festgelegt am 1. Mai 1976 beginnen konnten.

Durch die vorgesehenen vier «Ring»-Zyklen sollte nicht nur dem erwarteten großen Publikumsinteresse Rechnung getragen, sondern auch für einige Partien eine vollständig probierte Doppelbesetzung geschaffen werden. Bei der nachstehend folgenden Besetzungsliste des Premierenjahres bedeutet der jeweils zweitgenannte Name diese Doppelbesetzung:

DAS RHEINGOLD

Wotan: Donald McIntyre/Hans Sotin; Donner: Jerker Arvidson; Froh: Heribert Steinbach; Loge: Heinz Zednik; Fasolt: Matti Salminen; Fafner: Bengt Rundgren; Alberich: Zoltán Kelemen; Mime: Wolf Appel; Fricka: Eva Randová/Yvonne Minton; Freia: Rachel Yakar; Erda: Ortrun Wenkel/Hanna Schwarz; Woglinde: Yoko Kawahara; Wellgunde: Ilse Gramatzki; Floßhilde: Adelheid Krauss.

DIE WALKÜRE

Sigmund: Peter Hofmann; Hunding: Matti Salminen/Karl Ridderbusch; Wotan: Donald McIntyre/Hans Sotin; Sieglinde: Hannelore Bode; Brünnhilde: Gwyneth Jones/Roberta Knie; Fricka: Eva Randová/Yvonne Minton; Gerhilde: Rachel Yakar; Ortlinde: Irja Auroora; Waltraute: Doris Soffel; Schwertleite: Adelheid Krauss; Helmwige: Katie Clark; Siegrune: Alicia Nafé; Grimgerde: Ilse Gramatzki; Roßweiße: Elisabeth Glauser.

SIEGFRIED

Siegfried: René Kollo; Mime: Heinz Zednik; Der Wanderer: Donald McIntyre/Hans Sotin; Alberich: Zoltán Kelemen; Fafner: Bengt Rundgren; Erda: Hanna Schwarz/Ortrun Wenkel; Brünnhilde: Gwyneth Jones/Roberta Knie; Waldvogel: Yoko Kawahara.

GÖTTERDÄMMERUNG
Siegfried: Jess Thomas; Gunther: Jerker Arvidson; Hagen: Karl Ridderbusch/Bengt Rundgren; Alberich: Zoltán Kelemen; Brünnhilde: Gwyneth Jones/Roberta Knie; Gutrune: Irja Auroora; Waltraute: Yvonne Minton; 1. Norn: Ortrun Wenkel; 2. Norn: Dagmar Trabert; 3. Norn: Hannelore Bode; Woglinde: Yoko Kawahara; Wellgunde: Ilse Gramatzki; Floßhilde: Adelheid Krauss.

Leider resultierte aus der abschließenden kritischen Analyse dieses Festspieljahres, daß sich die vier Zyklen hinsichtlich der Doppelbesetzung nicht bewährten, da innerhalb der Gesamtdauer eines «Ring» von dreizehneinhalb Stunden eigentlich alle künstlerisch Beschäftigten musikalisch zu kurz gekommen waren.

Im Jahr 1976 erreichten Boulez und ich unser erhofftes und angestrebtes Ziel, nicht nur szenisch, sondern gleichrangig auch im Musikalischen andere und neue Deutungsmöglichkeiten zu erschließen, nur ganz beschränkt. Eine nachträgliche Schuldzuweisung würde freilich ungerechtfertigt und sinnlos sein. Jedoch gab es eine Gruppe von Mitarbeitern, die auf Boulez' Interpretation, die ungewohnt anderes und Neues beinhaltete, mit Unverständnis, ja sogar offener Ablehnung reagierte. Es kam immerhin so weit, daß diese Frondeure nicht anstanden, sich dahingehend zu äußern, Pierre Boulez könne weder dirigieren noch die Partitur des «Ring» überhaupt lesen. Und sie hielten den «Neutöner» für einen vollkommen unerfahrenen Orchesterleiter. Vergessen war das anerkannte und geschätzte «Parsifal»-Debüt von 1966, vergessen die Arbeit in den Wiederholungsjahren, wovon auch eine Schallplattenaufnahme zeugt, ignoriert wurde Boulez' internationale Dirigentenkarriere. Es bildete sich ein Klüngel von Opponenten, der zudem noch bei «Erfahrenen», die es im Grunde besser hätten wissen müssen, Resonanz fanden. Dies führte in der Orchesterarbeit zu unerfreulichsten, mitunter bewußt provozierten Spannungen.

Bereits während der Festspielzeit 1976 wurde das Gerücht

ausgestreut – und ebenso umtriebig wie hämisch kolportiert –, daß 73 Orchestermusiker wegen Pierre Boulez ihre Mitwirkung für 1977 abgesagt hätten. Wer auch immer jener namenlose, unbekannte Prophet gewesen sein mag, er irrte, denn am Ende waren es 77 Orchestermusiker. Allerdings gab es sehr verschiedene Gründe. Erst am Schluß der Festspielzeit ermittelte der Orchestervorstand Oswald Kästner aufgrund einer Umfrage, daß 29 Mitglieder des Festspielorchesters ausdrücklich im Zusammenhang mit Boulez nicht mehr mitwirken wollten. Doch schon im Frühjahr 1976 war bekannt, daß wir möglicherweise mit einer besonders hohen Zahl der Fluktuation für das kommende Jahr rechnen müßten. Die Bundesländer änderten und verlegten die Ferientermine im Jahr 1977, was Auswirkungen hatte auf die Mitwirkung von Musikern mit schulpflichtigen Kindern; und eine Reihe unserer Orchestermitglieder hatte schon vorab geäußert, daß sie nach dem Jubiläumsjahr zumindest einen Sommer pausieren wollten. Deren Zahl betrug 48. Summa summarum ergab das also 77. Rätselhaft und unerforschlich aber blieb, wie irgendwer frühzeitig auf die ominöse Zahl von 73 gekommen war. Wer aber gibt schon der nüchternen Wahrheit den Vorzug, wenn eine vermeintliche Sensation lockt, die hervorragend ins mehr oder minder dubiose Konzept paßt? Und so hielt sich das in gezielter Absicht böswillig aus der Luft Gegriffene natürlich hartnäckig, feierte in diversen Veröffentlichungen späterer Zeit auch noch unfröhliche Urständ.

Zusätzlich Nahrung gab solcherlei Fama, von der die hiesige Sudelküche der Verdrehungen, Fälschungen, Lügen und Entstellungen damals ohnehin brodelte, zum Beispiel ein einstimmiger Beschluß des Orchesters, gefaßt in einer Pause der «Götterdämmerung» des ersten Zyklus, sich nicht wie üblich am Schluß des «Ring» auf der Bühne zu zeigen. Daß dies im Grunde ein Eigentor war, wurde klar, als Anfang August über die Presseagenturen eine Erklärung des Orchestervorstandes und Boulez' Verbreitung fand: «Seit Beginn der Orchesterproben zum ‹Ring› am 22. Juni wurde in intensiver Probenarbeit der diesjährige ‹Ring› mit Pierre Boulez erarbeitet. Pierre Boulez und der Orchestervorstand erklären, daß bei dieser Arbeit keinerlei Differenzen aufkamen und daß alle Gerüchte einer destruktiven Opposition falsch und frei erfunden sind. Sowohl Dirigent wie Orchester sind sich der Aufgabe voll bewußt und sind selbstverständlich bemüht, ihr Bestes zu geben.» Nach alldem, was vorausgegangen war, schenkte die Öffentlichkeit solch demonstrativer Harmonie nur eingeschränkten Glauben.

Sämtliche Zahlenspiele über Fluktuation und Ausscheiden wegen des Dirigenten erübrigten sich letztlich und wurden sinn- und wertlos, da 1977 der «Ring» in Bayreuth sowohl unter der Leitung von Pierre Boulez als auch nicht etwa mit einem Kammerorchester, sondern in der vorgeschriebenen Besetzung Richard Wagners stattfand. Von vornherein ließ die Probearbeit des Orchesters zu den drei «Ring»-Zyklen erkennen, was mit Boulez dann in den folgenden Jahren bei allseitiger Aufgeschlossenheit erreicht werden sollte und konnte. Und so durften wir auch mit Freude registrieren, daß 1979 und 1980 – als die Fernseh-Aufzeichnungen und ein Schallplattenmitschnitt vorgenommen wurden – manche der ehemaligen Protestierer wieder mitwirken wollten, um an der Dokumentation eigener Leistung für eine gewisse «Ewigkeit» teilzuhaben.

Nicht unerwähnt darf bleiben, daß sich ab 1978 die aus vielschichtigen Gründen herrührende Fluktuation von 20 Prozent auf durchschnittlich 10 Prozent der Orchestermitglieder eingependelt hat.

Bayreuth und die Festspiele wurden zu allen Zeiten ihres Bestehens von externer wie interner Opposition begleitet. Wie einst der Urheber des Ganzen damit einen Schwelbrand in der Welt des «modernen Kunstluxus» seiner Zeit legte, so rief das Gegenkräfte aller Schattierungen auf den Plan: eine gleichsam freiwillige Feuerwehr, die am liebsten jeden Funken austreten möchte, auf der einen, selbsternannte Bewahrer der Glut, die sie bis zum Erlöschen hüten, auf der anderen Seite. Nicht zu vergessen all jene, die sich gern in der Nähe fremder Feuer wärmen und darauf hoffen, ein Widerschein der Flammen möge sie treffen und wenigstens kurz selbst aufleuchten lassen. Das unbehelligte, konzentrierte, ungestörte Arbeiten zählt darum leider zu den raren Glücksmomenten.

1976 organisierte sich die Opposition einmal wieder heftig und meinte, öffentlicher Artikulation nicht entbehren zu können. Statt dem Theater zu lassen, was des Theaters ist, wähnte man irgendwelche geheiligten Kulturgüter gefährdet und entweiht, fürchtete man, der Hort der Wagnerschen Nibelungen käme unter den Hammer der Regie eines französischen «Beelzebub» (dieser Begriff wurde wörtlich gebraucht). Man richtete sich auf Widerstand ein, rüstete wie zum letzten Gefecht. Dies geschah unter Führung der darin bewährten, alles um und von Wagner wissenden Archivarin Gertrud Strobel, die wie Hel in Niflheim saß. Nach anderen einschlägig berichteten Taten bereicherte sie selbstgefällig diesmal jene Gemeinde von Broschüren- und Buchpublizisten, die zu ihr kamen, um die authentischen Informationen zu erhalten, welche dem schreibenden Tun erst glaubwürdige Würze und Gewicht verliehen. So wollte man eine neue Form der Verbreitung «enthüllender Materialien» über die unverantwortbaren Geschehnisse auf dem Grünen Hügel einleiten.

Die Proben zum «Ring» begannen am 1. Mai, und zwar bildete die «Walküre» den Auftakt. Mit Beruhigung stellte ich sehr bald fest, daß die Sänger und Chéreau in einer erstaunlich kurzen Zeit einander achteten und wechselseitig schätzen lernten. Chéreau verstand es ausgezeichnet, die Künstler mit seinem Konzept vertraut zu machen und sie von seinen Absichten zu überzeugen, so daß keinerlei Barrieren – im übrigen auch keine sprachlichen – zeitraubend die Zusammenarbeit hemmten. Pierre Boulez, der am 22. Mai eintraf, wurde bis dahin auch durch Jeffrey Tate, seinen Prim-Assistenten und Studienleiter für den «Ring», hervorragend vertreten, daß also auch auf musikalischem Gebiet die Arbeit gut vorankam. Ab dem 1. Juni konnten dann zusätzlich zu den szenischen auch die Beleuchtungs-Proben beginnen. Vom 22. Juni an probierte Pierre Boulez mit dem Orchester, wobei es sich infolge der erwähnten Doppelbesetzungen als notwendig erwies, diese Proben nicht mit dem Orchester allein, sondern als Sitzproben, das heißt mit den jeweiligen Solisten, durchzuführen.

Trotz mancherlei und zahlreicher Komplikationen unterschiedlicher Art, die bei einer Aufführung der Tetralogie mit ihren enormen Anforderungen an keinem Theater ausbleiben dürften, waren die allgemeine Arbeitsbereitschaft und der Einsatz aller unermüdlich.

Beginnen die Generalproben in Bayreuth, so bedeutet das zugleich immer eine gewisse Zäsur, da ja nun ein Kreis geladener Gäste Zutritt erhält und das, was bisher intern wuchs und gedieh, mit einem Male den Augen und Ohren mehr oder wenig Außenstehender, jedenfalls nicht unmittelbar Beteiligter ausgeliefert werden muß. Zwar ist es noch kein Publikum, wie es ab den Premieren ins Festspielhaus strömt, doch eine bestimmte, eingeschränkte Form der Öffentlichkeit. Natürlich weiß jeder, daß all unser Tun am Theater in erster Linie für Zuschauer geschieht und erst durch deren Zugegensein seinen eigentlichen Sinn erhält, dennoch aber erzeugt der Einschnitt der Generalproben bei den Interpreten oft ein Gefühl der Unvollkommenheit des bis dahin Erreichten. Aus Erfahrung weiß ich um diesen kritischen Punkt, bei dem nur allzu schnell dem einen oder anderen die Nerven durchzugehen drohen. Als Hauptverantwortlicher für das Geschehen im Festspielhaus muß ich immer aufs neue darauf achten, gerade in einer solchen Phase überbrückend und relativierend einzuwirken, nicht zuletzt, um dadurch die Hochspannung für die eigentlichen Premieren zu erhalten oder noch zu steigern. Jeder, der bereits einmal am Theater wirkte und vor einer Premiere stand, wird wissen, wie sehr sich alles innerlich dagegen sträubt, das Resultat wochenlanger angestrengter Arbeit – wie stets durchzogen von Momenten der Erfüllung wie auch von Fehlschlägen, von Freude und Entmutigung – der «Welt» überlassen zu müssen. Hans Richter, der große Dirigent in Bayreuths Frühzeit, sagte einmal zu meiner Großmutter Cosima: «Wenn der Vorhang aufgeht, ist meine Freude vorbei.» Das war selbstverständlich kein Affront gegen das Publikum, auf dessen Echo der Theaterkünstler hofft und angewiesen ist, sondern nur ein treffendes Bonmot, welches genau jene Empfindungen beschreibt, die ein bis ins letzte motivierter Mitwirkender haben kann, der bis zu diesem Augenblick sich in «Klausur» befand.

Wie hoch die Wellen der Erregung und Auseinandersetzung bei diesem «Ring» schlugen, sei nachstehend anhand einiger, durchgängig wahrer Begebenheiten exemplarisch erzählt, Begebenheiten, die wahrscheinlich eher wie phantastische Erfindungen oder wie Glossen anmuten.

Am Tag der Eröffnung der Festspiele, dem 24. Juli 1976, begann zunächst einmal würdig und ernst, was etliche Stunden später, ins Gegenteil verkehrt, endete. Der Vormittag der «Rheingold»-Premiere war einem denkwürdigen Ereignis gewidmet, der Einweihungsfeier des in originaler Dimension wiederaufgebauten Hauses Wahnfried. Durch die Stiftung, der ich später noch eingehende Beachtung schenken werde, wurden das Richard-Wagner-Museum und das Nationalarchiv nach relativ kurz bemessener Bauzeit der Öffentlichkeit übergeben.

Die Rede des Bundespräsidenten Walter Scheel während des Festakts am Vorabend hatte nicht wenige der zahlreich erschienenen in- und ausländischen Ehrengäste etwas irritiert, ja war sogar von einigen fanatischen Wagnerianern als «beschämend» und «blamabel» empfunden worden, da der Bundespräsident Wagners Ambivalenz herausarbeitete, anstatt – offensichtlich erwarteter – inbrünstiger Verherrlichung eines künstlerischen Nonplusultra das Wort zu reden, da er Wagner auch in den zeitgenössischen Kontext anderer europäischer Komponisten einordnete. Der «Fall Wagner» und die Irrungen und Wirrungen der deutschen Geschichte, wie sie das Staatsoberhaupt dargestellt hatte, gaben kontroversen Gesprächsstoff ab. Bundesinnenminister Werner Maihofer versuchte in seiner einfühlsamen und klugen Ansprache bei der Eröffnungsfeierlichkeit Wahnfrieds die Erregung mit Erfolg auszugleichen, indem er die Bedeutung der Festspiele und damit den Begriff «Bayreuth» in ihrer Wechselbeziehung mit der ganzen kulturellen Welt ausgezeichnet definierte.

Obwohl es vorher überhaupt nicht festgelegt war, mußte ich in Umkehrung zum Festakt den Reigen der Redner eröffnen. Ich sagte unter anderem jenen Satz, der manche Gemüter erhitzte:

«Ich glaube, daß diese Bombe auf Wahnfried fallen mußte.» Und, so fuhr ich fort, darum sei ich besonders dankbar für die Rede Walter Scheels. Nach mir schlossen sich die Ansprachen des Bayreuther Oberbürgermeisters Hans Walter Wild, des bayerischen Kultusministers Hans Maier, die des Bundesinnenministers und schließlich die des bayerischen Ministerpräsidenten Alfons Goppel an. Der Festspielchor unter Leitung Norbert Balatschs umrahmte die Feier. Der üblicherweise im Anschuß an die erste Premiere der Festspiele stattfindende Staatsempfang wurde durch den bayerischen Ministerpräsidenten, einen für Bayreuth immer aufgeschlossenen und mit Rat und Tat zur Seite stehenden Landesvater, diesmal als Mittagsempfang im Neuen Schloß, unweit von Haus Wahnfried gelegen, unmittelbar nach der Einweihung des Museums gegeben. Peinlichkeiten und ärgerliche Entgleisungen, wie sie sich nach der «Tannhäuser»-Premiere abspielten, blieben dadurch zum Glück aus. Der ungeheure Sturm der Entrüstung und wütenden Ablehnung, der nach dem abendlichen «Rheingold» im Zuschauerraum des Festspielhauses entfesselt tobte, hätte sich gewiß in die fürstlichen Säle des mit Kerzen stimmungsvoll beleuchteten Schlosses ungemindert fortgepflanzt. Indem sich also Interpreten und geladene Empfangs-Gäste gar nicht begegneten, entfielen alle vielleicht möglichen unangenehmen «Szenen» und betretenen Situationen. Was wie weise Voraussicht schien, war jedoch aus verschiedenen Planungsrücksichten zustande gekommen. Den Künstlern und mir blieb es mithin auch erspart, im Blitzlichtgewitter der Photographen stehen und die nach einem solchen «Skandal» sensationshungrigen Reporter mit Interviews und Statements füttern zu müssen.

Wie immer bei derartigen Anlässen einer «Entehrung» sicher geglaubter ideell-kultureller Besitzstände, wurden vom Publikum die Sänger, als sie sich allein oder in Gruppen – *ohne* Dirigent oder Regisseur – vor dem Vorhang verneigten, wohlwollend, meist sogar recht freundlich mit Beifall bedacht; sobald aber einer der «Hauptschuldigen» in Smoking oder Abendanzug hervortrat – morituri te salutant –, heulte die Menge in ungezügelter Aggressivität auf, in deren vielstimmigem Buh mit seinem dunklen Vokal das vereinzelte, heller getönte Bravo völlig unterging. Wem es die Sprache verschlägt, der artikuliert sich in heillosem Schreien. Bedauerlicherweise existierte keine Möglichkeit, die dabei erreichten Dezibel der wie in einen Atavismus verfallenen Zuschauer zu messen. Ich wage zu behaupten, daß sich bisher wohl noch in keinem Theater der Welt Vergleichbares ereignete.

Da ich Pierre Boulez, der im schwarzen Anzug zum Applaus erschien, dem Toben nicht allein ausliefern wollte, griff ich Patrice Chéreau und schickte ihn mit vor den Vorhang. Beim «Ring» war es bis dahin Brauch, daß sich der Regisseur erst nach der «Götterdämmerung» dem Publikum stellt. Daher trug Chéreau keine angemessene Garderobe, sondern steckte in Bluejeans, was als zusätzliche Beleidigung und Provokation gelten mußte. Ich hätte nicht gedacht, daß eine Steigerung des ohnehin bereits ohrenbetäubenden Brüllens noch möglich sein könnte, mußte mich aber eines Besseren, sprich Schlechteren belehren lassen. Chéreau war in Arbeitskleidung, da er die zahlreichen Dampfeffekte nur dann richtig ausgeführt sah, wenn er selbst die Aufsicht übernahm, weshalb unser technisches Personal ihm humorvoll den Ehrentitel eines «Dampf-Weltmeisters» verlieh.

Selbstverständlich fühlte ich mich mit den Neugestaltern des «Rings» solidarisch und bewies es sichtbar, da ich ausnahmsweise an diesem Abend mit ihnen dem Auditorium gegenübertrat, was dazu beitrug, die fiebernde Stimmung erst recht nochmals aufzuheizen und das Vergnügen an der ganzen Hatz des weiteren anfachte. So mancher, vermute ich, wird in diesem kollektiven Hexenkessel tief verborgene assassinische Leidenschaften in sich entdeckt haben, wovon entsprechende Drohbriefe zeugten. – Am 22. Juli 1976 hatte mich die Stadt Bayreuth zu ihrem 42. Ehrenbürger seit 1851 gekürt, und mir wurde später angedeutet, daß dies glücklicherweise *vor* dem neuen «Ring» geschehen sei, da es *nach* ihm wohl kaum oder nur sehr schwer noch durchsetzbar gewesen wäre.

Bayreutherfahrene Künstler und ich – durch lange Erfahrung und Erlebnisse von Kundgebungen heftiger Ablehnung in diesem Hause ziemlich gelassen – wissen, daß diejenigen, welche ihr

Mißfallen am lautesten äußern, bei weitem nicht jene sind, die letztlich über Erfolg oder Mißerfolg in Bayreuth entscheiden. Vorerst aber kam es darauf an, daß alle am «Ring» Beteiligten in ihrer Zuversicht, ihrem Elan und ihrer uneingeschränkten Einsatzbereitschaft sich nicht entmutigen ließen durch die Reaktionen des Publikums – vor uns allen lagen noch drei große Abende.

Als meinen Weihnachtsgruß 1976 hatte ich ein Zitat aus dem «Fliegenden Holländer» im Faksimile der Handschrift Richard Wagners ausgewählt: «Geduld! Der Sturm läßt nach; wenn so er tobte, währt's nicht lang.»

Im Jahr 1977 meinte der Sänger des Siegfried, René Kollo, zwischen zwei «Ring»-Zyklen unbedingt mit seiner neuen, in Travemünde vertäuten Yacht in See stechen zu müssen. Unglückseligerweise stolperte er in der Nähe des Liegeplatzes über die Bahnschiene eines Industriegleises und brach sich ein Bein. Seine Schwester Marguerite, die ihn als seine Agentin vertrat, teilte uns mit, ihr Bruder René könne infolge dieser Blessur am 20. August als Siegfried nicht auftreten. Einmal ganz abgesehen davon, daß bei der so diffizilen Regie Chéreaus ohnedies nicht irgendwer einspringen konnte, war weit und breit kein Ersatz-Siegfried zu finden. Ich mußte also Patrice Chéreau dazu bringen, daß er selbst die Partie auf der Bühne spielte, während Kollo sang. Ursprünglich sollte dieser aus akustischen Gründen im Orchestergraben sitzen, wurde aber hernach auf der Bühne hinter einem Schleier plaziert, praktisch also in die Dekoration «eingebaut». – Fast auf den Tag genau ein Jahr später, am 12. August 1978, wiederholte sich die Situation im «Siegfried», nur daß dann der indisponierte Kollo spielte und Jean Cox sang.

Gwyneth Jones, die Brünnhilde, zeigte zuerst Widerstreben gegen eine solche Lösung, lenkte nach einiger angewandter Kunst der Überzeugung jedoch ein, zumal sie an diesem Abend ihre 100. Vorstellung in Bayreuth hatte. Sie soll ihre Aufregung beim Sammeln von Pilzen beruhigt haben.

Auch dann, wenn eine Änderung der Besetzung dem Publikum vor Aufführungsbeginn durch Handzettel oder Aushänge mitgeteilt wird, gehe ich zumeist direkt vor der Vorstellung oder gegebenenfalls auch vor einem Aktanfang vor den Vorhang und informiere persönlich die Zuschauer von dem jeweils akuten mißlichen Umstand. Im Fall des «Siegfried» am 20. August war es erst recht unerläßlich, das einmalige Kuriosum der Übernahme der Titelrolle durch den Regisseur mit begleitender Stimme des Sängers in dieser Form zur Kenntnis zu geben. Die linke Seite des Vorhangkoffers im Festspielhaus läßt es zu, dort herauszutreten, bei halbverdunkeltem Zuschauerraum ein unauffälligerer Canossa-Gang, als in der Mitte des Vorhangs herauszutreten.

Im zweiten Spieljahr des «Rings» flauten Widerstand und Protest gegen die Inszenierung mehr und mehr ab, setzte sich bei Publikum und Presse schon die Akzeptanz durch. Nachdem ich jedoch verkündet hatte, was an diesem Abend zu erwarten stehe, kochte in einigen Gemütern der alte Unmut wieder hoch, und man schleuderte mir lautstark-kriegerisch entgegen: «Unverschämtheit! Schmiere! Wo sind wir hier denn? – Sauerei!» Als ich wieder in meinem Schlupfloch verschwunden war, stieß ich am Inspizientenpult auf Jungsiegfried-Chéreau, der dort stand, blond und zitternd, kein «lachender Held». Ich sprach ihm Mut zu: «Patrice, die haben jetzt schon ihre Schmutzkübel über mich ausgegossen – da kann dir eigentlich nichts mehr passieren.»

Heute schimmert manch Auge feucht, wenn die Rede auf jenen Tag kommt, heute ist jeder, der dabei war, stolz darauf à la Goethe: «Und ihr könnt sagen, ihr seid dabeigewesen.» Viele schwelgen in der Erinnerung an ein besonderes Erlebnis in Bayreuth, vor allem auch dadurch faszinierend, daß neben Chéreaus vollkommene schauspielerische Beherrschung eine der Sängerstimme exakt synchrone Lippenbewegung trat. Chéreau erhielt an diesem Abend nicht nur wie alle Sänger lebhaft anerkennenden Beifall, sondern er erhielt insgeheim einen anderen Stellenwert zuerkannt.

Als er am Schluß der Vorstellung nach dem Dritten Aufzug total erschöpft, wie ausgelaugt und fast taumelnd am Vorhang stand, sagte ich zu ihm: «Jetzt haben Sie es einmal am eigenen Leib erfahren, was Sie den Sängern abfordern – und Sie haben nicht einmal dazu singen müssen.»

Da Jess Thomas 1977 nicht mehr zur Verfügung stehen konnte, übernahm Manfred Jung die Partie des Siegfried in der «Götterdämmerung». Er hatte Boulez und mir kurz nach Weihnachten 1976 in Baden-Baden vorgesungen und wurde daraufhin engagiert. Ab 1979 sang er auch den Siegfried im «Siegfried», da Pierre Boulez keinerlei Stabilisierung und damit keine künstlerische Abrundung des «Ring» durch Kollo gewährleistet sah.

«Es hat viel Lärm auf der Gasse gemacht» – der «Ring» 1976. Die negative und positive Resonanz, die er fand, ließ ich aufgrund der Hunderte direkt an mich gerichteten Briefe, darunter zum Teil frappierende Episteln, untersuchen und habe sie auch selber erforscht. Es war bemerkenswert, daß – wie in den «Meistersingern» das Nachtwächterhorn den Spuk vertreibt – die lärmenden Trillerpfeifen im Festspielhaus letztlich nichts weiter ausrichteten, als das Ende der hochgeputschten Wut einzuleiten. Der rege Verteiler der Pfeifen schien vom «Tannhäuser» in Paris 1861 zu wissen, dem mittels solch zierlicher Gerätschaft nach drei Aufführungen der Garaus gemacht werden konnte, aber er mußte sich enttäuscht sehen, falls er geglaubt haben sollte, hier und heute würden die Trillerpfeifen etwa zum Sturm blasen können wie die Posaunen von Jericho.

Für das «Ring»-Team, das übrigens vor der Öffentlichkeit – in Interviews oder in der Pressekonferenz zum Beispiel – auf Vorhaltungen, kritische Einwände und selbst Haßtiraden stets argumentativ-ruhig reagierte, stand schon 1976 fest, daß in den Folgejahren an der Inszenierung und Gestaltung weitergearbeitet werden müsse, da innerhalb weniger Monate ein viergliedriges Werk von so tiefgründiger Beschaffenheit nicht in absolut gültiger Form und bis ins letzte ausgefeilt sein kann. Den Möglichkeiten der Festspiele gemäß wurden Änderungen vorgenommen, die das Publikum 1977 anerkannte. Insbesondere «Walhall» und damit der Schluß von «Rheingold» gelangte zu vollständig anderer Präsentation, ebenso alle Felsenbilder; der Walküren-Felsen war völlig neugestaltet worden, und damit fand auch der Feuerzauber überzeugendere Form. Als Boulez und Chéreau 1976 nach diesem ereignisreichen Festspielsommer von Bayreuth Abschied nahmen, war ihnen und mir klar bewußt, daß dieser «Ring» unter allen Umständen weiterbestehen mußte. Und wir waren uns darüber einig, trotz aller Schwierigkeiten durchzuhalten und nach deren objektiver Prüfung den begonnenen Weg konsequent fortzusetzen. Über eine Zusammenkunft zwischen Chéreau und Boulez gab ein Brief vom 12. Oktober 1976 an mich Auskunft, in dem Pierre Boulez präzis und ausführlich darlegte, was zu geschehen habe, und ich entnahm dem Schreiben, was von meiner Seite aus und in meinem Verantwortungsbereich durchgesetzt werden mußte.

Die Morddrohungen gegen Chéreau und mich blieben 1977 aus, meine Frau konnte wieder unbehelligt ins Freie gehen, ohne daß ihr wie im Jahr zuvor ein Ärmel und das halbe Oberteil des Abendkleids zerrissen wurden. Der zeitweilig erforderliche Polizeischutz durfte entfallen. Und es geschah auch nicht mehr, daß ein männlicher Zuschauer einem weiblichen mit anderer Meinung als der seinen erbost einen Ohrring herausriß. Im Zuschauerraum wurde kein Transparent mehr von der Galerie heruntergelassen, auf dem zu lesen stand: «Boulez und Chéreau – Chéreau und Boulez: O brächten beide sich um!» Die Wiederholungen des «Ring» fanden bis 1980 statt, unter anderem, weil ich den Vorschlag einer Gruppe französischer Besucher ablehnte und nicht in «den schlimmen Handel» einwilligte, diesen «Ring» vom Spielplan zu nehmen, um einen anderen zu bringen, wobei mir die Erstattung sämtlicher Kosten in Aussicht gestellt wurde. Ebenfalls legten sich Aufregungen nationalistischer Couleur, über deren schlimmen, abstrusen und doch gefährlichen Ton uns damals das Lachen verging. So wurde mir der Vorwurf gemacht, das «deutscheste aller Werke» Franzosen überantwortet zu haben, jemand schrieb, die Darstellung der Sieglinde sei «eine Beleidigung der deutschen Mutter», ein anderer bekannte die Verletzung «tiefinnerlichster, heiliger Empfindungen» und die «Verhöhnung religiöser und theologischer [sic!] Gefühle» – wohlgemerkt durch den «Ring». Eine Verbal-Injurie gegenüber dem Team wie «Schänder des deutschen Kulturguts» nahm sich noch harmlos aus, hinsichtlich einer unglaublichen Ausfälligkeit gegen den Bundespräsidenten, zu dessen Rede ein Anonymus schrieb: «Seine Wagnerfeindschaft ist das Werk Judas! Zion ist gegen alles, was deutsch ist.» Ein anderer, der sich selbst als ein «aufrichtiger Deutscher» markierte, spie hervor: «Seit dem ‹Ring› des Jahres 1976 in Bayreuth habe ich Frankreichs Nation und die Franzosen wieder abgrundtief hassen gelernt!» Lingua tertii imperii und Erbfeindlegende redivivus, in häßlicher Verschwisterung. Neben anderen Brutalisierungen im öffentlichen Umgang miteinander war dergleichen offener und extremistischer Meinungsterror.

Andererseits komme ich nicht um die ironisch-umkehrende Frage herum: Wo anders werden die Interpretationen Wagnerscher Werke und wo anders wird ein Theater so ernstgenommen? Dahingestellt bleibe freilich, aus welchen Motiven das nach wie vor geschieht.

Alles in allem bedeutete es für mich eine sehr gute, notwendige Konstellation, zur Hundertjahrfeier der Festspiele, die meines Erachtens in unzulässiger und klischeehaft-falscher Weise noch in der Gegenwart oft als Inkarnation irgendeines «deutschen Geistes» angesehen werden, den «Ring», der ebenso und wie oben beschrieben als «urdeutsch» reklamiert wird, gerade durch ein junges französisches Team in Szene setzen zu lassen. Eine andere Mentalität einer anderen Generation kam zum Zuge, die ihre Erfahrungen, Sichtweisen und Hoffnungen zur Diskussion stellte, die den «Ring» als ein zeitübergreifendes europäisches Werk verstand, es als solches in seiner überzeitlichen Ferne und aktuellen Nähe zeigte und versuchte, den mythischen Kern zu erfassen und durch Zeichen und Mittel verschiedener Epochen europäischer Kulturgeschichte darzustellen. Daß neben den teils chauvinistischen Entgleisungen und künstlerischen Ressentiments sehr viel Zustimmung und Begeisterung vernehmbar war und schließlich eindeutig überwog, bestätigte dann auch von außen her meine Auffassung, keinen bewußten künstlerischen Bruch in Bayreuth herbeigeführt zu haben – was mir anfangs vorgeworfen wurde –, vielmehr jene eingangs dieses Kapitels skizzierte Kontinuität fortzusetzen und durch akustischen wie optischen Gestaltwandel konsequent weiterzuentwickeln, wie es in der Folgezeit fernerhin geschah.

«Es hat viel Lärm auf der Gasse gemacht» – mit Fug und Recht kann ich behaupten, daß dies nicht nur für die Wirkung des Zentenar-«Rings» galt, sondern insbesondere im Jahr 1976 auch für mein privates, persönliches Dasein. Ich willigte in die Scheidung von meiner ersten Frau ein und heiratete kurze Zeit später zum zweiten Mal. Um es sogleich und ein für allemal zu sagen: Meine Frau ist für mich weder ein begleitender, illustrer Zierat noch eine Art «Erfüllungsgehilfe» oder mein «verlängerter Arm». Wie ich nicht mit meinem Großvater kongruent bin – was nichts daran ändert, daß ich ihm manches, ja vieles verdanke –, so ist meine Frau in keiner Weise «Cosima III.», weder rein äußerlich noch in ihrem Wesen. Genießt sie inner- und außerhalb der Festspiele Achtung und Autorität, so verdankt sie diese in allererster Linie ihrer langjährigen und sehr harten Arbeit in Bayreuth, nicht aber irgendeiner Attitüde. Was öffentlich und halböffentlich seit unserer Hochzeit an Lügen, absichtlichen Entstellungen, Verbalinjurien und gemeinem Schmutz nicht nur über mich, sondern auch über sie entleert wurde, bedürfte geradezu eines Klärwerks von beträchtlicher Kapazität und würde am Ende trotzdem dreckig, dreist und verlogen bleiben. Ich vermag nur mitleidig zu bedauern, daß beispielsweise selbst ein renommiertes deutsches Nachrichtenmagazin sich nicht dafür zu schade war, unlängst in dieser trüben Flut geflissentlich mit dem Strom zu schwimmen. Gehe ich hier nicht näher auf dergleichen ein, soll dies keinesfalls bedeuten, den Mantel der Nächstenliebe gnädig darüberzubreiten, vielmehr entspringt es eher dem Bedürfnis, mich nicht selbst durch nahe Berührung mit dem Unflat zu besudeln und beim Schreiben auf eine Atemschutzmaske verzichten zu können.

Unglücklicherweise glaubten sich 1976 meine beiden erwachsenen Kinder Eva und Gottfried von der Scheidung und Wiederheirat ihres Vaters insofern mitbetroffen, daß sie sich in ihre Aversionen im Verlaufe der folgenden Jahre immer mehr verrannten und in folgenschwerem Irrtum zunehmend mein und ihr Privatleben mit dem Festspielgeschehen am Grünen Hügel durcheinandermischten. Ein Auseinanderdriften war unvermeidlich. Mein Sohn, damals Doktorand der Musikwissenschaft, assistierte 1976 eine Zeitlang bei Chéreau, meine Tochter war von 1968 bis 1973 jeweils während der Proben- und Festspielzeit an meiner Seite als «Direktionsassistentin», 1974 und 1975 als Assistentin tätig. Außerhalb ihrer Anwesenheit erledigte sie in meinem Auftrag auch bestimmte Reisen, die der Einholung gezielter künstlerischer Informationen und Terminabsprachen dienten.

All die 1976 ausgelösten und seither anhaltenden, leider zumeist sehr polemisch geführten Auseinandersetzungen, oft genug auch getragen von illusionärem Anspruchsdenken, sollen hier nicht Gegenstand der Darstellung und Erörterung sein. Ich erhebe keine Vorwürfe und ich entkräfte keine, obwohl ich zu beidem guten Grund hätte. Ein etwas anderer Vorfall aus dem Jahre 1976 verdient noch Erwähnung. Mein Neffe Wolf-Siegfried, der Sohn Wielands, blies in der Presse zur Attacke gegen mich und posaunte: «Das ist klar: Ich werde um Bayreuth kämpfen!» Nur fünf Tage später verlautbarte er freilich andernorts: «Jetzt ist absolut nicht der Zeitpunkt für eine Änderung. Für mich jedenfalls ist noch nicht der Moment gekommen, hier verantwortlich zu arbeiten. Ich bin, glaube ich, noch nicht so fertig, um mir quasi über Nacht zuzutrauen, in Bayreuth einen Fuß auf den Boden zu kriegen.»

Seither haben sich einige Mitglieder der weitläufigen Familie Wagner gleichsam als «Interessengemeinschaft Thronfolge» (das ist ein Zitat aus der zeitgenössischen Presse) auf die Festspiele in ihrer existierenden Form und auf mich als Festspielleiter regelrecht eingeschossen. Bedauerlicherweise geschah und geschieht dies überwiegend mit Statements und Interviews, die nur wenig von der Tatkraft des Urgroßvaters erkennen lassen, sondern sich eher darauf beschränken, rückwärtsgewandt die «Stimme der Natur» in Gestalt eherner Blutsbande zu beschwören. Vor solchen «Wahnes Faden» warnte doch aber bereits 1976 meine Nichte Nike Wagner, wenn sie kassandraähnlich rief: «Fallstrick ist er für dynastisch dahertaumelnde Lehrbuben-Füße!»

Am 27. Juli 1976 wurde im Festspielrestaurant vor der nationalen und internationalen Presse die Edition des Ersten Bandes der Tagebücher meiner Großmutter Cosima präsentiert, nach langwierigen Rechtsstreitigkeiten von Martin Gregor-Dellin und Dietrich Mack herausgegeben, von mir als ein bewußter Beitrag zur lückenlosen Offenlegung aller Dokumente bewertet. «Dieses Buch gehört meinen Kindern», stellte Cosima ihren Aufzeichnungen voran; mir gegenüber saßen fast nebeneinander etliche Urenkel. Heute liegt vor mir ein Zeitungsphoto, das sie alle zeigt – und mich sinngemäß zu der Frage der Nornen bringt, die letztlich nicht endgültig beantwortet werden kann, da deren Seil riß: Wißt ihr, wie das wird?

An Harry Kupfer, der in der chronologischen Abfolge der in Bayreuth arbeitenden Regisseure jetzt folgt, wandte ich mich am 1. Dezember 1976 mit einem Telegramm, um ihm auf diesem Wege die für 1978 vorgesehene Neuinszenierung des «Fliegenden Holländer» anzubieten. Zu dieser Zeit waren mir seine künstlerischen Arbeiten längst nicht mehr unbekannt, und ich entschloß mich für ihn, nachdem ich mit meiner Frau zwecks letzter Information am 28. November 1976 seine «Tristan»-Inszenierung in Dresden besucht hatte – damals noch nicht in der Semperoper, sondern im Großen Haus, das heute wieder ganz dem Schauspiel gehört. Bereits am 2. Dezember telegraphierte mir Harry Kupfer, der in den fünfziger Jahren als Student bei den Festspielen schon zu Besuch war, seine Zusage. Da er als DDR-Regisseur noch nicht ohne die Vermittlung einer staatlichen Agentur in der Bundesrepublik arbeiten durfte, trat ich unverzüglich im Dezember mit der Künstleragentur der DDR in Ost-Berlin in Kontakt, die bei derartigen Gastverträgen das Monopol besaß. Deren Generaldirektor Falk erteilte am 19. Mai 1977 die Genehmigung für Harry Kupfer und seinen Bühnenbildner Peter Sykora. Beide kamen zu einem ersten Arbeitsbesuch am 22. und 23. Mai 1977 nach Bayreuth, in dessen Verlauf wir gemeinsam Besetzungsüberlegungen anstellten und erfreulich rasch Festlegungen zum gesamten Ablauf der Inszenierung und ihrer entsprechenden Vorarbeiten treffen konnten, zum Beispiel wurde der Regie-Probenbeginn auf den 22. Mai 1978 fixiert. Kupfer und Sykora besuchten dann den ersten Aufführungszyklus der Festspiele 1977, wobei wir weitere Einzelheiten der künftigen Arbeit ausführlich besprechen und klären konnten.

Am Ende der Festspielzeit 1977 stand die gesamte Besetzung der «Holländer»-Neuinszenierung für 1978 fest: Den Daland sollte Matti Salminen singen, die Senta Lisbeth Balslev, den Erik Robert Schunk, die Mary Anny Schlemm, den Steuermann Francisco Araiza und den Holländer Simon Estes. Veränderungen traten zwischenzeitlich nicht ein, diese Namen waren mit der Besetzung in der Premiere identisch.

Als Kostümbildner wurde Reinhard Heinrich verpflichtet.

Für das Dirigat war Dennis Russell Davies vorgesehen, den ich mir zu meiner persönlichen Information am 8. Juni 1977 in Stuttgart anhörte, wo er an diesem Abend die Oper «Wir erreichen den Fluß» von Hans Werner Henze leitete. Daraufhin engagierte ich ihn für den «Holländer».

Nachdem ich mich mit Harry Kupfer im Herbst zu weiterer Fortsetzung der Vorarbeiten in Amsterdam getroffen hatte, erklärte ich einige Tage später, am 2. November, mein Einverständnis mit Bühnenbildner Peter Sykora, über den ich mir inzwischen unterschiedlichste nähere Auskünfte eingeholt hatte. Die hohen technischen Anforderungen, die die Aufführung infolge großer Verschiebungen innerhalb des Bühnenaufbaus stellte, wurden von ihm und unserer technischen Mannschaft bravourös gelöst.

Dennis Russell Davies und Harry Kupfer wählten für ihre Inszenierung auf meine Anregung die Dresdner Urfassung, spielten den «Holländer» also ohne Pausen und mit dem «harten Schluß», wobei auch die Instrumentation, vor allem bei den Bläsern, zu der später auf den Bühnen sich einbürgernden Fassung Verschiedenheiten aufweist.

Die Aufführung war ein atemberaubendes Erlebnis. Von faszinierender Konsequenz in ihren Akzenten, die das Hauptgewicht auf die Senta-Figur legten. Bereits in die Handlung einbezogen wurde die Ouvertüre. Senta befand sich von Anfang bis zum Schluß auf der Bühne; sie erlebte das Ganze als einen Traum oder als eine Vision. In der Anlage der Gestalt dominierten Momente des Psycho-Pathologischen, bekam sie deutliche Züge einer Hysterikerin. Alles offen oder latent Biedermeierliche wurde bis ins Dämonische getrieben, so in der Spinnstube des Zweiten Aufzuges und im Matrosenchor zu Anfang des Dritten Aufzuges. Den Holländer zeigte das Team als «Idee» Sentas. Folglich starb er am Ende nicht, und es gab keine Erlösung. Senta sprang aus dem Fenster und lag am Ende tot auf dem Pflaster einer Straße: Der Selbstmord als Tor zur Freiheit. – Alles in allem war dies eine psychologische Deutung des Werkes zwischen Phantasie und Wirklichkeit. Der Umschwung zwischen wahnhaft-traumartiger Imagination und der nüchtern-gewöhnlichen Realität sollte durch das Öffnen und Schließen der Hauswände angedeutet werden. Kupfer wies in diesem Zusammenhang auf Ibsen hin und sagte, daß es darum gehe, «eine banale Welt zu charakterisieren, in der eigentlich niemand leben kann, weil man in ihr erstickt». Daß nach der «schwarzen Venus» Grace Bumbry im «Tannhäuser» von 1961 nunmehr ein «schwarzer Holländer» auf der Bühne stand, spiegelte sich zwar in der einschlägigen Presse wider, hatte aber für Kupfer selbst nicht die mindeste Relevanz hinsichtlich seiner Konzeption und Inszenierung.

Die Zustimmung des Publikums war im Schlußbeifall nach der Premiere stürmisch, die wenigen Buh-Rufer konnten sich nicht durchsetzen, und wirkungslos blieben die vorab verteilten Flugblätter, in denen unsere eingefleischt-konservativen Intimfeinde (die in ihrer unerschütterlichen Agitation fast schon so etwas wie treue Freunde sind) aufriefen, Bayreuth nicht zur «Werkstatt für Experimente» verkommen zu lassen. Nur die sehr raschen Tempi, die Russell Davies angeschlagen hatte, stießen auf wenig Gegenliebe bei den Zuhörern, viele empfanden sie als extrem.

In der Pressekonferenz bekannte sich Kupfer, der damals übrigens schon als potentieller «Ring»-Regisseur für die Wiener Staatsoper galt, sehr klar zum Bayreuther Werkstattgedanken und machte auch auf die Paradoxie aufmerksam, daß – im Gegensatz zu Wagner – bei Goethes «Faust» kein Mensch auch nur im entferntesten auf den Einfall käme, eine Neudeutung zu bemängeln oder sogar zu bekämpfen, nur weil sie eine neue Deutung ist.

Mit einem Pausejahr stand die «Holländer»-Inszenierung sieben Jahre, bis 1985, auf dem Bayreuther Spielplan und wurde im letzten Jahr sowohl für Platte als auch für das Fernsehen beziehungsweise für die Videoverbreitung aufgezeichnet. Bis 1980 dirigierte Dennis Russell Davies den «Holländer», 1981 und 1982 übernahm ihn Peter Schneider, die beiden letzten Spieljahre leitete ihn Woldemar Nelsson, unter dessen Stabführung er auch aufgezeichnet worden ist.

Auf der Pressekonferenz 1978 konnte ich den anwesenden Journalisten, nachdem ich das Gerücht, Kupfer solle 1982 zum hundertjährigen Uraufführungsjubiläum einen neuen «Parsifal» inszenieren, dementiert hatte, auf ihr Befragen zum Spielplan der kommenden Jahre den Regisseur und den Bühnenbildner für die «Lohengrin»-Neuinszenierung 1979 bekanntgeben, jedoch stand ein Dirigent noch nicht fest. Da es während der Festspielzeit 1978 nicht gelang, die Dirigentenfrage in befriedigender Weise zu lösen, wandte ich mich an Mittelsleute, in diesem Falle an Dr. Hans Hirsch, damals bei der «Deutschen Grammophon». Ich bat ihn, bei dem seinerzeitigen Grammophon-Vertragskünstler Daniel Barenboim zu eruieren, ob er an dem Dirigat des «Lohengrin» interessiert wäre. Aufgrund zu dieser Zeit bereits eingegangener Schallplatten-Verpflichtungen konnte Barenboim mein Angebot leider nicht annehmen, äußerte aber zugleich seine prinzipielle Aufgeschlossenheit und Bereitschaft zu einer Mitarbeit in Bayreuth, was mir am 28. August 1978 mitgeteilt wurde. Wir blieben in Kontakt.

Nach dem gewohnheitsmäßigen Gerangel um einen Dirigenten für den «Lohengrin», nach Abwägen der jeweiligen Vorstellungen und Bedingungen der in Aussicht genommenen, stand dann am 19. Oktober 1978 Edo de Waart als musikalischer Leiter der Neuinszenierung fest.

Im Sommer 1977, während der Wiederaufnahme des «Tannhäuser», hatte mir Götz Friedrich bereits die «Lohengrin»-Regie zugesagt. Er brachte damit dieses Werk, wie einige Jahre zuvor den «Tannhäuser», zum ersten Male auf die Bühne. Nachdem die Anfrage bei einem von Friedrich vorgeschlagenen Bühnenbildner keinen Erfolg zeitigte, gewannen wir am 29. April 1978 Günther Uecker, der in den sechziger Jahren als «Nagel-Uecker» Furore gemacht und Berühmtheit erlangt hatte. Verschiedentlich hin und her ging es auch bei der Verpflichtung eines Gestalters für die Kostüme, bis es am 18. Dezember endlich soweit war, die Mitarbeit der Kostümbildnerin Frieda Parmeggiani als gesichert betrachten zu können.

Die Überlegungen und Vorstellungen zu den Besetzungen der Partien divergierten zunächst nicht unerheblich. Weil aber letztlich nur von Bedeutung ist, wer in der Premiere am 25. Juli 1979 sang, seien hier die Namen aufgeführt:

König Heinrich: Hans Sotin; Lohengrin: Peter Hofmann; Elsa: Karan Armstrong; Telramund: Leif Roar; Ortrud: Ruth Hesse, Heerrufer: Bernd Weikl; 1. Edler: Toni Krämer; 2. Edler: Helmut Pampuch; 3. Edler: Martin Egel; 4. Edler: Karl Schreiber.

Die gemeinsam von Uecker und Friedrich erarbeitete Bühnenbildgestaltung sowie die ersten Bauproben am 6. und 8. Oktober 1978 ließen erkennen, daß die rechts und links sich nach hinten perspektivisch verkürzenden Tribünen eine relativ statuarische Aufstellung des Chores bedingen würden und somit eine ganz andere Bewegungsregie als die des «Tannhäuser» zu erwarten war. Daß Uecker seinem Beinamen und Markenzeichen auch hier wirksam zu Ehren verhelfen wollte, daran bestand für mich kein Zweifel angesichts der Formgebung des Schwans und der vorgesehenen Rückwand im Bühnenraum. Als Uecker nach einem von uns gefertigten nichtssagenden Kreis mit ahnungslos und unkünstlerisch eingeschlagenen Nägeln dann selber jene Kreisscheibe mit künstlerisch gekonnt-differenzierter Benagelung bearbeitete, die auf der Bühne die beabsichtigte irisierende Schwanen-Illusion hervorrief, wurde ich inne, wie es geschieht, daß simples Gebrauchsmaterial zum Kunstwerk transformiert wird.

Die Aufführung wurde nach der Premiere weder als Stein des Anstoßes empfunden noch weckte sie übermäßige Begeisterung, eher ein verhaltenes Zögern artikulierte sich. Symbolik und Stilisierung hatte man von Friedrich offenbar nicht erwartet und reagierte überrascht, den Regisseur unvermittelt in der Nähe des älteren Neu-Bayreuth zu erblicken. Friedrich selbst meinte: «Wo sich der meditative Charakter manifestiert, muß die Szene innehalten. Dort muß man dem Bild und dem Klang vertrauen.» Wie bekannt, war der «Lohengrin» in Wagners Schaffen so etwas wie die Konklusion seiner romantischen Opern und trug wesentlich dazu bei, ihn zu anderen Formen und Aussagen seines Musiktheaters kommen zu lassen. Die Wiedergabe des Werks wird sicherlich nicht zufällig allgemein an den Chören und an der Gralserzählung gemessen (für mich ist allerdings die Brautgemach-Szene wichtiges Kriterium und Maßstab). Der Chor ist allgegenwärtig, die Handlung kommentierend, beschreibend, stets auf alles Geschehen reagierend – eine Funktion, die Wagner seit dem «Rheingold» dem Orchester zuwies. Diese eminent chorische Struktur und die glaubwürdige Darstellung des märchenhaften «Wunders» sind vielleicht die hauptsächlichen Schwierigkeiten bei jeder Bühneninterpretation, und den Schritt vom Erhabenen zum Lächerlichen, der laut Napoleon häufig nur ein kleiner ist, zu vermeiden, bedeutet einen komplizierten Balanceakt. Wenn man nicht vorhat, ganz und gar Absurdes auf die Bühne zu bringen – wie unlängst mit bayerischen Älplern in Krachledernen geschehen –, dürfte der «Lohengrin» am wenigsten für Spektakuläres geeignet sein.

Für mich gewann der Bühnen-Bodenbelag aus Blei in seiner Wirkung immer mehr an Faszination. Eine besondere Episode will ich im Zusammenhang damit nicht vergessen. Unser Technischer Direktor Walter Huneke hatte eine an sich berechtigte Aversion dagegen, wenn sich nicht unmittelbar Beschäftigte auf dem weichen Schwermetall bewegten, natürlich besonders dann, wenn es Damen waren, die womöglich Stöckelschuhe trugen. Da nun aber gerade das unerwünschte Betreten der Bleifläche den durchaus nicht beabsichtigten Effekt hatte, immer zahlreichere kleine und diffuse Unebenheiten in sie einzudrücken, verhalf das dem Boden zu einem Relief, das an Schönheit mehr und mehr gewann.

Von einem besonderen Mäzen befragt, ob denn der Boden aus Blei im Hinblick auf die Kosten vertretbar sei und nicht besser durch ein übliches Bühnenimitat hätte ersetzt werden können, gab ich ihm die beruhigende Auskunft, der spätere Wiederverkauf des Bleis werde bei seinem Altmetallwert sogar noch ein Plus in der Festspielkasse erbringen.

Vor allem aufgrund der zeitlich aufwendigen «Ring»-Aufzeichnung brachte das Folgejahr 1980 auf dem Grünen Hügel keine Neuinszenierung. Nach dem 1979 erfolgten Mitschnitt der «Götterdämmerung» kamen jetzt die drei anderen Teile der Tetralogie im Vorfeld der Festspiele an die Reihe. Dafür wartete Bayreuth 1981 mit zwei Premieren neuinszenierter Werke auf.

Ende Januar 1979 war der Gedankenaustausch zwischen Daniel Barenboim und mir so weit gediehen, daß er wie auch ich davon ausgehen konnten, 1981 werde der «Tristan» unter seiner musikalischen Leitung zustande kommen. Patrice Chéreau war für die Regie vorgesehen. Er und Barenboim standen bereits in Kontakt darüber. Um so enttäuschender wirkte auf uns Chéreaus Absage vom 18. Oktober 1979. Am 17. November trafen wir uns, Barenboim und ich, in Gegenwart seines Agenten für Deutschland, Witiko Adler, in einem Berliner Hotel, um über einen anderen Regisseur zu beratschlagen und auch schon sehr intensiv über Möglichkeiten der Besetzung zu sprechen. Bevor wir uns auf Barenboims letztlich primären Vorschlag zur Regie einigten, standen unter anderen folgende Namen zur Diskussion: Er nannte Harry Kupfer, Franco Zeffirelli und das Team John Cox/David Hockney, ich meinerseits Kurt Horres, Robert Wilson, Adolf Dresen, Göran Järvefelt und Peter Brenner. – Wer käme in Frage, mit dem «Tristan» betraut zu werden?

Die Wahl fiel schließlich auf Jean-Pierre Ponnelle. –

Am 10. Januar 1980 besuchten meine Frau und ich in der Salle Pleyel in Paris eine konzertante Aufführung des Zweiten Aufzugs des «Tristan». Daniel Barenboim dirigierte, und ich konnte mit Beruhigung feststellen, daß er für das Werk jenen Nerv besaß, der ihn zum Bayreuther Dirigat prädestinierte. Nach dem Konzert lud uns Barenboim in seine Wohnung zum Essen ein, bei dem auch Jean-Pierre Ponnelle anwesend war, Regisseur, Bühnen- und Kostümbildner des «Tristan» in Personalunion. Wir besprachen ausführlich die kommende Aufgabe und gingen hinsichtlich der sängerischen Besetzungen in Details. Bis zur Premiere am 25. Juli 1981 entstanden jedoch immer wieder erneute Unwägsamkeiten, deren Auftreten zu der berechtigten und bestürzenden Frage führen mußte, ob innerhalb des alles durchwaltenden Tohuwabohus noch irgend jemand in der Lage wäre, eine Aufführung trotzdem zustande zu bringen.

Zu guter Letzt kristallisierte sich als endgültige Premierenbesetzung die folgende heraus:

Tristan: René Kollo; König Marke: Matti Salminen; Isolde: Johanna Meier; Kurwenal: Hermann Becht; Melot: Robert Schunk; Brangäne: Hanna Schwarz; Junger Seemann: Graham Clark; Ein Hirt: Helmut Pampuch; Ein Steuermann: Martin Egel.

Die Aufführung fand beim Publikum so einhellig zustimmende Resonanz und anschwärmende Verehrung, daß es geradewegs frevelhaft dünken müßte, auch nur ein weiteres Wort darüber zu sagen. Nur eines ist von mir aus renitent zu bemerken, das gewiß wie ein Wermutstropfen in noch andauernde Verzückung «unbewußt höchster Lust» fällt: Was die Kosten der von Ponnelle geschaffenen Ausstattung betrifft, war diese Inszenierung – selbst unter Berücksichtigung der Inflationsrate – der teuerste «Tristan» der gesamten Bayreuther Festspielgeschichte.

Ponnelles ursprüngliche Absicht war es, Isolde zum «Liebestod» nicht mehr auf der Bühne in Erscheinung treten zu lassen, sie sollte sich vielmehr unsichtbar im Orchesterraum singend verklären. Es bedurfte ziemlich massiven Widerspruchs von Barenboim und mir, ihn von dieser nicht nur optischen, sondern auch akustischen Schaurigkeit, einem Unding, abzubringen. Am Ende ihres Gesangs verschwand sie wie Daphne hinter dem großen

Baumrumpf. Den Vorhang übrigens ließ Ponnelle erst *nach* dem Verklingen des von Richard Strauss als «schönst instrumentiert» bezeichneten H-Dur-Akkord fallen, was mich zu der Bemerkung verleitete, er müsse wohl sein Arrangement der drei zurückbleibenden Männer Tristan, Kurwenal, Hirt für noch besser halten als das, was der Komponist in Musik auszudrücken in der Lage war.

Den Zuschauern gefiel's und evozierte stürmische Begeisterung, da wohl das Bedürfnis nach sublimem Ästhetizismus sich hier so recht hatte sättigen dürfen.

Abweichend von der sonst in Bayreuth üblichen Praxis wurde im dritten Spieljahr, 1983, und nicht während der Probezeit, sondern im Herbst darauf die Fernsehaufzeichnung veranstaltet. Bisher waren nur die Venusberg-Szenen des 1978 verfilmten «Tannhäuser» nach der Festspielzeit in einer mit der Aufführung nicht identischen Version, unter optisch vollkommen anderen Voraussetzungen, durch John Neumeier und sein Hamburger Ballett in dieser Weise entstanden. Diese Szenen wurden im Playback-Verfahren aufgenommen, was nun in gleicher Weise dem Dritten Aufzug des «Tristan» widerfuhr. Ponnelle, der seine überaus zahlreichen Fernseh-Aufzeichnungen an anderen Orten stets mit Playback machte, hatte im Ersten und Zweiten Aufzug ständig unterbrochen und zusätzliche, besondere Kameraeinstellungen veranlaßt, wobei er unsere bislang bewährte Fernseh-Dramaturgie mißachtete, möglichst einen gesamten Akt oder wenigstens eine geschlossene Szene im Durchlauf aufzunehmen, um damit insbesondere deren bühnennahe Lebendigkeit zu erhalten. René Kollo sah sich nunmehr dadurch einfach nicht imstande, den übermäßigen stimmlichen Belastungen in einem ohnehin strapaziösen Dritten Aufzug noch weiter standzuhalten.

Nach zwei Jahren Unterbrechung wurde der «Tristan» noch einmal 1986 und 1987 in den Spielplan der Festspiele aufgenommen, allerdings mit erheblichen Besetzungsänderungen: Den Tristan sang Peter Hofmann, die Isolde der ersten Aufführung 1986 Jeannine Altmeyer, die der zweiten Ingrid Bjoner und ab der dritten dann Catarina Ligendza.

Im gleichen Jahr, 1981, kam neben dem «Tristan» eine zweite Neuinszenierung heraus: die «Meistersinger», in Regie und Bühnenbild von mir. Bei den für beide Ausstattungen insgesamt verfügbaren und bereitgestellten Mitteln mußte ich wohl oder übel zugunsten des «Tristan» einsparen. Alle botanisch-gärtnerische Liebe unseres Technischen Direktors wurde in den aufwendigen Baum des Zweiten Aufzuges des «Tristan» und die übrigen Bäume der Inszenierung investiert, so daß die Gestaltung meiner fränkischen Tanzlinde auf der Festwiese darunter ziemlich litt – offensichtlich war sie von Anfang an dem Baumsterben geweiht und verfallen.

Da Carlos Kleibers erwähnte Absage für 1977 nicht korrigierbar und unwiderruflich war, nahm ich am 19. August 1976 Fühlung mit James Levine auf, um zu prüfen, ob er die musikalische Leitung für die «Tristan»-Übernahme in diesem Jahr ermöglichen könne. Leider verhinderten dies bereits eingegangene Verbindlichkeiten und Terminschwierigkeiten. Aus ähnlichen Gründen kamen bedauerlicherweise auch das vorgeschlagene «Lohengrin»-Dirigat 1979 sowie das der «Meistersinger»-Neuinszenierung, die zunächst für 1980 geplant war, dann jedoch wegen der umfangreichen «Ring»-Aufzeichnung um ein Jahr verschoben werden mußte, nicht zustande. Mit einem Telegramm vom 25. April 1979 unterrichtete mich sein Agent Ronald Wilford, James Levine könne seinen Terminplan für 1982 so einrichten, daß es ihm möglich sei, den Jubiläums-«Parsifal» zu dirigieren, und daß er dies mit Freuden tun würde.

James Levine kannte Bayreuth seit 1962, als er zum ersten Mal in der Stadt zu Besuch war – im Rahmen der von meiner Schwester Friedelind veranstalteten «Meisterklassen».

An dieser Stelle sei mir notwendigerweise ein kurzer Exkurs zu Friedelinds Meisterklassen, ihrer Vorgeschichte und Wirkung gestattet. Als Friedelind am 21. Juli 1953 erstmals nach dem Festspielsommer 1938 wieder Bayreuther Boden betreten hatte, wollte mein Bruder alles vermeiden, was dazu führen konnte, daß sie unmittelbar bei den Festspielen mitwirken (oder besser «-mischen») und in das Festspielgeschehen eingreifen würde. Wie ich schon zuvor, war auch er inzwischen zu der Einsicht und Erkenntnis gelangt, daß von einem zähen Bemühen um systematische Entwicklung und einem Einsatz, der vom Bewußtsein der Wirklichkeit ausging, bei ihr nicht viel zu spüren war, wodurch für uns gewiß nur zusätzliche Ungelegenheiten entstünden. Dennoch wollten wir ihrem Verhältnis zu uns alle Schärfe nehmen. Da sie sich zu dieser Zeit in finanziellen Schwierigkeiten befand und, wie stets bei Geldangelegenheiten, behauptete, es sei eine Kleinigkeit, in Amerika Publikum und Sponsoren für die Bayreuther Festspiele zu mobilisieren, erteilten wir ihr die erforderlichen Vollmachten. Sie sollte dafür mit einem gewissen Prozentsatz der uns zugeführten Gelder entschädigt werden. Leider bestätigte sich auch bei diesem Vorhaben meine Skepsis erneut. Ihr Bevollmächtigter, der Rechtsanwalt Robert M. W. Kempner aus Frankfurt am Main, ehemals stellvertretender Hauptankläger in den Nürnberger Kriegsverbrecherprozessen, wandte sich mit einem Brief vom 13. Mai 1953 an meine Mutter, um zu versuchen, Friedelinds Rechte an Bayreuth geltend zu machen, wobei auch die Möglichkeit einer außergerichtlichen Regelung hinsichtlich der Ansprüche ihrer benachteiligten Tochter noch in Betracht käme. Eine Stellungnahme unseres Rechtsberaters Dr. Gottfried Breit vom 16. Juni wies Kempner auf die rechtlich einwandfreie und nicht anfechtbare Beauftragung meines Bruders und mir für die Festspielleitung hin, die – insbesondere auch unter der neuen Rechtsform durch die Vorerbin Winifred Wagner – unangreifbar war. Die Mutmaßung einer Benachteiligung Friedelinds wies Dr. Breit folglich entschieden und als völlig abwegig zurück. Nach Kenntnisnahme der Rechtslage erkannte Robert Kempner zwar unseren Standpunkt an, behielt sich jedoch weitere Schritte vor, bestimmte Forderungen durchzusetzen.

Natürlich wollte Friedelind nicht bloß mit dem Namen Wagner, sondern ebenso mit dem Etikett der Bayreuther Festspiele operieren, und so erbrachten sämtliche Anstrengungen, ihren lebhaften Tatendrang zu erfüllen, Bayreuth lediglich finanzielle Belastungen. Ihr starker Hang, Jugendlichen aufschlußreiche

40 «Ring»-Neuinszenierung 1970–1975:
Probe «Walküre» Zweiter Aufzug, 1971. Wolfgang Wagner, Catarina Ligendza (Brünnhilde) und Theo Adam (Wotan).

41 Probe «Walküre» Dritter Aufzug, 1970:
Auf dem Fünfeck vor Wolfgang Wagner: Berit Lindholm (Brünnhilde), Gwyneth Jones (Sieglinde). Im Hintergrund die acht Walküren: Gildis Flossmann, Wendy Fine, Silvia Anderson, Faith Puleston, Elisabeth Schwarzenberg, Liane Synek, Aili Purtonen, Inger Paustian. Im Vordergrund Steffen Tiggeler (Regieassistenz).

42 «Ring»-Neuinszenierung 1970–1975:
Probe «Götterdämmerung» Erster Aufzug 2. Bild, 1970. Berit Lindholm (Brünnhilde), Wolfgang Wagner.

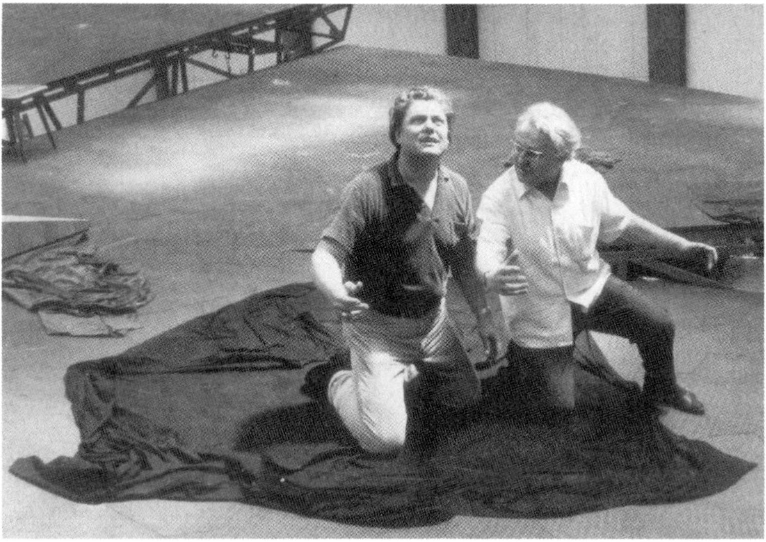

43 Probe «Götterdämmerung» Dritter Aufzug 1. Bild, 1970. «Brünnhilde! Heilige Braut!» Jean Cox (Siegfried), Wolfgang Wagner.

44 «Parsifal»-Neuinszenierung 1975:
Vor dem Beginn der «Parsifal»-Proben Gedankenaustausch zum Werk. Maximilian Kojetinsky (Studienleitung), Helmut Weese (Musikalische Assistenz), Hans Sotin (Gurnemanz), Eva Randová (Kundry), Wolfgang Wagner, Oswald Georg Bauer (Künstlerische Mitarbeit), René Kollo (Parsifal), Horst Stein (Musikalische Leitung), Carlo Pichler und Steffen Tiggeler (Regieassistenz).

45 «Parsifal»-Neuinszenierung 1975:
Chorprobe Gralsszene Erster Aufzug mit Norbert Balatsch (Chorleiter) und Assistenten.

46 «Meistersinger»-Neuinszenierung 1981:
«Singschul'» mit Solisten – Siegfried Jerusalem (Walther von Stolzing), Bernd Weikl (Hans Sachs), Graham Clark (David), Hermann Prey (Beckmesser), Wolfgang Wagner (Inszenierung), Steffen Tiggeler (Regieassistenz), Mari Anne Häggander (Eva), Mark Elder (Musikalische Leitung) – für die Festspiel-Premiere «Meistersinger» 1981.

47 «Tannhäuser»-Neuinszenierung 1985:
Bei der musikalisch-szenischen Probearbeit: Norbert Balatsch (Chöre), Giuseppe Sinopoli (Musikalische Leitung), Wolfgang Wagner (Inszenierung) und Gudrun Wagner.

48 Probe für den Sängerkrieg:
Sándor Sólyom-Nagy (Reinmar), Tina Kiberg (Elisabeth), Ekkehard Wlaschiha (Biterolf), Clemens Bieber (Heinrich der Schreiber), Richard Brunner (Walther von der Vogelweide), Eike Wilm Schulte (Wolfram) – nur die Harfe sichtbar –, Wolfgang Wagner mit Harfe, Manfred Schenk (Landgraf), Wolfgang Schmidt (Tannhäuser).

49 «Parsifal»-Neuinszenierung 1989 – Proben für die Wiederaufnahmen 1992:
Die Doppelbesetzung Parsifal Poul Elming und Plácido Domingo bei einer Interpretationsdiskussion über die Kuß-Szene im Zweiten Aufzug mit Wolfgang Wagner.

50 Waltraud Meier (Kundry) demonstriert mit Wolfgang Wagner die Szene.

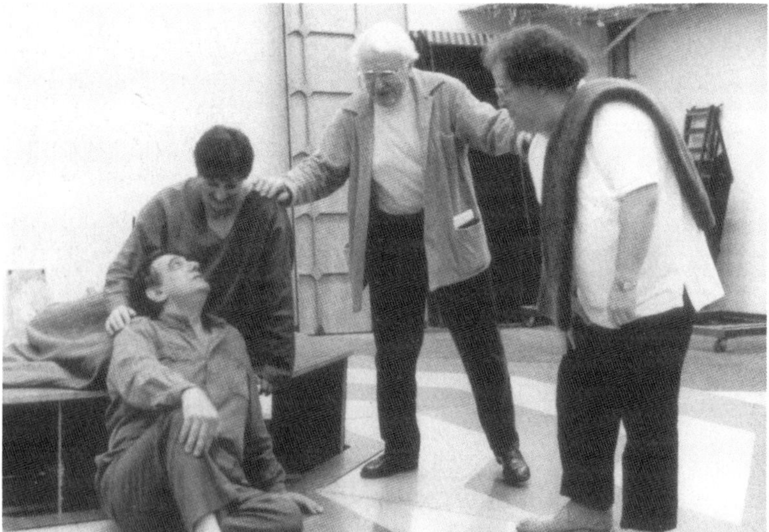

51 Die gleiche Szene bei einer Probe 1993 mit Plácido Domingo als Parsifal, Deborah Polaski als Kundry, Wolfgang Wagner und James Levine, dem Musikalischen Leiter.

52 Neuinszenierung «Lohengrin» 1953. Inszenierung und Bühnenbild: Wolfgang Wagner. Dritter Aufzug.

53 Neuinszenierung «Tristan und Isolde» 1957. Inszenierung und Bühnenbild: Wolfgang Wagner. Erster Aufzug.

54 Dritter Aufzug.

55 Neuinszenierung «Ring» 1960. Inszenierung und Bühnenbild: Wolfgang Wagner. «Götterdämmerung» Erster Aufzug 2. Bild.

56 Neuinszenierung «Lohengrin» 1967. Inszenierung und Bühnenbild: Wolfgang Wagner. Erster Aufzug.

57 Neuinszenierung «Meistersinger» 1968. Inszenierung und Bühnenbild: Wolfgang Wagner. Zweiter Aufzug.

Hilfe – besonders auf dem Gebiet des Theaters – angedeihen zu lassen, erzeugte in ihr das tiefinnerste Bedürfnis, die Bayreuther «Festival Master Classes Inc.» oder «Bayreuther Festspiele Meisterklassen e. V.» gründen zu müssen. Mein Bruder und ich sahen uns wohl oder übel genötigt, ihrer unbezähmbaren Betätigungslust nachzugeben, allerdings mit der deutlichen Maßgabe, daß diese Organisation kein Wurmfortsatz der Bayreuther Festspiele sei und von ihr sowohl in der Veranstaltung als auch finanziell selbständig und alleinverantwortlich zu tragen sei. Kurz gesagt, die Unternehmung stellte eine Art Hospitantengruppe dar, der von Fall zu Fall die Möglichkeit eingeräumt werden konnte, unmittelbaren Einblick in die Festspielarbeit zu nehmen. Diese Meisterklassen fanden erstmals 1959, letztmals 1967 in Bayreuth statt. Zweifellos, und das sei hier nicht vergessen, gelang es unserer Schwester, namhafte, interessante und kompetente Dozenten zur Mitarbeit zu gewinnen, darunter Walter Felsenstein, Astrid Varnay, Pierre Boulez, Gian Carlo Menotti, Maximilian Kojetinsky, die Sängerin Hanne-Lore Kuhse, Kurt Winter, Willi Klose oder den Akustiker Werner Gabler. Auch mein Bruder und ich stellten uns zur Verfügung.

Fünf Jahre nach der Gründung, am 28. Februar 1964, stellte sich die Notwendigkeit heraus, angesichts beträchtlicher finanzieller Schwierigkeiten zu prüfen, ob eine Weiterführung der Meisterklassen noch verantwortbar sein konnte. Im Jahr 1967 bestanden so viele Schulden, und ich hatte privat für Friedelind bereits vorher so zahlreiche Bürgschaften übernommen, daß aufgrund eines derartigen materiell-organisatorischen Desasters das Unternehmen Meisterklassen sang- und klanglos endete. Selbstverständlich war es für Friedelind die einfachste und vornehmste Art, nach außen hin vollmundig zu erklären, nach dem Tod meines Bruders sei Bayreuth für Meisterkläßler uninteressant geworden. Dieser Ton und dieses Deutungsmuster war ganz von dem Schlag, dessen sich sinngemäß auch andere Mitglieder meiner Familie nach Bedarf bedienten (und bedienen), wenn in und um Bayreuth etwas nicht so ablief, wie sie es sich zu ihrem Benefiz ausgedacht hatten.

In der Zeit, als meine Schwester ihren Wohnsitz nach England verlegt hatte – zwischen 1972 und 1981 –, veranstaltete sie im Juli und August 1976 Meisterklassen in der von ihr erworbenen Heimstatt «Southlands», die eine finanzielle Basis fanden, nachdem sie ihre Schulden abgetragen hatte und 1973 ihren Anteil als Nacherbin aus dem Verkaufserlös des Richard-Wagner-Archivs an die Richard-Wagner-Stiftung einsetzen konnte.

Soviel zum Thema Meisterklassen. Zurück in das Jahr 1979.

Am 28. August 1979 kam es zwischen mir und James Levine zur ersten persönlichen Begegnung und Besprechung. Wir gingen mit dem Vorsatz auseinander, nunmehr alle Fragen zur szenischen Gestaltung und Besetzung des «Parsifal» gemeinsam in ständigem wechselseitigem Informationsaustausch zu klären. Eine Veröffentlichung seiner Mitwirkung in Bayreuth sollte nicht vor der Pressekonferenz 1980 und nicht ohne vorherige Absprache geschehen. Am 16. August 1980 kam Levine erneut nach Bayreuth, um die vielen noch offenen Fragen unmittelbar «vor Ort» mit mir einer Lösung näherzubringen. Nach entsprechenden weiteren Klärungen und der Schaffung neuer Unklarheiten, die sich eigentlich auf alle Mitwirkenden – außer den Dirigenten – bezogen, die den Zentenar-«Parsifal» erarbeiten sollten, konnte ich am 10. August 1981 dann endlich das Team James Levine und Götz Friedrich, der damit in seiner Bayreuther Arbeit genealogisch vom Sohn zum Vater aufstieg, als nun wirklich konstante Fixsterne (man beachte die Tautologie!) bekanntgeben. Am 27. Mai 1982 ließ Levines Bruder Tom mir und Götz Friedrich ausrichten, «it looks fabulous», nachdem James die ihm übersandten Photos der Bühnenbilder gesehen hatte, die von Andreas Reinhardt stammten, der auch die Kostüme entwarf und somit gleichsam als dritter Fixstern dazugekommen war.

Für den Regisseur Friedrich war es ein nahezu obligatorisches Gestaltungsprinzip, den Vorhang schon während des Vorspiels zum Ersten Aufzug zu öffnen, und so wollte er auch beim «Parsifal» vorgehen. Der Musiker James Levine stellte sich absolut dagegen, und es kam zu heißen Diskussionen. Schließlich suchten die beiden Herren mich auf und jeder machte seinen Standpunkt nachdrücklich geltend. Ich sollte entscheiden. Nach Anhörung der Streitenden fällte ich, weit entfernt, mich in künstlerische Gestaltungsfragen beckmesserisch einzumischen, das salomonische Urteil, daß im Zweifelsfalle der Schöpfer des Werks als letzte Instanz Gültigkeit besitze. Ich wollte diese Inszenierung zwar möglichst lange auf dem Spielplan halten, ihr aber keinesfalls den Status früherer «Parsifal»-Besonderheiten zuordnen, sie also nicht in den Rang eines Kultobjekts rücken, wie es der Interpretation der Uraufführung und bis zu einem gewissen Grade der meines Bruders widerfahren war. Meine eigene «Parsifal»-Inszenierung von 1975 setzte ich 1981 konsequent vom Spielplan ab, denn eine neue «heiliggehaltene» Achse mochte ich nicht entstehen lassen, und so wurde der Jahrhundert-«Parsifal» zwischen 1982 und 1988 gespielt, mit einem Jahr, 1986, Pause.

Die Premierenbesetzung hieß:

Amfortas: Simon Estes; Titurel: Matti Salminen; Gurnemanz: Hans Sotin; Parsifal: Peter Hofmann/Siegfried Jerusalem; Klingsor: Franz Mazura; Kundry: Leonie Rysanek; 1. Ritter: Toni Krämer; 2. Ritter: Matthias Hölle; 1. Knappe: Ruthild Engert; 2. Knappe: Sabine Fues; 3. Knappe: Helmut Pampuch; 4. Knappe: Peter Maus; Blumenmädchen: Monika Schmidt, Anita Soldh, Hanna Schwarz, Francine Laurent-Gérimont, Deborah Sasson, Margit Neubauer; Altsolo: Hanna Schwarz.

1983 wurde auf Leonie Rysaneks Wunsch die Partie der Kundry doppelt besetzt. Eine Empfehlung von Hans Wallat machte mich auf Waltraud Meier aufmerksam. Sowohl der Dirigent als auch der Regisseur teilten meine Zuversicht und Aufgeschlossenheit der jungen Künstlerin gegenüber zunächst nicht, mußten jedoch sehr bald erkennen, daß ihre Verpflichtung mehr als nur berechtigt war.

Alles in allem wurde die Aufführung vom Publikum mit großen Wohlwollen aufgenommen, so daß sich durchweg von einem Erfolg sprechen ließ. Die Bühne zeigte als Grundbau einen umgestürzten Turm, von dessen Fußpunkt aus – identisch mit dem Portal – der Zuschauer in ihn hineinsah. Im zweiten Tempelbild, zu Ende des Dritten Aufzugs, strömte Licht durch den Plafond, und indem der Deckenteil des Hintergrunds angehoben wurde, kam zusätzliche Helle ins Bild, so daß das Werk wie mit einem Tagesanbruch beschlossen worden ist. Neben den erlösten Gralsrittern trat erstmals auch eine Gruppe von Frauen dabei auf. Für Friedrich bedeutete dies ein Zeichen des Aufbruchs in eine neue Gesellschaft, die möglicherweise die im «Parsifal» vorhandene Konfliktstellung zwischen Mann und Frau aufheben würde. Er zitierte Symbole und Riten christlicher Herkunft, legte sich jedoch nicht auf ein prononciert hervorgehobenes Christentum fest, sondern wollte eine Utopie versinnbildlichen. Eine Utopie, deren Gehäuse aus Träumen wie Illusionen besteht, die in einen offenen Schluß mündet, keine Rezepte zu ihrer Umsetzung beinhaltet. Er definierte den Erlösungsbegriff als Besinnung, als ein neues Wertbewußtsein und als Ruf zur Eigenverantwortlichkeit. Die Phantasie der Zuschauer war gefordert, da das mögliche Spektrum der Assoziationen sehr breit angelegt erschien.

Im August 1978 erhielt ich vom Pressebüro der Festspiele ein merkwürdiges Interview mit Georg Solti, erschienen im Augustheft der Zeitschrift «Orpheus». Die Auslassungen zu Bayreuth und dem «Ring» verwunderten mich in nicht geringem Maße. In Erinnerung an die vielzähligen Verhandlungen mit Georg Solti seit 1953, an das Scheitern des Plans für «Tristan» 1972 sowie die Kenntnisnahme der Abfolge geschlossener «Ring»-Zyklen unter seiner Leitung und eingedenk seiner, auch in diesem Interview wiederholten sommerlichen Urlaubsvorstellungen, die seinerzeit bereits beim «Tristan» eine entscheidende Rolle gespielt hatten, war ich überzeugt, daß die Erarbeitung und die hier übliche knappe zyklische Abfolge der Aufführungen mehr ein dezenter, gleichwohl wirkungsvoller Hinweis auf seine Schallplatteneinspielung des «Rings» von 1962 bis 1964 seien als etwa eine realistische Voraussetzung für seine Mitwirkung bei den Festspielen. Auch die beiden Pariser «Ring»-Abende 1976 mit «Rheingold» und «Walküre» – in Zusamenarbeit mit Peter Stein und Klaus Michael Grüber, die damit ihr zweiteiliges «Ring»-Konzept praktizierten, wenngleich anstelle der an sich abschließenden, jedoch unterbliebenen «Götterdämmerung» schon Wotans Abschied von Brünnhilde ein endgültiger ohne Wiedererweckung war, auch diese Abende vermittelten keine Erkenntnis, ob Solti die in Bayreuth vorgegebene Form der zyklischen Wiedergabe des «Ring» durchstehen könne oder nicht.

Mir gegenüber aktiviert wurde Sir Georgs Interesse an Bayreuth durch Hans Ulrich Schmid aus Hannover, der ihn hierorts als Agent vertrat, mit einem Schreiben vom 1. Februar 1979. Das erste Treffen mit dem Maestro fand in Berlin am 28. Februar 1979 statt.

Wenn ich heute rekapituliere, was ich im Rahmen und im Zusammenhang mit meiner Arbeit an mancherlei Seltsamkeiten hier in Bayreuth erlebte, und wenn ich, wie es beim Schreiben dieser Zeilen unumgänglich notwendig ist, den Schriftverkehr, die Erinnerungsprotokolle, Reisen, Vorsingen, Orchesterbesprechungen, technische Konferenzen, die Probenpläne, Aufführungsberichte und die unzähligen Geschehnisse bei Proben und Aufführungen nochmals überdenke, dann komme ich hinsichtlich des «Ring» immer mehr zu der Einsicht, daß es das Untypischste für Bayreuth war. Daß es überhaupt dazu kam, beruhte darauf, daß ich immer wieder von den verschiedensten Seiten, darunter auch von Mitgliedern des Festspielorchesters, bedrängt wurde, diesen international renommierten Dirigenten hier wirksam werden zu lassen.

Eine großangelegte Werbeaktion der DECCA während der Festspielzeit 1982, in der Solti als «Der ‹Ring›-Dirigent unserer Zeit» deklariert war, verursachte mir in mehrfacher Hinsicht Unbehagen. Dieser superlativische Slogan gründete sich überwiegend auf Platten-Ruhm und verpflichtete den so Apostrophierten von vornherein zu schier Übermenschlichem, womit ich nach einschlägigen Erfahrungen jedoch nicht unbedingt rechnen konnte. Ein derartiges Markenartikelkonzept, als das/der Beste angepriesen zu werden, führt zu dem Zwang, dies Tag um Tag aufs neue behaupten zu müssen, und erzeugt zweifellos einen ungeheuren Erfolgsdruck und in der Öffentlichkeit eine entsprechende Erwartungshaltung, die nur noch das Unerhörte, Exorbitante goutieren will. Ähnlich verhielt es sich wohl mit Soltis Ausspruch bei seiner ersten Pressekonferenz im Juli 1961 anläßlich des Amtsantritts in Covent Garden, bei dem er nichts weniger versprach, als daß er dieses Opernhaus zum «besten der Welt» machen wolle. Und die meisten Verheißungen in Interviews, bevor noch der Vorhang zur Premiere aufging, in Bayreuth einen allen Vorstellungen des Schöpfers gerecht werdenden «Ring» aufführen zu wollen, standen ganz logisch und unheilvoll in dieser Linie. Die obendrein von Peter Hall gebrauchte Formel eines «romantischen Ring», unter dem sich gewiß jeder etwas anderes dachte, trug das Ihrige an Ungeschicklichkeiten bei, eine insgesamt verhängnisvolle Auswirkung zu provozieren. All meine Warnungen wurden achtlos in den Wind geschlagen.

Mitte Februar 1983 bereitete mir die von Georg Solti vorgeschlagene Gestaltung unserer Programmhefte weiteres Unbehagen: Er plante, Interviews mit sich selbst darin zu veröffentlichen. Ich bin allerdings der Ansicht, eine Inszenierung sollte auf der Bühne statt im Programmheft stattfinden. So hätte es ziemlich schlecht gepaßt, wenn in einem der Hefte der Dirigent verlautbarte: «Ich bin nicht daran interessiert, den Jahrhundertring aufzuführen, sondern ich wollte einmal einen Ring sehen, der mir gefällt.» So andernorts durch Solti geschehen. – Gleichzeitig ging es unter anderem telephonisch mit Soltis Sekretär Charles Kaye permanent um das geplante Buch «The Ring» von Stephen Fay und Roger Wood, welches bereits seit der ersten Bühnenbild-Besprechung am 7. Dezember 1981 im Londoner Studio des Dirigenten zu entstehen begann, denn ohne Soltis oder mein vorheriges Wissen hatte Peter Hall die beiden Autoren mitgebracht.

William Dudley, der Bühnenbildner, zeigte zum ersten Mal die Modelle. Sie konnten anfänglich nur mit der Hilfe eines Ingenieurs, er hieß Barnett, demonstriert werden. Ich wurde sehr schnell gewahr, daß die romantische Aussage nur mit einem unvorstellbaren Aufwand und unter Aufbietung gewaltiger Phantasie würde erreicht werden können. Eine Konstruktionsfirma lieferte für diese Inszenierung spezielle «Dekorations-Maschinen». In einer Veröffentlichung wurden diese wie folgt beschrieben: «Die Multi-Funktions-Dekorationsmaschine, die als Podium mit konvexer und konkaver Spielfläche in allen Aufführungen eingesetzt wird. Damit werden ganz besondere szenische Effekte erzielt, denn die Plattform ist in der Längsachse 360 Grad drehbar (Drehgeschwindigkeit: 60 Sekunden für eine Umdrehung). Die Abmessungen sind beeindruckend: Plattform 10000 mal 15000 Millimeter, Hubhöhe 9000 Millimeter – stufenlos positionierbar. Trotz dieser Dimension wurde eine montagefreundliche Konstruktion in extremer Leichtbauweise realisiert (Auf- oder Abbau in 2,5 Stunden). Zu der Drehbewegung der Plattform kommt noch die Verfahrbarkeit in der Bühnenlängsachse (Fahrweg 9000 Millimeter, Fahrgeschwindigkeit 0,2 Meter pro Sekunde). Die hydraulische Antriebsleistung beträgt 100 kW; die Zylinderkraft 300000 N/Zyl.»

Als ich ironisch zu verstehen gab, ich fände, die Hauptaufgabe eines Bühnenbildes müsse es sein, das Problem zu lösen, wie die Akteure auf die Szene kommen und wie sie sie wieder verlassen können, traf ich ungewollt bei allen sofort einen höchst neuralgischen Punkt. Prompt stahl dieses ebenso simple wie zentrale Problem dann später Peter Hall sehr viel Zeit, die der künstlerischen Arbeit verloren ging, da zahlreiche Auftritte und Abgänge eben nicht vorab be- bzw. durchdacht worden waren. Auch wandte ich ein, daß infolge der großen hydraulischen Konstruktion keine Horizontflächen für irgendeine künstlerische Gestaltung einzubringen seien. Erst bei den Beleuchtungsproben wurden meine seinerzeitigen Bedenken ernstgenommen, weil das Team nun vor deren Realität stand, und Peter Hall bat mich, eine der Plattform analoge, plastische, viereckige und gewölbte Fläche anfertigen zu lassen, die eingehängt werden konnte, auf der ein Himmel gestaltet werden sollte. Innerhalb von zwei Tagen wurde sie schnellstens hergestellt, kostete 32000 DM und erwies sich nach einer halbstündigen Versuchszeit, in der man ihre künstlerischen Möglichkeiten prüfte, unbrauchbar für die Bühne. Im Herbst des Jahres 1983 haben wir sie dann umfunktioniert zu einem schützenden Wetterdach im Garten der Kantine des Festspielhauses. Sie erhielt von uns den schönen Namen «Dudley's Hall». Noch heute schirmt und schützt sie Hungrige und Durstige zuverlässig vor den Unbilden der Witterung – im Unterschied zu allen anderen Dekorationen, die demontiert wurden, als der «Ring» abgespielt war. Die vielbeschworene Romantik wurde auf dem Horizont durch indifferent ausgeleuchteten Nebel erzeugt. Im Vergleich zu den Zeiten des «Dampfmeisters» Chéreau hatte sich der Verbrauch von Nebel, Dampf und Trockeneis verdreifacht. Je romantischer es hergehen sollte, desto aufwendiger mußte die unromantische Technik herhalten.

Am 18. April 1983 begannen die Proben. Peter Hall hatte bedauerlicherweise entgegen früher gemachter Versprechungen so gut wie kein Deutsch zu sprechen gelernt und richtete sich in der Arbeit nach der «Ring»-Übersetzung Andrew Porters, die für sich genommen zwar sehr gut, aber doch in Rücksicht auf die Singbarkeit des Englischen hin entstanden ist, wodurch manche Bedeutungsebene des Textes, manch Sinnfälliges darin ausscheiden mußte, was sich wiederum auf die Regieführung auswirkte. Weil Peter Hall gleich zu Beginn mit den Proben zur ersten Szene des «Rheingold» zu unser aller Verblüffung sehr gute und vielversprechende Ergebnisse erzielte, glaubte er selbst, bereits so gut wie den ganzen «Ring» geschmiedet zu haben.

Bei der Gestaltung des Probeplans und bei dessen Durchführung traten bald recht große Schwierigkeiten auf, da der Probenrhythmus nicht wie sonst von der zu lösenden Aufgabe bestimmt wurde, sondern von mannigfachen Einschränkungen, die Georg Solti und Peter Hall sich und damit auch uns auferlegten. Unabhängig davon, was die Bühnenproben betraf, nahm die technische Einrichtung, insbesondere die der hydraulischen Antriebe, sehr viel mehr Zeit in Anspruch als gewöhnlich. Drang ich hie und da einmal auf rationelleres Arbeiten, vor allem bei einer Überbewertung für uns technischer Bagatellen, reagierte Peter Hall sofort empfindlich, weil er meinte, daraus Kritik zu hören, und seine künstlerische Freiheit eingeengt sah. Ein in Bayreuth bis dahin noch nie erreichter (und nicht so leicht überbietbarer) Rekord waren die 145,5 Stunden Beleuchtungsproben für die «Götterdämmerung».

Sehr unverständlich blieb mir, weshalb sich Regisseur und Bühnenbildner, soweit dieser anwesend war, so gut wie nie vom Regiepult wegbewegten, um Sichtlinien und Bildwirkungen aus anderem Winkel im Zuschauerraum zu überprüfen. Sie waren mit dem Pult wie verwachsen, sofern sie nicht auf der Bühne standen, um von dort aus direkt mit den Sängern oder der Technik zu arbeiten.

Nachstehende Besetzung sang die Premieren im Jahr 1983:

DAS RHEINGOLD
Wotan: Siegmund Nimsgern; Donner: Heinz-Jürgen Demitz; Froh: Maldwyn Davies; Loge: Manfred Jung; Fasolt: Manfred Schenk; Fafner: Dieter Schweikart; Alberich: Hermann Becht; Mime: Peter Haage; Fricka: Doris Soffel; Freia: Anita Soldh; Erda: Anne Gjevang; Woglinde: Agnes Habereder; Wellgunde: Diana Montague; Floßhilde: Brigitta Svendén.

DIE WALKÜRE
Siegmund: Siegfried Jerusalem; Hunding: Matthias Hölle; Wotan: Siegmund Nimsgern; Sieglinde: Jeannine Altmeyer; Brünnhilde: Hildegard Behrens; Fricka: Doris Soffel; Gerhilde: Anita Soldh; Ortlinde: Anne Evans; Waltraute: Ingrid Karrasch; Schwertleite: Anne Wilkens; Helmwige: Agnes Habereder; Siegrune: Diana Montague; Grimgerde: Ruthild Engert-Ely; Roßweiße: Anne Gjevang.

SIEGFRIED
Siegfried: Manfred Jung; Mime: Peter Haage; Der Wanderer: Siegmund Nimsgern; Alberich: Hermann Becht; Fafner: Dieter Schweikart; Erda: Anne Gjevang; Brünnhilde: Hildegard Behrens; Waldvogel: Sylvia Greenberg.

GÖTTERDÄMMERUNG
Siegfried: Manfred Jung; Gunther: Bent Norup; Hagen: Aage Haugland; Alberich: Hermann Brecht; Brünnhilde: Hildegard Behrens; Gutrune: Josephine Barstow; Waltraute: Brigitte Fass-

baender; 1. Norn: Anne Gjevang; 2. Norn: Anne Wilkens; 3. Norn: Anne Evans; Woglinde: Agnes Habereder; Wellgunde: Diana Montague; Floßhilde: Brigitta Svendén.

Rätselhaft blieben mir die ganze Zeit über Soltis Form und Einsatz beim Dirigieren des vierteiligen Werks. Alle anderen «Ring»-Dirigenten, die ich hier beobachten konnte, bedienten sich einer wohldurchdachten Schlagtechnik, um von vornherein eine physische Erschöpfung auszuschließen. Bekanntlich sind die Alleinproben des Orchesters dazu bestimmt, vom Dirigenten mit den Musikern erarbeiten zu lassen, was er interpretatorisch erreichen möchte, so daß dann innerhalb der Bühnen-Orchesterproben und vor allem in den Aufführungen der Dirigent die Sänger in souveräner Ruhe und mit Überlegenheit leiten kann, jedoch nur noch geringfügig regulativ auf das Orchester einwirken muß. Soltis ständig geradezu aggressives dirigentisches Gebaren, bei den Proben zumal auch oft unterstrichen durch gewohnheitsmäßiges, ihm selber sicher unbewußtes Pfeifen und falsches Mitsingen, womit er die Sänger noch stärker anzufeuern hoffte, war zwar außerordentlich beeindruckend, ließ aber niemals eine ausgewogen erarbeitete Gesamtleistung erkennen, selbst wenn sie vorhanden war. Mir kam angesichts dessen zu Bewußtsein, daß dieser unbezweifelbar große Dirigent infolge der «frisierenden» Möglichkeiten der Aufnahmetechnik bei Platteneinspielungen, insbesondere durch seine himmelhoch verklärte «Ring»-Aufnahme in den sechziger Jahren, beim unmittelbaren Lebendigmachen von Szene und Musik viel verloren hatte. Mit wirklichem Bedauern muß ich heute feststellen, daß der Wunsch Soltis, hier in Bayreuth an der eigentlichen Stätte des «Ring» Großes, ja Bedeutendes zu wirken, für ihn nicht in Erfüllung ging. Das völlig undenkbare Ansinnen im Laufe unserer Vorgespräche, im ersten Aufführungsjahr nur «Rheingold» und «Walküre» herauszubringen, resultierte zunächst sicherlich aus dem unbewußt Erkannten, was nachmalig auch ihm zu Bewußtsein kam, daß ein beträchtlicher Unterschied bestand zwischen Anspruch und Wirklichkeit, zwischen den Erfordernissen des «Ring» und seiner physischen

Kraft. Das von ihm a priori deklarierte Wunder, eine den Vorstellungen und Forderungen Richard Wagners erstmals adäquate Wiedergabe des Werks vorzuführen, hat nicht stattfinden können.

Die Auswahl Peter Halls als Regisseur und William Dudleys als Bühnenbildner erfolgte nicht auf Anhieb, vorher noch waren Rudolf Noelte, Franco Zeffirelli, Peter Beauvais, Boy Gobert und einige andere diskussionsweise im Gespräch. Allein die künstlerischen Gegensätzlichkeiten, die sich hinter diesen Namen verbergen, zeigen, daß Solti offensichtlich unklar war, was er von den Regisseuren erwartete, und daß er, wie an anderer Stelle ausgesprochen, hier den absoluten Primat des Dirigenten in Anspruch nehmen wollte, den er bei Peter Stein und Klaus Michael Grüber in Paris offenbar nicht hatte erreichen können. Sehr bald, im Grunde bereits bei der ersten Bühnenbildbesprechung, erkannte ich, daß es ihm bei Peter Hall ebenfalls nur beschränkt möglich sein würde. Da er durch sehr viele Vorsingen der Besetzung großen Zeitaufwand widmete, hatte er zu wenig Zeit für intensive musikalische Vorarbeiten vor den Regie-Proben, und es entstand eine Situation, die nur bei einer beharrlichen und allseitigen kontinuierlichen Weiterarbeit in der üblichen Laufzeit des «Ring» von fünf Jahren hätte überwunden werden können. Die schon im ersten Jahr vorgesehene und zum Teil in Gang gesetzte merkantile Auswertung und die geplante sofortige Video-Verbreitung lag zu diesem Zeitpunkt nicht im Interesse Bayreuths, da die Erfahrung mich lehrte, eine Interpretation erst nach einem gewissen Reifeprozeß den Medien übergeben zu können. Ich darf nicht verhehlen, daß der erhoffte pekuniäre Gewinn in einer angemessenen Proportion zu dem realiter noch nicht vollbrachten, wohl aber proklamierten «Wunder» stand.

Bei einem Besuch in London am 5. März 1984 übergab mir Georg Solti einen Brief, der, datiert vom 2. März, in meinen Akten ruht. In unserer Unterredung berichtete er mir jedoch sogleich dessen Inhalt. Ärztliche Ratschläge zu seiner Gesundheit ließen ihn mir folgenden Vorschlag unterbreiten: Er wolle alle Proben und den ersten Zyklus 1984 übernehmen, während den zweiten und dritten Zyklus ein anderer Dirigent leiten solle. Ich erbat mir Bedenkzeit.

Dieser Teilung konnte ich nicht zustimmen. Doch ich gewann inzwischen in Peter Schneider einen in Bayreuth mit dem «Holländer» erprobten und bewährten Dirigenten für die Übernahme des «Ring». Und so veröffentlichten wir am 19. Mai 1984 eine Presseerklärung, die den Dirigentenwechsel in einer Art und Weise modifizierte, daß mir Sir Georg am 31. Mai einen Brief schrieb, in dem er mir für das mitfühlende Verständnis und die exemplarische Behandlung der während der letzten Monate aufgetretenen Probleme dankte. Trotz vieler schwieriger Situationen blicke er gern auf die Zusammenarbeit zurück und er hoffe, daß ich hierin seine Gefühle teile.

Das satyrische Nachspiel blieb wie zu erwarten nicht aus: Kurz vor der Festspielzeit wurden die Plakate der DECCA stillschweigend überklebt.

Peter Hall hielt seine vertraglichen Verpflichtungen im Jahr 1984 noch ein, indem er einen beträchtlichen Teil der Proben leitete und an seinem Konzept weiterarbeitete. Im dritten und vierten Jahr übernahm Halls zweiter Assistent Michael McCaffery zusammen mit Dorothea Glatt die szenische Betreuung, wobei nach meiner Ansicht manch sinnvolle und daher sehr positiv bewertete Nuancierung im Bühnenbild und in der Regie vorgenommen wurde.

Nach wie vor, auch heute noch, bedaure ich sehr, daß Peter Hall sich der in Bayreuth selbstverständlichen Verpflichtung zur Weiterarbeit an seiner Inszenierung glaubte entziehen zu müssen, wohingegen Solti vor den Premieren 1983 bewußt geäußert hatte, erst im dritten Jahr sei das Erhoffte erreichbar. Peter Schneider, mit dem Haus genügend vertraut, trat einen Solti nicht vermissen lassenden «Ring»-Kampf an und gewann ihn – nicht nur nach Punkten.

Die Rezeption dieses «Ring» 1983 war bei Publikum und Presse sehr unterschiedlich, aber die Meinungsverschiedenheiten besaßen nicht jene knisternde Intensität, die lebendiges Theater auszulösen oft in der Lage ist. Vieles verharrte in Ansätzen, die Erwartungen weckten, welche dann jedoch nicht eingelöst wurden. Die im Vorfeld der Inszenierung ausgegebene Parole «romantisch» wirkte stark meinungsbildend, doch da der Begriff niemals eindeutig auf einen Nenner zu bringen sein dürfte, da jeder etwas anderes assoziiert, klafften die Ansichten hernach nur um so weiter auseinander. Für Bayreuth war die Inszenierung trotz aller Diskrepanzen und trotz ihres teilweise torsoartigen Charakters notwendig und nützlich im Gesamtzusammenhang, wenngleich ein gültiges Resümee aufgrund der beschriebenen Umstände nicht zu ziehen ist.

Ein abschließendes Kuriosum sei noch berichtet: Bei der allerletzten «Götterdämmerung» 1986 setzten diejenigen, welche Chéreau seinerzeit am liebsten gar geteert und gefedert hätten, ihren ganzen Ehrgeiz darein, den sensationellen Schlußbeifall von 1980 zu überbieten. Der Chéreausche «Ring» bekam in 85 Minuten 101 Vorhänge, der Hallsche in 77 Minuten 128.

An Werner Herzog trat ich telegraphisch am 17. April 1985 heran, um mit ihm über eine Arbeit in Bayreuth ins Gespräch zu kommen. Unser erstes Zusammentreffen fand schon am 24. April in München statt. Über Oswald Georg Bauer hatte ich von seiner Inszenierung des «Faust» von Ferruccio Busoni in Bologna Näheres in Erfahrung gebracht und wollte nun in einem persönlichen Gespräch meinen Eindruck verdichten, ob er eine konzeptionell vollkommen anders geartete und neue Inszenierung des «Lohengrin» gestalten könnte, die sich von der vorangegangenen deutlich abhob. Verhältnismäßig schnell wurden wir uns einig. Bereits zwei Tage später, am 26. April, trafen wir uns in Bayreuth, damit er sich dort, am späteren «Tatort», zusammen mit dem von ihm gewünschten Bühnen- und Kostümbildner Henning von Gierke über die spezifischen Möglichkeiten und Bedingungen der Bayreuther Bühne wie generell des Festspielhauses orientieren konnte. Zwischenzeitlich wurden Überlegungen und Erwägungen zu den in Frage kommenden Dirigenten angestellt. Zu meiner Freude konnte ich bei Peter Schneider mein ihm gegebenes Wort umgehend einlösen, ihn mit einer Neueinstudierung zu betrauen.

In einer Besprechung am 21. Oktober in Mannheim diskutierten wir eingehend Besetzungsfragen und Striche im Werk, wie den sogenannten «Luft»-Sprung und die längere Fassung der Gralserzählung, deren zwar komponierter, jedoch bereits von Richard Wagner getilgter zweiter Teil nur ein einziges Mal in Bayreuth gebracht wurde, 1936 mit Franz Völker als Lohengrin. Wir vereinbarten, daß Dirigent und Regisseur in wechselseitigem intensivem Kontakt bleiben sollten.

Erstmals sollte ein Laser in Bayreuth eingesetzt werden, und so erprobten wir dieses Mittel am 3. Juni 1986 im Festspielhaus. Am folgenden Tag stießen zum Regisseur und Bühnenbildner noch der Dirigent und der Chordirektor Norbert Balatsch, um die Modelle zu besichtigen und diverse Probleme der praktischen Durchführbarkeit verschiedener Inszenierungsideen zu erörtern. Die beiden Herren Verantwortlichen für die musikalische Seite drückten dabei ihre Bedenken hinsichtlich der Aufstellung des Chors aus. In der letzten Augustwoche 1986 machten wir noch mehrere bühnentechnische Versuche, auch mit dem Schneefall, der für den Schluß der Oper vorgesehen war. Meine Hauptaufgabe bestand darin, die ausufernden Vorstellungen des Bühnenbildners Henning von Gierke zu dämpfen, damit eine Aufführung überhaupt realisiert werden konnte.

Noch am 25. Mai 1987, also wenige Wochen vor dem Beginn der Proben, mußte ich mit Werner Herzog und Henning von Gierke über ihre sonderbare Idee einer Außengestaltung disputieren. Sie wollten um das Festspielhaus herum einen weiträumigen Kreis aus sieben riesigen monolithischen Steinbrocken errichten, der das Bühnenbild nach außen fortsetzen und einen mythisch-kultischen gesamtkünstlerischen Bezirk schaffen sollte. Ein achter Monolith hätte auf der Bühne zu stehen, an der Stelle, wo Lohengrin auftrat. Die Anordnung der Steine war um die fiktiv in der Mitte des Zuschauerraumes, etwa an der Stelle des Regiepults, stehende Gerichtseiche gedacht. Auf der Bühne gab es dann einen kleinen Steinkreis wie eine Art Pendant zum äußeren großen. Der für die Erscheinung des Lohengrin verwendete Laser wäre über das Dach des Festspielhauses in die Welt verlängert worden, um mindestens bis Palermo sprachloses Staunen über das magische Ereignis dieser Aufführung hervorzurufen (die Erdkrümmung etc. einmal großzügigerweise ignoriert). Unabhängig von den immensen Kosten des Felstransports, der Aufstellung mit notwendigen Verankerungen sowie des Abbaus nach jeder Aufführung, unabhängig auch von dem behindernden Herumstehen sieben gewaltiger Granitmonolithen (ein leichtes Imitat erschien Henning von Gierke nicht angemessen), trug ich ganz andere, prinzipielle Bedenken und Einwände. Meinem Bruder und mir war es in zäher und unbeirrbarer Arbeit gelungen, von Bayreuth den Nimbus eines geheiligten Platzes zu entfernen, und wir hatten aus dem vermeintlichen Tempel wieder ein Theater gemacht, aus der Stätte esoterischer Kulthandlungen eine Werkstatt. Nunmehr sollte die schon über dreißig Jahre fortschreitende »Auf-Klärung« quasi hinterrücks durch einen neuen alten Aberglauben, der zur Hintertür einschlüpfte, gleichsam exorziert werden. Ich zeigte mich in keiner Weise bereit, dem Vorhaben zuzustimmen, und verweigerte strikt die Ausführung dieses Plans. Später räumte ich Henning von Gierke die Möglichkeit ein, in unserem Werbeheft «Rückblick und Vorschau – Bayreuth 1988», seine diesbezüglichen Ideenskizzen in Grundriß und Schnitt vorzustellen.

Eine Aktennotiz unseres Technischen Direktors Walter Huneke vom 26. Februar 1987 betreffs der Kultmonolithen für den «Lohengrin» ließ die Absurdität des Vorhabens aus seiner Sicht ebenso klar erkennen.

Bei dieser Gelegenheit fühlte ich mich in meiner Aversion gegen gewisse derartige Visionen und überzogene Vorstellungen von Theater bestärkt, und einmal mehr wurde mir einsichtig, daß solche irrealen Forderungen und natürlich erst recht deren Realisation in manchen Aufführungen mit dazu beitragen, das Medium, mit dem wir umgehen, in allgemeinen Verruf und Mißkredit geraten zu lassen. Im konkreten Falle war erwogen worden, man solle zur Ausführung des Ganzen Natursteinwerk-Sponsoren gewinnen, worüber ich nur den Kopf schütteln konnte. Ob denn wohl mittels eines einprägsamen Schildes mit der jeweiligen

Firmenreklame an jedem Monolithen die erhoffte mythisch-transzendentale Aura erreicht worden wäre?

Lasse ich mich hier etwas näher aus über ein gar nicht zustandegekommenes Vorhaben, so nur um zu verdeutlichen, daß ich als Letztverantwortlicher nicht allein auf der Einhaltung der finanziellen und materiellen Rahmenbedingungen bestehen muß, sondern auch darauf, daß die unabdingbare Selbstverwirklichung der Künstler, aus der ein Antrieb zur Interpretation erwächst, nicht umschlägt und wahnhafte Züge annimmt, durch die uns subjektivistische Egomanie als letzte theatralische Weisheit aufgedrängt wird. Das Bayreuther Festspielhaus ist kein Ort der Adoration, wir zeigen Requisiten nicht als Devotionalien oder Reliquien. Und wie der Zuschauer nicht Teil einer Glaubensgemeinschaft ist und im Betstuhl sitzt, sowenig üben Regisseur und Bühnenbildner priesterliche Gewalt aus oder fungieren als (un)heimliche Mystagogen. Eine Theateraufführung hier sollte nicht mit dem Spenden eines Sakraments verwechselt oder gar in eins gesetzt werden. Schafft der Bühnenbildner werkgerechte Sinnbilder, so kann nichts wünschenswerter sein, regiert jedoch das Bild über den Sinn, so sei an Richard Wagners Definition erinnert, nach der Ausstattung ein «schweigend ermöglichender Hintergrund der Handlung» zu sein habe.

Auch ohne kultischen Kreis war der «Lohengrin» ein großer und nachhaltiger Erfolg.

Zwar bereitete die Verwendung des Lasers nicht durchweg reine Freude, denn der Strahl und damit der erhoffte Effekt wurde ja nur sichtbar, wenn nach der Eindunklung auch genügend Nebel auf die Bühne geblasen wurde. Da der Raum aerodynamisch völlig unberechenbar ist, mußte der Lichtheld, der aus «Glanz und Wonnen» kommt, im Finstern auftauchen. Es hat niemandes Entrückung beeinträchtigt. In den ersten beiden Szenen des Zweiten Akts spiegelte sich der Mond in einem See mit echtem Wasser, sogar leiser Wellenschlag war ab und zu hörbar. Zwischen der zweiten und dritten Szene mußte das Naß versiegen, um die Spielfläche für die auftretenden Chöre zu gewinnen. Wenn die notwendige Ebbe nun gerade bei den Pianostellen der Zwischenmusik ein vernehmliches, durch nichts zu beseitigendes Gurgeln des in eine Röhre abfließenden Wassers erzeugte, störte dies keinen. Ebensowenig stellten die Relikte gotischer Architektur, bekannten Gemälden nicht unähnlich, das Brautgemach auf einer Steppengrasinsel inmitten eisumgürteter Ödnis, von glühäugigen Wölfen umlagert, oder der heftige Einbruch des Winters am Stückschluß einen Anlaß zu womöglich erhitzten Debatten um die Aussagen des Teams dar, man war's zufrieden und lächelte bestenfalls ein wenig nostalgisch, nicht zuletzt ob der märchenhaft geglückten Bühnen-Meteorologie. Nach manchen Festspieljahren voller Stoff zur Auseinandersetzung gelang hier eine sowohl akustische als auch optische Faszination mit solcher Suggestivkraft, die jeden in ihren weichen und berückenden Bann zog. Endlich einmal gab es kein Ärgernis, nicht den geringsten Stein des Anstoßes (die Monolithen waren entfallen), und man konnte sich ungestört wieder einmal der betörenden «blausilbernen Schönheit» wundersamer Klänge und vielleicht aus der Kindheit vertrauter Bilder hingeben.

Werner Herzog war ein bei allen Mitwirkenden sehr beliebter Regisseur und mir ein überaus angenehmer Mitarbeiter. Sein «Lohengrin» stand von 1978 bis 1993 mit einem Jahr der Unterbrechung, 1991, auf dem Spielplan und wurde auf Video und CD aufgezeichnet.

Speziell bei dieser Aufnahme mit Henning von Gierkes exorbitanten Schmink-Anforderungen machte die Abteilung Maske unter ihren Leitern Inge Landgraf und Hans-Rudolf Müller Unmögliches möglich.

Vor der Generalprobe 1987 erkrankte die als Elsa vorgesehene Sängerin, Nadine Secunde, und wir mußten Catarina Ligendza, die zwei Tage später die Isolde in der «Tristan»-Premiere zu singen hatte, bitten, in der Premiere des «Lohengrin» einzuspringen, was sie ohne zu zögern tat. Nadine Secunde sang dann die Elsa von der zweiten Aufführung an. Den König Heinrich gab Manfred Schenk, Paul Frey sang den Lohengrin, Gabriele Schnaut die Ortrud, Ekkehard Wlaschiha den Telramund, den Heerrufer James Johnson. Die vier Edlen waren mit Clemens

Bieber, Helmut Pampuch, Manfred Hemm und Heinz Klaus Ecker besetzt.

In einem Brief vom 29. März 1985 an Dr. Claus Helmut Dreese in Wien dankte ich ihm, daß der Betrauung Harry Kupfers mit der «Ring»-Neuinszenierung 1988 nunmehr nichts im Wege stünde, da Dr. Dreese ihn großzügig von seinen Verpflichtungen im Juni 1988 in Wien zugunsten Bayreuths freigab. Am 24. Mai lag die Zusage von Hans Schavernoch für die Übernahme des Bühnenbildes vor. Reinhard Heinrich vervollständigte das Team als Kostümbildner. Seit Oktober 1983 war ich bei jeder sich bietenden Gelegenheit, wenn wir zusammentrafen, mit Daniel Barenboim im Gespräch über den neuen «Ring». Am 7. Februar 1984 bestanden schon konkretere Aussichten, mit ihm über das Projekt und sein Dirigat zu sprechen, da er sich bis zum vorgesehenen Termin das Werk unter anderem konzertant erarbeiten konnte.

Unmittelbar nachdem das gesamte Team feststand, entwickelten wir diejenigen Aktivitäten, welche vorausgesetzt werden müssen, um bei Besprechungen und Überlegungen sinnvolle Ergebnisse zu erzielen. Sie sollten dazu führen, konzeptionelle und sängerische Übereinstimmung zu treffen sowie die zeitliche Abfolge der Proben und Aufführungen zu koordinieren. Ferner wurden auch intensive Gespräche darüber geführt, wie sich der siebente «Ring» nach 1951 in Bayreuth von seiner gesamten Konzeption her in den Rahmen der Festspiele einordnen ließe. Harry Kupfer insbesondere wollte seinen «Ring» durch den Verlauf des periodisch-zyklischen «Ring»-Geschehens in Bayreuth gedanklich an vorausgegangene Inszenierungen anknüpfen lassen.

Ein Protokoll vom 18. Oktober 1986 gibt Aufschluß, daß bei der Bauprobe die Maße der «Straße der Geschichte», die ins «Unendliche» lief, endgültig festgelegt worden waren und Laserversuche unternommen wurden, um zu prüfen, inwiefern dieses Mittel in der ersten Szene des «Rheingold», beim Feuerzauber in der «Walküre» und in der Rheinfahrt und am Schluß der «Götterdämmerung» verwendet werden konnte. Zwischenzeitlich gelang es, wesentliche Partien für das Premierenjahr verbindlich zu besetzen. John Tomlinson sollte den Wotan in «Rheingold» und «Walküre» singen, Reiner Goldberg stand als einer der beiden Siegfriede fest – die Partie sollte wie auch schon früher wegen ihrer Schwierigkeiten von zwei Sängern bestritten werden –, Deborah Polaski war mit den drei Brünnhilden besetzt, Graham Clark, besetzt als Mime im «Siegfried» und zunächst auch als Mime im «Rheingold» vorgesehen, sang später statt dessen darin den Loge, Günter von Kannen war als Alberich benannt, Eva-Maria Bundschuh als Gutrune. Siegfried Jerusalem arbeitete mit Daniel Barenboim und seinen Hauptassistenten Antonio Pappano und John Fiore am «Siegfried»-Siegfried. Dies geschah in der Hoffnung, den Sänger dadurch in der richtigen und erfolgversprechenden Weise an die Partie heranführen zu können. Am 9. Dezember 1986 waren lediglich noch die Partien des Donner, des Fasolt, der Helmwige und der dritten Norn offen.

Ende des Festspielsommers 1986 konnte man dahingehend planen, daß neben musikalischen Vorproben mit den Solisten auch szenische Proben ab dem 25. Juli bis zum Schluß der Festspiele am 27. August für «Walküre» (unter Auslassung der Walküren-Szene des Dritten Aufzugs) und «Siegfried» (ohne den Zweiten Aufzug) auf der Probebühne in den originalen Dekorationen stattfanden.

Der «Kassenwart» Wolfgang Wagner, der ich ja auch bin, mußte bei den Bauproben und Besprechungen vom 5. und 6. Oktober feststellen, daß nach den letzten Kalkulationen für die Ausgaben der Dekorationen und Kostüme die Gesamtausstattungskosten bereits um ca. 250000 DM überschritten worden waren, weshalb ich bat, die Phantasie zwar nicht zu kurz kommen zu lassen, aber doch so zu zügeln, daß das dafür mögliche Budget eingehalten werden könne. Bei der nächsten Bauprobe und Zusammenkunft für Demonstrationszwecke wurde in Anwesenheit von Kupfer, Schavernoch und Heinrich mit den Technikern von Bayreuth am 16. November festgelegt, daß der Laser soweit getestet und modifiziert sei, um in der Ersten Szene «Rheingold» sowie für alle Feuer und die «Wasser»-Straße am Schluß der

«Götterdämmerung» als eine beschlossene Sache betrachtet zu werden. Ein Protokoll vom 22. März 1988 konstatiert, daß alle Gegenstände und alle beabsichtigten Effekte, einschließlich des «Totenzuges» im Dritten Aufzug der «Walküre», so bestimmt und bereits präpariert waren, um am 18. April mit den Proben zu letzter technischer Perfektionierung und ab dem 23. April 1988 mit den Regieproben zu beginnen.

Daniel Barenboim und seine hervorragenden musikalischen Assistenten sowie Harry Kupfer mit seinem Mitarbeiterstab, an dessen Spitze Peter Ehrlich, ermöglichten es, ab einem gewissen Zeitpunkt in den Proben zusätzlich noch Wiederholungsproben mit den Sängern abhalten zu können. Bei dieser Gelegenheit muß ich einmal darauf hinweisen, daß eine überlegte und sinnvolle Probengestaltung bei der Kammerbesetzung des «Ring» (mit Ausnahme einiger Szenen der «Götterdämmerung», der Walküren-Szene und Teilen des «Rheingold») allein zeitlich so geplant werden kann, daß der Ablauf intensiv und produktiv ist. Dadurch wird verhindert, daß ein Teil der Sänger – wie so oft – bloß herumstehen muß. Die Verpflichtung eines großen Regisseurs in Bayreuth scheiterte zu anderer Zeit daran, daß er meinte, stets alle Beteiligten (im Jahr 1988 waren zum Beispiel 28 Solisten im «Ring» beschäftigt) auf dem Wartebänkchen vor dem Probenraum zur Verfügung haben zu müssen, um für ihn jederzeit, wenn er geruhte, mit irgendwem zu arbeiten, abrufbereit zu sein. Das genaue Gegenteil eines solchen Typus ist Harry Kupfer. Beginnt er mit den Proben, so ist in ihm gedanklich alles exakt vorgebildet, und seine langjährige Erfahrung, die niemals in bloße Routine abgleitet, macht sich überall bemerkbar, indem er sofort erkennt, wie er sein Konzept mit den Sängern individuell umsetzen kann. Auch hinsichtlich mancher seiner Wünsche bei der technischen Realisation weiß er, wie diese umgesetzt und womit sie verwirklicht werden können. Dabei entsteht nicht, wie öfters sonst, Nervosität oder gar überflüssiges und beleidigendes Krachschlagen. Von ihm hörte ich zu keiner Zeit – im Unterschied zu anderen leitenden künstlerischen Mitarbeitern –, daß für einen ausgefeilten «Ring» die Zeit nicht reiche. Allerdings, und dies möchte ich betonen, ist es unmöglich, zum Schmieden des «Ring» etwa stumpfe Feilen zu verwenden; das ist gleichsam eine conditio sine qua non.

Daß jeder Interpret – so auch Harry Kupfer – gerade hier in Bayreuth gern jede Möglichkeit ergreift, um in seiner Weise das jeweils Erreichte bei dem im Grunde kaum vollkommen zu erfüllenden Anspruch dieses Werks weiterzutreiben, galt bei ihm ganz besonders. Seine Kompromißlosigkeit zeigte sich in einer klar konturierten Konsequenz der Werkdeutung, die die Tetralogie mit bezwingender Logik entwickelte und zu einem Guß formte, sie also nicht in separate Teile oder Teilchen zerfallen ließ. Es war nicht *die* «Ring»-Deutung schlechthin, sondern, wie Kupfer selbst immer wieder hervorhob, eine von vielleicht zweihundertfünfzig möglichen. An seiner Konsequenz und Stringenz stießen sich manche, und vielen imponierte sie; möglicherweise ist es gerade diese Eigenschaft seiner «Ring»-Interpretation, die das Publikum, im Leben mehr an Inkonsequenz gewohnt, zur Anerkennung oder Ablehnung seiner Arbeit bewegte.

Die geistige Erfassung des «Ring» und das Einfühlungsvermögen von Daniel Barenboim, dem es gelang, zwischen Musik und Szene Kongruenz herzustellen und damit Orchester und Sänger in Einklang zu bringen, ohne den rein musikalischen Anteil von Wagners Werk preiszugeben oder unterzuordnen, war für mich bewundernswert und wird es sicher auch bleiben. Seine eigene Art, mit den Sängern zu arbeiten, und eine ganz spezielle Form des Umgangs mit ihnen auch im besonderen Bayreuther Alltag, erzeugte bei Sängern und Musikern etwas wie Geborgenheit und eine Atmosphäre des gemeinsamen künstlerischen Wollens.

Im vierten und fünften Jahr seiner Spieldauer, 1991 und 1992, wurde dieser «Ring» auf CD und Video aufgezeichnet, wobei es allerdings nur begrenzt möglich ist, die unmittelbare lebendige Wechselwirkung zwischen Bühne und Publikum zu erhalten.

Über diesen «Ring» ist ein umfangreiches Buch erschienen, die Zahl der Artikel und Rezensionen ist Legion. All dem, was geschrieben, diskutiert und vor allem von Erlebnisbereiten auch besinnend und schweigend aufgenommen wurde, will ich hier weder noch einmal ergänzend das Wort reden noch gar ins Wort fallen.

Abschließend sei die Besetzungsliste der vier Werke aus dem Premierenjahr 1988 angefügt:

DAS RHEINGOLD
Wotan: John Tomlinson; Donner: Bodo Brinkmann; Froh: Kurt Schreibmayer; Loge: Graham Clark; Fasolt: Matthias Hölle; Fafner: Philip Kang; Alberich: Günter von Kannen; Mime: Helmut Pampuch; Fricka: Linda Finnie; Freia: Eva Johansson; Erda: Anne Gjevang; Woglinde: Hilde Leidland; Wellgunde: Annette Küttenbaum; Floßhilde: Jane Turner.

DIE WALKÜRE
Siegmund: Peter Hofmann; Hunding: Matthias Hölle; Wotan: John Tomlinson; Sieglinde: Nadine Secunde; Brünnhilde: Deborah Polaski; Fricka: Linda Finnie; Gerhilde: Eva Johansson; Ortlinde: Lia Frey-Rabine; Waltraute: Silvia Herman; Schwertleite: Hitomi Katagiri; Helmwige: Eva-Maria Bundschuh; Siegrune: Linda Finnie; Grimgerde: Uta Priew; Roßweiße: Hebe Dijkstra.

SIEGFRIED
Siegfried: Siegfried Jerusalem; Mime: Graham Clark; Der Wanderer: Franz Mazura; Alberich: Günter von Kannen; Fafner: Philip Kang; Erda: Anne Gjevang; Brünnhilde: Deborah Polaski; Waldvogel: Hilde Leidland.

GÖTTERDÄMMERUNG
Siegfried: Reiner Goldberg; Gunther: Bodo Brinkmann; Hagen: Philip Kang; Alberich: Günter von Kannen; Brünnhilde: Deborah Polaski; Gutrune: Eva-Maria Bundschuh; Waltraute: Waltraud Meier; 1. Norn: Anne Gjevang; 2. Norn: Linda Finnie; 3. Norn: Lia Frey-Rabine; Woglinde: Hilde Leidland; Wellgunde: Annette Küttenbaum; Floßhilde: Jane Turner.

In der zweiten Maihälfte 1987 lag die prinzipielle Zusage von Dieter Dorn vor, die Regie des «Fliegenden Holländer» 1990 zu übernehmen. Bereits vorher schon stand Giuseppe Sinopoli als Dirigent fest. Und noch im August desselben Jahres konnte Jürgen Rose als Bühnen- und Kostümbildner gewonnen werden. Rose war mir als Ausstatter des «Tannhäuser» seit 1972 bekannt, so daß ich über seine Arbeitsweise genau Bescheid wußte; und da er auch mit meiner Art seither vertraut war, entfielen von vornherein alle überflüssigen wechselseitigen Empfindlichkeiten.

Bei einer Besprechung am 15. Januar 1989 in Dieter Dorns Wirkungsstätte, den Münchner Kammerspielen, standen neben rein künstlerisch-organisatorischen Fragen auch Besetzungsprobleme zur Debatte, nicht zuletzt ausgelöst durch die Absage von Cheryl Studer. Sie hatte in meiner «Tannhäuser»-Inszenierung 1985 unter Sinopolis Leitung die Elisabeth gesungen und war zusammen mit Bernd Weikl das Wunschpaar des Dirigenten für die «Holländer»-Inszenierung.

Nach vielen Diskussionen, in denen unter anderem Bedenken gegen gewisse vorgesehene Postierungen des Chors durch die musikalisch Verantwortlichen Sinopoli und den Chordirektor Norbert Balatsch vorgebracht wurden, konnte schließlich dann doch Einigung erzielt werden, wobei allerdings verschiedene regielich bedingte Probleme bis heute im musikalischen Ablauf des Werkes wirksam sind und kompliziert bleiben.

Bis Mitte Dezember 1989 war es auch gelungen, eine finanziell vertret- und tragbare Lösung zu finden für den technischen Effekt des Anhebens und der 360°-Drehung der Spinnstube des Zweiten Aufzugs, so daß nicht nur Sentas Versinken in «wunderbares Träumen», sondern auch die Wunschträume des Regisseurs und Bühnenbildners sich erfüllten – ursprünglich hätten die Kosten dafür Dreiviertel des Gesamtbetrages für die Dekoration verschlungen.

Alle auftretenden Schwierigkeiten lösten wir in verständnisvollen Aussprachen miteinander, und ich gab schließlich als Letztverantwortlicher trotz meiner persönlichen Abneigung auch mein Einverständnis zu der Solopantomime während der Ouvertüre. Wenn ich dieser Bitte nachkam, so ändert das doch nichts daran, daß ich prinzipiell dagegen bin, eine Inszenierung mit solch scheinbaren Tiefsinnigkeiten zu überfrachten, die in austauschbar-allgemeiner und daher letzthin unverbindlicher Symbolik eine Musik bloß illustrieren, nicht etwa deuten, eine Musik, die in diesem Falle durch den dramaturgischen Musiker Richard Wagner mit Bestimmtheit nichtszenisch konzipiert wurde, sondern einer nur akustischen Einstimmung des Publikums auf das Erleben des nachfolgenden Werkes dienen sollte.

Die Pantomime zeigt einen Mann, einen «Fremden», der einen dreieckigen, weißen Berg zu erklimmen versucht, jedoch immer aufs neue abrutscht und in die Tiefe stürzt: ein Sisyphos, der zwar nicht identisch mit dem Holländer, diesem aber durchaus ähnlich ist. Der «Fremde» strebt diagonal von links und rechts unten und oben gespannten roten Seilen zu, die sich genau über der Spitze des dreieckigen Berges kreuzen, mehr noch wohl aber einer im entfernten Hintergrund scheinbar rotierenden Kugel, die vielleicht die Welt sein könnte, nach der er trachtet. Dem unteren Dreieck wächst von oben her ein adäquates entgegen, und dem Kletterer gelingt der Gipfelsturm, er zerreißt die Seile des Schicksals und versinkt. Bevor am Schluß der Ouvertüre das Erlösungsthema erklingt, hat sich der Vorhang bereits wieder geschlossen. Natürlich ist klar, daß es sich nicht um eine von Musik untermalte Bergsteigerei handelt, sondern um eine Parabel, deren Nachteil aber, wie ich meine, darin besteht, daß sie die Stückfabel des «Holländer» – ins allgemein Unklare transponiert – vorwegnimmt und im Grunde das Öffnen des Vorhangs nach der Ouvertüre fast überflüssig erscheinen läßt. Für mich ist die Darstellung der Ouvertüre ein deutlicher Pleonasmus, der die nachfolgende Opernhandlung schwächen, ja beinahe aufheben kann.

Der Regisseur hielt es für angebracht, der Handlung noch eine weitergehende Dimension zu erschließen, indem er die an sich nur im Dritten Aufzug agierende Geister-Mannschaft des Holländer-Schiffes sinnfällig machte durch lemurenähnliche Geschöpfe, welche bereits ab dem Ersten Aufzug in Erscheinung und Aktion treten, immer dann, wenn es die Regie für dramaturgisch relevant erachtet.

Nach Kupfers psychologischer Interpretation des Werks als

Senta-Tragödie gelang Dieter Dorn mit seiner unprätentiösen Deutung jedoch eine nicht minder spannungsgeladene Aufführung, die ein postmodern aufgeschlossenes Publikum ziemlich einhellig begeisterte, deren einfache, gleichwohl starke Bildkraft nachhaltig haftete. Dieter Dorn wollte, wie er sagte, «sinnliche Aufklärung», wer der Mensch ist, wozu er fähig sei, nicht aber unbedingt die treibenden Motive erhellen, denn «Psychologie hat auf der Bühne nichts zu suchen», den Figuren soll ihr Geheimnis belassen werden. Und so gaben symbolische Farben und Formen der Inszenierung ihr eindrucksvollstes Gepräge. Manche Härte des Stücks wirkte vielleicht etwas geglättet, mitunter wie gestylt durch die leuchtenden Farben und die ästhetische Ausgewogenheit. Dorns Absicht war, nach eigenem Bekenntnis, «das geheime Stück hinter dem Stück zu treffen», die darin liegende Mystik aufzuspüren. Die magische Poesie, die aus der wohlüberlegten und überaus geschmackvollen Komposition der dominierenden Farben Rot (das raffinierte Segel des Holländer-Schiffes), Gelb (die Spielfläche und das winzige, an mittelalterliche Abbildungen erinnernde Daland-Schiff im Ersten Aufzug, die Spinnstube im Zweiten), Blau (der Dritte Aufzug) und Schwarz (universeller Hinter- und Untergrund) ausstrahlte, kombiniert mit den symbolträchtig-geometrischen Figuren Dreieck, Kugel und Viereck in ihren formalen Spannungsverhältnissen, erzeugte bei den Zuschauern wohl weniger das Gefühl, durch blutvolles, pralles Theater gefesselt zu werden, als eine mehr unbewußte, intellektuell durchgeistigte Faszination.

Im großen Duett Senta-Holländer des Zweiten Aufzugs wurde auf der Bühne ein unendlicher schwarzer Welten-Raum suggeriert, darin Mond und Sterne funkeln, in dessen mittlerem Vordergrund irreal verloren die Spinnstube steht, ein gelbes dünnwandiges Hüttchen, aus Viereck und Dreieck zum Fünfeck addiert. Die Protagonisten treten zu ihrem Zwiegesang heraus und scheinen dadurch fast im Raum zu schweben. Dieser Eindruck verstärkt sich, indem das Haus erst angehoben wird und danach langsam einmal um sich selbst dreht. Nach Dorns Worten sollte es ein «Angebot an die Phantasie» sein, um sinnfällig zu machen, daß sich für Senta und den Holländer die Welt aus den Angeln hebt. Das ist freilich überaus interessant, und es erhielt ein zusätzliches Spannungsmoment, weil die Zuschauer großenteils – so wie das Kaninchen auf die Schlange – auf den Hut des Holländers starrten. Der Sänger hatte ihn vor dem Duett auf einen Stuhl im Hause gelegt – und er fiel bei der Drehung nicht herunter. Sollte etwa hier die Schwerkraft aufgehoben worden sein, fragte sich so mancher gebannt grübelnd, wobei ihm das Duett mehr und mehr zur freundlichen Begleitmusik technischen Wunderwerks absank. Anders bei der Generalprobe: Der Hut purzelte zu Boden bei entsprechender Neigung des Hauses; da aber kein Mensch wußte, daß er eigentlich festhalten sollte, verfolgte jedermann aufmerksam belustigt das Schauspiel, wie er mit schöner Regelmäßigkeit von der ersten bis zur fünften Wand-Fläche und dann wieder auf die erste fiel. Der Hut wurde zum Tagesgespräch. Und selbstverständlich kolportierten dieses Ereignis die geladenen Generalprobengäste eilfertig den späteren Aufführungsbesuchern, die damit unverzüglich unterrichtet werden, *was* an der Neuinszenierung denn nun hauptsächlich beachtenswert ist. So zeitigen künstlerische Ideen zuweilen eben satyrhafte Folgen.

«Alle, die was machen, wollen, daß was fliegt – schade nur, wenn der Wind fehlt», sagte Dieter Dorn in einem Interview. Was hier durch die soeben geschilderten Begebenheiten einen doppelbödigen Sinn erhält, bewährte sich jedoch insgesamt sehr gut, und der «Wind» fehlte durchaus nicht, sondern wehte angenehm kräftig, da die gesamte Inszenierung bestimmt war von der wechselseitigen Abstimmung innerhalb des Teams Giuseppe Sinopoli, Dieter Dorn, Jürgen Rose. Für die Realisierung dieses «Holländer» wurde die pausenlose Fassung mit dem «Erlösungsschluß» von 1860 gewählt.

Die dekorative Gestaltung der Bühne mit ihren vielen Aushangteilen rief mit Ausnahme des Zweiten Aufzugs einen für Bayreuth atypischen, merkwürdig stumpfen Klang hervor, was jedoch niemanden weiter störte, konnte doch offensichtlich das klangliche Unbehagen kompensiert werden durch das szenische Geschehen. Für mich allerdings wirft sich nach dem Erlebnis des

Visuellen und des Klanges einmal mehr die Frage auf, wo denn nun die gleichermaßen ideale Kongruenz liegen könnte. Bedeutet faszinierende Visualisierung eine Einbuße an klanglicher Schönheit? Ist das hinzunehmen? Garantiert nur die CD, musikalisch gesehen, auch für eine Oper oder ein Musikdrama das perfekte Erlebnis? Oder, um die Fragestellung zu polarisieren, ist die Darstellung auf der Bühne bedeutender anzusetzen als ein eventuell durch die spezifische Art und Weise der Gestaltung verminderter Klangeindruck? – Dies sind offene, immer aufs neue aktuelle und bedrängende Fragen.

Die Premierenbesetzung 1990 war folgende: Hans Sotin sang den Daland, Elizabeth Connell die Senta, Reiner Goldberg den Erik, Barbara Bornemann die Mary, Clemens Bieber den Steuermann und Bernd Weikl den Holländer. Ab dem Jahr 1991 wurde die Senta von Sabine Hass, die Mary von Hebe Dijkstra gesungen.

Die Festlegungen hinsichtlich der Neuinszenierung des «Tristan» für 1993 besitzen eine lange und bedeutsame Vorgeschichte. Da ich meinerseits als eine in der Öffentlichkeit stehende Person weiß und nach wie vor immer wieder zu spüren bekomme, wie persönliche Sphären und private Vorgänge häufig mit Nicht-, besser wohl Mißachtung behandelt werden, müßte ich mich, wenn ich hier alle Details dieser Vorgeschichte, die im übrigen nichts mit den nachstehend Genannten zu tun hat, erwähnte und aufzeichnete, der Methoden der Regenbogenpresse bedienen. Es versteht sich mithin von selbst, daß dergleichen zu unterlassen nicht nur eine Frage des Takts, sondern mehr noch eine prinzipieller Haltung ist.

Bevor die eigentlichen Verhandlungen mit Heiner Müller, dem ausersehenen «Tristan»-Regisseur, begannen, waren meine Frau und ich einmal in Berlin, um uns dort mit Müller zu einem ersten Informationsgespräch zu treffen, das von Daniel Barenboim angeregt worden war. Am 10. Juli 1990 trafen sich Barenboim, Müller und der Bühnenbildner Erich Wonder während der Probenzeit in Bayreuth, um an Ort und Stelle alles Nötige zu besprechen, was Besetzungen, Assistenten etc. betraf, sowie bestimmte Konditionen zu klären. Bei dieser Gelegenheit wurde zum ersten Male der Vorschlag gemacht, einen japanischen Kostümbildner zu engagieren, dessen Name noch herauszufinden sei. Erich Wonder demonstrierte am 8. April 1991 meiner Frau und mir in Wien die Bühnenbildmodelle, die dann einige Tage später, am 15. April, nach Berlin gebracht wurden, wo wir sie gemeinsam mit dem Bühnenbildner, Heiner Müller und Daniel Barenboim diskutierten. Die ersten Bauproben fanden am 22. und 23. Mai in Bayreuth statt.

Der Kostümbildner Yohji Yamamoto, gemeinhin mehr als Couturier bekannt, kam am 19. und 20. Oktober nach Bayreuth zu einem Gespräch mit Heiner Müller und Erich Wonder über die Gestaltung der Kostüme. Dabei wurde festgelegt, daß für die im August 1992 geplanten Vorproben Kostüme zur Verfügung stehen müßten, da durch ihre besondere Formgebung der Bewegungsduktus der Sänger wesentlich beeinflußt, ja bestimmt werde. Am 21. März 1992 kam das im Oktober des Vorjahres vereinbarte Treffen in München zustande, an dem nicht nur Heiner Müller, Erich Wonder und Yohji Yamamoto teilnahmen, sondern ebenfalls die Leiterinnen der Bayreuther Kostümabteilung Heike Ammer und Renate Stoiber, die auch eine Unmenge von Stoffballen aus uns bekannten und freundlich gesinnten Lagern anschleppten, Stoffe, die den vorher geäußerten Vorstellungen und Wünschen des Kostümbildners vielleicht entsprechen konnten. Zwischen dem 11. und dem 14. Juli fanden Anproben und Vorführungen mit den Sängern des Tristan und der Isolde sowie mit Statisten auf der Hauptbühne des Festspielhauses im gut markierten Bühnenbild des Ersten Aufzugs statt, genauer, auf der einen Seite war der Erste Aufzug in *seiner* speziellen Farbgebung, auf der anderen Seite der Zweite in der gleichen Weise markiert worden, um durch gleichzeitig angestellte Beleuchtungsversuche deren Wirkung für die Farbgestaltung der Kostüme in Erfahrung zu bringen.

Die Vorproben zu diesem neuen «Tristan» wurden zwischen dem 9. und dem 23. August 1992 vereinbarungsgemäß abgehalten. Heiner Müller arbeitete mit den Sängern des Tristan, der

Isolde, der Brangäne, des Kurwenal und des Melot, dabei aktiv durch die wirksame Präsenz Daniel Barenboims unterstützt. Als Probenraum hatten wir die Probebühne IV gewählt, weshalb eigens ein bis dahin daneben befindliches Mülltonnendepot beseitigt wurde. Die Probebühne IV war exklusiv dem «Tristan»-Team vorbehalten, und es dauerte nicht lange, daß sich alle darin sehr heimisch fühlten. Die gleichen Leute am gleichen Ort – dies schweißte zusammen, und die unmittelbare Nähe der Kantine des Festspielhauses, die man gemeinsam aufsuchte, dürfte keinen zu unterschätzenden Einfluß gehabt haben, das Empfinden der Zusammengehörigkeit zu stärken. Ich konnte schon bei den allerersten Vorproben erfreut feststellen, daß es Heiner Müller, der zwar langjährige Schauspiel-Erfahrungen besaß, keine Probleme bereitete, mit den Sängern zu arbeiten. Zur großen Gaudi aller Anwesenden leitete er jede Probe mit der Vorlesung der jeweiligen Tageshoroskope aus der von ihm auf seine Art als «Katastrophenliebhaber» geschätzten «Bildzeitung» ein. Innerhalb dieser Vorproben stellte es sich bald heraus, daß die dafür vorgefertigten Kostüme nicht mehr benutzt werden konnten, da sie den Absichten der Inszenierung noch nicht entsprachen. Die für Yohji Yamamoto erforderlichen Termine in Bayreuth waren im übrigen stets so abgestimmt, daß er zu dieser Zeit ohnehin in Europa weilte und für ihn also nur die Reisekosten Paris – Bayreuth entstanden. Er kam entweder vor oder nach der Präsentation seiner neuen Kollektionen in Paris hierher. Eine nochmalige Zusammenkunft mit ihm zwischen dem 17. und 19. Oktober zeitigte sowohl andere Ideen als auch andere Schnittversuche, und so konnten in Gegenwart von Heiner Müller die Klärungsprozesse vorangetrieben werden. Yamamoto brachte zu seinen eigenen Lasten drei Assistentinnen mit, die gemeinsam mit Mitarbeitern der Kostümabteilung und der Maskenbildnerei intensiv und emsig um die Perfektionierung der Kostüme bemüht waren. Einige Turbulenzen um die Kostüme gab es noch, weil jeder Beteiligte, einschließlich der Sänger, von den unterschiedlichsten Vorstellungen und Auffassungen ausging. Auf alle Fälle war es möglich, bis zum 9. Juli 1993 sämtliche Kostüme und am 15. Juli (vier Tage vor der Generalprobe und zehn Tage vor der Premiere) auch alle «Objekte», als integralen Bestandteil der Kostüme von einem geschickten Mitarbeiter Yamamotos, einem Meister seines Fachs, wunschgemäß aus individuell geformtem Plexiglas hergestellt, auf die Bühne zu bringen. Yohji Yamamoto zeigte bei alldem immer japanisch-souveräne Höflichkeit, verbunden mit einem ausgeprägten Ur-Nervus rerum. Und es machte ihn glücklich, als Künstler an einer Stätte langer Tradition, bei den Festspielen Richard Wagners wirken zu können.

Meine besondere Wertschätzung Heiner Müllers, die ich seinerzeit bei meinem Besuch einer Aufführung der «Hamletmaschine» und beim anschließenden Gespräch mit ihm gewann, bestätigte sich hier in Bayreuth während seiner Arbeit. Erfaßt man seine oft sarkastische, mitunter die Nähe des Zynismus streifende verbale Art, lernt man durch ihn «Katastrophen» schätzen, weil sie vieles in anderem Licht erscheinen lassen und zu Erkenntnissen, zu anderen Beurteilungen führen können. Bei Erich Wonder gefiel mir sehr, daß er bei der wohldurchdachten Zusammenarbeit mit Heiner Müller und später bei der Realisation seiner Entwürfe durch meine Mitarbeiter sein Wissen um das Theater gestalterisch harmonisch einbrachte. In der musikalischen Erarbeitung standen Daniel Barenboim seine Assistenten, vor allem Simone Young, zur Seite, Heiner Müller brachte Stephan Suschke mit und «erbte» den bayreutherfahrenen Isao Takashima.

Für Gero Zimmermann, der schon zwischen 1969 und 1973 jeweils während der Festspielzeit als technischer Assistent und 1990 als Bühneninspektor hier beschäftigt gewesen ist, war der «Tristan» die erste Neuinszenierung in seiner Verantwortung als Technischer Leiter. Diese Position hat er seit dem 1. Oktober 1990 inne.

Das internationale Team und seine Leistungen, wie auch die der Sänger, fanden beim Premierenpublikum im Sommer 1993 jene Form der begeisterten Anerkennung auf der einen, auf der anderen Seite jene zu erwartende Ablehnung, die, von mir aus gesehen, für die kommenden Jahre eine Langzeitwirkung sehr wahrscheinlich werden läßt. Ein «Tristan», in dem fast alle Sänger Debütanten in ihren Partien waren, ist allein schon etwas Außergewöhnliches und straft die Meinung Lügen, es gebe keine Wagnerstimmen mehr heutzutage. Das Resultat des ersten Spieljahres kann ich durchaus positiv resümieren. Und Heiner Müller hat mit seinem selbstironischen Bonmot recht behalten: «Wer sich nicht engagiert, wird engagiert. Manchmal gegen seinen Willen.»

Abschließend sei die Besetzung der Premiere genannt: König Marke: John Tomlinson; Tristan: Siegfried Jerusalem; Isolde: Waltraud Meier; Kurwenal: Falk Struckmann; Brangäne: Uta Priew; Junger Seemann und Melot: Poul Elming; Steuermann: Sándor Sólyom-Nagy; Hirt: Peter Maus.

XI. Wagner & Wagner

Meine ersten drei Bayreuther Inszenierungen («Lohengrin» 1953, «Der fliegende Holländer» 1955 und «Tristan und Isolde» 1957) will ich hier nicht näher beschreiben. Zwar brachten sie für das Publikum durchaus nachhaltige Erlebnisse und beinhalteten für mich interessante Ergebnisse, diese jedoch könnten nur verständlich gemacht werden als Alternative im Kontext mit den Arbeiten meines Bruders, was ein für mich überflüssiges Abwägen nach sich ziehen würde. Daher beschränke ich mich im folgenden auf meine späteren Interpretationen jener Werke, in welche meine früheren Erfahrungen und Erkenntnisse einflossen.

Nachdem die erprobte und bewährte Kontinuität der abwechselnd von Wieland und mir gestalteten Neuinszenierungen in Bayreuth durch den Tod meines Bruders abbrach, ergab sich die zwingende Notwendigkeit, neben den eingangs des vorigen Kapitels geschilderten Überlegungen auch zu prüfen – und dies war eine der vorrangigen Erwägungen –, welche seiner 1966 auf dem Spielplan stehenden Interpretationen weiterhin Bestandteil des Programms bleiben sollten und konnten.

Seine «Ring»-Inszenierung sollte fünf Jahre, also bis 1969, gegeben und nach einem Jahr Pause den «Tristan» wiederaufzunehmen ermöglicht werden. Um 1967 einen entsprechenden Spielplan gestalten zu können, wurde sein «Tannhäuser» in diesem Jahr beibehalten. Der «Parsifal» konnte einigermaßen verantwortbar bis 1973 gespielt werden; leider jedoch gelang es nicht, durch die von Wieland erhoffte *echte* Gemeinschaftsarbeit zwischen ihm als Regisseur und Pierre Boulez als Dirigenten eine evolutionäre Erneuerung der Inszenierung in Angriff zu nehmen.

Zu meiner Auffassung des «Lohengrin» gab ich 1967 einer Münchner Zeitung ein Interview, in dem sowohl die technischen als auch die dramaturgischen Ideen zur Sprache kamen. Es ging mir darum, eine Spielfläche zu erhalten, die als Spannungsfeld menschlicher Auseinandersetzungen stand und als solches deutlich abgehoben war gegenüber jener Macht, die von außen in Gestalt Lohengrins eindringt. Der eigentliche Konflikt des Werks liegt ja nicht im Persönlichen, etwa zwischen Elsa und Ortrud oder Elsa und Telramund – der König bleibt ohnehin neutralisiert –, sondern besteht im Zusammenstoß Lohengrins mit einer Welt, der er sich verbinden will. Das Verlangen, aus der Höhe hinabzusteigen, «die Sehnsucht, vom Glück ergriffen zu werden», sah schon mein Großvater als «die tiefste tragische Situation der Gegenwart» an. Aus der Erkenntnis dieses Konflikts mußten sich sinnentsprechend alle Einzelheiten meiner Inszenierung ergeben. Natürlich spielen bei mir gewisse architektonische Vorstellungen eine Rolle hinsichtlich des Bühnenbildes. Damit grenzte ich einen menschlichen Handlungsraum ab, von dem aus sich die «Erscheinung» des Gralsritters identifizieren ließ. Darüber hinaus versuchte ich, die Architektur über die Kostüme auf die Figuren zu übertragen. Für die Versinnlichung im Szenischen schienen mir die stilistischen Elemente der Romanik mit ihrer im Irdischen haftenden Gebundenheit am tauglichsten. Daher war das Achteck im Bühnenbild bestimmend und gab die Spielfläche ab. Wie auch in meinem «Ring» wollte ich der Bühne nach ihrer Neigung zur Abstraktion wieder eine neue Dreidimensionalität erschließen. Dies geschah ebenso durch die Einbeziehung architektonischer Entlehnungen und Reminiszenzen wie auch durch die Lichtregie, denn das Optische kann nicht ausgeklammert werden. Ich war stets bemüht, für den mythopoetischen Kern der Werke die angemessenen und adäquaten Symbole zu finden. Von seiten einiger Kritiker wurde mir der Vorwurf gemacht, ich hätte bei der stilisierten Gestaltung von Bäumen und Rankwerk ein schlechtes Jugendstil-Imitat auf die Bühne gebracht. Als ich darauf im folgenden Jahr, 1968, die Vorlagen, die meiner Anregung gedient hatten – es handelte sich um die Bronzetüren von San Zeno Maggiore in Verona –, im Programmheft veröffentlichte, zeigten sich die «Kunstkenner» nicht wenig konsterniert.

1968 war das Jahr der einhundertjährigen Wiederkehr der Uraufführung von Richard Wagners «Meistersingern» in München. Aufgrund langfristiger gemeinsamer Vorausplanungen hatte sich mein Bruder für die aus diesem Anlaß vorgesehene Inszenierung für Karl Böhm als Dirigenten entschieden, und auch ein Teil der Besetzung stand bereits fest. Obwohl Wieland hintereinander nach der Inszenierung Rudolf Hartmanns (1951 und 1952) schon zwei eigene auf die Bühne gebracht hatte, war es sein ausgesprochener Wunsch gewesen, nach der ersten Wiedergabe (zwischen 1956 und 1961) und der zweiten Näherung mit der bekannten Dekoration der Shakespeare-Bühne (nur 1963 und 1964) eine dritte Neuformung zu gestalten, um damit die Synthese aus den Erfahrungen der beiden vorausgehenden Arbeiten zu schaffen. Es hieß nichts anderes, als daß er mit sich selbst im Umgang mit diesem Werk noch nicht endgültig ins reine gekommen war. Tragischerweise mußte es ihm versagt bleiben. Daß mein Wunsch, gerade die «Meistersinger» auf die Bayreuther Bühne zu bringen, mit denen ich mich hier überhaupt noch nicht artikuliert hatte, sich nunmehr so bald erfüllte, resultierte als Notwendigkeit aus den Vorgaben. Und ich mußte selbstverständlich zugleich eine Hypothek übernehmen, denn der Aufführung ging ein Erwartungsraunen besonderer Art voraus: Was wird *er* nach den beiden «Meistersinger»-Inszenierungen Wielands von 1956 und 1963 wohl auf die Bühne stellen? Obendrein war bis dahin so sehr viel Unterschiedliches über meine Gastinszenierung dieses Werks in Rom am 22. März 1956 zu vernehmen gewesen.

Die römische Oper wollte von mir dezidiert eine konservativ-dekorative Lösung. Mit Otto Wissner, dem Leiter des Dekorationswesens der Bayreuther Festspiele, erarbeitete ich sehr präzise Modellvorlagen. Die naturalistischen Elemente wären dadurch aufgehoben worden, daß eine perspektivische Verkürzung insbesondere der Straße im Zweiten Aufzug und eine Auflösung der Architekturteile durch eine Grafik à la Buffet erreicht werden sollte. Als ich in Rom dann zum ersten Male die Dekoration gerade dieses Bildes sah, hatte man dort alles minutiös penibel in rechten Winkeln und mit sämtlichen Ecken und Kanten ausgeführt. Die Empfindlichkeiten der verantwortlichen Techniker veranlaßten mich, mein Mißbehagen besser zu unterdrücken und keine Korrekturen vorzunehmen. Etliche Schwierigkeiten mußte ich durch den für die Beleuchtung Verantwortlichen hinnehmen, der zwar zum Beispiel beim Mond im Zweiten Aufzug alles seit Jahrzehnten Bewährte aufbot, was allerdings meinen ursprünglichen Ideen leider so gar nicht entsprach. Mit Ausnahme der Solokostüme, die Kurt Palm sehr geschickt und findungsreich gemäß meiner konzeptionellen Vorstellung entworfen und angefertigt hatte, war ich genötigt, mich mit Kostümen aus dem Fundus eines Kostümverleihs am Forum Romanum zu begnügen, sie hingen in der Abteilung «Altdeutsch». Mit einem Wort, die Arbeit konnte als nicht so ganz einfach bezeichnet werden.

In menschlicher Hinsicht empfand ich den Oberrequisiteur Oreste am erfreulichsten, der in den Katakomben des Theaters einen Fundus von immensen Dimensionen unter seiner Hoheit bewahrte, welcher alle nur denkbaren Zeit- und Stilepochen umfaßte und aus dem man sich für in der Tat jedes Mögliche und jedes Unmögliche bedienen konnte. Fabelhafterweise war aber dort kein «italienischer» Fliederbaum für den Zweiten Aufzug aufzutreiben, und zu meinem Glück bot mir Oreste auch keinen zweieinhalb Meter hohen Olivenbaum als Ersatz an. Vielmehr ging er in eine benachbarte, öffentliche kleine Pflanzung und sägte da kurzerhand einen entsprechend großen Oleander ab, um diesen vor Sachsens Haus zu plazieren. Er tat dies mit solchem Eifer und solch hingebungsvoller Freude, daß mir schon allein deshalb nichts anderes übrigblieb, als jenes südliche Gewächs zu akzeptieren, obwohl es mit dem deutschen Holunder weder in seiner Form noch in der Blütenfarbe etwas gemein hat.

Eine wichtige Anregung zur Gestaltung meiner ersten Bayreuther «Meistersinger» 1968 fand ich in der Holzschnittechnik der Illustrationen von Hartmann Schedels 1493 in Nürnberg erschienener «Weltchronik». Die von mir auf der Bühne verwendete Fachwerkstruktur war weder alemannisch noch fränkisch – also nicht historisch exakt rekonstruiert –, sondern durchaus unregelmäßig. Darin fand ich das Reglement eines hochmittelalterlichen

Stadtwesens mit seinen angedeuteten Zunft- und Ständeordnungen ebenso ausgedrückt wie das der Meistersinger-Sphäre, zugleich aber auch die Möglichkeiten individuellen Freiraums innerhalb dieses Systems und dessen Infragestellung durch die dramaturgische Entwicklung des Bühnenwerks, die sich auf eine Polarität von gesetzmäßiger Form und freier schöpferischer Phantasie zuspitzt. Unterstützt wurde diese Interpretation durch die verschiedenfarbigen transparenten Flächen innerhalb der Fachwerkstruktur. Mit Hilfe farbiger Xenon-Projektionen von hinten und mittels Lichtfiltern, die diffuse Effekte bewirkten und die Konturen aufweichten, vermochten die Wände aus bemalter, durch Maschendraht mit applizierten Fugen versteifter Folie etwas von jener Transparenz zu vermitteln, die das handfeste Spiel immer wieder entrücken, den Raum entmaterialisieren sollte. Vor allem benutzte ich diesen Effekt besonders für die Atmosphäre des Johannisnacht-Zaubers und der Fliederstimmung.

Zugleich engster und hellster Raum war die Schusterstube im Dritten Aufzug, ein Ort geistiger Konzentration und erhellender Erkenntnis, weniger Schusterwerkstatt als vielmehr geistige Werkstatt. Am Ende dann stand das Naturbild mit lediglich provisorischer Zurichtung für die Festwiese. Das wesentliche Moment in der Gestaltung der Festwiese war für mich die Steigerung der Aktion von den einfachen, derb-fröhlichen Zunftchören über das formal Professionelle, jedoch Sinn-lose des Beckmesser-Liedes bis hin zum Preislied Walther von Stolzings und der utopischen Idealisierung der Kunst, der das Volk in demokratischer Weise zustimmt. Soziologisch gesehen also die Einbeziehung und Beteiligung des künstlerisch aufnahmefähigen und urteilskräftigen Volkes, das letztlich die Entscheidung fällt, die der «Meisterklüngel» nicht zustande bringt. In dieser Schlußlösung manifestierte sich einmal mehr Richard Wagners demokratisch-utopische Vorstellung eines Volkes, das sich durch Teilnahme an der Kunst und Kunstäußerung konstituiert, seine Identität findet und damit nicht nur künstlerisch mündig wird. Es ging Wagner dabei um ein Kunst-Ideal und ein durch Kunst vermitteltes, keineswegs aber um irgendeine Deutschtümelei oder gar um chauvinistischen Nationalismus – die letzten Worte aus der Schlußansprache Hans Sachs', die das Volk aufnimmt, sind eindeutig: Die Kunst steht in jedem Falle über der Nation und dem Nationalen.

Eine immer wieder an mich gerichtete Frage, warum ich den «Parsifal» erstmals mit 56 Jahren inszeniert habe, ist damit zu beantworten, daß ich trotz vielfacher Angebote dieses Werk zuerst nur in Bayreuth auf die Bühne bringen wollte. Und zwar nicht etwa aus Gründen einer falschen Pietät, sondern weil hier in Bayreuth durch die spezifische Beschaffenheit des Festspielhauses jene Bedingungen vorhanden sind, welche die von Richard Wagner intendierte Klangbildung ermöglichen, auch die Faszination der Stimmen aus der Höhe in besonderer Weise gewährleisten. Aus der Abfolge des Spielplans, die ich ja schon beschrieb, ergab sich für mich erst relativ spät die Möglichkeit, den «Parsifal» hier in Szene zu setzen.

Als ich 1975 meine erste «Parsifal»-Inszenierung in Bayreuth übernahm, lag ein fast fünfzigjähriges mehr oder minder aktives Erleben des Werkes in Proben und Aufführungen hinter mir. Ziemlich genau konnte ich mich noch an die Vorstellungen des Jahres 1927 erinnern, es waren also achtundvierzig Jahre vergangen, in denen ich mich mit dem «Parsifal» beschäftigt hatte. Es begann mit der Deutung der von der Uraufführung überkommenen Inszenierung, die im Laufe der Zeit seit 1911 von meinem Vater insbesondere im Zweiten Aufzug verändert worden war. Die Bauweise des Festspielhauses mit dem versenkten, unsichtbaren Orchester und die Gestaltung des Bühnenraums sollten ja nach Richard Wagner dazu bestimmt sein, die Realität überzuführen in eine Idealität des Bühnengeschehens. Die dekorative Erneuerung des Werkes in Bayreuth durch Alfred Roller (1934 und 1936) und kurz darauf durch meinen damals zwanzigjährigen Bruder schlossen sich den ästhetischen Auffassungen und Vorgaben Richard Wagners an. Bei der Neugestaltung und Neudeutung 1951 dürfte sich Wieland durch folgende Gedanken bei der Arbeit leiten lassen haben: «Die sichtbaren Vorgänge dieses Mysteriums sind nur Gleichnisse, die handelnden Personen nicht bestimmte Individualitäten ..., sondern Symbole für die Menschheit überhaupt.»

Mich beschäftigten aber auch in gleichem Maße wie das Optische die so unterschiedlichen musikalischen Interpretationen in Bayreuth von Karl Muck, Arturo Toscanini, über Richard Strauss, Wilhelm Furtwängler, Franz von Hoesslin, Hans Knappertsbusch, Clemens Krauss, André Cluytens, Pierre Boulez bis hin zu Horst Stein und Eugen Jochum, deren jeweilige Auslotung des Werkes sich erheblich voneinander abhob, und nicht nur in bezug auf die Tempi, sondern auch hinsichtlich des Klangbildes. Zum Beispiel der tiefe Gehalt der ersten Verwandlungsmusik, bei der dem an sich immer sehr erdgebunden unkompliziert wirkenden Richard Strauss regelmäßig an bestimmten Stellen die Tränen kamen, löste bei mir, gerade während und nach meiner Ausbildungszeit, aus, mich mit den musikalischen Aussagen und der Struktur des Werkes zunehmend und eingehender auseinanderzusetzen und so deren Vieldeutigkeit im Hinblick auf die Handelnden mehr und mehr erahnen zu lernen. Deshalb konnte meine erste Bayreuther Arbeit mit diesem Werk nur als ein Versuch gedacht sein, die Aufhebung von Raum und Zeit im Sinne des Geschehens im Aktionsraum der Bühne in eine Analogie zu den Inhalten der Musik zu bringen.

Die Absichten und grundlegenden Gedanken zu meinen Realisationen des «Parsifal» 1975 beziehungsweise 1989 habe ich nach vielen intensiven und im besten Sinne dialogischen Gesprächen von Oswald Georg Bauer verbalschriftlich fixieren lassen. Die gemeinschaftliche Erörterung ist ein nach meiner Ansicht spezifisches Charakteristikum der Werkstatt Bayreuth.

«Es fiel mir kürzlich nämlich wieder auf, daß dies wieder eine grundböse Arbeit werden müsse», schreibt Richard Wagner über seinen späteren «Parsifal» an Mathilde Wesendonck 1859. Grundböse ist im «Parsifal» zweifelsohne seine kritische Sicht der Gralswelt und ihres Gegenpols, der Klingsorwelt. Die Gralsritterschaft soll von ihrer Idee her eine ideale Gemeinschaft sein, die sich um die beiden Mitleidssymbole Gral und Speer konzentriert.

In ihrer Verwirklichung auf der Bühne wird sie als menschlich unzulänglich, ja geradezu desolat gezeigt. Titurel hatte dem «Heiltum» das «Heiligtum» gebaut, den Gral im Schrein verschlossen, reserviert für den speziellen Anlaß der egoistischen «Selbstberauschung» einer elitären Männergesellschaft, die das Mitleidssymbol «Gral» zum Fetisch entfremdet. Die Institutionalisierung, Petrifizierung und Dogmatisierung der ursprünglichen Gralsidee führen bei den Gralsrittern zu einem Elitärbewußtsein, zu einer Exklusivität, die die Umwelt nicht in ihrer Eigenwertigkeit erkennt, sondern nur aus ihrer eigenen subjektiven Sicht betrachtet. Die soziale Ordnungsfunktion der Ritterschaft wird eingeschränkt zugunsten des Strebens nach persönlicher Vollkommenheit, die ihren sinnfälligsten Ausdruck in der von Titurel geforderten Askese findet. Die Hüter der Mitleidssymbole sind selbst mitleidslos, unfähig, aus sich selbst heraus die Heilung oder Erlösung des Amfortas zu leisten. Das verachtungsvolle Wegstoßen des um die Gralsidee ringenden Klingsor durch Titurel und der Hochmut eines sich über den Dualismus Mann/Frau hinwegsetzenden Männerbundes zeigen mit aller Bestimmtheit die Entfremdung von der ursprünglichen Gralsidee. Das Böse in Klingsor ist nicht Urprinzip, es entsteht durch den Mangel des Guten in Titurel. Die Begriffe Gut – Böse, noch im «Ring» klar unterschieden, werden skeptisch relativiert. Parsifals Frage «Waren sie bös'? Wer ist gut?» wird nicht klar beantwortet. Klingsors gewaltsamer Versuch zur Beherrschung seiner Sexualität, die von den letzten Gralsrittern abgelehnt und ihm zum Vorwurf gemacht wird, ist nichts anderes als die letzte Konsequenz der von Titurel aufgestellten Askeseforderung. Klingsors ursprüngliches Sehnen nach dem Gral gerät zur pervertierten Imitation der Gralswelt durch den Raub des Speers, die Verführung der Ritter und den erhofften Besitz des Grals. Kundrys Sehnsucht nach Erlösung von ihrem Fluch, ihre Bemühungen werden von den Rittern (Gurnemanz und Amfortas ausgenommen) nicht erkannt. Die in allen Figuren und in jeder Schichtung auftretenden Probleme und Konfliktstellungen können erst dann gelöst und damit einem «Erlösungszustand» zugeführt werden, wenn die Betroffenen jenen Grad wechselseitigen Umdenkens und Erkennens in sich heranreifen lassen und zu einer Erkenntnis gelangen, die Mitempfinden und Mit-Verstehen zeitigt. Die Begriffe «Erlösung» und «Erlöser» sind nicht nur dem Christentum eigen, sondern sind Gemeinbesitz verschiedener Kulturen und Mythen. Erlöser ist dort generell jemand, der einen gestörten, unheilvollen oder aufgezwungenen Zustand beendet. Der Erlöser hat im weiteren Sinne auch eine soziale Ordnungsfunktion. Für Richard Wagner ist «der Mythos das Gedicht einer gemeinsamen Lebensanschauung» (Oper und Drama). Er sucht das Mythische hier im Christlichen; für ihn ist die christliche eine von vielen Mythenbildungen. Er stellt, wenn auch bedauernd, fest, «daß alle unsere christlichen Sagen einen auswärtigen, heidnischen Ursprung haben». Die Gralsidee, aus dem «Reliquienenthusiasmus der ersten christlichen Zeit» geboren, repräsentiert für ihn das Ideal des Urchristentums: das Mitleid in einem komplexen und nicht in einem kirchlich-dogmatischen Sinn. Amfortas erkennt, daß eine Wende in seinem persönlichen Schicksal, überhaupt im Schicksal der Gralsgemeinschaft nur durch einen erfolgen kann, der frei ist von allen aufgestellten Zwängen, der aber gereift ist, durch Mitempfinden und Mitleiden das Wesen der Dinge zu erkennen, der die Stationen menschlichen Irrens und Leidens an sich selbst erfahren muß, um zur Reife, und zwar zur Reife für den anderen zu gelangen. Innerhalb dieses Erkenntnisprozesses ist der Kuß der Kundry ein auslösendes Moment, das Parsifal die bisher nicht verstandenen Leidensäußerungen anderer begreiflich macht. In der großen Auseinandersetzung zwischen Parsifal und Kundry im Zweiten Aufzug setzt der Erkenntnisprozeß ein, der Konflikt kann aber noch nicht gelöst werden, da beide noch nicht die Reife besitzen; Parsifal verstößt Kundry, sie verflucht ihn. Parsifal muß «der Irrnis und der Leiden Pfade» gehen, bis er durch vielerlei Erleben wissend wird. In der Karfreitagsszene wird das gestörte Gleichgewicht wiederhergestellt, bildhaft in der erlösten Natur der Karfreitagsaue und in der – aktuell ausgedrückt – Gleichberechtigung der Kundry, die nicht nur vom Fluch erlöst und getauft, sondern auch zum Gral geführt wird.

Die Symmetrie im Bildaufbau der drei «Parsifal»-Aufzüge hat dramaturgische Funktion. Der Bühnenraum ist Ideenraum; im Ersten und Dritten Aufzug jeweils ein Natur- und ein Architekturbild, im Mittelaufzug eine Kombination von beiden. Klingsor mißbraucht durch Zauber die Natur, baut eine Gegenwelt zur Gralswelt auf. Im Bild der leidenden und erlösten Natur setzt Richard Wagner seine Forderung, «das Reinmenschliche mit dem Ewig-Natürlichen in harmonischer Übereinstimmung zu erhalten», in die Bildsprache des Theaters um.

Die letzte Szene in der Gralshalle unterscheidet sich von der ersten fundamental. Im Ersten Aufzug wird das Ritual einer esoterischen Männergesellschaft gezeigt, die ihren desolaten Zustand durch Aufrechterhalten traditioneller Formen zu überdekken sucht. Der Schluß ist keine Restauration des ursprünglichen Zustandes. Die Polarität von Titurel- und Klingsor-Welt, die sich in ihrer Erstarrung und Verzerrung gegenseitig bedingen, wird von Parsifal aufgehoben. Seine erlösende Tat besitzt die Sprengkraft, die Auseinandersetzung nicht für die Gralswelt in ihrer bisherigen Form zu entscheiden, sondern These und Antithese zugunsten einer utopischen Hoffnung aufzuheben. Die Ordnungsfunktion des Ritters, die zugunsten einer elitären Lebensform vernachlässigt wurde, wird wieder eingesetzt. Parsifal versucht, seine Erkenntnis, Achtung dem anderen gegenüber und Mitleiden mit dem anderen, zum allgemeinen Gut zu machen. Im hellen, offenen Raum, unverschlossen, sind die Mitleidssymbole Gral und Speer allen zugänglich, sollen sie für alle wirksam sein. Mitleid wird zur sozialen Qualität.

Wie ich im vorigen Kapitel bereits kurz andeutete, brachte nach 1951 das Jahr 1981 die Besonderheit für die Bayreuther Festspiele, daß an zwei aufeinanderfolgenden Tagen zwei Premieren von Neuinszenierungen stattfanden, und es gab, auch das ein Sonderfall, zwei Pressekonferenzen. Der Aufführung des «traurig Stück» von «Tristan und Isolde» schloß sich am 26. Juli 1981 die meiner zweiten «Meistersinger»-Inszenierung an, die, unterbrochen von einem Jahr Pause, 1985, bis einschließlich 1988 auf dem

Spielplan stand. Im folgenden will ich nun keine Beschreibung dessen geben, was auf der Bühne zu sehen war, sondern eher in aufgelockerter Form einiges von dem streifen und ein wenig beleuchten, worin für mich gedankliche und dramaturgisch-musikalische Leitlinien bestanden. Eine lückenlose Vollständigkeit strebe ich dabei keinesfalls an, ebensowenig die Aneinanderreihung etwa end-gültiger Resultate zu einem Kompendium der Analyse, was meine Auffassungen und Ansichten gleichsam kanonisieren würde. Es sind Erkenntnissplitter aus einer sehr langen Beschäftigung mit dem Werk, die für *mich* Bedeutung und Relevanz besitzen.

Richard Wagner schrieb am 18. Juli 1868 an den Kapellmeister Heinrich Esser in Wien: «Beckmesser ist kein Komiker; er ist gerade so ernst als alle übrigen Meister. Nur seine Lage, und die Situationen, in welche er gerät, lassen ihn lächerlich erscheinen. Seine Ungeduld, seine Wut, seine Verzweiflung, im unmittelbaren Kontrast mit seinem Vorhaben einer lyrischen Liebeswerbung, lassen ihn komisch erscheinen.» Für mich bestand nie ein Zweifel daran, den Beckmesser als einen humanistisch Gebildeten zu zeigen, der nur leider eben nicht «Professor in Altdorf» geworden ist, aber doch immerhin Stadtschreiber in Nürnberg. In dieser Funktion obliegt ihm auch die Oberaufsicht über die Stadtwacht, was ihm gegenüber den anderen Bürgern, auch den Meistersinger-Kollegen, eine gewisse Sonderstellung verschafft. Als überlegenen Theoretiker hat man ihn in der Meistersinger-Zunft zum «Merker» gewählt, mithin als gestrengen Bewacher des überkommenen Regelwerks eingesetzt. Intellektuelle Eitelkeit und Amtswürde füllten ihn offensichtlich derart aus, daß er verhindert war, auch nur im entferntesten daran zu denken, es könne daneben auch noch eine andere Qualität des Lebens geben, etwa zu heiraten. Und jetzt ist es fast zu spät. Doch selbst der Hagestolz erliegt «Lenzes Gebot» und fühlt «die süße Not», mit der er nur nicht recht umgehen kann. Im Regelgestrüpp gefangen, verlockt sie ihn zu mißglückender Balz.

Beckmesser erfährt als erster von Veit Pogners geltungssüchtigem Plan, sein einziges Kind, die Tochter Eva, zu verehelichen, indem er sie «mit all meinem Gut, wie's geh' und steh'» als Kunst-Preis für den Sieger im «Werb- und Wettgesang» am Sankt-Johannis-Tag aussetzt. Auf Beckmessers Reaktion, der sich von Pogner unverzüglich eine Art Option auf Eva geben lassen möchte, ahnt Pogner allerdings sehr rasch, daß seine Idee der Tochter womöglich Unzumutbares bescheren könnte. Und sein Unbehagen verstärkt sich noch, nachdem er vor allen Meistern der Zunft, auch vor dem zuletzt gekommenen Sachs, offiziell sein Wort gegeben hat, Eva demjenigen zu schenken, der den Gesangswettbewerb gewinnt, und die Meister jubeln ob der damit zu erwartenden großen Volksfestbelustigung. Was eigenem Ruhme dienen und zugleich als Beweis, was ihm die Kunst wert ist, gelten soll, irritiert ihn, da er erkennen muß, damit seine Tochter zu einem Objekt gemacht zu haben. Und ihm schwant, welch untaugliche Vermischung aus Kunst und Gefühl er mit seiner Ankündigung sich und den anderen einbrockte. Also präzisiert er das Angebot: Eva könne zwar den ablehnen, dem die Meister den Preis zusprechen, jedoch «nie einen andren begehren», es muß ein Meistersinger sein. Damit verschlimmert sich die Angelegenheit im Grunde nur noch mehr. An diesem Punkt erst schaltet sich Sachs ein, der von vornherein klarsieht, daß die Konstruktion Pogners sehr wahrscheinlich schiefgehen muß; er schlägt das Volk, die Zuschauer und Zuhörer, zwar nicht als letzte, doch aber als eine übergeordnete demokratische Instanz für die Entscheidung in diesen Kunst- und Herzensdingen vor.

Liegt nicht im Wesen des Mannes der Wahn, zu glauben, daß er, wenn er eine Frau begehrt, sie auch schon sicher habe? – So meint jedenfalls Beckmesser, die Gelegenheit nutzen zu können, um endlich zu einer Frau zu kommen, zumal die Heirat seine bürgerliche Legitimation bekrönen würde. Und Eva ist nicht irgendeine Frau, sondern gewiß die angesehenste Bürgerstochter und das Kind eines der reichsten Männer der Stadt – was den Grad der Begehrlichkeit schier verdoppelt. Daß ich den Beckmesser schon in den letzten Jahren meiner ersten Bayreuther Inszenierung am Ende auf die Festwiese wiederkehren ließ und er mit Sachs zusammen am Schluß ausgesöhnt abgeht, liegt für mich in der musikalischen Aussage begründet und vermeidet eine falsche Glorifizierung des Hans Sachs. Beckmesser hat trotz seiner Blamage erfahren können, daß ein Wettbewerb zwar verloren werden kann, was aber nicht gleichbedeutend ist mit dem Verlust von Ehre oder Existenz.

Die «Meistersinger» sind von ihrem inneren Zeitablauf her eines der komprimiertesten Werke Wagners, ihre Handlung ereignet sich innerhalb von vierundzwanzig Stunden. Ein strenggeformtes Stück, das die aristotelischen Dramenkategorien einhält. Da diese primär für die Tragödie galten, dürfte es sich gleichsam um einen dramaturgisch-strukturellen Scherz Wagners handeln, wie er überhaupt in dieser grandiosen Komödie mit solcherlei Versatzstücken spielt, sie heiter zerbricht und neu zusammenfügt: Die Metapher der verkehrten Welt wie Hohes und Niederes Paar.

Während des Nachmittagsgottesdienstes vor dem Fest des Johannistags versucht Walther von Stolzing im Schlußchoral mit Eva zu flirten, die er erst seit dem Vorabend kennt, als er im Hause Pogners mit dessen Hilfe sein Gut verkaufte. Richard Wagner verwendet für diese Liebesbezeugungspantomime die Form der Unterbrechung des Chorals, wie er sie bei seinem mitteldeutschen Landsmann Johann Sebastian Bach studieren konnte. Kaum sind die Kirchgänger davon, dauert es nur noch wenige Augenblicke, bis Eva, diese spontane und sehr eigenwillige Jungfrau, dem Ritter genau das zuruft, was er hören will: «Euch oder keinen!» Damit ist zwar zwischen den beiden sofort alles klar, nur der Weg nicht, wie es zur Verbindung kommen kann, denn die Bedingung des Vaters steht davor: Es muß ein Meistersinger sein, und er muß den Wettstreit gewinnen. So empfiehlt Magdalene ausgerechnet den Lehrbuben von Hans Sachs, David, damit dieser dem Junker in einem Crashkurs die Regeln der Meistersinger beibringe. Daß Eva als «Mikro-Isolde» (von Walther gekränkt zu werden, war allerdings noch gar keine Gelegenheit) sich und ihm keinen Todes- respektive Liebestrank verpassen würde, darf im Rahmen der Handlung als gegeben betrachtet werden.

Während David bemüht ist, Walther über Ton und Wort und

Weisen zu belehren, über Gepflogenheiten und Sprachgebrauch, richten die übrigen Lehrbuben alles für die Singstunde her. David, der doch scheinbar alles weiß und im Griff hat, worauf er sich viel zugute hält, achtet nicht darauf und muß feststellen, daß die Buben ohne seine Beaufsichtigung natürlich genau das Falsche tun, denn statt Singstunde findet eine «Freiung» statt, und diese kann Walther die Möglichkeit geben, als echter Überflieger den Meisterschlag samt Blumenkränzchen zu erhalten, woran er nicht den geringsten Zweifel hegt. Aber vor den Erfolg haben die Götter den Schweiß gesetzt, und schon David warnt Walther, er möge vom «Meisterwahn» lassen.

«Wahn» ist ein Begriff, zu dem Richard Wagner eine ganz besondere Affinität besaß, der in seinen Werken immer wieder auftaucht und den er nicht zuletzt sogar im Namen seines Hauses benutzte. «Wahn» – das ist etwas für Wagner wunderbar Vieldeutiges, das die unterschiedlichsten Bedeutungsebenen umgreift: Erwartung, Hoffnung, Verdacht, Meinung, unsichere Annahme, Einbildung, Verblendung. In den «Meistersingern» erhält der «Wahn» eine geradezu zentrale Stellung, wird er zu einem handlungsbestimmenden Motiv. Ausnahmslos alle Personen sind davon betroffen. «Wahn» ist eine grundlegende Kategorie, ja eine Bedingung der Existenz: «'s ist halt der alte Wahn, ohn' den nichts mag geschehen», sagt Sachs einsichtig in seinem großen philosophischen Monolog, womit letztlich alle Aufregung, Liebe, Haß, Leidenschaft, Verzweiflung, alle Eitelkeit, das scheinbar Hohe wie das vermeintlich Banale relativiert wird, nicht als endlich sinn- und wertlos denunziert, vielmehr als lächelnd-wissende Erkenntnis des Unvollkommenen und Unzulänglichen, kurz, des Menschlichen formuliert.

Das sogenannte Wahn-Motiv erscheint in der Musik zum ersten Mal in der dritten Strophe von Sachsens Schusterlied im Zweiten Aufzug und kehrt dann bis zum Ende des Werks immer wieder; Eva, die zu Anfang von Sachsens Lied abwinkte, da es ihr bekannt ist, fühlte sich nach dieser dritten Strophe eigenartig betroffen: «Mich schmerzt das Lied, ich weiß nicht wie.»

Mit Ausnahme des Jugendwerks «Die Feen» sind «Die Meistersinger von Nürnberg» das einzige Werk Wagners, das schon im Titel das Pluralische hervorhebt. Dies ist für die Interpretation ein ebenso wichtiger Aspekt wie die auch durch den Titel vorgegebene Konkretion des Ortes.

Da dem reichen Pogner von den anderen Meistern schlechterdings kein Wunsch abgeschlagen werden kann, zeigen sie ihr Einverständnis an, daß Junker Walther eine Chance erhält und zwecks Erlangung des Meisterschlags vorsingen darf. Bereits als Pogner den Ritter freundlich begrüßt, wittert Beckmesser instinktiv die Gefahr und spürt, daß ihm hier ein Konkurrent gegenübersteht. Sein Mißtrauen ist geweckt aus Eifersucht und einer tiefsitzenden Furcht vor Unterlegenheit. Da er den Mehrheitsbeschluß der Meister nicht unterlaufen kann und will, nutzt er seine Funktion als «Merker», um – wehret den Anfängen! – den unbekümmert singenden Nebenbuhler sogleich ein für allemal in die Schranken zu weisen und der Lächerlichkeit preiszugeben. Gegen Walthers Jugendfrische vermag er nichts auszurichten, aber diesen Vorteil münzt er zum Nachteil um, denn «hier wird nach den Regeln nur eingelassen», und er stiftet unter den biederen Meistern einen regelrechten Tumult, manipuliert sie geschickt und provoziert Walther maßlos. Im Dritten Aufzug stellt er befriedigt fest: «Den wurden wir Meister doch los!» – Sachs wird neben seiner Fürsprache für Walther voll und ganz erkennbar, wenn er mit großem Ernst überlegt, wie es anzufangen sei, dem verständlichen und berechtigten Anspruch des Ritters an das Leben wie die Kunst Gerechtigkeit widerfahren zu lassen, ohne dabei das Alte, Hergebrachte in Bausch und Bogen zu verwerfen. Aber Sachs ist nicht nur oder ausschließlich der weltweise Lebens-Philosoph, der abgeklärt unerschütterlich außerhalb der Dinge oder über ihnen steht. Seine andere Seite, die holzschnittartige, kantige, doch humorvolle Derbheit, die temperamentvoll-burschikose Poltrigkeit verbirgt er gern bezähmend hinter seiner Visitenkarte «Schuhmacher und Poet dazu», doch in den Schusterliedern des Zweiten und in seinem heftigen Ausbruch des Dritten Aufzugs bricht sich Bahn, daß er ein kraftvoller Schalk, aber auch ein empfindender Mensch ist, der wie alle anderen häufig genug in der Verwirrung der Gefühle steckt, nur daß man ihn bei sämtlichen Problemen um Rat bittet: «Der Schuster soll auch alles wissen, flicken, was nur immer zerrissen: und ist er gar Poet dazu, da läßt man am End' ihm auch da keine Ruh'; und ist er erst noch Witwer gar, zum Narren hält man ihn fürwahr: –»

So steht turbulente Situations-Heiterkeit kontradiktorisch bedeutungsvoll für oder gegen einen durch künstlerische Begeisterung erhofften positiven Wahn.

Wie Richard Wagner insbesondere in der Szene zwischen Walther und Sachs im Dritten Aufzug sein eigenes künstlerisches Schaffen und ästhetische Prinzipien verdeutlicht, die sich aus Widersprüchen entwickeln, so kann man das Verhalten Hans Sachs' bis zum Ende der Oper als Modell humaner Emanzipation auffassen. Sachs hört bereitwillig und aufmerksam zu, versucht vorurteilslos, nicht aber neutral zu sein, handelt und reflektiert sein Handeln, um zu Schlüssen und Erkenntnissen für neues vernünftiges Handeln zu gelangen. Ich verstehe Sachs als ein Regulativ, auch als einen Pädagogen, der belehrbar lehrt, nicht vom Katheder, sondern bestenfalls vom Schustertisch, also aus der Mitte des lebendigen Daseins. Es ist ein mehrstufiger Vorgang aus eingreifendem Tun und kontemplativer Besinnung, der von der nächtlichen Reminiszenz unterm Fliederbaum über die Klarheit des frühmorgendlichen Philosophierens bis zur Ansprache vor breitester Öffentlichkeit und ihrem bekenntnishaften Appell führt. Sachs sucht die Synthese zwischen Tradition und Innovation. – Mensch und Geschehen sind wie die Musik kontrapunktisch eingesetzt, um am Ende in eine Harmonie zu münden, was dann freilich in die Utopie verweist.

Hans Sachs gewinnt die Einsicht, daß individuelle Freiheit nicht *gegen* die, sondern nur *in* der Gemeinschaft erreichbar sein kann, was die Bereitschaft des einzelnen zu sozialen Bindungen und der Akzeptanz von Ordnungen voraussetzt – geschieht das nicht, verhält sich der Mensch asozial, und alles driftet ins Chaos der Anarchie, auch dies ein möglicher «Wahn». – Die «Meistersinger» sind eine Oper des 19. Jahrhunderts, das, anknüpfend an die Aufklärung, an den Ausgang des Menschen aus seiner selbstverschuldeten Unmündigkeit, das Individuum mehr und mehr entdeckte und forderte, der Mensch müsse sich vom Objekt zum Subjekt entwickeln. Das sogenannte Faustische ist beredter Ausdruck dafür. Heute nun erscheint die «Selbstverwirklichung» als etwas durchaus Ambivalentes, geht es unter ihrem vorgeschobenen Schutz doch zumeist darum, sie als Antrieb zur unbedingten Rücksichtslosigkeit einer erbarmungslosen Ellbogengesellschaft zu benutzen à la «Jeder ist sich selbst der Nächste». Daß die Utopie der «Meistersinger» nicht Rückkehr in eine patriarchalisch-zünftige Ständeordnung predigt, sondern das Gegenbild einer Umkehr zu demokratischer Gemeinschaftlichkeit entwirft, die mehr bedeutet als nur die Summe ihrer Teile, da der einzelne sich in ihr, nicht aber auf ihre Kosten verwirklicht, ist eine unabgegoltene humanistische Botschaft des Werks.

Die Charaktere des Stücks sind vielfältig wie ihre Verhaltensweisen mehrschichtig. Man liebt sich, man bekämpft sich, Jung gegen Alt, Alt gegen Jung, aber auch Jung und Alt mit Alt und Jung. Eine farbige Gesellschaft wird vorgeführt, keine Karikaturen oder Sprachrohre von Ideen oder Ideologien.

Ordnung und Unordnung – auch davon handeln die «Meistersinger». Was Sachs im Wahnmonolog als «friedsam treuer Sitten, getrost in Tat und Werk» charakterisiert, steht gleich am Beginn des Werks, dargestellt durch den Choral der Gemeinde, in dem sich alle einig wissen unter der Obhut einer gewissermaßen höheren Ordnung. Walthers stummer Dialog mit Eva stört und unterbricht diese Ordnung. Eine andere Art Ordnungsprinzip ist die Tabulatur der Meistersinger. Walther schert sich wenig darum, und schon gerät alles aus den Fugen. Ordnung ist anfällig für Unordnung.

Von manchen wird die sogenannte Prügelszene, die das harmlose Beckmesser-Ständchen zum Debakel werden läßt, «Aufruhr und Meuterei» nennt es der verhinderte Troubadour selbst, als Ausbruch abgrundtiefer Gewalttätigkeit, die in jedem Menschen schlummere, interpretiert. Theodor W. Adorno sprach in seinem «Versuch über Wagner» gar von einem Pogrom. Solche Meinungen übersehen, wie ich finde, den komödiantischen Sinn der höchst kunstvoll angelegten Szene. Zuerst sucht sich Beckmesser, dem der eigentliche Zweck seines Ständchens immer mehr verlorengeht, laut schreiend gegen Sachs durchzusetzen. Im Unterschied zu ihm erkennt David die als Eva verkleidete Magdalene im Augenblick und stürzt sich prompt auf den vermeintlichen «Liebeskonkurrenten», um ihn zu verprügeln. Magdalenes Hilfeschreie und der allgemeine Krach rufen sämtliche Nachbarn auf den Plan. Es ist alsbald die schönste Keilerei im Gange, jeder gegen jeden, wie sie in Süddeutschland und auch in Franken nicht unüblich war. Es handelt sich jedoch nicht um vorbedachte Aggressivitäten und schon gar nicht etwa um ein Morden! Man sehe auf die musikalische Gestaltung und den Text. Ich halte das Ganze für den Spuk eines Sommernachtstraums, denn das Nachtwächterhorn – bemerkenswerterweise ebenso im Tritonus des C-Dur-Werks notiert wie er auch im Quintett der Schusterstube vorkommt – und Wassergüsse genügen, um schlagartig Ruhe einkehren zu lassen. Ein lauter Ton, und es herrscht wieder Ordnung – so leicht ist es möglich, disziplinierte Gesittung wiederherzustellen.

Wenn die Volksmenge des Chors auf der Festwiese in hoffnungsvoller Freude Sachsens Lied auf die «Wittenbergisch Nachtigall» anstimmt, geschieht dies sicher nicht nur als Huldigung an den Urheber, sondern verweist das «Wach auf, es nahet gen den Tag» und weiter «Die Nacht neigt sich zum Okzident, der Tag geht auf von Orient, die rotbrünstige Morgenröt her durch die trüben Wolken geht» auf ein festes Vertrauen in bessere Zukunft, wird das Lied auf Luther zur Nürnberger Marseillaise.

Indem sich Alt und Jung, die «Kunstspezialisten» der Meistersinger und das Volk am Ende des Werkes zu einer durch demokratischen Geist überhöhten Einheit unter dem Aspekt der Kunst und ihrer Bedeutung als gemeinschaftsstiftendes Medium zusammenfinden, wird nach meiner Ansicht die von mir gefundene Interpretation bekräftigt. Unter diesem Aspekt habe ich auch die Bühnenbilder für die «Meistersinger» entworfen. Sie sollten eine urbane Idealität zur Erscheinung bringen, die am Schluß in einem

Festplatz für das ganze Volk ihren Höhepunkt findet. Beherrschendes Symbol dieses Platzes ist der Lebensbaum – wie ihn Walther von Stolzing in seinem Preislied besingt –, eine fränkische Tanzlinde. Derartige Linden mit Tanzpodien gibt es in Franken bis auf den heutigen Tag, und auf ihnen feiert und tanzt bei besonderen Anlässen die ganze Gemeinde, alle Generationen.

Aufgrund jahrzehntelanger Erfahrungen mit Sängern legte ich außerordentlichen Wert darauf, die Bühnenbilder in Form und Material so zu gestalten, daß sie akustisch besonders günstig waren: Die Kirche, die Nürnberger Gasse und die Schusterstube wirkten sich für die Künstler als akustisch unterstützende Reflektoren aus, so daß die gerade in den «Meistersingern» großen sängerischen Anforderungen leichter erfüllbar waren.

Was die Regie betrifft, so unternahm ich den Versuch, das männliche Dreieck um Eva – nämlich Sachs, Walther und Beckmesser – mit absichtlich scharfen Konturen herauszuarbeiten. Vom Alter her gesehen sollten Sachs und Beckmesser in der Vorstellung etwa gleichaltrig sein, nicht über Mitte Vierzig, Walther etwa Anfang Zwanzig und Eva um die siebzehn, wodurch sich ein echtes männlich-weibliches Spannungsverhältnis ergeben konnte. Für mich besitzt Sachs genügend Lebenskenntnis, daß er die spontane Beziehung zwischen Eva und Walther sofort bemerkt. Er gelangt dahin, bewußt und souverän auf Eva zu verzichten, nicht aber ihr gegenüber zu resignieren.

Nach meinem Dafürhalten bedurfte es schon gewaltiger Unkenntnis des Werks und seines Schöpfers, um die «Meistersinger» als Bestätigung eines selbstgefälligen und arroganten Nationalismus zu benutzen. Ich empfehle, einmal im Grimmschen Wörterbuch, insbesondere über Begriffe wie «Tand», «Wahn» und «Dunst», ganz besonders über «welschen Dunst», nachzulesen und darüber hinaus auch einmal nachzudenken über die Antithese «Heiliges Römisches Reich» und «heilige deutsche Kunst». Dieses Werk der überlegenen menschlichen Heiterkeit mit ihrem utopischen Potential umzudeuten in Richtung Pogrom oder Parteitagsgeschehen entbehrt meiner Meinung nach des allergeringsten Verständnisses, setzt taube Ohren und blinde

Augen voraus. Ein gewaltsames Umbiegen mittels irgendeiner ideologischen Couleur führt zielsicher in den Mißbrauch.

Die Unsicherheit der verschiedenen Fassungen des «Tannhäuser», wie sie das überkommene Aufführungs-Material bietet, und der jeweils übermäßige Gestaltungsehrgeiz der Choreographen bei den überproportionierten Venusberg-Szenen ließen mich dahin gelangen, dieses Werk nur dann überhaupt selbst inszenieren zu wollen, wenn ich bei einem Dirigenten und einem Choreographen die Übereinstimmung mit mir finden würde, daß sie wie ich die jugendfrische Dresdner Fassung für bayreuthreif hielten.

Ich lernte Giuseppe Sinopoli kennen, den Götz Friedrich mit nach Bayreuth brachte. Damals war er noch kein erfahrener Operndirigent, und ihn unmittelbar hier einzusetzen, stieß daher selbst in Gesprächen mit Vertrauenspersonen auf einen gewissen Widerstand. Neben einigen Operndirigaten, bei denen ich ihn in der Arbeit erleben konnte, war ich auch bei der Uraufführung seiner Oper «Lou Salomé» am 10. Mai 1981 in München dabei. Danach wurden die gegenseitigen Kontakte fortgesetzt und über seinen damaligen Vertreter nach und nach immer intensiver, bis am 19. Juli 1983 seine Mitarbeit am «Tannhäuser» 1985 so gut wie feststand. Um diesen neuen Bund zu besiegeln, traf ich mich mit Giuseppe Sinopoli am 16. August 1983, dem Tag der vierten «Parsifal»-Aufführung in der Festspielzeit, um 9 Uhr morgens am Flugplatz in München. Da das Ergebnis unserer Zusammenkunft für mich in jeder Hinsicht positiv war, konnte ich beruhigt nach Bayreuth zu meinen Aufführungspflichten zurückfahren. Am Nachmittag stand noch ein Besprechungstermin mit Daniel Barenboim für mich an, und nach der Aufführung wollte mich James Levine sprechen. Zwischenzeitlich mußte ich – vor allem in den Pausen – den Verpflichtungen zu Unterredungen mit Mäzenen und Gästen nachkommen. Daß ich dennoch den Vorstellungsverlauf jederzeit kontrollieren kann, verdanke ich dem Monitor und einer Mithöranlage, die in meinem Büro installiert sind.

Bis 1985 erlaubten es verschiedene Treffen mit Sinopoli immer wieder, mit ihm über Besetzungen und über die Konzeption zu diskutieren. Die von mir favorisierte Dresdner Fassung wurde zwischen uns am 15. und 16. April 1984 beschlossen, und ich begrüßte sehr, daß Giuseppe Sinopoli mit mir übereinstimmte.

Diese sogenannte Dresdner Fassung des «Tannhäuser» resultierte aus zwei Umarbeitungen des Werkschlusses, die Wagner nach der Uraufführung 1845 vorgenommen hatte. Besonders interessant war es für mich, daß er kurz vor der kompositorischen Umarbeitung für die Pariser Fassung von 1861 (mit der großen Balletteinlage zu Beginn des Ersten Aktes) die Partitur der Dresdner Fassung im Jahre 1860 neu auflegte. Die Fassung für Paris dagegen versuchte, aus der Not (des Auftrags und der zwingenden Umstände) eine Tugend (die Chance zu Verbesserungen) zu machen. Fast lebenslang beschäftigte ihn das Ungelöste und Uneingelöste dieses Werks, und noch am 23. Januar 1883, also nur wenige Wochen vor seinem Tod, sagte er zu Cosima, er sei «der Welt noch den Tannhäuser schuldig». Zu dieser Zeit trug sich mein Großvater mit dem festen Plan einer gründlichen Überarbeitung und wollte «Tannhäuser» sehr gern bei den Festspielen aufführen, wobei er meinte, «Tannhäuser», «Tristan» und «Parsifal» – «die gingen zusammen», und acht Tage vor seinem Tod erklärte er seinen bestimmten Wunsch, «zuerst Tannhäuser in Bayreuth zu geben; habe er diesen festgesetzt, so habe er mehr erreicht, als wie wenn er den Tristan gegeben». Aus alldem ging für mich hervor, daß die Pariser Fassung mit dem ausufernden Ballett durchaus keine Fassung letzter Hand bedeutet. In Bayreuth wurde der «Tannhäuser» erst 1891 in den Spielplan aufgenommen, nach «Tristan» und nach den «Meistersingern». Cosima griff auf die durch Richard Wagner gestaltete Version für Wien 1875 zurück, die ihrerseits auf einer 1867 für München geschaffenen Teilbearbeitung beruhte und von jener Pariser in Teilen abwich.

Ich habe weder allzuviel Verständnis noch verspüre ich sonderliche Neigung, die Werke des jungen Richard Wagner in der Bayreuther Aufführungspraxis den Spätwerken anzugleichen; ein solches Verfahren des Assimilierens bedeutet für mich einen Fremdkörper im Gesamtgefüge, und zwar hinsichtlich der Kompositionstechnik, der harmonischen Behandlung in der Partitur und der Instrumentation. Bemerkenswert und spannend bleibt, daß Wagner gerade die traditionellen Formen, etwa die Ensembles, nicht veränderte und daß er nach «Lohengrin» einen völlig neuen Umgang mit dem Chor erfunden hatte, in Einsatz und Verwendung. Die jugendliche Spontaneität des Ausdrucks halte ich für außerordentlich erlebnisstark, denn Farbe und Harmonik der «Tristan»-Klänge kann jeder hier wenige Tage vorher oder nachher hören. Daß Wagner gegenüber König Ludwig II. versprach, dieser werde im «Parsifal» vieles aus «Lohengrin» und «Tannhäuser» wiedererkennen, halte ich für eine Art «Eselsbrücke», die er seinem Potentaten bauen wollte, um ihm die vielleicht befürchtete Ratlosigkeit vor dem Spätwerk zu nehmen.

Parallel dazu, daß es mir gelang, zu meinen Ideen einen Dirigenten zu finden, der sie teilte und mittrug, konnte ich später einen ebensolchen Choreographen in Iván Markó gewinnen, der dramaturgisch und gestalterisch eine Lösung für den Venusberg entwickelte, die in künstlerisch-ästhetischer Form das Liebeswerben und die liebende Vereinigung ausdrückte und nicht, was mit der großen Pariser Ballettfassung, dem Bacchanale, natürlich eher zu verbinden ist, das heute ach so beliebte Orgiastische, besinnungslos Taumelnde in den Mittelpunkt stellte, womit nach meiner Auffassung die Konfliktstellung zwischen den einzelgängerischen Individuen Tannhäuser und Elisabeth nicht motiviert werden kann.

Der wohl bestinformierte Theateragent, den es in den letzten Jahrzehnten gegeben haben mag, Robert Schulz, übermittelte mir einen Hinweis auf das Györer Ballett und dessen Leiter Iván Markó. Ich nahm die Gelegenheit wahr, ein Gastspiel dieser Truppe am 19. Oktober 1984 in Berlin zu besuchen, um einen ersten Eindruck zu erhalten. Dieses Kennenlernen hatte zur Folge, daß ich am 7. November über Budapest nach Györ reiste, um mich mit Markó zu treffen, mit dem Ziel, über einen Abschluß zu verhandeln. Mit Freude stellte ich fest, daß er nicht auf der Pariser Fassung, und folglich nicht auf einer ballettomanen Eitelkeit (die oft genug zu einem schon von Wagner abgelehnten

Mummenschanz verkommt) bestand. Vorher hatte ich mit drei der berühmtesten internationalen Choreographinnen Verhandlungen geführt, die wohl schon aus Rücksicht auf ihr künstlerisches Image glaubten, daß es nachgerade unschicklich sein müßte, sich für eine so «unbedeutende» Arbeit, die das Ego nicht recht zum Zuge kommen ließe, einzusetzen.

Das Bühnenbild bei «Tannhäuser» ist ein Phantasieraum, ein Raum, der die Phantasie anregen, aber nicht einengen soll. Ich wählte die Urform des Kreises: den Lebenskreis, den Weltenkreis. Und dieser Kreis ist veränderbar, drehbar, bildet keinen festen Grund für die Menschen und ihre Suche nach Orientierung in den Konflikten, denen sie ausgesetzt sind. Die Welt und das Leben als immerwährende Verwandlung, als Suchen und Kreisen um einen Sinn. – Die Sängerhalle des Zweiten Aktes steht als Kontrapunkt dagegen und ist ein Ausdruck der Wartburggesellschaft: starr, unbeweglich, ja unumstößlich fixiert, eingegrenzt von einer festgefügten Säulenordnung.

Infolge der technischen Weiterentwicklung zu elektronischen Linearantrieben mit entsprechend sensibler Steuerung konnte ich die Grundfläche in der erforderlichen Art gestalten lassen: Ein Mittelkreis mit einem Durchmesser von 7,5 Metern, der als Hauptspielfläche im Ersten und Dritten Aufzug benutzt wird, mit einem Stufenausbau aus parallel und gegenläufig beweglichen Kreisen; eine zehnprozentige Neigung ergab bei der Bewegung der einzelnen Elemente Höhenunterschiede, die verfließend und wechselnd sein konnten.

Der Mittelpunkt des Kreises ist gleichbedeutend mit der archaischen Kultstätte, besetzt von Venus *und* Maria, ganz so, wie heidnisch-antike Venustempel durch das Christentum zu Marienkirchen umfunktioniert worden sind, in denen das Heidnisch-Gefährdende gebannt war und zugleich die magische Kraft dieses Platzes dienstbar gemacht wurde. Mitenthalten ist darin auch eine leise Klage, daß zusammen mit den Kultstätten auch alle anderen, abweichenden Denkformen verdrängt und durch einen absoluten Anspruch auf Wahrheit ersetzt wurden. Und diese Verabsolutierung, das genaue Gegenteil von Toleranz, und die negativen

Folgen einer solch ausschließenden geistigen Haltung sind ebenfalls ein Punkt der Anklage im «Tannhäuser». In diesem Gedankenzusammenhang muß noch ein weiteres Charakteristikum des Werks gesehen werden: die Überlagerung von christlichen und heidnischen Motiven, das Changieren zwischen beiden Sphären, die Doppeldeutigkeit zentraler Begriffe in beiden Welten, so auch das Infragestellen ihrer Unvereinbarkeit und damit der Versuch, eine Polarisierung des heidnischen und christlichen Liebesbegriffs aufzuheben. Der unmittelbaren sinnlichen Darstellung der Liebe – in einem kultischen Tanz, in der Huldigung der Liebe durch Tannhäuser und in seiner Aufforderung an Elisabeth, den Gott der Liebe für seine Rückkehr zu preisen – wird im Sängerkrieg die verbale Auseinandersetzung um das Wesen der Liebe gegenübergestellt. Der Konflikt entsteht erst mit der Propagierung der sexualfeindlichen Haltung der Minnesänger als der einzig möglichen. Tannhäuser, der den edelmütigen Sängern, die dem «Wunderbronnen» der Liebe nur opfernde Anbetung zollen, recht drastisch erwidert, bei solchem Schmachten «versiegte wahrlich wohl die Welt», gerät dann in hellen Zorn, als die physisch-sexuelle Komponente als eine natürliche Form der Liebe von den tiefsinnigen Ergründern des Wesens der Liebe, den Sängern einer sublimierten «hohen Minne», entsetzt abgelehnt wird. Seiner Einsicht und Erfahrung nach entstehen die Konflikte erst durch die bewußte Erzeugung eines Gegensatzes zwischen «hoher Liebe» und sogenannt niederer, verdammt als «der Hölle Lust», für die als jeweils überhöhte Kultfigur szenisch-bildlich einerseits Maria, andererseits Venus steht. Eine derartige Spaltung und Trennung ist für ihn unnatürlich, naturwidrig. Deshalb verließ er auch Venus. Bezeichnenderweise ist es die «reine Jungfrau» Elisabeth, die eine Bewegung macht, ihm «ihren Beifall zu bezeugen», nachdem er Wolfram entgegnete: «In vollen Zügen trink ich Wonnen, in die kein Zagen je sich mischt.» Ihre Liebe ist zwar «rein», aber dennoch eine «aus dem Boden vollster Sinnlichkeit entkeimte Liebe», wie es Richard Wagner an anderer Stelle sagte. In ihrem Gebet bittet sie Maria, die «allmächt'ge Jungfrau», um Vergebung für ihr «sündiges Verlangen», ihr «weltlich Sehnen», das sie «unter tausend Schmerzen» zu ertöten suchte, und sie fleht: «Doch, konnt' ich jeden Fehl nicht büßen, so nimm dich gnädig meiner an!»

Auf der Kultstätte von Venus und Maria finden Tannhäuser und Elisabeth ihr Totenlager: Er, der zwischen den Alternativen Venus und Maria umherirrte, kommt hier zur Ruhe, sie, die ihn zu verstehen versuchte, ihn verteidigte, gelangt erst durch den Tod zu ihm – eine Synthese, die nur auf den ersten Blick versöhnlich scheint, jedoch mißglückt, da sich das Wesen der Liebe als eines ursprünglichen, natürlichen Lebenselementes eben nicht dualistisch und dialektisch erfassen läßt. Wie für Tannhäuser der Weg in den Venusberg ein Irrweg war, erlaubte die restriktive Wartburgwelt Elisabeths Liebesentfaltung nicht. Und so hat dieses Zueinanderfinden im Tode nichts Ausgesöhntes, sondern etwas tief Tragisches.

Die unbeantwortbare Frage nach der Ergründung des Wesens der Liebe entwickelt sich zur Frage nach der Erlösung und Aufhebung des Liebeskonflikts, der Liebesverstrickung, im Tod. Richard Wagner boten die Verweigerung der Absolution und der Erlösung durch den Papst Gelegenheit, sich mit dem kirchlichen Begriff der «Erlösung» auseinanderzusetzen. Er interpretierte ihn in einem Sinne, den wir heute als «urchristlich» bezeichnen würden. Es geht ihm dabei nicht um die Erfüllung starrer dogmatischer Formen, um Sünde und Buße, Schuld und Sühne, um Unterwerfung und Abhängigkeit auf der einen, Machtausübung auf der anderen Seite, mithin nicht um den Apparat konventioneller Gläubigkeit, sondern vielmehr um eine besondere psychische Disposition. Tannhäuser pilgert nach Rom aus Mitgefühl für Elisabeth und den Schmerz, den er ihr zufügte. Nicht um des eigenen Heiles willen, sondern um ihr «die Tränen zu versüßen». Darum ist auch sein Ekel so groß, als ihm in Rom «Lüge und Herzlosigkeit» entgegenschlagen, als man ihm «wegen der höchsten Aufrichtigkeit seiner Empfindungen das Recht des Daseins abspricht». Er strebt zurück in den Venusberg nicht aus Freude oder Lust, er sucht bei Frau Venus Erbarmen: «Frau Venus, oh, Erbarmungsreiche!»

Elisabeth vermag durch ihre Liebe zu Tannhäuser, was die ganze sittlich entrüstete Wartburgwelt und auch das Papsttum nicht vermochten. Sie schließt, dieser Welt zum Trotz, Tannhäuser in ihr Gebet ein und kann ihm deshalb die Erlösung bringen; Richard Wagner schrieb, sie sei «in heiligem Wissen von der Kraft ihres Todes» und spreche dadurch «den Unseligen frei». Der Schluß der Oper bestätigt nicht weltliche oder kirchliche Institutionen, sondern stellt sie und ihre Dogmen eher in Frage.

Wolfram, der «wohlgeübte Sänger», ist Zeuge dieses Endes. Ihn, zunächst der Prototyp des angepaßten, beliebten, verbindlichen Virtuosenkünstlers und Höflings, verunsichert dieses Ende, da es seine Lebensinhalte in Frage stellt. Er hat Mitleid mit dem Schicksal Tannhäusers. Er erkennt, daß ein solches Leben, das sich die leidvollen Erfahrungen des Unangepaßten, des Unbeugsamen, des Irrenden und Scheiternden auferlegt, nicht verdammenswert sein kann, daß ein solcher Mensch Toleranz und Mitleid verdient. Und bekannt ist ja, welch zentrale Bedeutung der Begriff Mitleid im Denken Richard Wagners einnahm.

Von diesen Überlegungen und Leitlinien konzeptioneller Arbeit zurück in eine etwas prosaischere Realität, indem ich mich der Probenarbeit zuwende.

Es begann damit, daß die als Elisabeth vertraglich verpflichtete Gabriela Benackova-Cap nach Mitteilung ihres Agenten aus gesundheitlichen Gründen leider nicht zu dem vorgesehenen Probenbeginn am 23. Juni 1985 anwesend sein konnte, was sich dann sogar noch hinauszögerte, so daß mit ihrer Präsenz erst ab dem 6. Juli gerechnet werden durfte. So waren die Voraussetzungen für künstlerisch Verantwortbares nicht mehr gegeben, und der Vertrag mußte für unwirkam erklärt werden. Am 27. Juni begannen im «Ring» die Proben für die Walküren. Als Gerhilde und als Freia war Cheryl Studer verpflichtet. Ihr Ankunftstag in Bayreuth, der 26. Juni, war mir bekannt, und ich machte dem ob seiner ausgefallenen Elisabeth betrübten Dirigenten den Vorschlag, freundlicherweise Frau Studer doch einmal anzuhören. Vielleicht könne er sich meiner Meinung anschließen, daß diese Künstlerin durchaus eine sehr gute Elisabeth sein könne. Am

26. Juni arrangierten wir gegen Abend schnell ein Vorsingen, und der Maestro zeigte sich immerhin bereit dazu. Das Vorsingen der «Hallenarie» wurde nach einer kurzen Pause zur Festigung des Eindrucks noch einmal wiederholt, und vor der nächsten «Runde» repetierte Cheryl Studer mit einem unserer musikalischen Assistenten das «Gebet» der Elisabeth. Sie hatte es vorher noch nie gesungen. Nach dem Vorsingen erklärte sich Giuseppe Sinopoli bereit, probeweise mit der Künstlerin die Partie gesanglich zu studieren, um dabei feststellen zu können, ob sie eventuell besetzbar wäre. Diese Singstunden fielen so gut aus, daß sie den «Meister(innen)schlag» verdiente. An sich hatte sie nur irgendwann einmal die «Hallenarie» zu einem Vorsingen studiert, und nun lernte sie in erstaunlich kurzer Zeit die ganze Partie der Elisabeth auswendig, so daß keinerlei Hemmnisse in den Proben selbst oder Verzögerungen des ja minutiös geplanten Probenablaufs entstanden.

Gleiches kann ich bedauerlicherweise über den von Anfang an vorgesehenen und vertraglich gebundenen Sänger des Tannhäuser, René Kollo, nicht sagen. Wie schon bei anderen Gelegenheiten vorher, so auch jetzt, erstreckten sich die Vertragsverhandlungen mit ihm auf hier in Bayreuth sonst nicht übliche ausgedehnte Zeiträume. Die Abstimmung der Daten für notwendige Anwesenheiten des Sängers – und die ihm genehm waren – zog sich hin, was besonders dann unangenehm ist, wenn eine Zweitbesetzung nötig ist, um die Aufführungen abzusichern. Mit dem Kollegen kann ja dann offenbar nach Lust und Laune umgesprungen werden. So wollte Kollo zuerst alle sieben Vorstellungen singen, dann eine abgeben, später zwei und schließlich gar drei. Das bedeutete, ich mußte sofort in Anbetracht der während jener Festspielzeit in Bayreuth zwar anwesenden, aber anderweitig ausgelasteten Tenöre eine zweite Besetzung für den Tannhäuser engagieren. Richard Versalle hatte ich mir in Saarbrücken am 12. März 1983 als Tristan angehört, wobei ich bereits damals den Eindruck gewinnen konnte, daß er ein einsatzintensiver, präziser und stimmbeherrschender Sänger war.

Da der «Tannhäuser» eine große Ensembleoper ist, bedeutet es für Solisten und Chor ein Ärgernis und geht oft an die Grenze des Zumutbaren, wenn eine so wesentliche, führende Stimme wie die des Tannhäuser, ungenau oder unhörbar markiert, bei der präzisierenden Probenarbeit musikalisch entweder stört oder absent ist. In den solistischen Passagen, wie zum Beispiel bei den «Venusberg-Strophen» oder im großen Duett mit Elisabeth im Zweiten Akt, straft sich der Sänger selbst, wenn er die Partie unvollkommen oder nicht beherrscht; innerhalb des schwierigen Ensembles straft er vor allem sämtliche Kollegen.

Richard Versalle gewann immer mehr an Anerkennung und an Ansehen, wenn er als Alternativbesetzung einwandfrei und der Aufgabe angemessen probierte. Giuseppe Sinopoli hoffte, mit Kollo durch intensive Arbeit noch auf einen grünen Zweig zu kommen. Und so kam es, daß die für Versalle eingeplanten Bühnenorchesterproben diesem zugunsten Kollos bis auf eine weggenommen wurden.

René Kollo sagte mir den Tannhäuser 47 Minuten vor Beginn der Premiere am 25. Juli 1985, d. h. 15.13 Uhr, ab, obwohl ich ihn gebeten hatte, nicht zuletzt aus Fairneß gegenüber Richard Versalle, mir seine Entscheidung für Zu- oder Absage bis 11.30 Uhr vormittags mitzuteilen.

Zwei Tage vorher telephonierte ich mit Kollos Vertrauens- und Facharzt in Wien. Ich erhielt die Auskunft, daß keine Bedenken bestehen müßten und René Kollo die Partie des Tannhäuser singen könne. Ein Attest des gleichen Arztes, datiert in Wien am 27. August 1985 (!), in dem er mir bescheinigte, Kollo könnte eventuell doch nicht singen, bemühte sich in eigenartiger Weise nachträglich um eine wissenschaftliche Begründung.

Nicht zuletzt auch wegen der großen Beliebtheit und Popularität durch das Fernsehen und der Vielseitigkeit des Sängers René Kollo hatten neben «seriösen» Illustrierten natürlich die Blätter der Regenbogenpresse dieses Tannhäuser-Debüt in Bayreuth bereits vor dem eigentlichen Ereignis nach allen Regeln der Kunst ausgewalzt und vollmundig angekündigt. Schien mir dergleichen letztlich unverantwortbar, wurde die ganze Angelegenheit durch die überraschende Wendung vollends peinlich und absurd.

Eingedenk des vorangegangenen Verhaltens von Kollo erwartete ich auch am Premierentag einiges, machte mich auf allerlei gefaßt, vielleicht bisher noch nicht Erlebtes, und bat darum Richard Versalle, auf jeden Fall ab 14 Uhr im Festspielhaus zu sein und in meinem Büro «Stellung» zu beziehen, um dort abgeschirmt die begreifliche Spannung seines Auftretens bei dieser Bayreuther Premiere anstelle des so bekannten und vielgerühmten Tenor-Kollegen zu mildern, wenngleich natürlich auch darauf wartend, die Partie möglicherweise übernehmen zu dürfen.

Bereits vor der so kurzfristigen Absage verschaffte ich mir deren ziemliche Gewißheit, indem ich mir auf dem Parkplatz der Künstler ca. zwei Stunden vor Aufführungsbeginn den Wagen von René Kollo genauer ansah. Ich gewahrte gepackte Koffer und einen beträchtlichen Achsendruck bei den hinteren Rädern. Daraus schloß ich unschwer, daß Kollo sichtlich keinen Besuch des Staatsempfangs und keine Premierenfeier mit seinen Fans nach der Vorstellung eingeplant hatte. Alles wies auf eine unmittelbar bevorstehende Abreise hin – und damit war mir die Absage klar.

Als seine einzige künstlerische Spur aus dieser Festspielsaison blieben die auf der Harfe handschriftlich vermerkten Stichworte der «Venusstrophen» zurück. Der Dirigent Horst Stein erzählte mir später, daß René Kollo die Partie des Tannhäuser für eine um Weihnachten 1985 in Genf stattgefundene Aufführung gelernt und damit reüssiert habe.

Für Richard Versalle freute es mich, daß sein Bayreuth-Debüt weit hinausging über einen bloßen Achtungserfolg. Meine Erwartungen, die ich in den temperamentgeladenen Vollblutmusiker Giuseppe Sinopoli gesetzt hatte, fand ich vollauf bestätigt, und der Zugewinn für Bayreuth war ebenso erfreulich wie vielversprechend.

Wie in Bayreuth üblich, arbeitete ich an dieser «Tannhäuser»-Inszenierung im Lauf der Jahre intensiv weiter. Veränderungen in der Besetzung blieben dabei nicht aus. Seit 1982 war, von Jean Cox empfohlen, Donald C. Runnicles als musikalischer Assistent bei den Bayreuther Festspielen tätig, und ich betraute ihn, der sich mittlerweile auch eine anerkannte, internationale Karriere als

Dirigent hatte aufbauen können, 1992 und 1993 mit der Leitung des «Tannhäuser». Bewußt vorgenommene Verbesserungen der Dekorationen durch neue Materialien ließen vor allem bei den Horizontgestaltungen aussagestärkere Beleuchtungsmöglichkeiten zu. Die Aufführung konnte seit der Premiere immer zwischenzeitlich in den Spielplan aufgenommen werden und ist, während ich dies hier schreibe, noch nicht demontiert.

Im Anschluß an die Festspielzeit 1989 fand ein Gesamtgastspiel mit dem «Tannhäuser» in Tokyo statt. Wir waren von Mamoro Miura, dem Direktor des Tokyo Department Store, eingeladen, das neue Kulturzentrum Bunkamura damit zu eröffnen. Zum ersten Mal in der Geschichte der Bayreuther Festspiele wurde nicht nur das gesamte Personal, sondern auch die Originalausstattung (einschließlich der kinetischen Dekorationsteile) eingeflogen. Der Bau des Bunkamura war bei der technischen Ausrüstung seiner Mehrzweckhalle in Kontakt und im Einklang mit uns geplant und ausgeführt worden, so daß die Wiedergabe des «Tannhäuser» keinerlei Veränderung oder gar Einschränkung hinnehmen mußte. Dank der außerordentlichen, ja einzigartigen Bereitschaft und Aufgeschlossenheit unserer Gastgeber waren die Zusammenarbeit und die Durchführung nicht nur für mich, sondern für alle, die dort mitwirkten, ein ganz besonderes Erlebnis.

Der Wechsel der «Parsifal»-Inszenierung von 1988 und 1989 gab in der Öffentlichkeit Anlaß zu verschiedenen Spekulationen. So wurde von der Presse unter anderem kolportiert, daß zum ersten Mal in der Geschichte Bayreuths der Wunsch eines Künstlers, in diesem Falle James Levine, ausschlaggebend für die Gestaltung des Spielplanes gewesen sei, das heißt, auf sein Drängen habe die Festspielleitung nachgegeben und eine Inszenierung durch eine andere ersetzt. Ich sah mich also genötigt, während der Festspielzeit öffentlich dazu Stellung zu nehmen. Zunächst verwahrte ich mich gegen die Behauptung, auf mich sei in irgendeiner Weise Druck ausgeübt worden, dem ich mich hätte beugen müssen. Wenn James Levine die Inszenierung so grundsätzlich abgelehnt haben würde, wäre er ganz bestimmt nicht nach zwei Jahren seines Pausierens in Bayreuth ans Pult zurückgekehrt, um gerade die ihm angeblich so leidige «Parsifal»-Inszenierung erneut zu dirigieren. Mein Bestreben war, es nicht dahin kommen zu lassen, daß der «Parsifal» durch überlange Laufzeiten petrifiziert würde, und ich führte an, meine eigene «Parsifal»-Inszenierung sei auch nur sieben Festspielzeiten lang aufgeführt worden. Überdies wies ich einmal darauf hin, daß es keinen festgelegten Rhythmus in der Abfolge von Neuinszenierungen gibt und daß neben künstlerischen vor allen Dingen auch organisatorische und finanzielle Momente für deren An- oder Absetzung zu berücksichtigen sind.

Die Erfahrungen aus meiner «Parsifal»-Inszenierung in den Jahren 1975 bis 1981, danach meine Beschäftigung mit den «Meistersingern» und dem «Tannhäuser» sowie die Anregungen, die mir die «Ring»-Interpretationen von Patrice Chéreau, Peter Hall und Harry Kupfer, die Deutungen des «Tristan» von August Everding und Jean-Pierre Ponnelle sowie der «Parsifal» von Götz Friedrich und Werner Herzogs «Lohengrin» gaben, boten mir reichlich Anlaß, über die Behandlung von Raum und Zeit auf der Bühne nachzudenken, nicht zuletzt, da die sehr unterschiedlichen «Handschriften» der Genannten eines gemeinsam hatten, nämlich die Absicht und das Bemühen, hier in Bayreuth das zu erreichen, was nach ihrer Ansicht Richard Wagner heute praktizieren würde, nimmt man ihn beim Wort: «Kinder, schafft Neues!» – Vereinfachend nenne ich nur die Namen der Regisseure, was jedoch selbstverständlich die Dirigenten, die Bühnen- und Kostümbildner, die Darsteller und alle anderen mit dem Werk Beschäftigten nicht etwa ausschließt, sondern gleichrangig mit umgreift.

Drei Begriffe waren es hauptsächlich, von denen ich in der Auseinandersetzung mit dem «Parsifal» ausging, die Impulse für Überlegungen gaben, wie wohl dieses immer wieder besondere Werk nach so vielen Jahren praktischer Theaterarbeit mit all ihren Höhen und Tiefen auf die Bühne zu bringen wäre, wie es nach «der Irrnis und der Leiden Pfade» in einer heute nachvollziehbaren Form erschlossen werden könne.

Der erste Begriff ist das vielzitierte Wort Richard Wagners vom «unsichtbaren Theater», was er zu Cosima am 23. September 1878 äußerte. Ich denke, in seiner Vollständigkeit sagt das Zitat umfassend und mehr, als es ein ausschweifender Kommentar vermöchte: «Ach! Es graut mir vor allem Kostüm- und Schminke-Wesen; wenn ich daran denke, daß diese Gestalten wie Kundry nun sollen gemummt werden, fallen mir gleich die ekelhaften Künstlerfeste ein, und nachdem ich das unsichtbare Orchester geschaffen, möchte ich auch das unsichtbare Theater erfinden!» (Und, wie Cosima sich ausdrückte, «das kummervolle Sinnen mit Humor beschließend», fügte Richard Wagner gleich noch hinzu: «Und das unhörbare Orchester.»)

Die weiteren für mich relevanten Begriffe sind die Werkbezeichnung «Bühnenweihfestspiel» und die Charakterisierung des «Parsifal» als «Weltabschiedswerk», beide seit langem und noch immer von lächerlichen Klischees verstellt und absichtsvollen Mißverständnissen verdorben – welche übrigens eine sehr lange Tradition haben, denn aus Cosimas Tagebüchern geht sehr deutlich hervor, daß sie selber den «Parsifal» von Anbeginn nur quasireligiös verstehen konnte und fast ins Katholische umbog, als Ersatzreligion begriff. Auch Hans von Wolzogen, der Redakteur der «Bayreuther Blätter», trug nicht wenig dazu bei. Sein Aufsatz «Bühnenweihfestspiel» überschrieben, gefiel Wagner zwar insgesamt sehr, doch bemerkte er sogleich kritisch, daß Wolzogen zu weit gehe, wenn er Parsifal als ein Abbild von Christus beschreibe: «Ich habe an den Heiland dabei gar nicht gedacht.»

«Weltabschieds-Werk» – diese auffällige Wortbildung gebraucht Wagner in seinem letzten Brief an Ludwig II. vom 10. Januar 1883, und er geht im selben Brief noch weiter, indem er von seinem «Lebens-Abschieds-Werk» schreibt. In geradezu mystifizierender Weise wurde eine solche Formel in Verbindung mit dem nur einen reichlichen Monat später eingetretenen Tod Richard Wagners gebracht und rückte den «Parsifal» in eine verhängnisvoll sakrale Verklärung. Obzwar Wagner keine Werke mehr für das Theater schaffen wollte, plante er doch weit in die

Zukunft: all seine früheren Werke vom «Holländer» an im Festspielhaus aufzuführen, sie teilweise umzuarbeiten, Schauspiele und einsätzige Symphonien zu schreiben. In welchem Sinne Wagner den «Weltabschied» verstand, erhellt sehr klar und genau sein Aufsatz «Das Bühnenweihfestspiel in Bayreuth 1882», auf den er im erwähnten Brief an den König hinweist und der bar jeder transzendenten Verdunklung sowohl das «Bühnenweihfestspiel» als auch den «Weltabschied» deutet. Es dürfte vielleicht nicht ganz unnütz sein, hier einige Passagen anzuführen, wobei jedem Interessierten die vollständige Lektüre empfohlen sei.

Bereits der erste Satz schlägt einen Ton an, der gemäß der Festspielidee zwar Entfernung vom Alltag will, doch auf keinen Fall eine heilige Handlung auf die Bühne stellen möchte: «Wenn unsere heutigen Kirchweihfeste hauptsächlich durch die hierbei abgehaltenen, nach ihnen sich benennenden sogenannten Kirmes-Schmäuse beliebt und anziehend geblieben sind, so glaubte ich das mystisch bedeutsame Liebesmahl meiner Gralsritter dem heutigen Opernpublikum nicht anders vorführen zu dürfen, als wenn ich das Bühnenfestspielhaus diesmal zur Darstellung eines solchen erhabenen Vorganges besonders geweiht mir dachte.» Und er fährt dann fort: «Wer mit richtigem Sinne und Blicke den Hergang alles dessen, was ... in den Räumen dieses Bühnenfestspielhauses sich zutrug, dem Charakter der hierin sich geltend machenden produktiven wie rezeptiven Tätigkeit gemäß zu erfassen vermochte, konnte dies nicht anders als mit der Wirkung einer Weihe bezeichnen, welche, ohne irgend eine Weisung, frei über alles sich ergoß.» Verblüffend erscheint die Antwort, die Wagner auf die Frage gibt, welche «Regierungsgewalt» diese hervorragende Organisation und «sichere Ausführung aller szenischen, musikalischen wie dramatischen Vorgänge» an jeder Stelle ermögliche: «... worauf ich gutgelaunt erwidern konnte, daß dies die Anarchie leiste, indem ein jeder täte, was er wolle, nämlich das Richtige. Gewiß war es so: Ein jeder verstand das Ganze und den Zweck der erstrebten Wirkung des Ganzen.» – Das unvermeidlich zu Ändernde geändert, ist es ohne Übertreibung noch heute nicht anders.

58/59 Inszenierungen und Bühnenbilder auf den folgenden Seiten: Wolfgang Wagner. Neuinszenierung «Ring» 1970–1975.
«Rheingold» 2. Bild (*oben*). «Walküre» Zweiter Aufzug.

60/61 Neuinszenierung «Ring» 1970–1975.
«Siegfried» Zweiter Aufzug (*oben*). «Siegfried» Dritter Aufzug 1. Bild.

62/63 Neuinszenierung «Ring» 1970–1975.
«Siegfried» Dritter Aufzug 2. Bild (*oben*). «Götterdämmerung» Zweiter Aufzug.

64 Neuinszenierung «Ring» 1970–1975.
Ausschnitt aus «Götterdämmerung» Erster Aufzug 2. Bild.
Durch den Tarnhelm ist Siegfried gleich Gunther.

65 Neuinszenierung «Parsifal» 1975. Erster Aufzug 1. Bild.

66 Erster Aufzug 2. Bild.

67 Zweiter Aufzug.

68/69 Neuinszenierung «Meistersinger» 1981.
Erster Aufzug (*oben*). Dritter Aufzug 2. Bild (Festwiese).

70/71 Neuinszenierung «Tannhäuser» 1985.
Zweiter Aufzug (*oben*). – Wiederaufnahme 1992 mit szenisch-optischen Veränderungen – Dritter Aufzug.

72/73 Neuinszenierung «Parsifal» 1989.
Dritter Aufzug 1. Bild (*oben*). Dritter Aufzug 2. Bild, Schluß.

Richard Wagner schreibt: «Was hier als Zauber wirkte, nun als Weihe die ganze Aufführung des Bühnenfestspieles durchdringen zu lassen, wurde im Verlaufe der Übungen und Vorstellungen zur angelegentlichsten Sorge aller ...» Und etwas später findet sich in seinen Ausführungen die bemerkenswerte Stelle: «Hier war es jetzt eben noch nicht die Erfahrung, welche uns zu einem schnellen Verständnisse verhelfen konnte, sondern die Begeisterung – die Weihe! – trat schöpferisch für den Gewinn eines sorglich gepflegten Bewußtseins vom Richtigen ein.»

Was nun den «Weltabschied» betrifft, so sollte er mit den nachstehenden Sätzen belegt sein: «Somit konnten wir uns, auch durch die Einwirkungen der uns umschließenden akustischen wie optischen Atmosphäre auf unser ganzes Empfindungsvermögen, wie der gewohnten Welt entrückt fühlen, und das Bewußtsein hiervon trat deutlich in der bangen Mahnung an die Rückkehr in eben diese Welt zu Tage. Verdankte ja auch der ‹Parsifal› selbst nur der Flucht vor derselben seine Entstehung und Ausbildung! Wer kann ein Leben lang mit offenen Sinnen und freiem Herzen in diese Welt des durch Lug, Trug und Heuchelei organisierten und legalisierten Mordes und Raubes blicken, ohne zu Zeiten mit schaudervollem Ekel sich von ihr abwenden zu müssen?»

Was mich bei meiner Inszenierung des «Parsifal» leitete und bewegte, wie ich versuchte, Gedanken und Vorstellungen in szenisch-bildliche Darstellung umzusetzen, habe ich, wie schon 1975, durch Oswald Georg Bauer nach ausführlichen und eingehenden Gesprächen mit mir aufzeichnen lassen.

«Zum Raum wird hier die Zeit.» Einer der meistzitierten Sätze Wagners, enigmatisch, verrätselt. In welchem Raum, in welcher Zeit spielt «Parsifal»? Im nördlichen Gebirge des gotischen Spanien, im ritterlichen Mittelalter, im arabischen Spanien? Wenn man Wagners Angaben nach ihrem Buchstaben, nicht nach ihrem Geist interpretiert, ja. Der Raum des «Parsifal» ist ein imaginärer Raum, die Zeit, in der «Parsifal» spielt, ist eine imaginäre Zeit. Sobald der Raum erscheint, ist die vergangene und zukünftige Zeit Gegenwart. Das Licht erschafft den Raum, das sich verändernde Licht ist die sich verändernde Zeit.

Der Raum des Geschehens wird umgeben und begrenzt von vertikalen Objekten mit kristalliner Struktur. Kristall, ein Gebilde aus der Urzeit der Natur, mit seinem transparenten natürlichen Ton, ist in der Lage, Licht und Farbe aufzunehmen, und wird durch Licht lebendig. Der Raum wird durch Licht – farbiges Licht – geschaffen. Licht ist Leben. Die Station dieses Lebens ist durch Licht herausgehoben aus der weiten Weltennacht des Weltalls.

Die Grundfläche im «Parsifal» ist ein Labyrinth, der Grund und Boden unseres Daseins. Das Labyrinth hebt Raum und Zeit auf und ist selbst Raum und Zeit. Das Problem ist, den richtigen Zugang zu finden, dann führt der Weg zum Mittelpunkt als dem Endpunkt des Labyrinths und seinem neuen Ausgangspunkt. Den Mittelpunkt, das Ziel, schafft sich jeder selbst als seine persönliche Lösung. Titurel stellt den Altar als Kultstätte für den Gral in den Mittelpunkt, Klingsor schafft eine für ihn bedeutungsgleiche Imitation dieser Kultstätte für das Erscheinen der Kundry. Auf diesem Podest nimmt Parsifal den Speer auf, ihn waagrecht, d. h. unaggressiv haltend, und transzendiert damit den zur Waffe mißbrauchten heiligen Speer wieder zum Heiligtum. Und als solches bringt er ihn in den Tunnel zurück.

In das Zentrum fließt auch die heilige Quelle, eine Umsetzung ins theatralische Bild dessen, was Wagner im Zweiten Aufzug den Quell des Heiles nennt, nach dem sich Kundry und die Gralsritter sehnen. Das «heilig nüchterne Wasser» nach einem Wort von Friedrich Hölderlin, das nicht nur reinwäscht von Schuld, sondern Ekstatik und Sehnen beruhigt, klärt und ernüchtert.

Im Gegensatz zur veränderbaren Materie des Kristalls ist der Tempel starre, abstrakte Form, das Licht darin kein natürliches, sondern ein berechnetes. Nur im geschlossenen Raum soll der Gral einem esoterischen Kreis von Auserwählten leuchten. Die Monumentalarchitektur des Tempels zitiert architektonische Elemente verschiedener Kulturepochen: assyrisch-babylonisch, das Motiv der Zikkurat, Anklänge an mexikanisch-aztekische Kultstätten und an die Architektur der Postmoderne. Metaphern für Architektur als Herrschaftsprinzip und Herrschaftsinstrument, auch in der Assoziation von Gefängnis und Kaserne. Monumentalarchitektur war immer auch Mausoleums- und Grabarchitektur, der Ausdruck des Willens, im Monument Dauer und ewiges Leben sich zu erzwingen. Dies ist Titurels Ursünde, sein Verrat an der lebendigen Gralsidee. Er mißversteht seine Aufgabe, er hütet den Gral, indem er ihn vergräbt, einmauert, ihn einer elitären Clique reserviert, ihn als seinen Besitz vereinnahmt und seinen Anspruch auf ein Gottesgnadentum legitimiert, indem er mit dem Gral einen Mysterienzauber veranstaltet. Amfortas, der Leidende, will sterben. Titurel, selbst schon petrifiziert wie seine Idee vom Gral, aber will sich mit dem Lebenssymbol Gral ein ewiges Leben erzwingen. Er schleicht im Tempel herum und zieht sich in seinen Regierungsbunker zurück. Als unsichtbarer, grausamer Befehlsgeber zwingt er Amfortas mitleidslos zu seinem Amt, da er auf seine lebensverlängernde Droge, die «heilige Wonne» des Grales, nicht verzichten will. Die räumliche Abgrenzung bedeutet auch eine Ausgrenzung im Denken. Letzte Konsequenz ist die Askeseforderung als Prinzip der Lebensfeindlichkeit. Ihren bildlichen Ausdruck findet sie in der verabsolutierten Ordnung als Prinzip der Herrschaft im Gralstempel, im paramilitärischen Drill der Reglementierung, in der Apotheose der Entpersonalisierung, der Entindividualisierung als einem Instrument des Gesinnungsterrors. Starr, fremd, unverständlich, lebensfremd und absolut unsinnlich zelebrieren sie ihr Ritual, asketisch-hermetisch, ohne Bezug zur Außenwelt und zu einem Leben außerhalb wie auch immer, ohne Fähigkeit zum Mitleid, zur Liebe, zu all dem, wofür das Lebens- und Heilssymbol Gral steht. Eigentlich muß man Mitleid haben mit diesen Gralsrittern, ein Mitleid, das sie selbst ihrem König gegenüber nicht mehr aufzubringen vermögen. Sie sind fixiert auf den Gral als ihren Besitz, starren «dumpf» auf das Heilsgefäß, das durch ihren hypnotisierenden, drogensüchtigen Blick erglüht. Nicht Heil suchen sie, sondern Verzückung, Lebenserhaltung wie Titurel.

Klingsor hat Titurels Askeseforderung in ihrer radikalsten Konsequenz erfüllt und damit nach Titurels Ansicht gefrevelt. Seine Gegengründung zum Gralstempel, der Zaubergarten, ist eine Imitation der Titurel-Idee vom Gral, in ihrer inneren Struktur sind die beiden antithetischen Welten verwandt und gleich organisiert. Wie Klingsor seinen Verführungszauber veranstaltet Titurel seinen Gralszauber, und bei beiden ist es ein Machtzauber. Es geht beiden um Macht, Besitz und Herrschaft. Hier ist verabsolutierte, zur Machterhaltung mißbrauchte Askese, dort der verabsolutierte, zur Machterhaltung mißbrauchte Sexualtrieb.

Als einzige Figur steht Kundry jenseits von Raum und Zeit, sie geht durch Raum und Zeit. In ihrer Person verkörpert sie Vergangenheit, Gegenwart und Zukunft. Bevor Titurel dem Gral die Burg baute, war sie schon da, sie «sah viel», kommt mit ihrem Luftroß aus dem Raum, wie eine Amazone, eine Walküre. Kundry ist verflucht, weil sie den Leidenden, den Mitleidenden verlachte. Befangen und verfangen in einer Vorstellung vom Männlichen als dem Idol des Heroischen, erschien ihr der Leidende unmännlich, verachtenswert. Nun muß sie selbst ihren Weg des Leidens gehen. Sie ist nicht die Urteufelin ihrem Wesen nach, sie wird von den Männern verteufelt.

Sie ist der Bewertung der Frau in einer ausschließlichen, elitären Männergesellschaft ausgesetzt: Hure oder Magd, Männerphantasien von der Frau. Klingsor und die Gralsritter verfügen über sie, mißbrauchen sie als Hure und Magd. In der Herzeleide-Erzählung im Zweiten Aufzug ist sie als Person ganz bei sich. Sie hat die ursprüngliche Gralsidee begriffen, als Parsifals Gralssamariterin im Ersten und Dritten Aufzug. Die letzten Worte, die Wagner vor seinem Tod geschrieben hat, können auf das Zerrissensein Kundrys im Zweiten Aufzug bezogen werden: «Der Prozeß der Emanzipation des Weibes (geht) nur unter ekstatischen Zuckungen vor sich. Liebe – Tragik.» In Momenten erkennt Kundry die Situation, daß Parsifal der sein kann, auf den sie seit Ewigkeiten harrt, aber ihr Sehnen nach der Befreiung vom Fluch ist hier noch ein Sehnen nach dem Quell ihres Leidens und somit kein Ausweg aus dem Teufelskreis der ewigen Wiedergeburten. Sie ist, nach Wagners poetisierender Formel, hier noch umnachtet vom Weltenwahn. Gurnemanz erweckt sie aus ihrer Erstarrung zum Leben, zu ihrer letzten Wiedergeburt, wie einen Embryo. «Dienen, dienen» sind ihre letzten Worte. Aber das Stadium der Magd ist vorbei, ebenso wie das der Verführerin. Von jetzt an bleibt sie stumm, ist aber präsent und wächst in eine neue, ihre eigentliche Rolle. Sie ist im Karfreitagsbild nicht die Büßerin im Büßerhemd, sie ist jetzt Partnerin, Gefährtin und schöne Verkörperung des Ewig-Weiblichen.

Parsifal erkennt im Zweiten Aufzug die innere Verwandtschaft der Titurel- und der Klingsor-Welt. Zu Cosima sagte Wagner am 18. September 1878, Parsifals Wort «‹Ein Andres ist's› übersteigt fast die Grenze des Erlaubten im Didaktischen». Parsifals Erkenntnis vom inneren Zusammenhang von Gut und Böse, wie er sie in ihren beiden Erscheinungsformen kennengelernt hat, in ihrer Deformierung und ihrer Relativierbarkeit wird in diesen Versen absichtsvoll akzentuiert. Hier die Gralsritter, die in «grausen Nöten» den «Leib sich quälen und ertöten» und dies für den Quell des Heiles halten, und dort Kundry in ihrer Verführerrolle, die in der Sehnsucht nach Heilung von ihrem Fluch nach dem Quell dieses Fluches schmachtet. Des «einzgen Heiles wahrer Quell» könnte das Lebens-, Erlösungs- und Mitleidssymbol, der Gral in seiner ursprünglichen Form, sein. Diese Erkenntnis von des «Weltenwahns Umnachtung» macht Parsifal nach dem Kuß «welthellsichtig». Er erkennt, daß Titurel-Welt und Klingsor-Welt Irrwege sind, er verläßt beide Welten und sucht sich seinen eigenen Weg und – er fordert auch Kundry, die auf ihn angesetzte «Verderberin», dazu auf.

Vielleicht ahnt Parsifal im Tempel, daß da etwas nicht stimmt, daß da etwas falsch läuft, er begreift nur nicht, was. Er kann nicht eingreifen, denn das würde ein Begreifen voraussetzen. Im Kuß der Kundry erkennt er erstmals einen Zusammenhang. Aber er wird nach dieser Erkenntnis nicht sofort der neue Gralskönig. Dieser Kuß war nur die Initiation, die er zu bestehen hatte. Er muß seinen eigenen Weg suchen und gehen, den Weg seines Reifeprozesses und der Erfahrung. Nicht gegen die Feinde des Glaubens kämpft er, wie einst die missionierenden Gralsritter, er kehrt zurück als «Miles christianus», als geistiger Ritter.

Wagner hat «Parsifal» sein «Weltabschiedswerk» genannt. «Parsifal» enthält die Summe seiner Welterfahrung und Weltdeutung, ein innerer Zusammenhang seines Werkes und seine Verdichtung wird im «Parsifal» erkennbar. Klingsor ist in seinem Machtstreben ein Verwandter Alberichs. Wagner selbst hat Siegfried mit Parsifal in bezug gebracht. Gurnemanz steht in einer Linie mit Hans Sachs, er erweckt Kundry im Dritten Aufzug, so wie Wotan es mit Brünnhilde getan haben könnte, dem Dreischritt «Tag – Nacht – Sterben» im «Tristan» entspricht im «Parsifal» die Folge «Leben – Tod – Erlösung», usw.

Im Dritten Aufzug nehmen Gurnemanz und Parsifal sich der herumgestoßenen Kundry in verständnisvoll-humaner Weise an, nehmen sie an als Prinzip des Weiblichen, das Titurel aus seiner Gralswelt (zu ihrem Verhängnis) konsequent eliminiert hat. Als Individuum ist Kundry vom Fluch der ewigen Wiedergeburten erlöst. Als Verkörperung des weiblichen Prinzips bleibt sie am Leben und wird in den Tempel aufgenommen. In einer simultanen, spiegelbildlichen Bewegung werden Titurels Sarg geschlossen und weggetragen und der Gralsschrein geöffnet. Der Tempel ist entmystifiziert. Der große, der Musik vorbehaltene Schluß des Werkes, ihr langes Nachklingen wird als Wagners Versuch aufgefaßt, den Entwurf eines Idealzustandes der Gralswelt als Welt einer humanen Geistigkeit musikalisch darzustellen.

Das Tempelbild des Ersten Aufzugs wurde beherrscht von der Achse:

Titurel – Amfortas – Gral.

Am Schluß des Dritten Aufzugs bilden Parsifal und Kundry, mit dem Gral dazwischen, eine Achse. Nur eine neue Konstellation?

Mehr: Eine neue Versuchsanordnung.

Abschließend möchte ich noch erwähnen, daß von meinen hier genannten und beschriebenen Inszenierungen 1981 mein erster «Parsifal», 1984 meine zweite «Meistersinger»-Interpretation und 1989 der «Tannhäuser» audiovisuell aufgezeichnet wurden; die ersten «Meistersinger» und mein erster «Lohengrin» liegen als CD vor.

XII. Grundsteine

Vorausgeschickt sei ein Zitat aus dem Brief Richard Wagners an Ludwig II. vom 31. März 1880, in dem es heißt: «Diese nutzlosen Bemühungen um den Gewinn der Mittel zu einer dauernden Stiftung, welche nun einmal der elende Zustand der deutschen ‹Nation› nicht zu gewähren vermag, machen mich endlich rasend, und ich bin entschlossen, nur um von allem diesen nichts mehr zu hören, der Sache ein gründliches Ende zu machen...»

Daß ein solches «Ende» nicht eintrat oder eintreten mußte, ungeachtet wechselvoller Zeitläufte und zum Teil widrigster Umstände, trotz der Folgen zweier Weltkriege, trotz Inflation und Währungsreform, grenzte so manches Mal fast an ein Wunder. Nicht dem an Bayreuth desinteressierten imperialistischen Deutschen Kaiserreich, nicht der labilen Politik in der Zeit der Weimarer Republik und nicht etwa gar der das Werk mißbrauchenden und größenwahnsinnigen offiziellen Anteilnahme im Dritten Reich verdankt Bayreuth, daß es heute auf einer relativ gesicherten Basis steht und Perspektiven hat. Erst im Rahmen der freiheitlichen Demokratie der Bundesrepublik Deutschland konnte dies mit Vernunft, Augenmaß und Sachverstand erfolgreich in die Tat umgesetzt werden.

Der zwischen meinem Bruder und mir am 30. April 1962 abgeschlossene Gesellschaftervertrag entstand letztlich dadurch, daß nach wie vor keine den Realitäten entsprechende Vorstellung der Nacherben für die Zeit nach dem Tod unserer Mutter Winifred Wagner in bezug auf Festspielleitung und generell die Zukunft der Festspiele bestand oder sich erreichen ließ. Ab 1965 wurde erneut einmal wieder die Gründung eines Familienrates angeregt. Mein Schwager Bodo Lafferentz, der in dieser Hinsicht schon früher wirksam zu werden versucht hatte, entwickelte weitere Aktivitäten in Gestalt von Vorschlägen und Denkschriften, die er zu Papier brachte, was inbesondere von meinem Bruder mit einer gewissen skeptisch-ironischen Aufmerksamkeit bedacht wurde. Hierbei kam es zumindest unter anderem zu dem Plan einer Konstruktion, daß bei einem eventuellen Ableben unserer Mutter meinem Bruder und mir innerhalb der darauffolgenden drei Jahre keine Kündigung des Mietvertrags durch unsere Schwestern möglich sein sollte, damit wir in diesem Zeitraum alle Modalitäten und Möglichkeiten der Festspiele sowie ihrer künftigen Leitung klären könnten. Trotz Wielands tragischem frühen Tod war durch den genannten Gesellschaftervertrag die unmittelbare Fortführung der Festspiele gewährleistet, doch mußte die Situation nun zwischen meiner Mutter und mir zu neuen Zukunfts-Überlegungen hinleiten.

Rechtsanwalt Dr. Gottfried Breit nahm in einem Schreiben vom 10. Januar 1967 ausführlich zu Erwägungen Stellung, die ihm meine Mutter in puncto der Möglichkeiten einer Stiftung unterbreitet hatte und bei denen es vor allen Dingen um die Erhaltung des gesamten Wagnerschen Nachlasses und um die Erfüllung der Vorgaben im Sinne des gemeinsamen Testaments meines Vaters und ihr vom 8. März 1929 ging. Bis zur Verwirklichung dieses Stiftungsgedankens am 2. Mai 1973 durch *alle* dafür Kompetenten und daran Beteiligten war es ein langer, komplizierter und überaus verhandlungsreicher Weg. Im nachhinein muß ich ganz nüchtern konstatieren, daß sich die Verhandlungen mit den öffentlichen Stellen erheblich leichter und insgesamt einsichtsvoller gestalteten als die mit den erbberechtigten Familienmitgliedern, womit die Erwartungen meiner Mutter und meine, über die wir bereits vorweg diskutiert hatten, in vollem Umfang Bestätigung fanden.

Schon am 18. Mai 1967 lag auf Veranlassung meiner Mutter ein interessanter Entwurf für die zu gründende Richard-Wagner-Stiftung mit Sitz in Bayreuth vor, ausgefertigt von Dr. Breit. Da die anderen Mit-Nacherben sowohl in der Erkenntnis der entscheidenden Bedeutung dieser Angelegenheit als auch, und nicht zuletzt, bezüglich ihres eigenen Wagner-Bewußtseins sich in der

Sache bei der Erarbeitung durch gute Rechtsanwälte beraten ließen, konnte verhältnismäßig bald innerhalb der verschiedenen Zusammenkünfte vernünftig und sachgerecht diskutiert und verhandelt werden. Dr. Bernhard Servatius beriet und vertrat meine Schwester Friedelind, meine Schwester Verena hatte ihren Mann Bodo Lafferentz als Berater zur Seite, die Kinder meines Bruders, die nach dessen Tod zu Nacherben aufgerückt waren, Dr. Reinhold Kreile, Dr. Fritz Meyer I stand als Testamentsvollstrecker mit Rat und Tat zur Verfügung. Dr. Gottfried Breit, einer der Hauptgestalter der Entwürfe und der Endfassung der Stiftungsurkunde, meiner Mutter und mir stets beistehend, Dr. Ewald Hilger von der «Gesellschaft der Freunde von Bayreuth», der sich bei internen Familiensitzungen als souveräner Moderator erwies, und Dr. Konrad Pöhner vervollständigten hilfreich und sachkundig den Kreis der Berater.

Daß es gerade mitunter bei den internen Konferenzen auch zu grotesken Situationen kommen konnte, soll hier nicht unerwähnt bleiben. So etwa mit Udo Proksch, der nicht nur als Betreiber des renommierten Wiener Cafés Demel bekannt war, sondern damals auch als «Veränderer», einer für sich selbst erfundenen Berufsbezeichnung, zweifelhaften Ruhm genoß. Beispielsweise wollte er eine platzsparende neue Bestattungsmethode durchsetzen, indem er vorschlug, die Toten in einer maßgeschneiderten Plexiglasröhre vertikal beizusetzen. Da er damals mit einer meiner Nichten verheiratet war, verspürte er offenkundig einmal das Bedürfnis, an einer Sitzung teilzunehmen. Sein Verhalten dabei bestimmte sich vor allem dadurch, daß er deutlich durchblicken ließ, was er vermittels Dritter alles zu seinen Gunsten zu erreichen trachtete. Keiner der Anwesenden aber griff seine «Anregungen» auf und wollte sich zum Handlanger seiner Einfälle hergeben, so daß der glückliche Umstand eintrat, daß man das Festspielhaus noch heute auf seinem angestammten Platze stehen sehen kann. Und es ist noch ein intakter Kulturbetrieb, brauchte zum Glück nicht als Objekt großangelegten Versicherungsschwindels herhalten oder gar als Opfer einer anderen Art von «Schiffeversenken» dienen. Daß mein Neffe Wolf-Siegfried, der Sohn Wieland Wagners, meinte – darin Friedelind ähnlich –, zusätzliches Mäzenatentum sei doch wohl leicht zu gewinnen, wenn man es nur endlich einmal richtig anstellte und besonders geschickt entrierte, erwies sich selbst für den Vorschlagenden ungeachtet seines Wagner-Wertes als Fehlschlag und ließ ihn die Unerreichbarkeit einsehen. Noch nach der Hälfte der insgesamt siebenjährigen Verhandlungszeit für das Zustandekommen der Stiftung wähnte mein Schwager Bodo, nochmals ernstgemeinte Vorschläge einbringen zu können, die darauf hinausliefen, eine so gut wie ausschließlich von der Familie getragene und eigenfinanzierte Stiftung zu errichten und obendrein auch jedem der Familie Zugehörenden aus Kapitalerträgen Revenuen zu einer gewissen Existenzsicherung sowie, wenn nötig, zur Entschuldung zukommen zu lassen. Am 12. Juni 1970 übergab er bei einer der Zusammenkünfte ein Exposé zu einer «Familienstiftung Bayreuth». Er stellte in verheißungsvolle Aussicht, durch persönliches Unterhandeln mit potentiellen Geldgebern zu einem entsprechend reichhaltigen Ergebnis gelangen zu können, was sich dann aber bald – nach der ihm gegebenen Frist von sechs Wochen – als Dunst herausstellte und in den Nebeln der Utopie verschwand.

Am 2. Mai 1973 endlich konnten alle erforderlichen Verhandlungen abgeschlossen werden, um mit den jeweiligen Unterschriften die Richard-Wagner-Festspiel-Stiftung Bayreuth aus der Taufe zu heben. Im folgenden nenne ich die Unterzeichner samt ihrer für die Stiftung relevanten Eigenschaften:

Winifred Wagner, Vorerbin und Verfügungsberechtigte über das Eigentum mit gewissen juristischen Einschränkungen;
Dr. Bernhard Servatius, Bevollmächtigter für Friedelind Wagner als Nacherbin; Verena Lafferentz, geborene Wagner, Nacherbin; Wolfgang Wagner, Nacherbe – die drei Genannten jeweils zu einem Viertel der Nacherbschaft;
Iris Wagner; Wolf-Siegfried Wagner, zugleich auch als Bevollmächtigter für Nike Wagner; Daphne Proksch, geborene Wagner – alle vier Nacherben zu je einem Sechzehntel der Nacherbschaft;

Dr. M. Lugge, Bundesministerium des Innern;
Dr. Kerschensteiner, im Auftrag des Bayerischen Staatsministeriums für Unterricht und Kultus;
Hans Walter Wild, Oberbürgermeister der Stadt Bayreuth;
Dr. Ewald Hilger, Gesellschaft der Freunde von Bayreuth e. V.;
Winkler, für die Oberfrankenstiftung und den Bezirk Oberfranken;
Dr. Rudolf Bensegger und Dr. Reiner Kessler, für die Bayerische Landesstiftung.

Die Vertreter der sieben öffentlichen Stellen sind dadurch in der Stiftung verankert, weil sie nicht nur direkt oder indirekt für die Erhaltung und Sanierung der Liegenschaften Zuschüsse und Mittel für die Durchführung der Festspiele gewährten, sondern vor allem auch zu der Entschädigung von 13 Millionen DM für die Einbringung des gesamten Archivs ausschlaggebend beitrugen. Alle Probleme einer Sicherung der Zuschüsse und der damit verbundenen Werterhöhung des privaten Vermögens wurden gegenstandslos durch die Gründung der Stiftung – weitere Subventionen sind durch sie möglich geworden und sogar so gut wie gewährleistet.

Um weiteren Deutungsversuchen und Spekulationen, die zahlreich nicht bloß durch den deutschen, sondern gleichermaßen den internationalen Blätterwald rauschten, vorzubeugen, wurde nach der Unterschriftsleistung folgende Mitteilung über das Pressebüro der Bayreuther Festspiele veröffentlicht:

Das *Festspielhaus Bayreuth* war privates Eigentum Richard Wagners. Im Erbweg ist es – ebenso wie das Haus Wahnfried – auf seine Schwiegertochter Winifred Wagner und deren Kinder und Enkel übergegangen. Um einer weiteren Zersplitterung der Eigentumsverhältnisse vorzubeugen und sicherzustellen, daß das Festspielhaus dauernd dem Zweck erhalten bleibt, dem es vom Erbauer Richard Wagner gewidmet wurde, hat sich die Familie Wagner entschlossen, das Haus einer am 2. Mai 1973 ins Leben gerufenen Stiftung, der Richard-Wagner-Stiftung – unentgeltlich zu übertragen. Die Stiftung dient der «dauernden Erhaltung der Voraussetzungen für die Durchführung der Bayreuther Richard-Wagner-Festspiele», der «Pflege des künstlerischen Nachlasses von Richard Wagner und des Verständnisses seiner Werke» sowie der «Förderung der Richard-Wagner-Forschung». An der Verwaltung der Stiftung ist die Öffentliche Hand maßgeblich beteiligt.

Die *Veranstaltung* der Festspiele bleibt in den Händen von Mitgliedern der Familie. Die Stiftungssatzung sieht vor, daß sich daran bei geeigneten Bewerbern aus der Familie auch später nichts ändern soll, wenn für den derzeitigen Veranstalter Wolfgang Wagner einmal ein Nachfolger bestellt werden muß.

Alle Angehörigen der Familie Wagner, die bis heute als Veranstalter der Festspiele auftraten (Cosima Wagner, Siegfried Wagner, Winifred Wagner, Wieland Wagner, Wolfgang Wagner), ließen es sich, zum Teil unter erheblichen finanziellen Opfern, stets angelegen sein, ein umfangreiches Archiv mit Schriften, Dokumenten und Urkunden über das künstlerische Schaffen Richard Wagners aufzubauen. Dieses *Archiv*, das schon bisher der Richard-Wagner-Forschung zur Verfügung stand, wird der Richard-Wagner-Stiftung als Leihgabe zum dauernden Verbleib in Bayreuth überwiesen. Um dies zu ermöglichen, wird die Familie Wagner das Archiv an die Bundesrepublik Deutschland, die Bayerische Landesstiftung und die Oberfrankenstiftung veräußern, mit der Auflage, das Archiv der Richard-Wagner-Stiftung zu übergeben und zu belassen. *Diese* Veräußerung erfolgt *nicht* unentgeltlich. Der vereinbarte Kaufpreis (12,4 Mio DM), der zinslos in drei Jahresraten bezahlt werden soll, beruht auf zwei Schätzungsgutachten (Bayerische Staatsbibliothek, Firma Stargardt), wobei der Tatsache Rechnung getragen wurde, daß das Archiv stets als Einheit der Stiftung erhalten bleiben soll und nicht veräußert werden darf. Aus diesem Grund haben sich die Veräußerer mit einem Erlös begnügt, der erheblich unter dem Erlös liegt, welcher im Fall der Einzelveräußerung erzielbar gewesen wäre.

Das Wohnhaus Richard Wagners, das *Haus Wahnfried*, welches baldmöglichst wieder aufgebaut werden soll, wurde der Stadt Bayreuth geschenkt, allerdings ebenfalls mit der Auflage, es der

Stiftung als Dauerleihgabe zu überlassen und sobald wie möglich seiner Verwendung als Richard-Wagner-Museum zuzuführen.

Schließlich wurde das zur Zeit von Frau Winifred Wagner bewohnte sogenannte *Siegfried-Wagner-Haus* der Stadt Bayreuth zum Preis von 600000,– DM verkauft. Auch dieses Haus soll im weitestgehenden Umfang den Zwecken der Stiftung dienen.

Bei der Realisierung dieser Stiftung glaubt die Familie im Sinne Richard Wagners, der ähnliche Gedanken schon 1876 König Ludwig II. gegenüber äußerte, und auch im Sinne Siegfried Wagners gehandelt zu haben, der ebenfalls schon vor dem 1. Weltkrieg ähnliche Pläne ins Auge gefaßt hatte. Die Festspiele Bayreuth, die weiterhin auf Zuschüsse der Öffentlichen Hand und der privaten Spender angewiesen sein werden, weil die Preise der Eintrittskarten nicht kostendeckend kalkuliert werden können, behalten ihre Eigenart als Veranstaltung von Nachkommen Richard Wagners.

Die Verhandlungen mit den beteiligten öffentlichen Stellen waren nicht immer einfach, vor allem aber sehr zeitraubend. Der gute Wille aller an den Verhandlungen Beteiligten hat schließlich nach über drei Jahren zum Erfolg geführt, wobei die tatkräftige Mitwirkung der Gesellschaft der Freunde von Bayreuth besondere Erwähnung verdient.

Daß im übrigen der Gedanke an eine Stiftung gar nicht so neu war, sondern bereits Richard Wagner sich mit einer solchen Idee beschäftigte, geht auch aus seinem Brief vom 21. Oktober 1876, wenige Wochen nach Beendigung der ersten Bayreuther Festspiele, hervor:

«... Woran wir bisher litten, war die finanzielle Unzulänglichkeit: durch sie kamen alle die Störungen und Verzögerungen, welche es mir unmöglich machten, zur rechten Zeit Alles fertig zu haben, zu prüfen, zu verbessern, – wie es unerlässlich so sein muss. Das kann nun für die Zukunft Alles anders und besser werden, denn das Hauptsächliche steht fertig da; sind die Kosten der Herstellung des ganzen architectonischen und scenischen Apparates einmal gedeckt, so decken sich die Kosten der Unterhaltung und ferneren Benützungen ganz von selbst. Schon jetzt wären wir, wie ich diess auch voraussetzte, vollständig auf die Kosten gekommen, wenn mir nicht diese scheussliche Zeitungspresse durch die nichtswürdigsten Verleumdungen alle Voraussetzungen aufgehoben hätte. Es war gewiss nicht unverständig von mir, anzunehmen, dass der Erfolg der ersten Aufführung, für welche alle Plätze verkauft waren, das nöthige Aufsehen verbreiten würde, um den Andrang zu den beiden folgenden Aufführungen, für welche noch viele Plätze zu verkaufen waren, herbei zu ziehen. Gerade über die erste Aufführung, bei welcher die Zeitungsschreiber einzig zugegen waren, ward aber so verleumderisch berichtet, dass erst nach der zweiten, und während der dritten Aufführung, über welche nun jene Herren schwiegen, durch die hierbei Anwesenden das richtige Urtheil über Alles aufkam und sich verbreitete, so dass jetzt schliesslich der Andrang so gross wurde, dass wir noch mehrere Aufführungen, wenn diese zu ermöglichen gewesen wären, bei ausgekauftem Hause hätten durchführen können. – Vor solchen Einflüssen und Beeinträchtigungen muss nun in Zukunft mein Werk und Wirken bewahrt werden, wenn ich noch einige Lust und Kraft dafür bewahren will! Desshalb nun bin ich zu folgenden Bestimmungen gelangt: die jährlichen Bühnenfestspiele in Bayreuth müssen durchaus eine freie Stiftung bleiben, mit dem einzigen Zwecke, zur Begründung und Pflege einer originalen deutschen musikalisch-dramatischen Kunst als Vorbild zu dienen. Hierzu ist es nöthig, dass das Material des Theaters selbst jetzt von jeder daraus haftenden Kosten-Schuld befreit, und in alle Zukunft gegen finanzielle Schäden bewahrt werde, wohlbeachtet: unter der unverbindlichen Voraussetzung, dass das Unternehmen selbst nie zu finanziellem Erwerbe diene, und namentlich der oberste Leiter desselben nie eine Entschädigung für seine Bemühungen in Anspruch nehme. – Nun will ich denn sehen, wie es mit [dem] ‹deutschen Reiche› hierfür steht, – denn an meine bisherigen Patrone könnte ich mich nicht füglich mehr wenden, als höchstens mit der Aufforderung zu einem Kostendeckungsbeitrage, welcher wohl bereits spärlich genug fliessen dürfte. Um die Angelegenheit an das ‹Reich› zu bringen, ersehe ich zunächst zwei Wege: entweder, es wird der Antrag von einem der Reichstagsabgeordneten gestellt, von denen ich allerdings keinen kenne, welcher mir dazu tauglich schiene; oder, der Antrag wird von dem Reichskanzleramt eingebracht, wofür ich mich an den Kaiser zu wenden hätte, von welchem ich mir [aber] ein tieferes Verständniss der Sache auch nicht leicht erwarten darf. Ein drittes wäre: der König von Bayern, als Wahrnehmer und Beschützer der höheren deutschen Kultur-Interessen, trüge seinem Bevollmächtigten auf, den Antrag im Bundesrathe einzubringen, und von hier aus an den Reichstag zu gehen. Dieser Antrag dürfte nun ungefähr folgendermassen lauten:

> die deutsche Reichsregierung übernimmt das Bühnenfestspielhaus in Bayreuth mit allem Zubehör, gegen Entrichtung und Bezahlung der auf seine Herstellung verwendeten und bis jetzt noch nicht gedeckten Unkosten, als der Nation zugehöriges Eigenthum, und übergiebt es als solches dem Magistrat der Stadt Bayreuth zur Verwaltung, mit dem Auftrage und der Verpflichtung, im Sinne des Gründers dieses Theaters und nach den von demselben hierfür zu gebenden Anleitungen und Statuten, alljährlich Aufführungen, nach dem Vorbilde der 1876 von mir veranstalteten, stattfinden zu lassen. Die Kosten der alljährlichen Aufführungen werden durch den jedesmaligen Verkauf von 1000 Plätzen, sowie durch einen jährlichen Zuschuss von 100 000 Mark von Seiten des Reiches gedeckt; durch diesen Zuschuss erhält das Reich das Recht, die übrigen 5 bis 600 Plätze gratis an Unbemittelte der deutschen Nation zu vergeben, wodurch am besten die ganze Institution auch äusserlich den Charakter einer «nationalen» erhält. In allen deutschen Ländern hätten sich Vereine zu bilden, durch welche die zu freiem Eintritt Berechtigten empfohlen würden, während ausserdem den ersten Preisgewinnern von Musik-, Theater- und Gymnasialschulen von vornherein die Auszeichnung der Ertheilung eines Freiplatzes zu den Aufführungen von den Regierungen angewiesen werden könnte.

So ungefähr dürfte der Antrag lauten, dessen Annahme und Ausführung meinerseits als die einzige würdige Anerkennung meiner

Verdienste um die Sache aufgefasst werden kann. – Er hat nur einen Schaden: nämlich dass ich seine Ausführung dem ‹Reiche› zumuthen soll. Schöner, würdiger und Allem näherliegender wäre es, wenn – Bayern und sein König allein ihn ausführten. Diess wäre ein Geschenk von unberechenbar segenvollem Einflusse auf die zukünftige Entwickelung des so jammervoll von seinen übrigen Fürsten verkannten und vernachlässigten deutschen Wesens und Geistes, besser als alles Constitutional-Wesen, und namentlich auch als diese überall sich einnistenden, von verbissenen Stümpern und unterkunftssüchtigen Musikanten und Zeitungsschreibern geleiteten Musik- und Theaterschulen, welche noch nie einen fördernden Einfluss ausgeübt haben, während bei meinen Aufführungen Alle, Alle lernen und gern lernen! – Diess wäre denn mein letzter Stossseufzer gewesen!»

Auch mein Vater Siegfried Wagner äußerte in einem Gespräch mit der «München-Augsburger Abendzeitung» vom 26. Mai 1914 recht weitgediehene Überlegungen zu einer Stiftung:

«Alles, was in Bayreuth Richard Wagners Erbe ist, also: Festspielhaus mit den dazu gehörigen Grundstücken, alle Gegenstände, die zum Festspielhaus und Wirtschaftsbetriebe gehören, das Haus Wahnfried mit allen seinen handschriftlichen Schätzen, allen seinen Andenken und Erinnerungen Wagners und der sehr beträchtliche Festspielfonds: dieses alles ist von meiner Mutter und mir dem deutschen Volke als ewige Stiftung bestimmt! ... Wir werden ... uns doch als Hüter Wahnfrieds zeigen und unseren Stiftungsgedanken nicht fallen lassen. Das Bayreuth Richard Wagners, so haben wir beschlossen, gehört nicht uns, es gehört dem deutschen Volke, ihm soll es von Wahnfrieds Erben als ‹ewiges Richard-Wagner-Heim› übergeben werden ...

... Wir haben mit der Ausarbeitung der Stiftungsurkunde unter Mitwirkung unseres Rechtsanwaltes bereits am 15. Juli 1913 begonnen, wir wären zu Beginn der diesjährigen Bayreuther Festspiele gerade fertig geworden ... Wir lassen jetzt den Stiftungsgedanken ruhen und werden ihn erst zur Tat führen, wenn die Gerichte das letzte Wort im Prozesse ‹Beidler contra Frau Dr. Cosima Wagner› gesprochen haben.»

Eine 1921 gegründete sogenannte Deutsche Festspiel-Stiftung Bayreuth sollte für die Veranstaltung der Festspiele finanzielle Hilfe schaffen. Infolge der einsetzenden Inflation und einer ausgesprochen dilettantischen Handhabung ihrer Geschäfte mußte sie sich letztlich selbst aufheben, ohne die geringste Wirksamkeit für ihren eigentlichen Zweck erlangt zu haben.

Wesentlich ist bei all diesen früheren und aus verschiedenen Ursachen gescheiterten Bemühungen, daß mein Vater und meine Mutter mit ihrem gemeinsamen Testament für den Fortbestand der Bayreuther Festspiele, unter dem Aspekt eines oder mehrerer für die Festspiele befähigten Erben eine Art «Grundgesetz» schufen, wie ich im Laufe meiner Betrachtungen schon genügend glaube betont zu haben.

Juristisch und vertragsrechtlich bedurfte es nach der Einrichtung der Stiftung noch vieler weiterer Jahre, um beispielsweise anstelle der bislang noch gültigen verschiedenen Mietverträge zwischen meiner Mutter, meinem Bruder und mir sowie dem mehrfach erwähnten, ergänzenden Gesellschaftervertrag den nunmehr gültigen Mietvertrag zwischen der Richard-Wagner-Stiftung und mir abzuschließen.

Aus der Zwischenphase seien hier zusätzlich einige wichtige Dokumente genannt:

Urkunde zur Errichtung der Wolfgang-Wagner-GmbH vom 7. August 1985;
Versorgungsvertrag Wolfgang Wagner vom 1. August 1986 mit GmbH-Fassung (Neufassung);
Vereinbarung zu den am 1. August 1986 geschlossenen Verträgen und Erklärung Wolfgang Wagners zu den Verträgen vom 1. August 1986 – beides datiert ebenfalls vom 1. August 1986;
endgültiger Vertrag über Dokumentarmaterial vom 6. April 1987;
Vereinbarung über Geschäftsanteilabtretung vom 24. März 1987;
Umwandlung der Wolfgang-Wagner-GmbH in die Bayreuther

Festspiele GmbH – Urkunde vom 24. März 1987 – mit GmbH-Satzung (Gesellschafterversammlung);
Mietvertrag mit der Richard-Wagner-Stiftung vom 6. Juni 1990.

Diese acht aufgeführten Verträge und Urkunden stellen eine Auswahl aus sechsundzwanzig dar, die insgesamt den juristischen Hintergrund meiner Tätigkeit in Bayreuth bilden. Hinsichtlich der aufgeführten Aktenstücke ist es von besonderer Bedeutung, daß auf Anregung und Wunsch aller Zuschußgeber für die Festspiele beurkundet worden ist, daß ich anstatt eines voll haftenden Einzelunternehmers einer Gesellschaft des bürgerlichen Rechts fortan als Gesellschafter mit beschränkter Haftung, in meinem Falle auch als alleiniger Gesellschafter, tätig bin.

Die übrigen, hier nicht ausdrücklich berücksichtigten Dokumente enthalten vertragliche Abmachungen, die die dauerhafte Kontinuität der Veranstaltung der Festspiele sicherstellen sollten, sowie hinsichtlich einer Zustiftung von mir, durch die für Festspielgeschichte und -geschehen wichtige Unterlagen dem historischen Archiv der Richard-Wagner-Stiftung anvertraut werden. Ohne jede Spur von Arroganz darf ich behaupten, daß ich bei den weitergegebenen Werten sehr generös handelte. Richtschnur war und ist für mich ganz natürlich jedoch einzig der Fortbestand der Festspiele.

Bei Abschluß der Stiftung erreichte ich für meine Mutter das Wohnrecht auf Lebenszeit im Siegfried-Wagner-Haus, und für meine Schwester Friedelind konnte ich erwirken, daß sie die Wohnung im ersten Stock des Gärtnerhauses neben Wahnfried bis zum Ableben von Winifred Wagner zu ihrer Verfügung hatte.

Da weiterhin – wie seit 1951 – nach dem Gründen der Stiftung die Abwicklung und damit das Risiko und die gesamte künstlerische Verantwortung bei mir als Festspielleiter liegen, ergab sich daraus, daß *ich* als Mieter der Liegenschaften fungiere und nicht die Eigentümerin, die Stiftung, da sie nicht der Veranstalter ist.

Wie jede kulturelle Einrichtung sind auch die Bayreuther Festspiele von Zuschüssen der Öffentlichen Hand und von privatem Mäzenatentum abhängig. Schon 1953 wurde ein sogenanntes

Festspielkuratorium gegründet. Dessen Geschäftsordnung besteht, sinngemäß wiedergegeben, ausschließlich darin, die von der Festspielleitung aufgestellten Haushaltspläne und Abrechnungen zu überprüfen und nötigenfalls zu regulieren, um dadurch wiederum als Garant für die jeweils aufzubringenden beziehungsweise erforderlichen Beträge bei den zuständigen Stellen wirksam werden zu können. Der Geschäftsführer dieses Kuratoriums ist der Oberbürgermeister der Stadt Bayreuth.

Die Bayreuther Festspiele als nunmehr gemeinnützige private Kapitalgesellschaft, wie sie insbesondere auf Wunsch der Zuschußgeber im Rahmen der gesetzlichen Möglichkeiten für gut und richtig vorgeschlagen und befunden wurde, unterliegen selbstverständlich der Bilanzierungspflicht und damit der durch die demokratischen Gremien bestimmten Gunst oder Ungunst der Finanzverwaltung. Aus der Gewährung auch der öffentlichen Zuschüsse in Form einer Fehlbedarfsfinanzierung ergibt sich, daß der Oberste Rechnungshof hier seines Amtes walten muß. Darüber hinaus habe ich zusätzlich eine private Treuhandgesellschaft mit der Gesamtkontrolle des organisatorischen und wirtschaftlichen Ablaufs der Festspiele beauftragt.

Innerhalb meiner derzeit dreiundvierzigjährigen Tätigkeit bei den Bayreuther Festspielen ist es bisher durchgehend gelungen – sei es bei den Vertretern der öffentlichen Zuschußgeber oder beim Vorstand und dem Kuratorium der privaten Mäzenatenvereinigung, der Gesellschaft der Freunde von Bayreuth –, jene Mittel erwirken zu können, die für die Durchführung der Festspiele nötig sind.

Mit der Gründung der Stiftung ist besiegelt worden, das Vermächtnis Richard Wagners, und zwar sowohl das künstlerische als auch das ideelle der Festspielidee, «dauernd der Allgemeinheit zu erhalten». Mit ihrer Unterschrift erkannten die Unterzeichner nicht nur dieses Prinzip, den Stiftungszweck, an, sondern erhielten, sofern sie Mitglieder der Familie Wagner sind, zugleich die sehr weitgehende Möglichkeit eingeräumt, im Rahmen solcher Voraussetzungen auch fernerhin als «Festspielunternehmer» tätig werden zu können. Allerdings, und das akzeptierten die unterzeichnenden Familienmitglieder ebenfalls, nicht bloß unter der Bedingung, Wagner zu heißen, sondern vor allem für die Aufgabe geeignet zu sein, das heißt, sich durch vorausgegangene Leistung, nicht aber über Abstammung, Nase oder Kinn zu empfehlen und zu qualifizieren.

Eine wie auch immer geartete Abfolge allein unter «dynastischen» Gesichtspunkten schied damit aus, was in gleicher Weise für jeden «Stamm der vier gemeinschaftlichen Abkömmlinge von Siegfried und Winifred Wagner» gilt, das heißt, nicht ausschließlich für die Unterzeichner der Stiftungsurkunde, sondern zugleich auch alle übrigen Sprößlinge eines jeden Stammes. Der Name Wagner berechtigt dazu, Vorschläge zu machen, genießt sogar einen favorisierten Status, jedoch keinesfalls in einem prähistorischen, gleichsam feudalen Sinne von «Erbfolge».

Desto wunderlicher, ja geradezu wirr abstrus, wenngleich selbstredend medienwirksam in ihrer Oberflächlichkeit, mußten daher öffentliche Äußerungen aus dem Kreise der Familie erscheinen, die gar nicht allzulange Zeit nach dem Errichten der Stiftung einsetzten und seither mit nahezu chronometrischer Exaktheit alljährlich, insbesondere zu Beginn oder während der sommerlichen Festspielzeit wiederzukehren pflegen. Der Tenor ist so ziemlich der gleiche geblieben, die Diktion bezeugt nach wie vor bedenkliches Zerfallensein und Auseinanderklaffen von Anspruch und Wirklichkeit, nur die Art und der Tonfall der jeweiligen Invektiven haben sich gewandelt. Statt Sachfragen werden «Macht»-Fragen gestellt, Diskussionen durch Angriffe ersetzt, die einen Dialog im Laufe der Jahre nicht nur zunehmend erschwerten, sondern unmöglich werden ließen.

Der «Kampf» um ein «Erbe» und eine «Macht» erinnert in seiner Phantasmagorie assoziativ bisweilen an Don Quijote, der gegen Windmühlen focht. Ein «Haus Wahnfried» in einem ähnlichen Verständnis wie ein «Haus Habsburg» oder «Haus Windsor» existiert nicht, die Festspiele sind weder «Lehen» noch «Pfründe».

Die zur Schau getragenen Verhaltensmuster einiger Mitglieder der Familie führten mehrfach zu verbalen, inhaltlichen Entgleisungen, auf die ich nur einzig angemessen reagieren konnte: mit Scham, Zorn und Distanzierung. Hätte es sich dabei allein um meine Person gehandelt, würde ich vielleicht weniger Aufhebens davon gemacht haben, schon aus angewöhnter Gelassenheit. Doch indem das derzeitige Bayreuth und dessen maßgebend verantwortliche Mitarbeiter und Interpreten in ehrabschneidender Weise moralisch und ideologisch attackiert, sogar bis hin zum Rassistischen diffamiert wurden, sah und sehe ich mich veranlaßt, nachdrücklich auf entsprechenden Abstand zu bestehen. Natürlich frage ich mich nach den Gründen derartiger Aggressionen, und ich mutmaße, sie könnten mitgetragen sein von dem zwanghaften Bedürfnis, so jene Aufmerksamkeit zu wecken und auf sich zu lenken, die mittels der eigenen, bisher bewiesenen Leistungsfähigkeit wohl versagt blieb. Den Begriff einer mehr oder minder ausgeprägten Profilneurose hier anzuführen, wäre sicher beleidigend, und darum gebrauche ich ihn nicht. Der opponierende Urenkel, bar jeder echten Verantwortung und Pflicht, muß fürchten, daß Herkunft und Glanz des Namens sich abnutzen und verblassen und nicht mehr ohne weiteres die gegebene Möglichkeit einer Übernahme der Festspiele legitimieren.

Ich habe inzwischen den Eindruck gewonnen, die schmerzliche Lücke zwischen dem, was man ist, und dem, was man behauptet zu sein, vergrößert sich zusehends – vehemente Polemik soll sie überbrücken, wobei man sich der teilweise willfährigen Zuneigung solcher Medien erfreuen darf, die allzeit lieber Sensation statt Information verkaufen. Ich beklage das nicht, ich bedaure es, denn am Ende mag es schwerhalten, immerfort nur als Wagner-Urenkel zu firmieren, weil unter Umständen das, was wie selbstverständliche Begnadung erscheint, sich möglicherweise als Stigma erweist.

Es machte an dieser Stelle hier wenig Sinn, etwa «schmutzige Wäsche zu waschen», und es liegt mir völlig fern, aufzurechnen, wer wann wo gegen wen etc. sich verfehlte. Ich habe nicht die Absicht, mich zu verteidigen, und ich habe keine Ursache, mich irgendwem gegenüber rechtfertigen zu müssen, ebensowenig denke ich daran, nun meinerseits Polemik mit Gegenpolemik zu vergelten. Wer dergleichen erwartet und wer darüber hinaus Details interner Zwistigkeiten erhofft, bediene sich dazu anderer Publikationen. Ein autobiographisches Buch als willkommene Plattform bloßstellender Enthüllung zu verwenden widerstrebt mir. Gewiß wäre es wünschenswert, auch Mitglieder der Familie Wagner könnten sich endlich dazu durchringen, Persönliches und Sachliches, das Private und die Festspiele voneinander zu trennen und nicht, wie leider so oft, unzulässig miteinander zu vermischen. Allerdings darf und kann ich nicht verschweigen, daß es bei den Auseinandersetzungen durchaus einige Aspekte gibt, die über innerfamiliäre Querelen hinausgehen, denen ich also ein wenig mehr Beachtung zuwenden muß.

Zum Beispiel war es mir immer unverständlich, daß man bestimmte Äußerungen von mir auf Pressekonferenzen oder in Interviews, darunter gedruckten, so auslegte, als hielte ich von vornherein und allemal jeden Wagner-Sproß für die Aufgabe in Bayreuth für ungeeignet. Ich habe auf der Festspiel-Pressekonferenz 1975 nur gesagt, daß ich der Auffassung war, mit der Inszenierung des Jubiläums-«Rings» die nächste Bayreuther Wagner-Generation zu betrauen, sei bei allem Wohlwollen objektiv derzeit, also *1975*, nicht gegeben, und ich stellte *1976* in einem sehr ausführlichen Interview, veröffentlicht im Juliheft der Zeitschrift «Playboy», einerseits fest, daß der Name Wagner gar nichts hilft, eher eine Belastung ist, und andererseits folgendes: «Nach dem augenblicklichen Stand der Dinge, ob weiblich oder männlich, kann ich ohne Übertreibung sagen: Wenn ich jetzt unmittelbar ausscheiden würde, bringt keiner von der jungen Wagner-Generation die Voraussetzungen mit, um Bayreuth zu leiten.» Das wörtliche Selbstzitat ist, denke ich, hier nötig, da auch in dieser Hinsicht seit damals bis heute bei vielen eine ebenso sonderbare wie bedauerlich anhaltende Form von «Legasthenie» beobachtet werden darf, von der daneben Wagnersche Texte und der Wortlaut der Stiftungsurkunde mitunter gleichermaßen mitbetroffen scheinen.

Permanent wurde und wird an mich von Mitgliedern der Urenkel-Generation die Forderung gestellt, sie hier in Bayreuth zur Arbeit heranzuziehen, sie in die Festspiele einzuarbeiten unter dem Auspizium der Aufzucht und Hege von «Kronprätendenten». Mehr noch, es wird mir unterstellt, dies sei angeblich sogar meine Pflicht als «guter Hausvater», der zu sein man mir bisweilen halbherzig zugesteht. Abgesehen davon, daß eine derartige Verpflichtung niemals und nirgends existierte, ist mein Verständnis von einer Bayreuther Festspielleitung primär nicht verwandtschaftlich und patriarchalisch determiniert. Einen sogenannten Generationenvertrag hat es zu keiner Zeit jemals gegeben, es handelt sich um eine freie, nebulose Erfindung; selbst wenn er vorhanden gewesen wäre, mit der Stiftungsurkunde würde er hinfällig geworden sein. Das Einfordern, ja Begehren von Mitarbeit erstreckte sich stets bei den Betreffenden jeweils auf die Übernahme führender Positionen oder auf eine Art des Dabeiseins während der Festspielzeit, die kaum mehr als pure Repräsentation gewesen wäre. Jenes mußte ich ablehnen, da sie nach meiner Ansicht zum Zeitpunkt des Anspruchs nicht in der Lage waren, solche Positionen aufgabegerecht auszufüllen, dieses, da das Repräsentieren für sich zu wenig ist, wenn es nicht durch anderes, Wesentlicheres erfüllt wird, als auf dem genetischen Zufall zu insistieren und lediglich den Namen wie ein Zunftzeichen vor sich herzutragen. Leider, und ich meine es aufrichtig, vermochte sich keiner aus der Urenkel-Generation bereitzufinden, ganzjährig und beharrlich in Bayreuth zu arbeiten, in der verhältnismäßig glanzlosen Zeit, in der der Name Wagner nicht *mehr* bedeutet haben würde als eine Verpflichtung zu kontinuierlich-substantieller, wenngleich relativ unspektakulärer Leistung. Ich sah und sehe nur zwei Wege für einen Wagner, die nach Bayreuth führen können. Entweder legitimiert er seinen Anspruch, indem er außerhalb der Festspiele und unabhängig so Überzeugendes leistet, daß er bei der laut Stiftungsurkunde demokratisch per Mehrheitsbeschluß erfolgenden Wahl eines Nachfolgers bei meinem Ausscheiden unbestrittene Präferenz genießt, oder er beginnt hier von unten her seine mögliche Laufbahn, und zwar langfristig, dauerhaft, von Stufe zu Stufe.

Ich würde meine bisherige Beurteilung gern revidieren, ja mich mit eklatanten Fehleinschätzungen sogar blamieren wollen, würde mir schlüssig und stichhaltig der Nachweis erbracht, daß ich ignoriere, was alle Welt sieht. Ich wäre nachgerade glücklich, wenn mich auch Nichtmitglieder der Familie massiv und nachdrücklich bedrängten, endlich doch die längst offenkundigen, herausragend profilierten Talente und Befähigungen wahrzunehmen, die in aller Munde sind, wenn man mich damit von meinem Irrtum überzeugen müßte und gleichzeitig meine bislang geübte Praxis sowohl gegenüber dem Namen Wagner als auch der Festspielidee und Stiftungssatzung ad absurdum führte. Die Öffentlichkeit jedoch blieb indessen in Erwartung jener res gestae wagneriorum überwiegend stumm, fand keinen triftigen Grund, die Art und Weise der Festspielleitung durch mich als etwa nachteilig zu tadeln, wogegen die Festspiele Mitgliedern meiner Familie nach wie vor als Folie dienen, vor deren Hintergrund sie besser eigene Kontur zu gewinnen trachten. Doch außer eloquenter Selbstdarstellung kommt wenig mehr zur Sprache, und zäh ist nur die eigenartig unzeitgemäße charismatische Überzeugung von gewissermaßen naturgegebener Prädestination. Alles in allem einem Verfahren nicht unähnlich, das sozusagen Persönlichkeit via Photo verheißt. Dabei müßte allen lange schon einsichtig geworden sein, daß allein «Ich heiße Wagner und bin ein(e) Wagner» zu sagen als Sesam-öffne-dich realistisch nicht mehr in Frage kommen kann.

Wenn es mir schon seit geraumer Zeit unmöglich gemacht worden ist, eines (oder mehrere) Mitglieder der Anspruchsgeneration vor Jahren oder heute in den Festspielbetrieb einzugliedern, liegt das daran, daß ein solcher Vorgang unverzüglich von allen anderen als Protektionismus bewertet werden müßte und sicherlich Neid erzeugte. Allerdings darf ich ebenso von der begründeten Annahme ausgehen, es könnte dahin kommen, daß individueller Egoismus die übergeordneten Interessen der Festspiele zur Seite drängt, anstatt daß notwendigerweise der persönliche Ehrgeiz sich darein integriert. Es käme zweifellos binnen kurzem zu unerträglichen innerbetrieblichen Spannungen zwischen einem «Hüter des Hortes» und seinen zu «Nibelungen» reduzierten Mitarbeitern. Von da wäre es ein rascher Weg, die Festspiele zugrundegerichtet zu sehen.

Ich bedaure als Festspielleiter wie als Vater und Onkel, daß einige aus der nächsten Generation seit Jahr und Tag nichts Besseres, nichts Gescheiteres zu tun wußten, als lautstark zu proklamieren, es seien in Bayreuth grundsätzliche Veränderungen nötig, die jenen Status beträfen, um den mein Bruder und ich, wie ich versucht habe zu beschreiben, lange und unter großen Schwierigkeiten rangen. Mir drängt sich die Frage auf, ob es denn wirklich sinnvoll sein kann, sich dadurch dem Stiftungsrat und der sowohl künstlerischen als auch unter anderem zuschußgebenden Öffentlichkeit als geeignet zur Übernahme der Gesamtverantwortung für Bayreuth zu empfehlen? – Jeder einigermaßen objektiv Denkende wird mir bestätigen, daß ich nicht am Althergebrachten klebe, sondern flexibel genug bin, um Zeichen der Zeit, Notwendigkeiten und Sachzwänge zu erkennen, die vor Bayreuth nicht haltmachen. Ich selbst habe sehr viel verändert und setze dies sukzessive fort, nicht betont zaghaft, vielmehr den Rechtsgrundlagen und Möglichkeiten entsprechend. Ich glaube aber keineswegs, daß die Rodomontaden der Provokation oder die Lust am Zerschlagen des Bestehenden für die Zukunft hinreichend sein können. Wer derart radikal in Frage stellt, sollte nicht nur rhetorisch gute Gründe ins Feld führen können und die besseren Antworten im Ärmel, sondern bereits durch glaubwürdige Taten, nicht aber Tiraden unter Beweis gestellt haben. Genügt es denn, wortreich zu formulieren, gegen *was* oder *wen* man ist – und nur für sich *selbst* zu sein? Ist bloße Negation schon Kritik und Voraussetzung für eine zukünftige Festspielleitung? Kann allein «Inbrunst im Herzen» konstruktive Kreativität ersetzen? Sind breite theoretische Auslassungen angetan, lebendige und praktische Theaterarbeit und -erfahrung aufzuwiegen? Reicht es aus, einen Chef spielen zu *wollen*, aber keiner in der umfassenden, durchaus prosaischen Bedeutung zu *sein*? Qualifiziert es etwa besonders, nichtchristliche Mitwirkende zu denunzieren? Sollte es verantwortbar sein, aus emotionalen Gründen die Arbeit bei den Bayreuther Festspielen erst dann antreten zu wollen, wenn diese zum größten Teil erledigt ist, nichtsdestoweniger aber deren Früchte einzuheimsen?

Nochmals eindringlich gefragt: Genügt «Nam' und Art» eines Wagner für Bayreuth? Habe ich etwas versäumt, unberücksichtigt gelassen? Ist es möglich, Festspielleiter zu züchten? Aber spielt denn die Festspielarbeit wirklich eine gravierende Rolle, geht es nicht eigentlich eher darum, eine fragwürdige «Macht» zu usurpieren? – Leider ist offenbar kein Mittel zu schäbig, um nicht dafür verwendet zu werden, wie etwa das, einerseits meine Frau zu ächten und ihr andererseits die wahrscheinlich eigenen Motive und Ziele zu unterschieben, entsprechend gehässige Gerüchte zu nähren, um sie daraufhin stellvertretend als Zielscheibe der Aggressionen zu benutzen.

Seit 1951 verfügten mein Bruder und ich hier in Bayreuth über einen Kreis von Mitarbeitern, von denen es im Prinzip jeder verdient hätte, daß seiner mit Dank Erwähnung geschieht. Natürlich ist das im Rahmen dieses Buches überhaupt nicht möglich und müßte jedes vertretbare Maß überschreiten, es wären Hunderte, wenn nicht Tausende von Namen, hinter denen jeweils eine ganz bestimmte Leistung und Geschichte steht, die berichtet zu werden sich lohnte. Es ist mir auch unmöglich, all jene bloß zu nennen, denen ich im Laufe meines Lebens irgendwann irgendwo irgendwie begegnet bin (hätte ich, rein statistisch gesehen, an jedem Tag meines Lebens nur einen mir noch Unbekannten getroffen, käme ich bereits nahezu an dreißigtausend einzelne Persönlichkeiten).

Leider spricht man viel zu häufig von denen, die Verdruß schaffen, die Probleme schaffen oder selbst ein Problem sind. Und nicht oder nur kurz genannt werden meist diejenigen, die ihren Platz ohne viel Aufheben, «nur» kompetent ausfüllen. Ohne sie, die zahlreichen hier Ungenannten, wäre mir die Erfüllung der mir anvertrauten Aufgabe, soweit sie als erfüllbar betrachtet werden kann, gar nicht möglich. Ebensowenig ohne die Verwaltung, die Werkstätten, die Handwerker, die Sekretariate, das Kartenbüro, die Beleuchter, die Maskenbildner, die Ankleider, die unmittelbaren Mitarbeiter der Festspielleitung. Stellvertretend für alle seien an dieser Stelle zwei namentlich aufgeführt, mit denen ich am längsten zusammengearbeitet habe. Seit 1950 bis vor wenigen Monaten hatte ich das Glück, mich der tatkräftigen und selbstlosen, dabei die gesamte wirtschaftliche Entwicklung genau übersehenden und beherrschenden Mitarbeit von Gerhard Scholz erfreuen zu können. Und seit 1951 arbeite ich zusammen mit Erna Pitz, die auch nach dem Tod ihres Mannes aufgrund ihrer jahrzehntelangen intimen Kenntnis des Betriebs mir bis heute aktiv mit Rat und Tat zur Seite steht.

Genausowenig ist es mir möglich, all die Vertreter offizieller Stellen hier anzuführen und ihnen im einzelnen zu danken für ihr jahrzehntelanges bewährtes Verständnis und ihre Aufgeschlossenheit gegenüber Bayreuth, den Persönlichkeiten der Bundesministerien des Inneren und der Finanzen, der Bayerischen Staatsministerien für Unterricht, Kultus, Wissenschaft und Kunst, der Finanzen, des Inneren und für Wirtschaft und Verkehr, des Bayerischen Obersten Rechnungshofes, der Regierung und des Bezirkes von Oberfranken und last but not least der Stadt Bayreuth. In wechselseitig fruchtbaren Verhandlungen und Gesprächen gelang es immer wieder, den für die Existenz und die Lebendigkeit Bayreuths so wichtigen Konsens herzustellen.

Dankende Erwähnung verdienten nicht minder die Mitarbeiter des Bayerischen Rundfunks, die über Jahrzehnte hin die Arbeit der Festspiele begleitet und an der weltweiten Verbreitung und Zugänglichkeit unserer Arbeitsergebnisse durch ihr demokratisches Medium einen nicht genug zu schätzenden Anteil haben. Auch hier will ich stellvertretend einen für alle nennen: Johann Maria Boykow, der nicht nur ein ausgezeichneter Könner in seinem Fach, sondern auch ein Freund ist.

Im nun folgenden Abschnitt will ich einen kurzgefaßten Überblick geben zum Finanzgebaren der Bayreuther Festspiele, und ich will davon berichten, was an betrieblichen Investitionen und an Sanierungsarbeiten unter dem Gesichtspunkt der Organisation dieses besonders intensiven künstlerischen Unternehmens geschah.

Wenn man das Zahlenbild seit dem Wiederbeginn der Festspiele 1951 und daneben die heutigen Etatsummen betrachtet, so ergibt dies einen interessanten Eindruck, der, wie ich meine, symptomatisch ist für die Entwicklung der deutschen und der Weltwirtschaft. 1951 machten zum Beispiel die Personalkosten insgesamt nur 43,3 Prozent der Unkosten aus, während deren Anteil inzwischen mitunter bei über 80 Prozent liegt, im Jahr 1988 betrug er 75,5 Prozent.

1951 beliefen sich die Gesamtkosten der Festspiel-Abwicklung bei Neuinszenierungen des kompletten «Ring», des «Parsifal» und der «Meistersinger» sowie einem Konzert mit der IX. Symphonie Beethovens, bei 21 öffentlichen Aufführungen und einer Vorstellung für den Gewerkschaftsbund auf 2535647,50 DM. Das heißt, rechnet man es einmal pro Aufführung um, so waren für eine Aufführung jeweils Aufwendungen von 115256,70 DM erforderlich. Verfolge ich den gleichen Gedankengang und lege ihn beispielsweise für das Jahr 1988 zugrunde, so resultiert daraus folgendes Bild: Der Spielplan umfaßte 1988 eine Neuinszenierung des vierteiligen «Ring»-Werkes, das in drei Zyklen gegeben wurde, die Wiederaufnahmen von «Parsifal» mit fünf, des «Lohengrin» mit sechs und der «Meistersinger» mit fünf Aufführungen, zuzüglich je einer Vorstellung von «Rheingold» und «Lohengrin» für Mitglieder des Deutschen Gewerkschaftsbundes – insgesamt also 30 Aufführungen. Der Etat des Festspielbetriebs betrug 1988: 18767804,71 DM. Analog wie oben umgerechnet, ergaben sich im Durchschnitt pro Aufführung Kosten von 625593,49 DM.

1951 beliefen sich die öffentlichen Zuschüsse auf 325317 DM, die des privaten Mäzenatenvereins der «Gesellschaft der Freunde von Bayreuth» auf 148525 DM. Die Vergleichszahlen für 1988 lauten: öffentliche Zuschüsse in Höhe von 7525289,34 DM, Zuschuß durch die «Gesellschaft der Freunde» in Höhe von 930661,50 DM.

Der jeweilige Spielplan der Bayreuther Festspiele wird in erheblichem Maße davon bestimmt, was unter finanziellen Gesichtspunkten überhaupt realisiert werden kann. Einige der dafür bestimmenden Faktoren sind:

Die unterschiedliche Höhe der Abendgagen: Beispielsweise betragen die Gesamtaufwendungen für die Solisten einer «Meistersinger»-Aufführung das 2,25fache derjenigen für die Solisten einer «Holländer»-Aufführung.

Neuinszenierungen: Für Dekorationen und Kostüme bei den «Meistersingern» fallen wesentlich höhere Aufwendungen an als etwa beim «Fliegenden Holländer».

Der unterschiedliche Probenaufwand einzelner Werke: Künstlerisch gesehen ist der übliche Probenbeginn Mitte Juni. Bei einer Neuinszenierung der «Ring»-Tetralogie hingegen beginnen die Soloproben meist schon Ende April, mitunter sogar bereits während der Festspielzeit des Vorjahres.

Bei einer Aufführung des «Tannhäuser» kommen zusätzlich nicht unerhebliche Kosten hinzu durch die Verpflichtung einer Tanzgruppe, was unter Umständen bedeutet, in einem solchen Jahr eventuell auf die Neuausstattung eines teuren Werkes verzichten zu müssen oder überhaupt keine Neuinszenierung vornehmen zu können.

Um zu einem möglichst intensiven und rationellen Ablauf der Proben zu gelangen, wurden am Festspielhaus drei große Mehrzweckhallen in den Maßen der Bühne errichtet, die als Großraum-Werkstätten dienen und ab Beginn der jeweiligen Vorbereitungszeiten für die Festspiele zu dort stattfindenden Proben es zulassen, Original-Dekorationen bis zu einer Höhe von 4,5 Metern bereitzustellen. Diese Hallen beziehungsweise Probebühnen liegen wie die Bayreuther Hauptbühne auf dem Niveau +/– Null, wodurch die Bühnenaufbauten von vornherein in erheblich größeren Dimensionen als gemeinhin üblich gebaut und ohne große Probleme direkt und auf kurzen Wegen zwischen Halle/Probebühne und Hauptbühne verschoben werden können. In Bayreuth entfällt mithin der andernorts häufig aufwendige Transport der unter solchen Umständen logischerweise auch nur geringere Ausmaße zulassenden Dekorationen aus entfernteren Magazinen, und es entfällt das an anderen Theatern ebenfalls oft nötige und beschwerliche Rangieren über Lifte.

Das System der Probenplanung ist so durchdacht, daß im Verlaufe der Jahre niemals ein einziger Techniker *mehr* als eingeplant verpflichtet werden mußte, sondern im Gegenteil sich der Gesamt-Stundenaufwand reduzierte.

Da wir ja während der Probenzeit keine abendlichen Vorstellungen zu absolvieren haben, ergeben sich Möglichkeiten, auf jeder der Probebühnen und auf der Hauptbühne dreimal am Tage zu probieren, das heißt, es können täglich – dank der drei großen Hallen – zwölf bühnengerechte Proben stattfinden, und zwar sieben Tage in der Woche, auch samstags und sonntags.

Das Personal des Festspielbetriebes umfaßt, mich eingeschlossen, von den leitenden Mitarbeitern über Handwerker, Büroangestellte, den Hausmeister bis zur Raumpflegerin ganzjährig 64 Personen. Über die Hälfte sind Bühnenhandwerker, die neben dem Dekorationsbau und der Haus-Instandhaltung vor allem während der Proben- und Festspielzeit auch im Bühnenbereich als Facharbeiter zum Einsatz kommen. Während der Festspielzeit wächst das Personal des Betriebs mitunter, einschließlich Sonderchor und Türsteherinnen (die «Blauen Mädchen»), auf bis zu 800 Mitarbeiter an. Unter all diesen Mitwirkenden sind bis zu 35 Nationalitäten vertreten. Daß die heute weltweit üblichen bürokratischen Regelungen dabei besonders unsere Personal- und Finanzabteilung strapazieren, sei nur am Rande erwähnt. Selbst für die Angehörigen der Europäischen Union erleichterten sich bisher die verwaltungstechnischen Abwicklungen kaum nennenswert.

Um die überaus anspruchsvollen Werke Richard Wagners in so dichter Proben- und Vorstellungsfolge adäquat aufführen zu können, betrug zum Beispiel 1988 die Stärke des Orchesters 189 Musiker. Hinzu kamen noch 11 Musiker für die Bühnen- und Pausenmusik, die Fanfaren, die statt einer Klingel zum Beginn jedes Aufzugs vom Balkon des Königsportals geblasen werden.

Finanziell gesehen, ist es in Bayreuth üblich – und nach wie vor möglich –, die Künstler nicht nach den Gesichtspunkten des Star-

(Un)Wesens oder nach irgendeinem «Marktwert», sondern nach Partien zu honorieren, Sänger A (weltberühmt) und Sänger B (Anfänger) erhalten bei gleicher Partie die gleiche Entschädigung. Ebenso alle Vorstände, wie zum Beispiel die Dirigenten, werden in dieser Weise gleich hoch, besser gesagt – was für alle gilt – gleich niedrig bezahlt.

Der Anteil der öffentlichen Zuschußgeber im Rahmen der Gesamtaufwendungen für die Durchführung der Festspiele betrug:

	1953	**1965**	**1976**	**1988**	**1992**
Öffentliche Gelder	26,2%	30,5%	38,8%	40,0%	34,3%
Dazu im Vergleich: Gesellschaft der Freunde	0,7%	4,9%	4,6%	6,4%	4,07%

Meinerseits erachte ich es als notwendig und wichtig, daß die Summe der öffentlichen Zuschüsse immer unter 50 Prozent liegen muß und Bayreuth sich damit von den meisten anderen Theatern beträchtlich unterscheidet, die bekanntermaßen bis zu 90 Prozent Subventionierung in Anspruch nehmen.

Die Kostenentwicklung der Eintrittspreise will ich hier mit ihren Mittelwerten kurz angeben:

1951 bei 6 Preisgruppen von DM 15,00 bis DM 50,00
Mittelwert: DM 29,30
1961 bei 9 Preisgruppen von DM 25,00 bis DM 65,00
Mittelwert: DM 40,40
1978 bei 25 Preisgruppen von DM 13,00 bis DM 145,00
Mittelwert: DM 73,20
1992 bei 25 Preisgruppen von DM 17,00 bis DM 255,00
Mittelwert: DM 159,11

Auch die Preisentwicklung zeigt deutlich, wie selbst ein künstlerisches Unternehmen von der wirtschaftlichen Konjunktur abhängig wird. Von mir zu erwarten, daß ich diesem Zug entgegensteuern könnte, liegt leider nicht in meiner Kompetenz. Der von Richard Wagner ursprünglich erhoffte Nulltarif für die Festspielbesucher ließ sich bedauerlicherweise niemals verwirklichen. Doch nach wie vor bin ich bemüht, die Eintrittspreise sozial verträglich zu gestalten; diese Komponente dürfte aus der angeführten breiten Staffelung ersichtlich werden.

Im Vergleich zu den anderen großen internationalen Festspielstätten liegen die Bayreuther Preise bedeutend niedriger und sind für die Besucher also weitaus günstiger. Bei einer solchen Preispolitik fand ich seitens der politischen Persönlichkeiten und Amtsträger unserer Demokratie stets volles Verständnis und Wohlwollen, so daß ich trotz der augenblicklichen finanziellen Misere in Deutschland hoffen kann, weiterhin für die Bayreuther Festspiele hierbei angemessen unterstützt zu werden.

In diesem Zusammenhang dürfte eine Übersicht der Bezuschussung jeder Eintrittskarte interessant sein, und zwar die Bezuschussung, die *de facto* stattfindet.

Innerhalb der Finanzabwicklung zwischen den Eigeneinnahmen aus dem Kartenverkauf und sonstigen Erlösen und den öffentlichen Zuschüssen ergab sich für 1992 folgendes Zahlenbild: Die Ausgaben pro Eintrittskarte betrugen DM 355,18. Dieser Betrag ist wie nachstehend finanziert worden:

1. Eigenmittel	DM 197,84	=	55,7 %
2. Öffentliche Zuschußgeber:			
Bund	DM 52,74	=	14,85%
Bayern	DM 52,74	=	14,85%
Stadt Bayreuth	DM 23,44	=	6,6 %
Bezirk von Oberfranken	DM 11,72	=	3,3 %
3. Private Mäzene (Gesellschaft der Freunde)	DM 16,70	=	4,7 %
Insgesamt	DM 355,18	=	100 %

Den Eigenmitteln von DM 197,84 steht somit eine Subventionierung von DM 157,34 pro Eintrittskarte gegenüber.

Vergleichsweise sei erwähnt, daß zur angegebenen Zeit bei öffentlichen Theatern für eine Eintrittskarte bis zu DM 320,00 Zuschuß gewährt werden mußte.

Die Stipendienstiftung, die am 28. Mai 1882 auf Anregung Richard Wagners gegründet wurde, wird von den Richard-Wagner-Verbänden finanziell gespeist und ermöglicht jährlich 200 Stipendiaten den kostenlosen Besuch einiger Aufführungen in Bayreuth. Der Deutsche Gewerkschaftsbund erhielt im Jahr 1951 eine und seit 1952 bis heute je zwei Aufführungen geschlossen für seine Mitglieder zu ermäßigten Preisen.

Daß die Anfangsjahre der Bayreuther Festspiele nach 1951 in finanzieller Hinsicht nicht ohne Schwierigkeiten ablaufen würden, war im Grunde von vornherein zu erwarten. Der Optimismus der uns unterstützenden Freunde und der meines Bruders und meiner ließ die materiellen Krisen in den Jahren 1951 und 1952 überstehen. Dies lag in folgendem begründet: Die neuerstandenen Bayreuther Festspiele erfuhren volle internationale Anerkennung, die meinem Bruder und mir, den «jungen, unerfahrenen Leuten», einen Bonus verschaffte, so daß niemand mehr den von uns eingeschlagenen Weg zur Sackgasse werden lassen konnte und wollte. Aus der Höhe der 1951 und 1952 entstandenen Bankschulden hätte sich für unsere Gesellschaft des bürgerlichen Rechts im Grunde die Notwendigkeit zur Anmeldung des Konkurses ergeben. Daß obendrein mit Beendigung der letzten Aufführung 1952 die Stromversorgung total zusammenbrach – sie wurde noch größtenteils mit Dampfmaschinen (Lokomobilen) des vorigen Jahrhunderts betrieben, die Gleichstrom erzeugten – und einer vollständigen Erneuerung, einschließlich der Leitungssysteme und der Bühnenregelanlage, bedurfte, machte die Situation nicht erfreulicher. Aber man ließ uns nicht im Stich.

Bei einem vereinbarten Besuch von Frau Baronin Gerta Louise von Einem, mir seit Jahren nicht zuletzt durch ihren Sohn Gottfried bekannt, bei mir am 1. Juni 1951 konnten nähere Einzelheiten über die Beschaffung zusätzlich benötigter finanzieller Mittel für die Festspiele besprochen werden. Frau von Einem und ich gelangten übereinstimmend zu der Überzeugung, daß die von ihr gegen meine Schwester Friedelind geltend zu machenden Finanzforderungen in keinerlei Zusammenhang mit der uns angebotenen Hilfe für die Festspiele gebracht werden könnten. Nachdem dieser Punkt genauestens abgeklärt war, gab ich ihr in unserer finanziellen Bedrängnis mein Placet, um entsprechende Aktionen einzuleiten. Als sie während der Festspielzeit in mein Büro kam, erörterten wir gesprächsweise, ob nicht eventuell Bonn zugunsten der Festspiel-Finanzierung mit herangezogen werden könnte. Da ich um die damalige besondere Zurückhaltung des bayerischen Kultusministeriums gegenüber Bayreuth wußte, ebenso die Verfassung der Bundesrepublik kannte, fragte ich sie, ob sie zu eruieren imstande sei, ob nicht doch entgegen der Festschreibung einer Kulturhoheit der Länder durch den Bund etwas für Bayreuth getan werden könnte. Frau von Einem sagte zu mir: «Wolfgang, wir werden einmal hören und sehen.» Eine Bitte gab ich ihr noch mit auf den Weg, sie möge sich doch einmal erkundigen, ob man nicht vielleicht vom reichgedeckten Tisch der eventuellen Geldquelle des Amtes Blank (Bundesministerium für den Marshallplan) einige mildtätige Brosamen zugunsten des künstlerischen Aufbaus herabfallen lassen könnte.

Bereits für das Festspieljahr 1952 durfte ich einen gewissen Betrag zur Anschaffung einiger von uns so dringend benötigter Beleuchtungsapparate aus Bonn entgegennehmen, ohne dafür noch weitere Schulden machen zu müssen. Infolge einer besonderen Zuweisung waren zu Beginn der Probenzeit 1953 sowohl die gesamte Beleuchtungsanlage mitsamt der Stromversorgung erneuert als auch sämtliche uns belastende Verbindlichkeiten bei den Banken abgedeckt.

Befragt nach der materiellen Situation der Festspiele, konnte ich auf der Pressekonferenz 1953 und bei der Hauptversammlung der Gesellschaft der Freunde am 24. Juli 1953 erklären: «Die Schulden der Vorjahre sind bereinigt, und durch Zugewinn des Bundes als Zuschußgeber kann die weitere Durchführung der Festspiele als gesichert betrachtet werden.»

Im Oktober 1953 wurde dann die Gründung des Festspielkuratoriums in Angriff genommen, das den Modus der Bezuschussung der Bayreuther Festspiele fortan nach folgendem Schlüssel regelte.

Bund		ein Drittel
Freistaat Bayern		ein Drittel
Stadt Bayreuth	vier Neuntel	
Bezirk Oberfranken	zwei Neuntel	ein Drittel
Gesellschaft der Freunde	drei Neuntel	

Indem die private Mäzenatengesellschaft innerhalb dieses Gefüges mit einem bestimmten Prozentsatz fest verankert worden ist, schloß man das willkürliche «Gießkannenprinzip» von Sponsoren aus.

Bis zur Errichtung der Stiftung waren noch viele Verhandlungen und Gespräche, insbesondere wegen der Sicherheiten der Investitionen notwendig. Abtretungserklärungen für die Werterhöhungen wurden abgegeben. Unter anderem gründete sich auch ein «Verein zur Förderung des Festspielhauses Bayreuth e. V.», der eine Zeitlang wirksam gewesen ist. Die Eintragung von Grundschulden wurde erwogen. Alle rechtlich sehr unterschiedlichen Forderungen hat erst die Stiftung gegenstandslos gemacht.

Frau von Einem vermittelte bis zur Beendigung ihrer Tätigkeit Ende der fünfziger Jahre auch zahlreiche Sachspenden, wie Diesel-Elektrogeneratoren, Röhren, Formeisen, Sprinklerkessel und anderes mehr. Dank ihrer vielseitigen Bemühungen gelang es ihr zum Beispiel auch, Professor Arnold Bode von der «Documenta» in Kassel dafür zu gewinnen, mit einer Materialhilfe der «Göppinger Plastik» der alten Restaurantbaracke, die bekanntlich gleichzeitig als Orchesterproberaum diente, eine neue und interessante Innengestaltung zu geben.

In den nunmehr folgenden Abschnitten wende ich mich kurz und zusammenfassend der Sanierung des Festspielhauses und baulichen Investitionen zu, die für den reibungslosen Ablauf der Festspiele dringend erforderlich waren.

Zur Wiederaufnahme der Festspiele 1951 einigten sich die Stadt und wir uns dahingehend, daß auf jeden Fall die Freigabe des Hauses durch die zuständigen Stellen erfolgen würde, obwohl aufgrund der beschränkten finanziellen Mittel unsererseits keineswegs all die Mängel, die an sich zu beanstanden gewesen wären, hatten beseitigt werden können. Wie man weiß, war ja das Gebäude aus Kosten- und Ersparnisgründen ursprünglich überwiegend nur aus dem seinerzeit billigsten Material (Holzfachwerk, mit einer Ziegelbreite ausgemauert) erbaut worden. Einzig die Treppenhäuser des Zuschauerhauses und statisch wichtige Teile des Bühnenhauses hatte man bereits entsprechend massiv hergestellt. Seit Kriegsbeginn und bis 1950 konnten keine wesentlichen Instandhaltungsmaßnahmen vorgenommen werden, zuerst wegen der fehlenden Möglichkeiten der Zuteilung von hierzu erforderlichen Materialien, nach der Währungsreform infolge völliger finanzieller Mittellosigkeit. Daher war der Zustand alles andere als gut oder erfreulich.

Bayreuths Oberbürgermeister Hans Rollwagen und seine Referenten waren sich genauso wie mein Bruder und ich darüber im klaren, daß nach einer künstlerischen Stabilisierung der Festspiele umgehend bewirkt werden müsse, das Festspielhaus in einen baulichen Zustand zu versetzen, der allen Erfordernissen und Vorschriften genüge.

Die Gesellschaft der Freunde hoffte, auch durch Aktivitäten ihrerseits – erleichtert und begründet nach dem international anerkannten Erfolg des Wiederbeginns –, neben der festgelegten Betriebsbezuschussung zusätzlich private Mittel für die Sanierung und für unerläßliche Investitionen zur Aufrechterhaltung der Bespielbarkeit mobilisieren zu können. Auf ihrer Mitgliederversammlung am 25. Juli 1961 berichtete Konsul Dr. Franz Hilger von den sehr befriedigenden Resultaten der Bemühungen Dr. Sohls und Professor Burkhardts. Im Rahmen einer «Bayreuth-Hilfe der deutschen Wirtschaft» gingen insgesamt DM 600000 an Spendengeldern ein, zu denen noch der Betrag von bereits angesammelten DM 300000 kam, so daß neben den sonstigen Betriebszuschüssen durch die Gesellschaft nunmehr insgesamt DM 900000 ausschließlich für Sanierungsmaßnahmen am Festspielhaus zur Verfügung standen.

In Anbetracht dieser Summe hoffte man, daß sich auch Bund und Land mit jeweils gleich hohen Beträgen beteiligen würden. Die dazu nötigen Verhandlungen einzuleiten, erboten sich führende Mitglieder der Mäzenatenvereinigung, um die Eigenbemühungen der Festspielleitung bekräftigend zu unterstützen.

Bereits am 8. Dezember 1958 legte ich ein erstes Exposé vor, das die Grundlagen für die erforderlichen Baumaßnahmen zur allgemeinen Kenntnis brachte und damit zugleich auf allen Seiten die Aktivitäten für deren Inangriffnahme zu bewirken vermochte.

Meinem Bruder Wieland wäre es im Grunde lieber gewesen, die Gelder und Zuschüsse vollständig in die künstlerische Arbeit zu stecken und nur die notwendigsten Reparaturen oder Erneuerungen auszuführen, statt in die Erhaltung und den Ausbau des Festspielhauses zu investieren. Meinerseits bedurfte es darum mitunter großer Geduld und Überzeugungskraft, ihm vor Augen zu führen, daß der künstlerische Erfolg hinfällig werden könne, sobald nämlich aufgrund untragbar desolater Zustände das Haus etwa geschlossen werden müsse. Ein solches Risiko sollte unter keiner Bedingung eingegangen werden. Die von mir erwirkten und sukzessive gestalteten Verbesserungen sowohl baulicher als auch technischer Art hatte Wieland dann freilich anerkannt und mit sichtlicher Freude und Zufriedenheit benutzt.

Sämtliche hier aufgeführten Baumaßnahmen wurden über mich in Gemeinsamkeit mit meiner Finanzverwaltung und dem von 1961 bis Ende 1967 bestehenden Festspiel-Baubüro mit den Architekten Lothar Linder und Helmut Jahn ausgeführt. Auch nach Gründung der Stiftung wurden weiterhin alle baulichen Maßnahmen, einschließlich des Wiederaufbaus von Haus Wahnfried zwischen 1974 und 1976, von mir und meinen Mitarbeitern der Finanzverwaltung sowie den Architekten organisiert und betreut. Seit 1968 standen zunächst beide Architekten in einem freien Arbeitsverhältnis zu mir. Nach dem Tod Linders war vom März 1976 an Helmut Jahn allein für das Baugeschehen zuständig.

Für den baulichen Unterhalt des als Richard-Wagner-Museum und Nationalarchiv wiederaufgebauten Hauses Wahnfried ist seit 1978 die Stadt Bayreuth verantwortlich, ebenfalls für das ihr gehörende und auf ihre Kosten umgestaltete, dem Museums-Komplex zugeschlagene Siegfried-Wagner-Haus. Der große und der kleine Bauunterhalt des Festspielhauses mit seinen Nebengebäuden liegt nach wie vor in meiner Obhut als Festspielleiter, da es nach Meinung aller beteiligten Seiten so am besten sei, indem die Notwendigkeiten und tatsächlichen Erfordernisse auf diese Art am günstigsten und genauesten erkannt und ausgeführt werden können. Allein der Ordnung halber sei erwähnt, daß bei allen bisherigen Baumaßnahmen die erforderlichen Gutachten, insbesondere die der Obersten Bayerischen Baubehörde, die Grundlagen für die Bereitstellung der Mittel waren und sind. So konnte das Provisorium Festspielhaus saniert und ausgebaut werden, und es hat dadurch, soweit dies überhaupt beim Bauen menschenmöglich ist, Bestand als lebendiges Theater wie als Kulturdenkmal.

Die neuen und Erweiterungsbauten wirkten sich für die funktionale Abwicklung günstig und zeitersparend aus. Daneben war es gleichfalls möglich, im Baugeschehen all das mit zu berücksichtigen, was dazu beiträgt, das gute Arbeitsklima zu fördern, zum Beispiel die Ausgestaltung der Kantine mit ihrem Garten.

Die folgenden Aufstellungen dürften, wie ich meine, einen prägnanten Überblick geben über sanierte und erweiterte Kubikinhalte beziehungsweise Nutzflächen und die Finanzierung:

A) **Umbauter Raum** insgesamt (= Brutto-Rauminhalt) – überschlägig –

1. Alle Gebäude von 1876/1882 – insgesamt	ca.	88 020 m^3
2. Weitere Gebäude und Gebäudeteile von 1883–1950	ca.	24 142 m^3
Zusammen	ca.	112 162 m^3
3. Weitere Gebäude und Gebäudeteile von 1951–1993	ca.	55 826 m^3
Derzeitiger Gesamt-Brutto-Rauminhalt	ca.	167 988 m^3

B) **Nutzflächen** insgesamt – überschlägig –

1. Alle Gebäude von 1876/1882 – insgesamt	ca.	7 585 m^2
2. Weitere Gebäude und Gebäudeteile von 1883–1950	ca.	2 858 m^2
Zusammen	ca.	10 443 m^2

3. Weitere Gebäude und Gebäudeteile von 1951–1993		ca.	10579 m²
	Derzeitige Gesamt-Nutzfläche	ca.	21022 m²

Zusammenfassung der Finanzierung

Die Gesamtbaukosten 1960 bis 1992 in Höhe von DM 33297961,88 wurden wie folgt finanziert:

Bund	DM 6553300,00	(19,68%)
Freistaat Bayern	DM 6553300,00	(19,68%)
Stadt Bayreuth	DM 1254332,00	(3,76%)
Bezirk Oberfranken	DM 282165,00	(0,85%)
Oberfrankenstiftung	DM 100000,00	(0,30%)
Bayerische Landesstiftung	DM 65000,00	(0,20%)
= zweckgebundene öffentliche Zuwendungen	DM 14808097,00	(44,47%)
«Gesellschaft der Freunde von Bayreuth»	DM 13963513,55	(41,93%)
Private Spenden	DM 41741,00	(0,13%)
Zusammen	DM 28813351,55	(86,53%)
Aus genehmigten übertragenen Mitteln des Festspieletats	DM 1393410,33	(4,17%)
Erlöse aus Fernsehaufzeichnungen	DM 3091200,00	(9,30%)
Insgesamt	DM 33297961,88	(100%)
Wiederaufbau Haus Wahnfried (darin mitenthalten)	DM 3218445,63	

Seit der Gründung der Stiftung 1973 hat die «Gesellschaft der Freunde von Bayreuth» den größten Teil der Sanierungskosten bei Baumaßnahmen aufgebracht.

Die finanziellen Aufwendungen beinhalten Forderungen des Denkmalschutzes, die sehr strengen und sich immer wieder ergänzenden Sicherheitsauflagen für öffentliche Versammlungsstätten sowie die zusätzlichen, unerfreulichen Kosten für die Abdämpfung des Fluglärms. Denn in der Tat liegt das Bayreuther Festspielhaus genau in der Einflugschneise zum Bayreuther Flugplatz; außerdem wirkt sich mitunter störend aus der internationale Luftweg Frankfurt–Prag, der ebenfalls hier vorbeiführt.

XIII. Bayreuth und Umgebung

Die «Meistersinger»-Neuinszenierung meines Bruders Wieland 1956 schockierte bei ihrer Premiere das Publikum infolge unerwarteter, radikaler ästhetischer Umgestaltung nicht wenig. Ursprünglich wollte mein Bruder seine Aussagen auf der Bühne auch mit einem veränderten Klangbild ergänzen, da er der Auffassung war, daß die «Meistersinger» eben nicht für das verdeckte Orchester komponiert worden seien, weshalb er die Wagnersche Konstruktion zu modifizieren trachtete. Insbesondere sollte die vordere Rundung des Schalldeckels durch eine Balustrade, wie in anderen Opernhäusern üblich, ersetzt werden. Schon im «Tannhäuser»-Jahr 1954 hatte man während der Festspielzeit an einigen Vormittagen akustische Experimente unternommen, die sich damals allerdings nur auf den Bereich des dreifach gestaffelten Proszeniums bezogen. Als man in den zwanziger Jahren eine neue Beleuchtungsanlage im Festspielhaus installierte, wurde – offensichtlich mit Billigung meines Vaters – der Raum zwischen Hauptproszenium und dem vorgelagerten Rahmen rechts ziemlich brutal rechtwinklig abgemauert, um damit den notwendigen Platz für die Unterbringung von Rheostaten zu schaffen. Man versah nach entsprechenden Versuchen diese Rechtwinkligkeit zusammen mit dem bisher offenen Teil auf der linken Seite sowie auch nach oben hin mit vorgelagerten, akustisch genau bestimmten, hart reflektierenden Wellplatten. Da bekanntlich überall, so ebenfalls in Bayreuth, durch die gewöhnlichen Vorhänge jedes Vorspiel, jede Ouvertüre glanzlos klingt, wurde ein erheblich dichterer und schwererer Vorhang angebracht, nachdem der Originalvorhang sich aus Altersschwäche aufgelöst hatte. Leider riß infolge seines Gewichts der neue Vorhang während einer Aufführung und konnte fortan nicht mehr als «Wagner-Gardine» verwendet werden, so daß die Möglichkeit entfallen mußte, den

Bühnenraum irisblendenartig zu öffnen, was mein Großvater nach seinen Intentionen hatte konstruieren lassen. Zu diesen akustischen Versuchen zogen wir stets den bekannten Akustiker Professor Dr. Werner Gabler hinzu. Im Falle des so gravierenden Eingriffs in die akustische Spezifik, wie er für die «Meistersinger» geschehen sollte, demonstrierten wir meinem Bruder eine Lösung, die ohne große Schwierigkeiten zuließ, den alten Zustand zu rekonstruieren beziehungsweise zu erhalten. Im vorderen, dem Zuschauerraum zugewandten, gewölbten Schalldekkel brachten wir eine auswechselbare Lochblende an, die brillanteren Klang durchließ. Das unsichtbare Orchester blieb also weiter bestehen und wurde nicht aufgedeckt. Eine ähnlich perforierte Fläche wurde, dem Zuschauer nicht sichtbar, unter der Gegenblende befestigt, die von der Bühne her über das Orchester reicht. Wie ich damals anhand einer von mir aufgefundenen Originalzeichnung feststellte, hatte diese Blende Richard Wagner aufgrund seiner Erfahrungen von 1876 für die Uraufführung des «Parsifal» 1882 einbauen lassen. Ihr Sinn und Zweck bestand vor allem darin, den Bläserklang zu bündeln. Unser Experiment mit den Lochblenden fand auf allen Seiten, besonders auch bei meinem Bruder, volle Zustimmung. Und selbst das Vorspiel zum «Parsifal» unter Knappertsbuschs Leitung wurde von Wieland jetzt mit Wohlgefallen beachtet. Übrigens entwickelte Knappertsbusch seinerseits ebenso Aktivitäten, um zu verhindern, daß der originale Zustand substantiell angetastet würde.

Aus alten Bauplänen ist ersichtlich, daß Richard Wagner während des Baus des Festspielhauses die erhebliche Vergrößerung des Orchesterraums für erforderlich hielt, die infolge der Gegebenheiten konstruktiv stufenweise nur nach unten, also in den Bühnen- und Versenkungsbereich vorgenommen werden konnte. Im Zuge späterer Sanierungsmaßnahmen gelang es, hauptsächlich durch eine vorschriftsmäßige brandsichere Mauer, die den Orchestergraben rückwärtig abschließt, und durch die Beseitigung der Deckenkonstruktion des Raumes, bedeutend mehr Kubikinhalt und vor allem reflektierende, nichtschallschluckende Flächen zu schaffen, was beträchtlich dazu beitrug, jedem Musiker die Möglichkeit zu differenzierterem Spielen zu geben.

Ein ungewöhnliches und besonderes künstlerisches Erlebnis war für mich 1991 meine «Lohengrin»-Inszenierung in dem antiken Teatro Greco im sizilianischen Taormina. Giuseppe Sinopoli, der künstlerische Leiter des Festivals «Taormina Arte», dirigierte das Philharmonia Orchestra London und erwartete sich einen Höhepunkt innerhalb seines Programmes, indem er diese große Choroper dort aufführte und unter anderen dafür den Bayreuther Chor zur Mitwirkung einlud. Mir erfüllte sich damit ein lange insgeheim gehegter Wunsch, der mir bisher versagt geblieben war.

Mit Freilichttheatern hatte ich mich schon längere Zeit beschäftigt, und mein Interesse an ihrer Spezifik war bereits vor Jahren geweckt worden. Ende der fünfziger Jahre reiste ich nach Epidauros, um die Möglichkeiten zur Umsetzung einer Aufführung aus dem Bayreuther Festspielhaus in das altgriechische Amphitheater zu prüfen. Leider ließ sich dieses Projekt, das auch meinen Bruder außerordentlich interessierte, damals nicht verwirklichen, nicht zuletzt aufgrund der örtlichen und neugriechischen Verhältnisse. Im Frühjahr 1958 wurde ich von dem Erbauer des Red Rocks Freilicht-Auditoriums einige Tage nach Denver im US-Bundesstaat Colorado eingeladen, um ihm auf Veranlassung von Herbert Graf Ratschläge zu geben, wie die über 36 Meter breite Bühne optisch und akustisch gefaßt werden könnte, da der Felsen in ihrem Hintergrund als Reflektor sich unzulänglich erwies. Auch der Orchestergraben bereitete Schwierigkeiten. Werner Gabler, der in Bayreuth mit Rat und Tat zur Seite stand, begleitete mich. Unsere Vorschläge zu Verbesserungen sollen dem Vernehmen nach befriedigend ausgeführt worden sein. Zu meinem Bedauern kam es dort in Denver ebenfalls zu keinem in Aussicht genommenen Gastspiel der Bayreuther Festspiele. Und auch nicht zu der Erfüllung meines Lieblingswunschtraumes, Puccinis «La fanciulla del West» auf einer Freilichtbühne in den Red Rocks, gleichsam also «vor Ort», zu inszenieren. Es scheiterte vor allen

Dingen an zeitlicher Unvereinbarkeit, denn der Temperatur wegen war es in Denver nur möglich, ausgerechnet während der Monate Juni, Juli und August zu spielen.

Ein Kuriosum bestand darin, daß ich bei der Ausstellung des nötigen Einreisevisums im amerikanischen Generalkonsulat in München den einzigen Eid meines Lebens leistete. Bisher hatte ich es dank gewisser umsichtiger Findigkeit fertiggebracht, dem Pathos der Schwüre aus dem Wege zu gehen und folglich keinen Meineid schwören müssen, weder beim Arbeitsdienst noch in der Wehrmacht, nicht auf die Waffe und nicht auf «Führer, Volk und Vaterland». Mein Wissen um die deutsche Geschichte gab mir diesen Widerwillen ein. Aber bei den Amerikanern vermochte ich guten Gewissens auf die Bibel zu beeiden, keiner kommunistischen Organisation angehört zu haben oder anzugehören und mit den Anhängern von Hammer und Sichel durchaus nicht zu sympathisieren. Der Kommunismus war buchstäblich das rote Tuch: Nachwirkung der berüchtigten McCarthy-Zeit.

Was nun Freilicht- oder Amphitheater betrifft, so gab es noch eine weitere Episode. Während des Bayreuther Gastspiels 1955 im «Liceo» in Barcelona haben Werner Gabler und ich auf Wunsch des seinerzeit falangistischen Gouverneurs nach der Suche eines geeigneten Standorts zwischen den Felsen des Montserrat gemeinsam einen interessanten Vorentwurf für ein geplantes Theater unter freiem Himmel erarbeitet, der jedoch wie so manches andere nicht zur Ausführung gelangte.

Die solcherart recht eingehende Beschäftigung ließ mich immer wieder viele Überlegungen anstellen, wie an so beschaffenen Stätten ein Werk Richard Wagners, das ja für einen ganz anderen Aufführungsort geschaffen wurde, einigermaßen werkgerecht umgesetzt werden könnte.

Von vornherein ging ich in Taormina davon aus, daß die hintere, nur zum Teil erhaltene Originalkulisse mit Säulen, Nischen und Simsen keinesfalls in das Spielgeschehen mit einbezogen werden dürfe; nur als ästhetischer Gesamtrahmen sollte sie anklingen, während die von mir entworfenen dekorativen Elemente der Bühnengestaltung allein durch sich selbst zur Wirkung kommen mußten. Diese Elemente waren kubische Aufbauten auf zehn Wagen, vier hatten die Maße 5 Meter in der Breite, 1,5 Meter Tiefe, 2 Meter Höhe, die übrigen sechs halbierten sich in Breite und Höhe. Treppen glichen die Höhenunterschiede aus, so daß ganz unterschiedliche begehbare Spielflächen entstanden, was beispielsweise für Plazierungen des Chors jeweils sinnvoll gestaffelte Möglichkeiten im Arrangement ergab. Die stets zueinander passenden Elemente verdoppelten die vorgegebene Architektur ebensowenig, wie sie etwa völlig gegen sie standen. Eher handelte es sich um einen reizvollen Kontrast. Das Verschieben ermöglichte differenzierte Raumbildungen; im Ersten und Dritten Aufzug herrschten schwarzglänzende, die Personen spiegelnde Flächen vor, im Zweiten rotleuchtende. Dank der ganz ausgezeichneten Akustik des Teatro Greco waren selbst feinste musikalische Nuancen der Sänger, wie etwa beim Duett Lohengrin-Elsa in der Brautgemachszene, brillant zu hören; eine einfache, zeltartig stilisierte und angedeutete Überdachung erreichte vollkommen die Assoziation von Baldachin und brautgemachartiger Abgeschlossenheit.

Daß ich bereits in Bayreuth mit einhundert unserer Chorsänger sowie mit den Solisten Luana De Vol (Elsa), Siegfried Jerusalem (Lohengrin), Manfred Schenk (König Heinrich), Uta Priew (Ortrud), Oskar Hillebrandt (Telramund), Eike Wilm Schulte (Heerrufer), Clemens Bieber, Helmut Pampuch, Robert Riener, Heinz Klaus Ecker (die vier Edlen) vorprobiert hatte, Giuseppe Sinopoli desgleichen mit seinem Orchester in London, erlaubte eine sehr konzentrierte und kostensparende Arbeit in Taormina. Alle an dem Gastspiel Beteiligten zeigten sich von der produktiven Atmosphäre und dem umgebenden Ambiente so angetan, daß noch heute jeder mit freudiger Erinnerung daran zurückdenkt.

Proben und Aufführungen fanden abends statt, meist bei voller Dunkelheit. Obwohl entgegen aller klimatischen Regel für Sizilien außergewöhnlich heftige und häufige Regengüsse die Probenarbeit unterbrachen und selbst die Vorstellungen zu be- und gar zu verhindern drohten, fügte es sich letzten Endes immer wieder glücklich, daß angemessen probiert und die drei Aufführungen programmgemäß zustande kommen konnten. Die Proben begannen etwa gegen 17 Uhr und endeten um 23 Uhr, anschließend ging es an die Einrichtung der Beleuchtung, oder wir nahmen dabei Korrekturen vor, trafen neue Festlegungen. Die endgültige Abstimmung in der Darstellung und Beleuchtung war ja nur in der Dunkelheit möglich. Und da auch die Vorstellungen erst um 20.30 Uhr anfingen und folglich bis weit in die Nacht dauerten, verließen wir daran Beteiligten meistens erst mit dem Eintreten der Morgendämmerung das Theater.

Reinhard Heinrich schuf für diese Freilichtaufführung farbig sehr wirkungsvolle Kostüme, für den Spielort bestens geeignet. Unserem Chordirektor Norbert Balatsch und seinen Helfern gelang es trotz der weitläufigen Dimensionen der Bühne, den Chor so exzellent zu steuern, daß ich als Regisseur auf den Treppen und Flächen weitaus mehr Aktionen inszenieren konnte als anfangs gedacht, zum Beispiel beim Auftritt des Doppelchors im Zweiten Aufzug «In Früh'n versammelt uns der Ruf». Gemeinsam mit meinem Assistenten Johannes Taubenschuss entwickelte ich einen prachtvollen Schwan, 5 Meter hoch und mit einer Gesamtfläche des Körpers im Ausmaß von 18 m². Zunächst lag er unsichtbar hinter den eingestürzten Säulenreihen der antiken Skené und wurde mittels vorhandener Hydraulik entsprechend der Musik sowie hervorragend ausgeleuchtet in die Senkrechte gefahren. Das Erscheinen und Verschwinden erwies sich als äußerst beeindrukkender Effekt und erbrachte die dramaturgisch beabsichtigte Wirkung.

Eine andere, neue, von vielen als besonders gelungen angesehene Lösung war der «lebende Vorhang» aus zwei Gruppen sizilianischer «Ragazzi». Maestro Sinopoli fühlte sich für ihre Diszipliniertheit verantwortlich, und demzufolge gab es bei den Proben oft lebhafte Wechselreden auf Sizilianisch. Meinen Assistenten und mir machte die Truppe großen Spaß, und den interessierten, sympathischen Jungen bereiteten die «Tedeschi» und ihre eigene Mitwirkung sichtlich ebenso Vergnügen. Für die Gruppen fand ich folgendes Arrangement. Jeder war bekleidet mit einem stilisierten grauen Kostüm und erhielt eine 3 Meter hohe Stange, an der eine Fahne befestigt wurde. Zu Beginn der Aufführung standen alle nebeneinander an der Rampe quer über die Breite der Bühne. Nach dem Vorspiel teilte sich die Reihe von der Mitte aus und «rollte» gleich einem Vorhang exakt synchron links und rechts zur Seite. Je nach den Bühnenaufbauten und dem inhaltlichen Ablauf des Stückes fungierten die Ragazzi zugleich als optischer Abschluß im Hintergrund der Bühne, etwa beim Zug zum Münster im Zweiten Akt. Für das Schließen des Vorhangs geschah das gleiche in umgekehrter Richtung. Mein Regieassistent Stephan Jöris, der sich schon beim Japan-Gastspiel 1989 bewährt hatte, stand mir auch hier in Taormina organisatorisch hilfreich zur Seite und schaffte es, den jungen Sizilianern auf der Bühne beinahe preußische Tugenden im Gehen und Stehen beizubringen.

Alles in allem war die Arbeit in Taormina etwas Außergewöhnliches, und der romantische «Lohengrin» in so exotischer Umgebung, umrahmt von den stolzen Resten des wunderbaren alten Amphitheaters, gestaltete sich zu einer nachhaltig einprägsamen Aufführung.

Der 5. April 1978 war der Tag der Premiere von «Tristan und Isolde» an der Mailänder Scala. Zu Inszenierung und Bühnenbild kam ich – in der Umkehrung zu Bayreuth – durch die Absage des vom Dirigenten Carlos Kleiber ursprünglich bei seinem Kollegen Claudio Abbado gewünschten Regisseurs Patrice Chéreau: In Bayreuth hieß das «Ausfallsangebot» einmal Jean-Pierre Ponnelle und einmal Heiner Müller, in Mailand Wolfgang Wagner. Die Zusammenarbeit in der «Compagnia tedesca», eine Firmierung, die sich infolge der besonderen Begleitumstände während der Proben im Theater gebildet hatte, war für mich gleichermaßen erfreulich wie anregend, ebenso die Gespräche und die Arbeit auf den Proben mit Carlos Kleiber, Catarina Ligendza (Isolde), Spas Wenkoff (Tristan), Ruza Baldani (Brangäne), Siegmund Nimsgern (Kurwenal), Kurt Moll (König Marke) und Gianpolo Corradi (Melot), Piero di Palma (Hirt), Giovanni Foiani (Steuermann), Walter Gullino (Junger Seemann).

Das am häufigsten gebrauchte Wort und dessen praxisbezogene Bedeutung war «sciopperо», und es stand sowohl im Gegensatz als auch im Gleichklang zu dem Lebensgefühl, in dem wir uns als «Tag- und Nachtgeweihte» befanden.

Carlos Kleiber probierte mit dem Orchester wirklich hervorragend. Nur in einer Minute der Unzufriedenheit brachte er es dahin, eine wesentliche Trübung der guten Beziehung mit dem Klangkörper herbeizuführen. Ärgerlich über den Solocellisten, einen berühmten «Professore» an der Mailänder Musikakademie, äußerte er, daß der Tutticellist am letzten Pult, der so intensiv und hervorragend spiele, mit dem Solisten am ersten Pult den Platz tauschen möge.

Aus seiner Frage, die er während einer Probe an mich richtete, ob das Verhalten Tristans im Ersten Aufzug überhaupt den Schluß zulasse, daß der Held Isolde tatsächlich liebe, entspann sich zwischen ihm und mir ein ausführlicher Disput. Ich verrate hier nicht, wie unser Zwiegespräch ausging, sondern stelle die Lösung dieser durchaus interessanten Frage jedem Leser für sich selbst anheim, es lohnt sich.

Gewisse Slawismen in der deutschen Aussprache des Tristan-Sängers, die dieser mit bewunderswerter Hingabe und Festigkeit immer wieder für das besondere Wagner-Deutsch hielt, erregten mitunter sein Mißfallen.

In die Zeit unserer Arbeit und Anwesenheit in Mailand fiel der Mord an dem italienischen Ministerpräsidenten Aldo Moro. Dies führte unter anderem dazu, daß eine Kundgebung den gesamten Betrieb lahmlegte und uns einen weiteren Tag in der Vorbereitung der Aufführung kostete. Direkt vor der Mailänder Scala wurde meine Frau Gudrun einmal durch eine Zigeunerin, ein Baby im Arm und zwei halbwüchsige Kinder am Rockzipfel, bedrängt. Lautstark und erbarmungswürdig beklagte sie ihr Elend, indessen eines ihrer Kinder die Handtasche meiner Frau entwendete, indem es den Schulterriemen der Tasche mit einem Messer durchtrennte. Noch nie sah ich ein «Quartett» derart schnell davonlaufen, was um so erstaunlicher schien angesichts des eben noch «lamentoso» vorgeführten «entkräfteten» Zustands. Ich reagierte nicht weiter und griff auch nicht ein, weil ich mich lebhaft einer ähnlichen früheren Begebenheit aus dem Jahre 1952 erinnerte. Damals wollte mir ein Kind mein Portemonnaie aus der Tasche stehlen, und als ich es etwas derb festhielt, um es daran zu hindern, hätten mich die so kinderlieben umstehenden Italiener am liebsten gelyncht wegen meiner Grobheit. Nachdem wir den Handtaschendiebstahl bei der Polizei angezeigt hatten, begleitete uns von Fall zu Fall eine Polizeistreife bis zu unserer Residenzia, nebenher im Jeep fahrend. Es waren ohnehin unruhige Zeiten.

Immerfort, jeweils an einem anderen Tag der Woche, stand irgendeine im Grunde erforderliche Gruppe von Technikern und Bühnenarbeitern aus den unterschiedlichsten Gründen auf der Probebühne oder Hauptbühne nicht zur Verfügung. Darum sprangen wir selber ein, um Möbel, Requisiten und gegebenenfalls auch Teile der Dekoration an die Plätze zu transportieren, wo sie benötigt wurden. Anerkennend und beeindruckt konnte ich feststellen, daß die besten und für die Aufgabe geeignetsten Hilfen Catarina Ligendza und meine Frau waren, obwohl sie damals im Ende des siebten Monats schwanger gewesen ist.

Organisatorisch blieb als besonders bemerkenswert in Erinnerung, daß unsere finanziellen Entschädigungen unerquicklich lange Zeit nicht disponibel schienen und ihre Bereitstellung immer wieder hinausgeschoben wurde. So mußten wir in Restaurants teilweise auf Kredit leben, zumal wir auf die Dauer keine Lust hatten, unser mitgebrachtes deutsches Geld schlecht umzutauschen. Die Verwaltungsetagen stachen damals vor allem hervor, indem die leitenden Herren entweder nicht anwesend oder zumindest nicht ansprechbar waren, doch sehr viele junge, gutaussehende Mitarbeiterinnen sich dort aufhielten, die primär in der Befähigung geschult schienen, jeden mit charmant überwältigendem Wortschwall abzuwimmeln. Daß unser «Tristan» überhaupt zeitgerecht zustande kam, war einzig und allein das Verdienst von Bianca Zedda, die selbst die Dauerabsenz des künstlerischen Leiters der Scala, Claudio Abbado, überbrückte – ihn sah und sprach ich während meines gesamten Aufenthalts vom 13. März 1978 bis 5. April 1978 ein einziges Mal knappe zehn Minuten.

Das Mailänder Gastspiel bedeutete für mich von der italienischen Seite her das unpersönlichste in diesem Land; Neapel, Venedig, Bologna, Rom und Palermo waren weitaus interessanter und viel menschlicher gewesen. Unsere «Compagnia tedesca» verstand es jedoch ausgezeichnet, das sonst Fehlende einer harmonischen Atmosphäre wettzumachen.

Ein Dreivierteljahr später durften wir den Fahndungserfolgen italienischer Behörden unsere höchste Anerkennung zollen, denn in der Tat war es gelungen, den Diebstahl der Handtasche aufzuklären und den Zigeunern an der italienisch-jugoslawischen Grenze die so wichtigen Dokumente wie Paß und Führerschein abzunehmen.

Nach der schwierigen Geburt des «Tristan» hatte unsere am 21. Mai 1978 in Bayreuth geborene Tochter Katharina einen erfreulich leichten Eintritt in die Welt. Mit ihr erhielt unser gemeinsames Leben eine ganz besondere Bereicherung. Obwohl meine Frau und ich seitens meiner vielgliedrigen und komplizierten Familie gerade zu dieser Zeit sehr unangenehmem und unverständlichem Benehmen ausgesetzt waren, ließ doch insbesondere meine Mutter mehr und mehr erkennen, daß ihr die Scheidung von meiner ersten Frau immer begreiflicher erschien. Über meine zweite Frau Gudrun sagte mir meine Mutter, die sie ja durch gelegentliche Kontakte in der Arbeit schon seit 1965 kannte, einmal expressis verbis und mit großer Anerkennung, daß sie Gudrun vor allem auch wegen ihres totalen Einsatzes bei den Festspielen schätze, womit sie sich eine allseitige und umfassende praktische Kenntnis des Betriebes erworben habe, im Gegensatz zu all jenen, die zu einer ganzjährigen Mitarbeit in Bayreuth nie bereit waren. Zum ersten Geburtstag Katharinas spielten dann die persönlichen Querelen und wechselseitigen Distanzierungen keine Rolle mehr, wurden vergessen und begraben, und meine Mutter hatte bis zu ihrem Tod eine ganz ausnehmend liebevolle Beziehung zu ihrem zwölften Enkelkind.

Katharinas pränatale Verbindung mit einem Werk ihres Urgroßvaters in Mailand mochte es wohl auslösen, daß sie schon sehr früh allerlei originelle Fragen zu Wagner und seinem Schaffen stellte und dabei recht drollige Verhaltensweisen an den Tag legte. Frühe Probenbesuche im Festspielhaus wurden von uns Eltern wohldosiert. Wir sagten ihr daheim, sie dürfe nur dann mitgehen, wenn sie sich ganz ruhig verhalte. So saß sie einmal als Vierjährige auf dem Schoß ihres Kindermädchens in einer «Holländer»-Probe und schaute so gespannt wie mucksmäuschenstill zu. Als einige Reihen hinter ihr der Regisseur Harry Kupfer seines Amtes waltete und zu diesem Zwecke auch das unüberhörbare Bühnenmikrophon benutzte, wandte sie sich zu dem Verursacher der lautstarken Geräusche um, legte den Finger auf den Mund und bedeutete ihm mit vernehmlichem «Pst!», daß sie besser wisse, wie man sich im Festspielhaus zu benehmen habe.

In der Fernsehaufzeichnung meiner «Meistersinger»-Inszenierung 1984 spielte sie hingebungsvoll, aber ganz natürlich mit, war eines der Kinder, die sich in der Prügelszene «auf der Gasse» herumtrieben, ganz im Sinne ihres regieführenden Vaters, und tummelte sich auf der Festwiese, erst tanzend und dann interessiert und aufmerksam die Vorgänge um Sachs, Beckmesser, Walther, Evchen und alle anderen Meister beobachtend.

Aus genauem Zuschauen und Miterleben resultierten bei ihr immer wieder neue, überraschende und verblüffende Fragen. Sie zeigte sich nicht nur bloß beeindruckt vom homo ludens, sondern beschäftigte sich zunehmend auch mit dem dahinter steckenden Sinn solchen Tuns. Eines Tages stellte sie eine völlig logische, an sich auf der Hand liegende Frage, die sich von uns Erwachsenen nur keiner vorlegte, weil sie uns gar nicht in den Sinn kam. Sie war damals elf Jahre alt und wollte eine Vorstellung des «Lohengrin» besuchen. Beim Mittagessen hielt sie ihre Eintrittskarte stolz in der Hand, fragte uns aber zugleich vorwurfsvoll, weshalb denn auf der Karte groß und fett der Name Lohengrin gedruckt sei, wenn doch gerade der ein Geheimnis sei und erst am Ende der Oper kundgetan werde. Sie fand es schlicht absurd, daß alle Zuschauer das Geheimnis von vornherein kennen, weshalb es ja keines mehr ist. Während einer der leidvollen Stunden beim Klavierüben beklagte sie sich einmal seufzend ob der zeitgenössischen

Ungerechtigkeit, dabei ein bißchen neidisch auf ihre genialen Vorfahren blickend: «Franz Liszt durfte immer spielen, was er wollte, Richard Wagner durfte immer spielen, was er wollte – nur ich muß immer das dämliche Zeug spielen, was ich aufkriege!»

Für uns Eltern war ihr Dabeisein in Japan 1989 und in Taormina 1991 aufschlußreich. Katharina war freiwillig, ohne daß wir irgendeinen Einfluß geltend gemacht hätten, bei allen Proben anwesend, ließ mit Ausnahme der spät nachts stattfindenden Beleuchtungseinrichtungen nichts aus, verfolgte das Geschehen und nahm sichtlich gespannt und interessiert alles auf. In Bayreuth bestehen für sie zu solch intensiver Teilnahme geringere Chancen, da sie während der Probenzeit immer noch für die Schule arbeiten muß.

Wenn Katharina im Um- oder Bannkreis der Festspiele und des Festspielhauses direkt oder indirekt mit Wagner in Berührung kommt, freut es meine Frau Gudrun und mich am meisten, daß sie sich unauffällig unter uns alle mischt und nicht etwa ihr Urenkelsein oder gar Richard Wagner für sich mit Eitelkeit ins Spiel bringt.

Was das Ruhigsein auf Proben betrifft, hatte ich 1985 während meiner Arbeit an den «Meistersingern» in Dresden ein unwiederholbar kurioses Erlebnis. Wir probierten auf der Bühne der Semperoper mit den Solisten, aber noch ohne Orchester den Ersten Aufzug. Bei meiner Arbeitsweise begebe ich mich oft auf die Bühne, dann wieder zurück ans Regiepult im Parkett, um das bisher Erreichte zu überprüfen. Manchmal rufe ich von dort etwas auf die Bühne, oder ich benutze das Mikrophon, um sogleich nötige Korrekturen den Sängern durchzusagen. Meinen Assistenten mißbehagte es, daß es sich in der Mittelloge des Ersten Ranges zwei Herren zuschauend und mitunter halblaut redend bequem gemacht hatten, die erkennbar nicht zum Hause gehörten. Damals, kurz nach der Wiedereröffnung des Hauses, versuchten besonders viele Leute, einen Blick ins Innere der Oper zu erhaschen. Und wie schön kann es doch sein, als touristischer Besucher sich heimlich in einem gepolsterten Samtsessel zu räkeln und obendrein noch anderen bei ihrer Tätigkeit zuzuschauen. Eine harmlose und begreifliche Form des theaterbegeisterten Voyeurismus. Dank des seinerzeitigen Chefregisseurs der Dresdner Oper, Joachim Herz, genoß jeder Regieführende, auch ein westlicher Exote wie ich, gewisse omnipotente Weisungsgewalt. Meine beiden Helfer meinten, ich solle die ungebetenen Gäste des Saales verweisen. Den Gebrauch solchen Hausrechts wollte ich mir nicht anmaßen, sondern überließ das meinen Assistenten. Nach einem von mir undeutlich wahrgenommenen Wortwechsel hatten sie Erfolg und berichteten mir anschließend, was sich zugetragen hatte. Sie sagten zu den auffallend ähnlich gekleideten Herren: «Sie dürfen hier nicht sitzen.» Jene sardonisch grinsend: «Doch, *wir* dürfen.» Meine Assistenten: «Das ist eine Arbeitsprobe, da haben Besucher nichts zu suchen. Bitte verlassen Sie die Loge.» Jene versetzten wortkarg: «Nein.» Diese darauf: «Wer sind Sie denn überhaupt?» Jene unisono: «Das geht Sie gar nichts an.» Schließlich leisteten die Herren doch Folge und wichen weiterer Diskussion aus, indem sie sich als berufsmäßige, ja staatstragende Voyeure zu erkennen gaben, sprich als Mitarbeiter der Stasi. Einen letzten Protest freilich meldeten sie an: «Wir müssen gehen, obwohl wir ganz ruhig waren. Das sollten Sie mal dem kleinen, dicklichen, weißhaarigen Herrn sagen, der dauernd dazwischenquatscht und viel mehr stört.» Schöne Verkennung.

Bei der Eröffnung der wiederaufgebauten Semperoper am 13. Februar 1985 konnte ich allerhand erleben. Für meine Frau und mich war von den Organisatoren der Feierlichkeit in der just fertiggestellten Nobelherberge «Hotel Bellevue», gegenüber der Oper am anderen Elbufer, Quartier bestellt worden, wo auch die gesamte sogenannte Prominenz wohnte. Wir trafen dort sehr frühzeitig ein, und es gab mithin noch keine sichtbaren oder wirksamen Absperrungen und Kontrollen. Wir meldeten uns an der Rezeption an, die unsere Pässe, wie üblich, einbehielt. Die verbleibende freie Zeit nutzten wir zu einem Spaziergang durch Dresden. Zurückkehrend, um uns für den Abend umzukleiden, verwehrten uns Volkspolizisten und weitere Sicherheitskräfte den Zugang zum Hotel, da wir uns nicht mehr ausweisen konnten.

Die Sonne war schon untergegangen, und die klirrende Kälte machte sich empfindlich bemerkbar. Es sah so aus, als ob wir damit rechnen mußten, uns weder im Hotel noch in der Oper aufwärmen zu können, denn die Eintrittskarten lagen auf unserem Zimmer. Eine tragikomische Situation für einen Ehrengast. Auf einmal trat ein deus ex machina auf den Plan, in Gestalt eines blendend deutsch sprechenden russischen Offiziers, der seinen pflichtbewußt eisernen Kollegen aus der DDR dezent nachdrücklich anwies: «Ihr seht doch, daß das keine von hier sind, so wie sie angezogen gehen. Laßt sie durch, das sind Gäste.» Es war der Triumph der textilen Gewandung über «Nam' und Art», man vergleiche bei Gottfried Keller.

Als wir dann wenig später zu Fuß über die Elbbrücke Richtung Oper gingen, rauschte eine stattliche ost-westliche Autokolonne an uns vorüber, die unter anderem Erich Honecker, Berthold Beitz, Helmut Schmidt, verschiedene russische Staats- und Ehrengäste und den niedersächsischen Ministerpräsidenten Albrecht nebst Damen unterm Blech der Limousinen beinhaltete.

In der zentralen Pause widerfuhr meiner Frau und mir die Ehre, an einem Empfang Honeckers teilnehmen zu dürfen. Ein mir unbekannter Staatsgast, am Dialekt als Sachse identifizierbar, zeigte Freude und Genugtuung darüber, daß «der Erich», offenkundig kein ausgemachter Opernfreund, so lange im Theater ausharren müsse, «das geschieht ihm recht». Bestrafung durch Kunst – keine uninteressante Variante. Es schien so manchem aus der Seele gesprochen zu sein. Wiewohl in anderem Sinne gemeint, als heimliche Häme der Untertanen, besaß die Bemerkung doch obendrein Berechtigung, denn die Aufführung dauerte infolge zahlreicher Umbaupausen über viereinhalb Stunden. Neben meiner Frau saß ein russischer Offizier, der sie immer aufs neue höflich auf Französisch fragte, was denn passiert sei, daß das Licht schon wieder im Zuschauerraum angehe, und was denn danach geschehe. Als ich am nächsten Vormittag mit dem damaligen Technischen Direktor Ritter zusammentraf, um über die Ausstattung meiner «Meistersinger» zu sprechen, wies der auf einen an der Wand hängenden gerahmten Abendspielzettel der Uraufführung des «Freischütz» von 1821 hin und stellte sarkastisch fest: «Einen haben wir auf jeden Fall fertiggebracht, nämlich den längsten ‹Freischütz›, den es je gegeben hat.»

Die Semperoper wurde mit dem «Freischütz» eröffnet. Dieses Werk hatte als letzte Vorstellung vor der Zerstörung Dresdens am 13. Februar 1945 auf dem Spielplan gestanden.

Noch einmal begegnete ich auf einem Empfang dem inzwischen verstorbenen Herrn Honecker, am 11. September 1987, und da sogar mit Vorstellung und Händedruck. Honecker weilte zu seinem ersten offiziellen Besuch in der Bundesrepublik. Die Einladung erging und fiel zwar in unsere Ferienzeit, die wir nach einer anstrengenden Festspielsaison und einem Jahr der Arbeit ohne Unterbrechung an sich sehr nötig gehabt hätten, doch ihr Folge zu leisten entsprang nicht zuletzt auch meiner Neugier und meinem Lernbedürfnis im Regiefach. Der Bayerischen Staatskanzlei war bekannt, daß ich zusammen mit meiner Frau als erster westdeutscher Opernregisseur in der DDR inszeniert hatte, und so konnte ich erreichen, daß wir *beide* an dem Empfang teilnahmen. Es gab nur eine verschwindend geringe Anzahl Frauen neben Gudrun und der Leibärztin des ostdeutschen Staatsratsvorsitzenden dabei, man hätte sie an einer Hand herzählen können. Doch meine Frau war der einzige weibliche *Gast* aus Westdeutschland inmitten des exklusiven Zirkels dieser Männer-Gesellschaft – die übrigen Damen waren mehr in ihrer jeweiligen Eigenschaft als Inkarnation parteipolitischer oder staatlicher Funktionen vertreten.

Wie hatten sich doch mittlerweile bereits die Zeiten verändert! Mir kam erinnernd in den Sinn das einstige Verhandlungsgerangel der sechziger und siebziger Jahre, in dem es darum ging, neben herausragenden Persönlichkeiten auch anderen Künstlern aus der DDR die Mitwirkung bei den Bayreuther Festspielen zu genehmigen. Über zwanzig Jahre, bis 1988, führten alle Bemühungen zu keinem Erfolg. Seitens der DDR wollte man versuchen, die Anerkennung der Eigenstaatlichkeit auch dadurch zu erreichen, daß man verlangte, ein westdeutsches Ministerium, in diesem Falle das Bayerische Kultusministerium, müsse ein offizielles

Gesuch an die ostdeutschen Machthaber richten. Ich erklärte dem Kulturminister der DDR daraufhin, daß ich als Leiter der Bayreuther Festspiele das Kultusministerium zu diesem Zweck nicht bemühen könne, da das für mich hieße, meine künstlerische Autonomie aufzugeben. Obendrein wäre es ohnehin erfolglos geblieben, da damals auf westdeutscher Seite kaum jemand direkt oder indirekt bereit und willens war, den Aspekt des Gesamtdeutschen auch nur im leisesten in Frage zu stellen, was ein derartiges Gesuch bedeutet haben würde. Das Scheitern in dieser Beziehung veranlaßte mich, um gewisse Lücken in der Personalbesetzung Bayreuths zu schließen, ein Einvernehmen mit der der DDR brüderlich verbundenen Tschechoslowakischen Volksrepublik herzustellen.

Jetzt, im September 1987, reizte es mich, die Metamorphose des Politikers Franz Josef Strauß vom Kompromißlosen strengster Observanz, was den Ostblock und ostblöcklerische Repräsentanten betraf, zum splendiden Milliardenkreditgeber gewissermaßen hautnah mitzuerleben und Zeuge seiner schauspielerischen Fähigkeiten zu werden. Und das ganze Spektakel auch noch im Rahmen des Wittelsbachischen Antiquariums und der so liebevoll restaurierten Residenz in München zu genießen! Der Einzug der Gäste, ihr Defilee samt Händedruck bei Strauß und Honecker, die da in einer sonderbar anmutenden Mischung aus Einigkeit und Recht und Freiheit und Auferstanden aus Ruinen alle begrüßten, waren so hervorragend und überzeugend in Szene gesetzt, daß ich mir gramvoll eingestehen mußte, jeder Einzug der Gäste im Zweiten Akt des «Tannhäuser», den ich bisher erlebt oder selber gestaltet hatte, könne dagegen nur als jämmerlicher Dilettantismus empfunden werden.

Allerdings wäre ich damals nie auf den Gedanken verfallen, daß schließlich auch dieses Ereignis des festlichen Empfangs ein Schritt auf dem Weg zu Mauerfall und Wiedervereinigung zwei, beziehungsweise drei Jahre später war.

Am 1. August 1960, zur zweiten «Lohengrin»-Aufführung, besuchte der thailändische König Bhumiphol zusammen mit seiner

Gemahlin, Königin Sirikit, die Bayreuther Festspiele. Bundespräsident Heinrich Lübke und seine Frau Wilhelmine begleiteten die hohen Gäste. Der damalige Bundesverkehrsminister Seebohm hatte bei einer Reise nach Bangkok den Besuch arrangiert, leider zu einem Zeitpunkt, an dem bereits alle Eintrittskarten für die Festspiele bis auf den letzten Platz ausverkauft waren. Trotzdem erwartete die Bonner Protokollabteilung selbstverständlich, daß die Mittelloge zur Verfügung stehe. Leichter gesagt als getan. Ich mußte klären, ob man die Inhaber der Plätze in der Mittelloge, die diese ja rechtmäßig erworben und bezahlt hatten, zu der Bereitschaft bekommen könnte, in eine Abänderung einzuwilligen. Zunächst veranlaßte ich, daß die beiden links und rechts unmittelbar an die Mittelloge anschließenden Logen, welche hauptsächlich mit Dienstplätzen ausgelastet wurden, für den bewußten Tag dem dafür in Frage kommenden Personenkreis verschlossen blieben, um als Austausch für die Festspielgäste zu dienen, deren regulärer Platz in der Mitte gewesen wäre. Entsprechend individuelle und freundliche Briefe an die Betroffenen fanden erfreulicherweise ein schnelles und zustimmendes Echo der Akzeptanz dieses Tausches. Mit Ausnahme zweier Damen aus Oberkotzau, in Oberfranken nahe der Stadt Hof gelegen. Alle persönlichen Bemühungen um ein Einlenken, selbst die Intervention des Präsidenten der Industrie- und Handelskammer, Dr. Konrad Pöhner, stießen bei der Industriellengattin und ihrer Tochter auf taube Ohren und Ablehnung. In lässiger Weise inspizierte der Protokollchef des Bundespräsidenten, Sigismund von Braun, zehn Minuten vor der Ankunft des Königs- und des Präsidentenpaares die Loge, stutzte über die dort sitzenden zwei Damen und rüffelte sie sowie mich, fragte, was sie da zu suchen hätten. Ich für meinen Teil erinnerte und appellierte an sein demokratisches Feingefühl, daß man doch Verständnis haben müsse, wenn die beiden auf ihren rechtmäßigen Plätzen bestünden. Dann war es Zeit für mich, zusammen mit meinem Bruder als Hausherren am Haupteingang zum Empfang der illustren Gäste bereitzustehen.

Im Vorfeld des Besuchs war die Forderung gestellt worden, vor Aufführungsbeginn die thailändische und deutsche Nationalhymne durch *unser* Orchester *im* Festspielhaus spielen zu lassen. Mein Bruder und ich konterten das ungewöhnliche Ansinnen mit dem Hinweis, daß weder für Kaiser Wilhelm I. 1876 noch sonst für irgendeinen Potentaten, nicht einmal für den Diktator Adolf Hitler – der es sich nachdrücklich verbeten hatte, innerhalb des Festspielhauses eine Hymne oder irgendeine Ovation zu erleben – die Nationalhymne erklungen sei. Zu guter Letzt wurde unser Vorschlag angenommen, das Musikkorps der Landespolizei auf dem Vorplatz des Festspielhauses aufzustellen und nationalhymnisch erschallen zu lassen.

Nach der Begrüßung der Staatsgäste und dem Verklingen beider Nationalhymnen lief ich im Eilschritt die Treppe hinauf, um das Problem der zwei Damen in der Mittelloge auf meine Art doch noch zu lösen. In meiner Smokingjacke hatte ich zwei Karten für eine der Seitenlogen, die ich in Anbetracht des merkwürdigen Benehmens des Protokollchefs jedoch nicht in dessen Gegenwart übergeben wollte, da ich ihm sein vorerst ungelöstes Platzproblem durchaus gönnte, noch nicht aber die Zufriedenheit einer geschickten Lösung. Der beabsichtigte Effekt der Platzfreigabe zeigte sich erst unmittelbar vorm Betreten der Loge durch König und Präsidenten. Ich erklärte den zwei störrischen Damen nämlich, daß ich für sie Plätze in der Nebenloge zur Verfügung hätte, und zwar seien es durch einen glücklichen Zufall die, auf denen sonst die Begum und ihre Begleitung säßen. Im Handumdrehen hatten die Damen von der Mitte zur Seite gewechselt und zeigten sich höchlichst geehrt. – Übrigens saß die Begum, wenn sie in Bayreuth zu Besuch war, meist in der ersten Reihe des Parketts.

Die Besuche des englischen Kronprinzen Charles bei der dritten Aufführung des «Tannhäuser» am 6. August 1987 und der dänischen Königin Margrethe II. im August 1991 verliefen dagegen weitaus einfacher und wurden auch von keinerlei Zeremoniell überfrachtet.

Ob Hochkommissare, Oberkommandierende, Bundespräsidenten, Bundestagspräsidenten, Bundesminister, Ministerpräsidenten, Premierminister, päpstliche Würdenträger, Botschafter,

Abgeordnete oder ob Vertreter der verschiedensten Konfessionen – alle kamen stets als kunstinteressierte Gäste und Besucher nach Bayreuth, und es gab eigentlich nie störende Vorkommnisse.

Anläßlich des Festspielbesuchs des damaligen tschechoslowakischen Staatspräsidenten Václav Havel 1990 zusammen mit dem Bundespräsidenten Richard von Weizsäcker und dem langjährigen, stetigen Bayreuth-Freund und -Besucher Hans Dietrich Genscher ergab sich wieder einmal das Unikum einer besonderen Situation. Die tschechischen Sicherheitsbeamten fühlten sich ihrem Auftrag über alle Maßen verpflichtet und nahmen die Sorge um ihr erst jüngst frei gewähltes Staatsoberhaupt wirklich sehr ernst. So kam es, daß einige von den sechsunddreißig Logenplätzen von ihnen eingenommen wurden. Andere, zum Teil sehr hochrangige Ehrengäste, die seit 1951 durch die Stadt Bayreuth zum Besuch der Festspiele eingeladen werden, fanden zunächst keinen Platz und wurden überdies von den Sicherheitsbeamten Václav Havels am Betreten der Loge gehindert. Leichtes Indigniertsein löste sich auf, nachdem es diplomatisch geschickten Erklärungen gelang, das Mißverständnis zu beseitigen und der tschechische Personenschutz die Loge wieder verließ. Zu beachten war natürlich, daß bei den Tschechen nicht sogleich wieder der Eindruck anmaßender, «unverbesserlicher Deutscher» entstand. Der sich an die Premierenaufführung anschließende Staatsempfang des Bayerischen Ministerpräsidenten im Bayreuther Neuen Schloß und seinem angrenzenden Hof gestaltete sich diesmal besonders aufgelockert, da keiner der Geladenen recht wußte, zu wem er nun eigentlich entsprechend der nach dem Protokoll üblichen Vorstellung als erstem gehen sollte. Die meisten nahmen an, man müsse zuerst einmal dem Bundespräsidenten und seinem Staatsgast Václav Havel die Reverenz erweisen. Der Gastgeber, der Bayerische Ministerpräsident Max Streibl, bewältigte die Situation souverän, indem er sich leutselig lächelnd gab, als Oberammergauer von den Passionsspielen her wahrscheinlich an solches Geschehen gewöhnt.

Mit Eiern pflegte bei den Bayreuther Festspielen bisher immer nur einer zu hantieren, nämlich ausschließlich Mime im Ersten Aufzug des «Siegfried», und er tut das dort mit recht bösartigen Hintergedanken. Am 25. Juli 1993, dem Tag der Festspieleröffnung, hatte sich ein junger Hildesheimer in diesem «Ring»-losen Jahr in seinem Geltungsbedürfnis offenbar wie Mime gefühlt. Es begann mit einem Transparent, beim Eintreffen der Ehrengäste aus der zuschauenden Menschenmenge hochgereckt. Zu lesen war der Spruch «Den Bonzen den Marsch blasen!», dann flatterten Flugblätter gegen den «Kulturbolschewismus» auf dem Grünen Hügel und gegen das «dekadente politische Regime», für ein «nationalistisches Deutschland». Aus welcher bräunlichen Ecke dies stammte, war klar. Die Polizei schritt ein und machte dem Spuk ein Ende. Damit aber nicht genug. Gerade war Michail Gorbatschow mit Jubel begrüßt worden, und es kam zu einem kurzen Phototermin vorm Königsportal. Neben Gorbatschow standen der Bayerische Ministerpräsident Edmund Stoiber mit seiner Frau, der Bayreuther Oberbürgermeister Dr. Dieter Mronz und dessen Frau sowie meine Frau und ich. Plötzlich flogen drei rohe Eier durch die Luft. Trotz des Dazwischentretens eines Kriminalbeamten trafen uns mehr oder weniger deutlich etliche Spritzer und sprenkelten uns gelblich. Der Beginn der «Tristan»-Premiere verzögerte sich um ein paar Minuten, da zunächst Haare und Kleidung der Getroffenen gereinigt werden mußten. Den Eierwerfer verhafteten die Polizeibeamten sofort. Er hatte erreicht, was er wollte: unliebsames Aufsehen erregen, ein festliches künstlerisches Ereignis politisch mißbrauchen. Ob freilich einer, der Eier wirft, sich zum «Märtyrer» irgendeiner abstrusen «Bewegung» eignet?

Bei der Wiedereröffnung der Bayreuther Festspiele 1951 waren alle drei westlichen Hochkommissare anwesend, da sie wie die meisten Ausländer keinerlei Ressentiments gegen das Bayreuth Richard Wagners hatten. Den französischen Hochkommissar, François Ponçet, kannte ich bereits als Besucher der Festspiele vor dem Zweiten Weltkrieg. Er besaß, darin unzähligen Franzosen gleich, eine ganz besondere Affinität zu Wagner. Unser damaliger Bundespräsident Theodor Heuss, der, wenn das Gespräch auf Bayreuth kam, immer nachdrücklich betonte, daß er nur das Bayreuth Jean Pauls schätze, vermochte es nicht über sich zu bringen, zu den Festspielen zu kommen. Da er jedoch nach 1951 neben dem internationalen auch den deutschen kulturpolitischen Aspekt erkannte, ließ er uns stets durch einen Mittelsmann grüßen und meinem Bruder und mir für unsere weitere gestaltende Arbeit alles Gute wünschen. Seine ihm im Amt folgenden Bundespräsidenten weilten ohne Ausnahme alle in Bayreuth, und jeder empfand es nach eigenem Zeugnis als eine angenehme Besonderheit, hier keinen Akt offizieller Repräsentation zelebrieren zu müssen, sondern vielmehr im amphitheatralischen Zuschauerraum gleichrangiger Mit-Teilnehmer eines außergewöhnlichen künstlerischen Ereignisses zu sein.

Daß ich keine Gefahr laufe, mich als Festspielleiter abgehoben oder womöglich gar isoliert zu fühlen, beweisen mir alljährlich die vielen Kollegen der «Zunft», aus anderen Musiktheatern oder von anderen Festspielen und aus den anderen Bereichen unserer transitorischen Kunst, die sich hier auf dem Festspielhügel einfinden. Für meine Mitarbeiter und mich ergeben sich, soweit es zeitlich immer möglich ist, außerordentlich interessante Diskussionen im Gedankenaustausch mit all denen von «draußen». Solche und allerlei andere Verbindungen brachten es mit sich, daß ich auch auf anderen Kontinenten ein gerngesehener Gast bin. Ob in Nord- oder Südamerika, in Südafrika, Neuseeland, Japan, Island oder Luxemburg – die Beschäftigung mit dem Wagnerschen Werk geschieht weltweit, und nicht nur in Aufführungen, sondern ebenso in Symposien, Vorträgen, Diskussionsrunden, an denen ich jeweils während meiner Anwesenheit wißbegierig teilnahm, vor allen Dingen auch, weil ich dabei stets aufs neue erkannt habe und bestätigt fand, welch hohen Stellenwert Wagners Werk in seiner übernationalen Bedeutung besitzt und welche Achtung es im Ausland genießt, wovon in Deutschland sich mancher etwas mehr wünschen dürfte. Alle Publikums- oder Pressegespräche, insbesondere Zusammenkünfte mit Jugendlichen und Studenten, waren im Ausland erfreulicherweise sehr oft von einer besseren Kenntnis getragen, und die häufigen Fragen an mich von tieferem Nachdenken im vorhinein bestimmt, als ich es mitunter in Deutschland antraf und zu meinem Bedauern auch immer wieder erfahre.

Die auf Reisen erlebte Gastfreundschaft, die Eindrücke von ganz unterschiedlichen Menschen und das Erschließen von Landschaften und den Mentalitäten ihrer Bewohner, eröffneten meiner Frau und mir immer wieder neue und differenzierte Horizonte.

Häufig besuchen wir Inszenierungen Wagnerscher Werke, die mit völlig anderen Mitteln und unter anderen Gesichtspunkten unternommen werden, als wir es in Bayreuth zu tun gewohnt sind. Einsichtsvoll deutlich wird dabei, was Richard Wagner mit einer offenen Dramaturgie meinte. Es handelt sich um das genaue Gegenteil dessen, was verbohrte Wagnerianer anstreben, wenn sie Richard Wagner für sich und ihre Lebensprobleme reklamieren, wenn sie ihn zum «Erlöser» stilisieren, entkräften und mißbrauchen. Er war keiner und wollte keiner sein. Vielmehr konnte er durch das allgemeinverständliche Medium der Musik nationale Begrenzungen überwinden und sprengen. Er war nicht das Idol eines für alle Lebenslagen zuständigen «Gurus». Nicht von ungefähr oder rein zufällig stellten wir dem Neuanfang 1951 das bekannte Motto, ein Zitat aus «Die Kunst und die Revolution», voran, sondern in der begründeten Hoffnung, daß engstirnige und verfälschende Ansichten, die Wagner gern zum «Religionsstifter» herabwürdigen wollten, ein für allemal hier in Bayreuth nichts zu suchen hätten. Wir wollten jeder Schattierung einer «Wagnertümelei» entgegentreten und eine Absage erteilen, so daß sie bald aussterben müßte. Ich denke, es ist gelungen, das Sektiererische in und um Bayreuth gründlich auszutreiben. Und es schafft eine befriedigende Beruhigung, daß auch die Richard-Wagner-Verbände in der ganzen Welt nicht mehr der Einseitigkeit einer verschworenen Tempelgemeinde frönen, sondern sich der Lebendigkeit des Wagnerschen Vermächtnisses in ihrer Tätigkeit bewußt sind. Was Wagner wollte und erreichte, war «eine radikale Umwälzung in unserem Kunstleben», gekoppelt an die utopische Hoffnung, dies könne sich auch auf die Politik auswirken.

Am 11. Februar 1983 wurde die von Harald Szeemann hervorragend gestaltete Ausstellung «Der Hang zum Gesamtkunstwerk» in Zürich eröffnet. Da Richard Wagner an dieser Begriffsbildung nicht ganz unschuldig ist, war ich dazu eingeladen. Wie immer, wenn man für eine Veranstaltung in keiner Weise verantwortlich sein muß, kann man erst wirklich genießend und ausgiebig beobachtend daran teilnehmen, manchmal sogar mit rein «interesselosem Wohlgefallen». Nach den Eröffnungsreden, darunter einer des damaligen deutschen Bundespräsidenten Walter Scheel, traf ich mit Helmut Schmidt zusammen, der vier Monate zuvor von Helmut Kohl als Bundeskanzler abgelöst worden war. Harald Szeemann kommentierte mir freundlicherweise einige besonders interessante Exponate, zum Beispiel führte er mir eine Gasorgel vor, die Henri Dunant für seine psychisch kranken Patienten als spezielles Therapiemittel konstruiert hatte. Helmut Schmidt schaute skeptisch zu. Der ehemalige Kanzler, bekannt für sein nüchternes und nur auf die Realität bezogenes Denken, hielt es mit einem Mal für angebracht, darauf hinzuweisen, daß nicht nur diese Orgel, sondern überhaupt eine dem «Gesamtkunstwerk» gewidmete Ausstellung dummes Zeug und alles Utopische abwegig sei. Harald Szeemann erwiderte in seiner trockenen schweizerischen Art darauf: «Ha, diese Gasorgel hat immerhin der Gründer des Roten Kreuzes konstruiert», und auch ein Politiker könne seinen Beruf doch eigentlich nur dann ausüben, wenn er von bestimmten utopischen Vorstellungen geleitet werde.

Noch im gleichen Jahr traf ich ein weiteres Mal unvorhergesehen mit Helmut Schmidt und auch seiner Frau Loki zusammen, und zwar in Singapur. Der damals dort residierende deutsche Botschafter Dr. Wolfram Dufner hatte meine Frau und mich zu sich eingeladen. Der Zufall wollte es, daß gleichzeitig Helmut Schmidt zu einem politischen Vortrag in Singapur weilte. Ein anderer Zufall führte uns bei einem Abendessen an einen Tisch. Es war durchaus interessant, einer hochkarätigen politischen Unterhaltung beiwohnen zu können, die sich zwischen dem ebenfalls anwesenden Außenminister Singapurs und Helmut Schmidt entspann. Die beiden Herren besprachen die politische Lage, die zu dieser Zeit infolge eines kurz vorher durch Russen abgeschossenen südkoreanischen Passagierflugzeuges einmal mehr besondere Spannungen aufwies. Der Außenminister betonte immer aufs neue, daß man mit den Russen nur steinhart umgehen könne und er die sich in der Bundesrepublik abzeichnenden Tendenzen zu einer Lockerung des Verhältnisses mit dem Ostblock für völlig falsch halte. Da Frau Loki Schmidt, meine Tischnachbarin, nicht unmittelbar an den Gesprächen der Politiker teilnehmen wollte, unterhielt ich mich mit ihr über den einzigartigen botanischen Garten Singapurs, den sie selbstverständlich so wie ich besucht hatte. Ich hatte es nicht unterlassen, die Namen einiger ausnehmend interessanter exotischer Gewächse im botanikerüblichen Latein auswendig zu lernen, womit ich nunmehr bei Frau Schmidt großes und wohlwollendes Anerkennen erntete.

Meine Frau und ich kamen nach Singapur von Japan. In Kyoto hätte ich nämlich Ende Oktober das Goethe-Institut eröffnen und einen Vortrag über Bayreuth halten sollen. Der Akt der Eröffnung wurde dann aber einige Stunden vor meinen Ausführungen von dem seit etwas über einem Jahr amtierenden Bundeskanzler Helmut Kohl übernommen. Er kam kurzfristig nach Japan. Das unerwartete, schnellstens arrangierte Ereignis versetzte den Leiter des Goethe-Instituts und seine Mitarbeiter in erhebliche Verlegenheit, da sie nicht recht wußten, wie unter den geänderten Voraussetzungen nunmehr ein ordnungsgemäßes Protokoll ablaufen könne. Meine Frau und ich trafen mit dem Shinkansen in Kyoto ein und wurden am Bahnhof von einem japanischen Industriellen abgeholt, der einen Tag zuvor einen hohen Betrag gespendet hatte für die Einrichtung eines deutsch-japanischen Kulturzentrums in der ehemaligen, teils zerstörten Botschaft Japans am Tiergarten in Berlin. Um dem nervösen «Zeremonienmeister» des Goethe-Instituts keine Schwierigkeiten und kein zusätzliches Kopfzerbrechen bei der Plazierung der Ehrengäste zu machen, setzten sich meine Frau und ich in die letzte Reihe. Dann betrat der Bundeskanzler zusammen mit einem Bundestagsabgeordneten, der aus unserem heimischen Wahlkreis stammte, die Szene. Jener, der einstige CSU-Abgeordnete Ortwin Lowack, machte Helmut Kohl auf unsere Anwesenheit aufmerksam, und so lernten wir einander kennen.

Aufschlußreich waren für mich bei der ganzen Angelegenheit einerseits die merkwürdige Unbeholfenheit von deutscher Seite, andererseits das von gewissen zeremoniellen Formen bestimmte traditionsbewußte Auftreten der Japaner in ihrer Gegensätzlichkeit.

Feiert man einen Geburtstag, der «nullt», und besteigt man am Tag zuvor, in diesem Falle am 29. August 1989, ein Flugzeug, das die Polarroute nimmt und damit in «Kollision» mit der Datumsgrenze gerät, die man ja überschreitet, um von Europa nach Japan zu kommen, so ist es gar nicht leicht herauszufinden, an welchem Tag denn nun wirklich gefeiert werden soll. 1989 war es auf jeden Fall so, daß es bei unserer Zwischenlandung in Anchorage aufgrund der Zeitumrechnung für gut befunden wurde, in der Haupthalle des Flugplatzes, in der ein riesiger Eisbär von vier Meter Höhe steht, den Festspielchor unter der musikalischen Leitung von Norbert Balatsch Aufstellung nehmen zu lassen, um ein Geburtstagsständchen für mich anzustimmen. Wir waren auf dem Weg zum Gesamtgastspiel der Bayreuther Festspiele mit dem «Tannhäuser» und Konzerten in Japan. Im Nu bildete sich um uns alle herum eine große Menschenmenge, die überrascht war und wissen wollte, was denn eigentlich vorgehe. Die Mitglieder des Chors und solche, die als Gäste noch bei uns mitflogen, hatten sich zu meinen Ehren etwas besonders Hübsches ausgedacht: Jeder überreichte mir eine sehr schöne, kunstvoll gefertigte Blume, die zusammengenommen einen Riesenstrauß ergaben.

Als wir nach über zwanzigstündigem Flug in Tokyo-Narita ankamen, wurden wir von den japanischen Gastgebern freundschaftlich empfangen. Im Hotel harrten unser, und diesmal meiner insbesondere, die Solisten, das Orchester und andere Teilnehmer des Gastspiels. Sie alle waren geraume Zeit vor uns mit anderen Flugzeugen angekommen, und sie hatten sich jetzt versammelt, um mir auch mit Musik zum Siebzigsten fröhlich und feierlich zu gratulieren.

Während dieses Gastspielaufenthalts gab es noch eine Feier für mich, die in einem großen japanischen Hotel neben einem ausgezeichneten Dinner wiederum eine musikalische Attraktion bot. Der Studentenchor der Keio University sang auf deutsch Chöre aus Wagnerschen Werken.

Hier ist die Stelle, einmal dankbar die hilfreiche Vermittlerin bei all unseren Japanreisen zu erwähnen: Natsue von Stegmann, aus Japan stammend und mit einem Deutschen verheiratet, sang viele Jahre im Festspielchor und ist nach ihrem Ausscheiden dort noch immer als Übersetzerin für Bayreuth tätig.

Aus Anlaß meines Jubiläums richteten der Bundespräsident Richard von Weizsäcker und seine Frau eine Einladung in die Villa Hammerschmidt an uns und weitere 32 Personen, die ich nach meiner Wahl benennen durfte. Ich versuchte, Ost und West zu berücksichtigen, und keiner von uns ahnte damals, am 5. Oktober 1989, daß etwa fünf Wochen später die «Wende» eintreten würde. Es war eine gesamtdeutsche Zusammenkunft von Künstlern, die sich besonders durch Ungezwungenheit und aufgelokkerte Atmosphäre auszeichnete. Die auch eingeladenen bedeutenden Publizisten Rudolf Augstein, Joachim Fest und Joachim Kaiser staunten, in welch unkomplizierter Weise die Konversation in Gegenwart des Bundespräsidenten und in dessen Amtssitz geführt werden konnte. Daß der Bundespräsident einen von Werner Herzog hergestellten Film, den dieser während der Proben- und Festspielzeit in Bayreuth mit Angehörigen der Festspielgemeinschaft in eigens entwickelter Dramaturgie und heiterer regielicher Gestaltung als Geburtstagsgruß gedreht hatte, vorführen ließ, war ein besonders origineller Teil dieser Feier.

Am 10. Oktober 1989 schließlich veranstaltete die Stadt Bayreuth mir zu Ehren eine Feierstunde mit geladenen Gästen im

Neuen Rathaus, die mir in sehr guter Erinnerung blieb, wurde doch dabei wieder einmal sichtbar, wie eng und intensiv die Verbundenheit zwischen den Bayreuther Festspielen und der Stadt Bayreuth ist. Die Schar der Gäste vereinte unter anderem Persönlichkeiten des kommunalen Lebens mit Mitwirkenden der Festspiele. Und in den Ansprachen des Oberbürgermeisters Dr. Dieter Mronz sowie des Vorsitzenden des Stiftungsrats, Ministerialdirigent Franz Kerschensteiner, fanden diese guten Beziehungen, welche ja eine schon über hundertjährige Geschichte haben, beredten Ausdruck. In meiner Erwiderung hob ich den Aspekt hervor, was es mir bedeutet, nicht nur Leiter einer Festspielinstitution mit weltweiter Ausstrahlung, sondern auch, und zwar sehr unmittelbar, durchaus im alltäglichen Sinne, Bayreuther Bürger zu sein. Als einziger Wagner bin ich meiner Geburtsstadt treu geblieben und fühle mich nach wie vor ihr ganz zugehörig, nicht so sehr als Lokalpatriot, vielmehr in einem übergeordneten Verständnis von Heimat und Behaustsein. Es ist auf der einen Seite das Altvertraute aus Kindertagen, die tiefe Verwurzelung in Landschaft und Leuten, und auf der anderen Seite der Umstand, daß ich das Glück hatte und habe, durch meine Tätigkeit gemeinschaftlich mit der Stadt und für meine Stadt wirksam werden zu können.

Ganz gern pflege ich zu sagen: Alter schützt vor Orden nicht. Und im Laufe meines nun immerhin siebeneinhalb Jahrzehnte umfassenden Erdenwandels durfte ich öffentliche Ehrungen der verschiedensten Art entgegennehmen. Obschon es mir innerlich widerstrebt, an dieser Stelle mich solcher Trophäen zu rühmen, ich gleichwohl aber nicht umhin kann, sie zu erwähnen, da sie mir nun einmal aus triftigen Gründen angeheftet wurden und mir nicht einfach vom Himmel als Geschenk zufielen, muß ich sie vollständig aufzählen, da jede Auswahl das Nichtbeachtete ungerechtfertigt zurücksetzen würde. 1961 erhielt ich den Bayerischen Verdienstorden und den Goldenen Ehrenring der Stadt Bayreuth, 1974 das große Verdienstkreuz des Verdienstordens der Bundesrepublik, 1977 den Bareither Mohrnwäscher, 1984 wurde ich zum «Commandeur de l'Ordre des Arts et Lettres» von der französischen Regierung ernannt, im gleichen Jahr bekam ich den Bayerischen Maximiliansorden für Wissenschaft und Kunst sowie den Wilhelm-Pitz-Preis, 1986 wählte mich die Bayerische Akademie der Schönen Künste zu ihrem Ordentlichen Mitglied, und ich erhielt aus Paris das Diplom «Personnalité de l'année», seit Februar 1988 bin ich Wissenschaftlicher Beirat für das Forschungsinstitut Musiktheater der Universität Bayreuth, ebenfalls 1988 verlieh man mir die Bayerische Verfassungsmedaille in Gold, 1993 sprach mir die Bayerische Akademie der Schönen Künste den Friedrich-Baur-Preis zu. Unter all diesen Anerkennungen meiner Arbeit bei den Bayreuther Festspielen erfreuten mich ganz besonders 1986 die Ehrenmitgliedschaft der Grazer Hochschule für Musik und darstellende Kunst, 1987 die Verleihung der Würde eines Ehrensenators der Musikhochschule in München und 1988 die Ernennung zum Ehrensenator der Universität Tübingen, die ich gemeinsam mit dem Schriftsteller Peter Härtling und dem bildenden Künstler Otto Hajek erhielt.

Ein junger, wagnerbegeisterter französischer Architekturstudent, der schon vor seiner Abschlußprüfung für den Raum südlich des Bayreuther Röhrensees große Phantasie entwickelt und Pläne entworfen hatte, veranlaßte, daß meine Frau und ich zur feierlichen Übergabe seines Diploms nach Paris eingeladen wurden. Mehr noch, das Professoren-Kollegium ernannte mich zuvor zum Ehrenmitglied der Jury. Die Diplomarbeit bestand in einem riesigen, beinahe futuristisch anmutenden Kulturzentrumsprojekt für eine der Seenlandschaften bei Berlin, minutiös durchgeplant in Zeichnungen und im beeindruckenden Modell. Die Feier war ein großartiges Erlebnis, und besonders angenehm fiel mir auf, in welch enger kameradschaftlicher Verbindung Professoren und Studenten miteinander verkehrten. In herrlich aufgelockerter, ganz unkomplizierter Stimmung und herzlicher Fröhlichkeit waren wir alle beim Champagner-Empfang und gemeinsamen Abendessen zusammen. Der eigentliche Höhepunkt folgte dann nachts, als nämlich unter heiter lärmender Anteilnahme aller Gäste unser junger Freund Olivier Collaudin Verpeaux, splitterfasernackt ausgekleidet, wenn auch vorläufig noch von einer großen Pellerine bedeckt, auf einer Fußgängerbrücke über die Seine auf eine Obstkiste als Sockel stieg und von seinen weiblichen Kommilitonen, nach einem studentischen Brauch, um Mitternacht als lebendiges Aktdenkmal enthüllt wurde. Dem Tapferen widerfuhr dies in einer besonders kalten Nacht, zwischen dem 3. und 4. März 1990.

Wenn einer zur Presse nur ein ein-faches Verhältnis hat, so ist dies für ihn manchmal schon durchaus nicht einfach, wenn es aber, wie bei mir, gar ein drei-faches ist, so ist das erst recht nicht einfach, eher dreifach schwierig. Und dann genügt eben nicht mehr Richard Wagners «Zwiefach schlau sei nun der Zwerg».

Erstens bin ich als Leiter der Bayreuther Festspiele jederzeit verpflichtet, über mein Aufgabengebiet Aufschluß zu geben.

Zweitens muß ich mich zu meinen Arbeiten als Regisseur äußern.

Drittens bin ich Mitglied eines «Clans», wodurch ich immer wieder mit meiner Sippe in einen Topf geworfen und für das, was irgendwer tut oder läßt, mit haftbar gemacht werde. Der Eingriff in meine Privatsphäre geschieht daher wie selbstverständlich, man will mich am liebsten als einen gläsernen oder wächsernen Menschen haben, den man durchleuchten und je nach Bedarf bearbeiten kann, um die nie versiegende Neugier auf Sensationen oder das, was man dafür hält, stillen zu können.

Die nachstehenden Bemerkungen beanspruchen selbstverständlich nicht, ausnahmslos für alle Journalisten und andere Vertreter der Medien zu gelten, sondern ausschließlich für jene, für die sie Gültigkeit besitzen. In meiner Tätigkeit hatte ich immer wieder das Glück, einer Vielzahl von Persönlichkeiten aus dieser Branche zu begegnen, deren Sachkenntnis und Seriosität ich zahlreiche Anregungen und Einsichten verdanke.

Zu Erstens: Bei uns in Bayreuth braucht keiner offene Türen einzurennen, denn nach meiner Ansicht existieren seit 1951 hier nicht mehr irgendwelche strenggehüteten Tabuzonen. Darum bleibt es mir wahrscheinlich ein ewiges Rätsel, warum eine journalistische Spezies ihre verantwortungsvolle Tätigkeit so lenkt, daß über etwas berichtet wird, worüber es im Grunde gar nichts zu berichten gibt. Besonders «hocherfreut» sind meine Mitarbeiter und ich immer dann, wenn der eine oder andere wißbegierige Interviewer zwar mündliche oder mitunter sogar schriftliche Fragen an uns stellt, von den Antworten jedoch in seinen Blättern kaum einen oder gar keinen Gebrauch macht, statt dessen freilich seinen beglückten Lesern oder Zuschauern die eigenen Kopfgeburten auftischt, zu denen die Gespräche und Befragungen oft bloß unumgängliches Vehikel oder Vorwand waren, um recherchierende Seriosität vorzugaukeln. Zwei der jüngeren, für solches Verhalten exemplarischen Beispiele waren der einschlägige Bericht von Dr. Martin Doerry im «Spiegel» (Nr. 30, vom 20. Juli 1992) und das nicht minder willkürliche, gleichwohl aus böswilliger Absicht gespeiste compositum mixtum, welches Tilman Jens, der dabei möglicherweise dem Druck redaktioneller Vorgaben ausgesetzt war und vielleicht unterlag, in der Fernsehsendung «Titel-Thesen-Temperamente» vom 10. November 1991 zum besten gab: eine «freihändige» Paraphrase, aus fixen Klischees vorgestanzt, die in ihrer Ignoranz durch nichts zu übertreffen waren. Meine Aussagen wurden tendenziös verschnitten und verkürzt. Der ‹Titel› des Beitrags, «Erbfolgekrieg in Bayreuth», war schlichtweg rundum falsch, die ‹Thesen› zwangsläufig unvollständig und einseitig, einzig die ‹Temperamente› dürften gestimmt haben. Alles in allem erscheint Derartiges in abgewetzter Dürftigkeit und bedauernswerter Fadenscheinigkeit, die dann halt verdeckt werden soll mit üppig ins Kraut schießender Phantasterei. Wäre die ausstrahlende Wirksamkeit solcherlei Elaborate nicht so verhängnisvoll breit, könnte ich achtlos an ihnen vorübergehen.

In diesen Zusammenhängen denke ich immer wieder an Worte Henry Fords, gesagt bei einem Besuch meiner Eltern 1924 in den USA, die mir später meine Mutter berichtete. Damals hatte sich neben den Zeitungen gerade der Rundfunk als neues Medium fest etabliert, und Ford meinte, er würde, wenn es ihm möglich wäre, alle Informationsquellen verbieten, falls irgendwo auf der Welt Krisen entstünden, da er glaube, es könne dann kein Krieg mehr entstehen, da ja keiner wisse, worum es eigentlich gehe. Erst durch die Medien käme das globale Unheil zum Tragen, weil jedermann die Möglichkeit habe, entsprechend seiner Situation und seinen Zielen das Gegenteil dessen zu behaupten, was von anderen gesagt wurde, um sich selbst damit als im Besitz der Wahrheit vor der zunehmend verwirrteren Öffentlichkeit zu bestätigen.

Ein uralter Trick, der hinsichtlich Bayreuths und der Festspiele gern immer wieder aufs neue ausprobiert wird, ist es, irgend etwas Erfundenes oder gerüchteweise Vernehmbares zu berichten, um durch ein Dementi das herauszubekommen, was man wirklich erfahren will, besonders dann, wenn es sich um etwas handelt, was nach unserer Meinung erst zu einem durch uns selber bestimmten und für angemessen erachteten Zeitpunkt veröffentlicht werden kann. Ob es der Ehrgeiz ist, persönliche Bestinformiertheit ins rechte Licht zu rücken? Oder ob es der Drang ist, mittels x-beliebiger, manchmal nicht völlig unwahrscheinlicher Nachrichten das eigene Portemonnaie ein wenig zu mästen? Ein seltsamer und bestürzender Zug geht durch unsere Gesellschaft: Es ist die teilweise brutale Gier nach Information, nicht ein Hunger nach Wissen. Man will lieber oberflächliche Breite statt gründlicher Tiefe.

Scheinbar oder tatsächlich persönlich Gehaltenes dementiere ich im übrigen nie. Mir ist bekannt, daß nach vierzehn Tagen alle Veröffentlichungen, auch der blödsinnigste Unfug, in den Rang einer journalistischen Wahrheit gehoben werden (die Unterscheidung zwischen Wahrheit und journalistischer Wahrheit ist ebenso bezeichnend wie dekuvrierend). Schon Konrad Adenauer war durch nichts in solcher Richtung aus der Ruhe zu bringen und lehnte es gelassen ab, jemals ein Dementi herauszugeben. Es ist ohnehin unsicher, ob das Dementi ein Mensch zu Gesicht bekommt, und wenn, dann an so entlegen-verschämter Stelle, daß der Aufwand zum Nutzen in keinerlei Verhältnis steht.

Über die weitverbreitete Impertinenz mancher Berichterstattung, durch Anführungszeichen wörtliche Zitate und Aussagen der Leserschaft zu suggerieren, die niemals so oder ähnlich gemacht wurden, will ich mich besser ausschweigen.

Zu Zweitens: Daß meine künstlerische Arbeit für Kritiker eine

Herausforderung bedeutet, freut mich ganz besonders, da ich ja denjenigen, die es im Grunde für unter ihrer Würde halten, darüber zu tönen, und es dennoch tun, damit die Gelegenheit eines Verdiensts verschaffe, während ich für meine Person guten Gewissens sagen kann, niemals etwas zu machen, was mir contre cœur geht. Ansonsten sollte es jeder Kritiker vielleicht mit Goethe halten, der in seiner Autobiographie diesbezüglich riet: «Die Mängel aufdecken ist nicht genug, ja man hat unrecht, solches zu tun, wenn man nicht zugleich das Mittel zu dem besseren Zustande anzugeben weiß.»

Zu Drittens: Wenn gewisse Zeitungen und Journale davon womöglich zwar nicht leben, aber damit eventuell überleben, indem sie die haarsträubendsten Bettgeschichten aufdecken, wer mit wem und wann und wo oder warum nicht etc., indem sie angeblich sensationelle Enthüllungen – im wahrsten Sinne des Wortes – in Text und Bild publizieren, gar noch gewürzt mit scheinheiliger Entrüstung über allerlei vermeintlich oder tatsächlich perverse Neigungen, indem sie also vorgeben, die letzten, die «wahren» Erkenntnisse psychischer und physischer Höhen und Tiefen des Menschen auf ihrem Papier preiszugeben, bedürfen sie offensichtlich hin und wieder als Ergänzung oder Lückenfüller der Berichte über und um Richard Wagner, eingeschlossen seiner weitverzweigten Sippschaft. In solchem Sinne medienwirksam erscheint noch heute, bis zum Erbrechen wiedergekäut, sein empörend (un)bürgerlicher Lebenswandel, seine «Raubrittermentalität». Das Privatleben kaum eines anderen Künstlers aus dem 19. Jahrhundert unterliegt derart sinnloser Streiterei, und wovon sonst als von einem total verspießerten Geist könnte das zeugen? Nach wie vor kursiert die Auffassung, Richard Wagner habe König Ludwig II. und letztendlich auch den bayerischen Staat in eine verheerende Misere, nicht zuletzt finanziell, getrieben. Es ist in der Tat eine besondere Absurdität. Die Ausstattung allein des königlichen Schlafzimmers im Schloß Herrenchiemsee hat mehr gekostet (rund 650000 Mark), als Richard Wagner in knapp zwanzig Jahren an Zuwendungen des Königs erhielt, einschließlich sämtlicher Geschenke (rund 560000 Mark). In gänzlich dubioser Weise verschwiegen wird meist, daß Wagner gleichsam im Gegenzug auf zahlreiche Persönlichkeits- und Urheberrechte verzichtete und dem König mehrere Originalpartituren schenkte. Die Hin- und Her-Rechnerei erscheint aus dem über hundertjährigen Abstand geradezu idiotisch, zumal dann, wenn jemand meint, noch heute zöge einer der Familie Wagner Vorteile oder Nutzen daraus.

Ich für meine Person, und zum Glück manch anderer auch, vertrete generell nicht den Standpunkt, es sei wichtig oder eine Hauptsache, daß in der Öffentlichkeit über mich oder über meine Sippe geredet, geschwatzt, schwadroniert wird. Meinerseits rühre ich keinen Finger, um derlei in Gang zu setzen. Ist man der Beobachtung und Aufmerksamkeit der Öffentlichkeit ausgesetzt wie ich, muß man natürlich jederzeit mit allem rechnen, wenig hoffen und das Schlimmstmögliche befürchten, ohne dabei nun etwa in Panik oder Zittern zu geraten. Jede eventuell korrigierende Stellungnahme meinerseits würde ich allein bereits aus sozialen Gründen nicht vertreten können, da ich ja zu gewärtigen hätte, jenen, die durch solche Schilderungen ihren Lebensunterhalt verdienen, unter Umständen den Job zu vermasseln.

Unter die gesamte Rubrik gehören ebenfalls diverse Filme, die über Richard Wagner gedreht worden sind und die – soweit sie nicht von vornherein als romanhaft betrachtet werden müssen – samt und sonders eine zum Teil lächerliche, zum Teil demagogische Verquirlung aus «Dichtung und Wahrheit» darstellen.

Deshalb bedürfte es eigentlich Hans Jürgen Syberbergs und seines Gebarens um Richard Wagner sowie dessen Familie, etwa des Interviews mit meiner achtundsiebzigjährigen Mutter, keiner Erwähnung. Gern würde ich dem Appell Paminas aus dem Ersten Aufzug der «Zauberflöte» folgen, wenn sie auf die Frage Papagenos «Was werden wir nun sprechen?» entgegnet «Die Wahrheit! Die Wahrheit! Wär' sie auch Verbrechen», muß mich jedoch aus guten Gründen der Klausel 3 in meinem englischen Originalvertrag über dieses Buch beugen. Sie sei informationshalber an dieser Stelle in den relevanten Auszügen zitiert: «The Author hereby warrants to the Publishers that the work... contains nothing obscene, objectionable, indecent, libellous, or otherwise actionable, ... and that he will idemnify the Publishers against any loss, injury or damage (including any legal costs or expenses and any compensation costs and disbursements paid by the Publishers on the advice of their legal advisers to compromise or settle any claim and the cost of all printed copies withdrawn and destroyed and for any revisions to printed copies or proofs) occasioned to the Publishers in consequence of any breach of this warranty.»

Resümee: Der Presse etc. gedenkend und vieles Erlebte überschauend, fällt mir Goethes «Faust» ein, in dem es heißt: «Legt ihr's nicht aus, so legt was unter.»

Bis zum Bau der Berliner Mauer im August 1961 gingen wir in Bayreuth immer von der Annahme aus, daß von seiten der Sowjetzone und der späteren DDR keinerlei Einschränkungen bei der Gewinnung und Verpflichtung künstlerischen und technischen Personals für die Festspiele gemacht würden. Nicht uninteressant war es aber, wie entgegen offizieller Politik die Ostdeutschen ab 1953 bei der Abrechnung steuerlich bereits als Ausländer behandelt werden mußten. In den Gesprächen mit diesem Kreis der Mitwirkenden fiel es auf, daß die Bürger der DDR von ihrer hiesigen Entschädigung zunehmend immer mehr D-Mark an die Staatliche Künstleragentur, die die Verträge gegenzeichnete, abzuführen gezwungen wurden. Günstigenfalls konnten sie einen Teil dieses Tributs im Verhältnis von 1 : 1 gegen Ost-Mark umtauschen.

In den fünfziger Jahren mußten die ohnedies gebeutelten Bürger der Deutschen Demokratischen Republik, die bei den Festspielen tätig waren, einmal zusätzlich noch Erkleckliches berappen, damit der Nationalpreisträger Dr. Max Burghardt als Vertreter seines Staates im Namen von dessen Regierung hier in Bayreuth einen Empfang geben konnte. Der Pächter des Festspielrestaurants wurde gebeten, die vorgesehene Zusammenkunft repräsentativ, aber möglichst preisgünstig in der seinerzeit noch vorhandenen südwestlich vom Festspielhaus gelegenen Chorbaracke, die während der Aufführungen als Selbstbedienungslokal diente, auszurichten und gastronomisch zu betreuen. Als von diesem Plan der Verfassungsschutz erfuhr, gab es große Aufregung, und bei Unterredungen mit mir sollte erreicht werden, daß die Veranstaltung nicht stattfinden dürfe. Mir gelang es, die Wogen insofern zu glätten, als ich sie in die Schloßwirtschaft der Eremitage in der Nähe Bayreuths, doch fern genug dem Hügel, verlegen lassen konnte. Außerdem machte ich gegen ein Verbot geltend, ein angeordnetes Ausfallen würde sicherlich unerfreuliche Konsequenzen für die Verpflichtung von Chorsängern und Musikern aus der DDR nach sich ziehen und meinen ständigen informativen Kontakten mit Bonn widersprechen, denn unsere Politiker wollten unter keinen Umständen, daß die noch bestehenden menschlichen Beziehungen zur DDR in irgendeiner Weise getrübt oder unterbrochen würden. Die gleiche Tendenz bestand auch innerhalb des Gesamtdeutschen Ministeriums nach 1966, dem letzten Jahr, bevor, die international bekannten Solisten ausgenommen, eine totale Sperre seitens der DDR für Bayreuth eintrat, nachdem es bereits von 1962 bis 1964 keinen Musiker mehr von dort im Festspielorchester gegeben hatte.

Ab Januar 1963 verhandelte ich zwecks Mitwirkenden mit dem neuen Intendanten der Lindenoper, Hans Pischner, der als Beauftragter seines Staats fungierte. Er war stets ein zugänglicher und verständnisvoller Partner in allen Gesprächen, und wir beide bedauerten es gleichermaßen, daß nach den Festspielen 1966 auch für Bayreuth der Eiserne Vorhang heruntergefahren wurde und für über zwanzig Jahre geschlossen blieb. Woran die bis dahin guten Kontakte schließlich scheiterten, habe ich schon charakterisiert, indem man versuchte, über mich eine formale Anerkennung der DDR dadurch zu erreichen, daß das Bayerische Kultusministerium in einem offiziellen Gesuch an die ostdeutschen Behörden um Genehmigung zur Mitwirkung von DDR-Bürgern bitten sollte.

Ungeachtet dieser negativen Entwicklung setzte ich meine Bemühungen zur Wiederanbahnung engerer Verbindungen im Laufe der zwanzigjährigen Eiszeit beharrlich fort. So kam ich dabei unter anderen mit dem aus Franken stammenden stellvertretenden Ministerpräsidenten der DDR, Alexander Abusch, und mit dem Kulturminister Klaus Gysi, dem Vater des ehemaligen PDS-Vorsitzenden und derzeitigen Bundestagsabgeordneten, in Kontakt. Für die Übernahme meiner beiden Dresdner Inszenierungsarbeiten von 1985 und 1988 war im Hintergrund auch mitbestimmend, so vielleicht die Möglichkeit eines Gesprächs mit einflußreichen Persönlichkeiten der DDR über Chancen und Bedingungen einer erneuten Beteiligung ihrer Bürger an den Bayreuther Festspielen zu haben. Der Tenor in all meinen Verhandlungen und Unterredungen war immer der, daß ich meinte, wenn die DDR allseitige internationale Anerkennung gerade auf kulturellem Gebiet beanspruche, möge sie, ganz im Sinne ihrer sozialistischen Lehre menschlicher Gleichbewertung, nicht nur wenige große Exponenten als Devisenbringer in die Bundesrepublik reisen lassen, sondern dies auch anderen gewähren.

Ab Mitte der sechziger Jahre ergaben sich gewisse Probleme beim Engagement von Chorsängern und von Betriebspersonal für die Technik. Ich sprach darüber mit Dr. Pavel Eckstein aus Prag, der wohl wie kein anderer über die Theaterverhältnisse des Ostblocks, insbesondere über die Theater der damaligen ČSSR Bescheid wußte. Er zeigte mir Wege und Möglichkeiten auf, wie ich durch die Vermittlung von «Prago-Concert», der exklusiv wirkenden Künstlervermittlung in der Tschechoslowakei (die daneben in gleicher Weise Professoren, Techniker und andere Berufsgruppen betreute), zu Engagements der von mir benötigten Kräfte kommen könnte. Wie in Budapest gelang es mir, dieses Vorhaben zu realisieren.

Die Verpflichtung des Chordirektors des Prager Nationaltheaters und des Tschechischen Rundfunks, Milan Malý, den Wilhelm Pitz zu seinem Stellvertreter ernannte, war für die Festspiele sowohl künstlerisch ein außerordentlicher Gewinn als auch in der Zusammenarbeit mit «Prago-Concert» recht vorteilhaft, da ich den tschechischen Vorstellungen und Wünschen gemäß eine Persönlichkeit engagierte, die als Repräsentant der ČSSR ihr Land international zugleich würdig vertreten konnte. Dies räumte etwaige Schwierigkeiten bei der Verpflichtung anderer Mitarbeiter von vornherein weitgehend aus. Bis zu vierzehn Techniker waren und sind auch heute noch dank ihrer fachlichen Qualifikation und großen Einsatzbereitschaft für die Festspiele so gut wie unentbehrlich, was ebenso für die bis zu zwanzig Chorsänger gilt.

Nach ungefähr zehnjährigem reibungslosem Ablauf der jährlichen Engagements fing es plötzlich an zu kriseln. Dr. Eckstein gab mir den Wink, es sei wohl unter diesen Umständen angebracht, daß ich den stellvertretenden tschechoslowakischen Kulturminister, der gleichzeitig die vorgesetzte Behörde von «Prago-Concert» war, einmal persönlich in Prag auf dem Hradschin besuche, um alles wieder ins rechte Lot zu bringen und den Bund neu zu besiegeln. Als meine Frau und ich im feierlichen Waldstein-Palais die Treppe zum Verhandlungszimmer hinaufgestiegen waren, empfingen uns auffallend junge und gutaussehende Dolmetscherinnen. Der Raum besaß nach wie vor die alte Pracht, die herrlichen barocken Stühle und Sessel waren mit originalgetreu nachgewebten kostbaren Stoffen neu überzogen. Gar nicht lange ließ der Minister auf sich warten, er trat ein in Begleitung einiger Mitarbeiter. Die Besprechung dauerte etwa zwanzig Minuten, in Anbetracht des jeweils notwendigen Dolmetschens eine sehr kurze Zeit. Wir wiesen uns gegenseitig auf die Bedeutung der Probleme im jeweiligen Falle hin, und es erfolgte ein für beide Seiten befriedigender Abschluß. Nun ging es darum, das so positive Resultat der Verhandlung durch ein würdiges Ende zu unterstreichen. Also folgte dem bereits gereichten Kaffee jetzt hochprozentiger klarer Branntwein. Meine Frau und ich bemühten uns, durch jeweils nur halb geleerte Gläser das freigiebige Nachfüllen in Grenzen zu halten und die Gastlichkeit nicht übermäßig zu strapazieren. Die jungen Dolmetscherinnen waren binnem kurzen eigentlich überflüssig geworden: Schon nach dem zweiten Gläschen sprachen der Minister und seine Umgebung fließend deutsch.

Schon früher war ich einmal auf dem Hradschin, unter ganz anderen Umständen. An jene Episode erinnere ich mich jetzt lebhaft, da sie, so glaube ich, nicht minder originell war wie die Begegnung mit dem Herrn Minister.

Nach etwas mehr als einem Vierteljahr meiner Wehrdienstzeit hatte ich die zweifelhafte «Ehre», Mitte März 1939 als junger Soldat an der Besetzung der «Rest-Tschechei», wie es im damaligen Jargon hieß, mitwirken zu müssen. Dies vollzog sich im großen und ganzen friedlich und gelang Adolf Hitler noch ohne Blutvergießen oder Bombardements. Die Einheit, der ich angehörte, wurde, da es zu keinen Scharmützeln kam, vor Prag umgeleitet und in Pribram stationiert. Einmal fuhr man uns nach Prag, und wir durften uns die Stadt ansehen. Einzelgänger, der ich war, zog es mich weniger in die Bierhäuser oder zu anderen Vergnügungen, sondern ich besichtigte lieber Straßen, Brücken, Gebäude und natürlich vor allem den Hradschin. Als mich dort ein sehr menschliches Rühren ankam, suchte ich jenen Ort auf, den auch der Kaiser zu Fuß besucht, wie man zu sagen pflegt. Beim Verlassen gab ich einer alten Frau, die dort für Reinlichkeit sorgte, ein paar deutsche Münzen als Trinkgeld. Da starrte sie mich an, äugte scharf und sagte zu mir Verblüfftem, der ich vor ihr stand mit kurzem Militärhaarschnitt und in der Vermummung von Uniform und Schiffchen-Mütze: «Sie müssen ein Wagner sein!»

Als 1939 Germaine Lubin in Bayreuth die Kundry sang, brachte sie sowohl ihren großen Wagen als auch dessen Chauffeur mit – einen hochgewachsenen, tiefschwarzen Senegalesen, der immer dann, wenn er dienstfrei hatte, an den sommerlichen Bayreuther Vergnügungen teilnahm. Eines Tages kam eine Abordnung beflissener und rechtschaffener Bayreuther Bürger zu meiner Mutter. Sie verlangten von ihr, endlich einem unverzeihlichen Mißstand abzuhelfen und einer unangenehmen Situation Einhalt zu gebieten. Denn bei abendlichen Tanzveranstaltungen, die nach der Aufführung in der Gaststätte Bürgerreuth oberhalb des Festspielhügels stattfanden, sei zu beobachten, daß die deutschen Damen und Mädchen alle um den Schwarzen tanzend buhlten, während die doch so hervorragend nordisch aussehenden SS-Leute der «Leibstandarte Adolf Hitler» unbeachtet blieben. Meine Mutter gab zu verstehen, daß sie hierfür in keiner Weise als kompetent anzusehen sei. Außerdem sei der Schwarze, der ja offensichtlich hervorragend tanze, Gast und genieße darum Gastfreundschaft wie jeder andere auch. Des weiteren könne man aus der Lage der Dinge schließen, daß das nordisch-germanische Rassebewußtsein im Sinne der NS-Ideologie noch keine sehr tiefgreifende Wirkung gezeitigt habe, setzte Winifred Wagner hinzu.

Daß ich ungefähr nach einem Zweidritteljahrhundert seit der Prophezeiung Richard Wagners in seiner Schrift «Zur Einführung in das Jahr 1880» wahrnehmen mußte, sie erfüllt zu sehen, ließ mich bewußt dessen innewerden, daß wohl auf dieser Erde nichts ausgeschlossen und alles wahrscheinlich ist: «Wenn uns heute ein neuer amerikanischer Krösus oder ein mesopotamischer Krassus Millionen vermachte, sicher würden diese unter Kuratel des Reiches gestellt, und auf meinem Grabe würde bald Ballett getanzt werden.» Buchstäblich so geschehen, als Wahnfried kurz nach Kriegsende zum amerikanischen Offziersclub umfunktioniert worden war.

Derlei «Tanzvergnügen» sind zumeist, um eine solche bacchische Ekstase zu erreichen, mit vorausgehenden alkoholisch-exzessiven Genüssen verbunden. So sei hier die Feststellung über die Qualität des Weinkellers in Wahnfried, der die Ausbombung heil überstanden hatte, vom tüchtigen Überprüfer der Flaschen, dem damaligen Militärgouverneur Miller, wiedergegeben, der zu meiner Mutter anerkennend sagte: «Frau Wagner, Ihr Weinkeller war besser als der des Gauleiters.»

Vor der Währungsreform besuchten mein Bruder und ich einmal Richard Strauss in seinem Garmischer Haus. Dort trafen wir neben seinem Sohn Franz auch Benvenuto Hauptmann an, den Sohn des Dichters Gerhart Hauptmann, an: Zufällig war ein Pressephotograph anwesend, der uns als Nachkommen berühmter Geistesgrößen und Kulturträger zusammen ablichtete. Nachdem die Aufnahme im Kasten war, sagte der Photograph, er brauche jetzt noch eine gute und treffende Bildlegende. Prompt schlug ich ein Zitat aus dem Ersten Aufzug des «Tristan» vor: «Entartet' Geschlecht, unwert der Ahnen.»

Leider hatten Franz Strauss und Benvenuto Hauptmann für diese Art Humor nichts übrig.

XIV. «Fahret fort ...»

Komme ich jetzt zum Abschluß meiner Aufzeichnungen, so bin ich mir ihrer Unvollkommenheit sehr wohl bewußt. Um Vollendung in einem apotheotischen Sinne war ich jedoch von vornherein ebensowenig bemüht wie um sonst irgendeine Verklärung oder gar Selbstinszenierung der eigenen Bedeutsamkeit. Dieses Buch ist kein abschließendes Resümee meines Lebens und schon gar nicht der Festspiele, vielmehr, so empfinde ich es selbst, eine Zäsur, eine Zwischenbilanz dessen, was geschah und andauert. Ich schreibe ja nicht aus dem Abstand und der Entfernung eines Mannes, der sich nostalgisch rückerinnert an vergangene Größe und einstige Taten, aber zur Gegenwart nur noch ein reflektierend-beschauliches Verhältnis hat, sondern als nach wie vor unmittelbar aktiv Teilnehmender, Eingreifender und Mitgestaltender. So ist das Ganze, meine ich, für mich ein Bericht aus dem tätigen Leben in Raum und Zeit, nachforschende Rechenschaft mit offenem Ende. Ich hoffe, es ist mir gelungen, vielleicht so manch eine der Nebelbänke, die noch immer zuweilen um Bayreuth lagern, zu lichten oder sogar zu zerstreuen.

Meine Großmutter Cosima notierte, als ich noch ganz klein war, über mich: «Mit Rührung betrachte ich dieses kleine Wesen, dessen Entwicklung ich nicht erleben soll, das aber – ich bin des' sicher! – in ernster Stunde meinen Segen über sich fühlen wird.» Darauf, der Leser wird es bemerkt haben, konnte ich mich nicht verlassen. Blicke ich von heute aus zurück, bin ich froh, daß mich nicht etwa Sorge und Furcht, zu denen es Anlaß in Überfülle gab (und gibt), niederdrückten oder gar aufzehrten. Natürlich, ich habe mich gesorgt, und ich mache mir Sorgen, alles andere wäre unmenschlich und dumm. Aber ich darf ohne Übertreibung behaupten, mich in meinem Leben nicht gefürchtet zu haben, gefürchtet im Sinne von Existenzangst, Unterlegenheit und Kapitulation, im Sinne von Kleinmütigkeit und Verzagen. Mein Großvater, der – als ich geboren wurde – schon sechsunddreißig Jahre tot war, sollte mir darin durchaus als Orientierung dienen, nicht in der Anmaßung, ihn imitieren zu wollen, wohl jedoch als Vorbild. Hätte ich in meinem Leben primär materiell gedacht und wäre dem betörenden Sirenengesang des Mammons erlegen, hätte ich sehr wahrscheinlich als Wagner-Enkel und Künstler überall in der Welt den Rahm abschöpfen können. Wenn ich dagegen den Sinn meines Wirkens vor allem darin sah und sehe, für die Erhaltung der Existenz und für das fortdauernde Weiterbestehen des Unikats Bayreuther Festspiele mit ganzer Kraft einzutreten und Vorsorge zu treffen, so nicht aus egoistischem, «machtgierigem» Ehrgeiz, sondern aus dem Bewußtsein meiner Verantwortung, die nicht zuletzt auch das Miterleben deutscher Geschichte prägte. Nach den katastrophalen Verheerungen des Zweiten Weltkriegs schien der Untergang Bayreuths näherzuliegen als sein Wiedererstehen. Daß es meinem Bruder und mir trotz aller Widerstände und Schwierigkeiten gelang, Neu-Bayreuth zu schaffen, entsprang nicht dem Bedürfnis, irgendwie hier weiterzumachen, beruhte vielmehr auf der Einsicht, der Notwendigkeit, die gesamte Wagnersche Hinterlassenschaft und Bayreuth keineswegs wie lästigen Ballast abzuschütteln und damit es als erledigt abzutun, sondern im weitesten und gründlichsten Sinne zu bewältigen, dies alles zu prüfen, neu zu sichten und in einem Prozeß konstruktiver Auseinandersetzung uns anzueignen und wiederzugewinnen. Wir sind nicht gescheitert. Wir hatten Erfolg.

Jener Prozeß, zuerst gemeinsam von Wieland und mir begonnen und getragen, seit seinem Tod von mir allein verantwortet, ist nichts Abgeschlossenes, seine Resultate, wie ich zu zeigen versuchte, kein gesicherter Besitz oder bequemes Ruhekissen. Er wirkt weiter, setzt sich fort. Ohne Überheblichkeit darf ich wohl sagen, daß es mir mit meiner Arbeit gelungen ist, in und für Bayreuth eine Stabilisierung – und zwar künstlerisch, juristisch, finanziell und materiell – zu erreichen und damit eine Basis, auf der zukunftsträchtige Perspektiven möglich sind. Zu unserem Glück mißlang das gigantomanische Großprojekt Hitlers auf dem

Grünen Hügel, welches bei seiner Ausführung ein Zerrbild der Wagnerschen Grundidee gewesen wäre. Daß es meine Bemühungen, bei denen ich mir der Unterstützung anderer von verschiedensten Seiten sicher sein durfte, zustande brachten, nicht allein hinsichtlich der Festspiele und des Festspielhauses dem ideellen Vermächtnis Richard Wagners treu zu bleiben, sondern 1993 die bisher getrennten Archive der Gedenkstätte und Wahnfrieds unter dem gemeinsamen Dach einer lang erstrebten Forschungsstätte zu vereinen, womit eine kleine, eine menschlich dimensionierte Lösung gefunden wurde, erfüllt mich mit Genugtuung und Freude.

In meiner Position als Festspielleiter empfand und empfinde ich mich als Mediator und Moderator, in dessen ursprünglicher Bedeutung, als einer, der in der Werkstatt Bayreuth nichts und niemanden zusammenzwingt, vielmehr zusammenbringt, um ein wechselseitig fruchtbares künstlerisches Spannungsfeld immer aufs neue sich erzeugen zu lassen, ein Spannungsfeld, das in den Werken Wagners präformiert ist. Bayreuth ist nicht das hermetisch verriegelte Laboratorium einer Geheimwissenschaft, in dem ein Homunculus Wagneriensis erschaffen wird. Keine höhere Instanz verkündigt hier durch irgendwelche priesterlichen Mundstücke eine Heilslehre; die Festspiele sind kein okkultes Geschehen. Das einzige Ziel all unserer gemeinsam unternommenen Arbeit, mich eingeschlossen, ist, lebendiges Theater zu machen und dem Publikum Impulse zu selbständigem Nachdenken zu vermitteln. Neben zahlreichen anderen Fähigkeiten und Fertigkeiten bedarf es zweier Eigenschaften in der Ausübung meiner Tätigkeit ganz besonders, die glücklicherweise in meiner physischen und psychischen Konstitution angelegt sind: gute Nerven und Humor. Vielleicht schimmert in diesem Buch mehr als bloß eine Andeutung davon auf.

Daß ich es schreiben konnte, verdanke ich eigentlich gleichermaßen Freunden wie Gegnern, was jeder, der bis hierher gelesen hat, bestätigen dürfte. Berge von Aktenordnern habe ich im Laufe meiner Arbeit lesend, erinnernd, Details vergegenwärtigend durchblättert, Ordner, die zwischen ihren Deckeln etwas bergen, das ich mumifiziertes Leben nennen möchte. Jede Art von «Leichenfledderei» lag mir völlig fern, mir ging es ausschließlich um die Lebendigkeit. Und so ließ ich manches ruhen, ja sogar vieles, ruhen im staubigen Dämmer der Archive, dem Vergessen, dem Zerfall oder schlimmstenfalls dem Reißwolf anheimfallend. Sollte ich denn im Zorn, und sei er noch so gerechtfertigt, zurückblicken? Das meiste, was sich ereignete, auch das, was die Familie der Wagners im Verhältnis zu mir betrifft, ist verjährt, oder ich lasse es hierdurch verjähren. Jeder von uns kommt schließlich und allmählich in die Jahre. Nur meiner Schwester Verena, die, wie ich finde, in meinen Aufzeichnungen gar zu kurz weggekommen ist, möchte ich mich an dieser Stelle liebevoll zuwenden, denn wir beide sind die jetzt noch lebenden Kinder Siegfried und Winifred Wagners.

Zwischen meinem Bruder und mir gab es wohl Auseinandersetzungen, durchaus auch prinzipieller Natur. In so langer gemeinsamer, gleichrangig verantwortlicher Tätigkeit blieben Reibungen, Widersprüche und Konflikte natürlicherweise nicht aus. Aber über Trennendes, über alle Divergenzen im einzelnen hinweg bestand ein grundsätzlicher Konsens bei all dem, was die Existenz der Festspiele elementar berührte. Worüber wir uneins waren, ist weitaus geringer gewesen als das, was uns zusammenhielt und miteinander verband: das Zusammenwirken zweier Individualitäten, der konstruktive Disput zweier eigenständiger Persönlichkeiten. Daß die Anerkennung wechselseitig war, könnte manches Beispiel belegen. Für mich am berührendsten bleibt, als mir Wieland nach der Festspielzeit 1965 zu meinem Geburtstag drei Kupferstiche des berühmten italienischen Bühnenausstatters aus dem 17. Jahrhundert, Lodovico Burnacini, schenkte. Da wir uns sonst nie Geschenke machten, hatte die Situation Ausnahmecharakter, nach Differenzen eine Geste versöhnenden Ausgleichs, mehr noch, ein herzliches Zeichen seiner Dankbarkeit. Die Dissonanzen mit Friedelind, meiner älteren Schwester, hoben sich mit den Jahren, insbesondere nach der Errichtung der Richard-Wagner-Stiftung, immer mehr auf. Noch einige Zeit nach dem Tod unserer Mutter Winifred lebte sie in

Bayreuth, um dann ihre letzten sieben Lebensjahre in Luzern zu verbringen, jenem Ort, dem unser Großvater seine glücklichsten Tage verdankte, an dem ihr Vater geboren wurde und nun auch sie sich «mit See und Bergblick glücklichst installiert» fühlte. Die Verbindung zwischen uns Geschwistern riß nicht ab, Briefe wurden gewechselt, Telefonate geführt, und es gab Besuche. Wir hatten wieder neu zueinander gefunden, fernab aller Kontroversen, in menschlicher Weise versöhnt.

Unsentimental gilt im übrigen meine Aufmerksamkeit dem Kommenden und dem Künftigen. Schließe ich hier ab, so erwarten mich vielfache Verpflichtungen, stehen die Festspiele 1994 vor der Tür. Bei allem unumgänglichen Pragmatismus im Alltag fühle ich mich aber von der tiefen Überzeugung getragen, durch meine Arbeit für die Bayreuther Festspiele könnte es diesen immer wieder, immer erneuert gelingen, in unserer häufig grausamen und zunehmend verödenden Welt ein Zeichen der Hoffnung zu sein, indem sie der Realität die notwendige Utopie, ohne die wir alle nicht leben möchten, zur Seite stellen. Nicht im Erreichten liegt das in die Zukunft Weisende dessen, was Bayreuth ist, sondern, nach Richard Wagner, im Ringen um das Unmögliche. In dieser Hoffnung und Utopie versenkte Wagner am 22. Mai 1872 in den Grundstein des Festspielhauses jenen Spruch, der besser als lange Erklärungen sagt, was ich meine:

«Hier schließ' ich ein Geheimnis ein,
da ruh' es viele hundert Jahr':
so lange es verwahrt der Stein,
macht es der Welt sich offenbar.»

ANHANG

Stammbaum der Familie Wagner

Franz Liszt — ∞ — Gräfin d'Agoult
1811–1886 — geb. Marie de Flavigny 1805–1876

(1) Hans von Bülow — ∞ — Cosima — ∞
1830–1894 — 1837–1930

Daniela — ∞ — Henry Thode
1860–1940 — 1857–1920
(geschieden 1914)

Blandine — ∞ — Conte Gravina
1863–1941 — 1850–1897

Manfred 1883–1932
Maria 1888–1929
Gilbert 1890–1972
Guido 1896–1933

Isolde — ∞ — Franz Beidler
1865–1919 — 1872–1930

Franz
1901–1981

Gertrud Reissinger — ∞ — Wieland
1916 — 1917–1966

Friedelind
1918–1991

(1) Ellen Drexel — ∞
1919

Iris 1942
Wolf Siegfried 1943
Nike 1945
Daphne 1946

Eva 1945
Gottfried 1947

Carl Friedrich Wilhelm Wagner 1770–1813 ∞ Johanna Rosine Pätz 1774–1848

(2) Richard
1813–1883
(erste Ehe mit Minna Planer)

Eva ∞ Houston Stewart Chamberlain
1867–1942 1855–1927

Siegfried ∞ Winifred Williams Klindworth
1869–1930 1897–1980

Wolfgang ∞ (2) Gudrun Mack geb. Armann
1919 1944

Verena ∞ Bodo Lafferentz
1920 1897–1974

Katharina
1978

Amélie 1944
Manfred 1945
Winifred 1947
Wieland 1949
Verena 1952

Das gemeinschaftliche Testament Siegfried und Winifred Wagners vom 8. März 1929

Testament.

Heute, den achten März neunzehnhundertneunundzwanzig, 8. März 1929, erschienen vor mir, Justizrat Josef Leuchs, Notar in Bayreuth, in den Amtsräumen des Notariats Bayreuth II:

Herr Siegfried Wagner, Dichterkomponist in Bayreuth, 59 Jahre alt, und dessen Gattin Frau Winifred Wagner, daselbst, 31 Jahre alt, beide mir persönlich bekannt und geschäftsfähig.

Da die Erschienenen erklärten, ein Testament errichten zu wollen, so wurden als einwandfreie Zeugen zugezogen:

1. Herr Ernst Beutter, Bankdirektor in Bayreuth,
2. Herr Dr. Fritz Meyer, Rechtsanwalt in Bayreuth,

beide mir ebenfalls persönlich bekannt.

In Gegenwart der beiden Zeugen übergaben mir die Ehegatten Wagner die diesem Protokoll beigeheftete offene Schrift mit der mündlichen Erklärung, dass dieselbe ihren beiderseitigen letzten Willen enthalte.

Sämtliche mitwirkende Personen waren während der ganzen Dauer der Verhandlung zugegen.

Vorgelesen vom Notar, von den Ehegatten Wagner genehmigt und von ihnen und den beiden Zeugen eigenhändig unterschrieben.

gez. Siegfried Wagner

gez. Winifred Wagner

gez. Ernst Beutter

gez. Dr. Fritz Meyer

gez. JR. Leuchs,
Notar.

L.S.

Gemeinschaftliches Testament der Eheleute Siegfried und Winifred Wagner.

Herr Siegfried und Frau Winifred Wagner bestimmen ihren letzten Willen wie folgt:

Die Ehegatten leben in dem gesetzlichen Güterstand der Verwaltung und Nutzniessung.

I.

Stirbt Herr Siegfried Wagner vor Frau Winifried Wagner, so hat folgende Erbfolge Platz zu greifen:

1. Frau Winifred Wagner wird Vorerbin des gesamten Nachlasses des Herrn Siegfried Wagner.

Als Nacherben werden bestimmt die gemeinsamen Abkömmlinge der Ehegatten Wagner zu gleichen Stammteilen. Die Nacherbfolge tritt ein mit dem Tode oder mit der Wiederverheiratung der Frau Winifred Wagner.

Geht Frau Winifred Wagner eine neue Ehe ein, oder schlägt sie die Erbschaft aus, so soll sie nur Anspruch auf den Pflichtteil haben. In diesem Falle sind Vorerben die Söhne und Töchter der Eheleute Wagner. Nacherben sind deren gemeinschaftliche Abkömmlinge, die zur Zeit des Eintritts der Nacherbfolge am Leben sind. Die Nacherbfolge tritt ein, wenn die sämtlichen Söhne und Töchter der Eheleute Wagner gestorben sind.

Schlagen die Söhne und Töchter der Eheleute Wagner die ihnen zugedachte Nacherbschaft aus; so erhalten sie nur den Pflichtteil, Frau Winifred Wagner wird Erbin.

2. Die Erben erhalten bezüglich des Festspielhauses folgende Auflage:

Das Festspielhaus darf nicht veräussert werden. Es soll stets den Zwecken, für die es sein Erbauer bestimmt hat, dienstbar gemacht werden, einzig also der festlichen Aufführung der Werke Richard Wagners. Erfüllen die Erben diese Auflage nicht, so sollen die gleichen Folgen eintreten, wie sie oben unter Ziffer II für den Fall der Ausschlagung der Erbschaft durch Vorerben oder Nacherben dargestellt sind.

Ist die Durchführung dieser Auflage trotz besten Willens der mit dieser Auflage belasteten Personen unmöglich, so soll über die weitere Bestimmung und das weitere Schicksal des Festspielhauses unter Ausschluss der ordentlichen Gerichte mit bindender Wirkung für alle beteiligten Personen eine Kommission entscheiden, die aus folgenden Personen besteht:

Frau Winifred Wagner, sofern sie nicht wieder verheiratet ist, nach deren Wegfall der jeweils älteste Abkömmling des Herrn Siegfried Wagner als Vorsitzender, das älteste Mitglied der Juristischen Fakultät in Erlangen und der Testamentsvollstrecker, Herr Ernst Beutter, Bankdirektor in Bayreuth, nach dessen Wegfall oder Unfähigkeit Herr Rechtsanwalt Dr. Fritz Meyer in Bayreuth, nach dessen Wegfall oder Unfähigkeit der Präsident der Akademie der Künste und Wissenschaften in München. Ist einem berufenen Mitglied dieser Kommission die Mitwirkung aus irgend einem Grunde nicht möglich, so wird der Ersatzmann durch den ersten Bürgermeister der Stadt Bayreuth bestimmt. Die Kosten der Kommission treffen den Nachlass. Massgebend für die Entscheidung der Kommission soll die Erwägung sein, dass das

Festspielhaus als eine Hochburg echter deutscher Kunst der Nachwelt erhalten bleiben soll.

Sollten alle in diesem Testament bedachten Personen die Erbschaft ausschlagen und dadurch die gesetzliche Erbfolge herbeiführen, so soll auch für diesen Fall die Auflage bezüglich des Festspielhauses gelten. Die Vollziehung dieser Auflage soll dann die Stadt Bayreuth verlangen können. (§ 2194 B.G.B.)

Sollten Vorerben, Nacherben oder gesetzliche Erben durch Verschulden sämtlicher Erben, oder eines von ihnen, die Auflage nicht erfüllen, so soll die Stadt Bayreuth als Vermächtnisnehmerin das Festspielhaus zum Eigentum erhalten. Der Stadt Bayreuth wird für diesen Fall die im vorstehenden, den Erben gemachten Auflagen ausdrücklich auferlegt.

II.

Frau Winifred Wagner soll als Vorerbin befreit sein von den Vorschriften der §§ 2116, 2217, 2118, 2119 B.G.B. Das gleiche gilt für den Fall der Ausschlagung der Erbschaft durch die Vorerbin Frau Winifred Wagner für die Abkömmlinge des Herrn Siegfried Wagner, die in diesem Falle als Vorerben berufen sind.

III.

Stirbt Frau Winifred Wagner vor ihrem Ehemann, so ist Herr Siegfried Wagner Alleinerbe. Sollte einer der Abkömmlinge seinen Pflichtteil aus dem Vermögen der Mutter verlangen, so soll dieser Abkömmling auch aus dem Vermögen des Herrn Siegfried Wagner den Pflichtteil erhalten. Im übrigen soll Herr Siegfried Wagner nach dem Ableben seiner Ehefrau das Recht haben, das vorliegende Testament aufzuheben, ohne dass er das ihm Zugewendete ausschlagen muss. (§ 2271 B.G.B.)

IV.

Dieses Testament soll keinerlei Geltung und Wirkung haben, wenn die Ehe der Eheleute Wagner aus irgend einem Grunde geschieden wird (§ 2268 B.G.B.) oder wenn Herr Siegfried Wagner zur Zeit seines Todes auf Scheidung wegen Verschuldens seiner Ehefrau – zu klagen berechtigt war und die Klage auf Scheidung oder Aufhebung der ehelichen Gemeinschaft eingereicht war.

V.

Die sämtlichen Verfügungen dieses Testaments sind korrespektiv im Sinne des § 2270 B.G.B.; es ist anzunehmen, dass die Verfügung des einen nicht ohne die Verfügung des anderen getroffen sein würde. Das Aufhebungsrecht des Herrn Siegfried Wagner (Ziffer III) soll jedoch trotzdem bestehen.

VI.

Als Testamentsvollstrecker wird Herr Bankdirektor Ernst Beutter in Bayreuth bestimmt, sollte dieser wegfallen, als Ersatzmann Herr Rechtsanwalt Dr. Fritz Meyer in Bayreuth.

Bayreuth, den 8. März 1929.

gez. Siegfried Wagner gez. Winifred Wagner

Beglaubigt:
Bayreuth, den 18. Oktober 1932.
Der Urkundsbeamte der Geschäftsstelle des Amtsgerichts.

Justiz-Obersekretär.

STIFTUNGSURKUNDE

der Richard-Wagner-Stiftung Bayreuth

Zur dauernden Erhaltung der Voraussetzungen für die Durchführung der Bayreuther Richard-Wagner-Festspiele, zur Pflege des künstlerischen Nachlasses von Richard Wagner und des Verständnisses seiner Werke sowie zur Förderung der Richard-Wagner-Forschung errichten

1. Frau Winifred Wagner, Bayreuth, Wahnfriedstraße, Siegfried-Wagner-Haus
2. Frau Friedelind Wagner, Nußdorf a.Bodensee, Zur Forelle 4
3. Frau Verena Lafferentz, geb. Wagner, Nußdorf a.Bodensee Zur Forelle 4
4. Herr Wolfgang Wagner, Bayreuth Festspielhügel
5. die Abkömmlinge von Herrn Wieland Wagner
   a) Fräulein Iris Wagner
   b) Fräulein Nike Wagner
   c) Frau Daphne Proksch, geb. Wagner
   d) Herr Wolf-Siegfried Wagner

   zu a) bis d) : Keitum/Sylt, Haus Wieland Wagner
6. die Bundesrepublik Deutschland, vertreten durch den Bundesminister des Innern
7. der Freistaat Bayern, vertreten durch das Bayer. Staatsministerium für Unterricht und Kultus
8. die Stadt Bayreuth, vertreten durch den Oberbürgermeister
9. die Gesellschaft der Freunde von Bayreuth e.V. vertreten durch den Vorsitzenden
10. die Oberfrankenstiftung (Adolf-Wächter-Stiftung) Bayreuth, vertreten durch den Vorsitzenden des Stiftungsrats
11. der Bezirk Oberfranken, vertreten durch den Regierungspräsidenten, und
12. die Bayer. Landesstiftung, vertreten durch den Vorstand

mit Wirkung von dem auf die Zustellung der Genehmigung an den letzten Stifter folgenden Tage eine rechtsfähige öffentliche Stiftung des bürgerlichen Rechts mit dem Sitz in Bayreuth.

Die Stiftung wird mit dem in § 3 der Satzung und in der der Satzung beigegebenen Aufstellung näher bezeichneten Vermögen ausgestattet.

Die Stifterinnen zu 1) und 8), erstere mit Zustimmung der Stifter zu 2) bis 5), übereignen alsbald nach der Errichtung der Stiftung das Festspielhaus Bayreuth nebst allen Nebengebäuden und allen dazugehörenden bebauten Grundstücken unentgeltlich auf die Stiftung. Die Stifter zu 6), 10) und 12) stellen der Stiftung das Richard-Wagner-Archiv (einschließlich der Bibliothek Richard Wagners sowie der Bilder, Büsten und sonstiger Erinnerungsstücke und des bis 1945 entstandenen Bildmaterials) für dauernd leihweise zur Verfügung. Die Stifterin zu 8) stellt der Stiftung das Haus Wahnfried mit allen Nebengebäuden und Park für dauernd leihweise zur Verfügung. Die Stifterin zu 9) verzichtet auf ihren Anspruch auf Rückzahlung der für Baumaßnahmen am Festspielhaus zur Verfügung gestellten Beträge sowie auf die dafür bestehenden Sicherheiten.

Der Stifter zu 7) verpflichtet sich, der Stiftung nach Maßgabe der Ansätze in seinem Haushaltsplan jährlich zum Verbrauch bestimmte Zuschüsse zu gewähren, deren Gesamthöhe unter Berücksichtigung der eigenen Einnahmen der Stiftung und der von den übrigen Stiftern und von dritter Seite gewährten Zuschüsse und Leistungen die angemessene Erfüllung des Stiftungszwecks nachhaltig ermöglicht. Die Stifterin zu 8) verpflichtet sich, einen wissenschaftlich vorgebildeten Bediensteten zur Betreuung des Richard-Wagner-Archivs zu stellen und dafür, wie auch für die Tätigkeit des Geschäftsführers und für die Pflege der für die Allgemeinheit zugänglichen Grundstücke am Festspielhaus keinen Kostenersatz und keine Vergütung zu verlangen. Der Stifter zu 11) verpflichtet sich, eine Schreibkraft im tariflich zulässigen Rahmen zu bezahlen, die von der Stiftung eingestellt wird.

Die Stiftung soll durch den Stiftungsrat und den Vorstand verwaltet werden.

Der durch das Gemeinschaftliche Testament der Eheleute Siegfried und Winifred Wagner vom 8.3.1929 bestimmte Testamentsvollstrecker Rechtsanwalt Dr. Fritz Meyer I, Bayreuth, stimmt der Errichtung der Stiftung zu.

Die Stiftung erhält die nachstehende

S a t z u n g

§ 1

Name und Sitz der Stiftung

(1) Die Stiftung führt den Nahmen "Richard-Wagner-Stiftung Bayreuth". Sie ist eine rechtsfähige öffentliche Stiftung des bürgerlichen Rechts.

(2) Sitz der Stiftung ist Bayreuth

§ 2

Stiftungszweck

Zweck der Stiftung ist es, im Sinne des Gemeinschaftlichen Testaments von Siegfried und Winifred Wagner vom 8.3.1929

1. den künstlerischen Nachlaß von Richard Wagner dauernd der Allgemeinheit zu erhalten;

2. das Festspielhaus Bayreuth dauernd der Allgemeinheit zu erhalten und zugänglich zu machen und stets den Zwecken dienstbar zu machen, für die es sein Erbauer bestimmt hat, also einzig der festlichen Aufführung der Werke Richard Wagners;

3. die Richard-Wagner-Forschung zu fördern;

4. das Verständnis für die Werke Richard Wagners insbesondere bei der Jugend und beim künstlerischen Nachwuchs zu fördern.

§ 3

Stiftungsvermögen

(1) Das Vermögen der Stiftung besteht aus

1. dem Festspielhaus Bayreuth samt Nebengebäuden;

2. dem Anspruch gegen die Stadt Bayreuth auf leihweise Überlassung des Hauses Wahnfried mit allen Nebengebäuden und dem Park,

3. dem Anspruch gegen die Bundesrepublik Deutschland, die Bayer. Landesstiftung und die Oberfrankenstiftung auf leihweise Überlassung des Richard-Wagner-Archivs einschließlich Bibliothek und Zubehör,

4. sonstigen, dem Stiftungszweck dienenden Gegenständen, die der Stiftung zugewendet werden,

5. Forderungen gegen den Freistaat Bayern, die Stadt Bayreuth und den Bezirk Oberfranken auf laufende Unterstützung nach Maßgabe der Stiftungsurkunde.

Im einzelnen ergibt sich das Stiftungsvermögen nach Nr. 1 bis 3 aus der dieser Satzung als Anlage beigefügten und einen Bestandteil der Satzung bildenden Aufstellung.

(2) Die in Abs. 1 Nr. 1 und 4 genannten Gegenstände sowie das Richard-Wagner-Archiv und das Haus Wahnfried sind der Öffentlichkeit zugänglich zu machen, soweit das im Rahmen der Möglichkeiten der Stiftung ohne Gefährdung des Vermögens geschehen kann.

§ 4

Organe der Stiftung

(1) Organe der Stiftung sind
1. der Vorstand
2. der Stiftungsrat

(2) Die Tätigkeit in den Organen der Stiftung ist ehrenamtlich.

(3) Die Mitgliedschaft in den Organen endet außer durch Tod durch Zeitablauf, Abberufung oder Rücktritt. Abberufung und Rücktritt können, sofern nicht ein wichtiger Grund vorliegt, nur zum Ende eines Rechnungsjahres erfolgen.

(4) Beschlüsse mit finanziellen Auswirkungen können nur mit Zustimmung des Freistaates Bayern gefaßt werden. Bezieht sich ein Widerspruch des Freistaates Bayern auf den Haushaltsplan, so gelten diejenigen niedrigeren Ansätze, die die Zustimmung des Freistaates Bayern gefunden haben.

(5) Soweit der Leiter der Bayreuther Festspiele nicht Mitglied eines Organs ist, sollen ihn die Organe zu ihren Sitzungen zuziehen, sofern dies nicht unzweckmäßig erscheint.

(6) Vorstand und Stiftungsrat geben sich eine Geschäftsordnung, ersterer mit Zustimmung des Stiftungsrates.

§ 5

Der Vorstand

(1) Der Vorstand der Stiftung ist Vorstand im Sinne des Bürgerlichen Gesetzbuches. Er vertritt die Stiftung nach außen und ist für alle Angelegenheiten zuständig, die nicht Aufgabe des Stiftungsrats sind und deren Erledigung er nicht dem Geschäftsführer übertragen hat.

(2) Der Vorstand besteht aus drei Mitgliedern. Je ein Vorstandsmitglied wird vom Bund und vom Freistaat Bayern bestellt. Ist der Leiter der Bayreuther Festspiele ein Abkömmling Richard Wagners, so ist er zugleich das dritte Mitglied des Vorstands; sind mehrere Abkömmlinge zusammen Leiter der Festspiele, so wird, wenn

sie sich nicht einigen, der älteste von ihnen Mitglied des Vorstands. Im übrigen wird das dritte Vorstandsmitglied durch die Vertreter der Familie Wagner im Stiftungsrat benannt und bei gleichzeitiger Benennung eines neuen Mitgliedes abberufen. Haben die Vertreter der Familie Wagner innerhalb von zwei Monaten nach Aufforderung durch die Stiftungsaufsichtsbehörde keine Entscheidung getroffen, so entscheidet die Stiftungsaufsichtsbehörde selbst.

(3) Entscheidungen des Vorstands bedürfen einer Mehrheit von zwei Stimmen. Stimmübertragung ist zulässig. Die Vertretung der Stiftung erfolgt, soweit nicht der Vorstand etwas anderes bestimmt, durch den vom Vorstand zu wählenden Vorsitzenden des Vorstandes zusammen mit einem weiteren Vorstandsmitglied oder mit dem Geschäftsführer.

§ 6

Stiftungsrat

(1) Der Stiftungsrat stellt den Haushaltsplan der Stiftung auf und entscheidet über die Vermietung des Festspielhauses (§ 8), in allen Fragen von grundsätzlicher Bedeutung sowie in den Angelegenheiten, in denen er sich die Entscheidung vorbehält. Er ist für Änderungen dieser Satzung zuständig.

(2) Die Stimmenzahl im Stiftungsrat beträgt 24. Sie verteilt sich wie folgt:

Bundesrepublik Deutschland	5 Stimmen
Freistaat Bayern	5 Stimmen
Familie Wagner	5 Stimmen
Stadt Bayreuth	2 Stimmen
Gesellschaft der Freunde von Bayreuth	1 Stimme
Oberfrankenstiftung	2 Stimmen
Bezirk Oberfranken	2 Stimmen
Bayer. Landesstiftung	2 Stimmen

(3) Für die Vertretung der Familie Wagner im Stiftungsrat gilt folgendes:

Eine Stimme steht Frau Winifred Wagner zu; sie kann auch einen Vertreter in den Stiftungsrat entsenden. Von den übrigen vier Stimmen steht jedem Stamm der vier gemeinschaftlichen Abkömmlinge von Siegfried und Winifred Wagner eine Stimme zu, wobei jeder Stamm auch einen Vertreter benennen kann, der nicht der Familie Wagner angehört. An die Stelle eines verstorbenen Abkömmlings treten jeweils seine Abkömmlinge, die ihr Benennungsrecht mit Mehrheit ausüben. Für jedes Mitglied im Stiftungsrat kann ein Stellvertreter bestellt werden. Der Stellvertreter hat das Recht, an den Sitzungen des Stiftungsrates teilzunehmen; ein Stimmrecht steht ihm nur zu, soweit das ordentliche Mitglied an einer Abstimmung verhindert ist.

Stirbt ein Stamm aus, so geht das Benennungsrecht auf die übrigen Stämme über, die es gemeinschaftlich ausüben und mit der Mehrheit ihrer Angehörigen entscheiden. Hierbei hat jeder Stamm eine Stimme. Hat das letzte Mitglied eines ausgestorbenen Stammes durch letztwillige Verfügung eine

Person für den Stiftungsrat benannt, so gehört diese Person dem Stiftungsrat auf die Dauer von zwanzig Jahren seit dem Wirksam-werden der letztwilligen Verfügung an. Nach Ablauf der zwanzig Jahre gilt Satz 1. Adoptivkinder setzen einen Stamm nicht fort. Beim Ableben von Frau Winifred Wagner vermindert sich die Zahl der Stimmen der Familie Wagner auf vier; die Zahl der Stimmen der Gesellschaft der Freunde von Bayreuth erhöht sich auf zwei.

(4) Der Stiftungsrat ist beschlußfähig, wenn mehr als die Hälfte der Vertreter ernannt und mehr als die Hälfte der Stimmen vertreten ist. Stimmübertragung ist zulässig. Der Stiftungsrat kann die Teilnahme von Beratern gestatten.

§ 7

Der Geschäftsführer

(1) Zur Erledigung der einfachen und laufenden Geschäfte der Stiftung wird ein Geschäftsführer bestellt, dem auch Vollmacht zur Vertretung der Stiftung in bestimmten Fällen erteilt wer-den kann. Die Aufgaben des Geschäftsführers im einzelnen werden durch die Geschäftsordnung und durch Beschluß des Vorstands geregelt. Zur Bestellung und Entlassung des Geschäftsführers ist der Vorstand zuständig.

(2) Die Stadt Bayreuth benennt für den Posten des Geschäftsführers den Oberbürgermeister, der sich durch einen geeigneten Bediensteten der Stadt vertreten lassen kann.

Nimmt die Stiftung dieses Angebot nicht an, so hat sie den Geschäftsführer auf eigene Kosten anzustellen.

(3) Der Geschäftsführer nimmt an allen Sitzungen des Vorstands mit beratender Stimme teil.

§ 8

Vermietung des Festspielhauses an den Festspielunternehmer

(1) Die Stiftung wirkt dahin, daß im Festspielhaus Bayreuth festliche Aufführungen der Werke Richard Wagners veranstaltet werden. Die Festspiele werden von der Stiftung jedoch nicht finanziert oder durchgeführt.

(2) Das Festspielhaus ist grundsätzlich an ein Mitglied, ggfs. auch an mehrere Mitglieder der Familie Wagner oder auch an einen anderen Unternehmer zu vermieten, wenn ein Mitglied, ggfs. auch mehrere Mitglieder der Familie Wagner die Festspiele leiten. Dies gilt nur dann nicht, wenn andere, besser geeignete Bewerber auftreten. Mit der Mehrheit ihrer Stimmen im Stiftungsrat können die Abkömmlinge von Richard Wagner Vorschläge machen. Sobald feststeht, daß der Vertrag mit einem Festspielunternehmer beendet ist oder beendet wird, weist die Stiftung die Vertreter der Familie Wagner im Stiftungsrat auf die Möglichkeit hin, einen Vorschlag zu machen; der Vorschlag muß innerhalb von vier Monaten nach Zugang der Mitteilung der Stiftung bei der Stiftung eingehen. Die Mitteilungen gelten mit dem Ablauf des dritten Tages nach Absendung an die der Stiftung zuletzt mitgeteilte Adresse als zugegangen.

(3) Hat der Stiftungsrat Zweifel darüber, ob ein Mitglied der Familie Wagner für den Posten des Festspielunternehmers besser oder ebenso gut geeignet ist wie andere Bewerber, so hat der Stiftungsrat die Entscheidung einer dreiköpfigen Sachverständigenkommission einzuholen. Diese Kommission besteht aus den Intendanten von Opernhäusern aus dem deutschsprachigen Raum, wobei die Intendanten in der Reihenfolge der nachstehend genannten Opernhäuser zuzuziehen sind:

Deutsche Oper Berlin,
Bayerische Staatsoper München,
Staatsoper Wien,
Staatsoper Hamburg,
Staatsoper Stuttgart,
Städtische Oper Frankfurt/Main
Städtische Oper Köln

Kommt eine Entscheidung der Kommission nicht zustande, so entscheidet der Stiftungsrat unter Abwägung aller Gesichtspunkte.

(4) Soweit sofort eine Entscheidung getroffen werden muß, entscheidet der Stiftungsrat allein unter Abwägung aller Gesichtspunkte über die unumgänglichen Maßnahmen.

(5) Der Mietvertrag sichert dem Unternehmer die künstlerische Freiheit.

§ 9

Verwaltung des Stiftungsvermögens

(1) Das Stiftungsvermögen ist nach den für staatliches Vermögen des Freistaates Bayern geltenden Grundsätzen zu verwalten.

(2) Die in § 3 Abs. 1 Nr. 1 bis 3 genannten Gegenstände sind unangreifbares Grundstock-vermögen der Stiftung; die in § 3 Abs. 1 Nr. 4 genannten Gegenstände sind Grundstockvermögen, soweit sich nicht aus den Umständen der Zuwendung etwas anderes ergibt.

(3) Rechnungsjahr der Stiftung ist das Kalenderjahr.

§ 10

Gemeinnützigkeit

(1) Die Stiftung verfolgt ausschließlich und unmittelbar gemeinnützige Zwecke im Sinne des § 17 des Steueranpassungsgesetzes und der Gemeinnützigkeitsverordnung vom 24.12. 1953.

(2) Die Stiftung verfolgt keinerlei Erwerbszwecke. Sie darf niemanden durch Ausgaben, die dem Zweck der Stiftung nicht entsprechen, durch unverhältnismäßig hohe Vergütungen oder in sonstiger Weise begünstigen. Erträge des Stiftungsvermögens dürfen nur für satzungsmäßige Zwecke verwendet werden.

§ 11

Stiftungsaufsicht, Rechnungsprüfung

(1) Die Stiftungsaufsicht wird unter der Oberleitung des Bayerischen Staatsministeriums für Unterricht und Kultus von der Regierung von Oberfranken wahrgenommen.

(2) Die Prüfung der Haushalts- und Wirtschaftsführung der Stiftung erfolgt durch den Bayer. Obersten Rechnungshof. Der Bundesrechnungshof kann sich an der Prüfung beteiligen.

§ 12

Vermögensanfall

Im Falle der Aufhebung der Stiftung fällt das Festspielhaus nebst allen Nebengebäuden und allen dazugehörenden bebauten Grundstücken an die Stadt Bayreuth, die es im Sinn des Stiftungszweckes und der Anordnungen im Gemeinschaftlichen Testament von Siegfried und Winifred Wagner vom 8.3.1929 verwaltet und verwendet. Die Leihgeber erhalten ihre Leihgaben zurück; für Verbesserungen ist der Stiftung kein Ersatz zu leisten. Im übrigen geht das Vermögen im Verhältnis der seit Errichtung der Stiftung erbrachten Aufwendungen auf die Stifter über, die es im Rahmen ihrer Möglichkeiten zur Pflege und Erforschung der Kunst Richard Wagners zu verwenden haben.

§ 13

Satzungsänderungen

(1) Änderungen dieser Satzung bedürfen einer Mehrheit von drei Vierteln der satzungsmäßigen Stimmenzahl des Stiftungsrates.

(2) § 4 Abs. 4 kann nur mit Zustimmung des Freistaates Bayern, § 12 S. 1 nur mit Zustimmung der Stadt Bayreuth geändert werden. Änderungen der §§ 2, 5, 6, 8, 12 Satz 1 und 14 bedürfen bis zum Jahr 2052 einschließlich der Mehrheit der den Mitgliedern der Familie Wagner im Stiftungsrat zustehenden Stimmen. Satzungsänderungen, durch die ein Stifter zusätzlich verpflichtet werden soll, bedürfen dessen Zustimmung.

§ 14

Aufhebung der Stiftung

Eine Aufhebung der Stiftung ist nur aus den gesetzlich vorgesehenen Gründen zulässig.

München, den 2. Mai 1973

Winifred Wagner
(Winifred Wagner)

- 15 -

München, den 2. Mai 1973

....
(Friedelind Wagner)

München, den 2. Mai 1973

....
(Verena Lafferentz)

München, den 2. Mai 1973

....
(Wolfgang Wagner)

München, den 2. Mai 1973

....
(Iris Wagner)

München, den 2. Mai 1973

....
(Nike Wagner)

München, den 2. Mai 1973

....
(Daphne Proksch)

- 16 -

München, den 2. Mai 1973

(Wolf-Siegfried Wagner)

München, den 2. Mai 1973

(Bundesminister des Innern)

München, den 2. Mai 1973

(Bayer. Staatsministerium
für Unterricht und Kultus)

München, den 2. Mai 1973

(Stadt Bayreuth)

München, den 2. Mai 1973

(Gesellschaft der Freunde
von Bayreuth)

München, den 2. Mai 1973

(Oberfrankenstiftung)

München ...., den 12. Mai 1973

....
(Bezirk Oberfranken)

München ...., den 12. Mai 1973

....
Bayer. Landesstiftung

Bayreuth ...., den 10. Mai 1973

....
(Dr. Fritz Meyer als
Testamentsvollstrecker)

Genehmigungsurkunde

Die von

Frau Winifred Wagner, Bayreuth, Wahnfriedstraße, Siegfried-Wagner-Haus,

Frau Friedelind Wagner, Nußdorf a. Bodensee, Zur Forelle 4,

Frau Verena Lafferentz, geb. Wagner, Nußdorf a. Bodensee, Zur Forelle 4,

Herrn Wolfgang Wagner, Bayreuth, Festspielhügel,

Fräulein Iris Wagner, Keitum/Sylt, Haus Wieland Wagner,

Fräulein Nike Wagner, Keitum/Sylt, Haus Wieland Wagner,

Frau Daphne Proksch, geb. Wagner, Keitum/Sylt, Haus Wieland Wagner,

Herrn Wolf-Siegfried Wagner, Keitum/Sylt, Haus Wieland Wagner,

der Bundesrepublik Deutschland, vertreten durch den Bundesminister des Innern,

dem Freistaat Bayern, vertreten durch das Bayer. Staatsministerium für Unterricht und Kultus,

der Stadt Bayreuth, vertreten durch den Oberbürgermeister,

der Gesellschaft der Freunde von Bayreuth e.V., vertreten durch den Vorsitzenden,

der Oberfrankenstiftung (Adolf-Wächter-Stiftung) Bayreuth, vertreten durch den Vorsitzenden des Stiftungsrates,

dem Bezirk Oberfranken, vertreten durch den Regierungspräsidenten und der

Bayerischen Landesstiftung, vertreten durch den Vorstand

mit Urkunde vom 2. Mai 1973 errichtete

"Richard-Wagner-Stiftung Bayreuth"

mit dem Sitz in Bayreuth wird als öffentliche Stiftung des bürgerlichen Rechts nach § 80 des Bürgerlichen Gesetzbuches und Art. 3, 5 und 6 des Stiftungsgesetzes vom 26. November 1954 (BayBS II S. 661) genehmigt. Die Stiftung wird damit rechtsfähig.

München, den 19. Juli 1973

BAYERISCHES STAATSMINISTERIUM
FÜR UNTERRICHT UND KULTUS

I.A.

Böck

(Dr. Böck)
Ministerialdirektor

BAYER. STAATSMINISTERIUM FÜR UNTERRICHT UND KULTUS

Die Aufführungen in Bayreuth

betrugen von 1876 bis 1996 (ohne IX. Symphonie) insgesamt: **2053**

Davon entfielen auf die 39 Festspieljahre zwischen 1876 bis 1944: **717**
(Ring-Werke: 252; Parsifal: 231; Tristan und Isolde: 52; Die Meistersinger von Nürnberg: 82; Tannhäuser: 31; Lohengrin: 30; Der fliegende Holländer: 39)

Davon entfielen auf die Jahre 1951 bis 1996: **1336**
(Ring-Werke: 449; Parsifal: 214; Tristan und Isolde: 123; Die Meistersinger von Nürnberg: 157; Tannhäuser: 137; Lohengrin: 129; Der fliegende Holländer: 127)

Von diesen insgesamt 1336 Aufführungen standen unter der
gemeinsamen Leitung Wieland und Wolfgang Wagners (1951 bis 1966): **436**
unter der *alleinverantwortlichen Leitung Wolfgang Wagners* (ab 1967): **900**

Die *Inszenierungen Wieland Wagners* hatten folgende Aufführungszahlen:
Der Ring des Nibelungen – vier Werke – (2 Inszenierungen): 113
Parsifal (1 Inszenierung): 103
Tristan und Isolde (2 Inszenierungen): 33
Die Meistersinger von Nürnberg (2 Inszenierungen): 50
Tannhäuser (2 Inszenierungen): 58
Lohengrin (1 Inszenierung): 25
Der fliegende Holländer (1 Inszenierung): 25

Gesamt: **405**

Die *Inszenierungen Wolfgang Wagners*
hatten folgende Aufführungszahlen (Stand 1996):
Der Ring des Nibelungen – vier Werke – (2 Inszenierungen): 113
Parsifal (2 Inszenierungen): 80
Tristan und Isolde (1 Inszenierung): 15
Die Meistersinger von Nürnberg (3 Inszenierungen): 93
Tannhäuser (1 Inszenierung): 44
Lohengrin (2 Inszenierungen): 41
Der fliegende Holländer (1 Inszenierung): 13

Gesamt: **399**

Verzeichnis der Besetzungen in Wolfgang Wagners Inszenierungen (Regie und Bühnenbild) bei den Bayreuther Festspielen

Ein in Klammern gesetzter Name bezeichnet jeweils eine Sängerin/einen Sänger, die/der anstelle der/des vorgesehenen kurzfristig eingesprungen ist.

LOHENGRIN

Jahr **Aufführungen**	**1953** 6	**1954** 7
Dirigent	Joseph Keilberth	Eugen Jochum Joseph Keilberth
König Heinrich	Joseph Greindl	Joseph Greindl Ludwig Weber Theo Adam
Lohengrin	Wolfgang Windgassen	Wolfgang Windgassen
Elsa	Eleanor Steber	Birgit Nilsson
Telramund	Hermann Uhde	Hermann Uhde
Ortrud	Astrid Varnay	Astrid Varnay
Heerrufer	Hans Braun	Dietrich Fischer-Dieskau
1. Edler	Gerhard Stolze	Gerhard Stolze
2. Edler	Joseph Janko	Gene Tobin
3. Edler	Alfons Herwig	Toni Blankenheim
4. Edler	Theo Adam	Theo Adam Franz Crass
Vier Edelknaben	Lotte Kiefer Gerda Grasser Erika Eskelsen Roswitha Burow	Lotte Kiefer Gerda Grasser Erika Eskelsen Roswitha Burow

Chöre	Wilhelm Pitz
Kostüm	Fred Thiel
Ausstattungsleitung	Otto Wissner

DER FLIEGENDE HOLLÄNDER

Jahr	**1955**	**1956**
Aufführungen	6	7
Dirigent	Hans Knappertsbusch Joseph Keilberth	Joseph Keilberth
Senta	Astrid Varnay	Astrid Varnay
Holländer	Hermann Uhde Hans Hotter	George London Hermann Uhde Paul Schöffler
Daland	Ludwig Weber	Arnold van Mill Ludwig Weber
Erik	Wolfgang Windgassen Rudolf Lustig	Josef Traxel
Mary	Elisabeth Schärtel	Elisabeth Schärtel
Steuermann	Josef Traxel	Jean Cox

Chöre		Wilhelm Pitz
Kostüm		Kurt Palm
Ausstattungsleitung		Otto Wissner

TRISTAN UND ISOLDE

Jahr Aufführungen	1957 6	1958 5	1959 4
Dirigent	Wolfgang Sawallisch	Wolfgang Sawallisch	Wolfgang Sawallisch
Tristan	Wolfgang Windgassen	Wolfgang Windgassen	Wolfgang Windgassen (Hans Beirer)
Isolde	Birgit Nilsson	Birgit Nilsson	Birgit Nilsson
König Marke	Arnold van Mill	Joseph Greindl	Jerôme Hines
Kurwenal	Gustav Neidlinger Hans Hotter	Erik Saedén	Frans Andersson
Brangäne	Grace Hoffman	Grace Hoffman	Grace Hoffman
Melot	Fritz Uhl	Fritz Uhl	Fritz Uhl Hans Günter Nöcker
Ein Hirt	Hermann Winkler	Hermann Winkler	Hermann Winkler
Ein Steuermann	Egmont Koch	Egmont Koch	Donald Bell
Stimme eines jungen Seemannes	Walter Geisler Josef Traxel	Josef Traxel Sándor Kónya	Georg Paskuda

Chöre	Wilhelm Pitz
Kostüm	Kurt Palm
Ausstattungsleitung	Johannes Dreher Otto Wissner
Bühnenbildberatung	Alfons Klein

DER RING DES NIBELUNGEN

DAS RHEINGOLD

Jahr Aufführungen	1960 2	1961 2	1962 3
Dirigent	Rudolf Kempe	Rudolf Kempe	Rudolf Kempe
Wotan	Hermann Uhde	Jerôme Hines (Hans Hotter)	Otto Wiener
Donner	Thomas Stewart	Thomas Stewart	Marcel Cordes
Froh	Georg Paskuda	David Thaw	Horst Wilhelm
Loge	Gerhard Stolze	Gerhard Stolze	Gerhard Stolze
Fasolt	Arnold van Mill	David Ward	Walter Kreppel
Fafner	Peter Roth-Ehrang	Peter Roth-Ehrang	Peter Roth-Ehrang
Alberich	Otakar Kraus	Otakar Kraus	Otakar Kraus
Mime	Herold Kraus	Herold Kraus	Erich Klaus
Fricka	Hertha Töpper	Regine Resnik	Grace Hoffman
Freia	Ingrid Bjoner	Wilma Schmidt	Jutta Meyfarth
Erda	Marga Höffgen	Marga Höffgen	Marga Höffgen
Woglinde	Dorothea Siebert	Ingeborg Felderer	Gundula Janowitz
Wellgunde	Claudia Hellmann	Elisabeth Steiner	Elisabeth Schwar- zenberg
Floßhilde	Sona Cervena	Elisabeth Schärtel	Sieglinde Wagner

Kostüm Kurt Palm

Ausstattungsleitung und Projektionen Johannes Dreher

1963 3	1964 2
Rudolf Kempe	Berislav Klobucar
Theo Adam	Theo Adam
Marcel Cordes	Marcel Cordes
Horst Wilhelm	Hans Hopf
Ken Neate	Gerhard Stolze
Franz Crass	Gottlob Frick
Peter Roth-Ehrang	Peter Roth-Ehrang
Otakar Kraus	Zoltán Kelemen
Erich Klaus	Erich Klaus
Grace Hoffman	Grace Hoffman
Jutta Meyfarth	Jutta Meyfarth
Marga Höffgen Margarete Bence	Marga Höffgen
Barbara Holt	Barbara Holt
Elisabeth Schwarzenberg	Elisabeth Schwarzenberg
Sieglinde Wagner	Sieglinde Wagner

DIE WALKÜRE

Jahr	**1960**	**1961**	**1962**
Aufführungen	2	2	2
Dirigent	Rudolf Kempe	Rudolf Kempe	Rudolf Kempe
Siegmund	Wolfgang Windgassen	Fritz Uhl	Fritz Uhl
Hunding	Gottlob Frick	Gottlob Frick	Gottlob Frick
Wotan	Jerôme Hines	Jerôme Hines Hans Hotter	Otto Wiener
Sieglinde	Aase Nordmo-Loevberg	Régine Crespin	Jutta Meyfarth
Brünnhilde	Birgit Nilsson (Astrid Varnay)	Astrid Varnay	Astrid Varnay
Fricka	Hertha Töpper	Regine Resnik	Grace Hoffman
Gerhilde	Gertraud Hopf	Gertraud Hopf	Gertraud Hopf
Ortlinde	Frances Martin	Wilma Schmidt	Elisabeth Schwarzenberg
Waltraute	Claudia Hellmann	Elisabeth Schärtel	Anni Argy
Schwertleite	Rut Siewert	Lilo Brockhaus	Erika Schubert
Helmwige	Ingrid Bjoner	Ingeborg Felderer	Ingeborg Moussa-Felderer
Siegrune	Grace Hoffman	Grace Hoffman	Grace Hoffman
Grimgerde	Margit Kobeck-Peters	Elisabeth Steiner	Sieglinde Wagner
Roßweiße	Dorothea von Stein	Ruth Hesse	Margarete Bence

Kostüm — Kurt Palm

Ausstattungsleitung und Projektionen — Johannes Dreher

1963 4	1964 2
Rudolf Kempe	Berislav Klobucar
Fritz Uhl	Fritz Uhl
Gottlob Frick	Gottlob Frick
Hans Hotter Jerôme Hines	Theo Adam
Jutta Meyfarth	Jutta Meyfarth
Anita Välkki	Anita Välkki
Grace Hoffman	Grace Hoffman
Gertraud Hopf	Gertraud Hopf
Elisabeth Schwarzenberg	Elisabeth Schwarzenberg
Elisabeth Schärtel	Ursula Freudenberg
Ruth Hesse	Maria von Ilosvay
Ingeborg Moussa-Felderer	Eva-Maria Kupczyk
Grace Hoffman	Grace Hoffman
Sieglinde Wagner	Sieglinde Wagner
Margarete Bence	Erika Schubert

SIEGFRIED

Jahr Aufführungen	1960 3	1961 2	1962 2
Dirigent	Rudolf Kempe	Rudolf Kempe	Rudolf Kempe
Siegfried	Hans Hopf	Hans Hopf	Hans Hopf
Mime	Herold Kraus	Herold Kraus	Erich Klaus
Der Wanderer	Hermann Uhde	James Milligan	Otto Wiener
Alberich	Otakar Kraus	Otakar Kraus	Otakar Kraus
Fafner	Peter Roth-Ehrang	Peter Roth-Ehrang	Peter Roth-Ehrang
Erda	Marga Höffgen	Marga Höffgen	Marga Höffgen
Brünnhilde	Birgit Nilsson Astrid Varnay	Birgit Nilsson	Birgit Nilsson Astrid Varnay
Waldvogel	Dorothea Siebert Ruth-Margret Pütz	Ingeborg Felderer	Ingeborg Moussa-Felderer

Kostüm Kurt Palm

Ausstattungsleitung und Projektionen Johannes Dreher

1963 3	1964 2
Rudolf Kempe	Berislav Klobucar
Hans Hopf	Hans Hopf
Erich Klaus	Erich Klaus
Otto Wiener	Hubert Hofmann
Otakar Kraus	Zoltán Kelemen
Peter Roth-Ehrang	Peter Roth-Ehrang
Marga Höffgen Margarete Bence	Marga Höffgen
Astrid Varnay	Astrid Varnay
Barbara Holt	Barbara Holt

GÖTTERDÄMMERUNG

Jahr Aufführungen	1960 2	1961 3	1962 2
Dirigent	Rudolf Kempe	Rudolf Kempe	Rudolf Kempe
Siegfried	Hans Hopf	Hans Hopf	Hans Hopf
Gunther	Thomas Stewart	Thomas Stewart	Marcel Cordes
Hagen	Gottlob Frick	Gottlob Frick	Gottlob Frick
Alberich	Otakar Kraus	Otakar Kraus	Otakar Kraus
Brünnhilde	Birgit Nilsson (Astrid Varnay)	Birgit Nilsson Astrid Varnay	Birgit Nilsson Astrid Varnay
Gutrune	Ingrid Bjoner	Wilma Schmidt	Jutta Meyfarth
Waltraute	Grace Hoffman	Grace Hoffman	Margarete Bence
1. Norn	Rut Siewert	Elisabeth Schärtel	Elisabeth Schärtel
2. Norn	Grace Hoffman	Grace Hoffman	Grace Hoffman
3. Norn	Aase Nordmo-Loevberg	Régine Crespin	Gertraud Hopf
Woglinde	Dorothea Siebert	Ingeborg Felderer	Gundula Janowitz
Wellgunde	Claudia Hellmann	Elisabeth Steiner	Elisabeth Schwarzenberg
Floßhilde	Sona Cervena	Elisabeth Schärtel	Sieglinde Wagner

Chöre	Wilhelm Pitz
Kostüm	Kurt Palm
Ausstattungsleitung und Projektionen	Johannes Dreher

1963 3	1964 2
Rudolf Kempe	Berislav Klobucar
Hans Hopf	Hans Hopf
Marcel Cordes	Marcel Cordes
Gottlob Frick	Gottlob Frick
Otakar Kraus	Zoltán Kelemen
Astrid Varnay	Astrid Varnay
Jutta Meyfarth	Jutta Meyfarth
Elisabeth Schärtel Margarete Bence	Grace Hoffman
Elisabeth Schärtel	Marga Höffgen
Grace Hoffman	Grace Hoffman
Anita Välkki	Anita Välkki
Barbara Holt	Barbara Holt
Elisabeth Schwarzenberg	Elisabeth Schwarzenberg
Sieglinde Wagner	Sieglinde Wagner

LOHENGRIN

Jahr	**1967**	**1968**	**1971**
Aufführungen	8	7	7
Dirigent	Rudolf Kempe Berislav Klobucar	Alberto Erede	Silvio Varviso
König Heinrich	Karl Ridderbusch	Karl Ridderbusch	Franz Crass Karl Ridderbusch
Lohengrin	Sándor Kónya James King Jess Thomas Jean Cox Hermin Esser	James King Jean Cox	René Kollo
Elsa	Heather Harper	Heather Harper	Hannelore Bode
Telramund	Donald McIntyre	Donald McIntyre	Donald McIntyre (Rolf Kühne)
Ortrud	Grace Hoffman Astrid Varnay	Ludmila Dvorakova Grace Hoffman	Ludmila Dvorakova
Heerrufer	Thomas Tipton	Thomas Stewart (Dieter Slembeck)	Ingvar Wixell
1. Edler	Horst Hoffmann	Horst Hoffmann	Heribert Steinbach
2. Edler	Hermin Esser Ferdinand Hall	William Johns Hermin Esser	Heinz Zednik
3. Edler	Dieter Slembeck	Dieter Slembeck (Hanno Daum)	Rudolf Gniffke
4. Edler	Heinz Feldhoff	Heinz Feldhoff	Heinz Feldhoff
Edelknaben	Natsue Hanada Lotte Kiefer Elke Georg Margret Schröder-Giese Christel Willenberg	Natsue Hanada Lotte Kiefer Elke Georg Margret Giese-Schröder	Ludmila Erbenova Irmgard Beck Christel Willenberg Margret Giese-Schröder

Chöre	Wilhelm Pitz – ab 1972 Norbert Balatsch
Kostüm	Kurt Palm
Ausstattungsleitung	Joachim Streubel

1972
6

Silvio Varviso

Karl Ridderbusch
Franz Crass

René Kollo

Hannelore Bode

Donald McIntyre

Ursula Schröder-Feinen

Gerd Nienstedt

Heribert Steinbach

Heinz Zednik

Rudolf A. Hartmann-Gniffke

Heinz Feldhoff

Ludmila Erbenova
Irmgard Beck
Christel Willenberg
Marianne Dielemann

DIE MEISTERSINGER VON NÜRNBERG

Jahr Aufführungen	1968 8	1969 8	1970 7
Dirigent	Karl Böhm Berislav Klobucar	Berislav Klobucar	Hans Wallat
Hans Sachs	Theo Adam Gustav Neidlinger	Norman Bailey Theo Adam	Norman Bailey Theo Adam
Veit Pogner	Karl Ridderbusch	Karl Ridderbusch	Karl Ridderbusch
Kunz Vogelgesang	Sebastian Feiersinger	René Kollo	Horst Laubenthal
Konrad Nachtigall	Dieter Slembeck	Dieter Slembeck	Dieter Slembeck
Sixtus Beckmesser	Thomas Hemsley	Thomas Hemsley	Thomas Hemsley
Fritz Kothner	Gerd Nienstedt	Gerd Nienstedt	Gerd Nienstedt
Balthasar Zorn	Günther Treptow	Sebastian Feiersinger	Robert Licha
Ulrich Eisslinger	Erich Klaus	Erich Klaus	Heinz Zednik (Franz Klarwein)
Augustin Moser	William Johns	William Johns	Georg Paskuda
Hermann Ortel	Heinz Feldhoff	Heinz Feldhoff	Heinz Feldhoff
Hans Schwarz	Fritz Linke	Fritz Linke	Fritz Linke
Hans Foltz	Hans Franzen	Hans Franzen	Hans Franzen
Walther von Stolzing	Waldemar Kmentt	Waldemar Kmentt Jess Thomas Jean Cox	Jean Cox Ernst Kozub Waldemar Kmentt
David	Hermin Esser	Hermin Esser	Hermin Esser (Heinz Zednik)
Eva	Gwyneth Jones	Helga Dernesch	Janis Martin
Magdalene	Janis Martin	Janis Martin	Sylvia Anderson (Sieglinde Wagner)
Ein Nachtwächter	Kurt Moll	Bengt Rundgren	Bengt Rundgren

Chöre Wilhelm Pitz – ab 1972 Norbert Balatsch
Kostüm Kurt Palm
Ausführung der Dekoration Rüdiger Tamschick

1973	1974 6	1975 7
Silvio Varviso	Silvio Varviso	Heinrich Hollreiser
Karl Ridderbusch Theo Adam	Theo Adam Karl Ridderbusch	Karl Ridderbusch Theo Adam
Hans Sotin	Hans Sotin	Hans Sotin Kurt Moll (Karl Ridderbusch)
Heribert Steinbach	Heribert Steinbach	Heribert Steinbach
Rudolf A. Hartmann	József Dene	Martin Egel
Klaus Hirte	Klaus Hirte (Benno Kusche)	Klaus Hirte
Gerd Nienstedt	Gerd Nienstedt	Gerd Nienstedt
Robert Licha	Robert Licha	Robert Licha
Wolf Appel	Wolf Appel	Wolf Appel
Norbert Orth	Norbert Orth	Martin Finke
Heinz Feldhoff	Heinz Feldhoff	Kurt Rydl (Heinz Feldhoff)
Hartmut Bauer	Hartmut Bauer	Hartmut Bauer
József Denc	Nikolaus Hillebrand	Nikolaus Hillebrand (Kurt Rydl)
René Kollo Gerd Brenneis	Jean Cox René Kollo Gerd Brenneis	Jean Cox Hermin Esser
Frieder Stricker	Frieder Stricker Heinz Zednik	Frieder Stricker (Heinz Zednik)
Hannelore Bode	Hannelore Bode	Marita Napier
Anna Reynolds	Anna Reynolds	Anna Reynolds
Bernd Weikl	Bernd Weikl	Bernd Weikl

DER RING DES NIBELUNGEN

DAS RHEINGOLD

Jahr **Aufführungen**	**1970** 3	**1971** 3	**1972** 3
Dirigent	Horst Stein	Horst Stein	Horst Stein
Wotan	Thomas Stewart Theo Adam	Theo Adam Thomas Stewart	Thomas Stewart Theo Adam
Donner	Gerd Nienstedt	Gerd Nienstedt	Gerd Nienstedt
Froh	René Kollo	Harald Ek	Heribert Steinbach
Loge	Hermin Esser	Hermin Esser	Hermin Esser
Fasolt	Karl Ridderbusch	Karl Ridderbusch	Karl Ridderbusch
Fafner	Bengt Rundgren	Peter Meven	Hans Sotin Kurt Moll
Alberich	Gustav Neidlinger	Gustav Neidlinger	Gustav Neidlinger Franz Mazura
Mime	Georg Paskuda	Georg Paskuda	Heinz Zednik
Fricka	Janis Martin	Anna Reynolds	Anna Reynolds
Freia	Margarita Kyriaki	Janis Martin	Hannelore Bode
Erda	Marga Höffgen	Marga Höffgen	Marga Höffgen
Woglinde	Hannelore Bode	Elizabeth Volkman	Yoko Kawahara
Wellgunde	Inger Paustian	Inger Paustian	Ursula Rhein
Floßhilde	Sylvia Anderson (Faith Puleston)	Sylvia Anderson	Ilse Gramatzki

Kostüm	Kurt Palm
Ausstattungsleitung und Projektionen	Rüdiger Tamschick

1973 2	1974 3	1975 2
Horst Stein	Horst Stein	Horst Stein
Theo Adam Donald McIntyre	Donald McIntyre Theo Adam	Donald McIntyre Theo Adam
Gerd Nienstedt	Gerd Nienstedt	Gerd Nienstedt
Heribert Steinbach	Heribert Steinbach	Heribert Steinbach
Hermin Esser	Hermin Esser	Hermin Esser
Karl Ridderbusch	Karl Ridderbusch	Karl Ridderbusch
Hans Sotin (Hartmut Bauer)	Kurt Moll	Kurt Moll
Gustav Neidlinger Franz Mazura	Franz Mazura (Karl Heinz Herr)	Gustav Neidlinger Franz Mazura
Heinz Zednik	Heinz Zednik	Heinz Zednik
Anna Reynolds	Anna Reynolds	Anna Reynolds
Hannelore Bode	Hannelore Bode	Rachel Yakar
Marga Höffgen	Marga Höffgen	Marga Höffgen
Yoko Kawahara	Yoko Kawahara	Yoko Kawahara
Ursula Rhein	Ursula Rhein	Trudeliese Schmidt
Ilse Gramatzki	Ilse Köhler	Hanna Schwarz

DIE WALKÜRE

Jahr **Aufführungen**	**1970** 2	**1971** 4	**1972** 3
Dirigent	Horst Stein	Horst Stein	Horst Stein
Siegmund	Helge Brilioth	Helge Brilioth Hermin Esser	James King Hermin Esser
Hunding	Karl Ridderbusch	Karl Ridderbusch	Karl Ridderbusch
Wotan	Thomas Stewart Theo Adam	Theo Adam Thomas Stewart Donald McIntyre	Thomas Stewart Theo Adam
Sieglinde	Gwyneth Jones	Gwyneth Jones Janis Martin	Gwyneth Jones Janis Martin
Brünnhilde	Berit Lindholm	Catarina Ligendza Berit Lindholm	Catarina Ligendza
Fricka	Anna Reynolds	Anna Reynolds	Anna Reynolds
Gerhilde	Elisabeth Schwarzen-berg	Elisabeth Schwarzen-berg	Elisabeth Schwar-zenberg
Ortlinde	Gildis Flossmann	Ursula Rhein	Ursula Rhein
Waltraute	Wendy Fine	Sylvia Anderson	Michèle Vilma
Schwertleite	Sylvia Anderson	Glenys Loulis	Katherine Pring
Helmwige	Liane Synek	Wendy Fine	Leslie Johnson
Siegrune	Inger Paustian	Inger Paustian	Anna Reynolds
Grimgerde	Faith Puleston	Faith Puleston	Ilse Gramatzki
Roßweiße	Aili Purtonen	Sieglinde Wagner	Sieglinde Wagner

Kostüm	Kurt Palm
Ausstattungsleitung und Projektionen	Rüdiger Tamschick

1973	1974	1975
2	3	3
Horst Stein	Horst Stein	Horst Stein
Gerd Brenneis James King	Gerd Brenneis	James King Hermin Esser
Karl Ridderbusch	Karl Ridderbusch	Karl Ridderbusch
Theo Adam Donald McIntyre	Donald McIntyre Theo Adam	Donald McIntyre Theo Adam
Gwyneth Jones	Marita Napier	Marita Napier
Berit Lindholm Catarina Ligendza	Roberta Knie	Gwyneth Jones
Anna Reynolds	Anna Reynolds	Anna Reynolds
Elisabeth Schwarzen-berg	Hannelore Bode	Rachel Yakar
Ursula Rhein	Ursula Rhein	Irja Auroora
Eva Randová	Eva Randová	Eva Randová
Katherine Pring	Heljä Angervo	Ortrun Wenkel
Marita Napier	Brenda Roberts	Jeanne Hieronymi
Anna Reynolds	Anna Reynolds	Anna Reynolds
Ilse Gramatzki	Ilse Köhler	Trudeliese Schmidt
Sieglinde Wagner	Ingrid Mayr	Hanna Schwarz

SIEGFRIED

Jahr Aufführungen	1970 2	1971 3	1972 4
Dirigent	Horst Stein	Horst Stein	Horst Stein
Siegfried	Jean Cox	Jean Cox	Jean Cox
Mime	Georg Paskuda	Georg Paskuda	Heinz Zednik
Der Wanderer	Thomas Stewart Theo Adam	Theo Adam Thomas Stewart	Thomas Stewart Theo Adam Donald McIntyre
Alberich	Gustav Neidlinger	Gustav Neidlinger	Gustav Neidlinger Franz Mazura
Fafner	Bengt Rundgren	Peter Meven	Heinz Feldhoff
Erda	Marga Höffgen	Marga Höffgen	Marga Höffgen
Brünnhilde	Berit Lindholm	Catarina Ligendza Berit Lindholm	Catarina Ligendza
Waldvogel	Hannelore Bode	Elizabeth Volkman	Yoko Kawahara

Kostüm Kurt Palm

Ausstattungsleitung und Projektionen Rüdiger Tamschick

1973	1974	1975
[illegible]	3	2
Horst Stein	Horst Stein	Horst Stein
Jean Cox	Jean Cox	Jean Cox
Heinz Zednik	Heinz Zednik	Heinz Zednik
Theo Adam Donald McIntyre	Donald McIntyre Theo Adam	Donald McIntyre Theo Adam
Gustav Neidlinger Franz Mazura	Franz Mazura (Rolf Kühne)	Gustav Neidlinger Franz Mazura
Heinz Feldhoff	Heinz Feldhoff	Nikolaus Hillebrand
Marga Höffgen	Marga Höffgen	Marga Höffgen
Berit Lindholm Catarina Ligendza	Brenda Roberts	Gwyneth Jones
Yoko Kawahara	Yoko Kawahara	Yoko Kawahara

GÖTTERDÄMMERUNG

Jahr	1970	1971	1972
Aufführungen	2	3	3
Dirigent	Horst Stein	Horst Stein	Horst Stein
Siegfried	Jean Cox	Jean Cox	Jean Cox
Gunther	Norman Bailey	Franz Mazura	Franz Mazura Thomas Stewart
Hagen	Karl Ridderbusch	Karl Ridderbusch	Karl Ridderbusch
Alberich	Gustav Neidlinger	Gustav Neidlinger	Franz Mazura Gustav Neidlinger
Brünnhilde	Berit Lindholm	Catarina Ligendza Berit Lindholm	Catarina Ligendza
Gutrune	Janis Martin	Janis Martin	Janis Martin
Waltraute	Anna Reynolds	Anna Reynolds	Anna Reynolds
1. Norn	Marga Höffgen	Marga Höffgen	Marga Höffgen
2. Norn	Anna Reynolds	Anna Reynolds	Anna Reynolds
3. Norn	Liane Synek	Wendy Fine	Ursula Schröder-Feinen
Woglinde	Hannelore Bode	Elizabeth Volkman	Yoko Kawahara
Wellgunde	Inger Paustian	Inger Paustian	Ursula Rhein
Floßhilde	Sylvia Anderson	Sylvia Anderson	Ilse Gramatzki

Chöre	Wilhelm Pitz – ab 1972 Norbert Balatsch
Kostüm	Kurt Palm
Ausstattungsleitung und Projektionen	Rüdiger Tamschick

1973 3	1974 3	1975 2
Horst Stein	Horst Stein	Horst Stein
Jean Cox	Jean Cox	Jean Cox
Franz Mazura Gerd Nienstedt	Franz Mazura Gerd Nienstedt	Franz Mazura
Karl Ridderbusch	Karl Ridderbusch	Karl Ridderbusch
Gustav Neidlinger Franz Mazura	(Klaus Hirte) Franz Mazura (Rolf Kühne)	Gustav Neidlinger (Klaus Hirte)
Catarina Ligendza Berit Lindholm	Gwyneth Jones	Gwyneth Jones
Eva Randová	Eva Randová	Eva Randová
Anna Reynolds	Anna Reynolds	Anna Reynolds
Marga Höffgen	Marga Höffgen	Marga Höffgen
Anna Reynolds	Anna Reynolds	Anna Reynolds
Marita Napier	Marita Napier	Marita Napier
Yoko Kawahara	Yoko Kawahara	Yoko Kawahara
Ursula Rhein	Ursula Rhein	Trudeliese Schmidt
Ilse Gramatzki	Ilse Köhler	Hanna Schwarz

PARSIFAL

Jahr	**1975**	**1976**	**1977**
Aufführungen	8	7	5
Dirigent	Horst Stein Hans Zender	Horst Stein	Horst Stein
Amfortas	Bernd Weikl	Bernd Weikl	Bernd Weikl
Titurel	Karl Ridderbusch	Karl Ridderbusch Matti Salminen	Karl Ridderbusch Matti Salminen
Gurnemanz	Hans Sotin	Hans Sotin Theo Adam	Theo Adam Hans Sotin
Parsifal	René Kollo	Peter Hofmann René Kollo	René Kollo Hermann Winkler (Manfred Jung)
Klingsor	Franz Mazura	Franz Mazura	Franz Mazura
Kundry	Eva Randová Ursula Schröder-Feinen	Eva Randová (Regine Fonseca)	Eva Randová
1. Ritter **2. Ritter**	Heribert Steinbach Nikolaus Hillebrand Kurt Rydl	Heribert Steinbach Heinz Feldhoff	Robert Schunk Heinz Feldhoff
1. Knappe **2. Knappe** **3. Knappe** **4. Knappe**	Trudeliese Schmidt Hanna Schwarz Martin Finke Martin Egel	Carol Richardson Adelheid Krauss Heinz Zednik Martin Egel	Ilse Gramatzki Hanna Schwarz Heinz Kruse Martin Egel
1. Blume/I **2. Blume/I** **3. Blume/I**	(Hannelore Bode) Rachel Yakar Trudeliese Schmidt Hanna Schwarz	Rachel Yakar Carol Richardson Adelheid Krauss	Norma Sharp Carol Richardson Hanna Schwarz
1. Blume/II **2. Blume/II** **3. Blume/II**	Yoko Kawahara Irja Auroora Alicia Nafé	Yoko Kawahara Irja Auroora Alicia Nafé	Carmen Reppel Inga Nielsen Ilse Gramatzki
Alt-Solo	Ortrun Wenkel	Ortrun Wenkel	Hanna Schwarz

Chöre	Norbert Balatsch
Choreographische Mitarbeit	Riccardo Duse
Kostüm	Reinhard Heinrich
Mitarbeit am Bühnenbild, Ausführung der Dekoration und Projektionen	Rüdiger Tamschick, Michael Tietjens, Florian Eickelberg

1978	1979	1980	1981
5	5	4	5
Horst Stein	Horst Stein	Horst Stein	Horst Stein
Bernd Weikl	Bernd Weikl	Bernd Weikl	D. McIntyre
Matti Salminen Heikki Toivanen	Matti Salminen	Matti Salminen	Matti Salminen
Theo Adam Hans Sotin	Hans Sotin Theo Adam	Theo Adam Hans Sotin	Hans Sotin
Peter Hofmann Manfred Jung	Siegfried Jerusalem Manfred Jung	Siegfried Jerusalem Manfred Jung	Manfred Jung
Franz Mazura	Franz Mazura	Franz Mazura	Leif Roar
Dunja Vejzovic	Dunja Vejzovic	Dunja Vejzovic (Regine Fonseca)	Eva Randová
John Pickering Heinz Feldhoff	Toni Krämer Karl Schreiber	Volker Horn Dieter Brencke	Toni Krämer Heinz Klaus Ecker
Ilse Gramatzki Hanna Schwarz Helmut Pampuch Martin Egel	Ilse Gramatzki Hanna Schwarz Helmut Pampuch Martin Egel	Ilse Gramatzki Hanna Schwarz Helmut Pampuch Martin Egel	Marga Schiml Hanna Schwarz Helmut Pampuch Martin Egel
Norma Sharp	Norma Sharp	Norma Sharp	Norma Sharp
Carol Richardson Hanna Schwarz	Carol Richardson Hanna Schwarz	Carol Richardson Hanna Schwarz	Carol Richardson Hanna Schwarz
Carmen Reppel Kumiko Oshita Ilse Gramatzki	Carmen Reppel Marga Schiml Ilse Gramatzki	Carmen Reppel Marga Schiml Ilse Gramatzki	M. A. Häggander Marga Schiml Margit Neubauer
Hanna Schwarz	Hanna Schwarz	Hanna Schwarz	Hanna Schwarz

DIE MEISTERSINGER VON NÜRNBERG

Jahr Aufführungen	1981 7	1982 7	1983 7
Dirigent	Mark Elder	Horst Stein	Horst Stein
Hans Sachs	Bernd Weikl	Bernd Weikl	Bernd Weikl
Veit Pogner	Manfred Schenk	Manfred Schenk	Manfred Schenk
Kunz Vogelgesang	David Kuebler	David Kuebler	András Molnár
Konrad Nachtigall	Martin Egel	Martin Egel	Martin Egel
Sixtus Beckmesser	Hermann Prey	Hermann Prey	Hermann Prey
Fritz Kothner	Jef Vermeersch	Jef Vermeersch	Jef Vermeersch
Balthasar Zorn	Udo Holdorf	Udo Holdorf	Udo Holdorf
Ulrich Eisslinger	Toni Krämer	Toni Krämer	Toni Krämer
Augustin Moser	Helmut Pampuch	Helmut Pampuch	Helmut Pampuch
Hermann Ortel	Sándor Sólyom-Nagy	Sándor Sólyom-Nagy	Sándor Sólyom-Nagy
Hans Schwarz	Heinz Klaus Ecker	Heinz Klaus Ecker	Heinz Klaus Ecker
Hans Foltz	Dieter Schweikart	Dieter Schweikart	Dieter Schweikart
Walther von Stolzing	Siegfried Jerusalem	Siegfried Jerusalem	Siegfried Jerusalem
David	Graham Clark	Graham Clark	Graham Clark
Eva	Mari Anne Häggander	Mari Anne Häggander	Mari Anne Häggander
Magdalene	Marga Schiml	Marga Schiml	Marga Schiml
Ein Nachtwächter	Matthias Hölle	Matthias Hölle	Matthias Hölle

Chöre Norbert Balatsch

Kostüm Reinhard Heinrich

Mitarbeit am Bühnenbild Michael Tietjens

1984 6	1986 5	1987 6	1988 5
Horst Stein	Horst Stein	Michael Schønwandt	Michael Schønwandt
Bernd Weikl	Bernd Weikl	Bernd Weikl	Bernd Weikl
Manfred Schenk	Manfred Schenk	Manfred Schenk	Manfred Schenk
András Molnár	Kurt Schreibmayer	Kurt Schreibmayer	Kurt Schreibmayer
Martin Egel	Martin Egel	Martin Egel	Robert Riener
Hermann Prey (Hans Günter Nöcker)	Hermann Prey	Alan Opie	Alan Opie
Jef Vermeersch	Jef Vermeersch	Jef Vermeersch	Jef Vermeersch
Udo Holdorf	Udo Holdorf	Udo Holdorf	Udo Holdorf
Peter Maus	Peter Maus	Peter Maus	Peter Maus
Helmut Pampuch	Helmut Pampuch	Helmut Pampuch	Helmut Pampuch
Sándor Sólyom-Nagy	Sándor Sólyom-Nagy	Sándor Sólyom-Nagy	Sándor Sólyom-Nagy
Heinz Klaus Ecker	Heinz Klaus Ecker	Heinz Klaus Ecker	H. K. Ecker
Dieter Schweikart	Dieter Schweikart	Dieter Schweikart	Dieter Schweikart
Siegfried Jerusalem (Jean Cox)	Siegfried Jerusalem	Reiner Goldberg (William Johns)	Peter Hofmann Reiner Goldberg
Graham Clark	Graham Clark	Graham Clark	Ulrich Ress
Mari Anne Häggander	Mari Anne Häggander (Lucia Popp)	Lucy Peacock	Lucy Peacock
Marga Schiml	Marga Schiml	Marga Schiml	Marga Schiml
Matthias Hölle	Matthias Hölle	Matthias Hölle	Matthias Hölle

TANNHÄUSER

Jahr	**1985**	**1986**	**1987**
Aufführungen	7	7	6
Dirigent	Giuseppe Sinopoli	Giuseppe Sinopoli	Giuseppe Sinopoli
Tannhäuser	Richard Versalle	Richard Versalle	Richard Versalle
Elisabeth	Cheryl Studer	Cheryl Studer	Cheryl Studer
Venus	Gabriele Schnaut	Gabriele Schnaut	Gabriele Schnaut (Sophia Larson)
Landgraf Hermann	Hans Sotin Matti Salminen	Hans Sotin	Hans Sotin
Wolfram von Eschenbach	Wolfgang Brendel	Wolfgang Brendel	Wolfgang Brendel
Walther v. d. Vogelweide	Robert Schunk	Robert Schunk	Kurt Schreibmayer
Biterolf	Siegfried Vogel	Siegfried Vogel	Siegfried Vogel
Heinrich der Schreiber	András Molnár	Kurt Schreibmayer	Clemens Bieber
Reinmar von Zweter	Sándor Sólyom-Nagy	Sándor Sólyom-Nagy	Sándor Sólyom-Nagy
Ein junger Hirt	Brigitte Lindner	Brigitte Lindner	Brigitte Lindner
Vier Edelknaben	Brigitte Lindner Irene Hammann Gitta-Maria Sjöberg Lene Farver	Brigitte Lindner Irene Hammann Sara Jane Clethero Lene Farver	Brigitte Lindner Hannelore Weber Ulrike Heyse Christine Beckmann

Chöre	Norbert Balatsch
Tanzgestaltung Venusberg	Iván Markó
Kostüm	Reinhard Heinrich
Mitarbeit am Bühnenbild und Projektionen	Johannes Taubenschuss

1989 5	1992 7	1993 6	1995 6
Giuseppe Sinopoli	Donald C. Runnicles	Donald C. Runnicles	Donald C. Runnicles
Richard Versalle Reiner Goldberg	Wolfgang Schmidt	Wolfgang Schmidt	Woflgang Neumann Wolfgang Schmidt
Cheryl Studer	Tina Kiberg	Tina Kiberg	Tina Kiberg
Ruthild Engert-Ely	Uta Priew	Uta Priew	Ulla Sippola (Uta Priew)
Hans Sotin Manfred Schenk	Manfred Schenk	Hans Sotin Manfred Schenk	Hans Sotin
Wolfgang Brendel	Eike Wilm Schulte	Eike Wilm Schulte	Eike Wilm Schulte
William Pell	Richard Brunner	Richard Brunner	Richard Brunner
Siegfried Vogel	Ekkehard Wlaschiha	Ekkehard Wlaschiha	Ekkehard Wlaschiha
Clemens Bieber	Clemens Bieber	Clemens Bieber	Clemens Bieber
Sándor Sólyom-Nagy	Sándor Sólyom-Nagy	Sándor Sólyom-Nagy	Sándor Sólyom-Nagy
Joy Robinson	Christiane Hossfeld	Christiane Hossfeld	Christiane Hossfeld
Joy Robinson Hannelore Weber Ulrike Heyse Lene Farver-Sonne	Susan Roper Christiane Rost Simone Schröder Elisabeth Zenkl	Franziska Wallat Juliane Heyn Simone Schröder Gertrud Spitzner	Gabriele Salzbacher Gisela Uhl Simone Schröder Elisabeth Zenkl

PARSIFAL

Jahr	1989	1990	1991
Aufführungen	6	5	5
Dirigent	James Levine	James Levine	James Levine
Amfortas	Bernd Weikl	Bernd Weikl	Bernd Weikl
Titurel	Matthias Hölle Siegfried Vogel	Matthias Hölle	Matthias Hölle
Gurnemanz	Hans Sotin	Hans Sotin Manfred Schenk	Hans Sotin Manfred Schenk
Parsifal	William Pell	William Pell	William Pell
Klingsor	Franz Mazura	Günter von Kannen Bodo Brinkmann	Franz Mazura
Kundry	Waltraud Meier	Waltraud Meier	Waltraud Meier
1. Ritter **2. Ritter**	Richard Brunner Sándor Sólyom-Nagy	Richard Brunner Sándor Sólyom-Nagy	Richard Brunner S. Sólyom-Nagy
1. Knappe **2. Knappe** **3. Knappe** **4. Knappe**	Carmen Anhorn Annette Küttenbaum Helmut Pampuch Peter Maus	Carmen Anhorn Annette Küttenbaum Helmut Pampuch (Peter Maus) Peter Maus (Robert Riener)	Alina Wodnicka Annette Küttenbaum Helmut Pampuch (Peter Maus) Peter Maus (Robert Riener)
1. Blume/I **2. Blume/I** **3. Blume/I**	Christiane Hossfeld Rebecca Littig Carmen Anhorn Alexandra Bergmeister	Christiane Hossfeld Carmen Anhorn Alexandra Bergmeister	Christiane Hossfeld Alina Wodnicka A. Bergmeister
1. Blume/II **2. Blume/II** **3. Blume/II**	Hilde Leidland Deborah Sasson Jane Turner	Rebecca Littig Marie-Claire O'Reirdan Jane Turner	Rebecca Littig M.-C. O'Reirdan Jane Turner
Alt-Solo	Hitomi Katagiri	Hitomi Katagiri	Hitomi Katagiri

Chöre	Norbert Balatsch
Choreographie Blumenmädchen	Iván Markó
Kostüm	Reinhard Heinrich
Mitarbeit am Bühnenbild und Projektionen	Johannes Taubenschuss

1992	1993	1994	1995	1996
5	5	5	5	5
James Levine	James Levine	G. Sinopoli	G. Sinopoli	G. Sinopoli
Bernd Weikl	Bernd Weikl	Bernd Weikl	Bernd Weikl	Bernd Weikl
Matthias Hölle	John Tomlinson Matthias Hölle	Matthias Hölle	Matthias Hölle	Matthias Hölle Alfred Reiter
Hans Sotin Manfred Schenk	Hans Sotin	Hans Sotin	Hans Sotin	John Tomlinson Matthias Hölle
Poul Elming Placido Domingo	Placido Domingo	Poul Elming	Placido Domingo	Poul Elming
Franz Mazura	Franz Mazura	Franz Mazura	Franz Mazura	Günter von Kannen
Waltraud Meier	Deborah Polaski	Uta Priew (M. Schmiege)	Janis Martin	Janis Martin
Richard Brunner S. Sólyom-Nagy	Richard Brunner S. Sólyom-Nagy	Richard Brunner S. Sólyom-Nagy	Richard Brunner S. Sólyom-Nagy	Richard Brunner S. Sólyom-Nagy
Alina Wodnicka A. Küttenbaum H. Pampuch Peter Maus	Ch. Hossfeld Hilde Leidland H. Pampuch Peter Maus	Sarah Fryer Jane Turner H. Pampuch Peter Maus	Sarah Fryer Jane Turner H. Pampuch Peter Maus	Sarah Fryer Jane Turner H. Pampuch Peter Maus
Ch. Hossfeld Alina Wodnicka A. Bergmeister	Ch. Hossfeld Hilde Leidland A. Bergmeister	Ch. Hossfeld Joyce Guyer A. Bergmeister	Ch. Hossfeld Joyce Guyer Ute Döring	Ch. Hossfeld Juyce Guyer Simone Schröder
Rebecca Littig M.-C. O'Reirdan Jane Turner	Rebecca Littig M.-C. O'Reirdan Jane Turner	Rebecca Littig M.-C. O'Reirdan Jane Turner	K. Beranova M.-C. O'Reirdan Jane Turner	K. Beranova M.-C. O'Reirdan Jane Turner
Hitomi Katagiri	Sarah Fryer	Mette Ejsing (G. Neugebauer)	Mette Ejsing	Andrea Bönig

DIE MEISTERSINGER VON NÜRNBERG

Jahr **Aufführungen**	**1996** 7
Dirigent	Daniel Barenboim
Hans Sachs	Robert Holl
Veit Pogner	Eric Halfvarson
Kunz Vogelgesang	Bernhard Schneider
Konrad Nachtigall	Roman Trekel
Sixtus Beckmesser	Andreas Schmidt
Fritz Kothner	Hans-Joachim Ketelsen
Balthasar Zorn	Torsten Kerl
Ulrich Eisslinger	Peter Maus
Augustin Moser	Helmut Pampuch
Hermann Ortel	Sándor Sólyom-Nagy
Hans Schwarz	Alfred Reiter
Hans Foltz	Jon Pescevich
Walther von Stolzing	Peter Seiffert
David	Endrik Wottrich
Eva	Renée Fleming
Magdalene	Birgitta Svendén
Ein Nachtwächter	Kwangchul Youn

Chöre	Norbert Balatsch
Kostüm	Jorge Jara
Mitarbeit am Bühnenbild	Johannes Taubenschuss

Register

Gerade Ziffern bezeichnen Seitenzahlen im Textteil, kursive solche im Anhang.

Bildnachweis

Die Zahlen beziehen sich auf die Numerierung der Bilder.
Bayreuther Festspiele/Betz: 36
Bayreuther Festspiele/Falk: 34
Bayreuther Festspiele/Lauterwasser: 13, 18, 33, 52, 53, 54, 57, 60, 61, 62, 63, 64, 65, 66, 68, 69, 70
Bayreuther Festspiele/Rauh: 21, 23, 24, 25, 26, 28, 35, 37, 38, 39, 40, 41, 42, 43, 44, 45, 46, 47, 48, 49, 50, 51, 55, 56, 58, 59, 67, 71, 73
Bayreuther Festspiele/Schulze: 27, 72
Bayreuth-Archiv Bernd Mayer: 8
presse-foto-gebauer Bayreuth: 14, 17, 19, 22
Presse-Foto-Lammel Bayreuth: 20
Foto Leo Schneiderhal, Nürnberg: 11, 12, 15, 16
Klaus Tritschel, Bayreuth: 29, 31
Julius C. Schmidt, Saarbrücken: 30
Bildsammlung Wolfgang Wagner: 1, 2, 3, 4, 5, 6, 7, 9, 10, 32
Darstellung S. 220: © Bayreuther Festspiele